Profile negativistischer Sozialphilosophie
Ein Kompendium

Herausgegeben von
Burkhard Liebsch, Andreas Hetzel und
Hans Rainer Sepp

Deutsche Zeitschrift für Philosophie

Zweimonatsschrift
der internationalen
philosophischen Forschung

Sonderband 32

Profile negativistischer Sozialphilosophie

Ein Kompendium

Herausgegeben von
Burkhard Liebsch, Andreas Hetzel und Hans Rainer Sepp

Akademie Verlag

Bibliografische Information der Deutschen Nationalbibliothek
Die Deutsche Nationalbibliothek verzeichnet diese Publikation in der
Deutschen Nationalbibliografie; detaillierte bibliografische Daten sind im Internet über
http://dnb.d-nb.de abrufbar.

© Akademie Verlag GmbH, Berlin 2011
Ein Wissenschaftsverlag der Oldenbourg Gruppe

www.akademie-verlag.de

Das Werk einschließlich aller Abbildungen ist urheberrechtlich geschützt. Jede Verwertung außerhalb
der Grenzen des Urheberrechtsgesetzes ist ohne Zustimmung des Verlages unzulässig und strafbar. Das
gilt insbesondere für Vervielfältigungen, Übersetzungen, Mikroverfilmungen und die Einspeicherung
und Bearbeitung in elektronischen Systemen.

Satz: Veit Friemert, Berlin
Druck: MB Medienhaus Berlin
Bindung: Norbert Klotz, Jettingen-Scheppach

Dieses Papier ist alterungsbeständig nach DIN/ISO 9706.

ISBN 978-3-05-004490-3
E-Book ISBN 978-3-05-005689-0

Inhaltsverzeichnis

Vorwort 7
Einführung
Ansatzpunkte einer „negativistischen" Sozialphilosophie
Burkhard Liebsch 13

Antagonismus
Negativität und Objektivität aus postmarxistischer Perspektive
Oliver Marchart 39

Ausgesetzte Gemeinschaft – unter radikalem Vorbehalt
Fragen zur aktuellen Kritik jeglicher Vergemeinschaftung mit Blick auf
Helmuth Plessner und Jean-Luc Nancy
Burkhard Liebsch 55

Entfremdung
Unheimliche Arbeit am Begriff
Andreas Oberprantacher 77

Hass oder der Impetus der Vernichtung
Sandra Lehmann 95

Heteronomie als innerer Widerpart der Autonomie
Olga Shparaga 111

Indifferenz
Räume des entmachteten Erscheinens
Sophie Loidolt 125

Irreduzible Alterität
Zur Programmatik einer Negativistischen Sozialphilosophie bei Simmel,
Plessner und Arendt
Andreas Hetzel 145

Missverständnis in intergenerativen Verhältnissen als Hindernis und
als Spielraum
Vom kommunikativ-theoretischen bzw. hermeneutischen zum
coexistenzialdialektischen Ansatz
Tatiana Shchyttsova 163

Nichtmitmachen
Zur Negativität der Gemeinschaft
Felix Trautmann 181

Rassismus
Zur Phänomenologie leibhaftig inferiorisierender Desozialisierung
Michael Staudigl 201

Religiöse Intoleranz: Hasse deinen Nächsten wie dich selbst
James Mensch 217

Schweigen
Annäherung mit Kafka
Tobias Nikolaus Klass 233

Stigma: Identifikation als Ausgrenzung
Alfred Schäfer 253

Unterbrechung: Störung der Genealogie
Ansätze zu einer Negativistischen Sozialphilosophie im Herzen der abendländisch-christlichen Kultur
Artur R. Boelderl 271

Verfehlte Anerkennung?
Zur gegenwärtigen Diskussion um einen sozialphilosophischen Grundbegriff
Burkhard Liebsch 289

Verrat und Hochverrat
Das Paradox der Repräsentation bei Thomas Hobbes
Petar Bojanic 309

Widerstand
Zwischen pathischer Negation und negativer Aktion
Hans Rainer Sepp 327

Willkür
Von der Notwendigkeit und den Grenzen politischer Ordnung
Andreas Niederberger 337

Angaben zu den Autoren 351

Personenregister 357

Vorwort

Ausgedehnte Debatten um die Aussichten transnationaler Gerechtigkeit, um öffentliche globale Güter und weltweite Verantwortung erwecken nicht selten den Anschein, die *Zukunft des Politischen* liege nur noch *jenseits* der Grenzen politischer Gemeinwesen – nämlich in ihrer transnationalen Verflechtung, in ihrer Integration in eine Welt-Gesellschaft oder in einen Welt-Staat. Doch während Theoretiker der Globalisierung darüber streiten, welche elementaren Ressourcen (angefangen beim Wasser) fair zu verteilen und zu nutzen wären, um weltweit wenigstens die schlimmste Ungerechtigkeit zu verhindern und Anlässen zu neuen gewaltsamen Konflikten vorzubeugen, sehen andere ungeachtet dessen eine *politische Normalisierung* um sich greifen, die zum „Verschwinden des Politischen" zu führen drohe. Anzeichen, die in diese Richtung deuten, meinen sie in einer verbreiteten *Rhetorik der Integration,* der *Einbeziehung* und einer *Inklusion* zu erkennen, die niemanden mehr ausschließen soll, um auf diese Weise den Kampf um Zugehörigkeit zur Gemeinschaft oder Gesellschaft der Menschen bzw. der Weltbürger ein für allemal zu beenden.

Kritiker dieser Rhetorik glauben, ihr ein energisches Plädoyer für eine Renaissance des Politischen entgegensetzen zu müssen; und zwar mit dem Argument, nur so verliere man nicht die in Wahrheit anhaltenden, aber im „kosmopolitischen" Denken in Begriffen wie globale Gerechtigkeit, Solidarität und Verantwortung nahezu unkenntlich gewordenen radikalen Konflikte aus dem Auge, die die etablierten politischen Ordnungen zu durchschlagen drohen – worauf nicht wenige auch hoffen, zuletzt ermutigt durch diverse revolutionäre Prozesse, deren Artikulationsformen allerdings fast alle westlichen Beobachter überrascht haben. Diese Kritiker vertrauen offenbar nicht auf eine transnationale, institutionalisierte Verrechtlichung des Politischen, von der man sich auf den Spuren Kants einen global zu sichernden Frieden versprechen könnte. Sie insistieren vielmehr auf einer institutionell nicht zu bändigenden antagonistischen oder agonalen Konflikthaftigkeit, über deren tatsächliche Unaufhebbarkeit sich besonders Theoretiker einer global zu entfaltenden Gerechtigkeit angeblich nur „postpolitische" Illusionen machen.

Aber *muss* nicht die sog. Globalisierung wenigstens durch eine *erzwungene Solidarisierung aller Menschen, die füreinander weitgehend Fremde sind*, eine integrierte Vergesellschaftung aller Lebenden herbeiführen? Gibt es dazu angesichts der weltweit ausstrahlenden Haupt- und Nebenfolgen ökonomischen Handelns, die die Wissenschaften objektiviert haben, überhaupt eine Alternative? Oder ereignet sich hinterrücks, im Zuge *derselben* Prozesse, eine zunehmende Fragmentierung auch derjenigen Gesellschaften, die man schon für weitgehend integriert gehalten hat? Viel spricht in der Tat dafür, dass jene Prozesse nicht nur polyvalent sind und überraschende Kehrseiten aufweisen, sondern dass sie auch *Gegenläufigkeiten* provozieren und auf die Spur von blinden Flecken in den Begriffen führen, an denen man weiteren Fortschritt „in weltbürgerlicher Absicht" (Kant) ausrichten möchte.

Während Enthusiasten der Globalisierung das Herannahen einer endlich nicht nur ökonomisch, sondern auch politisch und rechtlich integrierten Welt-Gesellschaft feiern, weisen radikale Skeptiker unbeirrt auf gegenläufige Prozesse sozialer *Erosion, Fragmentierung und Exklusion* hin, die scheinbar so weit gehen können, jegliche menschliche Verbindung oder Verbundenheit in Frage zu stellen. Die Pointe liegt hier darin, dass derartige Prozesse nun als *unvermeidliche* und *unaufhebbare* Implikationen von integrationistischen Begriffen erscheinen, die zu bloßen Euphemismen herabsinken müssen, wenn ihre Kehrseiten und blinden Flecke nicht bedacht werden.

So gesehen kann keine Rede davon sein, mehr oder weniger tief im Ursprung des sog. Westens verwurzelte Begriffe wie Gerechtigkeit, Solidarität und Verantwortung seien fortan nur noch weltweit nachzuvollziehen und anzuwenden. Vielmehr bedürfen diese Begriffe nun ihrerseits einer radikalen Revision, da sie im Verdacht stehen, den Blick auf eine *in* ihnen (bzw. in der Orientierung *an* ihnen) unaufhebbare Negativität zu trüben und untilgbare blinde Flecke in sich zu bergen. Demzufolge hat man andernorts nicht bloß nachzuholen, was man im Westen vorgedacht hat.

Insofern wäre es ein gefährliches Missverständnis der Globalisierung, sie auf eine *einseitige* „Europäisierung fremder Menschheiten" (Husserl) zurückzuführen und sich diese *als Export* politischer Begriffe und Modelle sozialen Lebens vorstellen, denen man weltweit nacheifern sollte. Dabei geht es nicht nur um Fragen ihrer sensiblen Kontextualisierung und politischer Umsicht unter jeweils besonderen kulturellen Bedingungen, sondern auch um eine radikale Befragung des Sinns politischer Begriffe und Modelle selbst. Die Fixierung des politischen Blicks auf anderswo womöglich bloß nachzuholende Entwicklungen, die angeblich der Westen paradigmatisch vorgemacht hat, lässt unterschätzen, wie sehr sie mitsamt den Ideen – von der Gerechtigkeit bis hin zum Rechts- und Sozialstaat –, an denen sie sich orientiert haben, heute herausgefordert werden von einer Negativität, die im Verdacht steht, sich jeglicher Aufhebung zu widersetzen.

Ob und warum es sich so verhält, wäre freilich erst differenziert zu erforschen. In den in diesem Band versammelten Beiträgen geht es, ungeachtet dieses *anti-dialektischen Akzents*, denn auch nicht darum, *pauschal* die Aussicht auf eine Aufhebung des Negativen zu werfen. Ein versöhnendes Begreifen, so wie es Hegel dargelegt hat, mag sich im Fall des Widersprüchlichen bewähren. Wird dieses als solches nicht nur dann überhaupt verstanden, wenn es aufgehoben wird in einem Dritten? Lassen sich so gesehen Aufhebung, Versöhnung und Begreifen überhaupt voneinander trennen? Doch wie steht es um Phänomene des *Widerstreits*, die sich nicht als Widerspruch artikulieren lassen? Und wie steht es um Erfahrungen des *Entzugs* oder der *Abweichung*, die sowohl das

Positive als auch das Negative als *in sich* brüchig, uneindeutig und dem stets nachträglichen Zugriff des Begreifens sich widersetzend erscheinen lassen? Bringen sie nicht die Unterstellung ins Wanken, ein universales Modell dialektischer Erfahrung, die sich nur zwischen Affirmationen und Negationen und durch ihr Zusammenspiel entfalten könnte, sei jedes Mal anzuwenden?

So kostbar der Gedanke der Aufhebung und Versöhnung des Negativen auch sein mag: Wir haben allen Anlass, endlich einer Vielzahl negativer Phänomene nachzugehen, die zumal ein aufs Gute, Gerechte und Ideale fixierter philosophischer Diskurs sträflich vernachlässigt. Ihm gilt das Ungerechte (sofern es überhaupt eigens bedacht wird) nur als ein Mangel an Gerechtigkeit, so wie die Missachtung nur als ein Fehlen von Achtung. Allenfalls gesteht man noch zu, dass wir, wie schon Heraklit feststellte, von der Ungerechtigkeit zum Recht oder zur Gerechtigkeit vorstoßen. Doch das wird meist nur als eine Frage des *Zugangs* zu einer Idee verstanden, die von der Negativität ihrer mangelhaften Realisierung nicht angefochten wird. Und wo man doch primär *von dieser Negativität ausgeht*, wird meist unterstellt, deren Negation führe eindeutig auf die Spur jenes Positiven, an dem sich das zu messen habe, was im Negativen fehlt oder mangelhaft erscheint.

Doch diese Position führt gleich mehrfach in die Irre. Handelt es sich beispielsweise bei der Verachtung wirklich nur um einen Mangel an Achtung (so wie bei der Missachtung)? Kann Verachtung als solche überhaupt zureichend verstanden werden, wenn man in ihr nur das (möglichst zu behebende) Fehlen von etwas Anderem erkennt? Die Analysen der im vorliegenden Buch mit gutem Grund *lexikalisch* geordneten Phänomene beweisen u. E., dass man ihnen nicht gerecht werden kann, wenn man sie nur als *privative* und nicht „im eigenen Recht" untersucht. Letzteres wird hier in einer Vielzahl von Anläufen versucht, wobei der Verdacht der Unaufhebbarkeit des Negativen zunächst als gemeinsamer Ausgangspunkt fungiert, der die Beteiligten aber nicht auf eine vorgefertigte Theorie festlegt, die sie nur noch anzuwenden hätten. So fungiert die *Frage nach der Unaufhebbarkeit* des Negativen als explorativer gemeinsamer Brennpunkt, ohne eine bestimmte theoretische Deutung gewissermaßen zu präjudizieren.

Phänomene wie die genannten, denen sich zahlreiche andere beigesellen ließen, werden vermutlich in keiner noch so integrierten, alle Menschen (als Mitmenschen, als Zeitgenossen oder als Bürger) einschließenden oder einbeziehenden Gesellschaft aufhebbar sein. Man muss mit Trostlosigkeiten, mit Kontingenzen oder mit großen Verlusten leben, das wussten auch integrationistische Denker der Einheit politischen Lebens wie Hegel, Habermas und Rawls. In derart *pauschalen* Zugeständnissen liegt aber eine fragwürdige Allgemeinheit, die dazu verführt, sich bei jenen Phänomenen gar nicht länger aufzuhalten und sich die Frage zu ersparen, *wie* mit ihnen zu leben sei und welche Vorstellungen gesellschaftlichen Lebens man sich machen soll, die nicht beschönigen, wie es uns mit unaufhebbarer Negativität konfrontiert. Geht man dieser Frage aber nach, so ist damit zu rechnen, dass auch die Mühe der *Beschreibung* und der *Theoretisierung* dieser Phänomene *in sich selbst* an unaufhebbare Grenzen stößt.

Als Beispiel sei nur die Gewalt genannt. Wir können nur in der *Nähe der Gewalt* denken, nicht sie selbst in ganzer Breite zum Vorschein bringen. Denn wer sich ihr zu sehr nähert, kommt in ihr um oder verliert den Verstand. Dass wir heute auch regulative Ideen des Gerechten oder des Guten im Zeichen der Erfahrung extremster Gewalt, d. h. von

Dingen zu bedenken haben, die niemals hätten geschehen dürfen, wie Hannah Arendt in Anspielung auf Kant sagte, ist oft genug festgestellt worden. Doch bleibt es vielfach bei einem bloßen Lippenbekenntnis, selbst wenn in diesem Zusammenhang behauptet wird, die fraglichen Ereignisse hätten das alte Europa gänzlich zerstört und selbst die überlieferten philosophischen Begriffe ruiniert. Methodische und systematische Konsequenzen, die zentral die bei Arendt angedeutete integrale Verknüpfung von Sozial- und Geschichtsphilosophie betreffen müssten, werden nicht gezogen. Wir sehr wir schon in der narrativen Darstellbarkeit und Überlieferbarkeit dieser „Dinge" an unüberwindliche Grenzen geraten, wird in einer Praktischen Philosophie nur selten gesehen, die, von keinem geschichtlichen Trauma beunruhigt, den Spuren der Klassiker folgt, um unbeirrt fortzuschreiben, wie heute das Gerechte und das Gute global zu denken wären. So kann man beim Alten bleiben, woran wir uns im Sinne regulativer Ideen zu orientieren hätten. Der „Rest" wird auf das Konto philosophisch nicht weiter zu beachtender Trostlosigkeiten, Kontingenzen oder Verluste abgebucht, die, wie Rawls lapidar meinte, zum Erwachsensein unabänderlich gehören müssen. Von einer unaufhebbaren Negativität bleibt so, von dieser Zurechtweisung einmal abgesehen, keine Spur. Aber verfällt die Praktische Philosophie nicht gerade dadurch einer sonderbaren Weltfremdheit?

Wenn sich die in diesem Band zusammengetragenen Analysen lange bei einer detaillierten Bestandsaufnahme negativer Phänomene aufhalten, so deshalb, weil sie davon ausgehen, dass ohne „Reibung" an ihnen auch ein Leben im Zeichen des Guten oder Gerechten jeglichen Halt an einem leibhaftigen In-der-Welt-Sein verlieren muss und dass es nicht nur darauf ankommt, *dass* wir unaufhebbarer Negativität ausgesetzt sind, sondern auch darauf, zu verstehen, *wie* das der Fall ist und welche *Spielräume des Verhaltens* sich uns – als unaufhebbarer Negativität *ausgesetzten leibhaftigen Subjekten* – darin eröffnen.

Ein vielfältiges Forschungsfeld ist damit eröffnet, in dem auch die operativen Begriffe (wie Negativität, Aufhebung) neu zur Diskussion gestellt werden müssen, die ins Spiel gebracht werden, um buchstäblich auch sie *auszusetzen*, d. h. neu zu erproben, um ihnen ihre indifferente Geläufigkeit zu nehmen. Es geht also nicht darum, ein starres theoretisches Konzept diversen Phänomenen einfach überzustülpen, sondern darum, zu schauen, ob letztere ihrerseits, wenn sie in ihrem eigenen Recht (und insofern phänomenologisch) zur Sprache gebracht werden, auf die Begriffe zurückwirken, derer wir uns nicht wie abgegriffener Münzen bedienen sollten.

So unternehmen die vorliegenden Beiträge den Versuch, *Praktische Philosophie* in Begriffen einer *Negativistischen Sozialphilosophie* zu rekonstruieren, die a) ein breites Spektrum von *Phänomenen negativer Sozialität in ihrem eigenen Recht* (und nicht nur als Mangelzustände) *beschreiben* soll und die b) davon ausgehen muss, dass sich diese Phänomene *nicht* in einer voll integrierten Gemeinschaft oder Gesellschaft *aufheben lassen*. Auf diese Weise soll einem Beschreibungsdefizit entgegengewirkt werden, das besonders in normativistischen Theorien deutlich auffällt, die negative Erfahrungen – wenn überhaupt – durchgängig im Lichte eines bereits vorausgesetzten Maßes zur Sprache bringen. So nimmt man an, dass es ohne einen „Sinn für Gerechtigkeit" (Rawls) nicht einmal zur Forderung nach Gerechtigkeit kommen würde. Bei näherem Hinsehen zeigt sich, dass man glaubt, dieser „Sinn" entzünde sich zunächst an mehr oder weniger eklatanter Ungerechtigkeit, er führe dann aber doch auf bereits etablierte, im Grunde seit der Antike wohl vertraute positive Vorstellungen von Gerechtigkeit. Schon Aristoteles weckte zwar Zweifel an der Aufhebbarkeit von Ungerechtigkeit in einem möglichst gerecht geregelten Zusammenleben. Aber zieht das die Gerechtigkeit *selbst, in sich*, in Zweifel, wie es vor allem bei Levinas und Derrida den Anschein hat?

Das gleiche Problem stellt sich im Hinblick auf die rechtlich verfasste Ordnung sozialen Zusammenlebens, von der man erwartet, sie werde das Zusammenwirken der Freiheit aller so regeln, dass deren Gewaltpotenzial entschärft, befriedet oder aufgehoben wird. Inwieweit dieses „Versprechen" tatsächlich einzulösen ist, wissen wir indessen nicht, da es trotz einiger Vorarbeiten an einer umfassenden Phänomenologie der Gewalt noch fehlt. So bleiben *Missverhältnisse* zwischen vielfach von (manifester oder latenter, eklatanter oder subtiler) Gewalt geprägten Lebensformen einerseits und philosophischen Begründungen ihrer normativen Regelung andererseits weitgehend unbedacht.

Noch deutlicher wird dies, wenn man in der Praktischen Philosophie bislang geradezu ignorierte Prozesse sozialer und politischer Verfeindung bedenkt. Auch in diesem Fall kann eine negativistisch ansetzende Sozialphilosophie ausgehend von den negativen Erfahrungen des Streits und der polemogenen Auseinandersetzung das begründete Verlangen nach deren Aufhebung, Entschärfung oder Regelung plausibel machen und zugleich zu einer kontextuell angemessenen Reflexion der Frage beitragen, was man sich tatsächlich (nicht) davon versprechen kann, diesem Verlangen Rechnung zu tragen. Besonders dieser Frage kommt erhebliches Gewicht in dem Maße zu, wie man plausibel machen kann, dass soziale Gemeinschaften und Gesellschaften mit unaufhebbarem Widerstreit, innerem Konflikt oder sog. „Unvernehmen" (Rancière) leben müssen, ohne sich aber indifferent oder defätistisch damit abfinden zu können.

Sollte sich dieser Verdacht erhärten lassen, haben wir allen Anlass zu einer grundlegenden Revision auch *des Sozialen*, insoweit es sich *nicht durchgängig verrechtlichen* und durch Regeln des Zusammenlebens befrieden lässt. In diesem Sinne gehen die folgenden Beiträge von einem *weit gefassten* Begriff des Sozialen aus, der nicht von vornherein in rechtlicher oder politischer Hinsicht verengt wird. Sie weisen die Phänomene auf, die einen solchen Begriff rechtfertigen – angefangen bei der Anrede und Inanspruchnahme Anderer, bei der menschlichen Stimme und ihrer Artikulation in einem je neu zu stiftenden zwischen-menschlichen Erscheinungsraum bis hin zu institutionell gestützten, transnationalen Formen der Kommunikation im Horizont einer scheinbar entgrenzten Öffentlichkeit. Diese Phänomene wären ihrerseits sozialphilosophisch neu zu interpretieren im Hinblick auf tief greifenden, vielfach *historisch motivierten Dissens* in Gemeinschaften, Gesellschaften und transnationalen politischen Machtgefügen, deren geschichtliche Identität nur mehr oder weniger strittig sein kann. Die gängige Rede von einer demokratisch bewährten Konfliktkultur kaschiert nur notdürftig, dass gerade Phänomene des Streits bis hin zur polemogenen Verfeindung sozialphilosophisch nur als höchst unzureichend ausgelotet gelten können. Das gilt nicht zuletzt für die notorische, in der aktuellen ökonomischen Krise wieder offen ausbrechende Auseinandersetzung darüber, worum es in Formen gemeinschaftlichen, gesellschaftlichen oder auch transnational organisierten und institutionalisierten Zusammenlebens eigentlich gehen soll und was wir uns von ihnen erwarten bzw. was sie glaubwürdig „versprechen" sollten.

Wer nun glaubt, derartige Fragen sollten empirischen Wissenschaften vorbehalten bleiben, die sich so genannte Gegenwartsdiagnosen zutrauen, diese Fragen entbehren aber jeglicher philosophischen Brisanz, hat im Lichte der hier versammelten Beiträge allen Grund zur Revision dieses Vorurteils. Denn was sie erproben und vorführen, ist – bei aller Unterschiedlichkeit im Duktus, begrifflichen Temperament und Stil der Beteiligten –, wie das Denken dem, was ihm als zu Begreifendes voraus liegt, *ausgesetzt* ist, ohne es begrifflich bändigen zu können in einer transparenten Reflexion des eigenen Tuns. So erweist sich das Denken und das Gedachte als rückhaltloser Infragestellung ausgesetzt und zwingt auf diese Weise zur Revision selbst der ältesten und vermeintlich solidesten Begriffe, mit deren Hilfe man sich menschliches, soziales und politisches Zusammenleben und dessen Sinn verständlich zu machen versucht hat. In diesem Sinne soll hier nicht kaschiert, sondern gerade gezeigt werden, wie Erfahrung (die sich nicht auf para- oder pseudo-wissenschaftliche Empirie reduzieren lässt) und Denken zusammenspielen; wie sie aufeinander einwirken, sich chiasmatisch überkreuzen und wie sie einander heraus- und überfordern in unabsehbaren Spielräumen, durch die auch die Philosophie allein Zukunft hat – weit über eine bloße Fortschreibung von Vorgedachtem hinaus.

Die in diesem Band versammelten Beiträge gehen überwiegend auf eine vom ersten Herausgeber initiierte und in Zusammenarbeit mit dem Wiener Institut für Wissenschaft und Kunst im März des Jahres 2010 im Wiener Depot veranstaltete Tagung zur Programmatik einer Negativistischen Sozialphilosophie sowie auf eine ergänzende, im Oktober 2010 von den Herausgebern gemeinsam veranstaltete Konferenz am Mitteleuropäischen Institut für Philosophie an der Humanwissenschaftlichen Fakultät der Karls-Universität Prag zurück. Besonders bedanken möchten wir uns beim Geschäftsführenden Direktor des Wiener Instituts für Wissenschaft und Kunst, Thomas Hübel, für die praktisch-logistische Unterstützung sowie bei Herrn Dr. Mischka Dammaschke und Herrn Veit Friemert für die ausgezeichnete Zusammenarbeit bei der Herstellung dieses Bandes.

Burkhard Liebsch, Leipzig
Andreas Hetzel, Darmstadt/Klagenfurt
Hans Rainer Sepp, Prag

BURKHARD LIEBSCH

Einführung

Ansatzpunkte einer „negativistischen" Sozialphilosophie

Who can set limits to the remedial force of spirit?
Ralph W. Emerson[1]

1.

Auf der Spur jenes ewigen Friedens, dem Kant 1795 mit Blick auf eine denkbare Föderation republikanischer Staaten eine realistische Aussicht hatte eröffnen wollen, zeichnet sich gegenwärtig für kosmopolitische Enthusiasten eine umfassende, alle Menschen einschließende Welt-Gesellschaft ab. Sie bauen darauf, dass die sog. Globalisierung wenn schon nicht auf kürzestem, vernünftigen Wege, so doch wenigstens durch eine realiter erzwungene Solidarisierung aller Menschen, die füreinander weitgehend Fremde sind, deren politisch-rechtlich integrierte Vergesellschaftung herbeiführen wird – ungeachtet einer weiterhin kaum zu überwindenden „ungeselligen Geselligkeit". Solche Einschätzungen kontrastieren bemerkenswert mit der Beobachtung namentlich von Soziologen, dass sogar innerhalb derjenigen Staaten, denen die Gewährleistung mehr oder weniger gerechter Lebensverhältnisse auf ihrem Territorium schon verlässlich gelungen zu sein schien, *radikal* die Frage wieder aufbricht, was Gesellschaften überhaupt (noch) zusammen hält und wodurch sie zunehmend auseinander treiben. Vor allem so genannte radikal-demokratische und dissenstheoretische Ansätze weisen auf dieses Aufbrechen hin, das sie gelegentlich auch beschwören, so als gelte es einer fatalen Normalisierung der Lebensverhältnisse vorzubeugen, die sich über teils verkümmerte, teils nur kaschierte Quellen radikalen Konflikts gefährlich hinwegtäuschen.

Weit entfernt, sich auf ein natürliches oder eidetisches Fundament stützen zu können, wie man es in der auf Platon und Aristoteles zurückgehenden Tradition des politischen Denkens anzunehmen gewohnt war, oder sich mit der Grundlosigkeit einer alles erfassenden Kontingenz abfinden zu wollen, haben diese Ansätze an das *absolute Minimum* erinnert, ohne das es kein soziales und politisches Leben geben kann. Gemeint ist, *dass man einander auf Erwiderung hin wenigstens ansprechen und in Anspruch nehmen kann*. In diesem Sinne hat man sich auf die menschliche *Stimme* besonnen und sie als elementaren Gegenstand politischer Sorge kenntlich gemacht, die besagt: Wenn uns schon keine

---

[1] R. W. Emerson, „Nature", in: *Selected Essays*, Harmondsworth 1987, S. 77.

ursprüngliche, archäologische oder teleologische Bestimmung zum Zusammenleben in politischen Lebensformen miteinander verbindet und wenn die bloße Tatsache, dass man faktisch zu einem politischen Gemeinwesen gehört, in keiner Weise gewährleistet, dass man wirklich „zählt" in ihm, so ist doch wenigstens dafür Sorge zu tragen, dass man seine Stimme erheben kann, um danach zu verlangen, Gehör zu finden – vor allem dann, wenn es darum geht, sich gegen Unannehmbares aufzulehnen.[2] „Man", das heißt, *jede(r)* sollte sich Gehör verschaffen können, die oder der etwas (Wichtiges) zu sagen hat oder einen (berechtigten) Anspruch geltend machen möchte. Nur so ist der möglichen Zerstörung politischer Lebensformen durch radikale Konflikte vorzubeugen. Jedoch droht jede politische Lebensform durch diesen scheinbar *elementarsten und dennoch hinsichtlich seiner Verbindlichkeit anfechtbaren Anspruch*[3] hoffnungslos überfordert zu werden, wenn er von zu vielen zugleich, unbeschränkt und ohne besondere Rücksicht auf Umstände und Ordnungen der Rede eingelöst werden soll. Deshalb erfährt dieser Anspruch unvermeidlich eine kontingente Beschränkung (und *nur durch* diese Beschränkung *auch* eine Realisierung) unter konkreten Bedingungen durch Andere, die festlegen, wer, wann, wie, was berechtigt zur Sprache bringen kann – wenn nicht höchstpersönlich, als „Betroffener", dann wenigstens durch wieder Andere, die Andere vertreten dürfen.

Niemals wird sich allerdings die Pluralität der Stimmen, die Anspruch darauf hätten, Gehör zu finden, mit den Rede-Spielräumen einer politischen Lebensform gewissermaßen decken können. *Phone* und *polis* stimmen buchstäblich nicht überein, sei es, weil niemals alle gehört werden können, sei es, weil nicht alle „zählen", sei es, weil einige, die vorrangig glauben etwas zu sagen zu haben, Andere immerfort durch ihr Weg- und Überhören zum Schweigen bringen, so dass diese nur noch (un-) politischen Lärm machen können und doch wie (mund-) tot sind. Dabei kann allerdings nicht vorausgesetzt werden, alle, die reden könnten, verlangten auch danach. Vielmehr hat es den Anschein, dass ganze Schichten, gesellschaftliche Sektoren, Subkulturen und neuartige Gebilde sozialer Vernetzungen, die kaum mehr im traditionellen Sinne als Vergemeinschaftungen oder Vergesellschaftungen anzusprechen sind, nicht mehr darauf aus sind, im öffentlichen, diskursiven Milieu einer politischen Ordnung gehört zu werden, die bestenfalls bei Wahlen ihre Stimme zählt, um den Anschein legitimer Repräsentation derer zu erwecken, die sich durch ihre sog. Volks-Vertreter vielfach mundtot gemacht oder verraten sehen.

Darauf antwortet auf ihre Weise eine nicht zuletzt in der Philosophie festzustellende *Politisierung des Schweigens*, die im Nicht-gehört-werden und in der Preisgabe des Begehrens, sich zu äußern und mit seiner Stimme gewürdigt zu werden, das abgründige und ambivalente Potenzial einer nicht auszuräumenden *Spaltung des Sozialen* entdeckt,

---

[2] Zum Kontext dieser Diskussion vgl. L. Boltanski, È. Chiapello, *Der neue Geist des Kapitalismus*, Konstanz 2006, S. 381 ff.; U. Bröckling, R. Feustel (Hg.), *Das Politische denken. Zeitgenössische Positionen,* Bielefeld 2010.

[3] So dreht sich eine ausgedehnte Debatte um die Frage, ob „der" Anspruch des Anderen von vornherein als ein ethischer oder moralischer „einzustufen" ist (wie es bes. bei Levinas in höchst anfechtbarer Art und Weise der Fall zu sein scheint). Vgl. v. Verf., „Die menschliche Stimme im Kampf um Anerkennung. Sozialphilosophische Überlegungen im Anschluss an Hegel und Lyotard", in: R. Breuninger (Hg.), *Das Problem der Anerkennung in der modernen Welt,* Ulm 2011 (i. E.).

das mit der *Ansprechbarkeit Anderer* steht und fällt.[4] Wenn es immer und unvermeidlich einige geben wird, die nicht gehört werden (oder die sich abwenden), und wenn notorisch strittig ist, was denn als bemerkenswerter und berechtigter Anspruch gelten soll, kann dann überhaupt irgendeine politische Lebensform versprechen, was man vielfach gedankenlos als Integration zu bezeichnen sich angewöhnt hat? Wenn andererseits keine Integration je bruchlos gelingen kann, wenn immer einige Stimmen verstummen oder einer Exklusion anheimfallen müssen, warum sollte man dann viel politisches Aufhebens davon machen? Wenn es, mit Brecht zu reden, *immer und unvermeidlich einige gibt*, die man gleichsam im Schatten der Anderen nicht sehen und hören kann, warum sollte man dem dann besondere politische Bedeutung zumessen? Oder ist es am Ende gerade dieses vermutlich unaufhebbare Missverhältnis, aus dem immer von neuem Konflikte keimen, die das politische Zusammenleben ungeachtet aller anhaltenden Normalisierungsprozesse am Leben erhalten?[5]

Apologeten des Konflikts setzen gegen eine überhand nehmende Normalisierung des Politischen, das ihnen gegenwärtig zu verfallen scheint, eine Vitalität, die dem Politischen vor allem, wenn nicht ausschließlich durch politisch unaufhebbare Auseinandersetzungen zukomme.[6] Das Politische kann demnach wieder verkümmern oder aber

---

[4] Die Möglichkeit, Andere „auf Erwiderung hin" anzusprechen, wie es Karl Löwith genannt hat („„Das Individuum in der Rolle des Mitmenschen" [1928], in: *Sämtliche Schriften 1*, Stuttgart 1981, S. 14–197), ist der anarchische Kern des Sozialen. Als solches fundiert es jeden Anspruch an Andere, jedes Versprechen und jeden Vertrag (der seinerseits die Möglichkeit voraussetzt, Anderen das ein- oder gegenseitig gegebene Wort zuzumuten). Selbst in einer dissoziativen, agonalen oder antagonistischen negativen Gegenseitigkeit, die man einer vermeintlich nur auf positiv-assoziative soziale Beziehungen fokussierten Politischen Philosophie entgegengesetzt hat, wird das Soziale in diesem Sinne stets vorausgesetzt – ungeachtet der üblichen Abwertung, die es als eine Form gesellschaftlicher, sozial-ökonomischer oder sozialpolitischer Überwältigung des Politischen von H. Arendt bis J.-L. Nancy, P. Lacoue-Labarthe und E. Laclau immer wieder erfahren hat. Vgl. O. Marchart, *Die politische Differenz*, Berlin 2010, S. 35 f., 93, 185, 199 ff.

[5] Vgl. O. Flügel, R. Heil, A. Hetzel (Hg.), *Die Rückkehr des Politischen. Demokratietheorien heute*, Darmstadt 2004; v. Verf., „A(nta)gonistische Konflikte und Lebensformen – Spuren eines neuen Ethos? Zur zwiespältigen Aktualität des Politischen" [Rezension v. Z. Bauman, *Gemeinschaften*, 2009; J. Butler, *Die Macht der Geschlechternormen*, 2009; M. Foucault, *Die Regierung des Selbst und der anderen. Vorlesung am Collège de France 1982/83*, 2009; C. Mouffe, *Über das Politische. Wider die kosmopolitische Illusion*, 2007; Q. Skinner, *Visionen des Politischen*, 2009], in: *Philosophischer Literaturanzeiger 62*, Nr. 4 (2009), S. 375–395.

[6] In ihrer polemologischen Deutung des Politischen legt vor allem Chantal Mouffe nahe, menschliche Lebensformen müssten sich ständig neu formieren in der Kontingenz unzureichender Gründe für ein gemeinschaftliches oder gesellschaftliches Zusammenleben; und diese Kontingenz manifestiere sich in der Form von antagonistischen oder agonalen Konflikten, in denen man ohne unanfechtbar verbindliche „Grundlagen" auskommen muss. Die Beschreibung ihrer für das soziale bzw. politische Zusammenleben konstitutiven Funktion erinnert stark an Heideggers Ontologie eines Mitseins, das ein „Miteinander im Modus des Gegeneinander" ausdrücklich einschließt (und keineswegs eine durchgängig „positive" Verbundenheit etwa meint). Diese Ontologie legt nahe, *dass sich soziales und politisches Leben in Prozessen fortgesetzter Auseinandersetzung stets neu formiert*, die Spielräume sozialer und politischer Verhaltensmöglichkeiten schaffen, ohne freilich zu präjudizieren, wie man sich in ihnen bewegen wird und wie man sie ausgestaltet. Wo wie bei Mouffe diese Prozesse der Auseinandersetzung aber als antagonistische aufgefasst werden, wird

sich als vital erweisen – je nach dem, ob radikale Konflikte sich einstellen, um die echter, nicht normalisierbarer Streit entsteht. Solche Konflikte brauchen nicht offen auszubrechen und in destruktive Gewalt umzuschlagen. Und das Politische muss sich nicht ereignishaft zuspitzen; es kann auch die Form einer unspektakulären Revolution in Permanenz annehmen.

In diesem Sinne ist vielleicht der entfesselte globale Finanzkapitalismus das Politischste, was sich denken lässt – obgleich (oder gerade weil) er sich wie schon die in der Aristotelischen *Politik* beschriebene Chrematistik jeglicher politisch-ökonomischen Bändigung scheint entwinden zu können.[7] Er zieht alle in Mitleidenschaft, gibt Anlass zu radikalem Streit um den Sinn politischer Koexistenz, garantiert aber in keiner Weise, dass die von ihm Betroffenen auch zur Aussprache kommen und Gehör finden. Zugleich verträgt er sich ausgezeichnet mit einer in den nach wie vor wohlhabenden Ökonomien des Westens vorherrschenden Normalisierung der Lebensverhältnisse, die häufig zu Klagen über eine lähmende Saturiertheit führt, in der man sich außerordentlich schwer tut mit der Brisanz bemerkenswerter Ereignisse – sogar solcher, in denen sich das Ende dieser Normalisierung anzukündigen scheint. Man denke nur an das sog. Platzen von Spekulationsblasen und die Beinahe-Bankrotte einiger, hoffnungslos überschuldeter Staaten. Vielleicht muss man ja die Langeweile der Demokratie als unabänderlich hinnehmen, die in ihrer Normalität selbst das Außerordentliche kleinarbeitet (wie Wolf Lepenies meinte[8]); doch ist vor dem Fehlschluss zu warnen, äußere Normalität oder vermeintliche Ereignislosigkeit lasse auf die Abwesenheit des Politischen schließen.

Dass man tatsächlich diesen Fehlschluss zieht, mag z. T. erklären, warum es manche für notwendig halten, ein an seiner eigenen Sekurität geradezu erstickendes Leben notfalls gewaltsam und durch tragische Konflikte (bis hin zur kollektiven Verfeindung) zu einer Vitalität zu befreien, ohne die es nicht mehr *Leben* genannt zu werden verdiene. Dabei fehlt nicht viel, von der Behauptung unvermeidlich tragischer menschlicher, besonders politischer Konflikte aus die Schwelle zur Affirmation kollektiver Verfeindung als eines unentbehrlichen Movens der Geschichte zu überschreiten.[9] Glauben nicht auch Kant und Hegel zu wissen, dass nur ein ab und an geführter Krieg vor geistiger Faulheit in einem Leben bewahrt, das sich nicht mehr als existenziell herausgefordert erfährt?[10]

Einer „polemologischen" Fortschreibung eines solchen Geschichtsdenkens bedarf es indessen nicht. Denn an vielfältigen realen Anlässen zu neuen Kriegen mangelt es nicht – von der vielerorts längst dramatischen Knappheit elementarster Ressourcen wie des

---

demgegenüber nahe gelegt, sie würden immer neue, *konstitutive Spaltungen sozialen und politischen Lebens* heraufbeschwören – und zwar so, dass uns scheinbar nur noch die Wahl bleibt, sie entweder unbegrenzt auszutragen oder aber sie in agonalen Konfliktformen zu entschärfen.

[7] Vgl. P. L. Berger, The Capitalist Revolution, New York 1986, S. 3; M. Hénaff, *Der Preis der Wahrheit. Gabe, Geld und Philosophie*, Frankfurt am Main 2009, S. 134 ff.; J. Vogl, *Das Gespenst des Kapitals*, Berlin ²2011.

[8] W. Lepenies, „Vorwärts mit der Aufklärung", in: *Der Spiegel* 9 (1993), S. 128–145, hier: S. 145.

[9] In diesem Sinne wird man von Max Weber über Isaiah Berlin und Samuel Huntington bis hin zu Herfried Münklers Beschreibung einer (ihm als unvermeidlich erscheinenden) imperialen Dämonologie fündig.

[10] W. Janssen, „Krieg", in: O. Brunner, W. Conze, R. Koselleck (Hg.), *Geschichtliche Grundbegriffe*, Bd. 3, Stuttgart 1982, S. 567–616, hier: S. 594 ff.

Wassers[11] bis hin zu den Vorzeichen eines Cyberkrieges.[12] Überdies haben die Prozesse der Globalisierung auch das vermeintlich sichere Leben in den reichen Staaten des Westens längst nachhaltig zu unterminieren begonnen. Gibt es den saturierten „Normalbürger" überhaupt noch in nennenswerter Zahl, dem man die Unumgänglichkeit tragischen Konflikts, agonaler, antagonistischer und polemischer Auseinandersetzungen wieder einschärfen will?[13] Ist nicht die Gesellschaft, in deren Wohlstand sie ihr ein für allemal gesichertes Leben eingerichtet hatten, nur noch ein prekäres Gebilde zwischen vielen „überflüssigen" Einzelnen, die ihr längst entfremdet sind, einerseits und Prozessen der Globalisierung andererseits, die sie ohne Rücksicht auf die territoriale und identitäre Integrität politischer Lebensformen durchkreuzen?

Zeitdiagnosen sind Legion, die die zu erwartenden Folgen ausmalen. Nachdem die Lohnarbeitsgesellschaft am Ende und die „Lebenslüge des Sozialstaats" entlarvt sei, in einer solidarischen und gerechten Gesellschaft könnten alle auch ein sinnvolles Leben leben, müssten solchen Diagnosen zufolge nunmehr zahllose Nicht-Integrierte in jeder Hinsicht ihr freigesetztes Leben selbst gestalten, das sich als genauso prekär erwiesen habe wie das der Menschen der Dritten Welt. Längst breite sich die ehemals Dritte Welt auch in der Ersten aus. Hier wie dort seien ungezählte Entwurzelte unterwegs, sich und ihrer Welt fremd, Passagiere von irgendwo nach nirgendwo.[14] Ein modischer Nomadismus erklärt diese Not zur neuen Tugend: sich als nicht mehr geerdetes und verortetes Selbst zu begreifen, das in der fortwährenden Umwälzung der Lebensverhältnisse nicht länger auf Beständigkeit, Sicherheit und praktische Verlässlichkeit setzen, sondern, flexibel vernetzt, möglichst mit der temporalisierten Liquidierung alles Beständigen mitgehen sollte, wie sie von Karl Marx bis Marshal Berman diagnostiziert wurde.[15]

---

[11] Vgl. P. Dobner, *Wasserpolitik. Zur politischen Theorie, Praxis und Kritik globaler Governance*, Berlin 2010.

[12] U. Ladurner, K. Pham, „Iran im Krieg 2.0", in: *Die Zeit Nr. 40* (2010), S. 12.

[13] Für Odo Marquard (*Philosophie des Stattdessen*, Stuttgart 2000, S. 38 f., 104) bestand daran offenbar kein Zweifel: „Negativitätsbedarf" entstehe dort, wo eine „Übelstandsnostalgie der Wohlstandswelt" vorherrsche; und zwar deshalb, weil es allen scheinbar zu gut geht... Diese Analyse atmet selbst den Geist der Saturiertheit, den sie vorzuführen scheint. Einer Gegenprobe im Lichte des realen „Elends der Welt" (P. Bourdieu et al.) hält sie nicht stand.

[14] Nur stellvertretend sei auf die mit polemischer Verve vorgetragene Kritik V. Forrestiers am „Terror der Ökonomie" verwiesen, der sich zufolge der Autorin im Verlust von Selbstachtung beschämter Überflüssiger offenbart, denen weder eine Aussicht auf bezahlte, als sinnvoll erachtete Arbeit noch auf von Zwängen der Lohnarbeit befreite Beschäftigung offen stehe. Ihrem „unnützen" Leben, das keine anerkannte Lebensform mehr zulasse, werde nur mehr Gleichgültigkeit entgegengebracht, durch die sie sich *als Ausgeschlossene* restlos in die Herrschaft einer kapitalistischen Ökonomie *eingeschlossen* erfahren müssten. V. Forrestier, *Der Terror der Ökonomie*, München 1998, S. 11, 19, 105, 112. Die Vergleichgültigung ihres Lebens führe nirgends mehr zur antagonistischen Zuspitzung eines Kampfes, der noch einen Ausweg versprechen könnte. Dagegen lancierten M. Hardt und A. Negri ihren Begriff der *multitude* im Sinne einer weltweit verstreuten Vielheit singulärer Subjekte, denen sie genau dies zuzutrauen scheinen, ohne aber eine Aufhebbarkeit des Kampfes in einer integrierten Weltgesellschaft etwa suggerieren zu wollen. Vgl. M. Hardt, A. Negri, *Multitude. War and Democracy in the Age of Empire*, London 2004, sowie die Anm. 5, oben.

[15] Vgl. M. Berman, *All That is Solid Melts Into Air*, London ²1988; A. Evers, H. Nowotny, *Über den Umgang mit Unsicherheit*, Frankfurt am Main 1987, S. 77, 82; T. Eagleton, *After Theory*, London

Im Anschluss an diese Diagnose kann beispielsweise Bruno Latour scheinbar mit dem neo-liberalen Credo nahtlos übereinstimmen: *there is no such thing as society* (Margaret Thatcher).[16] Die Globalisierung habe ihr den Rest gegeben und den im sozialstaatlichen Denken unterstellten *inneren politischen Zusammenhang* von Gesellschaft, Wirtschaft und Staat aufgelöst.[17] Weitgehend undurchsichtigen neuen Formen des Regierens jenseits des Nationalstaats würden demzufolge desintegrierte Individuen gegenüber stehen, die weder von Natur aus noch durch einen wesentlichen politischen Sinn ihrer befristeten und zufälligen Koexistenz dazu prädestiniert scheinen, ein gesellschaftliches Leben zu formieren. Ihr Leben ist und bleibt prekär. Während die einen darin nur einen (sei es auf bestimmte Sektoren des Sozialen beschränkten, sei es allgemeinen) Verfall gesellschaftlicher Integration erkennen, der vielfach mit Erfahrungen der Ersetzbarkeit, der Nutzlosigkeit, der Nichtbeachtung, der Marginalität und des Vergessenwerdens von anderen einhergehe und gerade deshalb nach einer energischen Resolidarisierung weltgesellschaftlicher Verhältnisse verlange, rückt für andere der Begriff des Prekären geradezu zum Existenzial auf.

So hat Judith Butler in einem ihrer neueren Bücher die *precariousness of life* zum Ausgangspunkt einer grundlegenden sozialphilosophischen Revision der Frage gemacht, wie menschliches Leben, das von Anfang an sich selbst, Anderen und der Welt *ausgesetzt* ist, als zugleich auf ein soziales und politisches Leben *angewiesen* und als eben dadurch außerordentlich *verletzbar* zu verstehen ist. In dieser Sicht beschränkt sich das Prekäre nicht etwa auf einen bestimmten, des-integrierten Sektor einer ansonsten weiterhin mehr oder weniger sicheren Gesellschaft (wie das sog. Prekariat); vielmehr erscheint es als existenziale Bestimmung menschlichen Ausgesetztseins, das keine soziale oder

---

2004, S. 19 ff.; v. Verf., *Für eine Kultur der Gastlichkeit*, Freiburg i. Br., München 2008. In der sozialwissenschaftlichen Literatur herrscht in diesem Kontext ein risikotheoretischer Ansatz vor, der primär an der Frage interessiert ist, ob und inwieweit Gefahren abschätzbar werden. Ungeachtet aller Depotenzierung von Gefahren zu Risiken bleibt aber das individuelle Selbst existenziell „verwundbar", heißt es, wobei aber vielfach Beständigkeit (im Sinne der Reidentifizierbarkeit des Selben), ein darauf gestütztes Gefühl der Sicherheit und Verlässlichkeit im Sinne des Sichverlassenkönnens auf Andere nicht unterschieden werden. Letzteres war für Hannah Arendt primär, wie sie in *Vita activa* am Paradigma des gegebenen Wortes mit Blick auf die Stiftung einer verbindlichen politischen Welt zeigte. Hier erschließt sich ein weites, offenes Feld künftiger Forschungen, die den Sicherheits-, Risiko- und Gefahrendiskurs mit dem Begriff einer praktisch, trotz unaufhebbarer Verletzbarkeit verlässlichen Welt zusammen führen müssten.

[16] B. Latour, *Wir sind nie modern gewesen*, Frankfurt am Main 1998.

[17] Demgegenüber behaupten andere, wir seien *de facto* längst in einer Welt-Gesellschaft angekommen, die nach der Aufhebung einer entfesselten Ökonomie in einer (nicht-staatlichen) Verfassung unabdingbar verlange (vgl. H. Brunkhorst, M. Kettner [Hg.], *Globalisierung und Demokratie*, Frankfurt am Main 2000; U. Menzel, *Paradoxien der neuen Weltordnung*, Frankfurt am Main 2004). Was zutrifft, steht hier nicht zur Diskussion; es geht an dieser Stelle lediglich um das Wiederaufbrechen einer radikalen Fraglichkeit eines sozialen bzw. politischen Verhältnisses zwischen Fremden, die allenfalls von einer welt-weiten Vergesellschaftung in *statu nascendi* zu sprechen erlaubt. Dabei steht weniger der „Globus" (oder gar ein geografischer Begriff der Erde) als vielmehr der Begriff einer *politischen Welt* auf dem Spiel, die als eine komplexe Vernetzung von Erscheinungsräumen im Sinne Hannah Arendts stets aufs Neue verlässlich einzurichten ist und abgesehen davon keinen substanziellen Bestand hat.

politische Integration aufzuheben versprechen kann (oder sollte). Aus der Besinnung auf die *precariousness of life*, die alle Menschen letztlich gemeinsam hätten, versucht Butler allerdings das Potenzial einer neuen, global ausstrahlenden Solidarität abzuleiten, wohl wissend um die lokal höchst unterschiedlichen Bedingungen mehr oder weniger gefährdeten oder gesicherten Lebens, die manche, etwa in *gated communities*, ihr Ausgesetztsein weitgehend vergessen lassen, während zahllose Andere vor den Toren solcher Ghettos für Besserlebende ihr als überflüssig erfahrenes Dasein von Tag zu Tag fristen müssen.[18]

Ungeachtet einer differenziellen Verteilung prekärer Lebensbedingungen (*allocation of precariousness*) versucht Butler zu zeigen, dass ein unabänderlich verwundbares, verletzbares und in diesem Sinne prekäres Leben *nur als solches* Teil einer Gemeinschaft oder Gesellschaft werden kann, als deren Mitglied man sich in der ersten Person Plural identifiziert. Jedes derart identifizierte „Wir" sei aber von Anfang an und unabänderlich unterbrochen durch die Alterität jedes einzelnen, prekären Lebens.[19] Und zu dieser Unterbrechung durch ein unberechenbares, singuläres Leben jedes Anderen könne bzw. dürfe sich keine soziale oder politische Lebensform gleichgültig verhalten. Gerade in ihm nämlich liege die ursprüngliche Herausforderung zu einer ethischen Nicht-Indifferenz, die sich als Bestimmung zur Verantwortung und/oder zur Gerechtigkeit für den Anderen realisiere. Die Gleichgültigkeit einer bloßen Koexistenz nebeneinander (die Hobbes zum Ausgangspunkt der modernen Sozialphilosophie gemacht hatte) ist so gesehen stets das Produkt einer Vergleichgültigung dessen, was von sich aus keineswegs gleichgültig bzw. in-different *ist*.[20]

---

[18] Schon Hannah Arendt sah in *Elemente und Ursprünge totaler Herrschaft* (München ³1996, S. 702) eine virtuelle Überflüssigkeit (potenziell aller Menschen) heraufziehen.

[19] J. Butler, *Frames of War. When is Life Grievable?*, London, New York 2009, S. 14. Eine von der Alterität des Anderen unterbrochene, aber auch inspirierte Rhetorik des Wir-Sagens wird seit einiger Zeit auch im Kontext der sog. „Politik der Differenz" bedacht, doch erfährt die Alterität dabei nach bewährtem Muster vielfach eine Reduktion auf die Kategorie des Besonderen, die im Folgenden, mit Blick auf Levinas, gerade nicht gemeint ist. Vgl. S. Benhabib, „Demokratie und Differenz", in: M. Brumlik, H. Brunkhorst (Hg.), *Gemeinschaft und Gerechtigkeit*, Frankfurt am Main 1993, S. 97–116; S. Benhabib (Hg.), *Democracy and Difference. Contesting the Boundaries of the Political*, Princeton 1996; v. Verf., *Moralische Spielräume. Anderheit und Menschheit, Zugehörigkeit und Identität*, Göttingen 1999.

[20] Vgl. v. Verf., „Indifferenz und Gleichgültigkeit", in: *Geschichte als Antwort und Versprechen*, Freiburg i. Br., München 1999, Kap. V; C. Ginzburg, „Einen chinesischen Mandarin töten. Die moralischen Implikationen der Distanz", in: *Holzaugen. Über Nähe und Distanz*, Berlin 1999, S. 241–257. Wie durchgreifend das Hobbesianische Erbe (mitsamt den Gegenpositionen, die man in ihm und gegen es aufgeboten hat) noch immer die Diskussion um Begriffe wie das Politische oder die Gemeinschaft bestimmt, zeigt R. Esposito, *Communitas. Ursprung und Wege der Gemeinschaft*, Berlin 2004. Der Autor schließt sich in zentralen Teilen seiner Argumentation dem Ansatz J.-L. Nancys (*singulär plural sein*, Berlin 2004) an. Nancy sucht so wenig wie Esposito einen radikal-ethischen Ausweg aus dem angeblich „dem Krieg verfallenen", insofern polemologisch verfassten Sein, wie es bei Levinas der Fall ist, der im Folgenden zu Wort kommt. Es ist weiterhin ein Desiderat, diese, maßgeblich auch von Jan Patočka bedachten Zusammenhänge sozialphilosophisch zu entfalten. Vgl. die in Verbindung mit Hans Rainer Sepp neu herausgegebenen *Ketzerischen Essays zur Philosophie der Geschichte*, Berlin 2010. Diese Essays zeigen,

So hat Levinas seinen Begriff menschlicher Sensibilität angesichts des singulären Anderen entwickelt, die politisch, im Verhältnis zu Dritten und völlig Unbekannten fruchtbar zu machen wäre.[21] Doch von dieser Sensibilität angesichts eines Anderen bis hin zur Sensibilität im Verhältnis zu anonymen Anderen, die uns niemals von Angesicht zu Angesicht begegnen werden, ist es ein weiter Weg, den nur (medial vermittelte) Bilder und Erzählungen gelegentlich als kurz und unvermittelt erscheinen lassen. Deshalb führen Bilder und Erzählungen häufig gewissermaßen zu medialen Kurzschlüssen zwischen dem prekären Leben der einen hier und der anderen anderswo und suggerieren eine direkte Verbindung unter Umgehung aller sozialen und politischen Ordnungen bzw. Rahmen, die normalerweise durchgreifend bestimmen, wer wen „etwas angeht".[22] So fruchtbar solche Kurzschlüsse sein mögen, wenn sie uns aus der Lethargie einer Normalität reißen, die die Antwort auf diese Frage vielfach fraglos vorgibt, so groß ist die Verwirrung, die sie stiften, wenn sie jene Ordnungen und Rahmen durchbrechen, neu verknüpfen und konfundieren. Wenn das geschieht, kann das prekäre Leben der Fernsten unvermittelt zur dringlichsten Herausforderung der Nächsten werden, die sich fragen müssen, warum und mit welchem Recht überhaupt Begriffe der Verwandtschaft, Topographien der Nachbarschaft oder genealogische Kategorien eines politischen Familiarismus vorgeben (sollten), wer wem nahe steht und verpflichtet ist.

Unter anderem die Ethik der Alterität, die feministische Kritik und die Dekonstruktion haben in den letzten Jahrzehnten viel dazu beigetragen, den geläufigen, auf familiale, ethnische und nationale Loyalitäten sich stützenden Antworten auf diese Frage jede Selbstverständlichkeit zu entziehen. Gleichwohl ist es hilfreich, Kontexte zu unterscheiden, in denen prekäres, vor allem *Anderen ausgesetztes* Leben zunächst zum Vorschein kommt.

Als erstes ist die *Geburt* zu nennen, die jemanden zur Welt kommen lässt, ein singuläres Selbst, das in der Zukunft seine eigene Stimme hören lassen wird, um seine eigene „Sicht der Dinge" zum Ausdruck zu bringen. Die *Anderen zunächst absolut ausgesetzte Existenz dieses Selbst* gibt ihnen die Verantwortung für sein prekäres Leben, dem sie gerecht werden sollen. Das aber kann nur *in einem sozialen Leben unter anderen Anderen* geschehen, so dass sich schon hier die radikale Frage stellt, ob ein solches Leben, das unvermeidlich allgemeinen Normen unterworfen ist, überhaupt Rücksicht nehmen kann auf die Singularität des einzelnen Anderen. Judith Butler spricht in diesem Zusammenhang sogar von *ethischer Gewalt*, die Anderen selbst dort widerfahre, wo man ihnen Verantwortung und Gerechtigkeit entgegenbringe.[23] In dieser Perspektive ist von einer

---

    dass keineswegs ein ontologisch begriffener *polemos* (wie ihn Heidegger gedacht hat) mit einem Verurteiltsein zum Krieg oder zum gewaltträchtigen Gegeneinander kurzgeschlossen werden darf. Vgl. v. Verf., „Widerstreit und Dissens. Kritische Überlegungen zum *polemos* bei Jacques Rancière", in: H. Vetter, M. Flatscher (Hg.), *Hermeneutische Phänomenologie – phänomenologische Hermeneutik,* Frankfurt am Main 2005, S. 135–155.

[21] Vgl. E. Levinas, *Jenseits des Seins oder anders als Sein geschieht*, Freiburg i. Br., München 1992, Kap. III, sowie J. Derrida, *Politik der Freundschaft*, Frankfurt am Main 2002, S. 47.

[22] Vgl. S. Sontag, *Regarding the Pain of Others*, New York 2003.

[23] Schon Platon kennt im *Politikos* eine angesichts der Verschiedenheit der Menschen mangelhafte Gerechtigkeit. Vgl. dagegen J. Butler, *Kritik der ethischen Gewalt*, Frankfurt am Main 2004, die stellenweise mit Rekurs auf Spinoza suggeriert, das je-meinige Leben habe sich unvermeidlich mit

in keinem Wir aufhebbaren Singularität die Rede, die sich keineswegs in einer bloßen Vielzahl von Perspektiven erschöpft, wie sie vor allem von Hannah Arendt beschrieben worden ist.[24] Vielmehr geht es um einen singulären Anspruch des Anderen in seiner Einzigartigkeit, der seinerseits von vornherein der Pluralität anderer Ansprüche ausgesetzt ist, denen er nur um den Preis einer a-politischen oder anti-politischen Verabsolutierung als allein maßgeblich entgegenzusetzen wäre.[25]

Die *Singularität im Plural*[26] gibt zu einem *Dissens* Anlass, der sich nicht primär auf nicht übereinstimmende Urteile erstreckt, sondern schon in der Wahrnehmung verwurzelt ist. Jedem kann sich etwas *anders darstellen*[27]; und jeder kann das, was sich ihm oder ihr darstellt, *anders zum Ausdruck bringen*. Jeder Versuch, in dieser Lage zu einer Verständigung (wenn schon nicht Übereinstimmung) zu kommen, setzt voraus, dass man sich zunächst für diesen elementaren Befund aufgeschlossen erweist und die Stimme des Anderen überhaupt zu Wort kommen lässt. Denn nur so lässt sich der Dissens artikulieren und zum Gegenstand einer Auseinandersetzung mit offenem Ausgang machen. Darauf hat mit Nachdruck Jacques Rancière aufmerksam gemacht. Die viel zitierte „Einbeziehung des Anderen" (Habermas) ist keine bloß diskursive Angelegenheit, in der man anfechtbare Geltungsansprüche abwägt, sondern zunächst ein *akroamatisches Geschehen* des Hörens, des Hin- und Zuhörens (aber auch des Über- und Weghörens *in einem in sich* beschränkten Hören – und nicht nur in Fällen, wo es sich um Unannehmbares handelt). Ohne ein solches Geschehen kann überhaupt keine Auseinandersetzung stattfinden und nicht einmal effektiver Streit ausbrechen.[28]

Wozu man sich überhaupt auseinandersetzen sollte, ist wiederum durch keine politische Natur des Menschen vorgegeben, sondern kann im Prinzip jederzeit selbst zum Gegenstand eines Streits (*eris*) werden und in Aufruhr (*stasis*) und Krieg (*polemos*) um-

---

der Frage seiner Lebbarkeit (*livability*) unter dem Druck allgemeiner Normen auseinanderzusetzen, die ihm in ihrer Allgemeinheit nicht scheinen gerecht werden zu können. An anderer Stelle wird dagegen mit Levinas allein die Singularität des Anderen maßgeblich. Vgl. N. Balzer, N. Ricken (Hg.), *Judith Butler: Pädagogische Lektüren*, Wiesbaden, i. E.; A. Schäfer (Hg.), *Kindliche Fremdheit und pädagogische Gerechtigkeit*, Paderborn, München, Wien, Zürich 2007.

[24] H. Arendt, *Was ist Politik?*, München 2003, S. 9.

[25] Selbst bei Levinas ist die Singularität des Anderen niemals derart „weltfremd" gedacht worden. Vgl. P. Delhom, A. Hirsch (Hg.), *Im Angesicht der Anderen. Emmanuel Levinas' Philosophie des Politischen*, Berlin, Zürich 2005.

[26] Vgl. B. Waldenfels, „Singularität im Plural", in: *Deutsch-französische Gedankengänge*, Darmstadt 1996, Kap. 18.

[27] J. Rancière, *Das Unbehagen in der Ästhetik*, Wien 2007.

[28] Vgl. v. Verf., „Die Stimme des Anderen. Kritische Anmerkungen zu ihrer aktuellen ‚Rehabilitierung'", in: *Renaissance des Menschen? Zum polemologisch-anthropologischen Diskurs der Gegenwart*, Weilerswist 2010, Kap. V; C. Mouffe, *Über das Politische. Wider die kosmopolitische Illusion*, Frankfurt am Main 2007, S. 62 f. (=ÜP). Es bleibe an dieser Stelle dahingestellt, ob nicht Habermas' Idee eines „differenzempfindlichen" Universalismus diesen Gedanken gleichsam auf halbem Wege entgegen kommt (vgl. J. Habermas, *Die Einbeziehung des Anderen*, Frankfurt am Main ²1997, S. 19, 58). Auf die in Habermas' universalistischem Programm festzustellenden Verkürzungen speziell des Differenzbegriffs bin ich an anderer Stelle ausführlich eingegangen; vgl. Anm. 46, sowie v. Verf., *Menschliche Sensibilität. Inspiration und Überforderung*, Weilerswist 2008.

schlagen. Wie Nicole Loraux gezeigt hat, wussten das auch schon die Griechen der Antike, deren Texte man bis heute vielfach nur als Beleg für eine aufs Politische angelegte Natur der menschlichen Stimme zitiert.[29] Tatsächlich kommt aber wie gesagt die Stimme (*phone*) vieler Anderer niemals mit einer politischen Lebensform (*bios politikos*) zur Deckung.[30] Selbst wo man die Kultur tatsächlich freier Rede (*parrhesia*) pflegt (und sich nicht bloß mit deren formaler bzw. rechtlicher Garantie begnügt), kommen niemals alle zu Wort, die etwas zu sagen hätten.[31] Sei es, indem man ihnen kein Gehör schenkt, sei es, indem sie selbst nicht mehr daran glauben, dass ihr Wort von Gewicht sein könnte, scheiden sie aus und wissen sich vom politischen Gemeinwesen und seinen fragwürdigen Repräsentanten, die allein „zählen", getrennt. So sehr sich diese auch in dem Wissen sonnen mögen, alle zu repräsentieren, die zählen, in der *tatsächlichen Praxis* des Aufeinanderhörens wird doch stets und unvermeidlich eine falsche Zählung (*mécompte*) nachzuweisen sein, wie Rancière meint. Immer bleiben einige oder viele draußen, werden nicht gehört oder nicht berücksichtigt.[32] Rancière insistiert in diesem Sinne auf einer *konstitutiven und nicht abzuschaffenden Nichtübereinstimmung sozialer und politischer Lebensformen mit sich selbst*. Eine Politik universaler Integration ohne eine derartige (innere) Kehrseite wäre demnach nur eine schlechte Illusion.

Das bedeutet freilich nicht, dass man *einvernehmlich im Unvernehmen* (*mésentente*) bleiben könnte, denn in der falschen Zählung liegt das anarchische Potenzial außerordentlicher Einsprüche, die überraschend jeden normalisierten Diskurs unterbrechen können, in dem man bereits alle, die etwas zu sagen haben, glaubte berücksichtigt (oder repräsentiert) zu haben. Selbst dann, wenn dies nicht verkannt wird, besteht den Apologeten einer unaufhebbaren Teilung des Sozialen zufolge aber keine Aussicht auf eine alle einschließende Integration. Ein fragwürdiger Juridismus macht zwar genau das ständig glauben: allen, ohne Ausnahme, steht u. a. das Recht der freien Meinungsäußerung zu. Aber die tatsächliche Beschränkung oder Behinderung der Fähigkeit, Gelegenheit und Macht dazu konterkariert vielfach das Recht bis zu einem Punkt, wo es als bloßer Zynismus erscheint.

Das bedeutet nun aber nicht, dass man sich mit einer bloßen Zerfallsdiagnose begnügen könnte. Vielfache Rückgriffe auf paradoxe Formulierungen wie *gegenstrebige Fügung* (Heraklit), *ungesellige Geselligkeit* (Kant), *Miteinander im (Modus des) Gegeneinander* (Heidegger), *Gemeinschaft ohne Gemeinschaft* (Blanchot, Nancy, Derrida) oder *Das Band der Teilung* (Loraux) zeigen deutlich an, dass man seit langem auf der Suche nach Formen und Begriffen des Sozialen und des Politischen ist, die ei-

---

[29] N. Loraux, „Das Band der Teilung", in: J. Vogl (Hg.), *Gemeinschaften. Positionen zu einer Philosophie des Politischen*, Frankfurt am Main 1994, S. 31–64.

[30] Vgl. J. S. Fiskin, *The Voice of the People. Public Opinion & Democracy*, New Haven, London 1995, wo zwar zunächst noch am Ideal einer „perfekten Repräsentation" festgehalten wird, dann aber nur noch die Ruine eines „Ideals ohne Ideal" übrig bleibt; S. 59–63.

[31] M. Foucault, *Die Regierung des Selbst und der anderen. Vorlesung am Collège de France 1982/83*, Frankfurt am Main 2009.

[32] Vgl. J. Rancière, *Das Unvernehmen*, Frankfurt am Main 2002. Aus diesem zunächst nicht sehr aufregenden Befund folgt in keiner Weise eindeutig eine normative Forderung nach Einbeziehung eines jeden (unter allen Umständen). Schließlich sind (unvermeidlicher) Ausschluss und Ausgrenzung (oder gar Ausmerzung) nicht das Gleiche.

nerseits negativen Erfahrungen der Trennung, des Dissenses und des (agonalen oder antagonistischen) Konflikts bis hin zur Provokation durch eine „polemische", jeder Auseinandersetzung innewohnende Dimension Rechnung tragen, andererseits aber deutlich machen sollen, warum es sich um echte und unaufhebbare Herausforderungen des Sozialen und des Politischen handelt – und nicht um die schlichte Verabschiedung, Auflösung oder Zerstörung dieser Begriffe.[33]

Letzteres machen diejenigen glauben, die unerschrocken erklären, bis heute bestehe die Politische Philosophie (auch dort, wo sie sich mit Fragen transnationaler Gerechtigkeit und Verantwortung befasst) im Grunde nur aus einer Reihe von Randbemerkungen „zu jenen zwei auf die griechische Antike zurückgehenden Grundaussagen", denen zufolge der Mensch als ein sprechendes Tier zu verstehen ist, das darauf angelegt scheint, in einem Gemeinwesen nach selbstgegebenen Gesetzen zu leben.[34] Demnach käme es heute nur auf eine Erweiterung und nicht auf eine radikale Revision des Politischen und des Sozialen an. Dieses Erfordernis wird in einem kosmopolitischen Denken verkannt, dass schon in der Wahl seiner Grundbegriffe (*kosmos* und *polis*) bekundet, dass es den von der Stoa über den Universalismus Kants und den Kommunismus bis hin zu den gegenwärtigen Theoretikern globaler Gerechtigkeit und einer verrechtlichten Welt-Gesellschaft eingeschlagenen Weg unbeirrt fortsetzen möchte.[35] Jedoch ist der Verdacht laut geworden, hierbei handle es sich schlicht um eine fatale, unpolitische Chimäre (Chantal Mouffe), die das Politische geradezu zum Verschwinden bringe, das in Wahrheit vom vitalen, antagonistischen oder agonalen Gegensatz zu Anderen lebe.

Bei näherem Hinsehen zeigt sich eine bemerkenswerte Zwiespältigkeit von Mouffes Kritik der „kosmopolitischen Illusion". Einerseits suggeriert sie, solche Gegensätze lägen *tatsächlich* vor, sie würden aber von einem fragwürdig auf Integration, Verständigung und universale Einbeziehung festgelegten Denken nicht angemessen zur Kenntnis genommen (was gerade den gewaltsamen Ausbruch solcher Gegensätze heraufbeschwöre). Andererseits *plädiert* sie für die Zuspitzung und Austragung agonaler Gegensätze umwillen einer Vitalität des Politischen, das ihr auch in einer normalisierten sog. Streitkultur verloren zu gehen scheint. Und bei der Lektüre ihrer Schriften gewinnt man des Öfteren den Eindruck, die Erhaltung und Stimulierung dieser Vitalität solle absoluten Vorrang vor der Frage haben, worum es (etwa im Sinne des Gemeinwohls) in politischer Auseinandersetzung überhaupt gehen muss.

Diese Zwiespältigkeit führt auf die Spur der vielleicht tiefgreifendsten Uneinigkeit, die in der Sinnbestimmung des Politischen zu Tage tritt. Während Traditionalisten des politischen Denkens unbeirrt davon ausgehen, seit dem Ursprung des Politischen (ob „bei den Griechen" [Christian Meier] oder „im alten Ägypten" [Jan Assmann]) seien wir als politische Lebewesen nach wie vor auf das Gute, das Gerechte, auf Einigkeit und Versöhnung angelegt, verweigern Apologeten des Konflikts wie Chantal Mouffe gerade-

---

[33] Vgl. v. Verf., *Gastlichkeit und Freiheit. Polemische Konturen europäischer Kultur*, Weilerswist 2005, Teil B, S. 304–334.

[34] Vgl. O. Höffe, „Einführung", in: ders. (Hg.), *Der Mensch – ein politisches Tier?*, Stuttgart 1992, S. 5–13.

[35] Vgl. P. Coulmas, *Weltbürger*, Reinbek 1990; M. Lutz-Bachmann, J. Bohman (Hg.), *Weltstaat oder Staatenwelt? Für und wider die Idee einer Weltrepublik*, Frankfurt am Main 2002.

zu jegliche Versöhnung und legen (wie schon Carl Schmitt) nahe, es komme viel mehr auf die Intensität des politischen Lebens an. Wie Schmitt, so schreckt auch Mouffe allerdings vor einer gänzlich entfesselten Intensität zurück, die womöglich in radikalster Verfeindung erreicht wird, die sich durch keine Norm oder Regel mehr davon abhalten lässt, Anderen das Schlimmste anzutun. Wo sich bei Schmitt der Gedanke der Hegung der Feindschaft durchsetzt, die es möglich machen soll, „seinsmäßige" Gegensätze in Maßen auszutragen, plädiert Mouffe für eine Bändigung antagonistischer Konflikte und widerstreitender Interessen in einer öffentlichen Sphäre agonalen Wettstreits, der keineswegs jegliches soziale „Band" ruinieren solle (ÜP, S. 10, 23, 111).

So sollen aus Feinden – im gemeinsamen Interesse? – Gegner in einem legitimen (agonalen) Konflikt werden, der eine demokratische Lebensform keinesfalls aufs Spiel setzen dürfe.[36] Deswegen seien auch essentialistische Konfrontationen von nicht verhandelbaren Identitäten bzw. Werten (wie man sie von Max Weber über Isaiah Berlin bis hin zu Samuel Huntington gedacht hat) zu vermeiden. Müsste man sich dann aber nicht umwillen der Erhaltung einer solchen Lebensform bereits in diesem Sinne einig sein oder wenigstens versuchen, diese Einigkeit immer wieder neu herzustellen?

Das scheint Mouffe zuzugeben, wo sie vom Erfordernis eines „konfliktualen Konsenses" ausgeht, der unaufhebbare praktische Gegensätze zu überbrücken verspricht. Andererseits *affirmiert* sie die unabänderliche Vorherrschaft hegemonialer Kämpfe, „die niemals rational miteinander versöhnt werden können", und geht so weit, Versöhnung als *Ziel* demokratischer Politik ganz generell für irreführend, ja für gefährlich zu halten.[37] Am Schluss ihres Buches *Über das Politische* heißt es, man müsse den „Traum von einer versöhnten Welt" aufgeben. So wird suggeriert, das Ziel der Versöhnung zu verfolgen verleite dazu, das in Wahrheit Unversöhnliche zu vergewaltigen. Besser sei es, das Unversöhnliche als solches zu würdigen, um mit ihm zu leben.[38] Nur dort, wo dies geschehe, sei eine Renaissance des Politischen zu erwarten, die sich konsequent der „postpolitischen" Versuchung widersetze, „Konflikt und Negativität hinter sich [zu] lassen" (ÜP, S. 139). Ob Mouffe ihre ideologischen Gegner mit ihrer Zeitdiagnose wirklich trifft, bleibe hier dahingestellt. Worauf es mir ankommt, ist, dass am Beispiel ihrer Schriften paradigmatisch deutlich wird, wie wir heute mit einer *Affirmation des Negativen im Sinne politisch unaufhebbarer Konfliktpotenziale* konfrontiert sind, von denen behauptet wird, sie machten jeden Gedanken an Versöhnung im Grunde obsolet.[39]

---

[36] Mouffe, ÜP, S. 42 f., 158. Vgl. v. Verf., „Sich (nicht) geschlagen geben. Unabdingbare Ansprüche, Kompromisse und das Interesse an einer agonistischen Lebensform: zu Chantal Mouffes Begriff des Politischen", in: *Behemoth. A Journal on Civilization 2* (2010), S. 1–22.

[37] Jedenfalls für den Fall, dass man sich unter einem versöhnten Leben eines vorstellt, in dem es keinen agonalen Gegensatz zwischen wenigstens einem „Wir" und Anderen mehr gäbe. Mouffe, ÜP, S. 8, 31.

[38] Aber warum nur, fragt man sich. Auch ein nietzscheanischer Weg des Auslebens von Feindschaft stünde ja offen. Schreckt man am Ende nur aufgrund heute übermächtiger Gewaltmittel überkomplexer Gesellschaften vor diesem Weg zurück? Wäre auch Nietzsche heute derart zurückhaltend? Vgl. R. Safranski, *Nietzsche*, Frankfurt am Main 2002, S. 168, 190, 350 f. Hier gelangt man „am Ende" nicht aus der Geschichte der Feindschaft heraus…

[39] Eine kritische Revision dieser Schlussfolgerung mit Blick auf aktuelle Probleme der deutsch-polnischen und deutsch–tschechischen Verhältnisse habe ich versucht in: „Verfehlte Versöhnung?

2.

Damit scheint ein bemerkenswerter Wendepunkt in der Geschichte des politischen Denkens erreicht. Mouffe behauptet nicht lediglich, dass in vielen antagonistischen oder agonalen Konflikten *faktisch* keine Versöhnung möglich sei (das haben nicht nur sog. politische „Realisten", sondern auch Apologeten politischer Harmonie wie Platon oder erklärte Dialektiker gesehen, für die es im Prinzip keinen *geistig* unüberwindlichen Gegensatz geben darf[40]). Mouffe distanziert sich vielmehr vom Sinn des Begriffs der Versöhnung selbst, der in seiner avanciertesten Form keineswegs die Erfahrung unversöhnlicher (etwa tragischer) Konflikte leugnen, sondern gerade einer „lebendige[n] Beziehung und Wechselwirkung" konflikträchtiger Gegensätze Rechnung tragen sollte, um deren Erstarrung in unfruchtbarer Uneinigkeit, in „Zerrissenheit" und schierem Unglück zu verhindern.[41]

So hat Hegel in der *Differenzschrift* mit Nachdruck das „einzige Interesse der Vernunft" verteidigt, „festgewordene Gegensätze" miteinander zu versöhnen, um ihre Widersprüchlichkeit aufzuheben. Nicht einmal in der von ihm ausdrücklich gewürdigten Tragik Antigones mochte er einen absoluten Widerstand gegen dieses Interesse erkennen. Vielmehr erhob er den Anspruch, auch noch *mit dem Tragischen* zu versöhnen. Genauso verfuhr er mit der „ratlosesten Trauer", die sich am Tod Geliebter oder angesichts von Bergen von Gräueltaten entzündet, die Hegel letztlich noch glaubte rechtfertigen zu können mit Blick auf unabdingbar durch Krieg zu entscheidende Konflikte zwischen unvereinbaren Interessen von Staaten, die über sich keinen anderen Richter als die kollektive Gewalt haben und untergehen müssen, wenn der Fortschritt des Geistes anders nicht zu bewerkstelligen ist. Was man ihm später zum Vorwurf gemacht hat, hat Hegel keineswegs beschönigt: dass es sich tatsächlich um eine „trostlose Versöhnung"[42] handelt, aus der niemand, dessen Tod sie erfordert, Kapital schlagen kann.[43]

Probleme der Politisierung eines ethischen Begriffs"; in: *epd-Dokumentation Nr. 31/32* (2011). Wie brisant Mouffes Thesen sind, ergibt sich schon daraus, dass das vorherrschende (aber in dieser Funktion zu wenig bedachte) „Modell der Nicht-Versöhnung [...] der Krieg" ist, wie Alain Badiou feststellt (*Das Jahrhundert*, Zürich, Berlin 2006, S. 51). Hier steigt „der" Antagonismus am Ende zum Lacanschen „Realen" auf und gewinnt auf diese Weise eine nicht beherrschbare Überlegenheit (ebd., S. 52).

[40] „Wo die Hegelsche Dialektik nicht funktioniert, gibt es für mich kein Denken, keine Hoffnung auf Wahrheit", ließ ganz in diesem Sinne B. Croce verlauten; vgl. J. d'Hondt, „Die populäre Hegel-Rezeption in Frankreich", in: U. J. Schneider (Hg.), *Der französische Hegel*, Berlin 2007, S. 19–31, hier: S. 26

[41] Vgl. H. Arendt, *Vom Leben des Geistes 1. Das Denken*, München ²1989, S. 153 f.; J. Habermas, *Der philosophische Diskurs der Moderne*, Frankfurt am Main ²1985, S. 40, wo der Gedanke der Versöhnung ausdrücklich auch auf die „abgespaltene Existenz des Fremden" bezogen wird. Diese aber wird nicht länger als in einer sittlichen Totalität integrierbar beschrieben. Wie aber gehen dann Spaltung und Versöhnung noch zusammen?

[42] Vgl. G. W. F. Hegel, *Vorlesungen über die Philosophie der Weltgeschichte*, Bd. 1, Hamburg 1994, S. 78.

[43] Gewiss kann man Hegel nicht zum Vorwurf machen, die Erfahrung der Unversöhnlichkeit einfach zu überspringen oder gering zu veranschlagen. Die „Gewissheit der Versöhnung" steht ja erst am Ausgang eines „Wegs der Qual" (*Werke 12* [Hg. E. Moldenhauer, K. M. Michel; im Folg.

Dennoch (oder gerade deshalb) reißt der Strom derer nicht ab, die (diese) *Versöhnung verweigern* und deren metaphysische und geschichtsphilosophische Grundierung preisgeben oder allenfalls noch aus der Unversöhnlichkeit mit nicht wieder gut zu machender Gewalt die Kraft ableiten wollen, nach Residuen möglicher Versöhnung dort zu suchen, wo sie trotz allem praktisch, allein zwischen-menschlich erreichbar bleiben mag.[44]

Dieser Negativismus muss den Gedanken der Versöhnung – sofern er überhaupt noch aussichtsreich zu vertreten ist – in jedem Einzelfall erproben, ohne *Versöhnbarkeit* einfach vorauszusetzen.[45] Er muss überdies damit rechnen, dass man im Fall gescheiterter Versöhnung außer sich gerät und im schieren Nicht-Verstehen oder auch in der Empörung nicht darüber hinweg kommt und in diesem Sinne dem Zeitlichen und Endlichen verhaftet bleibt – auch wenn man beides als unheilbar oder unrettbar verwirft. Inzwischen ist uns das Andere der Zeit, in dem eine letzte Versöhnung statthaben sollte, so weit entrückt, schreibt Theunissen in seiner *Negativen Theologie der Zeit*, dass wir gar keine andere Wahl mehr haben, als mit der rückhaltlos verzeitlichten Erfahrung einzusetzen, um zu erforschen, inwiefern wir es mit ihrer Negativität aushalten können bzw. ob uns deren Negation nicht doch dazu zwingt, auf die Überwindung und Aufhebung dieser Erfahrung zu bauen.

Positionen, die teils im Anschluss an Adorno, teils an Theunissen programmatisch unter dem Titel eines *Dialektischen Negativismus* vertreten worden sind, verzichten of-

---

zit. mit der Sigle W und Bandangabe], Frankfurt am Main 1986, S. 487) oder der Verzweiflung, die nicht zu umgehen ist, an der sich vielmehr die geistige „Macht der Vereinigung" des Gegensätzlichen als solche bewahrheiten muss. Unterwegs bleibt, wenn das gelingt, allerdings als nicht rationalisierbare Schlacke das „nur Negative" wie „das Grausame, Unglückliche, die Herbigkeit der Gewalt und Härte der Übermacht" zurück (vgl. K. H. Bohrer, *Die Kritik der Romantik*, Frankfurt am Main 1989, S. 160 ff.). Im Leben herrscht unablässiger „Widerstreit" und „Kampf". Zwar verspricht der Staat „objektive" Versöhnung (Hegel, W 7, § 360; H. Hofmann, *Einführung in die Rechts- und Staatsphilosophie*, Darmstadt 2000, § 28. II; D. Losurdo, *Zwischen Hegel und Bismarck*, Berlin 1993, S. 327). Aber auch die Staaten sind zum Untergang durch Gewalt und Krieg verurteilt, wenn an ihnen die Weltgeschichte als Weltgericht vollstreckt wird (W 7, § 340; W 12, S. 28), die letztlich die Aufhebung des Bösen und des Guten verheißt. Diese Aufhebung aber kommt in letzter Instanz nur einem absoluten Wesen zugute, das *sich mit sich* versöhnt (W 3, S. 565, 570). Diesen (vom Philosophen nur zu antizipierenden) Weg des Geistes kann freilich kein einzelner Mensch beschreiten, über dessen Tod der Prozess der Vernunft allemal indifferent hinweggeht (vgl. C. Taylor, *Hegel*, Frankfurt am Main 1979, S. 170 f.). Übermächtig ist der Tod, der die Einzelnen und alle, die ihnen angehören, ohne Trost und Versöhnung heimsucht (W 3, S. 333). Das hat Hegel nicht daran gehindert, Phänomene interpersonaler Versöhnlichkeit wie das Verzeihen zur Sprache zu bringen (W 1, S. 351; W 3, S. 578), in denen es darum geht, wie man sich mit Anderen aussöhnt, versöhnt oder verträgt. Doch das sind allenfalls Ansatzpunkte für sozialphilosophische Revisionen, die heute nicht mehr davon ausgehen können, selbst durch tragischen Konflikt greife eine Versöhnung gleichsam hindurch, „die es nicht dulden kann, dass der Konflikt und Widerspruch der ihrem Begriffe nach einigen sittlichen Mächte in der wahrhaften Wirklichkeit sich siegreich durchsetze und Bestand erhalte" (W 15, S. 526).

[44] Vgl. W. Oelmüller, *Die unbefriedigte Aufklärung*, Frankfurt am Main 1979, S. 215.

[45] Vgl. M. Theunissen, *Hegels Lehre vom absoluten Geist als theologisch-politischer Traktat*, Berlin 1970, S. 20, 27, 68, 386, sowie die Bestandsaufnahme der Hegelschen Rede von Negativität bei W. Bonsiepen, *Der Begriff der Negativität in den Jenaer Schriften Hegels*, Bonn 1977; ders., Art. „Negativität" im *Historischen Wörterbuch der Philosophie*.

fenbar grundsätzlich darauf, Versöhnbarkeit zu hypostasieren, und setzen statt dessen darauf, dass uns eine genaue Phänomenologie der Erfahrung selber schon mit der Frage konfrontiert, wo und wie nach Versöhnung mit einer *prima facie* nur negativen, unannehmbaren oder unversöhnlichen Wirklichkeit verlangt wird und wie Versöhnung ggf. nach wie vor möglich erscheint.

Verworfen wird somit ein philosophisches Denken, das die Erfahrung einfach überspringt, um eine im Voraus absehbare Versöhnung zu konzipieren. Man verzichtet in diesem Sinne darauf, einem versöhnenden Abschluss der Geschichte vorzugreifen, in dem alles Negative aufgehoben zu denken wäre. Maßgeblich soll statt dessen vor allem die Erfahrung geschichtlicher Negativität werden, auch auf die Gefahr hin, dass auf diese Weise die Sprache radikal überfordert wird und dass man über jene Zerrissenheit nicht hinaus gelangt, die auch Hegel ahnte, wo er der „Verrücktheit dessen, was geschehen ist", glaubte eine mit Begriffen bewaffnete Vernunft entgegensetzen zu müssen, die vor keinem Stoff zurückschrecken dürfe.[46]

Für ein sich von Hegel abwendendes negativistisches Denken bestehen freilich *radikale* Zweifel an der Versöhnbarkeit des Leidens; und es beharrt „auf der Unversöhntheit des Wirklichen", in der es nicht etwa eine verborgene Vernunft entdecken will, sondern in der es den Funken eines „Widerstands gegen die Positivität des Faktischen" als des Nichtseinsollenden anfachen möchte. Dieses Denken ist nicht bloß ein *negatives*, das noch auf die Negation der Negation setzen könnte, sondern ein betont *negativistisches*, das mit der Unaufhebbarkeit des Negativen rechnet, ohne sich aber mit einer indifferenten Schilderung dessen begnügen zu wollen, was sich der Versöhnung widersetzt.[47]

Mit Recht betont Emil Angehrn im Anschluss an Michael Theunissen, auch der traditionellen Metaphysik sei ein „latenter Negativismus" eigen gewesen, insofern sie „Antwort auf die Erfahrung des Negativen dieser Welt war".[48] Und umgekehrt gibt der negativistische Ansatz keineswegs das Verlangen nach einer solchen Antwort *generell* preis. Nur setzt er nicht im Voraus auf eine Aufhebbarkeit oder Überwindbarkeit dieser Erfahrung in der Antwort, die sie findet. Überdies entzieht er sowohl dem Negativen als auch der Welt die unterstellte Eindeutigkeit. „*Das* Negative *der* Welt" ist kein sinnvoller Einsatzpunkt einer differenziellen Forschung, die es erst einmal mit der Fülle

---

[46] Hegel, *Vorlesungen über die Philosophie der Weltgeschichte,* S. 78, 80 f.; vgl. B. Keintzel, B. Liebsch (Hg.), *Hegel und Levinas. Kreuzungen – Brüche – Überschreitungen*, Freiburg i. Br., München 2010.

[47] Vgl. zum Vorangegangenen E. Angehrn, *Der Weg zur Metaphysik. Vorsokratik – Platon – Aristoteles*, Weilerswist 2005, S. 506 f. Im Anschluss an Adorno hat auch A. Wellmer in diesem Sinne ein negativistisches Moment des Insistierens auf Unversöhnbarkeit zur Geltung gebracht. In der Wendung, die A. Honneth diesem Insistieren schließlich gibt, mündet diese Diskussion nicht nur in eine Rehabilitierung des Ästhetischen, dem man wenigstens noch die Darstellung der „Unversöhnlichkeit der Wirklichkeit selbst" zutraut, sondern auch in Forderungen nach einer methodischen Sensibilität und Responsivität einer bei Adorno sog. „geistigen Erfahrung". Dabei bleiben die phänomenologischen Erforschungen gerade dieser Begriffe unerwähnt. Vgl. A. Wellmer, *Zur Dialektik von Moderne und Postmoderne. Vernunftkritik nach Adorno*, Frankfurt am Main 1985, S. 9–47; A. Honneth, *Pathologien der Vernunft*, Frankfurt am Main 2007, S. 105 ff., 201 ff.

[48] M. Theunissen, „Negativität bei Adorno", in: L. v. Friedeburg, J. Habermas (Hg.), *Adorno-Konferenz 1983*, Frankfurt am Main 1983, S. 41–65, hier: S. 60.

der Erfahrungen aufzunehmen hätte, in denen sich uns etwas „negativ" darstellt – ohne sich dabei von Anfang an als *eindeutig* Negatives *eines Positiven* zu präsentieren. Die Scheidung in Negatives und Positives bedarf ihrerseits einer genealogischen Aufklärung. Stellt sie nicht die *Entmischung* einer keineswegs von vornherein in Positives und Negatives aufgeteilten Wirklichkeit dar?[49] Das Prädikat des Negativistischen signalisiert so gesehen das Recht einer phänomenologischen Forschung, die Erfahrung als *nicht eindeutig negativ* bestimmte zur Sprache zu bringen, um zu zeigen, ob, wie und für wen sie sich als solche darstellt und nach welcher Antwort sie verlangt.

Inzwischen haben sich in diesem Sinne gewisse Richtungen dialektischen Denkens vom *Vorgriff* auf eine letzte, nur dem absoluten Geist zukommende Versöhnung verabschiedet und beschränken sich auf eine *Beschreibung des Negativen* (als des *Nichtseinsollenden*), die in Kritik an ihm umschlägt, wo sie sich auf angeblich „der bestehenden Welt selber zu entnehmende" Maßstäbe stützen kann. Ob in diesem Sinn tatsächlich noch auf eine „innere Normativität der geschichtlichen Wirklichkeit" zu bauen ist, erscheint allerdings als fraglich und muss aufs Neue erforscht werden. Zumal es hier nicht einfach um das Negative geht, das womöglich das „Positive verbergend in sich birgt".[50] So einfach ist nicht einmal eine Wirklichkeit, an der man leidet, mit impliziten Vorstellungen eines besseren oder guten Lebens verknüpft.

Es gibt *vielfältig* Negatives und *nicht eindeutig negativ von Anderem Abweichendes* in der Welt, das uns weder gleichsam von sich aus sagt, wie es in Richtung des wenigstens Besseren zu überwinden wäre, noch auch durch bestimmte Negation auf die Spur des Guten, Gerechten oder Wahren zu führen verspricht.[51] Gleichwohl ist die Frage nicht gering zu veranschlagen, ob man Negatives überhaupt als solches auffassen (und kritisieren) kann ohne *wenigstens einen Vorbegriff* eines Anderen, das nicht (oder weniger) unter ihm leiden würde.[52] Kann man bspw. etwas als ungerecht *wahrnehmen, kritisie-*

---

[49] Vgl. dazu die Kritik einer vom Modell der negativen Aussage bzw. des negativen Urteils herkommenden Negativitätstheorie, die übersieht, was vor jedem Urteilen und Aussagen liegt: das Erfassen von Unterschieden, in denen etwas abweicht, bei W. Hübener, „Die Logik der Negation als ontologisches Erkenntnismittel", in: H. Weinrich (Hg.), *Positionen der Negativität. Poetik und Hermeneutik VI*, München 1975, S. 105–140, hier: S. 127, 130, 134. Diese, vor allem in Husserls Analysen zur passiven Synthesis herausgestellte Idee der Abweichung spielt im Spätwerk M. Merleau-Pontys eine zentrale Rolle; vgl. *Das Sichtbare und das Unsichtbare*, München 1986, S. 75 ff., 98–104, 320 (s. a. Anm. 55).

[50] M. Theunissen, „Negativität bei Adorno", S. 47, 49; ders., *Negative Theologie der Zeit*, Frankfurt am Main 1991, S. 31.

[51] So ist Gerechtigkeit gewiss weit mehr als nur negierte Ungerechtigkeit bzw. Un-Ungerechtigkeit (wie sie von H. Hofmann im Anschluss an P. Noll definiert wird in: *Einführung in die Rechts- und Staatsphilosophie*, S. 72). Ausführlich habe ich das zu zeigen versucht in: *Menschliche Sensibilität*, Kap. I–IV.

[52] Vgl. in diesem Sinne die methodisch ebenfalls negativistischen Überlegungen bei T. Rentsch, *Die Konstitution der Moralität. Transzendentale Anthropologie und praktische Philosophie*, Frankfurt am Main 1999. Der Autor knüpft an Verletzungs- und Defizienzerfahrungen an, ohne auf vorweg definierte Idealvorstellungen Bezug zu nehmen, die zum trügerischen Schein zu werden drohen (S. 53). Dabei wird erklärtermaßen ein *instabiles* Gleichgewicht zwischen negativen Erfahrungen einerseits und Antworten auf die Frage andererseits angestrebt, wie man ihnen gerecht werden könnte.

ren und sich gegen das Ungerechte *auflehnen*, ohne wenigstens über eine Intuition des Gerechten zu verfügen, die auf die Spur dessen zu führen verspricht, was mit Recht als gerecht gelten darf?[53]

Weit entfernt hat sich inzwischen ein gemäßigter philosophischer Negativismus von einer Identifikation der Welt mit dem Falschen, Negativen oder Nichtseinsollenden, wovon am Ende nur eine Apokalypse oder Eschatologie befreien würde. Er empfiehlt statt dessen eine „beharrliche Arbeit am Inhalt"[54] des Negativen, d. h. auch an der Vielfalt der Erfahrungen und Begriffe, durch die es sich *als solches* darstellt. Sei es als das, was ich nicht will (oder nicht wollen kann), insofern es (so) ist oder (vor-) herrscht; sei es als das, was wir nicht wollen (oder nicht wollen können) und ändern wollen oder auch nicht ändern können. Wobei hier keine ein für allemal gezogenen Grenzen verlaufen. Weder dem Krankmachenden noch dem Wahnsinn, dem Hässlichen, dem Unglück oder der Trauer sind wir einfach als Negativem, Nichtseinsollendem ausgeliefert.[55] Schon die Einstufung diverser Phänomene, in denen sich Abweichungen – vom Erwarteten, vom Normalen oder Seinsollenden – bekunden, *als* eindeutig negativ und zu Überwindendes

---

[53] Vgl. dazu I. Kaplow, C. Lienkamp (Hg.), *Sinn für Ungerechtigkeit. Ethische Argumentationen im globalen Kontext. Interdisziplinäre Studien zu Recht und Staat*, Bd. 38, Baden-Baden 2005; zur speziell juridischen Dimension dieser Fragestellung mit Bezug auf das Beklagen neuartiger Formen von Unrecht (am Beispiel der argentinischen „Mütter der Verschwundenen") vgl. A. Fischer-Lescano, *Globalverfassung*, Weilerswist 2005, sowie J. Habermas, *Der gespaltene Westen*, Frankfurt am Main 2005, S. 142 zu einer negativistischen Beschreibung der Rolle moralischer Entrüstung im globalen, weltbürgerlichen Horizont.

[54] Vgl. die Einleitung, S. 7, in: E. Angehrn, H. Fink-Eitel, C. Iber, G. Lohmann (Hg.), *Dialektischer Negativismus*, Frankfurt am Main 1992.

[55] Das wäre in jedem einzelnen Fall freilich erst zu zeigen – im Durchgang durch die entsprechenden Phänomene. An ihnen müsste sich erweisen, ob sie etwa anders denn als privativ im Verhältnis zu einem Positiven zu verstehen sind, auch wenn die Arbeit des Begriffs versagt. Für Philosophen der Alterität wie Derrida, Levinas und auch Waldenfels ist bspw. der im Begriff nicht aufzuhebende Entzug des Anderen kein bloßes Phänomen des Mangels, sondern gerade Quelle der Inspiration. Noch bei Rentsch wird das kaschiert, wenn dieser Entzug bzw. die „Unverfügbarkeit füreinander" als ein Modus der Negativität in Betracht kommt, der „in lebbaren Formen vernünftiger, autonomer und solidarischer Praxis aufgehoben" zu denken wäre, so dass weiterhin ungebrochene Aussicht auf die „rettende Macht des Guten" zu bestehen scheint (*Negativität und praktische Vernunft*, Frankfurt am Main 2000, S. 29, 95). An anderer Stelle heißt es dagegen, man müsse an „Negativität festhalten", „nicht jedoch Modi der Versöhnung aufbieten, in denen sie verschwindet" (ebd., S. 251). Die Frage ist darüber hinaus, ob unaufgehobene Negativität überhaupt anders denn als (idealiter doch zu überwindende) Schwäche, als Fehlbarkeit, Endlichkeit, Larvanz, Ruinanz und Fragilität zu begreifen ist. Wenn nicht, so verharrt praktische Philosophie in der Auseinandersetzung mit ihr letztlich doch in der vergeblichen Bemühung, „Störungen wegzuarbeiten" umwillen eines „Angewiesenseins auf Sinn", der mit den Gedanken eines unaufhebbaren Entzugs, des Unverfügbaren und des radikal Fremden buchstäblich nichts anfangen kann. Vgl. ebd., S. 83, und im Sinne einer Gegenprobe A. Hetzel, „Negativität und Unbestimmtheit. Eine Einleitung", in: ders. (Hg.), *Negativität und Unbestimmtheit. Beiträge zu einer Philosophie des Nichtwissens*, Darmstadt 2009. Die angesprochenen Positionen können im Übrigen im Zuge dieser Einführung nur kursorisch zu Wort kommen.

führt bei näherem Hinsehen auf die Spur von Vorurteilen, die einer genauen Überprüfung vielfach nicht stand halten.[56]

3.

Eine phänomenologische (bei Mouffe offenbar gar nicht vorgesehene) Erforschung des Negativen, die hier anknüpfen kann, sieht sich heute mit den folgenden Herausforderungen konfrontiert:

1) Erstens muss sie *das Negative in seiner ihm eigenen Vielfalt* entgegen einer vielfach unterstellten Eindeutigkeit zur Geltung bringen. „*Das* Negative *der* Welt" kann wie gesagt schwerlich als sinnvoller Einsatzpunkt einer Forschung in Betracht kommen, die es erst einmal mit der Fülle der Erfahrungen aufzunehmen hätte, in denen sich uns etwas „negativ" darstellt. Das Prädikat des Negativistischen signalisiert so gesehen das Recht phänomenologischer Forschung, die Erfahrung als *nicht eindeutig negativ* bestimmte zur Sprache zu bringen, um zu zeigen, ob, wie und für wen sie sich als solche darstellt.

Sie kann sich nicht mit einer Äquivalenz von Negativem und Leiden zufrieden geben, wie sie bei Adorno suggeriert wird, wo es heißt, einer Philosophie des Negativen müsse es darum gehen, „Leiden beredt werden zu lassen".[57] Sie müsste im Gegenteil differenzieren, was an der Erfahrung im weitesten Sinne *pathisches* oder *pathologisches* Geschehen und was im engeren Sinne *Leiden* bedeutet. Was uns widerfährt, spielt gewissermaßen auf den pathischen Registern der Erfahrung, muss aber weder im engeren Sinne Schmerz noch Leiden heraufbeschwören.[58] Doch birgt das, was uns widerfährt, dieses Potenzial in sich. Als Widerfahrnis ist das Negative nichts bloß Kognitives oder Logisches, sondern ein Ereignis, das leibhaftig zustößt, das uns berührt oder unter die Haut geht und ggf. traumatisiert.

Auch als Leiden an etwas oder unter jemandem schlägt es (selbst wenn es nicht zu überwinden ist) nicht unbedingt in Verzweiflung am „Ganzen" um, die wiederum die

---

[56] Nur beispielhaft verweise ich auf Untersuchungen der Trauer und des Schmerzes: v. Verf., *Revisionen der Trauer. In philosophischen, geschichtlichen, psychoanalytischen und ästhetischen Perspektiven*, Weilerswist 2006; „Zum zweifelhaften Vorrecht des Schmerzes", in: R.-M. E. Jacobi, B. Marx (Hg.), *Schmerz als Grenzerfahrung*, Leipzig 2011. Wichtiger noch ist jene Frage der Einstufung (als negativ und zu überwinden) bei neuen, *systemischen* Formen des Bösen, die sich kaum mehr mit Hilfe einer mythischen Symbolik als Teil einer Seins-Ordnung oder im Rahmen einer Anthropologie des Menschen begreifen lassen, die unsere Fehlbarkeit, konstitutionelle Schwäche oder einen unfreien Willen als originären Ort des Bösen ausgemacht hat. Schon der frühe Ricœur hat (ohne diese Formen zu bedenken) das Böse nicht mehr als bloßen Mangel aufgefasst wissen wollen. Und heute sind wir weit davon entfernt, vor einer Versöhnung zu stehen, gegen die nur noch per „Erlaß [für] eine unwiderrufliche Anwesenheit des Bösen" zu sorgen wäre, sollen nicht alle in einer „Hölle des Gleichen" im Zeichen „irgendeiner finalen Versöhnung" verkümmern, wie J. Baudrillard befürchtete, der schließlich bei einem residualen Verfemten seine Zuflucht suchte (vgl. *Der unmögliche Tausch*, Berlin 2000, S. 138 f., 144; P. Ricœur, *Symbolik des Bösen. Phänomenologie der Schuld II* [1960], Freiburg i. Br., München ²1988, S. 188).

[57] T. W. Adorno, *Negative Dialektik*, Frankfurt am Main 1967, S. 27.

[58] Vgl. B. Marx (Hg.), *Widerfahrnis und Erkenntnis. Zur Wahrheit menschlicher Erfahrung*, Leipzig 2010.

klassische Frage aufwerfen würde, wie dessen Falschheit oder Unwahrheit überwindbar zu denken wäre, wenn es doch scheinbar alles infiziert und auf diese Weise jede Einsicht in das Wahre oder Seinsollende in Frage stellt.

2) Zweitens wäre differenziell zu untersuchen, *nach welcher Antwort das Negative jeweils verlangt.* Wenn sich Negativität einstellt, wo „eine Positivität negiert wird", wie Karl Heinz Bohrer lapidar feststellt[59], verweist uns dann nicht das Gegeneinander und Zusammenspiel von Negativem und Positivem immer schon auf den Weg einer dialektischen Integration, die letztlich alles Negative im bekannten, dreifachen Sinne als Überwundenes, Vernichtetes und Aufbewahrtes aufzuheben verspricht?[60] Dagegen sprechen nicht nur Ansätze zu einer „Dialektik ohne Synthese" (Merleau-Ponty), sondern auch phänomenologische Revisionen dessen, was uns überhaupt gegeben ist als Erfahrenes. Schon ein harmloses Ding erscheint im Zeit-Spielraum seines Sichdarstellens als Etwas zugleich als uns Entzogenes, mit Nicht-Gegenwärtigkeit durchsetzt. In der temporalen Diachronie seines Erscheinens erleidet es gewissermaßen eine Zerstreuung, die unbedacht bleibt, wenn man es wie üblich umstandslos als eine positive Gegebenheit einstuft.[61] Wie schon Husserl gezeigt hat, widerstreiten die perspektivischen Gegebenheiten auch eines raum-zeitlich ohne weiteres identifizierbaren Dings einander derart, dass es streng genommen niemals als „adäquat" gegeben gelten kann.[62]

Der Andere erst kommt als Anderer nur zur Geltung, wo er einer „restlosen" Vergegenwärtigung entzogen erscheint. Dass wir ihm buchstäblich ins Gesicht sehen können, ist kein ganz unverfänglicher Ausdruck. Denn das Sehen erfasst einen seinerseits Sehenden, dessen „Sicht" wir ebenso wenig sehen können wie sein Selbst. Es handelt sich nicht nur um ein verschiedenes, sondern fremdes Selbst, dessen Alterität sich gerade dadurch auszeichnet, dass sie sich jeglichem theoretischen wie praktischen Zugriff widersetzt. Vor allem in der Philosophie von Emmanuel Levinas wird diese unaufhebbare Widersetzlichkeit nicht etwa als der Erfahrung anzukreidendes Versagen, sondern im Sinne einer unverfügbaren Aufgeschlossenheit für die Alterität des Anderen beschrieben, die nicht nach deren „Aufhebung" verlangt. Das Begehren nach dem Anderen sollte *gerade dem* Rechnung tragen können.

3) Der *Begriff des Unaufhebbaren* harrt allerdings weiterer Differenzierung. Handelt es sich um *in der Erfahrung sich ihr Entziehendes oder ihr Widerstreitendes* (wie den *Entzug* von Jemandem im Prozess der Wahrnehmung, die ihn erfasst, oder um *inkompossible* Ansichten von Etwas)? Handelt es sich um *einander widerstreitende Erfahrungen* oder um einander widerstreitende *Deutungen* verschiedener Erfahrungen, die auch in einer sozialen Auseinandersetzung nicht zur Deckung zu bringen sind? Bleibt auf

---

[59] K. H. Bohrer, *Ästhetische Negativität*, München, Wien 2002, S. 7.
[60] Hegel, *Vorlesungen über die Philosophie der Weltgeschichte*, Bd. 1, S. 48.
[61] Vgl. M. Merleau-Ponty, *Das Sichtbare und das Unsichtbare*, München 1986, der den Begriff des Negativen als „Rand" des Positiven, als Abweichung oder temporal dem Erscheinenden Entzogenes neu deutet (ebd., S. 79 ff., 98 ff.); und zwar jedes Mal so, dass letzteres „diesseits von Affirmation und Negation" als dem Erfahrenen Innewohnendes kenntlich wird. In diesem Sinne hat vor allem C. Lefort Merleau-Pontys Phänomenologie in seiner Revision des Begriffs des Politischen aufgenommen. Ähnlich auch J.-L. Nancys Revision der Negativität in *singulär plural sein*, S. 35 f.
[62] E. Husserl, *Husserliana*, Bd. *XI*, Den Haag 1966, S. 3–24.

diese Weise der *Widerstreit im Unvernehmen* derer virulent, die weder zu einer übereinstimmenden Wahrnehmung noch zu einem einvernehmlichen Urteil gelangen können? Handelt es sich nur um einen *aktuellen Dissens* oder um ein *konstitutives Unvernehmen*, das weder in einer gegebenen Lebensform noch in einer anders vorzustellenden Gemeinschaft oder Gesellschaft aufzuheben wäre? Und erfasst der Widerstreit am Ende auch das Worumwillen sozialer und politischer Koexistenz, wenn nicht einmal darin Einigkeit zu erzielen ist, woran sich die Auseinandersetzung um alle diese strittigen Fragen orientieren sollte – ob am Guten, Gerechten, am Frieden, an Effizienz, an Intensität oder wenigstens am Miteinanderauskommen, selbst wenn es um den Preis eines weitgehend indifferenten Aneinandervorbeilebens erkauft werden sollte?

In einer zunehmend überbevölkerten Welt ist das freilich kaum noch irgendwo eine reale Option. Das erklärt die Popularität einer Vielzahl von Themen, die – von der Zivilität friedlichen Umgangs miteinander bis hin zur Duldung und Toleranz[63], die sich sogar mit unaustilgbaren Heucheleien und Untugenden sollte arrangieren können[64] – die Frage betreffen, wie *in* vielfachem Widerstreit (von der Wahrnehmung Anderer bis hin zum „Sinn" sozialer und politischer Koexistenz), *in und mit* Konflikt dennoch ein *Zusammenleben im Unvernehmen* möglich sein kann, wo es wenig aussichtsreich ist, dass man einfach einander ausweicht oder gegensätzliche Überzeugungen, Normen und Werte vergleichgültigt.[65]

All das mag nach bloßer Notlösung aussehen, weil Besseres faktisch nicht erreichbar scheint. Doch stellt sich die Frage, ob das vermeintlich Bessere nicht eine weltfremde Vorstellung ist, in der es an jeglicher Bodenhaftung eines endlichen Lebens mangelt, das vielleicht gerade von der Auseinandersetzung mit dem *lebt*, was ihm unaufhebbar entgegensteht. So gesehen kann das Unaufhebbare in einem ganz neuen, nicht-privativen Licht erscheinen. Es ist nicht einfach das, was sich theoretischem Verstehen oder Begreifen *nicht fügt* oder was sich praktischen Lösungen *widersetzt*; und es ist nicht einfach die Schlacke oder der *Rest*, der gewissermaßen *übrig bleibt*, wenn die Arbeit des Verstehens, des Begreifens oder der praktischen Versöhnung *scheitert*. Vielmehr kann ihm *als all dem Entzogenem* das Potenzial einer fruchtbaren Inspiration zukommen, wenn das Unaufhebbare das Verstehen, Begreifen, Aufheben und Versöhnen von innen unterwandert und so am Leben erhält. Wo das nicht geschieht, müssen alle diese Versuche, negative Erfahrung zu bewältigen, auf ihr eigenes Ende abzielen. Wo die Aufhebung des Negativen gelungen ist, gibt es weiter nichts zu tun, nichts zu verstehen oder zu begreifen. Nur wenn der Erfahrung von Anfang an Momente der Unaufhebbarkeit eignen, die

---

[63] Vgl. W. Eßbach, J. Fischer, H. Lethen (Hg.), *Plessners ‚Grenzen der Gemeinschaft'*, Frankfurt am Main 2002.

[64] J. Shklar, *Ordinary Vices*, Cambridge, London 1984; G. Himmelfarb, *The De-Moralization of Society*, New York 1995; R. W. Grant, *Hypocrisy and Integrity. Machiavelli, Rousseau, and the Ethics of Politics*, Chicago, London 1997.

[65] Vgl. v. Verf., *Zerbrechliche Lebensformen. Widerstreit – Differenz – Gewalt*, Berlin 2001, sowie die Bestandsaufnahme *Lebensformen im Widerstreit. Integrations- und Identitätskonflikte in pluralen Gesellschaften*, Frankfurt am Main 2003 (Hg. B. Liebsch, J. Straub).

diese Aussicht *nicht* eröffnen, kann die Erfahrung bleiben, was ihr Name verspricht: eine nicht terminierte Reise ins Offene.[66]

4) *Wird aber auf diese Weise nicht das Negative oder Unaufhebbare schlicht als produktives Potenzial oder Ressource der Erfahrung positiviert?* Und kann man das im Ernst wollen, wenn es sich wirklich um Erfahrungen des Leidens handelt? Anhand der Erfahrung von Ungerechtigkeit kann man zeigen, wie beide Fragen zusammentreffen. Wenn wir (wie Levinas und Derrida behaupten) dem Anderen eine singulare und geradezu unendliche Gerechtigkeit schulden, so liegt darin zugleich eine unaufhebbare Inspiration im Sinne eines radikalen Gerechtigkeitsverlangens und dessen Überforderung. Denn es lässt sich überhaupt keine sozial oder politisch konkretisierte Gerechtigkeit vorstellen, die jedem Anderen gerecht werden könnte. Was so als ständiges Versagen jeder konkreten Gerechtigkeit erscheint, die man praktisch zu gewährleisten sucht, hat in dieser Perspektive aber die unabdingbare Kehrseite einer radikalen Herausforderung zu mehr Gerechtigkeit. Levinas und Derrida reden gerade keinem Defaitismus das Wort, der das Verlangen nach Gerechtigkeit zynisch verwerfen würde, weil jene Überforderung sich niemals aufheben lässt. Im Gegenteil beschreiben sie diese Überforderung einerseits als eine zwar in der „Spur" des Anderen, von dem sie herrührt, nicht aufzuhebende, dennoch wesentliche, aber nicht ökonomisierbare Ressource des Sozialen und des Politischen. Als solche wird sie jedoch nur dann virulent, wenn diejenige Ungerechtigkeit ermittelt wird, an der Andere besonders leiden, und wenn daraus eine dringliche praktische Angelegenheit wird. So zeigt sich, dass der Nachweis selbst in verbesserter Gerechtigkeit *unaufhebbarer* Ungerechtigkeit keineswegs dazu führen muss, letztere auf fragwürdige Art und Weise zu positivieren oder aber sich indifferent mit ihr zu arrangieren (eben weil sie als unabschaffbar erscheint).

Für eine sich als praktisch verstehende Sozialphilosophie und Politische Philosophie ist es entscheidend, die (in jedem einzelnen Fall gesondert zu spezifizierende) Unaufhebbarkeit von Erfahrungen, die man im Lichte des Gesagten nur noch mit Vorbehalt als bloß negative einstufen kann, mit der Frage zu verknüpfen, wie man ihnen in effektiven Spielräumen des Verhaltens vielleicht gerecht werden kann, ohne dabei den Anschein zu erwecken, ihnen auf diese Weise den Stachel ihrer Negativität ziehen zu können.

Erst wenn diese Spielräume ermittelt wären, hätte es Sinn, darüber hinaus entsprechend differenziert nach einem sozialen oder politischen Ethos zu fragen, das sich mit der Frage auseinanderzusetzen hätte, ob und wie es zu einer gemeinschaftlichen oder gesellschaftlichen Aufgabe werden kann, mit unaufhebbar negativen Erfahrungen zu leben und umzugehen.[67] Ob in diesem Sinne ein allgemeiner, sog. vernünftiger, aber auf jeglichen Wahrheitsanspruch verzichtender Pluralismus genügt, wie ihn John Rawls ange-

---

[66] Ausdrücklich sei auf die von R. Esposito und anderen (wie etwa G. Bataille und M. Blanchot) angestoßene Kritik dieser zweifellos euphemistischen Rede verwiesen.

[67] Eng damit zusammen hängt die Frage, ob sich der Begriff einer im Sinne eines solchen Ethos erkennbaren Identität neu denken lässt (obgleich dieser Begriff etwa bei J. Butler oft nur wie ein Gefängnis erscheint, aus dem uns eine subversive „Politik der Desidentifizierung" befreien solle). Nicht zu erkennen ist, wie man darauf ein individuelles oder kollektives Selbstverständnis sollte gründen können, das sich mit einem solchen Ethos identifizieren dürfte – und sei es nur, um Aufgeschlossenheit für jene unaufhebbar negativen Erfahrungen im Sinne Anderer zu verteidigen.

dacht hat, darf bezweifelt werden.[68] Es geht ja nicht nur darum, wie jeder für sich seinen Frieden mit solchen Erfahrungen macht oder wie irreduzibel heterogene Überzeugungen nebeneinander existieren können, sondern darum, wie soziale und politische Lebensformen deren praktische Interferenz ertragen und womöglich sogar neues Potenzial aus ihr schöpfen können. Durch eine noch so liberale Verfassung eines freiheitlichen politischen Systems allein ist das gewiss nicht zu gewährleisten – es sei denn, man erweitert den Begriff der Verfassung so, dass er sich auf die gelebte politische Kultur bezieht.[69] Ob diese tatsächlich das liberale Prädikat einer weitgehend toleranten Streitkultur verdient und ob Toleranz und Anerkennung überhaupt als Königswege des Umgangs mit unaufhebbarer Negativität gelten können, wäre erst zu untersuchen.[70]

Tatsache ist, dass sich eine solche Kultur nach bisheriger Erfahrung keineswegs darauf einlässt, Andere unbedingt zu Wort kommen zu lassen. (Die Zusage, „über alles" mit sich reden zu lassen, ist vielfach doch nur ein rhetorisches Stereotyp oder eine Bemäntelung diskursiver Machtverhältnisse.) Und wir sind weit entfernt von einer umfassenden Bilanz all der negativen Erfahrungen – vom Hass über Verachtung und Exklusion bis hin zu schierer Vergleichgültigung –, die auch eine liberale Kultur und Politik all jenen ständig zumutet, die tatsächlich nicht in ihr Gehör finden und gar nicht erst als Subjekte gelten, von denen zu erwarten wäre, dass sie „etwas zu sagen" hätten. Deshalb besteht der Verdacht, Gewalt bestimme das soziale und politische Leben schon dort, wo es darum geht, ob überhaupt etwas oder jemand „auftauchen" bzw. begegnen kann, um als Subjekt einer freien *parrhesia* (öffentlich) in Erscheinung zu treten.[71]

---

[68] J. Rawls, *Politischer Liberalismus*, Frankfurt am Main 2003. Rawls hat sich in diesem Buch von der Idee einer wohlgeordneten Gesellschaft weitgehend verabschiedet (S. 105) und geht von einer irreduziblen Pluralität vernünftiger, „umfassender" Lehren aus, von denen keine zur Grundlage einer politischen Ordnung gemacht werden könne. Hier sieht er deutlich die „Grenzen der Versöhnung durch öffentlichen Vernunftgebrauch" (S. 61) und beschränkt seine Konzeption auf einen Begriff des Politischen, der einen weitgehenden Verzicht auf Wahrheit impliziert (S. 319). Zentral ist für ihn die Frage, wie durch konträre Lehren „einschneidend" Getrennte doch zusammen leben können. So will er erklärtermaßen den Abgrund unversöhnlichen latenten Konflikts ernst nehmen (S. 23). Diese Konzeption baut nicht auf einen bloßen *modus vivendi* (S. 35 ff., 234 f.), sondern auf einen *overlapping consensus*. Bei näherem Hinsehen zeigt sich allerdings, dass dieser viel Gemeinsames voraussetzt, vom Sinn für (Un-) Gerechtigkeit bis hin zu politischen Werten (S. 224 f.), die „das Grundgerüst des sozialen Lebens" bestimmen sollen. Diese Werte können gleichwohl nicht verhindern, dass es zu tragischen Konflikten kommt, v. a. dann nicht, wenn die jeweilige politische Ordnung ganze Lebensformen ausschließt. Keine Gesellschaft kann mit allen Lebensweisen konform gehen (S. 294), keine Gesellschaft kann sich allen möglichen Lebensformen gegenüber neutral verhalten. Eine „Welt ohne Verluste" steht uns insofern nicht mehr offen. Dass man demzufolge mit Negativem leben muss, gilt hier bereits als selbstverständlich (und trivial). Wohl auch deshalb unterbleibt bei Rawls jede nähere Untersuchung dessen, was hier in ziemlich pauschaler Art und Weise Verlust genannt wird.

[69] G. Frankenberg, *Die Verfassung der Republik*, Frankfurt am Main 1997. Hier wird der Begriff der Verfassung in Richtung auf den Begriff einer politisch unverfügbaren ethischen Kultur erweitert (S. 143), die dann allerdings sehr einer „Streitkultur" zu ähneln scheint (S. 150, 193 ff.).

[70] Vgl. G. Kruip, W. Vögele (Hg.), *Schatten der Differenz: Das Paradigma der Anerkennung und die Realität gesellschaftlicher Konflikte,* Münster 2006; A. Schäfer, C. Thompson (Hg.), *Anerkennung*, Paderborn, München, Wien, Zürich 2010.

[71] Vgl. H. Kuch, S. K. Herrmann (Hg.), *Philosophien sprachlicher Gewalt*, Weilerswist 2010.

Fasst man diese Gewalt als negativ im Sinne des Nichtseinsollenden auf, so scheint sie doch zugleich in dem Maße unvermeidlich zu sein, wie sich überhaupt keine soziale oder politische Lebensform vorstellen lässt, die vielfache Missverhältnisse zwischen jenen, die etwas zu sagen hätten, und jenen, die tatsächlich zu Wort kommen, aufzuheben vermöchte. Sich damit einfach abzufinden ist kein Ausweg, wenn sich in der Vielzahl einander widerstreitender Ansprüche darauf, gehört zu werden, dringliche und unverzichtbare finden. Die Frage, um welche es sich jeweils handelt, muss in einer liberalen Kultur des Konflikts selber als offene zum Vorschein gebracht werden.[72] Nur wo es an einer entsprechenden Sorge um Ansprüche Anderer fehlt, die sich vielleicht nicht Gehör verschaffen können, erscheint als einzige Alternative schließlich ein gelegentlich als „sozialdarwinistisch" eingestufter Kampf um die Durchsetzung eigener Standpunkte gegen „beliebige" andere.[73]

Allerdings kann das Ethos einer solchen Sorge weder eine Einbeziehung und Berücksichtigung aller versprechen, noch kann es in Aussicht stellen, antagonistische oder agonale Kämpfe zu verhindern, worauf Chantal Mouffe mit Recht insistiert. Jedoch geht sie zu weit, wenn sie pauschal empfiehlt, sich von der Idee einer „versöhnten Welt" zu verabschieden, um auf diese Weise geradezu zur echten Gegnerschaft aufzufordern, so als liege in dieser allein die Vitalität einer Politik begründet, die in kosmopolitischer Globalisierung und Normalisierung vollkommen zu verkümmern drohte. Es mag sein, dass heute überhaupt keine überzeugende Philosophie mehr die Aussicht auf eine im Ganzen versöhnte Welt (bzw. auf eine Versöhnung mit der Welt im Ganzen) eröffnen kann, doch bleibt Versöhnung *in* der Welt vielfach eine unabdingbare Aufgabe (wie Mouffe selbst mit ihrem Begriff des „konfliktualen Konsenses" andeutet). Diese praktische Aufgabe wird aber glaubwürdig nur in Angriff genommen werden können, wenn zuvor die Spielräume des Verhaltens ausgelotet worden sind, die uns *im* unaufhebbaren Widerstreit, *im* unlösbaren Gegensatz, *im* Unvernehmen verbleiben – sei es auch nur, um zu vermeiden, was sich niemals wieder gut machen lässt.[74]

So gesehen stehen wir nicht vor der Wahl, einer Art philosophischer Heilslehre anzuhängen, die verspräche, mit der Welt zu versöhnen oder sich verbissen in unaufhebbaren Konflikten aufzureiben (auch ohne Rücksicht auf ein Gemeinwohl) oder gleichgültig mit ihr zu arrangieren. Vielmehr wäre erst zu ermitteln, wie (und wie vielfältig) Negatives sich überhaupt als solches darstellt (vom Widerständigen, Schmerzhaften, Verletzenden, Fehlerhaften und Unerfüllten über das Gleichgültige, Ungesagte, Ungehörte, Unglückliche, Verachtete und Gewaltsame bis hin zum Vernichtenden); ob und wie es ggf. (eindeutig oder mehrdeutig) Anderes impliziert, in dem es nach unserer Vermutung *nicht*

---

[72] Vgl. dagegen Herrmann Brochs Insistieren auf einem „irdisch Absoluten" im Widerstreit ansonsten vielfach miteinander konfligierender „Werte" in: *Menschenrecht und Demokratie. Politische Schriften*, Frankfurt am Main 1978; ders., *Die Idee ist ewig. Essays und Briefe*, München 1968, S. 44 ff., 102 ff. Hier schlägt die erklärte Verabsolutierung derartiger Maßgaben des Politischen in „totalitäre" Tendenzen für den Fall um, dass sich eine demokratische Lebensform gegen die Infragestellung jener Werte zur Wehr setzen muss.
[73] Vgl. M. Frank, *Die Grenzen der Verständigung*, Frankfurt am Main 1988, S. 16 f. über Lyotard.
[74] Vgl. in diesem Sinne die Beiträge in: *Bezeugte Vergangenheit oder Versöhnendes Vergessen. Geschichtstheorie nach Paul Ricœur*, Sonderband Nr. 24 der *Deutschen Zeitschrift für Philosophie*, Berlin 2010.

einfach aufgehoben vorzustellen wäre. Schon Hegel kannte derart Unaufhebbares; z. B. wo er vom Grausamen, vom Unglücklichen, von der Erfahrung von Gewalt und Übermacht sagte, das alles lasse sich noch „in der Vorstellung zusammenhalten und ertragen". „Das Böse als solches aber, Neid, Feigheit und Niederträchtigkeit sind und bleiben widrig."[75] Das „nur Negative" sei allerdings „in sich matt und platt"; es lasse uns stets „entweder leer" oder stoße uns zurück. Insofern sei aus ihm schlechterdings nichts zu gewinnen. Womöglich täuschen darüber nur all jene hinweg, die seit der Romantik glauben machen, sich im Negativen geradezu aufhalten (und es aushalten) zu können, wo doch „nur Negatives, Zerstörung und Unglück herauskommt". Das kann scheinbar selbst ein dialektischer Negativismus nicht hinnehmen, der noch Kraft aus dem Widerstand gegen das Negative und „in der Negativität des Nichtseinsollenden *Halt gewinnen*" will.[76] Wo seit der Romantik dagegen scheinbar eine Apologie der Zerrissenheit, des Fragmentarischen und Unversöhnten triumphiert, handelt es sich da nicht, in der Sicht einer solchen Dialektik, lediglich um ein luxurierendes Denken, das sich solche modische Attitüden nur in einem saturierten Leben leisten kann, ohne sich schmerzhafter, unerträglicher Erfahrung wirklich auszusetzen?[77]

Wer die Vielfalt dialektisch unaufhebbarer Erfahrungen zur Kenntnis nimmt, den wird *beides* nicht überzeugen: ihre Hochstilisierung zu einer verallgemeinerten Negativität, die angeblich durchgängig auf die Spur von Nichtseinsollendem führt, *und* eine ästhetische Attitüde, die sie generell für undramatisch nimmt und gerade darin ihre Souveränität erkennt. Weder zeigt das *vielfältig* Negative allgemein nur einen Mangel an Sein, an Ewigkeit und Unendlichkeit an, wie es eine zwischen Ursprung und Ziel der Geschichte verlorene Philosophie noch heute gelegentlich glauben macht, noch ist es einfach ästhetisch zu neutralisieren oder als bloß interessantes Stimulans eines subjektiven Lebens zu entschärfen, das sich auf eine ernsthafte Auseinandersetzung mit ihm gar nicht einlassen will.

Wie und wozu uns das Negative jeweils herausfordert, ob und wie die Herausforderung angenommen wird und welche Aussichten sie eröffnet, ist jeweils erst zu ermitteln. Zwischen hypostasierter Versöhnung, trostloser Verzweifelung und spielerischer Pseudo-Souveränität gilt es noch andere Wege zu erkunden; und sei es nur, um wenigstens die Sprachlosigkeit zu durchbrechen, die sich überall breit macht, wo uns jenseits dieser schlechten Alternativen nur noch das schiere Aushalten des Widrigen ans Herz gelegt wird.[78] Differenziert zur Sprache gebracht, ließe es sich vielleicht nicht nur ertragen, sondern gemeinsam verwinden im Zuge einer Solidarisierung in und aus Widrigkeiten, die – unaufhebbar – weiter bestehen bleiben werden und ohne die kein gemeinsames Leben möglich scheint, das sich so oder so zu ihnen verhalten muss. Wenn in die-

---

[75] Hegel, W 13, S. 288.
[76] Angehrn, *Der Weg zur Metaphysik*, S. 507. Hervorhebg. B. L.
[77] Zur Revision dieses Vorurteils vgl. E. J. Koehn, D. Schmidt, J.-G. Schülein, J. Weiß, P. Wojcik (Hg.), *Andersheit um 1800. Figuren – Theorien – Darstellungsformen*, München 2011.
[78] Das wäre auch gegen eine Rhetorik des heroischen Aushaltens einer *allgemein* hypostasierten Unversöhnbarkeit festzuhalten, die die genaue Untersuchung ihrer konkreten Gestalten allzu leicht überspringt. Vgl. H. Hesse, *Vernunft und Selbstbehauptung. Kritische Theorie als Kritik der neuzeitlichen Rationalität*, Frankfurt am Main 1984, S. 130–142.

sem Sinne im Folgenden eine Vielzahl „negativer" Erfahrungen zur Sprache kommen, die als unaufhebbar gelten müssen, so wird weder der klassische Gedanke der Versöhnung noch das in sich dreideutige Konzept der Aufhebung pauschal verworfen.[79] Es geht vielmehr darum, zu erkunden, ob uns als einzige Alternative nur ein im Sinne Hegels „zerrissenes" Leben möglich scheint, das in unaufhebbarer Negativität nur sein geistiges Scheitern erfahren und sich darin womöglich noch gefallen würde.

---

[79] Wie Gesten der Verwerfung des klassischen Versöhnungsdenkens – sei es im Namen des „Anderen der Vernunft", sei es radikaler Heterogenität, eines sich verausgabenden Lebens oder einer Negativität, an der angeblich jegliche „Arbeit" des Begriffs versagt – zurückzufallen drohen in eben das Denken, das man zurückgewiesen hatte, hat u. a. Derrida in seiner Auseinandersetzung mit Bataille gezeigt („Von der beschränkten zur allgemeinen Ökonomie. Ein rückhaltloser Hegelianismus", in: *Die Schrift und die Differenz*, Frankfurt am Main 1976, S. 380–421, hier: S. 388 f., 393, 415 ff.). Die folgenden Beiträge wiederholen demgegenüber, ohne diese Vorgeschichte der Negativitätskritik zu vergessen, nicht die ausgedehnten Debatten um die Aporien einer radikalen Vernunftkritik, sondern suchen nach verbleibenden Spielräumen der Deutung einzelner, ausgewählter Phänomene, um zu ermitteln, ob sie die Suche nach weiter führenden Denkwegen erzwingen. Sie verfolgen aber nicht die Absicht, etwa eine Negativität, der radikale Kritiker bescheinigen, sie könne niemals für eine Arbeit des Begriffs im Hegelschen Sinne vereinnahmt werden (*negativité sans emploi*), geradewegs theoretisch für eine sozialphilosophische Theorie in Dienst zu nehmen (vgl. J.-L. Nancy, *Hegel. L'inquiétude du négatif*, Paris 1997). Allzu leicht gerät letztere in die Gefahr, auf diese Weise theoretisch zu konterkarieren, was sie in der Beschreibung unaufhebbarer Negativität bestreitet.

Oliver Marchart

Antagonismus

Negativität und Objektivität aus postmarxistischer Perspektive

1. Die drei Register des Antagonismus

Die diskursanalytische Hegemonietheorie, wie sie von Ernesto Laclau, Chantal Mouffe und der sog. Essex-School entwickelt wurde, geht vom Postulat aus, dass radikale Negativität eine unbedingte Konstitutionsbedingung sozialer Objektivität darstellt. Der Begriff der Negativität wird poststrukturalistisch und postmarxistisch in die Kategorie des Antagonismus übersetzt. So erlangt letztere aus Perspektive der Essex School den Status einer Zentralkategorie der Gesellschafts- und Politikanalyse. Die Originalität dieser Theoretisierung des Antagonismus – im Verbund mit der kontroversen These, Gesellschaft „existiere nicht" – hat Slavoj Žižek in Laclaus und Mouffes Hauptwerk *Hegemony and Socialist Strategy*[1] den „radikalsten Durchbruch für die moderne Gesellschaftstheorie" sehen lassen. Dieser Durchbruch sei von einer solchen Innovationskraft, dass er von den meisten Rezensenten nach Erscheinen des Buches gar nicht registriert wurde. Die „wahre Errungenschaft", die mit dem Antagonismuskonzept Laclaus und Mouffes verbunden sei, bestehe nämlich darin, dass hier erstmals das Lacan'sche Konzept des Realen – als des Unsymbolisierbaren – sozialtheoretisch operationalisierbar gemacht wurde: „weit davon entfernt, alle Realität auf eine Art Sprachspiel zu reduzieren, verstehen sie das sozio-symbolische Feld so, daß es um eine bestimmte traumatische Unmöglichkeit herum strukturiert ist, um einen bestimmten Riß, der nicht symbolisiert werden *kann*"[2]. In dieser Hinsicht übernimmt der Begriff des Antagonismus eine solch grundlegende Funktion, dass er auf gleichsam ontologischer oder quasi-transzendentaler Ebene der Gesellschaftstheorie verortet werden muss. In Begriffen der „politischen Dif-

---

[1] E. Laclau, C. Mouffe, *Hegemony and Socialist Strategy*, London, New York 1985; dt. *Hegemonie und radikale Demokratie*, Wien 1991; vgl. auch E. Laclau, *Emanzipation und Differenz*, Wien 2002; S. Critchley, O. Marchart (Hg.), *Laclau: A Critical Reader*, London, New York 2004.
[2] S. Žižek, „Jenseits der Diskursanalyse", in: O. Marchart (Hg.), *Das Undarstellbare der Politik. Zur Hegemonietheorie Ernesto Laclaus*, Wien 1998, S.123–131, hier: S.123.

ferenz"³: Antagonismus ist Laclaus und Mouffes Konzept des *Politischen*, wie es von dem alltäglicher *Politik* unterschieden werden muss.

Und tatsächlich bemühen sich Laclau und Mouffe deutlich, Distanz gegenüber der empirischen Konfliktsoziologie wie auch gegenüber politik- und sozialwissenschaftlichen Konflikttheorien zu bewahren. Natürlich könne nicht behauptet werden, dass Antagonismen in Soziologie und Geschichtswissenschaft nicht untersucht worden wären. Aber gerade die Vielfalt unterschiedlicher Erklärungsversuche der Emergenz von Antagonismen offenbare ein gemeinsames Merkmal: Man habe sich nämlich auf die bloße Beschreibung sozialer Konflikte und die Erforschung ihrer Ursachen und Bedingungen beschränkt. So gut wie nie sei die zentrale Frage angegangen worden, was ein antagonistisches Verhältnis als solches auszeichne und welchen „Typus der Beziehung zwischen den Objekten" es voraussetze.⁴ Statt diese grundlegende Frage zu bearbeiten, die, wie man hinzufügen müsste, nicht allein eine sozialtheoretische, sondern auch eine gesellschaftsphilosophische Dimension aufweist, hätten sich Konflikttheorien auf bloß impressionistische Beschreibungen zurückgezogen. Statt die Konstruktionslogik von Antagonismen selbst zu erklären, würde deren Entstehung mit hilflosen Wendungen beschrieben wie: „dies *provozierte* eine Reaktion", oder: „in dieser Situation *sah sich* X oder Z gezwungen zu reagieren". Laclau und Mouffe konstatieren, dass mit solchen Wendungen ein plötzlicher Sprung vollzogen werde von der Erklärung „hin zu einem Appell an unseren gesunden Menschenverstand beziehungsweise an unsere Erfahrung, die Bedeutung des Textes zu vollenden". Auf diese Weise werde die Erklärung „unterbrochen/versperrt"⁵. Diese Selbstunterbrechung der Konflikttheorien lässt sich nicht durch geringe Adjustierungen oder Schärferstellung des Beobachtungsinstrumentariums beheben, denn sie hat tiefere Ursachen. Sie ist nichts anderes als eine Auswirkung des *explanandum* selbst, das den Fluss der Erklärungen ins Stocken bringt. Mit anderen Worten, die Unterbrechung des Erklärungsflusses ist ein Symptom eben jener Instanz des Antagonismus, die zur Erklärung ansteht:

„Wir können somit verstehen, warum soziologische und historische Erzählungen sich selbst unterbrechen und sich an eine ihre Begrifflichkeit transzendierende ‚Erfahrung' wenden müssen, um ihre Lücken zu füllen: Jede Sprache und jede Gesellschaft sind durch Unterdrückung des Bewußtseins der sie durchdringenden Unmöglichkeit konstituiert. Der Antagonismus entzieht sich der Möglichkeit, durch Sprache erfaßt zu werden, da ja Sprache nur als Versuch einer Fixierung dessen existiert, was der Antagonismus untergräbt"⁶.

Damit sagen Laclau und Mouffe nicht nur, dass Konflikttheorien wie alle anderen sprachlichen Gebilde ihre eigene Bedeutung niemals endgültig fixieren können (was zwar zutrifft, aber keine hinreichende Erklärung wäre, weil es eben auf schlichtweg jeden Erklärungsversuch zutrifft). Sie sagen, so würde ich das Argument jedenfalls auslegen, dass die herkömmlichen konflikttheoretischen Ansätze nicht zur ontologischen

---

³ O. Marchart, *Die politische Differenz. Zum Denken des Politischen bei Nancy, Lefort, Badiou, Laclau und Agamben*, Berlin 2010.
⁴ Laclau, Mouffe, *Hegemonie und radikale Demokratie*, S.177.
⁵ Ebd., S. 179 f.
⁶ Ebd., S. 181.

oder quasi-transzendentalen Ebene der Theoriebildung vorzudringen in der Lage sind, weil genau diese Ebene – und damit der Antagonismus als Begriff für die traumatische Erfahrung der Unterbrechung von Bedeutung und Unmöglichkeit von Gesellschaft als Bedeutungstotalität – aus Theorie und Analyse verbannt wurde. Die Selbstunterbrechung der Antagonismustheorien erweist sich als Resultat jener Verwerfung, die den radikal negativen Charakter des Antagonismus selbst trifft. Und dieser lässt sich sozialtheoretisch nicht denken, solange die Konflikttheorien im Bannkreis des Objektivismus verharren. Der sozialwissenschaftliche Objektivismus konstituiert sich geradezu über den Ausschluss der radikal negatorischen Instanz des Antagonismus.

Ich möchte im Folgenden das Verhältnis von (sozialer) Objektivität und Negativität im Anschluss an Laclau und Mouffe ein wenig näher beleuchten. Dazu wird erforderlich sein, zunächst kurz darzustellen, wie die Autoren den Antagonismusbegriff aus dem marxistischen Diskussionszusammenhang herausschälen, um ihn anschließend diskurstheoretisch zu reformulieren. Die These, die meiner Darstellung zugrunde liegt, lautet, dass im Theoriebau des Ansatzes von Laclau und Mouffe zumindest drei Dimensionen des Antagonismus unterschieden werden müssen, sollen jene Missverständnisse vermieden werden, mit denen die diskursanalytische Hegemonietheorie der Essex School immer wieder konfrontiert ist:

In Anlehnung an die Lacan'sche Nomenklatur lässt sich, so der heuristische Vorschlag, von einer imaginären, einer symbolischen und einer realen Fassung des Antagonismus sprechen. Der radikale Negativismus des Ansatzes besteht in der Figur des Antagonismus als Name für die Unmöglichkeit der endgültigen Fixierung und Stillstellung des sozialen Symbolisierungsprozesses (und damit der Unmöglichkeit jeder sozialen „Objektivität" bzw. von „Gesellschaft" als geschlossener Bedeutungstotalität). Wie bereits Žižek erkannt hat, entspricht diese Seite des Antagonismusbegriffs dem Lacan'schen Begriff des *Realen*. Ihn hervorzuheben ist wichtig, um seiner Verwechslung mit dem imaginären Aspekt sozialer Konfliktualität entgegenzuwirken. Nur im *Imaginären* erscheint der Antagonismus als Frontstellung zwischen zwei aufeinander spiegelbildlich verwiesenen Feinden, deren Existenz jeweils „objektiv" gegeben scheint.[7] Philosophisch entspricht der Antagonismus aus dieser Perspektive, wie wir sehen werden, dem Kant'schen Begriff der „Realrepugnanz". Zugleich folgt daraus, dass die meisten sozialwissenschaftlichen, d. h. objektivistischen Konflikttheorien, sofern sie auf ein imaginäres Antagonismuskonzept rekurrieren, im Reich der Ideologie zu verorten sind.[8] Aus Sicht der Politik im Sinne des alltäglichen politischen Kampfgeschäfts mag diese imaginäre Engführung des Antagonismus letztlich unvermeidlich sein

---

[7] Der Vorwurf des Linksschmittianismus geht an Laclau und Mouffe – entgegen ihrer Selbsteinschätzung, wie es an manchen Stellen vor allem bei Mouffe scheint (vgl. u. a. C. Mouffe, *Das demokratische Paradox*, Wien 2008) – daher vorbei, reduziert er doch deren Modell auf die imaginäre Dimension des Antagonismus als Freund/Feind-Verhältnis, ohne die reale und die symbolische zu würdigen. Allerdings könnte selbst, wie Derrida (J. Derrida, *Politik der Freundschaft*, Frankfurt am Main 2002) gezeigt hat, der Schmitt'sche Begriff des Feindes (als die eigene Frage in anderer Gestalt) postfundamentalistisch gewendet werden, dann aber hätte man wieder die Dimension des Realen eingeführt und das Register des Imaginären verlassen.

[8] Was übrigens schon Adorno, wenn auch etwas anders argumentiert, den soziologischen Konflikttheorien Cosers und Dahrendorfs vorwarf, vgl. T. W. Adorno, „Anmerkungen zum sozialen

und nur durch eine Ethik des Realen bzw. eine demokratische Ethik der Anerkennung der Unmöglichkeit sozialer Objektivität gemildert werden.[9] Deshalb ist es aber gerade unerlässlich, politische Handlungsformen „ontischer" Politik vor dem Hintergrund der „ontologischen" Negativitäts- und Kontingenzfigur des Politischen zu verorten. Nur so wird es möglich, mit der unvermeidlichen Passage sozialer Konflikte durch die Register des Realen und des Imaginären umgehen zu lernen. Sozialtheoretische Erklärungskraft gewinnt das Konzept des Antagonismus darüber hinaus, wenn wir die Rolle verstehen, die es in der Funktion des *Symbolischen* einnimmt. Der Antagonismusbegriff wird im Rahmen der Diskurstheorie von Laclau und Mouffe nämlich nicht nur negativistisch radikalisiert, er wird er auch operationalisiert, um die Logik sozialer Bedeutungsproduktion beschreiben zu können. Die reale Negativität des Antagonismus erweist sich aus dieser Perspektive als Synonym der symbolischen Funktion von *Äquivalenz*, die für einen nach-Saussure'schen Ansatz unabdingbar ist, um erklären zu können, wie aus einer Verstreuung positiver Differenzen überhaupt Bedeutung hervorgeht. Um aber diese Perspektive würdigen zu können, wird es zunächst notwendig sein, Laclaus Prozess der Ablösung vom marxistischen Antagonismusbegriff nachzuzeichnen.

2. Abkehr von Hegel: Der Antagonismus als Realopposition und als Widerspruch

Laclau und Mouffe nehmen den Marxismus nicht aus von ihrer Kritik der Konflikttheorien. Zwar wird im Marxismus der grundlegende Charakter von Negativität und Antagonismus durchaus postuliert, doch wird er „objektiven Entwicklungsgesetzen" unterworfen und damit zugleich dementiert.[10] Diese Ambivalenz innerhalb der Marx'schen Theorie findet sich bereits bei Hegel: „There's an ambiguity here, and I would say it's been there since the very prehistory of Marxism, that is, since Hegelian thought. On the one hand, Hegelianism makes negativity the constitutive element of all identity – the impossibility of any identity to simply ‚rest' on itself. But, on the other hand, this movement of the negative does not involve any contingency, since it finds its final identity in the system. This double characteristic is passed on to Marxism, with all its ambiguities and internal possibilities."[11]

Aus Sicht Laclaus und Mouffes stellte die Hegel'sche Dialektik einen der ersten Versuche dar, eine fragmentierte gesellschaftliche Totalität (bzw. zerbrochene organische Gemeinschaft) – wie sie der Erfahrung der Romantik und des jungen Hegel entsprach – wieder zu einem relationalen Ganzen zusammenzuführen, und dies unter Produktivmachung genau jener Negativitätserfahrung, die mit dem Eintritt in die Moderne ins

---

Konflikt heute", in: ders., *Soziologische Schriften I, Gesammelte Schriften*, Bd. 8 (Hg. R. Tiedemann), Frankfurt am Main 2003, S. 177–195.

[9] Vgl. zu einer solchen Ethik Kap. 11 in: Marchart, *Die politische Differenz.*

[10] Vgl. O. Marchart, „Antagonismen jenseits des Klassenkampfs. Postmarxismus und Neue Soziale Bewegungen", in: P. Bescherer, K. Schiernhorn (Hg.), *Zur Aktualität Marxscher Theorie. Zwischen ‚Arbeiterfrage' und sozialer Bewegung heute*, Hamburg 2009, S. 97–120.

[11] E. Laclau, *New Reflections on the Revolution of Our Time*, London, New York 1990, S. 205.

Zentrum des Zeitbewusstseins getreten war.[12] Zwar behauptet der Hegel'sche Rationalismus die vollständige Intelligibilität von Gesellschaft und Geschichte, aber deren Rationalität kann „nur um den Preis der Einführung des Widerspruchs ins Feld der Vernunft behauptet werden"[13]. Hegels Modernität besteht also darin, dass Identität niemals als reine Positivität erscheint, sondern sich nur in Bewegung und qua Differenz konstituiert, wobei diese Bewegung allerdings von einem System logischer Übergänge vermittelt bleibt. Wir haben es folglich mit einer *nicht-kontingenten* Form von Negativität zu tun (Nur unter dieser Voraussetzung kann die These vom prekären, von Negativität durchdrungenen Charakter jeder Identität im selben Atemzug kassiert und Negativität der umfassenden Selbstentfaltungsbewegung des Systems einverleibt werden). Wird nun die Behauptung des *notwendigen* Charakters dieser Übergänge fallengelassen, dann entfaltet das Negativitätspostulat überhaupt erst seine ganze Produktivität. Sozialtheoretisch kann das Konzept der Vermittlung von jenem der *Artikulation*, das heißt, wie wir noch sehen werden, einer kontingenten und eben nicht notwendigen Relationierung von Elementen ersetzt werden. Voraussetzung hierfür sei freilich die Aufgabe „des Objekts ‚Gesellschaft' als einer rational einheitlichen Totalität"[14]: „Um uns im Feld der Artikulation zu verankern, müssen wir damit beginnen, auf die Konzeption der ‚Gesellschaft' als fundierende Totalität ihrer Teilprozesse zu verzichten. Wir müssen folglich die Offenheit des Sozialen als konstitutiven Grund beziehungsweise als ‚negative Essenz' des Existierenden ansehen sowie die verschiedenen ‚sozialen Ordnungen' als prekäre und letztlich verfehlte Versuche, das Feld der Differenzen zu zähmen. Demnach kann die Vielgestaltigkeit des Sozialen weder als ein System von Vermittlungen noch die ‚soziale Ordnung' als ein zugrundeliegendes Prinzip begriffen werden. Es gibt keinen ‚der Gesellschaft' eigentümlichen genähten Raum, weil das Soziale selbst kein Wesen hat".[15]

Man sieht, welch weitreichende theoretische Konsequenzen – bis hin zu Verabschiedung des landläufigen Gesellschaftsbegriffs – mit der Aufwertung der Kategorie der Negativität verbunden sind. Um allerdings bis zu diesem Punkt vorzudringen, mussten Laclau und Mouffe den hegelianischen Ballast, der die marxistischen Debatten beschwerte, abwerfen. Ein philosophischer Ausgangspunkt, der es Laclau erlaubte, den Antagonismusbegriff von seinen dialektischen und objektivistischen Verkürzungen zu befreien, war die italienische Debatte der 1950er und 60er Jahre um die Frage der Natur sozialer Widersprüche und Antagonismen. Im Rückgriff auf Kant argumentierte die Schule um Della Volpe gegen den stark von der hegelianischen Tradition (Croce) bestimmten dominanten Theorieansatz des italienischen Kommunismus. Della Volpe war

---

[12] Mit dieser inneren Ambivalenz, so Laclau und Mouffe (*Hegemonie und radikale Demokratie*, S.141), stehe das Werk Hegels daher einerseits noch in der Tradition der Romantik, andererseits biete es aber die erste wirklich moderne, nach-aufklärerische Gesellschaftsreflexion an. Angesichts der Ausdifferenzierung in soziale Funktionssysteme, der Klassenspaltung und der Anfänge der Staatsbürokratie macht die deutsche Romantik Fragmentierung und Spaltung zum Gegenstand einer theoretischen Reflexion, die zumeist auf Synthese der Fragmentaritäts- und Überwindung der Negativitätserfahrung abzielt. Dabei sollen nicht zuletzt die Dualismen, die sich von Descartes bis Kant eingegraben haben, in einer höheren Totalität aufgelöst werden.
[13] Ebd.
[14] Ebd., S.148.
[15] Ebd., S.142–143.

es darum gegangen, eine marxistische Wissenschaft von der Gesellschaft neu zu begründen. Dazu musste er den Marxismus mit der modernen Wissenschaft versöhnen und die abstrusen Vorstellungen des dialektischen Materialismus, der ja den Widerspruch in die physische Materie verlegte, genauso bekämpfen wie die Idee von der widersprüchlichen Verfasstheit der *sozialen* Realität. Ein Antagonismus wie der zwischen Kapital und Arbeit sei keineswegs ein logischer oder dialektischer Widerspruch. Es handle sich vielmehr um eine Form des Gegensatzes, die Kant u. a. in seiner Anmerkung zur Amphibolie der Reflexionsbegriffe aus der *Kritik der reinen Vernunft* als „Realopposition" oder „Realrepugnanz" bezeichnet hatte. Der Della Volpe-Schüler Lucio Colletti griff in einem – nicht zuletzt für Laclaus Theorieentwicklung – einflussreichen Aufsatz das Argument seines Lehrers auf, um es ein weiteres Mal zu wenden.

Zunächst schließt sich Colletti dem anti-hegelianischen Argumentationsgang Della Volpes an. Die bereits vom vorkritischen Kant entdeckte Gegensatzfigur der Realopposition soll den dialektischen Widerspruch ablösen. Während im Widerspruch *A : Nicht-A* die beiden Pole insofern aufeinander verwiesen sind, als sie sich qua Negation des jeweils anderen Pols konstituieren, so besitzen im Fall der Realopposition *A : B* die beiden Pole, wiewohl sie miteinander kollidieren, eine dennoch voneinander unabhängige, positive Existenz. Man dürfe sich nicht davon täuschen lassen, dass ein Pol den Gegensatz des anderen bezeichnet, denn für sich betrachtet sei – wie etwa im Fall zweier zusammenstoßender Körper – jeder der beiden Pole positiv. Kant argumentiert, dass selbst die mathematisch negativen Größen, denen ein Subtraktionszeichen vorangestellt wird, in Wahrheit als positive Größen behandelt werden, so dass etwa die Gleichung „- 4 - 5 = - 9 gar keine Subtraktion war, sondern eine wirkliche Vermehrung und Zusammentuung von Größen einerlei Art"[16]. Ähnlich könne man „die *Verabscheuung* eine *negative Begierde*, den *Haß* eine *negative Liebe*, die *Häßlichkeit* eine *negative Schönheit*, den *Tadel* einen *negativen Ruhm*"[17] nennen. Wie Colletti kommentiert: „Das, was die Folgen von etwas negiert oder aufhebt, ist selbst ein ‚positiver Grund'. Die sogenannten negativen Größen sind keine Negationen von Größen, d. h. *Nicht*-Größen und somit Nicht-Sein oder das absolute Nichts. Die Dinge, die Gegenstände, die Sachverhalte sind immer *positiv*, d. h. existent und real."[18]

Das bedeutet nun, in die Problematik des Marxismus übersetzt, dass auch die gesellschaftlichen Antagonismen eher Realoppositionen entsprechen als dialektischen Widersprüchen. Und tatsächlich findet sich beim frühen Marx selbst ein Anhaltspunkt für einen solch nicht-hegelianischen Gegensatzbegriff. In seiner *Kritik des Hegelschen Staatsrechts* heißt es: „Wirkliche Extreme können nicht miteinander vermittelt werden, eben weil sie wirkliche Extreme sind. Aber sie bedürfen auch keiner Vermittlung, denn sie verlangen einander nicht, sie ergänzen einander nicht. Das eine hat nicht in seinem eigenen Schoß die Sehnsucht, das Bedürfnis, die Antizipation des andern."[19]

---

[16] I. Kant, „Versuch den Begriff der negative Größen in die Weltweisheit einzuführen", in: *Werke*, Bd. 2, Zweiter Teil, Darmstadt (1983 [1763]), S. 779–824, hier: S. 785.
[17] Ebd., S. 794.
[18] L. Coletti, *Marxismus und Dialektik*, Frankfurt am Main, Berlin, Wien 1977, S. 11.
[19] K. Marx, „Kritik des Hegelschen Staatsrechts (§§ 261–313)", in: *MEW*, Bd. 1, überarbeitete 16. Auflage, Berlin 2006 [1843], S. 203–336, hier: S. 292.

Der Della Volpe-Schule kommt dieses Zitat gelegen, denn es scheint zu belegen, dass Marx im Zuge seiner Inversion Hegels die Dialektik eben nicht vom Kopf auf die Beine gestellt, sondern in seiner Gesellschaftstheorie letztlich ganz hinter sich gelassen hat. Der Konflikt zwischen Kapital und Lohnarbeit müsse als eine Form von Realopposition betrachtet werden. Damit wird der antagonistische Charakter der Gesellschaft keineswegs verleugnet, er wird entmystifiziert und der Begriff des Antagonismus – im Sinne eines, wie man sagen könnte, „ontischen" Realkonflikts – wird „verwissenschaftlicht": „der Marxismus kann fortfahren von den Kämpfen und den objektiven Konflikten in der Natur und in der Gesellschaft zu sprechen, indem er sich der nicht-widersprüchlichen Logik der Wissenschaft bedient, besser noch, indem er selbst Wissenschaft ist oder sich dazu macht", so Colletti[20], die Position Della Volpes zusammenfassend.

Nun kamen Colletti allerdings Zweifel an der anti-hegelianischen Marx-Interpretation. Er kam zu dem Schluss, dass für Marx der Widerspruch zwischen Ware und Geld, der am Grunde des Widerspruchs zwischen Lohnarbeit und Kapital liegt, zwar tatsächlich zwei eigenständig existierende Pole voneinander trennt, dass er für Marx zugleich aber ein dialektischer Widerspruch einander ergänzender Gegensätze ist; er ist also Realopposition und dialektischer Widerspruch zugleich: „die Pole des Widerspruchs sind hier wohl selbständig, getrennt – und dennoch *untrennbar*. Sie haben Wirklichkeit angenommen, insofern sie sich getrennt haben, aber insofern sie untrennbar, voneinander selbständig sind, sind sie real geworden, obwohl sie keine Sachen sind."[21] Wie ist dies möglich? Colletti zufolge handelt es sich um das Ergebnis eines Entfremdungsprozesses, an dessen Ende die kapitalistische Gesellschaft sich als ein Verdinglichungszusammenhang erweist, in dem die jeweiligen Pole des Widerspruchs zu „an sich irreale[n], wenn auch *versachlichte[n]* Größen"[22] würden: „Der Widerspruch geht also auf das Wesen dieser Gesellschaft selbst zurück. In dieser sind die Individuen, obwohl sie in Gesellschaft leben, nicht nur voneinander getrennt und miteinander in Konkurrenz, sondern sind auch, gerade weil sie voneinander getrennt sind, auch von der Gesellschaft, d. h. von ihrem Gesamtverhältnis getrennt. Hier wo alle voneinander unabhängig sind, wird auch ihr wechselseitiges Verhältnis *unabhängig* von allen Individuen. [...] Die moderne Gesellschaft ist die Gesellschaft der Trennung (Entfremdung, Widerspruch). Was früher einmal vereint war, ist nun zerrissen und getrennt."[23]

Coletti kommt also zu dem Schluss, dass in einer entfremdeten Gesellschaft die kapitalistischen Gegensätze zwar eine eigenständige Existenz besitzen, aber nur deshalb, weil sie historisch verdinglichte Pole eines *sehr wohl untrennbaren* dialektischen Widerspruchs sind. Dem Wissenschafter Marx, der Antagonismen als Realoppositionen beschreibt, stehe also ein Philosoph Marx zur Seite, der die kapitalistischen Gegensätze tatsächlich als dialektische Widersprüche begreift. Denn: „Der Kapitalismus ist für Marx

---

[20] Coletti, *Marxismus und Dialektik*, S. 26.
[21] Ebd., S. 35.
[22] Ebd.
[23] Ebd., S. 37 f.

nicht widersprüchlich, weil er eine Realität ist, sondern vielmehr weil er eine verkehrte, auf dem Kopf stehende Realität ist (Entfremdung, Fetischismus)."[24]

Wie konnte diese inzwischen etwas obskur wirkende Debatte wichtig werden für Laclaus Entwicklung eines diskurstheoretischen Antagonismuskonzepts? Collettis Ansatz kommt Laclau zunächst entgegen, weil er den Begriff des Antagonismus von seiner objektivistischen Engführung befreit. Nur im Rahmen einer empirizistischen Epistemologie lassen sich die Pole sozialer Antagonismen als positiv gegebene Realobjekte begreifen. Nur ist das ausgesprochen unplausibel. Ein Antagonismus könne keine Realopposition sein, so Laclau, denn der Zusammenstoß zweier Objekte – z. B. zweier Fahrzeuge – besitze nichts Antagonistisches; und die bloß metaphorische Übertragung auf das Feld der Politik – z. B. in Wendungen wie „Zusammenstoß oppositioneller Kräfte" – habe keine Erklärungskraft. Umgekehrt hätten logische Widersprüche in einer Welt von Realobjekten ebensowenig Platz. Ist der Begriff des Antagonismus also weder mit dem Konzept der Realopposition noch mit jenem des Widerspruchs vergleichbar? In einem ersten Versuch[25] tendiert Laclau dazu, an der Idee des Widerspruchs festzuhalten, nachdem er die Problematik der gesamten Debatte auf das Terrain der Diskurstheorie verschoben hat. Was wäre, so fragt er, wenn wir davon ausgingen, dass Objekte sich eben nicht in einer positiv gegebenen Realität konstituieren, sondern auf dem Terrain des Diskursiven, d. h. innerhalb differentiell gebauter Bedeutungssysteme? Negativität dürfe dann nicht als ein Attribut eines bestimmen Objekts oder eines Verhältnisses verstanden werden, sondern würde einer bestimmten diskursiven Logik erwachsen. Mit dieser Überlegung verschiebt sich die gesamte Fragestellung: „can negation as such – which we have seen cannot serve as a predicate of ‚real' objects – be signified through certain discursively constructed positionalities?"[26] Für Laclau kann diese Frage unzweifelhaft bejaht werden. Er führt das Beispiel von Diskursen an, die einen Gegensatz zwischen Zivilisation und Barbarei errichten, wobei alle unter den zweiten Term fallenden näheren Qualifikationen austauschbar werden und ihres positiven Inhalt verlustig gehen. In einem solchen Fall habe man es mit einem kontradiktorischen Verhältnis zu tun, nämlich mit dem Widerspruch Zivilisation : Nicht-Zivilisation, also *A : Nicht-A*. In diesem frühen Stadium des Arguments ist Laclau noch überzeugt, dass Antagonismen diskursive Widerspruchsverhältnisse darstellen: „By antagonism, then, I shall designate a relation of contradiction within discourse"[27].

3. Negation durch Äquivalenz: Diesseits des Diskursiven

Mit *Hegemonie und radikale Demokratie* distanziert sich Laclau explizit von dieser Definition des Antagonismus:[28] Im Diskurs, so Laclau, leben wir ohnehin immer mit Widersprüchen – z. B. hängen wir einander widersprechenden Glaubenssystemen an –, solche

---

[24] Ebd., S. 39.
[25] E. Laclau, „Populist Rupture and Discours", in: *Screen Education 34*, Frühjahr 1980, S. 87–93.
[26] Ebd., S. 89.
[27] Ebd.
[28] In einem späteren Interview wird sich Laclau noch deutlicher von der Della Volpe-Schule absetzen: „[I]t is only insofar as they allowed me to start a gradual rupture from the totalizing character of

Widersprüche würden sich aber nicht notwendigerweise zu Antagonismen transformieren.[29] Daher müsse das Argument Colettis einer weiteren Radikalisierung unterzogen werden. Weder Realopposition noch Widerspruch sind zur Erklärung von Antagonismen hinreichend. Dafür gibt es einen guten Grund. Es handle sich nämlich in beiden Fällen um Verhältnisse zwischen Objekten: Im Fall des Widerspruchs zwischen begrifflichen, im Fall der Realopposition zwischen realen Objekten. Die in ein oppositorisches bzw. widersprüchliches Verhältnis tretenden Objekte seien in beiden Fällen bereits konstituiert, es handle sich um „volle Identitäten": „Im Fall des Widerspruchs ist, weil A *in vollständiger Weise* A *ist*, das Nicht-A-Sein ein Widerspruch – und daher eine Unmöglichkeit. Im Fall der Realopposition produziert die Beziehung von A zu B deswegen einen objektiv bestimmbaren Effekt, weil A ebenfalls völlig A ist"[30]. Worin besteht dann aber die Spezifik des Antagonismus? In Laclaus und Mouffes Ansatz, der als radikal relationistisch qualifiziert werden kann, lässt sich ein antagonistisches Verhältnis nicht zwischen bereits vorgängig etablierten Identitäten konstituieren. Mit einer Volte hin zum eigentlichen Grund des Problems schlägt Laclau daher vor, das antagonistische Verhältnis gerade aus der *Unmöglichkeit* der Konstitution in sich geschlossener Identitäten zu gewinnen: „Die Präsenz des ‚Anderen' hindert mich daran, gänzlich Ich selbst zu sein. Das Verhältnis entsteht nicht aus vollen Totalitäten, sondern aus der Unmöglichkeit ihrer Konstitution"[31]. Ein Bauer werde, so das von Laclau und Mouffe an dieser Stelle angeführte Beispiel, in einem antagonistischen Verhältnis von jenem Grundbesitzers, der ihn von seinem Land vertreibt, an der Herausbildung oder Bewahrung einer in sich geschlossenen Identität gerade gehindert. Das „objektive Sein" des Grundbesitzers werde auf diese Weise zum Symbol des „Nicht-Seins" des Bauern. Daran zeigt sich, dass sowohl Realopposition als auch Widerspruch zu kurz greifen: „Realopposition ist ein *objektives*, also bestimmbares und definierbares Verhältnis zwischen Dingen; Widerspruch ist ein ebenso definierbares Verhältnis zwischen Begriffen; Antagonismus hingegen konstituiert die Grenzen jeder Objektivität, die sich als partielle und prekäre *Objektivierung* enthüllt."[32] Im Antagonismus zeige sich die Unmöglichkeit jeder Totalität, einschließlich jener der Gesellschaft.

Bevor wir abschließend auf das Verhältnis von Objektivität und Negativität zurückkommen ist zunächst festzuhalten: Jene radikale Grenze des Sozialen, die sich in der Erfahrung der Unmöglichkeit der Gesellschaftstotalität zeigt, heißt für Laclau und Mouffe Antagonismus. Nur wird dies nicht einfach nur behauptet, sondern auf Basis der Grundlagen der Diskurs- und Signifikationstheorie in der Nachfolge Saussures argumen-

---

Marxist discourse – Althusser's overdetermined contradiction, Della Volpe's anti-dialectical trend – that I felt attracted by their works. In the case of Della Volpe, I think my enthusiasm for his work was, at a given point, considerably exaggerated. His reduction of historicism to teleology, his insistence on the validity of Marxism's abstract categories vis-à-vis their articulation in concrete traditions, his lack of comprehension of Gramsci's thought, go exactly in the opposite direction to what I have intended to do in the last few years. " (Laclau, „Populist Rupture and Discours", S. 178.)

[29] Laclau, Mouffe, *Hegemonie und radikale Demokratie*, S. 179.
[30] Ebd., S. 180.
[31] Ebd.
[32] Ebd., S. 180 f.

tativ entwickelt. Die Rede ist also nicht vom Antagonismus als einer dunklen kosmischen Kraft, einer Art Anti-Materie des Sozialen; auch handelt es sich nicht um ein Freund-Feind-Verhältnis, in dem zwei objektiv gegebene soziale Kräfte einander entgegenstehen. Wir haben es hier also, lacanianisch gesprochen, weder mit der *imaginären* Fassung des Antagonismus als Freund-Feind-Verhältnis noch mit der *realen* des Antagonismus als Unmöglichkeit (und zugleich Notwendigkeit) diskursiver Schließung zu tun, sondern mit der *symbolischen* Fassung des Antagonismus als einer differenztheoretisch gebauten Funktion diskursiver Relationierung. Der Begriff des Antagonismus adressiert eine durchaus „technische" diskurstheoretische Frage. Denn wenn in Nachfolge Saussures davon ausgegangen wird, dass Bedeutung nur innerhalb eines Systems von Differenzen entstehen kann, dann muss die Diskurstheorie anzugeben in der Lage sein, wie Differenzen zumindest partiell systematisiert werden. Genau das lässt sich, Laclau zufolge, nur mit Rekurs auf die Kategorie des Antagonismus erklären. Laclaus diskurstheoretische Entfaltung dieser symbolischen Funktion des Antagonismus wird uns die Mittel an die Hand geben, um – über den Umweg des Symbolischen – das *Reale* des Antagonismus im Sinne radikaler Negativität genauer beleuchten zu können.

Laclaus diskurstheoretische Pointe lautet, dass ein rein differenztheoretischer Relationismus – wie Laclau und Mouffe ihn in Foucaults archäologischem Konzept der „Einheit in der Verstreuung"[33] vermuten – die Produktion von Bedeutungseffekten nicht erklären kann. Hätten wir es mit einer bloßen Verstreuung von Differenzen – also einem rein differentiellen Terrain – zu tun, so befänden wir uns immer noch mitten im Objektivismus. Die Differenzen wären dann nämlich als jeweils mit sich identische, d. h. objektive Entitäten konstituierbar und wir hätten nur den Objektivismus der Totalität mit jenem der Differenz ersetzt. Das Terrain des Objektivismus ist erst verlassen, wenn die differentiellen Elemente durch ihre Relationierung modifiziert werden. Diesen Prozess nennen Laclau und Mouffe *Artikulation*. Durch den Prozess der Artikulation werden frei flottierende (differentielle) *Elemente* in eine diskursive Formation eingebunden und überhaupt erst auf diese Weise bedeutungstragend – in Laclaus und Mouffes Terminologie werden sie von Elementen zu *Momenten* dieser Formation. Nun kann vor einem postfundamentalistischen und radikal relationistischen Denkhorizont der Artikulationsprozess – die Transformation von Elementen zu Momenten – nie abgeschlossen werden, denn dann wäre ja eine geschlossene Diskurstotalität erreicht und die Position aller Momente wäre von einer übergeordneten Prinzip ein für allemal fixiert.[34] Das Soziale könne keines-

---

[33] M. Foucault, *Archäologie des Wissens*, Frankfurt am Main 1973.

[34] Dieses Argument ist deutlich gegen das strukturalistische Prinzip einer vollständig selbstgesättigten Struktur gerichtet. So argumentieren Laclau und Mouffe, dass in einer strukturalen Totalität, in der „jedes *Element* auf ein *Moment* dieser Totalität reduziert worden ist" und in diesem Sinne eine differentielle Position besetzt alle Relationen notwendigen Charakter besitzen (Laclau, Mouffe, *Hegemonie und radikale Demokratie*, S. 156). Die Notwendigkeit ergibt sich daraus, dass in einem geschlossenen Systeme alle Elemente miteinander – qua Differenz und Opposition – zu starr verknüpften Momenten geworden wären, was jede Form diskursiver Artikulation ausschließen würde: „Notwendigkeit leitet sich deswegen nicht von einem zugrundeliegenden intelligiblen Prinzip her, sondern von der Regelmäßigkeit eines Systems struktureller Positionen. In diesem Sinne kann kein Verhältnis kontingent oder äußerlich sein, da ja die Identität seiner Elemente dann außerhalb des Verhältnisses selbst bestimmt wäre. Dies hieße aber nichts anderes als zu behaupten, daß in einer

falls „auf die Interiorität eines fixierten Systems von Differenzen reduziert werden"[35], und zwar weil jedes Bedeutungssystem bzw. jede Diskursformation immer von einem Überschuss an unfixierten Elementen gleichsam geflutet und damit unterhöhlt wird.

Laclau und Mouffe bezeichnen diesen Überschuss, der als notwendige Voraussetzung jeder bedeutungserzeugenden Praxis gesehen wird, als *Feld der Diskursivität*. Dieses darf nicht mit dem einzelnen Diskurs, also einer gegebenen Diskursformation verwechselt werden, sondern dient als Reservoir, aus dem neue Elemente geschöpft und artikulatorisch zu Momenten verwandelt werden (zugleich irritiert es – wenn man so will als Hintergrundrauschen – jeden Versuch der Bedeutungsfixierung). Es komme, so Laclau und Mouffe, ein „Niemandsland" zum Vorschein, das den Artikulationsprozess überhaupt erst ermöglicht. Jede diskursiv artikulierte Identität ist somit vom Feld der Diskursivität überdeterminiert, und doch konstituiert sie sich ausschließlich durch artikulatorische Versuche, den Fluss der Bedeutung (i. e. das Gleiten der Elemente) zu stoppen. Versuche, die in letzter Instanz freilich u. a. aufgrund des notwendigen Überschusscharakters der Diskursivität zum Scheitern verurteilt sind. Anders gesagt, jede diskursive Totalität ist konstitutiv unvollständig, weil sie mit Blick auf den notwendigen Überschuss des Diskursiven immer auch andere Elemente zu Momenten artikulieren könnte. Darin liegt der erste diskurstheoretische Grund, warum der Begriff von „Gesellschaft" für Laclau und Mouffe nicht umstandslos beibehalten werden kann: „Der unvollständige Charakter jeder Totalität führt uns notwendigerweise dazu, als Terrain der Analyse die Prämisse von ‚Gesellschaft' als einer genähten und selbstdefinierten Totalität aufzugeben. ‚Gesellschaft' ist kein gültiges Objekt des Diskurses. Es gibt kein einfaches Grundprinzip, das das ganze Feld der Differenzen fixiert und deshalb konstituiert".[36] Weder kann solch ein Grundprinzip in einem objektiven Regulierungsprinzip von Differenzen gefunden werden (wie etwa den sogenannten „objektiven Gesetzen der Geschichte" im Marxismus, oder den basalen Permutationsgesetzen einer Struktur, wie im Strukturalismus), noch steht ein subjektives Prinzip zu Verfügung: „Eine diskursive Formation wird weder durch die logische Kohärenz ihrer Elemente noch durch das Apriori eines transzendentalen Subjektes, noch durch ein sinnstiftendes Subjekt à la Husserl oder durch die Einheitlichkeit der Erfahrung vereinheitlicht."[37]

---

auf diese Art und Weise konstituierten diskursiv-strukturalen Formation eine artikulatorische Praxis unmöglich wäre. Die Praxis der Artikulation betrifft das Bearbeiten von *Elementen*, während wir hier nur mit Momenten einer geschlossenen und völlig konstituierten Totalität konfrontiert wären, in der jedes Moment von Anfang an dem Prinzip der Wiederholung unterworfen ist." (Ebd., S. 156 f.)

[35] Ebd., S. 162.

[36] Ebd., S. 162. So ist, wie manchmal von deleuzianischer Seite kritisiert, das Laclau-Mouffe'sche Modell keineswegs ausschließlich eines des *Mangels*, sondern ist zugleich auch eines des *Überschusses*: „Nicht der Mangel an Signifikaten, sondern im Gegenteil deren Polysemie desartikuliert eine diskursive Struktur. Eben dies etabliert die überdeterminierte, symbolische Dimension einer jeden sozialen Formation. Die Gesellschaft kann niemals mit sich selbst identisch sein, da jeder Knotenpunkt in einer ihn überflutenden Intertextualität konstituiert ist" (Ebd., S.165); vgl. hierzu auch O. Marchart, „The Absence at the Heart of Presence. Radical Democracy and the ‚Ontology of Lack'", in: L. Tonder, L. Thomassen (Hg.), *On Radical Democracy: Politics Between Abundance and Lack*, Manchester 2005, S. 17–31.

[37] Laclau, Mouffe, *Hegemonie und radikale Demokratie*, S. 155.

Wenn nun aber kein Prinzip eine endgültige Fixierung der Differenzen gewährleisten kann, weil jede systemische Interiorität von der Exteriorität überschüssiger, flottierender Elemente untergraben wird, so heißt dies umgekehrt nicht, dass *überhaupt keine* Fixierung und Systemisierung von Elementen zu Momenten möglich wäre – denn dann wäre ja jede Artikulationsbemühung von Anfang an vergebens und wir befänden uns in einem unrettbar psychotischen Universum, in dem es zu keinerlei Bedeutungseffekten käme. Artikulation muss daher als eine Praxis verstanden werden, die zwischen Interiorität und Exteriorität vermittelt, indem sie das Gleiten der fixierenden Elemente *partiell* fixiert. So auch Laclaus und Mouffes Definition: *„Die Praxis der Artikulation besteht deshalb in der Konstruktion von Knotenpunkten, die Bedeutung teilweise fixieren. Der partielle Charakter dieser Fixierung geht aus der Offenheit des Sozialen hervor, die ihrerseits wieder ein Resultat der beständigen Überflutung eines jeden Diskurses durch die Unendlichkeit des Felds der Diskursivität ist."*[38]

Wie nun aber gelingt diese Fixierungsleistung? Ihr Gelingen kann nur erklärt werden, wenn diskurstheoretisch das Prinzip der Negativität in das des Überflusses und damit das der Äquivalenz in das der Differenz eingeführt wird. Ein weiteres Beispiel hilft, diesen Punkt zu verdeutlichen. Laclau und Mouffe schlagen vor, wir mögen uns ein kolonisiertes Land vorstellen, in dem die unterschiedlichsten lokalen Differenzen – von der Kleidung über die Sprache und die Gebräuche – nur deshalb als gemeinsame Merkmale der Kolonisierten wahrgenommen werden, weil sie sich von jenen der Kolonisatoren unterscheiden. Im Hinblick auf den Kolonisator heben sich die konkreten (objektiven) Differenzen auf und werden in ihrer Äquivalenz erkennbar. Sie repräsentieren nun etwas „ihnen allen zugrundeliegendes Identisches"[39]. Wie aber kann dieses „identische Etwas", von dem Laclau und Mouffe sprechen, theoretisch präzise gefasst werden, vorausgesetzt, die Äquivalenz wird eben nicht durch ein alle Differenzen transzendierendes Prinzip geregelt? An dieser Stelle stoßen wir auf den engen Zusammenhang des Prinzips der Äquivalenz mit jenem der Negativität; ja man könnte sogar sagen, dass Äquivalenz nichts anderes ist als die diskurstheoretisch-symbolische Fassung des Realen der Negativität (wie auch des Imaginären des Freund/Feind-Verhältnisses). Denn wenn die Identität der Kolonisierten sich ausschließlich aus ihrer äquivalenten Opposition gegenüber den Kolonisatoren herleitet, dann weil ihr Feind eben nicht länger seinerseits von einer positiven Identität (=objektiven Differenz) bestimmt ist, sondern aus Sicht der Kolonisierten nur noch als reine Negativität auftritt – als das, was ihr eigenes Sein, also den Zustand positiver Objektivität oder Identität verunmöglicht. Es ist somit das diskursive Prinzip der Äquivalenz, das den differentiellen und positiven Charakter der in eine Äquivalenzkette eintretenden Elemente unterläuft: „Wenn aber *alle* differentiellen Merkmale eines Gegenstandes äquivalent geworden sind, ist es unmöglich, etwas *Positives* über diesen Gegenstand auszudrücken. Dies kann nur bedeuten, daß durch die Äquivalenz etwas ausgedrückt wird, was der Gegenstand nicht ist. Demgemäß schafft ein Äquivalenzverhältnis, das alle positiven Bestimmungen des Kolonisators im Gegensatz zu den Kolonisierten absorbiert, ein System positiver differentieller Positionen zwischen

---

[38] Ebd., S. 165.
[39] Ebd., S. 183.

beiden, einfach weil sie jede Positivität auflöst: der Kolonisator wird diskursiv als der Nicht-Kolonisierte konstruiert"[40].

Wir sind damit an dem Punkt angekommen, an dem sich zeigt, dass die Fixierung differentieller Elemente zu Momenten innerhalb eines relationalen Gesamtensembles – einer Diskursformation – nur um den Preis der Einführung des Prinzips der Äquivalenz bzw. Negativität zu haben ist. Zunächst hatten wir ja gesehen, dass ein Zustand vollständiger Totalität – was nun hieße: totaler Äquivalenz – unmöglich ist, weil jeder Diskurs ständig von einem Überschuss differentieller Elemente überflutet wird. Nun sehen wir, dass auch ein System reiner differentieller Verstreuung unmöglich ist, da es *kein System* wäre und somit keinerlei Bedeutungseffekte produzieren könnte – erst durch eine partielle Äquivalenzierung von Differenzen wird es zu einem. Artikulation lässt sich somit bestimmen als partielle und vorübergehende Verknüpfung von Differenzen zu einer Äquivalenzkette qua Bezug auf ein rein negatives Außen. Dieses Außen ist nicht etwa deshalb negativ, wie Laclau und Mouffe erneut betonen, weil es als eine Art negativer Pol einem positiven Pol gegenüberstünde (wie in Kants Realopposition), sondern weil „*alle* differentiellen Bestimmungen des einen Poles sich durch ihre negativ-äquivalentielle Referenz auf den anderen Pol aufgelöst haben, zeigt ein jeder von ihnen ausschließlich das, was er nicht ist"[41]. In Begriffen der Realopposition wäre ein negativer Pol (eine „negative Größe"), wie Kant gezeigt hat, letztlich nur ein positiver mit einem negativen Vorzeichen: aber beide Pole stünden einander als Entitäten gleicher Ordnung gegenüber. Äquivalenz hingegen ist nichts, was sich positiv zeigen könnte (auch nicht in der Positivität eines negativen Pols), sondern ist jene diskurslogische Instanz, die jede Differentialität und Positivität *unterminiert*. Damit wäre ein Begriff von Negativität gewonnen, der nicht in einfacher Opposition zur Positivität der Differenzen steht, sondern sich gewissermaßen im *Inneren* des Reichs positiver Differenzen als Prinzip ihrer eigenen Unmöglichkeit – d. h. der Unmöglichkeit ihrer vollständigen Objektivierung – zu erkennen gibt. Deshalb kann Laclau auch davon sprechen, dass sich die Grenze des Sozialen *zeigt*, denn was den Prozess der Bedeutungsproduktion untergräbt (und dennoch zugleich ermöglicht), kann nicht selbst Teil des Felds der Bedeutung sein.

4. Negativität und Objektivismus: Die Unmöglichkeit von Gesellschaft

Laclau rekurriert deshalb auf Begriffe wie „Erfahrung" und „Zeigen", weil der Begriff der Bedeutung an dieser Stelle in die Irre führen würde. Wir kehren damit zurück zum Register des Realen. Die Diskussion der symbolischen Funktion des Antagonismus hat uns die Mittel an die Hand gegeben, das Argument nun nochmals hinsichtlich seiner realen Dimension durchzuspielen, ohne in den Verdacht zu geraten, Negativität mystifizieren zu wollen. Die diskurstheoretische Konstruierbarkeit des Arguments belegt, dass es sich hier um keine negative Theologie handelt, sowenig übrigens wie es sich um eine bellizistische Anrufung eines imaginären Freund/Feind-Verhältnisses handeln würde.

---
[40] Ebd., S. 184.
[41] Ebd., S. 185.

Dass jeder Diskurs über sich selbst, also über das Feld der Bedeutung hinaustreibt, ist *diskurstheoretisch* argumentierbar. Denn Bedeutung, so wurde ja gesagt, entsteht nur, wenn der Fluss der Signifikanten gestoppt und vorübergehend fixiert wird. Der Antagonismus ermöglicht die Fixierung und damit Totalisierung des Bedeutungssystems qua Äquivalenz. Andererseits unterläuft er sie, denn jedes Bedeutungssystem ist zur Herstellung partieller Äquivalenz auf ein negatorisches Außen verwiesen, das selbst nicht Teil des Bedeutungssystems sein kann. Daraus folgt: „Der Antagonismus, weit davon entfernt, ein objektives Verhältnis zu sein, ist ein Verhältnis, worin die Grenzen jeder Objektivität *gezeigt* werden – im Sinne Wittgensteins, daß das, was nicht *gesagt*, so doch *gezeigt* werden kann. Aber wenn das Soziale, wie wir dargelegt haben, nur als partieller Versuch existiert, Gesellschaft zu konstruieren – das heißt ein objektives und geschlossenes System von Differenzen – ist der Antagonismus als Zeuge der Unmöglichkeit einer endgültigen Naht die ‚Erfahrung' der Grenze des Sozialen."[42]

Es kann also mit diskurstheoretischen Argumenten einsichtig gemacht werden, warum die Grenzen des Diskursiven selbst nicht diskursiv bezeichnet werden können. Das heißt nun aber explizit nicht, dass die „endgültige Unmöglichkeit einer stabilen Differenz und folglich jeglicher ‚Objektivität'" nicht durchaus *erfahren* werden könne. Und diese „‚Erfahrung' der Grenze aller Objektivität hat eine Form präziser diskursiver Präsenz – den *Antagonismus*"[43]. Es hat sich somit erwiesen, dass der Antagonismus, die diskursive Konstruktion von Äquivalenz, auf eine Instanz radikaler Negativität angewiesen ist, ja womöglich gar nichts anderes ist als diese Negativität in symbolischem Gewand, die nun zugleich dem Außen der Signifikation zu indirekter Präsenz verhilft. In diesem Sinne sind Laclau und Mouffe herausragende Vertreter einer Negativistischen Sozialphilosophie. Denn es hat sich an ihrem Diskursmodell erwiesen, dass „*bestimmte diskursive Formen durch die Äquivalenz jede Positivität des Gegenstandes auslöschen und der Negativität als solcher eine reale Existenz geben*"[44]. Und wie sie weiter ausführen: „Diese Unmöglichkeit des Realen – die Negativität – hat eine Form von Präsenz erlangt. Da das Soziale von Negativität, also vom Antagonismus, durchdrungen wird, erlangt es nicht den Status der Transparenz, vollständiger Präsenz, und die Objektivität seiner Identitäten wird permanent untergraben. Von hier an ist die unmögliche Beziehung von Objektivität und Negativität für das Soziale konstitutiv geworden."[45]

Diese Überlegungen bezüglich der Konstitution/Subversion sozialer Objektivität haben notwendigerweise Auswirkungen auf den Gesellschaftsbegriff. Denn wir dürfen keinesfalls den Antagonismus als eine Grenzlinie verstehen, die zwei Territorien voneinander trennt, würde dies doch die Objektivität eines positiven Außen (eines zweiten Territoriums) voraussetzen.[46] Damit wäre das differentiell strukturierte Innen

---

[42] Ebd., S. 181.
[43] Ebd., S. 177.
[44] Ebd., S. 185.
[45] Ebd.
[46] Das würde tatsächlich der bereits gewonnen Definition des Antagonismus widersprechen, denn: „Der Antagonismus als die Negation einer gegebenen Ordnung ist ganz einfach die Grenze dieser Ordnung und nicht das Moment einer umfangreicheren Totalität in Bezug auf die die beiden Pole des Antagonismus differentielle – das heißt objektive – partielle Instanzen bildeten" (ebd., S. 182).

eines Signifikationssystems mit keiner wirklichen Grenze konfrontiert, denn ein positives Außen könnte als eine weitere Differenz dem differentiellen System des Innen eingegliedert werden. Daraus ist zu schließen, dass die äußeren Grenzen des Sozialen sich paradoxerweise im Inneren des Sozialen nur in Form der notwendigen Subversion seiner potentiellen Totalisierung zeigen können: „Die Grenze des Sozialen muß innerhalb des Sozialen selbst gegeben sein, als etwas, das es untergräbt, seinen Wunsch nach voller Präsenz zerstört." Und das wiederum bedeute: „Gesellschaft kann niemals vollständig Gesellschaft sein, weil alles in ihr von ihren Grenzen durchdrungen ist, die verhindern, daß sie sich selbst als objektive Realität konstituiert."[47] Es hat sich damit weiters gezeigt, dass Gesellschaft nicht nur deshalb ein unmögliches Objekt ist, weil jedes Signifikationssystem notwendigerweise vom Feld des Diskursiven überflutet und überdeterminiert wird. Gesellschaft ist auch deshalb unmöglich, weil zur gleichwohl notwendigen (partiellen) Totalisierung und Systematisierung von Differenzen die Kategorie der Äquivalenz bzw. Negativität unabdingbar ist und jedes Signifikationssystem demnach von seiner antagonistischen Grenze durchdrungen wird.

Der Antagonismus, so ist lässt sich abschließend festhalten, ist Ermöglichungs- und Verunmöglichungsbedingung von Gesellschaft in einem. Einerseits kann es diskursive Artikulation, und damit soziale Objektivität, nur deshalb geben, weil Gesellschaft unmöglich ist.[48] Das bedeutet andererseits aber nicht, dass ein Relationsensemble nur aus verstreuten Differenzen bestünde – denn dann wäre jede Artikulation hinfällig. Durch Radikalisierung der Differenztheorie mithilfe eines *äquivalenztheoretischen* Begriffs von Negativität wird es möglich, die Produktion partieller und immer nur vorläufiger *Gesellschaftseffekte* zu erklären. Erst auf diese Weise könne „ein bestimmter Begriff von Totalität wieder eingeführt werden, mit dem Unterschied, daß er nicht mehr ein zugrundeliegendes, die ‚Gesellschaft' vereinheitlichendes Prinzip beinhaltet, sondern ein Ensemble totalisierender Effekte in einem offenen relationalen Komplex"[49]. Gesellschaft ist dann zwar nicht gänzlich möglich, sie ist aber auch nicht gänzlich unmöglich, sondern zeigt sich in den Effekten ihrer Abwesenheit.

---

[47] Ebd., S. 183.
[48] Vgl. ebd., S. 166.
[49] Ebd., S. 153.

BURKHARD LIEBSCH

Ausgesetzte Gemeinschaft – unter radikalem Vorbehalt
Fragen zur aktuellen Kritik jeglicher Vergemeinschaftung mit Blick auf Helmuth Plessner und Jean-Luc Nancy

> *‚Wir', ‚die Unseren',*
> *grundsätzliche Wörter der Sprache aus Holz,*
> *aus dem man die Scheiterhaufen errichtet*
> *und die Guillotinegerüste anfertigt.*
> Jorge Semprún[1]

> *Wir müssen uns des-indentifizieren*
> *von aller Art des ‚Wir', das Gegenstand*
> *seiner eigenen Repräsentation ist [...].*
> Jean-Luc Nancy[2]

> *Nichts ist, alles koexistiert.*
> Fernando Pessoa[3]

1.

Vom Sozialen handeln wir bis heute in dem Maße, wie es jegliche Selbstverständlichkeit eingebüßt hat – vor allem in historischer Perspektive. Gerade weil wir in soziale Beziehungen und Verhältnisse nicht unproblematisch „eingelebt" sind – und, historisch aufgeklärt, vielleicht nie wieder sein werden –, haben wir Anlass, vom Sozialen zu sprechen; und zwar um so mehr, je tiefer und nachhaltiger es in Frage gestellt erscheint – bis zu einem Punkt, wo es nahe liegt zu sagen, ursprünglich oder letztlich verbinde uns *nichts* mit Anderen. Radikale Gewalt ist es, was uns dahin bringt.[4] Sie scheint alles aufzulösen, was Menschen miteinander verbinden könnte. Und in dem Maße, wie ihr das

---

[1] J. Semprún, *Was für ein schöner Sonntag!*, München 2007, S. 237.
[2] J.-L. Nancy, *singulär plural sein*, Berlin 2004, S. 112 (=sps).
[3] F. Pessoa, *Das Buch der Unruhe des Hilfsbuchhalters Bernardo Soares*, Frankfurt am Main 2006, S. 416.
[4] Solange man sich einer substanziellen Verbundenheit gewiss war, brauchte man über soziales Leben kein Wort zu verlieren. Nur anlässlich eines Eintritts oder Austritts (bzw. des Verstoßenwerdens) aus einer Lebensform wurde diese als solche zum Problem; und zwar allein für diejenigen, die ihrer entbehren oder fürchten mussten, nicht aufgenommen oder ausgeschlossen zu werden.

gelingt, liegt der Schluss nahe, *nichts* verbinde uns, was nicht aufgelöst werden oder der Zerstörung sich widersetzen könnte. Aber zeigt sich nicht gerade in derartiger Gewalt die intensivste Verstrickung mit Anderen?[5] Bleibt im Resultat der Zerstörung nicht *die Spur des Zerstörten* erkennbar?[6]

So genannte natürliche Feinde verhalten sich niemals *aus* Feindschaft zu ihren Opfern. Sie töten und verzehren sie, um sich dadurch selbst am Leben zu erhalten, aber niemals, *um* ihnen Gewalt anzutun. Deshalb fallen die Opfer ihren natürlichen Feinden nicht in deren Erinnerung zur Last. Indem diese ihre Beute verzehren, verschwindet sie normalerweise spurlos in Prozessen der Verdauung oder Verwesung von Resten. Tiere können, von gewissen Grenzfällen abgesehen, über die uns die Verhaltensforscher inzwischen unterrichtet haben, keinen Mord und keinen Genozid verüben. Das ist ein negatives Privileg von Menschen, deren engste Verbundenheit und gleichgültigste Indifferenz unter bestimmten Umständen in intensivste, ein- oder gegenseitige Gewalt umschlagen kann. In der Deutung dieser Möglichkeit entzweien sich die Geister: Wird hier der Abgrund oder vielmehr der Gipfel des Sozialen erreicht, wie es manche Überlegungen von Friedrich Nietzsche und Carl Schmitt suggerieren? So oder so aber *kommt das Soziale im Lichte seiner Zerstörung zum Vorschein*, die zu beweisen scheint, *ursprünglich oder letztlich verbinde uns nichts miteinander, nichts außer der absoluten Zerstörbarkeit des Sozialen, dessen Spur aber niemals gänzlich getilgt werden kann*. Das scheint die Gewalt, die wir menschlichen Subjekten zuzuschreiben haben, grundsätzlich von einer Vernichtung zu unterscheiden, die in der subhumanen Natur weitgehend spurlos geschieht.

Denkt man das Soziale so von seiner Zerstörbarkeit her, durch die es (sei es aktuell, sei es in historischer Perspektive) seine normale Selbstverständlichkeit ganz und gar einbüßt, dann ist es plausibel, die moderne Sozialphilosophie, abgesehen von Etymologie und Begriffsgeschichte, eng mit *Hobbes'* Namen[7] verbunden zu sehen. Hobbes war es, der *systematisch* jegliche Illusion zerstreute, die Menschen seien einander *substanziell* verbunden, sei es durch affektive, genealogische oder ethnische Zugehörigkeit, sei es durch politisch-rechtliche Mitgliedschaft in einem Gemeinwesen.[8] Eine solche, *gege-*

Wie weit es mit jener Gewissheit wirklich her war, bedürfte allerdings genauerer Untersuchung. Sich hier nur an der philosophischen Überlieferung zu orientieren, führt in die Irre, wie schon das prominente Beispiel der von Thukydides berichteten Ereignisse auf Kerkyra zeigt, die hier nur stellvertretend genannt seien. Vgl. Thukydides, *Der Peloponnesische Krieg*, Stuttgart 1990, S. 232 ff.; M. Sahlins, „Hierarchy, Equality, and the Sublimation of Anarchy. The Western Illusion of Human Nature", *The Tanner Lectures on Human Values*, Michigan, 4. 11. 2005; H. König, *Politik und Gedächtnis*, Weilerswist 2008, S. 340 f.

[5] Mit zahlreichen Verweisen auf Literatur, die diese Fragen detailliert untersucht (was hier nicht geschehen kann): v. Verf., *Gastlichkeit und Freiheit. Polemische Konturen europäischer Kultur*, Weilerswist 2005.

[6] M. Blanchot, *Die uneingestehbare Gemeinschaft*, Berlin 2007, S. 66.

[7] Vgl. v. Verf., „Einleitung", in: ders. (Hg.), *Sozialphilosophie*, München, Freiburg i. Br. 1999, S. 9–45. Vom historischen Kontext der sog. Deteleologisierung und Mechanisierung sehe ich hier ebenso ab wie von der Frage, ob Hobbes nicht nur die Konsequenzen einer weiter zurückreichenden Entwicklung zieht.

[8] So steht man einander genealogisch-verwandtschaftlich, ethnisch und/oder politisch nahe. Und vielfach werden diese Kategorien miteinander kontaminiert, so dass es bspw. den Anschein ha-

bene Verbundenheit hatte man zuvor immer vorausgesetzt, auch wenn man wie schon in der Politischen Philosophie der Antike in Rechnung stellte, dass sie unterschiedliche Formen und Grade der Nähe zulässt und im Dissens, Streit und Bürgerkrieg in eine polemogene Feindschaft umschlagen kann, die am Ende jegliche positive Verbundenheit ruinieren muss.[9]

Nach Hobbes setzt sich freilich die Zerstörung des Substanzdenkens endgültig durch. Was uns verbindet (und selbst in der *prima facie* restlosen Zerstörung jeglicher Beziehung noch erkennbar bleibt), ist – wenn wir Philosophen wie Roberto Esposito und Jean-Luc Nancy folgen, die zuletzt die daraus zu ziehenden Konsequenzen vor Augen geführt haben – keine unanfechtbare Substanz, kein unzerstörbares Wesen und keine ontische Eigenschaft, die uns ein für allemal zu sozialen Tieren machen würde, sondern die *ontologische Dimension* eines *Mitseins*, deren Spur auch in der extremen, vernichtenden Gewalt noch erkennbar bleibt. Von Heidegger über Derrida bis hin zu Esposito und Nancy ist so von einem *être-en-commun* oder *être avec* die Rede, das empirisch in allen möglichen, negativen, positiven und gemischten Variationen anzutreffen ist – auch als ein „Miteinander im Modus des Gegeneinander", das sich schismogen bis zum scheinbar restlosen Zerwürfnis und zum Vernichtungskrieg steigern kann, in dem Gegner, Täter und Opfer absolut nichts mehr miteinander verbindet – nichts, bis auf die Zerstörung einer vorgängigen Verbundenheit, die *als zerstörte* auch in der extremen Gewalt noch zu erkennen ist. Ohne diesen „Rest" jenes Mitseins wäre die Zerstörung nicht einmal *als* Zerstörung verständlich (auch denjenigen nicht, die sie als eine endgültige Endlösung konzipieren, die von einer vorgängigen Verbindung zu ihren Opfern keinerlei Spur mehr erkennen lassen sollte).

So gesehen *ist auch die Zerstörung des Sozialen noch eine Variation des Mitseins*, selbst dann, wenn sie jegliche Verbindung oder Verbundenheit mit Anderen leugnet – woraus auch immer diese zuvor abgeleitet wurde: sei es aus einer *genealogisch-ethnischen Zugehörigkeit* zu Verwandten oder zur gleichen Lebensform, in der man sich nach Maßgabe einer geteilten Sprache, Kultur und Geschichte versteht; sei es aus einer scheinbar von Natur aus festgelegten und von Geburt an gemeinsamen Orientierung auf das Gute hin, die sich in kollektiver Sorge für ein gerecht geregeltes Zusammenleben und insofern in *politischer Mitgliedschaft* ausprägen kann. Beides: das Verstehen und die Sorge konnten im traditionellen Denken des Sozialen – d. h. solange es nicht radikal im Lichte seiner Zerstörbarkeit als fragwürdig erschien – durchaus als mangelhaft ausgeprägt vorgestellt werden, so wie es bereits Aristoteles in einer Typologie verschiedener Pathologien politischer Verfassungen getan hatte. Aber das änderte nichts daran, dass

---

ben kann, als begründe verwandtschaftliche Zugehörigkeit politische Mitgliedschaft oder letztere sei ihrerseits nur ein anderer Ausdruck für ethnische bzw. genealogische Verbundenheit. Diese wiederum galt lange als Inbegriff einer „substanziellen" Verbindung, die von Geburt an, durch gemeinsame Geschichte oder geteilte Sorge besteht (oder nicht besteht), die aber nicht jedes Mal neu hergestellt werden muss. Vgl. J. Derrida, *Politik der Freundschaft*, Frankfurt am Main 2002, S. 136 ff.

[9] Vgl. N. Loraux, *L'invention d'athènes*, Paris 1993; dies., „Das Band der Teilung", in: J. Vogl (Hg.), *Gemeinschaften. Positionen zu einer Philosophie des Politischen*, Frankfurt am Main 1994, S. 31–64; E.-W. Böckenförde, *Geschichte der Rechts- und Staatsphilosophie*, Tübingen 2002, S. 30–40; U. Kleemeier, *Grundfragen einer philosophischen Theorie des Krieges,* Berlin 2002.

man sich den Sinn des Sozialen als *substanziell vorgegebenen* dachte. Nur innerhalb einer gemeinschaftlichen, von Natur aus und teleologisch vorgegebenen Orientierung am Guten und Gerechten vermochte man überhaupt Formen der Abweichung oder des Abfalls von ihr verständlich zu machen. So setzte die soziale und politische Pathologie das *substanziell gemeinschaftlich Normale* immer voraus, das nicht eigens hergestellt zu werden brauchte.

Hobbes dagegen befand, ursprünglich verbinde uns, die wir „wie Pilze aus dem Boden geschossen" scheinen, nichts miteinander[10] – nichts bis auf die Furcht voreinander, zu der die Antizipation äußerster Gewalt Grund gibt, die wir von Anderen zu gewärtigen haben. Deshalb können wir „positiv" auch nicht aufeinander bauen und müssen uns angeblich gegeneinander sichern mit Hilfe politischer Souveränität, die wir über uns herrschen lassen und die wir als Form der Herrschaft selbst herzustellen haben. *So tritt die Technik künstlicher Vergesellschaftung an die Stelle der substanziellen Gemeinschaft, die originärer Vergemeinschaftung scheinbar gar nicht bedarf.*

Seit dem steht der Gemeinschaftsbegriff notorisch unter dem Verdacht, hinter die hobbesianische Formulierung des zentralen Problems des Sozialen, die Gewährleistung allgemeiner Sicherheit angesichts der Gewalt, zurückzufallen und anachronistische Anleihen bei einer substanziellen, naturalen oder teleologischen Vorgegebenheit menschlicher Verbundenheit zu machen. Und im Gegenzug wird seit dem immer wieder suggeriert, das technische Denken künstlicher Vergesellschaftung könne und müsse ohne all das auskommen.

Für lange Zeit wird auf diese Weise ein dritter Denkweg verbaut, auf dem sich die nach wie vor virulente Frage stellt, wie Gemeinschaften (falls es sich nicht ohnehin um im Grunde anachronistische soziale Gebilde handelt, die wie ein substanzielles Denken des Sozialen längst zum Untergang verurteilt sind) originär aus Prozessen der Vergemeinschaftung entstehen, die weder als natürlich oder teleologisch *vorgegebene* noch als *technisch herzustellende* zu verstehen sind.

Heute findet sich kaum noch jemand, der den Gemeinschaftsbegriff als „substanziellen" verteidigen würde. Vielmehr reflektieren Diskussionen um diesen Begriff historische Prozesse der Erosion sog. traditionaler Gemeinschaften durch eine massive und angeblich irreversible Temporalisierung, Industrialisierung, Monetarisierung und Individualisierung der Lebensverhältnisse, die kein für nennenswert lange Zeit stabiles und wie ehemals im sog. Ganzen Haus drei Generationen übergreifendes Zusammenleben zuzulassen scheinen. Ob und inwieweit die empirische Befundlage solche Einschätzungen wirklich zu erhärten vermag, bleibe an dieser Stelle dahingestellt.[11] In der theoretischen Reflexion des Gemeinschaftsbegriffs, um die es hier vor allem geht, erscheinen relativ dauerhafte Lebensformen nur noch als Sonderfälle, die in Wahrheit aus einem ständigen bzw. auf Dauer gestellten Geschehen der Vergemeinschaftung erklärt werden müssten. Demnach „bestehen" Gemeinschaften *niemals* „substanziell"; sie verfügen über keinen sozial-ontologischen Bestand *sui generis*. Was ihr Bestehen

---

[10] T. Hobbes, *Grundzüge der Philosophie*, Leipzig 1949, S. 162.
[11] Vgl. die Diskussionsbilanz bei O. G. Oexle, „Soziale Gruppen in der Ständegesellschaft: Lebensformen des Mittelalters und ihre historischen Wirkungen", in: ders., A. C. Hülsenesch (Hg.), *Die Repräsentation der Gruppen*, Göttingen 1998, S. 9–44.

erklärt, sind dauerhafte Formen *originärer Vergemeinschaftung*, in denen immerfort *vergemeinschaftet* wird, was nicht von sich aus und „immer schon" die Form einer Gemeinschaft *hat* und in dieser Form auch nicht herzustellen ist.

Demnach mag es zwar noch Gemeinschaften geben (im Gegensatz zu so mancher Einschätzung, die darauf hinaus läuft, diesen Begriff mit Blick auf die temporalisierten und individualisierten Lebensverhältnisse der Gegenwart für ganz und gar obsolet zu halten); doch würde uns ihr Bestehen nur darüber hinwegtäuschen, dass sie sich immerfort aus einem Geschehen der Vergemeinschaftung bilden, das vergemeinschaftet, was nicht von sich aus, von Natur aus oder seinem teleologischen Sinne nach vergemeinschaftet *ist*. So hat sich die theoretische Diskussion über den Begriff der Gemeinschaft nachhaltig verlagert, um sich der Frage zuzuwenden, was Prozesse der Vergemeinschaftung wenigstens voraussetzen, woran sie anknüpfen, wodurch sie (in empirisch höchst verschiedenen Formen) möglich werden, etc. – allem voran die Möglichkeit, sich überhaupt an Andere zu wenden, sei es, um *ihnen* etwas zu versprechen, sei es, um ihnen *ihr* Wort abzunehmen.

Auch Hobbes hatte dieses Minimum in seiner technischen Beschreibung der Einrichtung souveräner Herrschaft vorausgesetzt[12]: dass man im Zeichen der Furcht voreinander *verbindlich etwas zusagen* kann, um sich nicht aufgrund dieser Furcht zur Gewalt gegeneinander hinreißen zu lassen. Nur unter dieser Voraussetzung kann auch ein Vertrag, als gegenseitiges Versprechen, glaubhaft erscheinen, durch den politisch souveräne Herrschaft installiert werden soll. Wenn man in diesem Sinne einander Gewalt-Verzicht kollektiv (in vertraglicher Form) verspricht, so setzt das wiederum voraus, dass man einander auf Erwiderung hin verbindlich ansprechen kann. In diesem Verständnis ist man mit Anderen nicht „immer schon" verbunden, es sei denn dadurch, dass man einander auf Erwiderung hin ansprechen und in Anspruch nehmen kann. Das setzt jedes Versprechen, jeder Vertrag und jedes weitere Zusammenleben in (wenn auch fiktiv) vertraglich geregelten Verhältnissen voraus. Dieses Minimum setzt auch jede Gemeinschaft letztlich voraus, selbst wenn eine gemeinschaftliche Verbundenheit im Einzelfall weit darüber hinausgeht in Formen eingespielter, vertrauter, gegen- oder auch vielseitiger Ansprechbarkeit, die nicht jedes Mal radikal auf dem Spiel zu stehen scheint. Ihr mehr oder weniger fragiler Bestand müsste sich daraus erklären lassen, dass sich ständig Arten und Weisen der Vergemeinschaftung (oder *Wieder*vergemeinschaftung) ereignen und miteinander verflechten, die einer Gemeinschaft erst eine grundsätzlich prekäre Beständigkeit verleihen.

Diese Formen der Vergemeinschaftung würden demnach durch Anspruch und Anrede Verbindung und Verbundenheit bewirken und so bezeugen, *wer* man im Verhältnis einander Nahestehender oder Zugehöriger ist. Obgleich sich die medialen Bedingungen der

---

[12] Insofern glaube ich nicht, dass Hobbes' Name für den Übergang von der *communitas* zur *immunitas* steht. Letztere versteht Esposito als Zurückweisung jeglicher Verbundenheit im Modus der Pflicht, der Schuld oder der Herausforderung zur Erwiderung, wie sie in Theorien der Gabe seit Marcel Mauss gedacht wird. Den Verbindlichkeit stiftenden Charakter des gegebenen Wortes setzt auch Hobbes voraus, obwohl er offenbar glaubte, nichts sei „brüchiger" als gerade das Versprechen. Ein ganz anderes, nicht auf fragwürdige epochale, aber nur mit einem Namen (Hobbes) verknüpfte Diagnosen sich stützendes Bild des „Überlebens" sozialer Verbindlichkeit skizziert M. Hénaff in *Der Preis der Wahrheit. Gabe, Geld und Philosophie*, Frankfurt am Main 2009. Vgl. die Rezension d. Verf. im *Philosophischen Literaturanzeiger* (2011), i. E.

Ansprechbarkeit Anderer durch globale Prozesse technischer Vernetzung tief greifend gewandelt haben, scheint grundsätzlich das Gleiche selbst für weitgehend virtualisierte soziale Beziehungen gelten zu müssen, die man als *Mobs, Herden* und *Schwärme* von weitgehend entweder anonymen oder doch nicht persönlich bekannten *Usern* des *Internet* bezeichnet.[13] Bedenkt man, wie sehr der Gemeinschaftsbegriff noch in den letzten Jahren (etwa in der Diskussion um den sog. Kommunitarismus und um die Rehabilitierung einer politischen Tugendethik) notorisch auf lokale und buchstäblich überschaubare Lebensformen gemünzt worden ist, so muss erstaunen, dass er, allerdings in radikal gewandelter Form, auch im Horizont einer medial extrem ausgeweiteten und virtualisierten Ansprechbarkeit zahlloser Anderer Verwendung findet.[14]

Vor diesem Hintergrund lancieren Michael Hardt und Antonio Negri den Begriff der *multitude*[15] wie eine Erneuerung des Versprechens einer kommunistischen Vergemeinschaftung; Giorgio Agamben favorisiert dagegen den Begriff einer im ständigen Advent befindlichen *comunità*[16], Roberto Esposito den scheinbar antiquierten, tatsächlich aber gewiss nicht mehr substanzialistisch zu verstehenden Begriff der *communitas*[17]; Maurice Blanchot und Jean-Luc Nancy bedenken das Konzept einer *communauté*[18], das womöglich für ein neues, auch politisch viel versprechendes Gemeinschaftsdenken stehen soll, in dessen Licht Gemeinschaften *als temporäre und fragile Formen der Verbindung*

---

[13] So galt bislang: auch wer keine Antwort gibt, nimmt im Modus der Indifferenz oder im Sinne der Verweigerung einer Antwort immer noch – nolens volens – zum Angesprochenwerden Stellung, ohne sich dem entziehen zu können. Auch das Ausbleiben einer Antwort wird sozial unweigerlich verbindlich bedeutsam, sobald ein Anspruch nach ihr verlangt hat. Und jede gegebene Antwort bezieht so oder so Stellung: man kann an sie erinnert werden und muss sich fragen lassen, ob sie noch gilt. Wer in Abrede stellen wollte, sich wenigstens nachträglich verbindlich zum Gesagten oder Getanen verhalten zu müssen, dessen Reden und Tun wäre demnach von jeglicher gemeinschaftlichen Verbundenheit entbunden. Dagegen kann man im Medium virtueller Kommunikation weder wissen, ob jemand anders überhaupt eine elektronische Nachricht oder Anfrage erhalten hat, ob er sie indifferent übergeht oder ignoriert, noch kann man wissen, ob sich hinter elektronischen Antworten überhaupt jemand verbirgt, der oder die sich ggf. verbindlich auf Angefragtes oder Mitgeteiltes festlegen ließe. Wenn das stimmt, so tangieren die virtuellen Medien den Kern des überlieferten Verständnisses sozialer Beziehungen. Und daraus erwachsen der Beschreibung und Theoretisierung gegenwärtig ablaufender Prozesse der Vergemeinschaftung und der Vergesellschaftung ganz neue Herausforderungen. Während manche unverdrossen Sozialforschung und Gesellschaftstheorie betreiben, ohne diese Herausforderungen auch nur zu benennen, gehen andere so weit, die Rede von Gemeinschaft und/oder Gesellschaft schon für überholt zu halten. Vgl. N. Werber, „Die Realität der Telematik", in: *Merkur 51*, Nr. 9/10 (1997), S. 890–901.

[14] Vgl. den Begriff des *netoyen* (als Bürger einer virtuellen Welt-Gesellschaft) bei E. Altvater, B. Mahnkopf, *Grenzen der Globalisierung*, Münster [4]1999, S. 322, sowie R. Hitzler, A. Honer, M. Pfadenhauer (Hg.), *Posttraditionale Gemeinschaften. Theoretische und ethnografische Erkundungen*, Wiesbaden 2008.

[15] M. Hardt, A. Negri, *Multitude. War and Democracy in the Age of Empire*, London 2004.

[16] G. Agamben, *Die kommende Gemeinschaft*, Berlin 2003.

[17] R. Esposito, *Communitas. Ursprung und Wege der Gemeinschaft*, Berlin 2004.

[18] M. Blanchot, *La communauté inavouable*, Paris 1983; J.-L. Nancy, *La Communauté désœuvrée*, Paris [2]1990; ders., „Das gemeinsame Erscheinen", in: J. Vogl (Hg.), *Gemeinschaften. Positionen zu einer Philosophie des Politischen*, Frankfurt am Main 1994, S. 167–207; ders., *Die herausgeforderte Gemeinschaft*, Berlin 2007.

zwischen paradoxerweise im Plural auftretenden singulären Wesen oder Unwesen erscheinen, die jeglicher sozialen Substanz entbehren. Demnach „gibt" es überhaupt keine Gemeinschaften als gleichsam substanzielle Gebilde, sondern nur ein unaufhörliches Geschehen versuchter Vergemeinschaftungen, die sich an einer Singularität im Plural abarbeiten, ohne je zum Ziel einer durchgängigen bzw. restlosen Gemeinschaft zu gelangen. *Niemals überwinden sie das ursprüngliche „Fehlen" von Gemeinschaft.* Stets, so wird behauptet, bleibt etwas (oder jemand) draußen – auch im Inneren jeder noch so integrierten Gemeinschaft – als unaufhebbar Anderes oder Befremdliches, das sie unterhöhlt und sich ihnen entzieht. Weit entfernt, darin nur einen *Mangel* an Vergemeinschaftung zu erkennen, insistiert man zunehmend auf diesem Anderen oder Fremden als einer Exteriorität, die sowohl Gemeinschaften als auch Gesellschaften davor zu bewahren verspreche, in einer totalen (oder totalitären) Ordnung das Soziale letztlich zu ruinieren – *vorausgesetzt, jenes ursprüngliche Fehlen von Gemeinschaft wird in jeder nachträglichen Vergemeinschaftung bewahrt* und nicht etwa überspielt, liquidiert oder in einem schlichten Sinne aufgehoben.

Das Soziale wird dem entsprechend von Anfang an als Widerstand gegen seine Aufhebung in Formen sozialer oder politischer Ordnung gedacht. Wo das unaufhebbar Andere oder Fremde nicht in seiner Unaufhebbarkeit gedacht wird, da droht, so scheint es, eine „restlose" Eingemeindung in die eine oder andere Art der Ordnung, aus der es am Ende kein Entkommen mehr zu geben scheint. *So steht das Denken des Sozialen unter Unaufhebbarkeitsvorbehalt.*

Was sich in überhaupt keiner Gemeinschaft (oder auch Gesellschaft) je aufheben lässt, kommt nun aber mit solcher Wucht und derart einseitig zur Geltung, dass nur noch schwer zu erkennen ist, *welche* Formen der Vergemeinschaftung wir vielleicht vorziehen und vor welchen wir gewarnt sein sollten. Das radikalisierte Bedenken der Prozesse originärer Vergemeinschaftung lässt ironischerweise wichtige Differenzen in den *Ergebnissen* dieser Prozesse ganz und gar in den Hintergrund treten. Und das, obwohl vor einem Liebäugeln mit *bestimmten* Ergebnissen immer wieder suggestiv gewarnt wird. Liegen etwa „die dreißiger Jahre" wieder vor uns? Mit diesen, nichts Gutes verheißenden Worten legt uns Nancy in einem Text über den „Sinn des Politischen"[19] die Überlegung ans Herz, dass heute erneut eine Sehnsucht nach Wiedervergemeinschaftung um sich greifen könnte, die in dieselben, „faschistoiden" Versuchungen zu münden drohe, wie sie uns jene Zeit vor Augen geführt habe.[20] Zugleich suggeriert er auf diese Weise, jede heute erfolgende radikale Revision des Gemeinschaftsbegriffs müsse *als Intervention* in aktuellen politischen Feldern begriffen werden, in denen es dieser Sehnsucht entgegenzutreten gelte.

---

[19] J.-L. Nancy, „Der Sinn des Politischen", in: W. Pircher (Hg.), *Gegen den Ausnahmezustand. Zur Kritik an Carl Schmitt,* Wien 1999, S. 119–140, hier: S. 139.

[20] Freilich haben nicht erst die 30er Jahre die radikale Kritik an einem tendenziell totalitären Gemeinschaftsdenken hervorgebracht. In seinem „Die Straße" übertitelten Brief an Franz Blei vom 20. 12. 1918 stellte bspw. Herrmann Broch fest, „radikal genommen", sei „jede Gemeinschaft eine menschliche Entartung", wobei er sich der Problematik *dieses* Begriffs nicht bewusst gewesen zu sein scheint. Vgl. H. Broch, „Die Straße", in: *Die Idee ist ewig. Essays und Briefe*, München 1968, S. 27–30, sowie die Einleitung von P. M. Lützeler in: H. Broch, *Menschenrecht und Demokratie. Politische Schriften*, Frankfurt am Main 1978, S. 7–30.

Ist aber die suggerierte Zeitdiagnose zutreffend? Und verspricht die Arbeit an dieser Revision wirklich, einer derartigen Intervention zugute zu kommen? Kann sie in diesem Sinne als ein *politischer* Beitrag zu einer Philosophie *des Politischen* aufgefasst werden?

Vor allem dieser skeptischen Frage werde ich mich im Folgenden im Rückgang auf Helmuth Plessner zuwenden, der in seiner mittlerweile klassischen Kritik des Gemeinschaftsdenkens bereits jenen Unaufhebbarkeitsvorbehalt geltend gemacht hatte. Wenn wir diese Kritik mit der aktuellen Diskussion um den Begriff der Gemeinschaft bei Nancy verknüpfen, wird deutlich, dass sie die Frage nach alternativen Gemeinschaften aufwirft, die bei diesem Autor gerade durch ein radikales Denken unaufhebbarer Unmöglichkeit der Vergemeinschaftung aus dem Blick gerät. Heute hat der Gemeinschaftsbegriff viel von seinem „faschistoiden" Schrecken verloren, den Nancy heraufbeschwört. Ironischerweise droht aber gerade die radikale, im Zeichen „*des Politischen*" erfolgende philosophische Revision dieses Begriffs fragwürdigsten *politischen* Aneignungen in die Hände zu spielen, insofern sie konkrete politische Perspektiven vielfach vermissen lässt. Das ist Grund genug, sich noch einmal auf Plessners Kritik des Gemeinschaftsbegriffs zurück zu besinnen, um im Vergleich zu ihr zu ermitteln, ob uns die in jüngster Zeit wieder energisch vorgetragenen Revisionen des Gemeinschaftsbegriffs weiter führen.

2.

Zweifellos hat Plessner dem kulturwissenschaftlichen Gemeinschafts- und Gesellschaftsdenken wie kaum ein anderer jenen Vorbehalt ins Gewissen geschrieben – besonders in seiner Schrift *Die Grenzen der Gemeinschaft*, die bei genauerem Hinsehen zugleich einem Denken restloser Vergesellschaftung Grenzen zieht, obwohl sie, zweifellos in polemischer Absicht, zunächst suggeriert, an der Alternative Gemeinschaft *versus* Gesellschaft „scheiden sich die Geister".[21] Tatsächlich schien es sich seinerzeit um einander ausschließende Bestimmungen dessen zu handeln, was die „dem Menschen" in Wahrheit angemessene Form sozialen Lebens sei. Nur gegen den als einzig angemessene Antwort auf diese Frage ausgegebenen Begriff der Gemeinschaft wendet sich Plessner zunächst. Darüber hinaus ist aber Plessners Schrift bis heute gerade darin unvermindert aktuell, wie sie eine Überwindung jener schlechten Alternative nahe legt.

Auf den ersten Blick liest sich Plessners Schrift heute als weitgehend zeitbedingtes Dokument der Warnung nicht vor einer theoretischen Fehlentwicklung in den Kultur- und Geisteswissenschaften, sondern im politischen Leben nach der Jahrhundertwende, das sich einer höchst fragwürdigen „Gemeinschaftsgesinnung" (GG, S. 31) überantwortete. Diese offenbare ihre in Wahrheit ideologische Denkweise durch die Apologie eines besinnungslosen Sichverschenkens an Gemeinschaften (GG, S. 26), in denen „das Gesetz des Abstandes" nichts mehr gelte. Muss eine geradezu abstandslose Vergemeinschaftung nicht auf eine Art Verschmelzung und insofern auf eine Auflösung des Sozialen hinauslaufen? Dieses „Gesetz" kann Plessner zufolge offenbar nur in einer Gesellschaft durchgängig respektiert werden. In Wahrheit dürfe aber auch keine

---

[21] H. Plessner, *Grenzen der Gemeinschaft. Eine Kritik des sozialen Radikalismus*, Bonn 1924, S. 30 (=GG).

Gemeinschaft darauf aus sein, die fragliche Distanz zwischen ihren Mitgliedern tilgen zu wollen.

Hier liegt bis heute eines der wichtigsten Desiderate, die uns Plessner zu bedenken gegeben hat: Wie ist ein unaufhebbarer Abstand zum Anderen selbst in der intimsten bzw. engsten Gemeinschaft vorzustellen? Warum erweist sich womöglich jede Gemeinschaft *als Gemeinschaft* auf diese untilgbare Distanz geradezu angewiesen?[22] Und wie kann eine Gemeinschaft dem fraglichen Abstand *anders* gerecht werden als eine Gesellschaft, die *prima facie* jenes „Gesetz" ohne weiteres in einem *Ethos der Distanz* respektiert, das allseits Verhaltenheit, Maßhalten, die Tugend der Zivilität und Rücksicht statt Rückhaltlosigkeit verlangt (GG, S. 37)? Sollte nicht auch eine Gemeinschaft in ihrem Innern von Rücksicht aufeinander geprägt sein? Oder muss eine Gemeinschaft *qua* Gemeinschaft ein „Preisgeben der Würde" an die in ihr gepflegte „Brüderlichkeit" abverlangen (GG, S. 29)? Wäre in diesem Fall nicht jegliche Gemeinschaft besser zu verwerfen?

Plessner ist auf den ersten Blick derart mit einer Rechtfertigung des Gesellschaftlichen als Hort der Zivilität beschäftigt, die den Menschen nicht eine absurde und sozial destruktive Nähe abverlangt, dass ihm selbst diese in Richtung auf ein anderes Gemeinschaftsdenken weisenden Fragen verborgen zu bleiben scheinen. So spricht er sich für eine rückhaltlose Bejahung der Pflichtenlast einer zivilisierten Gesellschaft aus und widersetzt sich der Proklamation eines Modells der *communio* als „ausschließlich menschenwürdige[r] Form des Zusammenlebens" (GG, S. 38). Er redet darüber hinaus der Sehnsucht nach einem maskierten Leben das Wort, das darauf angelegt sei, Anderen wenn nicht ganz verborgen zu bleiben, so doch nicht gewaltsam seiner Privatheit beraubt zu werden in einer Nötigung zur Distanzlosigkeit. Wo sie drohe, müsse eine „Lösung aus Gemeinschaft" möglich sein, um wieder einen Abstand wahren zu können, ohne den es in Wahrheit kein soziales Leben geben könne.

Während die Regeln gesellschaftlichen Lebens mit ihrer Indifferenz gegen individuelle Lebenswirklichkeit und mit ihrer *Negativität gegen jegliche Vergemeinschaftung* des Gesellschaftlichen „eine sozialformende Macht ersten Ranges" zu sein scheinen (GG, S. 49, 51), die jede Gemeinschaft zwinge, sich von ihr abzuheben, laufe letztere ständig Gefahr, das Opfer des individuellen Selbst zu ihren Gunsten abzuverlangen (ebd., S. 53). Völliger Einklang sei aber ohnehin unmöglich. Weil „die Seelen mehr [seien] als was sie wirklich sind", trage jede Form des Zusammenlebens den „Keim des Aneinandervorbeilebens" in sich (GG, S. 54). So gesehen kann man gar nicht umhin, als in einem *unaufhebbaren Abstand* zueinander zu leben. Ob man aneinander vorbei lebt, entscheidet sich so gesehen erst im *Verhalten zu diesem Abstand* und *in ihm*. Darüber hinaus aber treibe die Individualisierung die Menschen zu einer Distanz, die *erst durch Dis-*

---

[22] Blanchots Analyse „uneingestehbarer" Gemeinschaft kann als direkte Antwort auf diese Frage aufgefasst werden. Für ihn liegt die radikalste Vergemeinschaftung aber gerade dort vor, wo man durch „grenzenlose Preisgabe" in ihr ganz und gar „außer sich" gerät, so dass nicht etwa jeder Abstand aufgehoben, sondern die Trennung vom Anderen am radikalsten verwirklicht wird. So aber wird die Vergemeinschaftung in sich unmöglich (*Die uneingestehbare Gemeinschaft*, S. 31). In seiner Analyse von M. Duras' *La Maladie de la mort* deutet Blanchot die Preisgabe als ein besonderes, vor allem erotisches Verhalten, an anderer Stelle aber suggeriert er auf den Spuren von Levinas ein unvermeidliches Preisgegebensein im Zeichen „unendlicher Andersheit" (ebd., S. 34, 71, 76), die gewiss nicht der Liebe vorbehalten ist.

tanzierung gewonnen und aufrechterhalten werden kann (GG, S. 55). Auf dem Weg der Individualisierung realisiert der Einzelne „unsagbare Möglichkeiten des Andersseins", die er weder in einer Gemeinschaft noch im gesellschaftlichen Leben zu erkennen geben, sondern „ungekannt wissen" wolle.

Nur so, suggeriert Plessner, könne er sich „aufbäumen gegen ein verendlichendes Bild", das ihn hier und dort auf eine starre Identität festzulegen drohe (GG, S. 54 f.). Immerhin könne es aber eine Gesellschaft zulassen, dass sich jemand in seinem Anderssein als Person gleichsam maskiert zeige und so nur dem ersten Anschein nach „auf Achtung der Individualität verzichte" (GG, S. 75). Buchstäblich unerkannt, *inkognito*, müsse sich jeder in einer Gesellschaft bewegen, der es einerseits gerade nicht darauf ankomme, jeden als individuellen Anderen zu beachten und zu würdigen, die andererseits aber durchaus zulassen könne, dass man sich gegenseitig jenseits der primär wahrzunehmenden Maskierung als „anders" wahrnimmt. Wenigstens so, indem es nämlich maskiert auftreten darf, finde das individuelle Selbst im gesellschaftlichen Leben einen Rückhalt, wohingegen gemeinschaftliches Leben die Illusion nähre, es sei ein Zusammenleben ohne jegliches Aneinandervorbei und bar jeglicher Distanz zu einem unaufhebbaren Anderssein möglich, das es in Wahrheit wohl unterdrücken, aber niemals aus der Welt zu schaffen vermöge.

So erscheint Gemeinschaft bei Plessner als ein gewaltsames Phantasma, nicht als reale Möglichkeit, das auch praktisch einzulösen, was der Begriff zu versprechen scheint. Gemeinschaft ist nicht die (etwa traditionale) historische oder logische Voraussetzung der Gesellschaft, Gesellschaft keine Pluralität von Gemeinschaften und erst recht nicht ihrerseits eine Art der Gemeinschaft. Alle drei (noch heute diskutierte[23]) Deutungen scheint Plessner in einem Atemzug zu verwerfen, indem er den Begriff der Gemeinschaft als ein Phantasma zu deuten nahe legt, das mit der Tilgung einer immer schon, im Anderssein Anderer und in ihrer mehr oder weniger ausgeprägten Individualität gegebenen Distanz liebäugeln lässt; und zwar in einer *regressiven Reaktion auf die Erfahrung einer durchgreifenden Vergesellschaftung*, die das Leben in und auf Distanz zu einer unabdingbaren Voraussetzung dessen gemacht hat, was man gewöhnlich als soziale und politische Integration bezeichnet.

Tatsächlich aber verwirft Plessner den Begriff der Gemeinschaft keineswegs. Mit den Leitbegriffen *Würde, individuelles Anderssein*, das stets nur einen ambivalenten *Ausdruck* finden kann, und *Zivilität* bringt er vielmehr ein *Ethos des gesellschaftlichen Lebens* zur Sprache, dem ein *Ethos gemeinschaftlichen Lebens* entspricht, sofern dieses sich nur an den gleichen Maßstäben, freilich im Umkreis namentlich bekannter Mitmenschen ausrichtet. Auch in einer privaten Gemeinschaft soll niemand auf ein ihn „verendlichendes Bild" reduziert werden; auch hier soll eine Art (bzw. Vorform) der Zi-

---

[23] Alles hängt hier davon ab, was man unter Gemeinschaft versteht. Von John Dewey bis David Held hat sich eine Auffassung von *Gesellschaft als Gemeinschaft* durchgehalten, wohingegen John Rawls sie ablehnt, insofern eine Gemeinschaft durch eine „umfassende Lehre" menschlichen Lebens bestimmt ist; J. Dewey, *The Public and its Problems*, New York 1927, S. 148; D. Held, „Die Globalisierung regulieren?", in: M. Lutz-Bachmann, J. Bohmann (Hg.), *Weltstaat oder Staatenwelt?*, Frankfurt am Main 2002, S. 104–124, hier: S. 114; J. Rawls, *Politischer Liberalismus*, Frankfurt am Main 2003, S. 111 ff.

vilität, nämlich ein respektvoller Umgang miteinander vorherrschen, auch hier niemand gezwungen werden, die im Ausdruck gewahrte Distanz, wie sie ein gesellschaftlich maskiertes Leben kultiviert, gewaltsam preiszugeben.[24] Gemeinschaften und Gesellschaften müssen mit diesen Maßstäben nur jeweils anders umgehen; und zwar schon deshalb, weil letztere es unvermeidlich mit weit überwiegend anonymen Zeitgenossen zu tun haben, denen ein indifferentes Aneinandervorbeileben-Können gerade zum *Vorteil* eines von nachbarschaftlichen, verwandtschaftlichen und ethnischen Zwängen befreiten eigenen Lebens gereicht, wohingegen jede Gemeinschaft durch ein solches Aneinandervorbeileben ruiniert werden muss.

Nicht an der Alternative Gemeinschaft vs. Gesellschaft, sondern an der vermeintlichen Vorbildlichkeit einer Gemeinschaft, die jene Maßstäbe ignorieren dürfte, scheiden sich für Plessner in Wahrheit die Geister. Sich zu vergemeinschaften bleibt für ihn ein lohnenswertes Ziel, vorausgesetzt die Bedingungen eines freien gesellschaftlichen Lebens werden dabei höchstens zwischenzeitlich suspendiert, niemals aber ganz aufgehoben. Zugleich soll man in Plessners Verständnis keiner Vergesellschaftung derart unterworfen werden, dass jeder Ausweg in eine Gemeinschaft versperrt wird. So will Plessner die Differenz von Gemeinschaft und Gesellschaft aufrechterhalten und weder den einen Begriff im anderen aufgelöst noch den einen vom jeweils anderen beherrscht wissen. *Wie die Differenz jeweils zum Tragen kommt, bemisst sich für ihn auf jeden Fall an einem Dritten: an der Individualität, Alterität und Würde eines Menschen*, der sich stets nur bedingt gewissen Formen der Vergemeinschaftung und/oder Vergesellschaftung einfügen wird und jede unbedingte Form der Sozialisation meiden sollte, notfalls auch um den Preis der Emigration, der Marginalität, der Dissidenz.[25] Nicht nur wandte sich Plessner gegen ein von der (agonalen) Öffentlichkeit abgekehrtes Mitsein als vermeintlich abgeschlossene Sphäre der (Pseudo-) Vertrautheit[26], sondern auch gegen eine rückhaltlose Auslieferung an eine Vergesellschaftung, die von diesem Dritten nichts mehr weiß[27] und

---

[24] Hier wie dort kann man nur durch Künstlichkeit mit sich im Einklang stehen; nicht zuletzt darauf bezieht sich die Rede von einer exzentrischen Lebensform (GG, S. 43). Wenn sie sich maskiert zeigt, so geht es dabei stets zugleich um Schutz und vermittelten Ausdruck – und sogar ums „wahre Gesicht" (ebd., S. 89), das *öffentlich als unergründliches oder unangreifbares in Erscheinung treten kann, wenn es im Ausdruck zum Ausdruck Abstand wahrt* (GG, S. 100 f.). Hier besteht eine gewisse Nähe zur Philosophie von Levinas.

[25] Zweifellos erkannte Plessner im Versuch, Gesellschaft *als* eine Art der Gemeinschaft, etwa als Volksgemeinschaft zu denken, die seinerzeit brisanteste Gefahr. Dass sich auch dieses Ansinnen als zwiespältig begreifen lässt, zeigt Deweys Versuch, Gesellschaft als eine Gemeinschaft zu konzipieren; allerdings unter ganz anderen Prämissen. Vgl. W. Eßbach, J. Fischer, H. Lethen (Hg.), *Plessners ‚Grenzen der Gemeinschaft'*, Frankfurt am Main 2002.

[26] Angesichts der Vielschichtigkeit von Plessners Text sehe ich hier ab von einer zeitbedingten Kritik des sozialen Radikalismus als einer rückhaltlosen Kritik des „Bestehenden" und als einer Verachtung des Bedingten, der Zweideutigkeiten des Lebens, des Scheins und jeder Heiterkeit „in dem Bewußtsein, dass nichts unbedingt verpflichtet" und „ein Gran Beliebigkeit in allem steckt" (GG, S. 19).

[27] D. h. für Plessner insbesondere: dass sie vergessen lässt, dass sich in Gesellschaft zwar jeder reduzieren lassen muss auf einen Jedermann, dass aber gerade „im Durchblick" durch seine Ersetzbarkeit die Unersetzbarkeit der individuellen Person dennoch zur Geltung komme. H. Plessner,

darum ebenso totalitär zu werden droht wie eine fragwürdig idealisierte, radikale und angeblich nur so authentisch mögliche Gemeinschaft.

3.

Das heutige, nicht unwesentlich von Plessner inspirierte Gemeinschaftsdenken hat, so scheint es, diese Lektion beherzigt: In Gesellschaft soll jeder anders und fremd bleiben können und doch mit unaufdringlichen, zivilen Umgangsformen rechnen dürfen, die gleichwohl nicht ausschließen, dass man sich „zeigt" – aber gerade nicht „nackt", nicht „unvermittelt", nicht mit lächerlichem Authentizitätsanspruch, aufgeführter Echtheit und Glaubwürdigkeit...[28] Nicht selten wird unter Rekurs auf Adornos Hoffnung, es sei eine Gesellschaft einzurichten, in der man „ohne Angst *anders sein*" und anders *bleiben* (oder *werden*) dürfte, in dieser Perspektive geradezu ein „Recht auf Differenz" postuliert, dem sogar Michel Foucault beizupflichten schien.[29]

Von Axel Honneth über Sheila Benhabib bis hin zu Tzvetan Todorov und Zygmunt Bauman wird jedenfalls kein Gemeinschaftsbegriff mehr verteidigt, der impliziert, man müsste den Preis der eigenen Differenz oder Ander(s)heit, Individualität oder Würde dafür zahlen, zum Leben Anderer dazuzugehören.[30] Im Gegenteil: es gehört offenbar zunehmend zum guten Ton und geht bisweilen wie eine Selbstverständlichkeit durch, radikale, unaufhebbare Ander(s)heit schlicht vorauszusetzen (als ob klar wäre, wofür der Begriff steht) und deren Achtung einzufordern. Das gilt für den Rechtsstaat genauso wie für eine sich einigen Beobachtern zufolge längst formierende Welt-Gesellschaft (die Kant in seiner *Anthropologie in pragmatischer Hinsicht* als „Ganzes anderer, mit mir in Gemeinschaft stehender, Wesen [Welt genannt]" angesprochen hatte[31]). In eine solche Weltgesellschaft sollen wir uns nun alle solidarisch einbezogen wissen, ungeachtet

---

„Das Problem der Öffentlichkeit und die Idee der Entfremdung", in: *Gesammelte Schriften*, Bd. X, Frankfurt am Main 1985, S. 212–226, hier: S. 224.

[28] Übersehen wird freilich zumeist, wie Plessner im Zuge seines Plädoyers für eine nicht „direkt" bzw. unbedingt zu verwirklichende Sozialität *Gewalt rechtfertigt, wohingegen der soziale Radikalismus auf ein Jenseits der Gewalt in reiner Gemeinschaft abziele* (GG, S. 24 f.). Das Leben lasse keine derartige Gemeinschaft zu. So wird implizit das Ansinnen reiner Vergemeinschaftung als Gewalt gedeutet, *insofern* ihm zugleich die Absicht zuzuschreiben ist, Menschen gewaltlos zusammenzuführen. Gerade dagegen richtet Plessner sein Plädoyer für eine zivilisierte Vergesellschaftung, die mit Gewalt sollte leben können, statt deren Liquidierung zu versprechen (vgl. GG, S. 46).

[29] M. Foucault, „Subjekt und Macht", in: ders., *Schriften IV*, Frankfurt am Main 2005, S. 269–294, hier: S. 274 f.

[30] Vgl. M. Brumlik, H. Brunkhorst (Hg.), *Gemeinschaft und Gerechtigkeit*, Frankfurt am Main 1993; T. Todorov, *Abenteuer des Zusammenlebens*, Frankfurt am Main 1998; Z. Bauman, *Gemeinschaften*, Frankfurt am Main 2009.

[31] I. Kant, *Anthropologie in pragmatischer Hinsicht, Werkausgabe*, Bd. XII (Hg. W. Weischedel), Frankfurt am Main 1977, S. 411. Von einer derart unbegrenzten Gemeinschaft hätte man Plessner kaum überzeugen können. Zwar glaubte er, „rassische" Verschiedenheit berühre die Einheit der Vernunft, des Überzeugens mit Gründen nicht. Aber den Glauben an eine echte und nur vernünftige *Gemeinschaft* schien er einem „rationalistischen Kommunismus" zuzuschreiben (GG, S. 47 f.), dem er keineswegs anhing.

einer absoluten Verschiedenheit (Habermas), die unsere politisch-rechtliche Gleichheit konterkariert.

Was dabei weitgehend verloren geht[32], sind Vorstellungen zwischen Individuen und dem Horizont der Menschheit *vermittelnder Lebensformen*. Welche Möglichkeiten der Verbindung, der An- oder Verknüpfung bestehen hier, welche erodieren, welche entstehen neu? Wie stabil, flexibel oder verlässlich sind sie? Und vor allem: in welcher Form erlauben sie uns noch, „wir" zu sagen? Sei es, indem wir eine gewisse Einigkeit, ein Einverständnis, Schützsche Relevanzstrukturen oder normative Orientierungen voraussetzen oder einfordern können; sei es, um solidarisch oder advokatorisch für Andere zu sprechen; sei es als an Vergemeinschaftung oder an Vergesellschaftung Interessierte?

Wer kann sich wie mit wem, medial vermittelt, d. h. kaum noch ortsgebunden und auf größte Distanz gemeinschaftlich oder gesellschaftlich verbunden fühlen und daraus die Berechtigung ableiten, für sich und andere zu sprechen? Kann es sich fortan nur noch um virtuelle Orte der Wir-Rede handeln, die in keiner Weise mehr mit den realen Räumen des Zusammenlebens zur Deckung zu bringen sind? Fallen also räumliche und soziale bzw. politische Nähe und Ferne, Verbindung und Verbindlichkeit von nun an immer mehr auseinander? Oder stehen wir vor neuen, transnationalen Formen *vernetzter Teilnahme und -habe* am entfernten Leben Anderer, die ihrerseits auf lokale, nicht-virtuelle Lebensformen zurückwirken – etwa in Phasen des politischen Protests, der öffentlich-demonstrativ vorgetragen wird?[33] Wird die bislang vielfach lokal vorgegebene, etwa nachbarschaftliche Nähe nun mehr und mehr durch Formen der Wahlverwandtschaft ersetzt?[34] Hier stehen alle Grundbegriffe, mit deren Hilfe man sich bislang eine Art Topografie des Sozialen zurechtgelegt hatte, zur Disposition. Was soll man sich etwa unter einer medial vermittelten Nähe vorstellen, die allenfalls ausnahmsweise leibhaftig realisiert werden kann? Und was unter einer virtuellen Gemeinschaft, in der man niemals an Ort und Stelle am Anderen Anteil nimmt?

Die heutige theoretische Diskussion des Gemeinschaftsbegriffs untersucht weniger solche Fragen *grenzüberschreitender* äußerer Vergemeinschaftungsprozesse; vielmehr verschiebt sie die *inneren* Grenzen jeder denkbaren Vergemeinschaftung noch weiter, als es schon bei Plessner der Fall war, in die nahezu asoziale Leere einer unaufhebbaren Alterität, Fremdheit oder Singularität, in die allenfalls noch Spuren führen. Nur der erste Begriff taucht schon bei Plessner auf: als Anderssein und Anderswerdenkönnen. Den Anderen mag man, wie medial vermittelt auch immer, zu Gesicht bekommen, niemals aber seine buchstäblich un-sichtbare Alterität, die ausschließt, dass irgend jemand je „mit Haut und Haaren [...] in die Bindung eines überpersönlichen Lebens eingehen" könnte (GG, S. 41). Allenfalls stellte Plessner allen derartigen Vorstellungen gegenüber

---

[32] Abgesehen von einer weitgehenden Trivialisierung der Begriffe Differenz und Verschiedenheit, die ich an anderer Stelle kritisiert habe (*Moralische Spielräume*, Göttingen 1999).

[33] Man denke nur an die „*Facebook*-Revolution" in Ägypten sowie an die sich anschließenden Ereignisse in Tunesien und in Libyen.

[34] Doch mit den klassischen, von Tönnies vorgegebenen Alternativen willentlicher sozialer Verbindung (Wesenswille vs. Kürwille) ist hier nicht mehr auszukommen, und noch weniger mit den Typen der Vergemeinschaftung im Sinne des Blutes (gleichgesetzt mit Verwandtschaft!), des Ortes (gleichgesetzt mit Nachbarschaft!) und des Geistes (gleichgesetzt mit Freundschaft!).

die indirekte „Teilnahme an einem den anderen Menschen vorenthaltenen Geheimnis" in Aussicht (GG, S. 42) – ob in einer Gemeinschaft oder Gesellschaft.

So nahe dieser Gedanke heutigem Alteritätsdenken in mancher Hinsicht kommen mag, im Vergleich zur Weimarer Zeit sind die Fronten der theoretischen Diskussion doch weit verschoben. In der Praxis mag die Warnung vor der Flucht in eine „symbiotische Seinsform", in der man sich „mit anderen ungesondert" weiß (GG, S. 39), nach wie vor aktuell sein, in der theoretischen Diskussion ist sie es nicht. Niemand verteidigt noch ernsthaft eine totale Vergemeinschaftung (was allerdings nicht ausschließt, dass man dem in diesem Sinne abgelehnten Gemeinschaftsdenken dennoch verhaftet bleibt). Vielmehr scheint man darin zu wetteifern, sich in der *Radikalität eines unbedingten Alteritäts- oder Differenzdenkens* zu überbieten, das nicht erst jegliche Gemeinschaft und Gesellschaft, sondern schon jede intime Zweisamkeit von innen unterhöhlt – so dass es sogar im Verdacht steht, sowohl die Möglichkeit von Vergemeinschaftung als auch jeder Vergesellschaftung durch absolute bzw. verabsolutierte Ansprüche nicht nur zu überfordern, sondern sogar *unmöglich* zu machen.[35]

In diesem Verdacht stehen in jüngster Zeit namentlich Levinas und Derrida. Sie würden die Singularität des Anderen (eines „Anderen" jenseits aller empirischen, ontischen und politischen Andersheit, die uns in der Erfahrung konkret begegnet) geradezu zum Absoluten erheben, das unbedingte Ansprüche an uns adressiere, heißt es. Darin liege eine schlechterdings anti-politische Versuchung, die einen eigenständigen Begriff des Politischen (und jeglicher politischen Gemeinschaft) letztlich zerstören müsse.[36] *Ist das Politische nicht geradezu definiert als Raum oder Dimension der agonalen oder antagonistischen Überkreuzung von Ansprüchen, die sich in ihrem Widerstreit unvermeidlich gefallen lassen müssen, dass man ihnen nur bedingt Rechnung tragen kann?*

Wer die Diskussion um die politischen Implikationen des Denkens von Levinas und Derrida verfolgt hat, wird freilich unschwer erkennen, dass es in beiden Fällen keineswegs darauf hinauslaufen sollte, etwa das Politische dem singularen, unendlichen Anspruch eines Anderen einseitig bzw. absolut zu unterwerfen, sondern darum, zu erproben, wie sich denken lässt, dass wir womöglich jedem Anderen eine Gerechtigkeit schulden, die in keinem Recht und in keinem politisch konkretisierten Anspruch je *aufgehen* kann[37] – ohne dass dies dem Politischen nur als Mangel anzukreiden wäre. Die *Unaufhebbarkeit* des Anspruchs des Anderen soll gerade *als Inspiration des Politischen*

---

[35] O. Marchart, *Die politische Differenz*, Frankfurt am Main 2010, S. 283 ff., 287, sowie das Kap. 6.5 zur „Gefahr des Ethizismus". Wie diese Einschätzung an der alteritätstheoretisch-politischen Diskussion um das Werk von Levinas und Derrida vorbeiläuft, ist ersichtlich u. a. aus P. Delhom, A. Hirsch (Hg.), *Im Angesicht der Anderen. Levinas' Philosophie des Politischen*, Berlin 2005; v. Verf., *Menschliche Sensibilität. Inspiration und Überforderung*, Weilerswist 2008; U. Bröckling, R. Feustel (Hg.), *Das Politische denken. Zeitgenössische Positionen,* Bielefeld 2010.

[36] Vgl. R. Rorty, *Achieving Our Country*, London, Cambridge 1998, S. 96 ff., 119.

[37] Insofern ist man hier weit entfernt von einer schlichten Identifikation des Politischen mit dem Begriff der Gerechtigkeit. Vgl. dagegen H. Broch, der im oben zitierten Brief an F. Blei (S. 29) befand, „der Begriff des Politischen deckt sich mit dem der Gerechtigkeit. Eine andere Politik als eine, die zur Gerechtigkeit strebt, gibt es nicht. Interessenpolitik ist nicht Politik, sondern einfach Geschäft, mehr oder weniger verhüllt."

gedacht werden[38], nicht als dessen Liquidierung im Zeichen eines im Grunde weltfremden „Ethizismus". Ich will aber von dieser anderswo geführten Debatte hier absehen und stattdessen die Frage weiter verfolgen, ob speziell bestimmte Schriften Nancys andere Möglichkeiten eröffnen, einen zeitgemäßen Begriff der Gemeinschaft zu entfalten, der einer „faschistoiden" bzw. totalitären Interpretation keinen Vorwand (und keinen Grund) bietet und der zugleich *nicht nur auf eine Subversion jeder Aussicht auf effektive Vergemeinschaftung* hinausläuft.

4.

Weitgehend unbekümmert um die eigentümliche Nähe des Heideggerschen Mitseins zu einer bestimmten politischen Deutung der sog. Volksgemeinschaft glaubt Nancy offenbar, mit jenem Begriff den radikalsten Ansatzpunkt eines zeitgemäßen Gemeinschaftsdenkens gefunden zu haben (sps, S. 143 ff.). Das Mitsein tritt nicht etwa an zunächst je für sich gegebene Menschen heran, um sie nachträglich einer sie gleich machenden Sozialität zu überantworten (aus der sie sich ggf. auch wieder zurückziehen könnten). Es liegt auch nicht in einer zunächst beschränkten, lokalen Lebensform, die allenfalls selektiv Andere einbeziehen könnte. Derartiges, „ontisches" Denken in den ausgetretenen Bahnen des neuzeitlichen Individualismus sowie eines ihm äußerlich entgegen gesetzten kommunitären Denkens behauptet Nancy mit Heidegger ein für allemal ontologisch überwunden zu haben. Mitsein, das bedeutet demgemäß das *Sein-mit Anderen/m*, eine unhintergehbare Öffnung zum Anderen hin; und zwar zu allen und allem („den Menschen, Tieren, Pflanzen, Lebenden und Toten, Elektronen und Galaxien"; sps, S. 12). Diese Erläuterung wirft sogleich die Frage auf, ob es sich *in jedem Fall* um eine *gleichermaßen* gegebene Offenheit handeln kann.

Nancy weiß: die Erde als Horizont des Mitseins ist „kein Hort der Menschlichkeit" (sps, S. 10). Sie „krankt" an sich, weil sich im Mitsein, das alle und alles einschließt, die Spur des Menschlichen verliert, und weil es sich nicht ohne weiteres *als menschliches* Mitsein offenbart. So bleibt „der Mensch noch zu entdecken" – zwischen brutaler Kontiguität, Ansteckung, Berührung ohne Rührung und Mitgefühl. Das Sein „mit" Anderem und Anderen kann sich auf ganz unterschiedliche Art und Weise zeigen: im schieren Zusammentreffen, im Anklopfen, in vieldeutigem Berührtwerden, im Schock und Ankommen beim Anderen, aber auch in der puren Gleichgültigkeit (sps, S. 62 f.). So gesehen müsste man versuchen, in den unterschiedlichen Arten und Weisen, in denen sich das Mitsein zeigt, dem *menschlichen* Mitsein auf die Spur zu kommen. Genau das legt Nancy nahe, wenn er feststellt, *die Welt, die wir (mit allen und allem) teilen* (ohne dass wir nur Teil oder Fragment von ihr als einem Ganzen wären), sei in der Tat „die Welt des Menschen"; und zwar gerade als „das Nicht-Menschliche, dem gegenüber das Menschliche exponiert ist" (sps, S. 43). Die Welt, zu der wir ursprünglich (offen) sind, erfahren wir im Lichte der Frage nach dem Menschlichen, eben weil es aus ihr heraus *nicht* wie von selbst begegnet. *Es handelt sich nicht um eine lediglich indifferente, son-*

---

[38] Und in diesem Sinne spricht bes. Derrida immer wieder von einem Un-Möglichen, das ihm für den Sinn des Politischen konstitutiv zu sein scheint und keine faktische Unmöglichkeit bedeutet.

dern um eine ungastliche Welt, in der die Antwort auf diese Frage als das Fehlende auffällt – freilich nur „Wesen", denen es an allem Wesentlichen mangelt, die also nicht aus sich heraus sagen können, was oder wer sie sind. Sie sind der Welt exponiert als geradezu un-wesentliche Subjekte.[39]

Als solche sind sie aber nicht in einem indifferenten Sinne mit allem/n Anderen, sondern sprechen einander an und nehmen einander in Anspruch. Nancy geht so weit zu sagen, „die Anrede ist das Mit selbst" (sps, S. 13 f.[40]), in dem sich von Anfang an nur *geteilter Sinn* ereignen kann. So ist die Anrede selbst dann, wenn sie eine konkrete Bedeutung übermittelt, unvermeidlich im zweifachen Sinne Mit-Teilung, die in jeder Kommunikation das Ereignis des Anspruchs und dessen Empfänger auseinander treten lässt. Die Welt des Mitseins ereignet sich nur zwischen „uns anderen" (*nous autres;* sps, S. 19 f., 23), die nicht zunächst etwas oder jemand sind (Individuen oder Personen, die schon wüssten, wer sie sind, um dann aufeinander zu treffen, sich voneinander zu unterscheiden oder gegeneinander vorzugehen etc.). Vielmehr resultiert die Differenz zwischen „uns" erst aus einem sinn-stiftenden Geschehen des Mitseins, ohne das es überhaupt nichts Anderes und keine Anderen[41] für uns geben könnte.[42] Als originäres Sein, das uns erst einmal der Zugänglichkeit alles/r Anderen versichert, ist es uns freilich in jeder Bezugnahme auf Andere(s) bereits entzogen, die sich in vorgängigen Spielräumen des Mitseins bewegt, denen gegenüber sie immer schon zu spät kommt[43] – genau so wie jedes Sichunterscheiden, Sichausnehmen und -Abgrenzen. Alle diese Formen „sozialen" Sichverhaltens weichen so bereits vom bloßen Mitsein ab, das ihnen in einer untilgbaren Negativität stets entzogen bleibt und das nicht zu dialektisieren ist (sps, S. 37, 41, 71, 122).

So sind wir niemals „unter uns" ohne Entzug gerade dessen, was uns im Mitsein immer schon aufeinander verwiesen hat. Das Gemeinsamsein (*être-en-commun*) im üblichen Sinne, das sich von einer „fremden" Welt „draußen" abgrenzt, bringt aber eben diesen Entzug zum Verschwinden (sps, S. 52). Und so gerät jede Art der Vergemeinschaftung, die eine begrenzte, lokale (oder auch virtuell ausgeweitete, in jedem Falle aber um den Preis der Abgrenzung erkaufte) Zugehörigkeit stiftet, unter den Verdacht, den Entzug dessen, was ursprünglich menschliche Koexistenz überhaupt erst eröffnet, zu leugnen.

Von dieser ursprünglichen, aber in jeder konkreten Gemeinschaft bereits vergessenen, ignorierten oder verleugneten Koexistenz sagt Nancy, in ihr beginne „mit jedem [...] die Welt neu"; jeder sei ihr (singulärer) Ursprung, da es die Welt nur im Sichereignen von Sinn zwischen uns, im Zwischen, das uns vorausgeht, überhaupt gebe. Dieses Ge-

---

[39] Zu Nancys, im Sinn der Rede von Aussetzung mehrdeutiger Reformulierung des *cogito* (*ego sum expositus*) vgl. F. Dallmayr, „Eine ‚undarstellbare' globale Gemeinschaft? Reflexionen über Nancy", in: J. Böckelmann, C. Morgenroth (Hg.), *Politik der Gemeinschaft. Zur Konstitution des Politischen in der Gegenwart*, Bielefeld 2008, S. 106–132, hier: S. 116.
[40] Paradigmatisch, wie Nancy selbst sagt, in der Form „ich richte mich an dich" (sps, S. 95).
[41] Nancy schreibt übrigens den „anderen" klein (sps, S. 34).
[42] Zweifellos besteht hier eine spezielle Nähe zum Spätwerk Merleau-Pontys. Doch grenzt sich Nancy vom Milieubegriff ab, den Merleau-Ponty gerne verwendete (sps, S. 25).
[43] Ob Nancys Abgrenzungen gegenüber einem Undarstellbaren in diesem Zusammenhang überzeugen, bleibe dahingestellt (sps, S. 100).

gebensein der Welt liegt nicht in irgendeiner empirischen oder ontischen Vorhandenheit, sondern allein im Geschehen dessen, was sich zwischen uns ereignet, zwischen uns, die wir stets nur nachträglich fragen können, wer wir eigentlich sind, wer zu „uns" zählt und wer (in welcher Hinsicht) nicht.

Genau von dieser Nachträglichkeit aber müssen wir ausgehen. Niemand kann je im reinen Sein und in einer von ihr nicht kontaminierten Koexistenz Fuß fassen, wo nicht im Geringsten bestimmt wäre, wer jemand ist oder wer wir bzw. andere sind, wo nur ein Zwischen vorläge ohne Unterschiedene, die sich als voneinander differenziert und getrennt realisieren, und wo „wir" nur durch ein reines „mit" aufeinander verwiesen wären.[44] Tatsächlich gehen wir unvermeidlich von bestimmten Ausprägungen dessen aus, *wie* wir *mit* Vertrauten, nur namentlich Bekannten oder anonymen Zeitgenossen, aber auch (noch) mit Toten und (schon) mit künftigen Nachkommen und Generationen leben. Immer schon und absolut unvermeidlich haben wir solche Ausprägungen gleichsam im Rücken, die uns ausmachen, wenn wir uns, nachträglich, fragen, ob sie nicht *Abgrenzungen* von Anderen implizieren, die sich nicht einfach „draußen" befinden (so als ob objektive Grenzen in der Welt selbst gezogen wären), die vielmehr – aus welchen Gründen auch immer – ausgegrenzt, ausgeschlossen oder einfach übersehen und ignoriert werden und gerade als solche, *als Unzugehörige „dazugehören"*. So gesehen impliziert in der Tat jede Art der Abgrenzung ein Verhältnis des „sozialen" Mitseins auch zu Anderen, die „uns" gerade nicht zuzugehören scheinen. Jedoch zunächst nur in dem Sinne, dass dieses Verhältnis die abgegrenzte Zugehörigkeit *überschreitet*, die wie eine Figur vor dem Hintergrund eines bis weit in die Anonymität von bloßen Zeitgenossen, Vor- und Nachfahren ausstrahlenden Mitseins erscheint.

In dieser Deutung begegnet uns niemals ein reines Mitsein oder eine unvermittelte Koexistenz, die ein *Sein mit* allem möglichen Anderen bedeutete, wie es bei Nancy der Fall zu sein scheint[45]; und zwar auf eine Weise, die das „mit" jeglicher konkreten Bedeutung berauben muss. So aber ist keine Antwort auf die Frage nach jenem menschlichen Mitsein zu finden, das sich einer indifferenten und ungastlichen Welt gerade mangels jeglicher „wesentlichen" Bestimmung dessen ausgesetzt sieht, was „uns" ausmacht, was oder wer wir sind. Ein als reines Mitsein bestimmtes Verhältnis, in dem wir auch zu allem Anderen stehen würden, kann uns in dieser Angelegenheit nicht weiterhelfen.

Die Alternative zu diesem das Mitsein unbegrenzt ausweitenden und zugleich inhaltlich weitgehend entleerenden Ansatz ist keineswegs, wieder zu einem kommunitären Denken zurückzukehren, das etwa in der Sittlichkeit der *polis* oder einer gemeinschaftlichen Lebensform eine Sozialität verwurzelt sieht, die man mühsam erst auf Unzuge-

---

[44] Ausdrücklich heißt es bei Nancy: „der Begriff der Gemeinschaft [*communauté*] [scheint] nichts anderes mehr zum Inhalt zu haben als seine eigene Vorsilbe, das *cum*, das der Substanz und der Verbindungen entledigte *Mit*, dessen Innerlichkeit, Subjektivität und Personalität abhanden gekommen ist" (sps, S. 66, 69).

[45] Ähnlich wie schon (der frühere) Heidegger versucht Nancy allerdings eine *direkte Ontologie* zu vermeiden, die den Eindruck erwecken würde, man könnte unvermittelt vom (Mit-) Sein reden, unter Umgehung des Seienden. Letzteres ist der Ausgangspunkt, aber es wird „in seinem Sein als Mit-einander-seiend" zu bestimmen versucht (sps, S. 61).

hörige (ggf. neue Barbaren⁴⁶) oder Nichtmitglieder übertragen müsste. Schon in jeder partikularen Lebensform zeigt sich im Geschehen von Anrede und Erwiderung jenes unaufhebbare Auseinandertreten von Anspruch und Adressat im Ereignis der Mit-Teilung, das niemals in der mitgeteilten Bedeutung aufgehen kann. Und jede Lebensform impliziert durch die bevorzugte Bezugnahme auf *bestimmte* Andere Grenzziehungen *im Verhältnis* zu wieder Anderen, die sie *nicht* einbezieht. So kann es im Hinblick auf ein Mitsein, das in der Zugehörigkeit nicht aufgeht, nur darum gehen, ob und wie die jeweilige Lebensform oder Gemeinschaft derartige Grenzziehungen als solche erkennbar werden lässt oder ob sie sie kaschiert oder leugnet.⁴⁷

Wer das Soziale (oder das Politische⁴⁸) „authentisch" nur in einem ursprünglichen, aber immer schon entzogenen Mitsein erkennt, muss am Ende jeder gemeinschaftlichen, nur bestimmte Andere einbeziehenden Lebensform die Schuld daran geben, das Reich dieser reinen Koexistenz zu verfehlen. *Jede* Gemeinschaft gerät so unter Ideologieverdacht, und von *keiner* Gemeinschaft sollten wir uns demnach noch versprechen, sich offen *zu* einer Offenheit zu verhalten, die überall und unvermeidlich im Spiel ist, sobald Andere in Erscheinung treten, um wieder Andere in Anspruch zu nehmen, sei es auch nur durch ihre stumme Präsenz (wie die Flüchtlinge, deren Boote man an den mediterranen Grenzen der europäischen Festung abfangen lässt, damit sie ihre Stimme gar nicht erst erheben können). Nicht an dieser Offenheit, der wir so oder so ausgesetzt sind, sondern am differenziellen *Verhalten zu ihr* entscheidet sich, welche Art von Gemeinschaft wir ggf. vorziehen oder vermeiden sollten.

Demgegenüber schreckt Nancy wohlweislich davor zurück, seine Besinnung auf die letzten, aber uns immer schon entzogenen Ursprünge des Sozialen bzw. des Politischen mit dem Versprechen einer „anderen Politik" zu verknüpfen oder aus ihr eine ethische Herausforderung zur Einbeziehung, Achtung oder Anerkennung des Anderen abzuleiten (sps, S. 49, 51). Das „ursprüngliche" Mitsein bleibt als ontologische Dimension der Koexistenz derart unbestimmt, dass alle diese Begriffe nur noch als deren sekundäre Modulationen in Betracht kommen, die aus bestimmten Entscheidungen zu folgen scheinen, wie man sich in konkreten sozialen und politischen Spielräumen verhalten will. Aus dem Mitsein allein ist nichts dergleichen zu entnehmen. Schon bei Heidegger ist die pure Gleichgültigkeit der Sorge um Andere insofern gleichgestellt: in beiden Fällen handelt es sich um Ausformungen eines Mitseins, das uns von sich aus weder in die eine noch in die andere Richtung festlegt. Es bleibt also sozial und politisch indifferent.⁴⁹ Es könnte sich, wie Levinas bissig anmerkte, auch als Zusammenmarschieren manifestieren.⁵⁰

---

⁴⁶ Siehe dazu H. Münkler, *Imperien. Die Logik der Weltherrschaft – vom Alten Rom bis zu den Vereinigten Staaten*, Berlin ⁵2006, S. 149, 190.

⁴⁷ Diesen wichtigen Punkt hat immer wieder J. Rancière herausgestellt, der allerdings die in einer normalisierten Politik kaschierte Konfrontation zwischen Einbezogenen und nicht Einbezogenen, deren (ungehörte) Ansprüche nicht „zählen", wie einen verdrängten Klassenkonflikt aufzufassen scheint (*Zehn Thesen zur Politik*, Berlin 2008, S. 23 ff., 28, 34 f.).

⁴⁸ Nancy denkt den Begriff des Mitseins im Zeichen des „Rückzugs des Politischen", aber als ursprüngliche „Sozialität" oder „Soziation" (sps, S. 67 f., 81).

⁴⁹ Vgl. die Abgrenzung gegen eine Hypostasierung des Anderen (sps, S. 46, 61, 77, 88).

⁵⁰ E. Levinas, *Zwischen uns*, München, Wien 1995, S. 148; ders., *Humanismus des anderen Menschen*, Hamburg 1989, S. 135.

Während Levinas daraus aber die Konsequenz zieht, die Ontologie des Mitseins selbst sei aufzugeben und nach einer nicht-indifferenten Sinnbestimmung des Sozialen müsse womöglich „jenseits des Seins" gesucht werden, wehrt sich Nancy gegen den Gedanken, das Mitsein einem bestimmten Anspruch des Anderen zu *unterwerfen*, der am Ende in eine Form ethischer Repression umschlagen müsste, wie er meint (sps, S. 66, 82, 124/6). Aber ist das die einzige Alternative zu einem ontologisch formalisierten Mitsein als unspezifischem Offensein für alle(s) Andere(n)?

Wenn Nancys Dekonstruktion der Gemeinschaft nur noch ein nacktes „Mit" zur Sprache bringt (nicht etwa den *Sinn des Mit*, sondern das *Mit des Sinns*; sps, S. 68[51]), so ist daraus für einen kritischen Gemeinschaftsbegriff allenfalls dies zu gewinnen: Er sollte deutlich machen, wie das Mitsein in keiner Offenheit für Zugehörige, d. h. in keiner Lebensform je aufgehen kann, um einer Verleugnung dieser Offenheit den Weg zu verbauen. Doch daraus ergibt sich nicht, wie Mitsein „positiv" sollte Gestalt annehmen können – zumal wenn es nichts weiter bedeutet, als dass wir „zum Besten und zum Schlimmsten" versammelt[52] sind in Lebensformen, die uns niemals eine fest im Verhältnis zu Anderen gegründete Identität versprechen, sondern allenfalls „Identifizierungen" zulassen und immer wieder zur *Des-Identifikation* auffordern, sobald sie in Aussicht stellen, wir könnten in einer gemeinschaftlichen Zugehörigkeit wirklich aufgehen (sps, S. 106, 110, 112). Die begründete Furcht vor dieser Aussicht lässt aber nur mit einer Flucht aus gemeinschaftlichem Leben liebäugeln und lehrt nicht, woraus ihm im Sinne des Besseren (wenn schon nicht des Besten) Kraft erwachsen könnte.

Dieses Defizit fällt schmerzlich ins Gewicht, wenn Nancy, nachdem er sich über den „armseligen" Begriff der Gesellschaft mokiert hat, seinerseits nicht über eine indifferente Rede von einem Netz von Ko-Existenzen hinaus gelangt, denen jede konkrete Vermittlung im Sinne einer zweideutig geteilten vergemeinschafteten oder vergesellschafteten Lebensform abgeht (sps, S. 83, 110). Wie soll etwa auf dieser Basis die „gewaltsame Unmenschlichkeit des Kapitals" (auf der Höhe der Globalisierung) zurückgewiesen werden (ebd., S. 117 f., 79)? Wie, wenn nicht unter Rekurs auf Ansprüche, nicht gewaltsam verletzt zu werden, und auf Formen ihrer politischen Artikulation, die sie als berechtigt ausweisen könnten? Wird mit solchen Ansprüchen nicht ein *indifferentes Mitsein* durchbrochen, in dem das Schlimmste und das Beste geschehen kann? Der Spur solcher Ansprüche in einer Vielzahl von Stimmen nachzugehen, in denen geteilter Sinn zur Aussprache kommt, bedeutet nicht, sie alle einem einzigen, eindeutigen Anspruch unterzuordnen. Noch weniger bedeutet es, womöglich wieder eine einzige Stimme zu autorisieren, die für alle Anderen sprechen und deren Pluralität erneut zum Verschwinden bringen dürfte (vgl. sps, S. 132 f.). Doch über seiner Apologie der ursprünglichen Offenheit eines Mitseins, dessen Entzug angeblich alle Formen der Vergemeinschaftung und der Vergesellschaftung vergessen oder verleugnen, vergisst Nancy seinerseits, dass wir nicht nur dieser rückhaltlosen Offenheit *exponiert sind* (die uns einer Welt aussetzt, in der sich die Spur des Menschlichen verliert). Er vergisst, dass *wir uns* auch in dieser

---

[51] Am Ende geht es nur noch um ein unrepräsentierbares „Ko" als „Dis" ohne Sein (sps, S. 69, 78, 101, 111).

[52] Vgl. zu dieser Formulierung sps, S. 65, sowie J. Derrida, *Politik der Freundschaft*, Frankfurt am Main 2002, S. 489, 492; v. Verf., *Menschliche Sensibilität*, S. 304 ff.

Offenheit selbst *exponieren müssen*, d. h. zum Ausdruck bringen, auf welche Ansprüche es ankommt, welche von ihnen zählen und Gewicht haben. Wo das nicht geschieht, kann nicht einmal ein produktiver Streit anheben. Jene Offenheit würde nur mit Leere gefüllt (sps, S. 120, 128, 153), der sich nun auch irgendwelche Machthaber bemächtigen könnten, wenn ihr keinerlei Hinweis darauf zu entnehmen wäre, wie man in – bedingten, nicht-totalitären – Formen der Vergemeinschaftung oder der Vergesellschaftung solidarisch „gemeinsame Sache" machen oder ein „gemeinsames Anliegen" verfolgen sollte (sps, S. 160 f.).

Jenes erklärtermaßen „leere" Mitsein aufrecht zu erhalten, genügt gewiss nicht für ein konkretes *Leben mit* (sps, S. 134 f. 142). Es taugt nicht als abgründige „Grundlage" eines Lebens für Andere oder mit Anderen. Mehr noch: es steht politisch-technischen Bemächtigungsversuchen jeglicher Couleur offen. Insofern macht Nancy ironischerweise durch seine eigene Philosophie deutlich, inwiefern uns „die 30er Jahre" des vorigen Jahrhunderts wieder bevorstehen könnten: in dem Fall nämlich, wenn uns als „Grund" sozialer und politischer Gemeinschaft nur noch ein abgründiges Fehlen von Gemeinschaft zur Verfügung stünde, mit dem sich niemand sollte identifizieren dürfen. Der Aufruf zur Des-Identifikation mag zwar dazu beitragen, vor fragwürdigen Aneignungen exklusiver Zugehörigkeiten und Mitgliedschaften zu bewahren.[53] Aber zur Gestaltung sozialer und politischer Gemeinschaften trägt er an sich noch nichts bei.

Vielleicht zieht Nancy selbst deshalb ein „Ethos" in Erwägung, das, dem Wortsinn nach, einen *Ort der Sorge um Gemeinsames* impliziert (sps, S. 149). Sollte die von ihm und anderen vorgetragene radikale Kritik des Gemeinschaftsbegriffs dahin führen, *jede* Art der Gemeinschaft einer im Grunde unzulässigen Identifikation mit einem Wir zu verdächtigen, das an jene Scheiterhaufen und Guillotinen erinnert, von denen bei Jorge Semprún die Rede ist, so würde sie zudem kaum mehr dazu beitragen können, all den Anlässen zur Klage zur Sprache zu verhelfen die „aus dem Mund von Millionen Flüchtlingen, Deportierten, Belagerten, Versehrten, Hungernden, Vergewaltigten, Verschanzten, Ausgeschlossenen, Exilierten und Ausgewiesenen" zu hören sind (sps, S. 11). Und zwar in einer Welt, die zum ersten Mal „entblößt dasteht als Welt, die nichts als Welt ist, absolut und ohne Rückhalt, ohne jeden Sinn außerhalb", und in der es *gleichwohl „unbedingt" legitim sein soll, „wir zu sagen", weil es für jede Art solidarischer Sorge schlechterdings unentbehrlich ist*.

Es fragt sich nur, *wie* diese Rede im Lichte einer unaufhebbaren Unmöglichkeit „restloser" Vergemeinschaftung zu verstehen ist und wie sie mit Bezug auf Ansprüche glaubwürdig sein kann, die nicht immer schon „im Recht sind" (sps, S. 73, 83); nicht einmal dann, wenn man sich auf eine (unbeweisbare, allenfalls zu bezeugende) Würde des Anderen oder auf die genauso prekäre Verantwortung für den Nächsten beruft (sps, S. 118, 126). Ob diese (oder andere) Ansprüche so oder so „zählen", bleibt im Dissens zu klären, zu dem es als Voraussetzung dafür, dass wir uns über diese Fragen *überhaupt auseinandersetzen*, jedoch nicht kommt, wenn wir nur einer leeren Offenheit des Mitseins ausgesetzt sind, ohne auch uns selbst zu exponieren im stets anfechtbaren Ein-

---

[53] Gar nicht erst erwogen werden derartige Revisionsmöglichkeiten des Gemeinschaftsbegriffs in einer aktuellen, stichwortartigen Diskussionsbilanz: R. Kreissl, „Community", in: U. Bröckling et al. (Hg.), *Glossar der Gegenwart*, Frankfurt am Main 2004, S. 37 ff.

treten für bestimmte, als berechtigt erkannte und gewürdigte Ansprüche Anderer, die *nicht* (oder zu wenig) „zählen".

So zeichnet sich als Fluchtpunkt der aktuellen Kritik jeglicher Vergemeinschaftung die Frage ab, ob wir heute nicht „ausgesetzte" Gemeinschaften zu denken haben, denen nicht nur jeder letzte Grund und jede abgeschlossene Identität „fehlt", sondern die auch in der Lage wären, gleichwohl *sich* auszusetzen *im* Einsetzen für Andere, die ihnen nicht zugehören oder nicht in ihnen aufgehen können – wie wir alle. Nur wenn sich ein Ethos des Sichaussetzens, das sich nicht in einem unvermeidlichen Ausgesetztsein erschöpfen dürfte, in diesem Sinne denken ließe, bliebe die Kritik des traditionellen Gemeinschaftsdenkens nicht bei radikalen Vorbehalten stehen, die sie mit guten Gründen geltend macht.[54] Und nur unter dieser Voraussetzung bliebe sie nicht dazu verurteilt, immer von neuem vor den Gespenstern einer angeblich faschistoiden Wiedervergemeinschaftung zu warnen und jegliche Rede von Gemeinschaft zum politisch gefährlichen Anachronismus zu stempeln.

---

[54] Ich lasse dahin gestellt, inwieweit Nancy selbst in diese Richtung vorgestoßen ist, etwa in seinem „Lob der Vermischung. Für Sarajewo, März 1993", in: *Lettre International 21* (1993), S. 4–7; auch in: M. Babias (Hg.), *Das Neue Europa. Kultur des Vermischens und Politik der Repräsentation*, Wien 2005, S. 55–64.

ANDREAS OBERPRANTACHER

Entfremdung
Unheimliche Arbeit am Begriff

Erfahrungsarmut: das muß man nicht so verstehen, als ob die Menschen sich nach neuer Erfahrung sehnten. [...] Sie sind auch nicht immer unwissend oder unerfahren. Oft kann man das Umgekehrte sagen: Sie haben das alles ‚gefressen', ‚die Kultur' und den ‚Menschen' und sie sind übersatt daran geworden und müde. [...] Auf Müdigkeit folgt Schlaf, und da ist es denn gar nichts Seltenes, daß der Traum für die Traurigkeit und Mutlosigkeit des Tages entschädigt und das ganz einfache aber ganz großartige Dasein, zu dem im Wachen die Kraft fehlt, verwirklicht zeigt. Das Dasein von Micky-Maus ist ein solcher Traum der heutigen Menschen.
W. Benjamin, *Erfahrung und Armut*

Doch muß man sich fragen, ob die Wachsamkeit das Bewußtsein definiert, ob nicht vielmehr das Bewußtsein die Möglichkeit ist, sich von der Wachsamkeit loszureisen; ob der eigentliche Sinn des Bewußtseins nicht darin besteht, eine Wachsamkeit zu sein, die an eine Möglichkeit des Schlafs angelehnt ist; ob die Tatsache des Ich nicht das Vermögen ist, die Situation der unpersönlichen Wachsamkeit zu verlassen. [...] Diese Flucht innerhalb der Fülle ist so etwas wie das eigentliche Paradox des Bewußtseins.
E. Levinas, *Die Zeit und der Andere*

Von Marx und Engels stammt die süffisante Bemerkung, dass der Begriff *Entfremdung* in ihren Analysen der deutschen Ideologie verwendet werde, „um den Philosophen verständlich zu bleiben"[1]. Ihren Sinn empfängt diese Häme wohl nicht allein vom Vorurteil, dass die philosophische Disziplin bestenfalls für verschiedene Interpretationen der Welt geeignet sei, während es doch darauf ankomme, diese zu verändern, um zu verhindern, dass sich „die ganze alte Scheiße"[2] – gemeint ist die Verallgemeinerung des

---

[1] K. Marx u. F. Engels, *Die deutsche Ideologie. Kritik der neuesten deutschen Philosophie in ihren Repräsentanten Feuerbach, B. Bauer und Stirner und des deutschen Idealismus in seinen verschiedenen Propheten*, MEW, Bd. 3, Berlin 1969, S. 34.
[2] Ebd., S. 34. Überhaupt spielt die „Fäkalrhetorik" in der Marxschen Kritik eine zentrale Rolle; sie wiederholt sich nicht allein im extensiven Briefwechsel zwischen Marx und Engels, sondern taucht auch in diversen theoretischen Abhandlungen auf, z. B.: „Es ist überhaupt bei dieser ganzen bürgerlichen Scheisse immer nur in a very complicated, and very rough way, daß sich das allgemeine

Mangels – aufs Neue wiederhole. In Anbetracht des theoretischen Vorhofes, der sich um diesen Verweis auf die begrifflichen Bedürfnisse philosophischer Verständigung anordnet, bietet sich auch die Hypothese an, dass es Gründe im engeren Sinne geben mag, warum sich Marx und Engels, wenngleich in kritischer Distanz, so doch eines theologisch aufgeladenen Begriffs bedienten, um die ideologischen Dimensionen des deutschen Denkapparates einer Prüfung zu unterziehen und ihr Publikum[3] auf eine revolutionäre Haltung einzustimmen. Denjenigen, die in der Tradition des (spekulativen) Idealismus dachten oder sich zumindest auf dessen Werke verstanden, dürfte die Rede von der Entfremdung jedenfalls eine vertraute gewesen sein. Nicht allein Hegel hatte sich ihrer bedient, auch Fichte, Schelling und der sich später kritisch von seiner eigenen idealistischen Einstellung lösende Feuerbach können als frühe deutschsprachige Vertreter einer generalisierenden Entfremdungs-These angeführt werden, wonach der Mensch ein gleichermaßen entfremdetes wie entfremdend wirkendes Wesen sei – Entfremdung als relativ zahnlose Chiffre einer universalisierten, abstrakten und tragisch konnotierten *conditio humana*, für deren Auslegung das Verständnis der Arbeitsbedingungen der Menschen theoretisch wie praktisch unbedeutend war. Marx und Engels konnten also einerseits davon ausgehen, dass der Begriff Entfremdung – wenigstens in philosophisch informierten Kreisen – geläufig war, andererseits vermuteten sie wohl, dass gerade sein bisheriger Gebrauch Ausdruck eines symptomatischen Missverständnisses war, das es zu revidieren galt.

Wenn es tatsächlich so sein sollte, wie Marx und Engels in *Die deutsche Ideologie* behaupten, dass die „herrschenden Gedanken [...] weiter Nichts [sind] als der ideelle Ausdruck der herrschenden materiellen Verhältnisse, die als Gedanken gefaßten herrschenden materiellen Verhältnisse; also der Verhältnisse, die eben die eine Klasse zur herrschenden machen, also die Gedanken ihrer Herrschaft"[4], so bedeutet dies für das theoretische Instrumentarium des so genannten *Deutschen Idealismus* sowie der Junghegelianer, gegen die sich die Kritik in erster Linie richtete, dass es sich bei diesen Philosophien nicht einfach um zu Beginn bzw. ab der Mitte des 19. Jahrhundert vorherrschende gehandelt hat, sondern um Philosophien der Herrschaft im eigentlichen Sinn. Unter diesem Gesichtspunkt dürfte auch verständlich werden, warum Marx und Engels den Begriff Entfremdung für ihre Analysen nicht einfach naiv übernehmen wollten, warum sie ihm sogar ein gewisses Misstrauen entgegen bringen mussten, bestand doch die Gefahr, dass es sich um ein epistemologisch verfeinertes Instrument der Herrschaftssicherung handelte, das erst vom Kopf auf die Füße gestellt werden musste, bevor es für die Kritik der politischen Ökonomie sinnvoll eingesetzt werden konnte – eine Aufgabe, der sich Marx insbesondere in und mit seiner Schrift *Grundrisse der Kritik der politischen Ökonomie* widmete.[5]

Gesetz als die beherrschende Tendenz durchsetzt." K. Marx, *„Das Kapital" und Vorarbeiten*. MEGA, Bd. 4, *Ökonomische Manuskripte 1863–1867*, Berlin 1992, S. 237.

[3] Das Publikum war ein gedachtes, denn die Schrift wurde zu Marx' Lebzeiten nur in Auszügen veröffentlicht.

[4] Marx u. Engels, *Die deutsche Ideologie*, S. 46.

[5] Das Marxsche Entfremdungs-Theorem lässt sich nicht ausschließlich auf den Begriff Entfremdung reduzieren, auch wenn es diesem genealogisch wie strategisch verpflichtet bleibt. Als heuristische Konstellation bezeichnet dieses Theorem, das dem Marxschen Denken wiederholt erkenntnis-

1. Kurze Geschichte einer bemerkenswerten Dystrophie

Seit der Niederschrift dieses Entwurfs, der gerne als „unvollendeter *Torso*"[6] des Kapitals bezeichnet wird, sind knapp mehr als 150 Jahre vergangen, und bereits ein kursorischer Blick auf die brüchigen Landschaften sozialphilosophischer und soziologischer Literaturen der vergangenen zwei Jahrzehnte legt nahe, dass die Rede von der Entfremdung, die in den 1960er, -70er und -80er Jahren noch lebendig war und weite Gebiete der Kritischen Theoriebildung erfasst hatte, von wenigen Ausnahmen abgesehen, mittlerweile so gut wie verebbt ist. Damit scheint sich das Misstrauen, das bereits für Marx' und Engels Arbeit am Begriff charakteristisch war, auf paradoxe Weise zu bestätigen: Auf die sozialwissenschaftliche Konjunktur des Entfremdungs-Theorems in Folge seiner Marxschen Resignifikation folgt die skeptische Depression. Denn gemessen an den jüngsten Debatten und Diskursen scheint die Kritik der Entfremdung ihre wissenschaftliche Faszination und politische Bindungskraft fast vollständig eingebüßt zu haben. Wohl finden sich auch gegenwärtig vereinzelte Versuche und Neuansätze, dem Phänomen Entfremdung in theoriebildender Absicht Aktualität zu verleihen,[7] doch scheint sich die Diskussion im Allgemeinen auf das Feld der Individualpsychologie und interkulturellen Psychologie zurückgezogen zu haben.

Selbst in der Soziologie, die wiederholt an Marxsche Grundbegriffe angeknüpft und diese erweitert hat, wird Entfremdung zunehmend als theoretisches Relikt einer einst kommunistisch orientierten Sozialforschung betrachtet, die mit dem Ende der Sowjetunion ihre Daseinsberechtigung verloren haben soll, bestenfalls als ein historischer Schlüsselbegriff, der für die Selbstreflexion der soziologischen Disziplin wichtig sein mag und aus wissenschaftstheoretischer Barmherzigkeit in den akademischen Lehrplan weiterhin einbezogen wird, aber kaum mehr als ein Analyseinstrument von nachweisbar erkenntnistheoretischem und politischem Gewicht. Es ist daher eher symptomatisch als verwunderlich, dass beispielsweise in Kruses erst kürzlich erschienener *Geschichte der Soziologie*[8] der Begriff Entfremdung auf einer einzigen Seite eine historische

---

theoretische und politische Konturen verliehen hat, auch Reden von Versachlichung und von Vergegenständlichung, von Verselbstständigung und von Fetischismus – gerade im Kontext seiner ökonomischen Hauptschriften. Nach Georg Bollenbeck ist der Gebrauch des Begriffs Fetisch für ein erweitertes Verständnis der Entfremdungs-These unter anderem deshalb entscheidend, weil er die Transformation des kulturkritischen Entfremdungsbegriffs zum sozialanalytischen Begriff markiert. Vgl. G. Bollenbeck, *Eine Geschichte der Kulturkritik. Von Rousseau bis Günther Anders*, München 2007, S. 139.

[6] Siehe T. Stammen, „Karl Marx (1818–1883)", in: H. Maier u. H. Denzer (Hg.), *Klassiker des politischen Denkens 2. Von Locke bis Max Weber*, München 2007, S. 169–191, hier: S. 182.

[7] Genannt seien an dieser Stelle jedenfalls die systematische Arbeit von R. Jaeggi, *Entfremdung: Zur Aktualität eines sozialphilosophischen Problems*, Frankfurt 2005, sowie die kürzlich erschienene Schrift von F. „Bifo" Berardi, *The Soul at Work: From Alienation to Autonomy*, New York 2009, und der Sammelband von L. Langman und D. Kalekin-Fishman (Hg.), *The Evolution of Alienation: Trauma, Promise, and the Millenium*, Lanham 2006. Denkt man die Begriffe Versachlichung und Vergegenständlichung mit, so wäre auch die Schrift von A. Honneth, *Verdinglichung: Eine anerkennungstheoretische Studie*, Frankfurt 2005, zu erwähnen, wenngleich hier jede Referenz auf Entfremdung vermieden wird.

[8] V. Kruse, *Geschichte der Soziologie*, Konstanz 2008.

Würdigung erfährt, und zwar im Zusammenhang mit einer konzisen Diskussion marxistischer Positionen. Ähnliches gilt für Rosas, Streckers und Kottmanns gemeinsam verfasste Schrift *Soziologische Theorien*[9]. Auch hier haben sich Entfremdungs-Thesen in historische Randbemerkungen verflüchtigt. In den Lehrbüchern zur neueren Soziologie wird der Begriff Entfremdung grundsätzlich vermieden, wohl deshalb, weil er die Bedingung wissenschaftlicher Aktualität nicht erfüllt.[10]

Damit scheint sich zu bestätigen, was Ottmann bereits in den frühen 1980er Jahren in seinem Beitrag für die *Theologische Realenzyklopädie* prophezeite: „Die Versuchung scheint verlockend zu sein, den Begriff überhaupt fallenzulassen und ihn durch präzise, einzelwissenschaftlich nachprüfbare Kategorien zu ersetzen. Zumindest kann heute davon ausgegangen werden, daß Entfremdung als Globalkategorie kein sinnvoller Begriff wissenschaftlicher Diskurse mehr ist."[11] Abgesehen von dieser wissenschaftstheoretischen Skepsis mögen zur weiteren Erklärung der bemerkenswerten Dystrophie eines Schlüsselbegriffs der Sozialwissenschaften auch die Thesen des US-amerikanischen Soziologen und Ökonomen Rifkin herangezogen werden, der in seiner 1995 unter dem Titel *The End of Work* erschienenen Studie zu neuen Konzepten der Arbeit für das 21. Jahrhundert sogar soweit geht zu behaupten, dass das „Informationszeitalter [...] begonnen [hat,] und dank immer leistungsfähigerer Computerprogramme werden wir schon bald in einer Welt ohne Arbeit leben"[12]. Dieser Position zufolge ließe sich nun dafür argumentieren, dass es auch kontingente Gründe, soll heißen: ökonomische Gründe im engeren Sinn gibt, aus denen sich Entfremdungs-Thesen in ihrer klassenkämpferischen Gestalt sukzessive zurückgebildet haben – wenn der fordistischen Erwerbsarbeit, wie Rifkin ahnt, in postindustriellen Gesellschaften tatsächlich keine Zukunft beschieden ist, dann muss auch die klassische Dialektik der Entfremdung, die auf der Disjunktion von Arbeitskraftveräußerung und Kontrolle der Produktionsmittel beruht, als praktisch aufgehoben und als theoretisch unbrauchbar gelten.

Es mag aber auch sein, und diese Hypothese wird die Fluchtlinien meiner weiteren Gedanken motivieren und strukturieren, dass in Zeiten der chronischen Arbeitsplatzverknappung, des verallgemeinerten Standortwettbewerbs, der grassierenden Krisenrhetorik, der Neuen Selbständigen, des *Human Benchmarking*, der Projektarbeit, der Portfolios und Kompetenzmappen, des autogenen Stressmanagements und wie die persuasiven Managementtechniken sonst noch heißen mögen, bereits aus *strategischen* Gründen kein adäquater Begriff der Entfremdung mehr verfügbar ist, sodass es praktisch unmöglich wird, sich eine kritische Vorstellung davon zu machen, wie Formen und Weisen des Begehrens hegemonial reguliert, sprich kapitalisiert werden können. Aus dieser Perspektive schiene es jedenfalls vorteilhaft, die Frage nach den Bedingungen, der Dimension und Implikation von Entfremdung nicht einfach einer sozialromantisch inspirierten Geschichtsschreibung zu überlassen, sondern in Anbe-

---

[9] H. Rosa, D. Strecker, A. Kottmann, *Soziologische Theorien*, Konstanz 2007.
[10] Vgl. A. Treibel, *Einführung in die soziologischen Theorien der Gegenwart*, Wiesbaden 2006.
[11] H. Ottmann, „Entfremdung", in: *Theologische Realenzyklopedie*, Bd. 9: *Dionysius Exiguus – Episkopalismus*, hg. v. G. Krause u. G. Müller, Berlin, New York 1982, S. 657–680, hier: S. 670.
[12] J. Rifkin, *Das Ende der Arbeit und ihre Zukunft. Neue Konzepte für das 21. Jahrhundert*, Frankfurt am Main 2004, S. 51 f.

tracht ihres Verschwindens zu wiederholen, könnte es doch einem distinkten Feld von Interessen entsprechen, dass „wir" uns gegenwärtig nicht mehr als entfremdet fühlen und infolgedessen begriffsblind unter den Bedingungen gegenwärtiger Arbeitsregime unser Dasein fristen.

Die Begehung dieses zerklüfteten Terrains, an der Baumgrenze von Ökonomie und Philosophie, die hier vorgenommen werden soll, wird drei Stationen umfassen. Ich werde damit beginnen, anhand einiger Eckpunkte, die für meine weitere Argumentation wichtig sein werden, die wechselhafte Geschichte der Entfremdungs-Thesen selektiv nachzuzeichnen, und zwar entlang jener Bruch- und Nahtstelle, an der sich theologisch-philosophische Prämissen mit einer ökonomischen Re-Lektüre ihrer Bedingungen messen mussten und schließlich einem janusköpfigen Entfremdungs-Theorem zum Ausdruck verhalfen, das sich aus ontologischen und aus sozialpolitischen Motiven zusammensetzt. In einem zweiten Moment werde ich die gegenwärtige Krise der Entfremdungskritik als Ausdruck des zweifelhaften Erfolgs neo-liberaler, gouvernementaler Praktiken zu verstehen versuchen und zu zeigen versuchen, dass die Anwendung des Begriffs Entfremdung in dem Maße problematisch geworden ist, wie ihm die Vorstellung eines authentischen Menschseins unterstellt wird oder der Kommunismus Marxscher Provenienz sich als „wahrhafte Auflösung des Widerstreits zwischen dem Menschen mit der Natur und mit dem Menschen, die wahre Auflösung des Streits zwischen Existenz und Wesen, zwischen Vergegenständlichung und Selbstbetätigung, zwischen Freiheit und Notwendigkeit, zwischen Individuum und Gattung [versteht]. Er ist das aufgelöste Rätsel der Geschichte und weiß sich als diese Lösung."[13] Der abschließende, dritte Teil meiner Arbeit am Begriff wird im Zeichen des Ausblicks auf die Frage stehen, inwiefern das Potential des Entfremdungs-Theorems nicht so sehr in einer positivistischen Re-Formulierung seiner heuristischen Funktionen liegt, sondern vielmehr in der Hebung seines negativistischen Anspruchs: Unter Einbeziehung sozialkritischer Positionen soll eine Gratwanderung versucht werden, die darin besteht, gerade im unheimlichen Entzugscharakter, der für die Erfahrung der Entfremdung charakteristisch ist und Menschen in Distanzen hält, die Chance für ein Verständnis politischer und sozialer Verhältnisse zu erkennen, das nicht durch einen naiven Wunsch nach Gemeinsamkeit kompensiert wird, aber auch für die Zwecke des Kapitalismus vollkommen *unbrauchbar* ist. Oder, um es anders zu sagen, es wird um die Frage gehen, ob der Begriff Entfremdung zum Einsatz gelangen kann, ohne dass aus diesem – kapitalistisch gesprochen – ein Profit geschlagen werden könnte, der sich nur ungerecht verteilen ließe.

---

[13] K. Marx, *Ökonomisch-philosophische Manuskripte aus dem Jahr 1844*, MEW, Ergänzungsband, Erster Teil, Berlin 1977, S. 536. Siehe dazu auch die Kritik von Berardi: „The conceptual scheme of alienation is idealist in so far as it presupposes human authenticity, an essence that has been lost, negated, taken away, suspended. [...] In other terms: the communist revolutionary process is conceived as the restoration of an original identity whose perversion, temporary obliteration – whose ‚alienation', in other words – is represented by the workers' present condition." Berardi, *The Soul at Work*, S. 38 f. Berardi bezieht sich wohlgemerkt auf die Schriften des jungen Marx.

2. Entäußerung mit Vorbehalt

Es wäre ein müßiges Unterfangen, im historischen Knäuel der Entfremdungs-Thesen jenen roten Faden zu finden und zu ziehen, der es erlaubte, die einzelnen Verständnisse und Debatten wohl geordnet am Reißbrett einer historisierenden Vernunft auszubreiten.[14] Für mein Anliegen genügt es, den Ausgangspunkt des frühmodernen, deutschsprachigen philosophischen Begriffs Entfremdung in einem Kapitel aus Hegels *Phänomenologie des Geistes* zu suchen, das mit der Überschrift „Der sich entfremdete Geist. Die Bildung"[15] versehen wurde. Es handelt sich um ein für das System Hegels insofern entscheidendes Kapitel, als er in diesem die Frage aufrollt, was es für den *Geist* denn bedeute, mit sich selbst „entzweit" zu sein und mit einer Welt ringen zu müssen, die als fremde, d. h. als entäußerte erfahren wird.

Die dialektische Bewegung, die an dieser Erfahrung ansetzt, ist für Hegel die *conditio sine qua non* des Bildungsprozesses, ohne den es keine Kultur und auch keine aufgeklärte europäische Modernität geben könnte.[16] Allerdings, so Hegel, handelt es sich hierbei um einen melancholischen Prozess, der das Bewusstsein in dem Maße als unglückliches organisiert, wie dieses danach trachtet, sich in Anbetracht der eigenen Zerrissenheit in „das Reich des reinen Bewußtsein[s zurückzuziehen], welches [...] nicht wirkliche Gegenwart hat, sondern im *Glauben* ist"[17]. Wirkliche Freiheit erlangt der Geist erst durch seine beständige *Arbeit am Begriff* – nicht durch positive Arbeit wohlgemerkt, sondern durch *negative*. Diese ist der Bildung insofern verpflichtet, als sie sich um die Welt in abstrahierender Absicht bemüht, ohne aber nach unmittelbarer Befriedigung zu verlangen.[18] Vielmehr als befriedigt wird Begehren gestaut. Auf diese Weise zeichnet sich, zumindest hypothetisch, jene Möglichkeit ab, die den Null- und Fluchtpunkt des Hegelschen Verständnisses von Selbstbewusstsein bildet: „Diese *negative* Mitte oder das formierende *Tun* ist zugleich die *Einzelheit* oder das reine Fürsichsein des Bewußtseins, welches nun in der Arbeit außer es in das Element des Bleibens tritt; das arbeitende Bewußtsein kommt also hierdurch zur Anschauung des selbständigen Seins *als seiner selbst*."[19]

---

[14] Einen ausführlichen Überblick über die mitunter wechselvolle Geschichte des Begriffs Entfremdung und seines Gebrauchs bieten: J. Israel, *Der Begriff Entfremdung: Makrosoziologische Untersuchung von Marx bis zur Soziologie der Gegenwart*, Hamburg 1972; B. Ollman, *Alienation: Marx's Conception of Man in Capitalist Society*, Cambridge 1976; R. Schacht, *The Future of Alienation*, Champain 1994 (die Frage der Zukunft findet, bis auf das letzte Kapitel, so gut wie keine Berücksichtigung), sowie die bereits erwähnte Schrift von R. Jaeggi, *Entfremdung*.

[15] Vgl. G. W. F. Hegel, *Phänomenologie des Geistes*, Werke, Bd. 3 (hg. v. E. Moldenhauer, K. M. Michel), Frankfurt am Main 1986, S. 359–441.

[16] Diese Lektüre wird insbesondere von Siemek vorgeschlagen, der in Bezug auf Hegels Bildungsbegriff argumentiert, dass dieser als „Synonym und Inbegriff der modernen *Kultur*" zu verstehen sei. M. J. Siemek, *Von Marx zu Hegel. Zum sozialpolitischen Verständnis der Moderne*, Würzburg 2002, S. 107. Siemek bietet darüber hinaus eine exzellente Darstellung des reziproken Verhältnisses von Entfremdung und Bildung bei Hegel. Ebd., S. 107–112.

[17] Hegel, *Phänomenologie des Geistes*, S. 361.

[18] Ein solches (träges) Verhalten wäre laut Hegel für den Herrn, nicht aber für den Knecht charakteristisch.

[19] Ebd., S. 154.

Bereits an dieser Stelle sind uns entscheidende Hinweise gegeben, die deutlich machen, dass Hegel in seiner dialektischen Analyse der tätigen Selbstbewusstwerdung systematisch pseudo-theologische und pseudo-ökonomische Argumentationsfiguren verdichtet, um in weiterer Folge das (bürgerliche) Subjekt der Moderne zu begründen. Im Unterschied zu den theologischen Verwendungsweisen des Begriffes (*ab*)*alienatio*,[20] der bei Cyprianus, Athanasius und Augustinus wiederholt Verwendung findet, um in zumeist polemischer Distanz die sich herausbildende christliche Glaubenslehre gegen andere Ansprüche auf Erkenntnis zu verteidigen, gibt Hegels Rede von der Entfremdung zu erkennen, dass auch das christliche Erleben der ontotheologischen Differenz diese noch nicht selbstbewusst genug vollzogen habe, sondern sich – zumindest was die katholischen Formen dieses Erlebens betrifft – weiterhin an einer mythischen Religiosität orientiere. Analog zu Rousseaus Gedanken einer „Entäußerung ohne Vorbehalt"[21], der seines Erachtens den Übergang zum vergesellschafteten Zustand markiert, da hier mit der Formel des reflexionslosen Genusses des Bei-sich-selbst-Seins, der für die *Träumereien eines einsamen Spaziergängers*[22] charakteristisch wäre, endgültig gebrochen wird, betont auch Hegel die Notwendigkeit der Entfremdung, damit die bürgerliche Gesellschaft realisiert und ein von der „natürlichen" Unschuld getrenntes höheres Bewusstsein gewonnen werden könne.[23]

Wie Arnold Gehlen in einem 1952 erschienen Aufsatz mit dem Titel *Über die Geburt der Freiheit aus der Entfremdung* bemerkte, wurde der Gedanke einer sukzessiven Wiedergewinnung der Verfügungsgewalt über die entfremdeten Produkte der eigenen Selbständigkeit allerdings nicht allein durch Hegels dialektische Lehre der (Selbst-)Entfremdung informiert, sondern auch von Fichtes *Wissenschaftslehre* vorweggenommen, wenngleich „im Gewande einer absurden Bewußtseinsphilosophie, in der Form der abstraktesten Reflexion"[24]. Die „eigentliche ‚Materialisierung'"[25] des Entfremdungs-Theorems gelang erst, um mit Gehlen nun endgültig die Brücke von der „theoretischen" Philosophie zur Kritik der Politischen Ökonomie zu schlagen bzw. die Baumgrenze zu unterwandern, Marx, der sich in seinen Schriften zum einen auf die Rede von Entfremdung bei Hegel und Fichte unter Vermittlung von Heß bezog und zum anderen Feuerbachs These, dass die Wahrheit Gottes eine entfremdete Lüge des Menschen sei

---

[20] Zur frühen Begriffsgeschichte siehe auch den Eintrag von E. Ritz, „Entfremdung", in: *Historisches Wörterbuch der Philosophie*, Bd. 2, hg. v. J. Ritter, K. Gründer, G. Gabriel, Basel 1972, S. 509–525, hier: S. 509 f.

[21] J.-J. Rousseau, *Vom Gesellschaftsvertrag oder Die Grundsätze des Staatsrechts*, Dietzingen 1986, S. 17.

[22] J.-J. Rousseau, *Träumereien eines einsamen Spaziergängers*, Dietzingen 2003.

[23] Laut Bürger wirft dieser Hegelsche Gedanke seine Schatten über Kojèves Vorlesungen zur *Phänomenologie des Geistes* bis in die so genannte Postmoderne. Siehe P. Bürger, *Ursprung des postmodernen Denkens*, Weilerswist 2000, S. 13–25. Allerdings, so müsste man wohl hinzufügen, handelt es sich um Schatten eines Gedankens, der bei Georges Bataille oder Jacques Lacan gegen den Strich gelesen, d. h. gegen die Intention Hegels in Anspruch genommen wird.

[24] A. Gehlen, „Über die Geburt der Freiheit aus der Entfremdung", in: *Gesamtausgabe*, Bd. 4: *Philosophische Anthropologie und Handlungslehre*, Frankfurt am Main 1983, S. 366–382, hier: S. 366.

[25] Ebd., S. 373.

und als solche in Anthropologie aufgelöst werden müsse,[26] im übertragenen Sinne annahm. Die Hauptschwierigkeit von Marx' weiterer Arbeit am Begriff Entfremdung und der eigentliche Grund für seine Vorbehalte dürften wohl darin bestanden haben, dass er einerseits das kritische Potential dieses Begriffes schärfen und ihn andererseits aus seinem philosophischen Korsett befreien bzw. aus seinem theologischen Schlummer wecken wollte.

3. Das unglückliche als falsches Bewusstsein

Wo Hegel an die ungebrochene Möglichkeit glaubte, die Antagonismen der bürgerlichen Gesellschaft in der Idee des Rechtsstaates aufheben zu können, berief sich Marx auf das Feuerbachsche Prinzip, wonach sich nicht Realität an Ideen zu halten habe, sondern sich Ideen an (ihrer) Realität messen lassen müssen. Und gegen jene, die wie Bruno Bauer glaubten, man könne das Problem der religiösen Entfremdung auf dem Boden einer emanzipierten bürgerlichen Gesellschaft lösen, wandte Marx ein, dass diesem Prozess bereits eine allgemeine Befreiung von der politischen Entfremdung vorausgehen müsse, denn das praktische Fundament der Entfremdung sei schließlich der Tausch und ihre Ausdrucksform das Geld, das die praktischen Bedürfnisse des bürgerlichen Egoismus reguliere und pseudo-religiöse Züge besitze: „Das Geld ist der eifrige Gott Israels, vor welchem kein andrer Gott bestehen darf. Das Geld erniedrigt alle Götter des Menschen – und verwandelt sie in eine Ware. Das Geld ist der allgemeine, für sich selbst konstituierte *Wert* aller Dinge. Es hat daher die ganze Welt, die Menschenwelt wie die Natur, ihres eigentümlichen Wertes beraubt. Das Geld ist das dem Menschen entfremdete Wesen seiner Arbeit und seines Daseins, und dies fremde Wesen beherrscht ihn, und er betet es an."[27] Dieser Hinweis ist auch deshalb wichtig, weil er zum Ausdruck bringt, dass Marx die Entfremdung des Menschen nicht als „Chiffre eines metaphysischen Unfalls"[28] verstand, wie es wohl für den (spekulativen) Idealismus charakteristisch war, sondern als historisches Ereignis, das es im Kontext seiner materiellen, sprich ökonomischen Bedingungen zu analysieren gälte, um schließlich, im Zeichen einer proletarischen Revolution, eine gesamtgesellschaftliche Aufhebung der Entfremdung fordern und auch herbeiführen zu können.

---

[26] Siehe insbesondere L. A. Feuerbach, *Grundsätze einer Philosophie der Zukunft*, Frankfurt am Main 1983, S. 71, 107.

[27] K. Marx, „Zur Judenfrage", in: MEW, Bd. 1, Berlin 1976, S. 347–377, hier: S. 374–375. Bei Simmel wird es wenig später und durchaus abgeklärter lauten: „Für den absoluten Bewegungscharakter der Welt nun gibt es sicher kein deutlicheres Symbol als das Geld. Die Bedeutung des Geldes liegt darin, daß es fortgegeben wird; sobald es ruht, ist es nicht mehr Geld seinem spezifischen Wert und Bedeutung nach. Die Wirkung, die es unter Umständen im ruhenden Zustand ausübt, besteht in der Antizipation seiner Weiterbewegung. Es ist nichts als der Träger einer Bewegung, in dem eben alles, was nicht Bewegung ist, völlig ausgelöscht ist, es ist sozusagen actus purus; es lebt in kontinuierlicher Selbstentäußerung aus jedem gegebenen Punkt heraus und bildet so den Gegenpol und die direkte Verneinung jedes Fürsichseins." Siehe G. Simmel, *Philosophie des Geldes*, Frankfurt am Main 1989, S. 714.

[28] J. Habermas, *Theorie und Praxis. Sozialphilosophische Studien*, Frankfurt am Main 1971, S. 400.

Unter Berücksichtigung der semantischen Oszillationen des *terminus technicus* Entfremdung in den Schriften von Marx, die Ausdruck von dessen unbequemer philosophischer wie theologischer Vorgeschichte sein mögen oder, wie Derrida schreibt, selbst „gespenstische[s] Moment"[29], lassen sich vier Dimensionen voneinander unterscheiden, die, wenn wechselseitig aufeinander bezogen, ein Bild seines komplexen Entfremdungs-Theorems bieten: Mit Entfremdung wird bei Marx zunächst die Entäußerung der *Produkte* der eigenen Arbeit bezeichnet, die ähnlich der Feuerbachschen Religionskritik in dem Maße übermächtig erscheinen, ja „feindlich und fremd"[30] wirken, wie sie arbeitende Menschen in ihre Abhängigkeit geraten lassen. Weil dieser Entfremdungsprozess ein unmittelbarer Ausdruck der Organisation von Arbeit unter den Bedingungen kapitalistischer Profitmaximierung ist, wird der arbeitende Mensch aber auch im und vom *Akt* der Produktion entfremdet – was sich unter anderem an der kompensatorischen Überhöhung der Freizeit erkennen lässt sowie am Umstand, dass im proletarischen Kontext der Fabrikarbeit Selbsterhaltung mehr zählt als Selbstverwirklichung. In anthropologischer Hinsicht bewirkt die Entfremdung nach Marx weiter, dass der Mensch nur noch zu einem geringen Teil von seinen eigenen Fähigkeiten als „Gattungswesen"[31], um einen Feuerbachschen Begriff zu verwenden, Gebrauch macht, dass er praktisch ein automatisiertes Dasein fristet. Schließlich hat dieser Entfremdungsprozess laut Marx zur Folge, dass sich die Menschen untereinander entfremden, dass eine starke Vereinzelung eintritt und der egoistische Selbstgenuss unreflektiert verallgemeinert wird.[32]

Marx' Reformulierung des Entfremdungs-Begriffs vor dem Hintergrund seiner Kritik des verklärten Gebrauchs dieses Begriffs im (spekulativen) Idealismus hat bewirkt, dass das *Unglückliche Bewusstsein* Hegels (und Rousseaus) in seiner individualisierten Spielart sukzessive als *Falsches Bewusstsein* im Dienste der herrschenden Klasse ausgelegt wurde und dass die phänomenologischen Abstraktionen konsequent nach ihren materiellen Voraussetzungen befragt wurden. Parallel zu Marx' katachretischer Intervention ließe sich aber auch aufzeigen, dass sich die als idealistisch verbrämten Motive der klassischen Entfremdungs-Thesen nicht einfach im Dunst der Ideologiekritik auflösen wollten, sondern unter dem Vorzeichen eines existenzialanalytischen Denkweges neu zu formieren wussten. Bereits bei Kierkegaard bezeichnet das *Heimweh* mehr als eine romantische Sehnsucht. Es ist Signum einer produktiven wie rezessiven Ironie, einer subjektiven Haltung, die sich ihres eigenen Getrennt-Seins sehr wohl bewusst ist, dieses aber im ästhetischen Zustand zu pflegen, ja zu genießen weiß.[33] Heidegger wiederum begreift die Welterfahrung in praktischen Konstellationen, in dem er jene philosophi-

---

[29] J. Derrida, *Marx' Gespenster. Der verschuldete Staat, die Trauerarbeit und die neue Internationale*, Frankfurt am Main 1995, S. 200.
[30] Marx, *Ökonomisch-philosophische Manuskripte*, S. 512.
[31] Ebd., S. 515.
[32] Diese schematisch stark verkürzte Darstellung kann der Marxschen Analyse unmöglich gerecht werden, insbesondere nicht Marx' späteren Kreuzung des Begriffs Entfremdung mit Versachlichung, Vergegenständlichung, Verselbstständigung und Fetischismus. Eine ausführliche Diskussion findet sich u. a. bei Israel, *Der Begriff Entfremdung*.
[33] Vgl. insbesondere die Ausführungen von Michael Grossheim, der sich in seinen Analysen auf Kierkegaards *Stadien auf des Lebens Weg*, aber auch auf *Entweder – Oder* beruft und in diesem Zusammenhang des Ästhetikers „Kunst der distanzierenden Erinnerung des gerade Gegenwärti-

schen Positionen der *Uneigentlichkeit* bezichtigt, die den Modus der *Zuhandenheit* mit *Vorhandenheit* verwechseln[34] und das Dasein so begreifen, dass es sich unweigerlich im *Man* verflüchtigt. Das soll nun allerdings nicht bedeuten, dass es zwischen dem existenzialanalytischen Diskurs und der sozialkritischen Position einen (latenten) Wettstreit um die sozialphilosophische bzw. -anthropologische Erklärungshoheit gab; vielmehr durchdringen sich beide Begriffsbestimmungen auf unterschiedlicher Ebene, was wohl auch im Rahmen von Marx' Erwägungen zur soziokulturellen Konsequenz der Entfremdung erkennbar wird, ebenso wie anhand Heideggers Bestimmung des Weltbezuges als praktisches Verhältnis.

4. Freies Spiel individueller Fähigkeiten?

Gemessen am Anspruch dieses Beitrages erscheint es an dieser Stelle kaum sinnvoll, spätere Momente der wechselvollen Geschichte der Entfremdungs-Thesen in Erinnerung zu rufen – weder Sartres Bestimmung der *Scham*, deren Erleben er für konstitutiv für einen selbst-bewussten Bezug, ein Für-Sich überhaupt erachtet,[35] noch die zahlreichen Arbeiten, die im Umfeld der Kritischen Theorie entstanden sind und zu einer ausdifferenzierten Theorie der Entfremdung unter der Bedingung kulturindustrieller Verhältnisse beigetragen haben.[36] Für entscheidender erachte ich, im Anschluss an diese vorläufige Begehung die Frage zu wiederholen, was es denn zu bedeuten habe, dass es so auffällig ruhig um den Begriff Entfremdung geworden ist. Diese Ruhe ist umso erstaunlicher, als doch anhand der bisher erwähnten Stationen philosophischen Denkens deutlich geworden sein dürfte, dass der Begriff *Entfremdung* sowohl für die Herausbildung des bürgerlichen Subjekts als auch für seine antikapitalistische Kritik relevant wurde. Wie eingangs erwähnt, drängt sich – abgesehen vom Vorwurf der Unbestimmtheit des Ausdrucks – vor allem eine starke These auf, die auf die sich verändernden Arbeitsverhältnisse im postfordistischen Kapitalismus aufmerksam macht und sich dazu eignet, die soziologischen Bedingungen der erkenntnistheoretischen Legitimität des Begriffs zu reflektieren.

Bereits vor mehr als 50 Jahren, am Beginn der informationstechnischen Revolution, plädierte ein Vertreter der Kritischen Theorie – es handelt sich um Marcuse – dafür, dass man vor dem Hintergrund der Möglichkeit, dass die Arbeitszeit in Zukunft quantitativ abnehmen werde, eine spielerische Umformung der Arbeitsweise andenken sollte – eine

---

gen als eine besonders ausgefeilte Entfremdungstechnik" hervorhebt. M. Grossheim, *Politischer Existenzialismus. Subjektivität zwischen Entfremdung und Engagement*, Tübingen 2002, S. 36.

[34] Entscheidende Formulierungen finden sich im Abschnitt: „§ 15. Das Sein des in der Umwelt begegnenden Seienden". Siehe M. Heidegger, *Sein und Zeit*, Tübingen 1986, S. 66–72.

[35] J.-P. Sartre, *Das Sein und das Nichts. Versuch einer phänomenologischen Ontologie. Gesammelte Werke: Philosophische Schriften I*, Reinbek 1994, S. 471–477.

[36] An dieser Stelle wäre nicht allein die Schrift von H. Marcuse, *Studien zur Ideologie der fortgeschrittenen Industriegesellschaft*, München 1994, zu nennen, sondern auch jene von E. Fromm, *Jenseits der Illusionen. Die Bedeutung von Marx und Freud*, Reinbek 1981. Letztere bezieht das Marxsche Entfremdungs-Theorem auf das psychoanalytische Postulat Freuds, dem zufolge Therapie (auch) Bewußtwerdung sei.

These, die von Rifkin aufgegriffen und für seine eigenen Analysen zur Zukunft der Arbeit adaptiert wurde. Am Ende von *Eros und Kultur* kommt Marcuse zum dramatischen Schluss, dass „die fortschreitende Entfremdung selbst das Potential der Freiheit [erhöht]; je mehr die Arbeit für den Einzelnen zu etwas Äußerlichem wird, desto weniger berührt sie ihn im Bereich des Notwendigen. Von den Erfordernissen der Herrschaft befreit, führt die quantitative Abnahme der Arbeitszeit und Arbeitsenergie zu einer qualitativen Wandlung im menschlichen Dasein: die Freizeit und nicht die Arbeitszeit bestimmt seinen Gehalt. Das [sic!] wachsende Bereich der Freiheit wird wirklich zu einem Bereich des Spiels – des freien Spiels der individuellen Fähigkeiten. So befreit, werden diese Möglichkeiten neue Formen der Realisierung und Weltentdeckung hervorbringen."[37] Sofern es sich überhaupt um eine Prognose und nicht um eine gewagte Vision handelt, könnte man Marcuse leicht entgegenhalten, dass das einzige Spiel, das gegenwärtig noch gespielt wird, jenes der international tätigen Finanzmarktjongleure sei. Wichtiger erscheint mir allerdings die Anerkennung des Umstandes, dass Marcuse tatsächlich an die Möglichkeit geglaubt haben dürfte, dass sich die Entfremdung und die damit zusammenhängenden Widersprüche, gemäß eines dialektischen Überschlags, letzten Endes selbst in einer befreiten und befreiend wirkenden Form des Arbeitens aufheben würden. Vor dem Hintergrund dieser These ließe sich also argumentieren, dass der Grund, weshalb gegenwärtig nicht mehr von Entfremdung gesprochen wird oder werden muss, möglicherweise darin zu sehen ist, dass wir unsere bis vor Kurzem verloren geglaubte Verfügungsgewalt wieder zurück gewonnen haben und uns deshalb die Warenwelt nicht mehr als fremde und feindselig gestimmte erscheinen kann.

Tatsächlich gibt es gute Gründe, davon auszugehen, dass sich die Arbeitsverhältnisse in den letzten zwanzig bis dreißig Jahren drastisch verändert haben. Im Bewusstsein der weitgehend eurozentrischen Dimensionen der These einer postfordistischen Phase des Kapitalismus, die strukturell an die Verschärfung der Lebensbedingungen von Millionen von Menschen im Globalen Süden gekoppelt ist, die die Kosten neo-liberaler Outsourcing-Strategien körperlich, politisch und ökologisch zu tragen haben, möchte ich allerdings den Fehlschluss vermeiden, dass es sich hierbei um ein Phänomen handelt, das alle auf diesem Planeten Lebende gleichermaßen, d. h. undifferenziert betrifft. Ich möchte mich stattdessen für die Hypothese stark machen, dass sich dieser Veränderungsprozess im Besonderen auf jene Stätten der Wissensarbeit auswirkt, die sich bis vor nicht allzu langer Zeit (selbst) den Auftrag erteilt hatten, den Begriff Entfremdung zu erarbeiten und breit auf unterschiedliche gesellschaftliche Situationen und Konstellationen anzuwenden. Stellvertretend für die unterschiedlichen Erklärungsmodelle, die in den letzten Jahren formuliert wurden, um den sich verändernden Arbeits- und Regulierungsbedingungen Rechnung zu tragen,[38] möchte ich an dieser Stelle die Thesen von

---

[37] H. Marcuse, *Eros und Kultur. Ein philosophischer Beitrag zu Sigmund Freud*, Stuttgart 1957, S. 214.

[38] Etwa: A. Birbaumer, G. Steinhard (Hg.), *Der flexibilisierte Mensch. Subjektivität und Solidarität im Wandel*, Heidelberg 2003; U. Bröckling, *Das unternehmerische Selbst. Soziologie einer Subjektivierungsform*, Frankfurt am Main 2007; A. Ehrenberg, *Das erschöpfte Selbst*, Frankfurt am Main 2008; W. Glißmann, *Mehr Druck durch mehr Freiheit. Die neue Autonomie in der Arbeit und ihre paradoxen Folgen*, Hamburg, 2001; E. Illouz, *Der Konsum der Romantik. Liebe und die*

Boltanski und Chiapello zitieren, da sie eine kritische Öffentlichkeit belebt haben und sich mit meinen weiteren Analysen gut in Beziehung setzen lassen.

In ihrer breit angelegten Studie *Der Geist des Neuen Kapitalismus*, in der in erster Linie die ökonomischen Transformationsprozesse der letzten Jahrzehnte in Frankreich analysiert werden, deren Ergebnisse aber auch auf andere Länder übertragbar sein dürften, kommen die Autorin und der Autor zum Schluss, dass sich die moderne Managementliteratur überraschenderweise rhetorischer Argumentationsfiguren bedient, die an die Tradition eines Teils der 1968er Bewegung erinnern. Während die unterschiedlichen Formen radikaler *Sozialkritik* deshalb in eine Krise geraten seien, weil revolutionäre Strategie und revolutionäres Subjekt mit dem Wandel der Verhältnisse nicht mehr Schritt gehalten haben, verhalte es sich mit dem zweiten Strang der Kritik, den Boltanski und Chiapello als *Künstlerkritik* vom ersten unterscheiden, so, dass dieser erfolgreich in die sich verändernden Arbeitsregime eingepasst werden konnte, um den „Motor für Veränderungen des kapitalistischen Geistes"[39] zu ölen und für die nächste Zukunft am Laufen zu halten. Das Provokante und Spannende an dieser These besteht darin, dass es nur vordergründig einen Widerspruch zwischen dem progressiven Flügel der 1968er Bewegung und der postfordistischen Arbeitsplatzbewirtschaftung gibt. Es gehört zur neoliberalen Gouvernementalität, die Forderung nach einem emanzipierten, authentischen und in dieser Hinsicht eben *nicht*-entfremdeten Lebensvollzug, für die avantgardistische Intellektuelle wie etwa Marcuse eintraten, ernst zu nehmen, ihr aber unter dem Vorzeichen einer forcierten Kapitalisierung ehemals öffentlicher Räume eine neue Bedeutung zu verleihen. In einer als *Projektpolis* organisierten Arbeitslandschaft, auf der die *Employability* jeder und jedes Einzelnen ständig unter Beweis gestellt werden muss, wird die Arbeitskraft nicht einfach an fremdes „Kapital" entäußert; sie organisiert sich als das jeweils eigene *Humankapital*, das am Markt der Ideen kreativ zum Einsatz gebracht werden muss. In dem Maße, wie aber die klassische Disziplinarinstitution der abhängigen Erwerbsarbeit in den historischen Hintergrund gerät, sich neue Formen der freien Projektarbeit etablieren, Verantwortlichkeiten an die und den jeweils Einzelnen abgetreten und Formen der solidarischen Organisationen erschwert werden, verliert der Widerspruch zwischen Autonomie und Heteronomie an Bedeutung und die Entfremdungs-These an Erklärungskraft und politischem Appeal.

Wohl auch vor dem Hintergrund dieses sozialökonomischen Transformationsprozesses hat Foucault bereits in den späten 1970er Jahren darauf hingewiesen, dass der Begriff *Disziplin*, der dem fordistischen Kapitalismus verpflichtet ist, ein historisch variabler ist und, aufgrund dieser Kontingenz, auch keine universale Gültigkeit für sich beanspruchen kann. Laut Foucault gibt es „mehr und mehr Kategorien von Leuten, die nicht unter dem Zwang der Disziplin stehen, so dass wir die Entwicklung einer Gesellschaft ohne Disziplin denken müssen. Die herrschende Klasse ist stets durchdrungen von der alten Technik. Es ist jedoch evident, dass wir uns in der Zukunft von der Disziplinar-

---

kulturellen Widersprüche des Kapitalismus, Frankfurt am Main, New York 2003; M. Moldaschl (Hg.), *Neue Arbeit – neue Wissenschaft der Arbeit? Festschrift zum 60. Geburtstag von Walter Volpert*, Heidelberg 2002; M. Moldaschl (Hg.), *Subjektivierung von Arbeit*, München et al. 2002; R. Sennett, *Der flexible Mensch. Die Kultur des neuen Kapitalismus*, Berlin 2006.

[39] L. Boltanski, E. Chiapello, *Der neue Geist des Kapitalismus*, Konstanz 2006, S. 68.

gesellschaft von heute trennen müssen."⁴⁰ Wo aber die Disziplin zur Disposition steht, müssen auch Veränderungen in der Form der Subjektivität sowie in der Organisation des Begehrens angenommen werden, die sich als Effekte regulierender (Arbeits-)Techniken verstehen lassen. Zumindest müsste die Frage gestellt werden, was sich denn überhaupt für ein Selbstbewusstsein einstellen kann, wenn sich gesellschaftliche Verhältnisse nicht mehr primär über disziplinierende Institutionen konstituieren bzw. begreifen lassen. Agamben findet in seinem Versuch der Beantwortung der Frage *Was ist ein Dispositiv?* folgende radikale Formel: „Was die Dispositive, mit denen wir es im momentanen Stadium des Kapitalismus zu tun haben, ausmacht, ist [...] weniger, daß sie die Produktion eines Subjekts bewirken. Sie zeichnen sich vielmehr durch Prozesse der – wie wir es nennen könnten – Desubjektivierung aus. [...W]as wir [...] jetzt beobachten können, ist, daß Subjektivierungsprozesse und Desubjektivierungsprozesse wechselseitig indifferent werden und nicht mehr auf die Wiederzusammensetzung eines neuen Subjekts hinauslaufen, es sei denn in verhüllter, gleichsam gespenstischer Form."⁴¹

Nimmt man die These der historischen Formation von sozialer Identität und ihrer unterschiedlichen Begrifflichkeiten genügend ernst, die von Marx ebenso konsequent wie von Foucault vertreten wurde, dann lässt sich das Phänomen Entfremdung nur in Relation zu Begriffen wie jenen des Subjekts, der Arbeit oder der Disziplin bzw. im Kontext sozialpolitischer Veränderungen verstehen, ohne dass es sich von diesen semantisch, logisch oder politisch einfach ableiten ließe. Mit Entfremdung wäre also tatsächlich ein Phänomen *sui generis* bezeichnet, wenngleich dieses in einem Feld von Bezügen erscheint und der Variabilität seiner Bedingungen Rechnung tragen muss, um zu verhindern, dass es sich in ahistorischen Spekulationen verliert. Die von Foucault und Agamben skizzierten Krisen der Disziplinierungs- und Subjektivierungsinstanzen könnten mithin als Erklärungsgrundlagen dienen, um zumindest ansatzweise verständlich zu machen, warum die Frage nach dem zukünftigen „revolutionären Subjekt", die die Tradition der Sozialkritik schon seit längerem in Atem hält, keine einfach zu beantwortende ist und warum uns nicht so sehr die Arbeitsregime als vielmehr die Reden von Entfremdung unheimlich geworden sind – werden wir doch von einer gespenstischen Form von Subjektivität heimgesucht.

---

⁴⁰ M. Foucault, „Die Disziplinargesellschaft in der Krise", in: D. Defert, F. Ewald, J. Lagrange (Hg.), *Michel Foucault. Schriften in vier Bänden*, Bd. 3: *1976–1979*, S. 671–674, hier: S. 673. Wie Lemke ausführt, wäre es allerdings verfehlt, ausgehend von dieser Aussage einen „absoluten Bruch zwischen disziplinären und postdisziplinären Gesellschaften" anzunehmen, denn „aus dem Übergang zum Postfordismus folgt nicht das Verschwinden disziplinärer Regulationsformen", sondern ihr veränderter Einsatz. T. Lemke, *Gouvernementalität und Biopolitik*, Wiesbaden 2008, S. 71.

⁴¹ G. Agamben, *Was ist ein Dispositiv?*, Zürich, Berlin 2008, S. 36–37. In dieser Aussage Agambens werden die Thesen Derridas (*Marx' Gespenster*) und jene Ehrenbergs (*Das erschöpfte Selbst*) zur Konvergenz gebracht.

5. Mit Gespenstern leben

Das Schweigen, das sich um das Entfremdungs-Theorem gelegt hat, verspricht kein gutes Leben im Ganzen – im Gegenteil: Die aktuelle Logik verallgemeinerter, d. h. globalisierter Krisen, die mit dem Prinzip ökonomischer Effizienz und damit auch mit jenem der Sparsamkeit, was das Zulassen von Kritik und sozialer Differenz betrifft, argumentiert, verlangt ein so hohes Maß an politischer Zustimmung, dass Gegenpositionen als den Gemeinsinn zersetzend gelten müssen und, infolgedessen, soweit wie nur irgendwie möglich verknappt werden. In dem Maße, wie Bedrohungen und Katastrophen, die farbenreich beschworen werden, an gesellschaftlicher Plausibilität gewinnen und nach konzertierten, raschen Aktionen verlangen, erscheint es als untragbar, Dissens zuzulassen.[42] Wenn also gegenwärtig Möglichkeiten zu fehlen scheinen, um adäquate Begriffe zu bilden, die es erlaubten, sich eine Vorstellung, ja ein Bild im Benjaminschen Sinne von der gegenwärtigen Situation zu machen, so drängt sich der Verdacht auf, dass dies, wenn schon kein bewusst gewollter, so zumindest doch ein wahrscheinlicher Effekt gouvernementaler Regulierungsmechanismen ist. Dass die Disziplinargesellschaft eine historisch variable Form ist, die an ihr Ende kommt, bedeutet nämlich nicht, dass ein selbstbestimmtes Leben folgen wird. Es bedeutet in erster Linie, dass das „Spiel der Begierde"[43] auf andere als bisher bekannte Weise gespielt wird und dass über die Spielregeln vermutlich Unklarheit besteht. Und auch das kann als Zeichen und Ausdruck einer spezifischen Entfremdung von einer politischen Haltung gelten.

Fraß die Revolution ihre Kinder, so scheint nunmehr die Kritik über ihre vielen Väter und wenigen Mütter herzufallen. Einem gewissen, entweder in neokonservativen oder aber in radikal antikapitalistischen Kreisen gepflegten *bon ton* entsprechend, häufen sich jedenfalls vorwurfsvolle, nicht selten moralisierende Anfragen an die theoretische und praktische Leistung der so genannten Postmoderne. Analog zur Kritik Marx', der die „deutsche Ideologie" für ihre ökonomische Naivität verurteilte, zirkulieren Thesen, wonach die Postmoderne mitschuldig an der gegenwärtigen Misere der Sozialkritik sei. Michael Hardt und Antonio Negri distanzieren sich in ihrer Schrift *Empire* zwar von Anthony Appias und Arif Dirliks Position, der zufolge postmoderne bzw. postkoloniale

---

[42] Vor diesem Hintergrund ist wohl auch Jacques Rancières zehnte These zur Politik zu verstehen, die dem Ende und der Rückkehr der Politik gilt und auf die problematische Dimension gegenwärtiger Konsenspolitik mit folgenden, eindringlichen Worten hinweist: „Das Wesentliche des Konsens ist nicht die friedliche Diskussion und die vernünftige Einigung, die sich Konflikt und Gewalt entgegenstellen. Das Wesentliche des Konsens ist die Annullierung des Dissens, als des Abstandes des Sinnlichen zu sich selbst, die Annullierung der überschüssigen Subjekte, die Reduktion des Volkes auf die Summe der Teile des Gesellschaftskörpers, und die Reduktion der politischen Gemeinschaft auf die Beziehungen von Interessen und Bestrebungen dieser verschiedenen Teile. Der Konsens ist die Reduktion der Politik auf die Polizei." J. Rancière, *Zehn Thesen zur Politik*, Berlin 2008, S. 45. Mit Foucault ließe sich weiterhin der Schluss ziehen, dass es sich um eine strategische Operation handelt, deren Sinn darin besteht, eine „Verknappung der sprechenden Subjekte" zu erzielen. M. Foucault, *Die Ordnung des Diskurses*, Frankfurt am Main 1994, S. 26.

[43] M. Foucault, *Sicherheit, Territorium, Bevölkerung. Geschichte der Gouvernementalität I: Vorlesungen am Collège de France 1977–1978*, Frankfurt am Main 2006, S. 112.

Theoretikerinnen und Theoretiker „die Intelligenzia des globalen Kapitalismus"[44] seien, aber nur um daraufhin zu behaupten, dass es eine signifikante Relation zwischen den gegenwärtigen Arbeitsregimen und einer auf Differenz basierten Theoriebildung gebe, und dass letztere unfähig sei, die Bedingungen ihrer eigenen Möglichkeit zu hinterfragen und effektiven Widerstand zu organisieren: „Wenn sie ihre Theorien als Teil eines politischen Befreiungsprojekts präsentieren, so bekämpfen die Postmodernisten noch immer die Schatten alter Feinde, nämlich die Aufklärung, oder genauer: die modernen Formen der Souveränität und deren binäre Reduktion von Differenz und Vielfalt auf eine einzige Alternative zwischen Gleich und Anders. Die Betonung von Hybridität und das freie Spiel der Differenzen über Grenzen hinweg sind jedoch nur in einem Kontext befreiend, in dem Macht Hierarchien ausschließlich mittels wesenhafter Identitäten, binärer Aufteilungen und stabiler Gegensätze festlegt. Die Strukturen und Logik der Macht in der heutigen Welt sind jedoch völlig immun gegen die ,befreienden' Waffen der postmodernen Politik der Differenz. Vielmehr ist auch das Empire darauf aus, diese modernen Formen der Souveränität zu beseitigen und Differenzen zu setzen, um Grenzen zu überspielen. Trotz aller guten Absichten ist die postmoderne Politik der Differenz nicht nur wirkungslos gegen die Funktionsweise und Praktiken imperialer Herrschaft, sondern kann sogar damit ineinsfallen und sie unterstützen."[45] Ähnlich lautet das Urteil von Slavoj Žižek, der sich ebenfalls mit einer offen deklarierten Lust an der politischen (In)Signifikanz der Postmoderne reibt und dabei Marxsche Positionen unter veränderten Vorzeichen zitiert: „today's postmodern politics of multiple subjectivities is precisely not political enough, in so far as it silently presupposes a non-thematized, ,naturalized' framework of economic relations. [...] today's capitalism, rather, provides *the very background and terrain for the emergence of shifting–dispersed–contingent–ironic–and so on, political subjectivities.*"[46]

---

[44] A. Dirlik zit. n. M. Hardt, A. Negri, *Empire. Die neue Weltordnung*, Frankfurt am Main 2003, S. 151.

[45] Ebd., S. 155.

[46] S. Žižek, „„Class Struggle or Postmodernism? Yes, please!", in: J. Butler, E. Laclau, S. Žižek (Hg.), *Contingency, Hegemony, Universality: Contemporary Dialogues on the Left*, London, New York 2000, S. 90–135, hier: S. 108. Just an diese Analyse schließt Žižek seine Forderung nach einer umfassenden wie radikalen Repolitisierung der Ökonomie an: „Aus genau diesem Grund – weil die entpolitisierte Ökonomie das verleugnete ,Fundamentalphantasma' der postmodernen Politik ist – würde ein eigentlicher politischer Akt notwendigerweise die Repolitisierung der Ökonomie zur Folge haben: Innerhalb einer gegebenen Situation zählt eine Geste nur dann als Akt, insofern sie deren grundsätzliches Phantasma stört (,durchquert')." S. Žižek, *Die Tücke des Subjekts*, Frankfurt am Main 2010, S. 492. In diesem Sinne ist aber auch die Frage zu stellen, ob nicht Žižeks eigenste „Fundamentalphantasie" darin bestehen könnte, einen unbedingten politischen Akt setzen zu wollen – ähnlich André Gides literarischer Figur eines *acte gratuit* –, wenn nicht anders möglich, dann eben mit Gewalt. Matthew Sharpe und Geoff Boucher neigen dieser Lektüre der Thesen Žižeks zu, wenn sie folgende Hypothese aufstellen: „it seems that Žižek's frustration with the lack of political resistance to contemporary capitalism is leading him to adopt extreme positions that can easily (as they did with Sorel) prepare a political jump from Left to Right, across the bridge made by reactive hostility to liberal parliamentarism and representative democracy." M. Sharpe, G. Boucher, *Žižek and Politics: A Critical Introduction*, Edinburgh 2010, S. 193.

Die polemisch vorgetragene, deshalb aber nicht weniger plausible These einer wechselseitigen Verschränkung und Stützung von Postfordismus (ökonomische Basis) und so genannter Postmoderne (ideologischer Überbau) bietet sich zur Erklärung an, wieso der Begriff der Entfremdung aus dem Vokabular sozialwissenschaftlicher Heuristik und sozialkritischer Bewegungen gestrichen wurde. In dem Maße, wie in akademischer Manier „postmoderne Sujets" wie das der „Politik der Differenz" bzw. der „Politik der multiplen Subjektivitäten" bedient werden, ohne dass auf die „Materialität", auf die historische Dimension, auf die sozialpolitischen Bedingungen und Bedeutungen eben dieser Sujets und ihrer Sprechakte eingegangen wird, besteht kein Grund, Prekarisierung und Irritation als Formen der Desubjektivierung politisch ernst zu nehmen, und mithin die Gefahr, dass einst kritische Diskurse auflaufen und selbst offiziös werden. Auf Lenins Frage „Was tun?" wird sich aber auch heute keine ihrem eigenen Anspruch gerecht werdende Antwort finden lassen, solange die Radikalität politischer Arbeit daran gemessen wird, ob eine Idee kollektiver Identität(en) vertreten (und möglicherweise auch noch autoritär durchgesetzt) wird. Auf einer Kritik der Differenz[47] und der multiplen Subjektivitäten mit einer Politik des (kleinsten) gemeinsamen Nenners zu antworten, käme wohl am ehesten dem Volksmund gleich, dass hier der Teufel mit dem Beelzebub ausgetrieben wird. Damit sei gesagt, dass eine Resignifikation des Begriffs Entfremdung dann – und wohl nur dann – sinnvoll ist, wenn dieser sowohl gegen regressive (und repressive) Präsenzmetaphysiken in Stellung gebracht werden kann, aber gleichzeitig nicht im Verdacht steht, kapitalistisch bewirtschaftet zu werden und damit hegemoniale Interessen zu verwalten.

Negativ(-istisch) gewandt, könnte sich die Aktualität des Begriffs Entfremdung wohl am ehesten an jener Schwelle erweisen, wo Leben und Arbeit unter den Bedingungen nicht-disziplinierender Regierungskünste zunehmend zur Deckung gebracht und, mit Agamben gesprochen, „wechselseitig indifferent" werden. So gesehen, besteht das Problem gegenwärtiger Sozialkritik primär nicht darin, dass es kein oder ein zu geringes Interesse an den Arbeitsbedingungen „einkommensschwacher" und marginalisierter Menschen gibt, sondern dass sich gar keine anderen Bezugnahmen mehr vorstellen lassen als solche, die auf die eine oder andere Weise der Maxime produktiver Verwertung verpflichtet sind – auch wenn diese alternativ besorgt wird. Selbst dort, wo Müdigkeit zugestanden und Entspannung versprochen wird, geschieht dies ja ganz im Interesse, Produktivkräfte (betrieblich) zu binden, zu stabilisieren und insgesamt zu steigern. Entfremdung wäre mithin jener Begriff, an den sich die politische Forderung knüpfen müsste, dass Arbeit wohl eine Modalität zwischenmenschlicher Beziehungen sein mag, aber unmöglich ihr Regulativ und ihre Essenz zu sein beanspruchen darf.[48]

Die Gespenster, die Marx durch seine unheimliche Arbeit am Begriff rief und die die Geschichte wiederholt heimsuchten, wird man wohl auch in Zukunft so billig nicht los.

---

[47] Eine solche müsste jedenfalls zwischen *Differenz* und *Différance* unterscheiden können.
[48] Gemeinschaft ist schließlich auch keine Form, die sich als Summe individueller Anstrengungen einstellt bzw. produktiv herstellen ließe. Zur Kritik essentialistischer Gemeinschaftstheorien und ihrer Reformulierung unter dem Vorzeichen nicht-produktiver Verhältnisse siehe J. L. Nancy, *Die herausgeforderte Gemeinschaft*, Berlin, Zürich 2007, sowie M. Blanchot, *Die uneingestehbare Gemeinschaft*, Berlin 2007.

Dass sie nicht unbedingt Angst bereiten müssen, sondern auch Hoffnung (auf eine Neue Internationale) inspirieren können, weiß Derrida zu schätzen. Dennoch wird die Aufgabe nicht leicht zu lösen sein, ihnen in dem Maße die Treue zu halten, wie vermieden werden soll, dass Politiken der Bezeugung von gerechtem Leben, auch in ihren radikalsten und alteritätssensibelsten Varianten, kapitalisiert und spektakulär verdoppelt werden, um als verwertbare Wiedergänger ein reines Geisterleben zu führen. Damit ist nicht einfach die Gefahr benannt, dass Kritik, vom Willen beseelt, „es" besser machen zu wollen, gegen ihre Intention verwendet werden kann. Sofern die Erfahrung von Entfremdung sowie ihre Reflexion die heimliche Bedingung der Möglichkeit ist, eine sozialkritische Haltung einzunehmen, wie die Geschichte der Marxschen Arbeit am Begriff nahelegt, müsste die Maxime radikaler politischer Handlung unter den gegenwärtigen Bedingungen paradoxerweise lauten: Entfremdung nicht aufheben zu wollen, sondern, weit radikaler, in ihrer Unheimlichkeit stärker einzufordern, als dies bisher der Fall war. Wohl nur so wird sich eine vom zweifelhaften Wert produktiver Leistung entkoppelte Lebensfreude gewinnen lassen, die Adorno, nicht ohne Augenzwinkern, wie folgt ausmalte: „Einer Menschheit, welche Not nicht mehr kennt, dämmert gar etwas von dem Wahnhaften, Vergeblichen all der Veranstaltungen, welche bis dahin getroffen wurden, um der Not zu entgehen, und welche die Not mit dem Reichtum erweitert reproduzierten. Genuß selber würde davon berührt, so wie sein gegenwärtiges Schema von der Betriebsamkeit, dem Planen, seinen Willen Haben, Unterjochen nicht getrennt werden kann. Rien faire comme une bête, auf dem Wasser liegen und friedlich in den Himmel schauen, ,sein, sonst nichts, ohne alle weitere Bestimmung und Erfüllung', könnte an Stelle von Prozeß, Tun, Erfüllen treten und so wahrhaft das Versprechen der dialektischen Logik einlösen, in ihren Ursprung zu münden."[49]

---

[49] T. W. Adorno, *Minima Moralia. Reflexionen aus dem beschädigten Leben*, Frankfurt am Main 2003, S. 179.

Sandra Lehmann

Hass oder der Impetus der Vernichtung

1. Einleitung

Ein erster Blick auf den Hass ist versucht, ihn den aversiven Affekten wie Ärger, Wut oder Zorn zuzuordnen. In der Tat lässt sich weder der aversive noch der affektive Charakter des Hasses bestreiten. Der Hass wendet sich gegen den Gehassten,[1] und zwar ursprünglich unabhängig von einer rationalen Willensentscheidung, auch wenn er wie jeder Affekt eigene rationale Kalküle hervorbringen kann. Was den Hass gleichwohl von den oben genannten Affekten trennt, ist sein Verhältnis zur Habitualisierung. Zu den gewöhnlichen aversiven Affekten tritt sie als eine Möglichkeit hinzu, ist aber nicht zwingend in ihnen angelegt. Wie die meisten Gefühle funktionieren die gewöhnlichen aversiven Affekte punktuell, d. h. im Rahmen einer bestimmten Situation oder eines bestimmten Handlungskontextes. Die Habitualisierung tritt dann ein, wenn der situative Anlass, der den Affekt hervorbrachte, kontinuierlich nachwirkt, d. h. weiter in die umfassendere Lebenssituation eines Menschen hineinspielt. Bei Ärger, Wut, Zorn geschieht das vor allem, wo das Missverhältnis, das der situative Anlass aus der Perspektive des aversiv Erregten entstehen ließ, nicht beseitigt wird. Affektentladung hilft nur, wenn sie Verhältnisse schafft, die diejenigen, auf die der Affekt reagierte, korrigiert. Im gegenteiligen Fall markiert der aversive Affekt eine Art offene Stelle in der Rechnung des Lebens, die noch zu begleichen ist. Ein komplexeres Beispiel für die mögliche Habitualisierung aversiver Affekte ist der Fall des „angry young man". Die Wut über die eigene als repressiv empfundene Lebenssituation verwandelt sich für ihn zur Wut auf die gesellschaftliche Verfassung, an welche die individuelle Lebenssituation zurückgebunden ist. Zunächst Reaktion auf ein partikulares Erleben, perpetuiert sich die Wut,

---

[1] Wie sich noch zeigen wird, ist das Hassverhältnis immer ein Verhältnis zwischen Menschen, daher werde ich kurz vom „Gehassten" sprechen, auch wenn es sich beim „Gehassten" um ein menschliches Kollektiv handeln kann. Der kollektiv gewendete Hass typisiert, diejenigen, die er hasst, stehen für ihn im allgemeinen Singular. Z. B. richtet sich der Antisemitismus gegen „den Juden", der für alle Juden steht.

indem sie in Richtung auf die soziale Ordnung verallgemeinert wird. Auch bei dieser Habitualisierung des Affekts durch Übertragung bleibt jedoch als Möglichkeit bestehen, was für die gewöhnlichen aversiven Affekte überhaupt gilt: Ärger, Wut, Zorn lassen sich versöhnen. Das Missverhältnis, das sie registrieren, kann ausgeglichen werden. Die Möglichkeit der Versöhnung rangiert hier vor der Möglichkeit der Habitualisierung und besteht auch weiter. Wie man an dieser Stelle und noch ohne nähere Analyse sagen kann, hängt das offenbar damit zusammen, dass das Missverhältnis, auf das der gewöhnliche aversive Affekt reagiert, zwar den avisierten Existenzvollzug des Empörten stört, aber ihm dabei gewissermaßen äußerlich bleibt. Die existentiellen Möglichkeiten sind nur an ihrer Verwirklichung gehemmt, aber nicht als solche oder an sich selbst durchkreuzt.

Die Anlage des Hasses ist anders. Ihm ist die Habitualisierung immanent. Zwar lässt sich von einem „heißen" Hass sprechen, der jemanden in einer bestimmten Situation überkommt. Als echter Hass (und nicht etwa als heftige und aggressive Wut) ist der „heiße" Hass jedoch erst ausgewiesen, wenn er auch nach der heißen Phase noch fortbesteht und zum „kalten" Hass versteinert. Der Affektcharakter des Hasses tritt hinter seinem habituellen Charakter zurück. Die Punktualität und Kontingenz des Gefühls, sein plötzliches und – trotz diverser Techniken der Affektbeherrschung und Affektmanipulation – nie ganz kontrollierbares Aufbrechen verfestigen sich zur Kontinuität. Während die Erregung schwindet, erhält sich der Handlungssinn, den sie vorgibt. Der Hass wird damit etwas Gründendes, er bildet eine bestimmende Größe im Selbst- und Weltverhältnis des Hassenden, die rational gefassten ethischen Überzeugungen insofern in nichts nachsteht. Der Tendenz nach rückt der Hass sogar an ihre Stelle und verdrängt bzw. übernimmt sie, er gibt ein „Ethos des Hasses" vor, über das sich argumentieren lässt. Der Hass ist demnach ein mehrschichtiges Gebilde, eine umfassende Einstellung oder Haltung zur Welt, die zwar eine leitende affektive Komponente hat, aber darüber ein eigenes Wertbild kreiert, dessen Prämissen scheinbar nicht affektiv liegen können.

2. Die Metaphysik des Hasses

a. Vernichtungsimpuls und Aporie

Der Hass bleibt so lange äußerlich bestimmt (und nicht klar geschieden von anderen Affekten, die zur Haltung werden können), wie der strukturelle Zusammenhang, aufgrund dessen er sich notwendig habitualisiert, nicht erkannt ist. Wie bei jedem Affekt verläuft die zentrale strukturelle Achse auch beim Hass zwischen dem Anlass, auf den er reagiert, und der Intention, die er in der Reaktion auf den Anlass ausbildet. Dabei ist die Intention dasjenige, worin sich der Hass manifestiert. Eine Analyse des Hasses muss daher bei ihr ansetzen.

Das wesentliche Moment der Zielrichtung des Hasses ist der negative Imperativ, den er enthält und der sich schärfer nicht denken lässt: Der Hass intendiert die Vernichtung des Gehassten, der Gehasste ist ein Seiendes, das nicht im Sein vorkommen soll. Mit diesem Imperativ hängt der umfassende Charakter des Hasses zusammen. Der Hass beschränkt sich nicht auf die partikulare Perspektive, die sich zwischen dem Hassenden und dem Gehassten auftut, sondern öffnet sie hin auf den Gesamthorizont der Welt als des Seins, insofern es auf den Menschen bezogen ist. Aurel Kolnai hat das in seinem eindrucksvollen Essay *Versuch über den Hass* von 1935 so formuliert: „Was der Hass verlangt und verheißt, ist [...] eine Art Entscheidung über das Schicksal der Welt."[2] Hieraus resultiert zunächst die verengende Kraft des Hasses. Sein Fokus liegt so sehr auf der Auslöschung des Gehassten, dass sich tendenziell auch der Sinn aller übrigen Gegenstände auf sie konzentriert. Für den Hassenden ist die Hassbeziehung nicht etwas Beiläufiges, sondern das Entscheidende. Alle anderen Beziehungen sind ihr untergeordnet, sogar von der eigentlichen Sphäre des Hasses abliegende Bezüge. Der Hass reißt das Leben also an sich, er durchtränkt es, er wird zu seiner Essenz. Zwar kann es für den Hassenden Momente und Situationen geben, in denen er den Hass vergisst. Das Vergessen jedoch drängt den Hass nur in die Latenz, in der er weiterhin die Welterfahrung organisiert und aus der er wieder auftaucht, sobald sich die hassende Person auf sich selbst besinnt.

Die Vernichtungsintention gibt dem Hass eine metaphysische Tiefe, die den gewöhnlichen aversiven Affekten fehlt. Indem der Hass die Vernichtung der Existenz eines Seienden intendiert, ist er Entwurf auf ein Sein, in dem das Ausgelöschte nicht ist. Das Nicht-Sein des Gehassten ist dabei so weit wie möglich zu nehmen, also vollständig: Im Sein, das der Hass implizit gegen das bestehende Sein vorstellt, hätte es den Gehassten nie gegeben. Es folgt hieraus, dass der Hass sich nicht damit zufrieden geben kann, den Gehassten aus dem bestehenden Zusammenhang der Seienden zu entfernen, also ihn etwa zu töten. Die Tötung betrifft noch die Ordnung *im* Sein, der die Seienden folgen. Sie kann – was die gewöhnlichen aversiven Affekte verlangen – in der Welt beseitigen, was der Empörte als Missverhältnis wahrnimmt. Der Hass dagegen verlangt eine Änderung der Ordnung des Seins selbst, insofern in ihm liegt, *dass* die Seienden sind.[3] Das „Dass" des Seins des Seienden, d. i. die ontologische Dimension der Existenz der Seienden soll sich ändern, aus ihr soll der Gehasste getilgt werden. Die Vernichtungsintention greift so über auf das „Sein selbst", denn ein Sein, in dem der Gehasste nie gewesen ist, ist nicht nur akzidentell anders als das bestehende Sein. Es fehlt ihm nicht nur etwas, sondern es ist über die Existenzdimension an sich selbst verändert. Entsprechend handelt es sich bei ihm um ein schlechthin anderes Sein, das die Nichtung des bestehenden Seins voraussetzt. Selbst wenn der Entwurf des Hasses also nur die existentielle Tilgung eines bestimmten Seienden verlangt, führt er über das Nichts des Seins. Es ist sein Fluchtpunkt, d. h. seine äußerste Tendenz, die ihm aber wesentlich ist.

Volker Caysa hat vorgeschlagen, den Hass als ein „Existenzial" zu verstehen. Er sei eine „Daseinsstimmung" und daher eine „Daseinsbestimmung, die unser Dasein

---

[2] A. Kolnai, *Ekel, Hochmut, Haß*, Frankfurt am Main 2007, S. 133.

[3] Die Unterscheidung der beiden Ordnungen bezieht sich zurück auf die Unterscheidung der Schelling'schen Spätphilosophie zwischen *quid sit* (was ein Seiendes ist) und *quod sit* (dass ein Seiendes ist). Das Sein ist durch beide Aspekte gekennzeichnet. Einerseits ist es das Sein der Seienden, insofern sie sind, was und wie sie sind. Andererseits (und in einem konstitutiven Sinne vorrangig) ist es das Sein der Seienden, insofern sie überhaupt sind. Die „Ordnung im Sein" ist die Ordnung dessen, was und wie die Seienden sind. Hingegen umfasst die „Ordnung des Seins selbst" die Existenz der Seienden, also dass sie sind.

mitbegründet und damit alle anderen unserer Seinsverhältnisse formiert".[4] Diese fundamentalontologisch inspirierte Deutung des Hasses geht m. E. zu weit, weil sie dem Hass für das Selbst- und Weltverhältnis Permanenz gibt, ganz so, als müsste die Selbsterschließung der Existenz notwendig über den Hass führen. Dies ist schon allein deswegen nicht möglich, weil die metaphysische Vernichtungstendenz des Hasses, wie gesehen, rückwirkend auch das Sein des Hassenden negiert. Die existentielle Selbsterschließung implizierte unter der Hand die Negation des eigenen Seins, um das es dem Dasein geht. Eine Bewegung zum Sein, in der Existenz gründet, wäre damit von vornherein unmöglich. Ihr Bezugspol wäre das reine Nichts.

Die Verbindung, die Caysa zwischen dem Hass und der existentiellen Erschlossenheit des Seins gesehen hat, besteht gleichwohl, auch wenn sie anders liegt. So ist der Hass als gegen die Existenz eines Seienden gerichtete Vernichtungsintention zwar nicht permanent wirksam, aber eine permanente Möglichkeit. Sie weist darauf zurück, dass das Sein für den Menschen als endlich erschlossen ist. Es ist ein Sein, dem das Nichts in Form einer iterierten Nichtung des Seins selbst a priori eingeschrieben ist. Der Hass setzt das Nichts voraus, das den endlichen Sinn des Seins konstituiert, seine ontologische Qualität besteht darin, dass er das Nichts innerhalb der ontischen Seinsvollzüge expliziert, wenn auch in einseitiger Zuspitzung. Er zieht das Nichts in die ontischen Zusammenhänge hinein, so radikal, dass das Sein selbst als nichtig verworfen werden kann. André Glucksmann hat von hier aus auf den nihilistischen Charakter des Hasses geschlossen.[5] Der Hass vertrete das „Urchaos",[6] er folge der Logik einer totalen De-formierung und damit Auslöschung. Der Hassende werde zum Medium einer destruktiven Entgrenzung, sodass er „sich selbst nur das Nichts [schuldet] in das [er] sich verwandelt".[7] Tatsächlich ist der Hass nihilistisch darin, dass er in seinem Kern um die Möglichkeit des Nichts kreist. Gleichwohl bleibt – was Glucksmann übersieht – die Möglichkeit des Nichts eine Möglichkeit des Seins. Der Hass ist also in seinem Innersten aporetisch. Das Nichts nämlich, um das herum er sich organisiert, ist niemals rein, auch wenn er es aufgrund seiner Einseitigkeit als rein extrapoliert. Die Rückkehr des „Urchaos" wird also nicht stattfinden. Eher wird der Hass sich selbst verzehren, weil das Nicht-Sein des Seienden seine Bestimmung bleibt, die zuletzt auf ihn selbst zurückschlägt. Das nimmt ihm nichts von seinem Schrecken. Der Schrecken markiert das internalisierte Nichts des Hasses für die Seienden und damit dessen Fähigkeit, den Tod im Leben regieren zu lassen. Zwar kann der Tod nicht genügen, die Intentionen des Hasses zu erfüllen. Die Ohnmacht des Hasses reicht jedoch aus, die Seienden mit ihrem Nicht-Sein zu konfrontieren.

Man mag einwenden, dass die hier versuchte metaphysische Bestimmung des Hasses zu sehr auf seine extremen Ränder schaut. Empirisch hingegen lassen sich verschiedene Varianten des Hasses aufweisen. Der Impetus einer Vernichtung des Seins kann zwar unter ihnen vorkommen, weitaus häufiger jedoch finden sich Fälle, in denen sich der Hass

---

[4] Vgl. V. Caysa, „Der Hass – eine große Stimmung", in: R. Haubl, V. Caysa, *Hass und Gewaltbereitschaft*, Göttingen 2007, S. 71.
[5] Vgl. A. Glucksmann, *Hass. Die Rückkehr einer elementaren Gewalt*, übers. v. B. Wilczek, U. Varchmin, München, Wien 2005, S. 23 ff.
[6] Ebd., S. 48.
[7] Ebd., S. 55.

gegen bestimmte Personen oder Kollektive richtet. Zudem muss der konkrete Hass nicht einmal zwangsläufig auf die Vernichtung des Gehassten zielen, auch wenn er ihn auf die eine oder andere Art „zurückgesetzt" oder beschädigt sehen will. Die empirische Annäherung an den Hass ist jedoch notwendig begrenzt. Empirische Untersuchungen zum Hass gehen meist einer Wortverwendung nach und bringen die mit „Hass" bezeichneten Phänomene in eine typisierte Ordnung. Schon die Kriterien dafür, in welchen Zusammenhängen mit Recht von „Hass" die Rede ist, müssen ihnen aber streng genommen fehlen. Einen metaphysischen Begriff des Hasses zu entwickeln, bedeutet dem gegenüber, die Empirie des Hasses (deren Recht unbestritten bleibt) als Hinweis auf eine bestimmte Konstellation zu nehmen, die eine grundsätzliche Möglichkeit des Seins des Seienden bildet. „Hass" bezeichnet dann zunächst eine strukturelle Figur. Von ihr aus lässt sich auf die Empirie zurückblicken. Empirisch muss eine Ausprägung des Hasses, die seinem Begriff entspricht, tatsächlich eine extreme Erscheinung sein, denn das Empirische ist in der Regel durchmischt. Auch als bestimmender Habitus ist der Hass also selten monolithisch. Etwa können bestimmte Wertvorstellungen oder auch Überlegungen der Zweckmäßigkeit in ihn hineinwirken, sodass der Hassende ihn zurückzunehmen oder wenigstens einzuschränken versucht. Dennoch wird die Empirie des Hasses zeigen können, dass auch mildere Hassformen sich ins Extreme entwickeln können. Es müssen sich nur die „guten Gründe" auflösen, die für die wortwörtliche „Mäßigung" verantwortlich waren, und der Hass verdichtet sich. Der Gedanke einer Vernichtung des Gehassten, ja des Unwerts einer Welt, in der der Gehasste vorkommen konnte, wird für den Hassenden plausibel. An dieser Plausibilität kann der metaphysische Begriff des Hasses ansetzen, denn sie hat selbst einen metaphysischen Kern: In ihr ist verstanden, dass sich das Dass eines Seienden und weiter des Seins des Seienden überhaupt negieren lässt.

b. Unendlichkeit des Hasses

Aus dem Entwurf auf ein Sein, in dem der Gehasste nie vorgekommen ist, resultiert die Schwierigkeit, den Hass zu einem Ende zu bringen. Sie liegt doppelt, nämlich sowohl objektiv als auch subjektiv. Objektiv wäre das Ende des Hasses Versöhnung. Dazu müsste der Gehasste sich dem Hass so präsentieren, dass er von ihm ablässt und erlöscht. Subjektiv hingegen wäre das Ende Befriedigung, was hieße, dass der Hass seine Zielsetzung erfüllt.

Man muss es so hart formulieren: Die Möglichkeit einer Versöhnung des Hasses durch eine Initiative des Gehassten besteht nicht. Zwar hasst der Hass den Gehassten in der Regel „für etwas" und kann sich daher aus einem bestimmten ontischen Zusammenhang heraus begründen. Jedoch genügt es nicht, die ontischen Verhältnisse zu ändern, um den Hass zu beenden. Wer also einmal Hass auf sich gezogen hat, kann ihm von sich aus nicht entkommen, er kann es ihm nicht recht machen. Den Hass nämlich interessiert das Wie des Gehassten bloß vordergründig, tatsächlich geht es ihm um dessen Existenz. Das Nicht-sein-sollen, also der Unwert, den der Hass der Existenz des Gehassten zuspricht, bedeutet die Vorentscheidung darüber, dass auch die Weisen, in denen der Gehasste ist, unwert sind. Sie können beliebig sein, der Hassende wird sie stets als Motive zur Vernichtung des Gehassten anführen können. Diese Umkehr, die die Existenz vor die Existenzweisen stellt, erfasst nachträglich auch noch, was den Hass initiiert haben mag. Es bleibt an seinem Anfang, wird aber durch den Hass verwandelt, es erhält eine existentielle Konnotation, die es an sich selbst nicht haben konnte, weil es zunächst nur ein Missverhältnis im ontischen Zusammenhang war. Tatsächlich muss der Gehasste nicht einmal Anlass zum Hass geboten haben, denn der Hass ist in seiner eigenen Sphäre, der Sphäre des Hassverhältnisses, autark. Er allein kann schaffen, was ihm als Anlass gilt und in dieser Funktion mehr als ein ontisches Missverhältnis ist. Es gibt hier eine strukturelle Nähe des Hasses zum religiösen Glauben.[8] Sie besteht darin, dass sie beide – wenn auch einerseits negativ, andererseits positiv – Beziehungen zur Existenz eines Seienden sind und diese damit über dessen ontisches Erscheinen stellen. Diesem Umstand trägt Jean-Paul Sartre Rechnung, wenn er anlässlich einer Analyse des antisemitischen Judenhasses konstatiert, der Hass sei „ein Glaube", der „Vernunftgründen und der Erfahrung unzugänglich" sei.[9] Solcher Glaube hat nichts mehr zu tun mit der einfachen Meinung, die sich zumindest aus vagen Gründen formiert und für weitere Einflüsse zugänglich bleibt. Er ist gegen die ontischen Verhältnisse abgeriegelt, weil er sie nicht braucht. Die Existenz, um die es ihm geht, kann sich nur in ihm selbst erschließen. Sartre stellt daher richtig fest: „Wenn es keinen Juden gäbe, der Antisemit würde ihn erfinden".[10] Der habitualisierte Judenhass verlangt nicht den Anlass einer negativen Erfahrung mit Juden, ja er muss einem Juden nie begegnet sein. Mit dem „Judentum" verfolgt er etwas, das er selbst produziert hat. Dieselben Zusammenhänge gelten für den Hass allgemein. Das, wofür der Hass den Gehassten hasst, liegt im Hass und nicht im Gehassten, und zwar, weil der Hass den Sinn dessen, wofür gehasst wird, d. i.: dass es Vernichtung nach sich ziehen muss, selbst hervorbringt. Wie noch zu sehen ist, bedeutet diese nachträgliche Gründung des Hassanlasses durch den Hass nicht, dass der Hass gänzlich über sich selbst verfügen könnte. Der Hass nämlich bleibt reaktiv, d. h. er muss herausgefordert werden. Die Herausforderung jedoch liegt nicht gegenständlich oder ontisch, sondern so, dass der Hass ein ontisches Missverhältnis existentiell lesen muss, sie appelliert also an die Existenzdimension des Hassenden. Gleichwohl ist der Hass darin selbstständig, dass die Möglichkeit der Versöhnung einzig bei ihm liegt. Es lässt sich hier auf Einsichten zurückgreifen, die Sören Kierkegaard für den

---

[8] Die Nähe zwischen Hass und religiösem Glauben hat bereits Ludwig Feuerbach in *Das Wesen des Christentums* gesehen. Jedoch hat er sie polemisch gegen das Christentum gewendet. Indem der religiöse Glaube eine exklusive Beziehung zum Absoluten beanspruche, erkläre er die Existenz all derer für unwert, die nicht in die Glaubensbeziehung eintreten: „Der Glaube geht daher notwendig in *Haß*, der Haß in *Verfolgung* über." Vgl. L. Feuerbach, *Das Wesen des Christentums*, Stuttgart 2008, S. 386 f. Um Feuerbachs Position zu würdigen, aber auch ihre Grenzen aufzuzeigen, wäre der christliche Glaubensbegriff genauer zu diskutieren, was hier nicht geschehen kann. Einen Hinweis geben die anschließenden Überlegungen, die davon ausgehen, dass der Glaube sich in ein absolut positives Verhältnis zu seinem Gegenstand setzt. Die radikale Negation in Form des Hasses ist dadurch ausgeschlossen. Allerdings bleibt die historisch belegte Möglichkeit, dass sich der religiöse Glaube in einer Umkehr seiner absoluten Tendenz zur Hassbewegung pervertieren kann.

[9] J.-P. Sartre, „*Betrachtungen zur Judenfrage*", in: ders., *Drei Essays*, Frankfurt am Main, Berlin 1983, S. 115.

[10] Ebd., S. 111.

religiösen Glauben formulierte, die sich aber auch auf den Hass wenden lassen, weil Hass und Glaube strukturell in wesentlichen Hinsichten parallel verfasst sind. Wie das Interesse des Hasses an der (Nicht-)Existenz des Gehassten einen „Sprung" verlangt, der dessen ontischer Disposition nachträglichen Rang gibt, so kann sich der Hass auch nur durch einen Sprung verlieren. Man denke hier – in Anlehnung an eine Passage der *Philosophischen Brocken*[11] – an den Fall, dass der Gehasste den Hassenden mit Wohltaten gleichsam überhäuft. Die bloße Quantität erwiesener Güte wird am Hass nichts ändern. Vielmehr muss sich die Qualität des Verhältnisses zwischen Hassendem und Gehassten so ändern, dass jener die Wohltaten überhaupt als solche (und nicht etwa als Demütigung) verstehen kann. Das neue versöhnte Verhältnis muss gewissermaßen auf die Wohltaten zukommen, um sie zu Wohltaten zu machen. Eine Inversion der Perspektive des Hassenden muss stattfinden, die sich durch die Kausalrelation nicht einholen lässt. Die Versöhnung des Hasses ist damit ebenso ereignishaft wie der Hass selbst. Sie geschieht als etwas, das nicht in den ontischen Verhältnissen gründet, es gibt keine Konstellation der Seienden, aus der sie zwangsläufig folgen müsste. Dies heißt auch, dass die Logik des Ausgleichs beim Hass nicht greifen kann. Er handelt nicht von einer Schuld, die sich durch restitutive Vergeltung wiedergutmachen ließe.

Indem die Versöhnung des Hasses nicht durch den Gehassten zu leisten ist, rückt sie zwar auf die subjektive Seite, also verlangt eine Verschiebung in der Perspektive des Hasses auf den Gehassten. Dennoch verfügt auch der Hass nicht über die Versöhnung, weil sie sich wie er selbst aus der Ereignishaftigkeit des „Sprunges" ergibt. An sich selbst hingegen ist der Hass ebenso unfähig, das positive Verhältnis der Versöhnung herzustellen, wie er negativ die eigene Vernichtungstendenz befriedigen kann. Beides hängt damit zusammen, dass der Hass seiner subjektiven Bewegung nach in sich selbst gefangen ist, d. h. er kann nicht enden. Die buchstäbliche „schlechte Unendlichkeit" des Hasses, die oben als aporetisch markiert wurde, liegt in seiner metaphysischen Intention, also darin, dass er die Existenz oder das Dass des Gehassten vernichten will. Das Dass aber ist von einer Positivität, an die der Hass nicht rühren kann, sie steht so fest wie das Dass des Seins überhaupt, auf das auch der Hass angewiesen ist, obgleich es sich ihm entzieht. Der Hass kann zwar als Bewegung, die das Nichts des Seins expliziert, die Nichtung des Dass entwerfen, aber das reine Nichts, das er damit vorstellt, ist nur eine leere Hypostase des Nichts des Seins. Das reine Nichts ist also das Unmögliche. Zwar kommt es im Sein vor, aber es bleibt abstrakt, es kann nicht *werden*. Wenn es sich manifestiert, dann in einer Bewegung, die unerschöpflich weiter getrieben wird, ohne ihrem Ziel näher zu kommen. Man kann sich einen ins Äußerste getriebenen Hass vorstellen, der in entgrenzter Raserei das All des Seienden, die ganze Welt verheeren will. Dies wird nicht genügen, denn er kann weder an der Existenz der Seienden noch an der der Welt das Geringste ändern.

Emmanuel Levinas hat die unmögliche Befriedigung des Hasses am individuellen Fall diskutiert, an dem sie sich noch schärfer abhebt, weil er deutlicher vorführt, dass das

---

[11] Gedacht ist dabei an die von Cicero überlieferte Anekdote eines „Häufelschlusses", die Kierkegaard in den *Philosophischen Brocken* heranzieht, um am Beispiel des Übergangs von einer quantitativen in eine qualitative Bestimmung den logisch nicht einholbaren Charakter des Glaubens zu illustrieren. Vgl. S. Kierkegaard, *Samlede Vaerker*, Bd. IV, Kopenhagen 1901 ff., S. 210.

Problem nicht gegenständlich, sondern existentiell liegt. Wie Levinas zeigt, kann der Hass der Inkommensurabilität des (gehassten) Anderen – die Levinas allerdings „jenseits" des Seins und nicht im Dass des Seins angelegt sieht – nur antworten, indem er ihn als Seienden beschädigt: „Der Haß wünscht nicht immer den Tod des Anderen; oder zumindest wünscht er den Tod des Anderen nur, indem er diesen Tod als einen höchsten Schmerz auferlegt."[12] Mit dem Tod des Gehassten nämlich hat der Hass nichts gewonnen, der ultimative Akt der Vernichtung besteht für ihn darin, das Nichts ins Leben des Gehassten zu tragen. Der Tod, das Nicht-Sein des Seienden, muss gleichsam „auf der Schwelle" bleiben, um sich nur so des Gehassten bemächtigen zu können. Im Schmerz geschieht eben das, denn der Schmerz – so Levinas – wirft den Leidenden tendenziell auf eine „bloße Passivität" zurück. Sie nimmt ihm die Freiheit, aus der er existiert. Hier tatsächlich ist die Existenz des Gehassten tangiert, sie ist angegriffen (wenn auch nicht vernichtet, denn sie bewahrt sich „einen minimalen Abstand von der Gegenwart", aus der sie dem Schmerz mit „Geduld" begegnet).[13] Über den Schmerz kann der Hass sich den Gehassten zumindest ausliefern. Die Tatsache, dass der Hass erst im zugefügten Schmerz eigentlich wirksam wird, gibt ihm ein sadistisches Moment oder anders gewendet, der Sadismus ist die einzig mögliche Lust des Hasses. Er ist die Weise, in der der Hass seine rein negative und im Grunde statische, weil auf ein unerfüllbares Ziel gerichtete Bewegung affirmieren, also sich in ein positives Verhältnis zu ihr und damit zu sich selbst setzen kann. Allerdings bleibt der sadistische Triumph des Hasses durch die existentielle Entzogenheit des Anderen unterhöhlt. Indem er den Schmerz des Anderen braucht, um sich zu genießen, bleibt er auf ihn angewiesen. Die Existenz des Anderen, die er vernichten will, ist seine einzige Möglichkeit, bei sich selbst zu sein. Levinas spricht in diesem Zusammenhang von der notwendigen Zeugenrolle, die der in den Schmerz gezwungene Gehasste für den Hass einnimmt.[14] Es geht dabei nicht allein darum, dass der Gehasste den Hass anerkennt, indem er unter ihm leidet. Vielmehr bildet der Gehasste den unerlässlichen Gegenpol in der aporetischen Struktur des Hasses und erscheint für ihn somit zugleich als Grund und als Abgrund. Der Hass ist auf die Existenz des Gehassten verwiesen, er will sie vernichten, was er aber nicht kann. Im zugefügten Schmerz bekommt dieses Nicht-können einen positiven Ausdruck, bindet sich damit aber ebenso positiv an die Existenz des Gehassten, die gleichwohl zu vernichten bleibt. Der Hass beruhigt sich also nicht einmal in der sadistischen Lust. Er muss sie immer weiter treiben als eine Erfüllung, die von ihrer letzten Unerfüllbarkeit abhängt.

c. Verletzungsmacht

Nach dem bisher Gezeigten liegt es auf der Hand, dass der Hass menschlich ist. Nur Menschen können hassen, weil sie die einzigen Wesen sind, die ein Verhältnis zum Dass des Seins und zum Nichts haben und beide zusammenführen können. Dass auf der an-

---

[12] E. Levinas, *Totalität und Unendlichkeit. Versuch über die Exteriorität*, Freiburg i. Br., München ²1993, S. 350.
[13] Ebd., S. 349 f.
[14] Ebd., S. 351.

deren Seite nur Menschen gehasst werden, ist dagegen schwieriger plausibel zu machen. Kolnai etwa begründet es damit, dass der Gehasste als „böse" disqualifiziert werde, böse aber nur ein verantwortliches Wesen, mithin der Mensch sein könne.[15] Ethische Verwerfung, die tatsächlich nur von der Verantwortlichkeit des Menschen ausgehen kann, muss aber noch lange nicht Hass bedeuten. Den Überlegungen dieses Beitrags näher stehen die Ausführungen, die Sartre in *Das Sein und das Nichts* dem Hass widmet. Sartre erkennt die Möglichkeit des Hasses in einem Anderen, der selbst frei ist, also sich um seines eigenen Seins willen entwirft, und dadurch die Freiheit des Ich einschränkt. Dem Ich droht damit, die „Freiheit (des Anderen; S. L.) zu *erleiden*", d. i. die „konkrete Enthüllung meiner instrumentellen Objektheit gegenüber der Freiheit des Anderen".[16] Wenn das Ich den Anderen nach Intention des Hasses vernichten will, so um sich der eigenen Vergegenständlichung zu entledigen: „Wer haßt, nimmt sich vor, keinesfalls mehr Objekt zu sein".[17] Es ist hier nicht der Ort, Sartres Konzept von der Inkommensurabilität des Anderen, seiner „absoluten Freiheit", und der von ihm ausgehenden Objektivierung oder Vergegenständlichung des Ich ausführlich zu diskutieren. Allenfalls lässt sich kritisch anmerken, dass Sartre die Uneinholbarkeit des Anderen nicht entschieden genug fasst und sie in die Logik der Vergegenständlichung hineinzieht. Da das Ich für Sartre in eminentem Sinne nicht allein, sondern mit Anderen ist, ist „der Haß [...] ein Scheitern".[18] Das Scheitern liegt damit aber beim Ich, es hängt mit seinem notwendigen Mit-Sein und mit der sich aus ihr ebenso notwendig ergebenden Vergegenständlichung zusammen, von der Sartres Philosophie obsessiv (und mit der ganzen Ambivalenz der Obsession) fasziniert ist. Entsprechend fehlt ihr die Aufmerksamkeit dafür, dass der Hass tatsächlich an der absoluten, noch das Mit-Sein überschreitenden Uneinholbarkeit des Anderen scheitert. Gleichwohl zeigen Sartres Analysen auf, warum nur Menschen gehasst werden können. Nur Menschen nämlich verfügen über die „Macht der Verletzung". Diese Macht ist es, auf die der Hass reagiert. Wie oben bemerkt, liegt die Verletzung, von der sie handelt, nicht in einem ontischen Missverhältnis. Sie erschöpft sich nicht in der Einschränkung dessen, wie und was jemand sein will. Diese Verletzung beschädigt vielmehr das Ich, insofern es als Selbst ist. Das Selbst ist – zumindest nach dem Modell, das hier vorgeschlagen werden soll – keinesfalls in einem gegenständlichen Sinne zu verstehen. Eher schon könnte man es als den Knotenpunkt verstehen, in dem sich das Dass des Ich und sein ontisches Sein-in-der-Welt treffen. Während das Ich in seinem Dass (wie das Ich des Anderen) als solches entzogen und inkommensurabel „ist", organisiert es zugleich sein ontisches Erscheinen, es entwirft sich auf sich selbst hin, d. h. es ist Selbst. Die Verletzung entsteht dann, wenn der Entwurf auf sich selbst hin gestört wird. Das Ich verliert so die Möglichkeit, „es selbst" zu sein. Es wird von seinem Selbst abgeschnitten, d. h. es ist ontisch oder in den phänomenalen Vollzügen von sich selbst getrenntes Selbst. Die Trennung kann sich auf verschiedene Weisen vollziehen, sie muss nicht auf Andere zurückgehen, es genügt für sie die Kontingenz anonymer Umstände. Jedoch beinhaltet

---

[15] Vgl. Kolnai, *Ekel*, S. 109.
[16] J. P. Sartre, *Das Sein und das Nichts. Versuch einer phänomenologischen Ontologie* (=Philosophische Schriften, Band 3), Reinbek bei Hamburg 1991, S. 717.
[17] Ebd., S. 716.
[18] Ebd., S. 718.

die Trennung allein für die Anderen, die Mitmenschen, einen Machtaspekt. Indem sie trennen, demonstrieren sie, dass das Ich von ihnen abhängig ist, denn der Entwurf auf eine Welt hin, in der das Ich Selbst sein kann, ist nur mit Anderen möglich. Man kann die Macht, die im Mit-Sein der Anderen liegt, auch positiv wenden. Die Anderen können den Entwurf des Selbst stützen. Verletzung wie Unterstützung sind Aspekte ihrer Macht über das Selbst. Der Hass allerdings fixiert sich auf die Macht der Anderen als Verletzungsmacht.

Um die Reichweite des Hasses, die Tatsache, dass er sich nicht nur gegen konkrete Nächste, sondern auch gegen abstrakte Kollektive richten kann, zu verstehen, ist davon auszugehen, dass die Verletzungsmacht für das Selbst immer in irgendeiner Weise aktuell ist. Sie ist gleichsam der Verdacht, den das Selbst den Anderen entgegenbringt und den es nur überwinden kann, indem es in der Inkommensurabilität (oder Unendlichkeit) der Anderen die eigene Inkommensurabilität bejaht.[19] Wenn das Selbst hasst, bringt es sich vor die Möglichkeit, durch die Anderen von sich getrennt zu werden, indem es sie einem ontischen Anlass zuordnet. Es ist daher richtig, wenn Sartre schreibt, dass „der Haß ein Haß auf alle anderen in einem einzigen" sei.[20] In dem Einen, der den Hass auf sich zieht, wird die Verletzungsmacht, die jedem Anderen zukommt, gleichsam nur ausgetragen. Da damit die Ungewissheit des Verdachts endet, hat der Hass sogar etwas Entlastendes, denn er bringt die vage Unruhe, die von der Macht der Anderen ausgeht, in eine klare Konstellation der Feindschaft.

Zurecht wird man einwenden, dass es doch einen Unterschied mache, ob man eine Verletzung konkret erfährt oder sich nur an ihrer strukturellen Möglichkeit abreagiert. Das Entscheidende am Hass liegt aber nicht darin, etwas als Verletzung wahrzunehmen, sondern aus der Verletzung den Impetus zur Vernichtung des Anderen zu beziehen. Die wahrgenommene Verletzung nämlich ist an sich selbst genommen ohne Impetus, sie erschöpft sich im Leiden. Was zwischen ihr und dem Impetus der Vernichtung liegt und sie zusammenbringt, ist die Verletzungsmacht, die der Hass im Ontischen entdeckt und markiert, indem er etwas als verletzend versteht. Die Verletzungsmacht ist der eigentliche Anlass des Hasses, denn nur sie verlangt den radikalen Gegenschlag gegen den, der über sie verfügt. In ihr liegt die Gefahr, dass das Ich nicht Selbst sein kann oder anders gefasst, dass das Selbst sich nicht als es selbst entwerfen kann. Einzig diese Drohung – denn sie bleibt für den Hass eine Drohung, ein Selbst, das vollständig zerstört ist, kann nicht mehr hassen – fordert eine Intention, die von dem unmöglichen Entwurf diktiert ist, es hätte den Anderen nie gegeben. Der Hass reagiert also, aber er reagiert nicht auf etwas, sondern auf das, was vom „etwas" als Möglichkeit angezeigt wird und woraus das „etwas" selbst seine Virulenz für den Hassenden erhält. Die Verletzung, die der Hass moniert und die tatsächlich gravierend, aber auch nur ein ontisches Missverhältnis sein kann, weist zurück auf die Verletzungsmacht. Von ihr aus befinden sich der auf ein konkretes Erlebnis zurückgehende Nächstenhass und der allgemeine Hass auf einer Ebene. Dies mag aus einer sittlichen Perspektive, die versucht ist, sich mit dem

---

[19] Auf diese Überwindung, die den strukturellen Widerpart zur Endlichkeit des Selbst bildet, kann hier nicht näher eingegangen werden. In jedem Fall müsste ein Diskurs des Glaubens oder auch der Liebe bei ihr ansetzen.
[20] Sartre, *Das Sein und das Nichts*, S. 718.

Hass dessen zu solidarisieren, dem Schlimmes widerfahren ist, ungerecht erscheinen. Die formale Anlage des Hasses lässt aber – jedenfalls, wenn die vorliegenden Überlegungen stimmen – keine anderen Schlüsse zu. Der Hassende hasst dafür, dass er durch den Anderen verletzt, also in seinem existentiellen Entwurf beschädigt werden *kann*. Er hasst das Vermögen, das sich durch eine bestimmte Tat, aber auch schon durch das bloße Dasein des Anderen darstellt.[21]

3. Praktische Aspekte

a. Allgemeines

Auch wenn der Hass gegenüber der Nichterfüllbarkeit seiner Intention ohnmächtig bleibt und seine Bewegung scheitern muss, ist er nicht schwach. Vielmehr verfügt er über eine Kraft der unbedingten Sinnstiftung, die sonst nur absoluten Überzeugungen oder schöpferischen Leistungen zukommt, weil nur sie ihre Intention auf vergleichbare Weise für zwingend erachten. Im Gegensatz zu ihnen jedoch bezieht der Hass diese Kraft nicht aus einem als schlechthin positiv entworfenen Gegenstand. Die Kraft des Hasses liegt in der radikalen Abwertung des Gehassten. Indem der Hass verlangt, etwas solle nicht sein, seine Existenz solle getilgt werden, verkehrt er den Sinn dessen, „dass überhaupt etwas ist", ins Negative, hält ihn aber zugleich als unbedingt fest.

Aufgrund seiner Sinnhaftigkeit vermag der Hass, Weltanschauung zu sein. Das heißt zunächst, dass er vorgibt, wie der Hassende die Erscheinungen der Welt thematisiert und welche Prämissen er für sein Handeln setzt. Der Hass verfügt also über ein (negatives) Ethos. Es heißt weiterhin, dass der Hass sich vermitteln lässt, also sich als etwas gibt, dem andere Menschen zustimmen können. Zur Vermittlungsfähigkeit des Hasses gehört nicht nur eine rationale Komponente, die es erlaubt, den Hass plausibel zu machen und darüber zu rechtfertigen, sondern auch, dass der Hass sich repräsentieren kann. Der Hass vermag eine Sprache und Bilder zu entwickeln, in denen er sich noch über ein rationales Kalkül hinaus darstellt, um sich als eigene Größe in der Welt zu statuieren. Zuletzt kann sich der Hass als Weltanschauung in einer Praxis des kollektiven menschlichen Zusammenlebens objektivieren, d. h. er bekommt umfassende organisatorische Macht, er gibt soziale Hierarchien vor, gegebenenfalls bildet er Institutionen aus. Er hat sich damit in die Position gebracht, einen Willen zu formulieren, der Allgemeinheit beansprucht, insofern diejenigen, die nicht auf seiner Seite sind, im Grunde nicht mehr als Menschen gelten. Je weiter sich der organisierte Kollektivhass ausprägt, desto weniger lässt er für diejenigen, die in seinem Einzugsbereich sind, die Wahl, seine Weltanschauung nicht zu teilen. Im äußersten Fall diktiert er sie, weil er zur Form des Lebens selbst geworden ist. Dieses totale Moment objektivierter Weltanschauung gilt nicht nur für den Hass, es ist im Fall des Hasses aber in seiner unbedingten Ausrichtung begründet.

---

[21] Da der Hass auf das „bloße Dasein" reagiert, ist es nicht nötig, dass sich die Macht der Verletzung in sozialen Verhältnissen abbildet. Kolnais Annahme, der Gehasste müsse dem Hassenden mindestens ebenbürtig, dürfe ihm aber keinesfalls sozial untergeordnet sein, ist somit zu widersprechen (vgl. Kolnai, *Ekel*, S. 102). Man wird das auch empirisch zeigen können, am deutlichsten am individuellen Rassenhass, der soziale Hierarchien nicht beachtet.

b. Rationalisierung

Das Ethos des Hasses resultiert aus der Vernichtungsintention. Sie schafft die Perspektive, aus der die Gegenstände der Welt lesbar werden, und die Richtung, in die gehandelt werden soll. Für die Thematisierung der Welt ergibt sich für den Blick des Hasses ein Zusatzsinn, der das Erscheinen der Dinge kontaminiert. Tendenziell tragen sie Spuren, die auf das Wirken des Gehassten verweisen, und zwar schon einfach durch die Tatsache, dass das Erscheinen auch dem Gehassten Raum gibt. Der Blick des Hasses entstellt alle Seienden für den Hassenden. Sie sind nicht mehr „richtig", sie sind „gestört", es ist so, als ob sie von sich selbst oder zumindest von dem, was sie aus Sicht des Hassenden sein könnten, abgespalten wären. Der Hassende überträgt damit das Nicht-sein-sollen des Gehassten auf die eigenen Weltbezüge. Auch was in ihnen begegnet, ist nicht so, wie es sein soll. Deswegen kann es für den Hassenden so scheinen, als forderte das Sein der Seienden selbst die Auslöschung des Gehassten. Diese Forderung ist sein Motiv, aus ihm begründet er seine negative Haltung zum Gehassten, obwohl das Motiv – wie sich hier ein weiteres Mal zeigt – aus dem Hass selbst hervorgeht. Das Abspaltende, das der Gehasste ist, muss seinerseits abgespalten werden, um den Riss, der durch das Sein des Seienden geht, zu beheben – das ist es, was im Ethos des Hasses liegt, es bestimmt die Weise, in der sich der Hassende zur Welt verhält. Dabei entgeht ihm, dass der Riss eine letztlich unmögliche Spaltung zwischen der Existenz des Gehassten und der Existenz des anderen Seienden bedeutet.

Die unmögliche Dichotomie, an der sich der Hass orientiert, schlägt auf seine Wertgestalt zurück. Man könnte zunächst versucht sein, in ihr ein positives Moment zu entdecken. Die Abwertung des Gehassten, „dass er nicht sein soll", bildete dann in einfacher Umkehrung den Wert der Handlung des Hassenden. Für ihn läge also in der Abwertung ein Wert. Tatsächlich lässt sich nicht leugnen, dass der Hass auf diese Weise *funktioniert*. Die Vernichtungsintention genügt vollkommen, um zu hassen, ja sie gibt dem Hass die ganze Schärfe der Unterscheidung. Allerdings versagt er an seinem eigenen Motiv, das die Rücknahme der von ihm entdeckten Entstellung des Seinszusammenhangs beinhaltet. Dem Hass nämlich fehlt der Anhalt dafür, wie ein unentstelltes Sein aussehen könnte. Er kann es allenfalls negativ entwerfen als ein Sein, in dem der Gehasste fehlt. Dieses Fehlen jedoch bleibt eine Leerstelle, die der Hass nicht füllen kann. Er kann also keinen positiven Wert schaffen, in jedem Wert, den er vorgibt, ist die Negation des Gehassten enthalten. Was sein soll, besteht für den Hass immer darin, dass etwas nicht sein soll. Daher ist das Ethos des Hasses notwendig katastrophisch, und zwar im Wortsinne des griechischen *katastrophê*, das „Untergang", „Verderben", „Zerstörung" meint. Es handelt sich bei ihm um ein Ethos, das durch die eigene negative Ausrichtung beschädigt ist und zu keiner vollen, also positiven Wertgestalt kommt. Dass es gleichwohl Macht über die menschliche Praxis haben kann, weist darauf, dass der endliche Sinn des Seins nicht genügt, die Positivität des Werts zu generieren, denn er deklariert den negativen Wert nicht als „Un-sinn", sondern lässt ihn als sinnvoll zu. Um zu einem positiven Wert zu kommen, bedarf es einer Dimension, die den endlichen Sinn übersteigt, die Dimension eines un-endlichen, von keiner Negation versehrten Sinns, der die endlichen Seienden schon immer ihrer selbst und damit auch des Zugriffs des Hasses enthoben hat.

Es wurde bereits eingangs bemerkt, dass der Hass etwas Gründendes hat, weil er als Habitus stetig ist. Die Stetigkeit ist diejenige des Sinns, den der Hass aus der Vernichtungsintention bezieht, das Nicht-sein-sollen des Gehassten, das sich objektiv als Abwertung darstellt. Wenn der Hass gefordert ist, sich zu begründen (und das geschieht schon, indem er in der Welt ist und mit anderen Haltungen konfrontiert wird), kann er nicht einfach auf den Vernichtungsimperativ zurückgreifen, auch wenn er von diesem getragen wird. Die Evidenz des Vernichtungsimperativs nämlich bleibt affektiv, d. h. sie bietet von sich aus kein Argument, mit dem sie überzeugen könnte. Die rationale Arbeit des Hasses besteht so darin, ihn vermittels des Wesens des Gehassten ins Recht zu setzen. Der Gehasste muss als jemand erwiesen werden, der so beschaffen ist, dass man sein Nicht-sein-sollen zugeben muss. Dieser Vorgang hebt den Hass wohl gemerkt nicht hervor, denn er gilt für jeden Affekt, der praktisch maßgeblich wird und dessen Rang gerechtfertigt werden soll. Der Affekt ist dazu gleichsam als „sittliches Gefühl" nachzuweisen, was aber nur gelingt, wenn man auch seine Intentionen als sittlich erweist. Diese sittliche Komponente besteht auch, wenn ein Hassender bei Anderen Hass entfachen will, die gewaltbereit, also für die Vernichtungsintention des Hasses offen sind. Tatsächlich kann ohne sittliche Komponente nicht gehandelt werden, auch wenn sie durch das Handeln auf horrende Weise pervertiert werden kann.

Die rationale Arbeit des Hasses kann verschiedene Formen annehmen. Sie kann subtil oder drastisch, vorgeblich sachlich oder offen polemisch den Unwert des Gehassten vorführen. Wichtig ist, dass sie den Unwert sittlich inszeniert. Tatsächlich geschieht dabei, was Kolnai feststellte. Der Gehasste wird als „böse" ausgewiesen, er bringt Schaden, und zwar nicht zufällig, sondern weil er es so will. Jedoch ist der Hass von sich aus nicht an der Sittlichkeit des Gehassten interessiert, sondern einzig an seiner Verletzungsmacht. Wie sich der Gehasste selbst zu ihr verhält und damit in die Sphäre der Verantwortung tritt, ist für ihn nachrangig. Es spielt erst eine Rolle, wo sich der Hass selbst verantworten muss. Zwar ist der Hass (wie auch der Gehasste) qua Mit-Sein an die Verantwortung gebunden, d. h. er kann nicht ohne Verantwortung in der Welt sein, aber die Verhältnisse, die er im Sein entdeckt und im Sinne eines Imperativs der Vernichtung interpretiert, gelten für ihn vor der Verantwortung. Das Nicht-sein-sollen des Gehassten resultiert aus der negativen Beziehung, in die sich der Hass zu dessen Existenz setzt, nicht daraus, dass der Gehasste als „Mit-seiender" ein Verhältnis zu sich selbst hat. Ein Indiz für das fehlende Interesse des Hasses an der Sittlichkeit des Gehassten besteht darin, dass er sie nur einseitig abwertend verstehen kann. Der Wille des Gehassten ist damit durch den Hass gleichsam determiniert, er ist festgeschrieben darin, „böser Wille" zu sein. Die Freiheit, die Verantwortung braucht, ist in dem Moment zerstört, in dem der Hass die Verantwortlichkeit des Gehassten berührt. Allerdings schlägt dieser repressive Zug des Hasses auf ihn selbst zurück. Was den Gehassten (und damit die Lebenszusammenhänge, in denen er vorkommt) angeht, verfügt der Hass über nur mehr eingeschränkte Urteilsfähigkeit. Er sieht stets nur das Üble. Das Urteil des Hasses ist also in seiner Tendenz festgelegt. Es ist nicht undenkbar, dass es auf einen Gehassten zutrifft, denn es gibt „böse Menschen". In den meisten Fällen jedoch verzerrt das Hassurteil, indem es alle Eigenschaften des Gehassten ins Negative zuspitzt.

c. Ästhetiken

Die Verzerrung tritt umso deutlicher hervor, wo der Hass den Bereich des argumentativen Urteils verlässt und sich in Bildern des Gehassten repräsentiert. Da es um diesen verzerrenden Aspekt geht, ist hier nur kurz anzuführen, dass der Hass auch die eigene Intention repräsentieren kann, indem er symbolisch die Vernichtung exekutiert, die er dem Gehassten wünscht. Hierfür kommen sowohl sprachliche wie piktorale Bilder infrage. Sprachliche Androhungen können von äußerster Brutalität sein, und im Falle des Hasses sind sie genau so gemeint. Die piktorale Schändung verfügt allerdings über mehr Möglichkeiten, sei es, dass sie sich gegen das Bild des Gehassten richtet, sei es, dass ein den Gehassten symbolisierender Gegenstand vernichtet wird (z. B. bei der Verbrennung von Nationalflaggen) oder sei es, dass sie den Gehassten im Bild demütigt wie etwa im Fall des Fotos, das die RAF nach der Geiselnahme Hanns Martin Schleyers publik machte.

Auch die verzerrende Darstellung kann sich sprachlicher und piktoraler Mittel bedienen. Das sprachliche Ausdrucksrepertoire ist hier das der Diffamierung, bis hin zu dem Fall, der in der Regel bei kollektiv gerichtetem Hass auftritt, dass der Name der verhassten Menschengruppe zum Schimpfwort wird. Die bildliche Darstellung des Gehassten ist nicht weniger diffamierend. Sie ist jedoch dadurch ausgezeichnet, dass sie noch deutlicher als andere Ausdrucksphänomene die innere Gebundenheit des Hasses vorführt. Am Bild, das er vom Gehassten gibt, tritt plastisch vor Augen, dass der Hass die Freiheit über den eigenen Blick verloren hat. Der Hass kann den Gehassten nicht mehr anders als „hässlich" sehen. Selbst wenn der Gehasste äußerlich attraktiv wäre, würde der Hass erkennen, dass „etwas an ihm nicht stimmt", dass etwas an ihm „falsch" ist. Man kann am Blick des Hasses beobachten, dass sich die sittliche und die ästhetische Ebene ständig ineinander blenden, die Abwertung, das Nicht-sein-sollen übersetzt sich in die ästhetische Form, und umgekehrt. Das Falsche ist das Unschöne, und das Unschöne ist das Falsche. Die Negation findet ihre Entsprechung in einer Form, die an sich selbst unstimmig ist und daher ebenfalls nicht ist, wie sie sein soll. Dieser Vorgang, den man ein „ästhetisches Vorurteil" nennen könnte, wiederholt sich in der Hassdarstellung. Sie kann nicht anders, im Bild des Gehassten betont sie das auf abstoßende Weise Unverhältnismäßige. Sie entstellt das Äußere des Gehassten, indem sie etwa seine Gliedmaßen und Gesichtszüge überdehnt oder auch die Weise, in der er sich kleidet, obszön überpointiert. Jedes Mittel kommt ihr gelegen, um die verschiedenen Schattierungen seiner sittlichen Verworfenheit festzuhalten. Was sie so präsentiert, sind Karikaturen, über die sich nicht lachen lässt, weil sie nicht den Raum lassen, den Dargestellten auch anders zu sehen. Ihr Referenzpunkt ist einzig die Wahrnehmung des Hasses, aus deren Perspektive das entstellende Bild die echten Verhältnisse entlarvt. Aus dieser Distanzlosigkeit, die der Hass gegenüber seinen Repräsentationen hat – und eine genauere Analyse könnte zeigen, dass sie etwa auch für literarische Formen gilt –, resultiert ihr geringer Wert, wo sie prätendieren, Kunst zu sein. Die künstlerische Form nämlich lebt aus dem Abstand, den sie zu ihrem Gegenstand hat und aus dem sie sein Bild zur unabhängigen Größe gestaltet. Es lässt sich zur Gegenprobe an die moderne „Ästhetik des Hässlichen" denken. Auch sie bezieht sich auf Zusammenhänge, die sie als Missverhältnisse deklariert. Die Abgründe eines Ich, das sich selbst nicht kennt, die

Schrecken der Leiblichkeit, das moralisch Verwerfliche sind Disharmonien im stärksten Sinne. Dennoch vermag die Kunst des Hässlichen dem Disharmonischen eine Form abzugewinnen, die es übersteigt, ohne dass an ihm selbst etwas geändert würde. Es wird dadurch anderen Sinndimensionen geöffnet, Dimensionen etwa des ästhetischen Genusses (der zu bestimmen bliebe) oder auch der Deutung, die am Gestalteten die Disharmonien zu verstehen lernt, was voraussetzt, dass sie ohne Zwang der Eindeutigkeit auf diese zugreifen kann. Die Darstellungen des Hasses dagegen lassen keinen Raum. Sie sind nur Abbilder eines Blicks, der unfähig geworden ist, über sich selbst zu verfügen, weil er sich an das, was er sieht, gefesselt hat. Solche Zeugnisse einer absoluten Selbstbehauptung können gar nicht mehr verlangen, als dass man ihnen zustimmt, also ihre Perspektive teilt. Es ist dieser eindimensionale Charakter, der sie selbst widerlegt.

d. Politische Form

Für eine Philosophie, die nach negativen Phänomenen des Sozialen fragt, d. i. nach dem Unversöhnbaren, das keinen Konsens zulässt, muss der Hass eine prägnante Größe sein, denn er lässt sich nicht – gleichsam nach der Logik eines „Hasses gegen den Hass" – aus der Welt schaffen. Es gilt hier nicht nur, wie es hieß, dass der Hass menschlich ist, sondern auch, dass zu den Menschen der Hass gehört. Er ist eine Möglichkeit, die aus dem Verhältnis zum Nichts einerseits und dem Verhältnis zu Anderen andererseits entsteht. Indem beide Verhältnisse das menschliche Sein wesentlich bestimmen, lassen sie auch einen Bezug zu, in dem sie sich ineinander schlingen und eine Intention schaffen, die die Stelle des Anderen mit Nichts füllt. Es verhält sich also so, wie Glucksmann schreibt: Der Hass ist nicht zu beseitigen, indem man „äußere Faktoren: Unglück, ungünstige Umstände, Elend, Frustration, Demütigungen und Verletzungen" beseitigt, sondern „es gibt ihn".[22] Er ist eine Grunddisposition des Menschen, etwas, das ihn nicht weniger ausmacht als seine Fähigkeit zum Wort oder auch – was der Dimension des Hasses näher kommt – diejenige, sein Handeln unter sittliche Begriffe zu stellen. Man kann sogar sagen, dass der Hass eine Variante der Sittlichkeit ist, in die er einen notwendigen Schatten wirft. Das bedeutet auch, dass die Sittlichkeit sich mit dem Hass konfrontieren und ihm so von sich selbst aus Grenzen setzen muss, wenn sie sich nicht verdunkeln will. Es gilt hier ein Doppeltes: Einerseits gibt es den Hass, andererseits jedoch gibt es, indem es ihn gibt, auch Gründe dafür, warum er nicht sein soll. Für die philosophische Analyse kann daraus nicht folgen, den Hass zu bewerten, denn er ist ein strukturelles Faktum. Sie kann den Hass aber da belangen, wo seine Struktur die Praxis konkret betrifft, d. h. sie kann den Charakter der ontischen Manifestationen des Hasses angeben: Sie sind katastrophisch, und wer sie bejaht, bekundet den Willen zur Katastrophe.

Wie die Katastrophe aussieht, zeigt sich am umfassendsten in den großen objektiven Kristallisationen des Hasses, d. h. da, wo er sich zur Definitionsmacht über das kollektive Leben aufgeschwungen hat. Die soziale Bindungskraft des Hasses besteht zunächst darin, dass er eine Gesinnung vorgibt, die nur das Pro und Con zulässt. Er entspricht damit dem vielfach zu beobachtenden Bedürfnis der Menschen, sich zu einer Wir-Gruppe

---

[22] Vgl. Glucksmann, *Hass*, S. 9.

zusammenzuschließen, die durch klare Außenabgrenzung stabil ist. Die absolute Trennung des Gehassten, die der Hass entwirft, wirkt hier nur verstärkend. Das von ihm bestimmte Kollektiv kann sich als eine Elite fühlen, die tatsächlich das „Schicksal der Welt" (Kolnai) in den Händen hält. Aus beidem, der exponierten Stellung, die es sich zuschreibt, und der Weltbezogenheit resultiert, dass das vom Hass gestiftete Kollektiv ins Politische drängt. Es will über die Konditionen menschlichen Lebens im eigenen Sinne entscheiden, und es braucht dazu die öffentliche Rolle. Um sich politisch zu etablieren, greift das Hasskollektiv entweder auf die bestehenden politischen Institutionen zurück und versucht, sie zu unterwandern, oder es etabliert sich als eine außerinstitutionelle Größe, die außerhalb bestehender Rechtsstrukturen agiert, weil es sie als Elemente eines vom Gehassten dominierten Systems nicht anerkennt. Ohne diese beiden Formen kollektiv organisierten Hasses hier näher beschreiben zu können, lässt sich das Gesetz nennen, unter dem sie in der Welt erscheinen. Dieses Gesetz, das die Verfassung des Hasses auferlegt und das für jeden, der am Hasskollektiv partizipiert, bindend ist, ist der Terror. Er beginnt mit dem Gesinnungsterror, der alle diejenigen, die nicht die Partei des Hasses ergreifen, auf die Seite des Gehassten schlägt, auf der der Unwert ihrer Existenz feststeht. Er endet mit einer orgiastisch entfesselten Gewalt, die dem zentralen Imperativ des Hasskollektivs folgt: den Gehassten zu vernichten. Es geschieht nicht bloß auf dem Wege der Assoziation, wenn man von da aus den Terrorismus als die politische Gestalt des Hasses versteht. Der Hass selbst verlangt aufgrund seiner absoluten Vernichtungstendenz nach der geschlossenen Form, die selbstreferentiell die eigene uneingeschränkte Gültigkeit statuiert. Sie eben ist der Terrorismus als eine Praxis, die den Terror zur uneingeschränkten Macht über das Leben erhebt, und zwar sowohl über das Leben derer, die gehasst werden und dem Terror ausgesetzt sind, als auch derer, die hassen und den Terror in die Welt bringen. Dieses Grundcharakteristikum einer Praxis des Kollektivhasses verbindet den außerinstitutionellen Terrorismus mit dem totalitären Staatsterrorismus, auch wenn sie sich notwendig unterschiedlich organisieren.

OLGA SHPARAGA

Heteronomie als innerer Widerpart der Autonomie

In seinem treffenden Buch über die Situation der Universität am Ende des 20. Jahrhunderts führt Bill Readings den Begriff der *heteronomen Gemeinschaft* ein, einer Gemeinschaft, die berufen ist, eine alternative Version der Existenz der Universität zu verkörpern. Inspiriert von Gedanken Jean-Luc Nancys, Maurice Blanchots und Giorgio Agambens, formuliert er eine Kritik des Begriffs der *Autonomie*: „Autonomie, die als Freiheit von Verpflichtungen gegenüber Anderen verstanden wird, enthält in sich einen unerfüllbaren Traum von subjektiver Selbstidentität, d. h. von demjenigen Moment, das eintritt, wenn meine Verantwortlichkeit Anderen gegenüber mich nicht mehr von innen zerreißt, mich nicht mehr von mir selbst entfernt."[1] Der Autonomie stellt Readings die *Heteronomie* gegenüber, die von uns fordert, auf Verpflichtung zu antworten, und zugleich ein Zeichen davon ist, dass wir nie imstande sind, eine Antwort zu geben. Die *soziale Verbindung* oder das Faktum der Existenz Anderer behalten dabei den Charakter der Frage, so dass Identität, sei es ethnische oder rationale, gebrochen wird.

Die Gegenüberstellung von Autonomie und Heteronomie ist seit Kant wohl bekannt. Die Formel der Autonomie kann mit folgendem Satz ausgedrückt werden: „Der Wille wird also nicht lediglich dem Gesetze unterworfen, sondern so unterworfen, dass er auch als *selbstgesetzgebend* und eben um deswillen allererst dem Gesetze (davon er selbst sich als Urheber betrachten kann) unterworfen angesehen werden muss."[2] Die Gesetze werden dabei von der *Vernunft* aufgestellt, und diese bestimmt den Willen so, dass er frei von subjektiver Neigung wird und selbst die Form der praktischen Vernunft, die objektiven und universellen Prinzipien gemäß handelt, annimmt.

Entscheidend an der Idee und Praxis der Autonomie ist also die *selbstgesetzgebende* Funktion des Willens oder der praktischen Vernunft, die Kant als das einem jeden ver-

---

[1] B. Readings, *The University in Ruins*, Cambridge, MA 1996; russisch: Б. Ридингс, *Университет в руинах*, Москва 2010, S. 290–292 (Übersetzung ins Deutsche von mir).
[2] I. Kant, *Grundlage zur Metaphysik der Sitten*, Stuttgart 1988, S. 82.

nünftigen Wesen zukommende *Vermögen, wollen zu können*, bezeichnet.[3] Vom transzendentalen Gesichtspunkt ausgehend bedeutet dies, dass Kant den Menschen als ein solches *wollen könnendes* und somit zur selbstständigen Gesetzgebung a priori fähiges Wesen begreift. Der Mensch aber existiert empirisch und findet dementsprechend in der empirischen oder phänomenalen Welt keine *Muster* oder *Voraussetzungen* für die Entfaltung dieser seiner Fähigkeit. Wäre es anders, ginge es kaum um Autonomie, sofern diese die Quelle oder der Anfang ihrer selbst ist, im Unterschied zur Heteronomie, bei der das Gesetz von einem Objekt gegeben wird und auf den Willen desjenigen einwirkt, der diesem Gesetz untersteht. Anders gesagt, bedeutet Heteronomie den Verzicht auf ein Handeln, das dem allgemeinen Gesetz entspricht, welches ich in meiner Vernunft dadurch finde, dass der Wille sich von den Einflüssen der Gegenstände befreit und selbst das Gesetz gibt.[4] Das Bestimmtwerden des Willens durch objektive Gesetze bezeichnet Kant als *Nötigung*.

Die Natur der Nötigung wird jedoch nicht problematisiert, was zur Vernachlässigung der Tatsache führt, dass jede Nötigung zwanghaft und disziplinierend ist. Das bedeutet, dass Autonomie nicht die Befreiung von Zwängen, sondern die Änderung der Natur der Befreiung signalisiert. Der Zwang weist auf eine instrumentelle Verkörperung der Vernunft, und diese ist unüberwindbar, weil wir uns, wenn man Kant weiterdenkt, unumgänglich nicht nur als Ziele, sondern auch als Mittel wahrnehmen bzw. objektivieren (Sartre). Der Zwang wird also zu einem Moment unserer Freiheit, er verhindert nicht nur, sondern ist auch ein Moment der Entfaltung von Freiheit und gibt damit unserem *wollen können* eine Bestimmung oder Form (der Handlung).

Wie es scheint, entspricht diese kritische Lesart von Kant der oben angeführten Position von Readings, der aber diese Lesart noch radikalisiert und Autonomie als solche in Frage stellt. Um aber zu verstehen, warum es auch heute noch lohnt, die Problematik von Autonomie und Heteronomie zu bedenken, sollte man sich auf die Sache der Autonomie zumindest in zwei Richtungen besinnen. Die *erste Linie* bezieht sich auf den Begriff der *Vernunft*; sie verläuft im Hintergrund der Kantischen Überlegungen und kann bereits auf eine lange Tradition der Kritik, die mindestens von den „Meistern des Zweifels" provoziert wurde, zurückblicken. Die *zweite* verweist auf die Notwendigkeit, das *Selbst* in der Struktur der *Selbstgesetzgebung* neu und anders zu denken, was zu den Begriffen des Anderen und des Fremden führt.

In diesem zweiten Fall zeigen sich unterschiedliche Möglichkeiten, Autonomie zu denken, die ebenfalls eine lange Tradition hinter sich haben. Eine von diesen Möglichkeiten bezieht sich auf die Interpretation desjenigen Einflusses, den – spricht man wieder mit Kantischen Worten – neben dem Gegenstand oder Objekt auch ein anderes Subjekt, das z. B. seit Sartre mit dem Blick des Anderen identifiziert wird, auf mich ausüben kann. Die andere, tiefer liegende Figur ist mit einer Radikalisierung der Besinnung auf das Selbst verbunden; sie führt zu einer Spaltung und Vervielfältigung wie auch zu einem Fremdbezug im Selbstbezug (B. Waldenfels) und verwandelt sich in Strategien der Subjektivierung, so bei Foucault, Deleuze und Butler.

---

[3] Ebd., S. 72.
[4] Ebd., S. 96.

Alle diese Linien der Kritik tendieren, wie ich weiter zu zeigen versuche, dazu, Autonomie eher nicht zu beseitigen, sondern in der Verbindung mit Heteronomie neu zu denken. Heteronomie wird dabei mit verschiedenen diesbezüglichen Formen sozialer Verbindung, wie z. B. dem Unterworfensein unter einen Status, einem inneren Zwang oder der Abhängigkeit von Anderen, identifiziert. Alle diese Formen sind eher *negativer Art*, werden nicht überwunden, sondern als unüberwindbare Elemente sozialen Lebens verstanden, die eine fundamentale Ambivalenz der Moderne selbst (P. Wagner) symbolisieren. Was diese Formen genau bedeuten und wie man sich theoretisch mit ihnen auseinandersetzen kann, wird zur Hauptfrage meiner weiteren Überlegungen.

1. Autonomie und Heteronomie im Licht der Kritik der monologischen Vernunft

Die erste Linie der Kritik des kantischen Verstehens des Verhältnisses von Autonomie und Heteronomie bezieht sich auf den Vernunftkontext der Ermöglichung der Autonomie. Besonders deutlich wird diese Kritik von Habermas präsentiert, ohne dass er die kognitive Begründung der Ethik als solche in Frage stellt. Die Aufgabe seiner Kantkritik sah er darin, die Vernunft *neu zu denken*, um diese Begründung auch *in der empirischen Welt* möglich zu machen. Das Problem der metaphysischen und, präziser, der kantischen Darstellung der Vernunft verbindet Habermas mit ihrer *monologischen Natur*. Dieser Natur entsprechend, kann das moralische Prinzip in Form des kategorischen Imperativs allen vernünftigen Wesen nur vorgeschrieben werden.[5] Kants Legitimation dieser Vorschreibung liegt darin, dass diese das Gebot der Vernunft selbst ist und nur als solches die Nötigung des Willens zum moralischen Handeln rechtfertigt.

Habermas' Unzufriedenheit mit der Idee der vernünftigen Nötigung des Willens besagt, dass jede Nötigung ihrer Struktur nach kausal oder instrumental ist und zu einem Widerspruch mit der freien Handlung führt. Deswegen soll nach Habermas die Vorschreibung des moralischen Prinzips durch einen Vorschlag dieses Prinzips gegenüber allen an einer Handlung Beteiligten ersetzt werden, mit dem Ziel, dieses Prinzip auf seinen Anspruch auf Universalität im Rahmen eines gemeinsamen Diskurses zu prüfen. Die an einer Kommunikation Beteiligten werden dabei nicht primär am eigenen Erfolg orientiert, sondern „verfolgen ihre individuellen Ziele unter der Bedingung, daß sie ihre Handlungspläne auf der Grundlage gemeinsamer Situationsdefinitionen aufeinander abstimmen können".[6]

In der Folge wird Vernunft aus ihrer *monologisch-instrumentellen* in eine *dialogisch-kommunikative* Form überführt. Die kommunikative Vernunft wird dabei nicht auf die logische Prozedur und das logische Resultat festgelegt, sondern auf intersubjektive *Verständigung* und *Übereinstimmung* bezüglich universeller Normen hin entworfen, die für die Offenheit oder die Öffentlichkeit jeder Diskussion die Voraussetzung bilden. Das bedeutet, dass die *Möglichkeit einer solchen Übereinstimmung* in der Struktur der kom-

---

[5] J. Habermas, *Moralbewußtsein und kommunikatives Handeln*, Frankfurt am Main 1983, S. 77 f.
[6] J. Habermas, *Theorie des kommunikativen Handelns*, Bd. 1. *Handlungsrationalität und gesellschaftliche Rationalisierung*, Frankfurt am Main 1995, S. 385.

munikativen Vernunft vorgegeben ist und im Rahmen der Verständigung nach ihrer universellen Explikation sucht. Dies bedeutet auch, dass Habermas die für die Besinnung der Autonomie maßgebliche *Struktur des Möglichen* im Vergleich zu Kant neu denkt, nämlich die vorgegebene monologische Struktur der Vernunft zu einer *menschlichen Fähigkeit* umwandelt, um so *bei der Lösung praktischer Fragen zu einem Konsens zu gelangen*. Dass also Habermas die Vernunft dezentriert und pluralisiert hat, kann auch als Pluralisierung der vorgegebenen Struktur des Möglichen, das nicht nur instrumental, sondern auch kommunikativ entfaltet werden kann, verstanden werden.

Habermas stellt aber die apriorische und universelle Natur dieser Fähigkeit nicht in Frage, was letzten Endes zur Entstehung noch einer weiteren Version einer Kritik am Vernunftkontext als Grundkontext der Autonomie, d. h. in der Perspektive des Universalismus, geführt hat. Diese apriorische Struktur macht deutlich, dass Heteronomie als Zeichen von Differenz, die auf den ersten Blick den Menschen daran hindert, einen Konsens zu erzielen, bei Habermas wie auch im Kantischen Modell überwunden wird. Dies hat in der Sicht von Hans Joas Folgen auch für eine Einschätzung des Handelns, die zu einer „theoretisch problematischen Ablösung des Handelns von situativen und von biographischen Zusammenhängen" führt und auch für Habermas' Theorie des rationalen Handelns bezeichnend ist. Infolgedessen „bleiben Emotionalität und Spontaneität außerhalb der Rationalität, und amoralische Eigennutzorientierung kann dann selbst als irrational betrachtet werden".[7] Auf die Problematisierung einer solchen Überwindung der Heteronomie verweist auch Nancy Fraser, die Habermas' Interpretation der Rolle von *Status* im Rahmen der Öffentlichkeit kritisiert.

2. Heteronomie als Status verstanden

Der Kern dieser Kritik liegt also darin, dass Habermas die Möglichkeit und das Funktionieren der Öffentlichkeit mit der Aufhebung von Statushierarchien verbindet,[8] weil Öffentlichkeit durch die prinzipielle Gleichheit der zu rationaler Kommunikation und Verständigung befähigten Menschen bestimmt wird. Um aber diese Gleichheit zu erreichen, ist es notwendig, dass sich „die Privatleute ihrer Doppelrolle als bourgeois und homme bewußt waren und gleichzeitig ihre Identität der Eigentümer mit ‚Menschen' schlechthin behaupteten"[9]. Anders gesagt, garantierte diese Identität deshalb die Allgemeinheit des Zugangs zur Öffentlichkeit, weil sie letzten Endes die Aufhebung der Zugehörigkeit sowohl zur Klasse der Eigentümer als auch zu anderen Klassen propagierte und die räsonierende moralische Person, die die Grenzen jeder Klassenzugehörigkeit überwindet, zum Kern dieser Identität machte.

Fraser argumentiert aber, dass die Beziehung zwischen Öffentlichkeit und Status komplexer sei, sofern die sozialen Ungleichheiten zwischen den Gesprächspartnern in der Tat nur ausgeklammert und nicht getilgt werden können.[10] Das Neudenken dieser Beziehung

---

[7] H. Joas, *Die Kreativität des Handelns*, Frankfurt am Main 1996, S. 214 f.
[8] N. Fraser, *Die halbierte Gerechtigkeit*, Frankfurt am Main 2001, S. 115.
[9] J. Habermas, *Strukturwandel der Öffentlichkeit. Untersuchungen zu einer Kategorie der bürgerlichen Gesellschaft*, Frankfurt am Main 1990, S. 248.
[10] N. Fraser, *Die halbierte Gerechtigkeit*, S. 122.

zwischen Öffentlichkeit und Status führt also dazu, dass öffentliche Sphären zu Arenen nicht nur der diskursiven Meinungsbildung, sondern auch der Ausbildung und Inszenierung sozialer Identitäten werden.[11] Dies wird dadurch ermöglicht, dass ein jeweiliger Status als konkrete Verkörperung bestimmter kultureller Wertmuster verstanden werden soll, von denen zumindest einige inkompatibel sind (wie z. B. das Schema, nach dem in der Massenkultur Sexualität interpretiert und bewertet wird, und das Schema, das in Heiratsgesetzen institutionalisiert ist).[12] Die sozialen Identitäten auszubilden und zu inszenieren, bedeutet dann, Abhängigkeit oder Befreiung von diesen Mustern als Element der Meinungsbildung und Diskussion sichtbar zu machen und zu problematisieren.

Das hat zur Folge, dass die öffentliche intersubjektive Verständigung und Übereinstimmung die Anerkennung von *Differenzen* fordert, welche auf bestimmte ökonomische Klassenhierarchien einerseits und auf kulturelle Wertmuster und Werthorizonte andererseits verweisen. Wenn aber die ökonomischen Klassenhierarchien in Richtung auf soziale Gleichheit analysiert werden sollen, erfordern die kulturellen Wertmuster und Werthorizonte die Anerkennung kultureller Verschiedenheit, denn diese Muster werden nie im Rahmen eines einzigen Musters verbunden; und dies führt, so Fraser, zum Kampf um Anerkennung als notwendigem Element der Öffentlichkeit, welches es ermöglicht, sowohl bestimmte Wertmuster als Horizonte eines Status zu artikulieren als auch sie zu entlarven und kritisch zu analysieren. Dabei ist es auch wichtig, die Korrelationen dieser Wertmuster mit den Klassenhierarchien zu erforschen, „damit man nicht zuletzt die ökonomische Benachteiligung verschärft, während man sich um die mangelnde Anerkennung kümmert".[13]

Es wird also deutlich, dass die Habermassche Formel der *intersubjektiven Verständigung und Übereinstimmung bezüglich universeller Normen* zusätzliche Elemente in sich enthält, die die Übereinstimmung eher in einen vielschichtigen Prozess der Artikulation, Anerkennung und Vereinbarung des Gleichen und der Unterschiede verwandeln. Die Öffentlichkeit erlaubt dann nicht nur, über gemeinsame Angelegenheiten zu beratschlagen, sondern auch, dass neue Subjekte der öffentlichen Kommunikation entstehen mit dem Ziel, den Kreis der gemeinsamen Angelegenheiten zu erweitern.

Diesen Prozess zu ermöglichen, erfordert jedoch eine Anerkennung nicht nur der Autonomie, sondern auch der *Heteronomie*, die in der Form des Status als „Struktur intersubjektiver Unterordnung, die sich aus institutionalisierten kulturellen Wertmustern herleitet", verstanden wird[14] und den Einfluss Anderer auf uns thematisieren lässt, d. h. eine kritische Explikation dieser Einflüsse unumgänglich macht. Die unumgängliche Pluralität von Wertmustern bedeutet aber kein Nebeneinander von diesen, sondern muss aus der Perspektive der Autonomie verstanden werden, d. h. von der Frage her, inwieweit diese Muster immer auch als von uns selbst einführbare und legitimierbare interpretiert werden können.

---

[11] Ebd., S. 133.
[12] N. Fraser, A. Honneth, *Umverteilung oder Anerkennung? Eine politisch-pilosophische Kontroverse*, Frankfurt am Main 2003, S. 78.
[13] Ebd., S. 92.
[14] Ebd., S. 71.

3. Heteronomie als Herrschaft von innen und Herrschaft der Disziplin

Die Problematisierung des Status' als einer bestimmten Form der Heteronomie führt zu zwei anderen Formen, die mit der Instanz Anderer identifiziert werden. Laut Hannah Arendt verweist der Status auf die Befriedigung einer bestimmten Art des Bedürfnisses, des Bedürfnisses nach öffentlicher Anerkennung.[15] Diese Form der Anerkennung ist im Kontext der Herrschaft des Niemands möglich, die dazu dient, „die Einzelnen gesellschaftlich zu normieren, sie gesellschaftlich zu machen und spontanes Handeln wie hervorragende Leistungen zu verhindern".[16]

Dies bedeutet, dass die Genese des Status' mit der Entstehung einer neuen Form von Herrschaft, d. h. der Herrschaft des Niemands, verbunden ist. Der Soziologe Peter Wagner bezeichnet diese neue Form der Herrschaft als *Discours der Disziplinierung*, der neben dem *Discours der Freiheit und der Autonomie*, der dem Gedanken der individuellen und kollektiven Selbstbestimmung entspricht, den Kern der Moderne ausmacht.[17] Anders gesagt, „wenn keine andere – göttliche oder natürliche – Ordnung angenommen werden kann, dann ist die Ordnung menschlichen sozialen Lebens von den Menschen selbst zu entwerfen".[18] Das kann so interpretiert werden, dass seit Beginn der Moderne die *Herrschaft von außen* in eine *Herrschaft von innen*, die Kants vernünftiger Nötigung entspricht, verwandelt wird, weil die Möglichkeit der Selbstbestimmung deren immanente Notwendigkeit zu ihrer Kehrseite hat. Wagner meint dabei die ganze Reihe von Praktiken der Beherrschung, d. h. Beherrschung „der Natur mit den Mitteln der Naturwissenschaften und der Technik" über die Beherrschung „anderer Menschen mittels staatlicher und anderer Institutionen und der zu diesen gehörigen Diskursen, nicht zuletzt in den Sozialwissenschaften", bis hin zur Beherrschung „unserer selbst, unseres Ichs und unserer Psyche" mit den entsprechenden Techniken der Psychologie und der Psychoanalyse.[19]

In ähnlichem Zusammenhang wird die Anerkennungsordnung, die hier mit Bezug auf Fraser behandelt wurde, auch von Axel Honneth mit „Verhaltensweisen" verbunden, „die zur Aufsprengung der angebotenen Formen sozialer Existenz führen, weil diese zu eng, zu einschnürend für die ungerichtete Subjektivität des Menschen sind".[20] Um aber diese Form der *Herrschaft von innen* detaillierter zu bezeichnen, bezieht sich Wagner auf Foucaults Begriff der Disziplin. Deren entscheidendes Moment ist, dass sie das Individuum selbst konstruiert. Das bedeutet, dass „der Disziplinarmacht eine Individualität [entspricht], die nicht nur analytisch und ‚zellenförmig', sondern auch natürlich und ‚or-

---

[15] H. Arendt, *Vita activa oder vom tätigen Leben*, München/Zürich 1999, S. 70 f.
[16] Ebd., S. 51 f.
[17] P. Wagner, *A sociology of modernity. Liberty and discipline.* New York 1994, S. 5 ff..
[18] P. Wagner, *Über Politik sprechen*. Unter: http://www.boell-bremen.de/veroeffentlichungen.php?npoint=1,0,0&lang=ger#47
[19] Ebd.
[20] N. Fraser u. A. Honneth, *Umverteilung oder Anerkennung? Eine politisch-pilosophische Kontroverse.* Frankfurt am Main 2003, S. 280.

ganisch' und d. h. evolutiv und kombinatorisch" ist.[21] Im Fall der Disziplin geht es um eine Objektivierung und Instrumentalisierung der Individuen, welche Beherrschung als etwas Natürliches wahrnehmen, d. h. Objektivierung als Subjektivierung im Sinne der Selbstgesetzgebung akzeptieren. Als Beispiele dieser Objektivierung qua Subjektivierung kann man unterschiedliche Wiederholungsrituale oder Zeitplanungen nennen, ohne die Handlung kaum möglich wird und die gleichzeitig ihre Spontaneität in Frage stellen können.

Wie ist aber dieser Diskurs der Disziplinierung mit dem Diskurs der Freiheit verbunden? Der Diskurs der Freiheit verweist, Wagners Ansicht nach, auf das Phänomen des Individualismus, der sich als Vielfalt und Pluralisierung von Lebensstil und Lebensprojekten entfaltet, die aber auch zu einer Fragmentierung und Reduktion des Selbst führen können.[22] Für Honneth soll diese Fragestellung in die Richtung einer Klärung der normativen Ermöglichung von Selbstrealisierung in modernen Gesellschaften führen, was lediglich eine neue Perspektive der Besinnung der Anerkennung eröffnet.

4. Heteronomie im Selbst

Honneths Meinung nach ist die zentrale Bedeutung der Anerkennungsbegrifflichkeit dadurch bedingt, dass „sie sich als das angemessene Mittel erwiesen hat, um soziale Unrechtserfahrungen im ganzen kategorial zu entschlüsseln".[23] Dabei geht Honneth davon aus, dass es eine allen Gefühlen sozialen Unrechts gemeinsame Grunderfahrung gibt, solange wir uns dessen bewusst sind, dass Verallgemeinerungen unserer gegenwärtigen Erfahrungshorizonte mit Risiken, dem Falschen und d. h. mit Heteronomien verbunden sind.[24] Die Analyse der Anerkennung erlaubt es also, die moralischen Quellen der Erfahrung des sozialen Unbehagens zu problematisieren. Dies macht aber die Begriffe des Selbst, der Selbstachtung und Würde unumgänglich, und diese haben ihren Grund im praktischen Selbstverhältnis des Menschen, das als „die durch Anerkennung ermöglichte Fähigkeit, sich reflexiv der eigenen Kompetenzen und Rechte zu vergewissern", und nicht als etwas ein für allemal Gegebenes verstanden wird.[25] Das bedeutet, dass das Selbstverhältnis von der Ausdifferenzierung der gesellschaftlichen Entwicklung abhängig ist, die Honneth als Ausdifferenzierung von drei Anerkennungssphären interpretiert: der Sphäre der Intimbeziehungen oder Liebe, des modernen Rechts oder der Gleichheit und der Leistung oder des Verdienstes, die der liberalkapitalistischen Sozialordnung angehören.

Kehrt man zu unseren Überlegungen über das Verhältnis von Autonomie und Heteronomie zurück, so entdeckt man die Rolle der *Heteronomie* darin, dass sich bei Honneth „die individuelle Identitätsbildung generell über die Stufen der Verinnerlichung sozial standardisierter Anerkennungsreaktionen vollzieht: das Individuum lernt, sich als ein

---

[21] M. Foucault, *Überwachen und Strafen. Die Geburt des Gefängnisses*, Frankfurt am Main 1994, S. 201, 216.
[22] Wagner, *A sociology of modernity*, S. 6–8.
[23] Fraser u. Honneth, *Umverteilung oder Anerkennung?*, S. 157.
[24] Ebd., S. 283.
[25] Ebd., S. 163.

sowohl vollwertiges als auch besonderes Mitglied der sozialen Gemeinschaft zu begreifen".[26] *Heteronomie* kann hier als soziale Standardisierung verstanden werden, ohne die weder eine moralische Sozialisation des Subjektes noch eine moralische Integration der Gesellschaft möglich sind.

Das entscheidende Moment der Autonomie, die sich also in der Form der individuellen Identitätsbildung durch Verinnerlichung sozial standardisierter Anerkennungsreaktionen, d. h. der Heteronomien, vollzieht, liegt aber darin, Subjekte zu erhalten, die in zentralen Aspekten ihrer Persönlichkeit sozial aktiv werden, indem sie als Mitglieder der Gesellschaft einen Beitrag zum Wachstum sozialer Einbeziehung leisten.[27] Der Gegenseitigkeit dieser Betätigung zum Trotz entsteht hier die Frage, ob diese, als soziale Betätigung in Aspekten ihrer Persönlichkeit verstanden, für die Sache der Gemeinschaft hinreichend ist oder um die *soziale Betätigung in Aspekten der Interpersönlichkeit* ergänzt werden soll. Anders gesagt, das Ziel der Selbstrealisierung sollte *zumindest bei einigen Menschen* durch das Ziel der Realisierung des Anderen und / oder der Gemeinschaft ergänzt werden; Geschichte wie Alltag halten dafür Beispiele – wie die wechselseitige Liebe von Eltern und Kindern – in großer Zahl bereit. Ohne diese Ergänzung bleibt die Aufgabe einer Integration der Gesellschaft und einer Zunahme der Einbeziehung im Schatten der Selbstrealisierung und damit sekundär in Bezug auf diese.

Dies setzt voraus, dass das *Selbst* in sich Heteronomie in Form einer primären Beziehung auf den Anderen und das Zusammenleben enthält, was eben die Voraussetzung für die Entstehung der Gemeinschaft von Verschiedenen bildet und die Möglichkeit der kommunikativen Intersubjektivität bedeutet. Eben diese Möglichkeit kann die Rolle der Fundierung der apriorischen intersubjektiven Verständigung und Übereinstimmung übernehmen, von der Habermas spricht und die das Apriori kontextualisieren oder situieren lässt.

5. Die Perspektiven der Kontextualisierung des Selbst

Das skizzierte *Selbst*denken mit Hilfe der Heteronomie führt zu weiteren Möglichkeiten einer Kritik an der Kantischen Autonomie, auch als Kritik am Vernunftkontext der Autonomie (jetzt vom Gesichtspunkt der Frage des Universalismus aus) verstanden, die man in der gegenwärtigen *feministischen Kritik* findet. Da diese Kritik am Vernunft-Universalismus ziemlich breit entfaltet wurde, werde ich nur solche Positionen dieser Kritik darstellen, welche die Idee der Autonomie und Habermas' Neubestimmung der Vernunft im Blick haben.

Die Sozialtheoretikerin Maeve Cook geht in ihrem Text „Habermas, feminism and the question of autonomy"[28] davon aus, dass die Tragweite der Idee der Autonomie von feministischen Autoren oft unterschätzt wird. Dabei entfaltet sich, Cooks Ansicht nach,

---

[26] Ebd., S. 204 f.
[27] Ebd., S. 218.
[28] M. Cook, „Habermas, feminism and the question of autonomy", in: P. Dews (Hg.), *Habermas. A Critical Reader,* Blackwell 1999, S. 178–210.

die feministische Kritik des Begriffs der Autonomie in zwei Richtungen: in die Richtung der *moralischen und politischen Theorie* und in die Richtung *der Philosophie der Postmoderne und des Poststrukturalismus*. Zum Schwerpunkt der Kritik wird dabei nicht die Vernunft, sondern das *Selbst (self)*.

Im Rahmen der *ersten Richtung* der Kritik wird das Selbst als unhistorisch und mit anderen Personen nicht verbunden verstanden und als körperlos, als Form der Selbst-Identität im Sinne der Selbst-Kontrolle und des Selbst-Eigentums bestimmt, was immer schon im Mittelpunkt der feministischen Kritik stand.[29] Ein solches Selbst wird durch die Herrschaft über die Leidenschaften und Affekte charakterisiert, die in der westlichen Kultur immer auch als Herrschaft des vernünftigen Mannes über die leidenschaftliche Frau verstanden wurde. Selbst-Kontrolle und Selbst-Eigentum werden dabei in der klassischen Tradition des Denkens als die universellen Dimensionen zwischenmenschlicher Verhältnisse aufgefasst, welche Gemeinschaft und mit ihr verbundene Werte in Frage stellen.

Im Rahmen der *zweiten, postmodernen Linie der Kritik*, die der *postkolonialen Kritik am Eurozentrismus* nahe liegt, wird Autonomie als Dimension eines *hermetischen Selbst* verstanden, das durch Koinzidenz mit sich selbst, Entschiedenheit und Einheit im Gegensatz zu Fragmentation, Fluidität und Mannigfaltigkeit charakterisiert wird. Dabei unterscheidet Cook die Idee der Autonomie von ihren Interpretationen, die die Aufklärung oder die Denkweise der Moderne zum Hintergrund haben. Das bedeutet, dass der Kern der Autonomie, nämlich die „*Fähigkeit* zur kritischen Reflektion und zur Integration der personalen Erfahrung in die abgestimmte Narration", nicht preisgegeben werden soll. Dieser Kern soll aber durch die Verbindung der kritischen reflexiven Distanz mit der Aufmerksamkeit für die Kontexte der Sinnbildung, in welchen unser Selbst schon immer verwurzelt war, neu bestimmt werden. Dies soll, laut Cook, die Autonomie mit dem Streben nach Anerkennung sowie mit der Verantwortung für die Verknüpfung der abgestimmten Lebensgeschichte mit der Idee des Rechts oder des Guten verbinden.[30]

Die von diesem Gesichtspunkt her konzipierte Autonomie zeigt also die Unzulänglichkeit ihrer Idee und Praxis für eine normative Orientierung und Einschätzung des menschlichen Zusammenlebens. Denn die *selbstgesetzgebende Praxis* als solche kann auch auf Ziele gerichtet werden, die für Andere unzulässig sind. Die Kantische Antwort darauf führt, wie hier gezeigt wurde, in die apriorische Sphäre der Vernunft, und diese Sphäre enthält Mittel für eine Universalisierung, die als Hindernis für unzulässige Ziele fungieren, weil letztere nur unter den Bedingungen, keine Bedrohung für die Menschheit per se zu bilden, universalisiert werden können.

Habermas' Antwort darauf lautet: Eine Universalisierung, die nicht durch intersubjektive Verständigung vermittelt wird, bleibt gefährlich, weil sie instrumentellen oder strategischen Zielen dienen kann, die Anderen mit Gewalt oder Tücke aufgezwungen werden können. Cooks Hauptbemerkung zu Habermas' *diskursiver Entfaltung der Universalisierung* bezieht sich auf ihre *Formalität* und *Abstraktheit*, weswegen Habermas öfters kritisiert wird (z. B. von Hans Joas). Um aber diese zu überwinden, ist ein Bezug

---

[29] Ebd., S. 179.
[30] Ebd., S. 180.

auf das *Gute* nötig, *das aber immer schon mit einem bestimmten Kontext des Lebens verbunden ist.*

6. Heteronomie und Autonomie inmitten der Anerkennung

Inhaltlich bedeutet dies, dass die Verbindung der Autonomie mit einer Vorstellung vom Guten nur durch intersubjektive Anerkennung möglich wird, d. h., mit Arendts Worten, durch die Berücksichtigung der Meinung des Anderen. Der Andere, der vom Kontext seines Lebens nicht abstrahiert werden soll, wird, wie ich oben zu zeigen versuchte, als mit seiner sozialen, kulturellen etc. Position (Fraser) verbunden angesehen. Die Aufgabe besteht also darin, den spezifischen *Ort* seiner Position und Meinung in der Diskussion zu entdecken und zu akzeptieren, davon ausgehend, dass dieser die anderen Positionen nicht in Frage stellt, sondern den Kreis der diskutierten Fragen und gesuchten Lösungen erweitert (was als kantische *Erweiterung der Denkweise* definiert werden kann).

Zur Grundlage der Verständigung wird dann nicht die Möglichkeit der Autonomie (Kant) und nicht die Möglichkeit der Übereinstimmung (Habermas), sondern die Praxis *gegenseitiger Anerkennung*, die sowohl Autonomie als auch Heteronomie akzeptiert. Heteronomie wird dann nicht zum Hindernis von Verständigung, sondern dient ihrer Konkretisierung, weil sie auf Unterschiede der Positionen und auf bewusste oder implizite Horizonte und Grenzen inmitten jeder Verständigung verweist. Dies erfolgt aber in der Verbindung mit der Idee und Praxis der Autonomie, die es erlaubt, verschiedene Formen von Heteronomien vom Gesichtspunkt der Möglichkeit ihrer Selbstgesetzgebung aus zu analysieren. Dies soll zu einer Erweiterung des Kontextes des gemeinsamen Lebens führen und wird als Vernetzung von verschiedenen Positionen und Problemlösungen verstanden, was seinerseits die Anerkennung der Heteronomie unumgänglich macht. Ein solches Verständnis führt, den feministischen Autoren nach, zum Begriff eines *begrenzten oder kontextualisierten Universalismus*, weil die gemeinsamen Normen als Ziel jedes Zusammenlebens durch ihre sozial- und kulturspezifischen Artikulationen sowohl konkretisiert werden als auch als Grundlage für die Verallgemeinerung dienen (oder aufgrund der Unmöglichkeit einer solchen Verallgemeinerung abgelehnt werden).

Die Möglichkeiten der Autonomie und der intersubjektiven Übereinstimmung werden also zu Momenten der Praxis gegenseitiger Anerkennung, die ihrerseits dazu auffordert, Unterschiede und ihre Werthorizonte zu thematisieren. Diese Praxis soll dabei von folgender Frage geleitet werden: *Kann diese konkrete, d. h. sozial und kulturell verankerte Form der Anerkennung zu einer allgemeinen Norm universalisiert werden?*

Um eine Antwort auf diese Frage zu erhalten, muss man m. E. das Zusammenleben *erstens* als einen offenen und infolgedessen der Erneuerung bedürftigen, d. h. Heteronomien und innere Zwänge problematisierenden Prozess betrachten. Seine Teilnehmer sollen *zweitens* als *autonome*, d. h. selbstgesetzgebende gedacht werden. Das bedeutet, dass ihre Autonomie die Frage nach Anerkennung erforderlich macht. Die stets konkrete, ins soziale und kulturelle Leben verkörperte und damit in bestimmte Werthorizonte verwickelte Autonomie macht aber deutlich, dass die Position des Anderen eine besondere Aufmerksamkeit und Berücksichtigung erfordert, weil sie auf die faktische Ungleichheit verweist, die bei der Artikulation ihrer Identitäten und Probleme einige stärker, andere aber schwächer macht.

Sofern die Teilnehmer eines gemeinschaftlichen Handelns als gesetzgebende (autonome) gedacht werden, führt der *dritte* Schritt zu der Notwendigkeit zu prüfen, ob diese konkrete Form der Gesetzgebung als eine solche gelten kann, die für alle an diesem Zusammenhang Beteiligten Gültigkeit besitzt. Der *Kanon* der Prüfung gründet sich dabei nicht einfach darauf, dass jeder seine Maxime zur Allgemeinheit eines Naturgesetzes erhebt, was der menschlichen Natur entspricht (Kant), und nicht nur auf der Möglichkeit der Übereinstimmung, die Habermas als transzendentale Struktur eines gemeinsamen Lebens versteht. Der Kanon gründet sich auf die *Ermöglichung des Zusammenlebens nicht nur um willen der Selbstrealisierung, sondern auch um willen der Realisierung des Anderen und der Gemeinschaft*, die aber nicht substantialisiert, sondern als Struktur der durch Heteronomien durchgedrungenen Verständigung bezeichnet werden soll. Man kann diese Struktur wohl mit der *Struktur der Offenheit des Zusammenlebens* gleichsetzen, die neue Formen der Anerkennung erforderlich macht.

Das Ideal des guten Lebens, von dem Cook und andere sprechen, gründet sich dann selbst auf diese *Struktur der Offenheit*. Dies führt aber nicht zu einem Relativismus, denn Formen des individuellen und kollektiven Lebens, welche die Offenheit in Frage stellen, sind abzulehnen. In der Folge wird diese Offenheit zum Kriterium für einen Vergleich und eine Bewertung verschiedener Formen des Zusammenlebens.

7. Heteronome Gemeinschaft und die Struktur der Offenheit

Kehren wir zur postmodernen Kritik an der Autonomie zurück, so kann man jetzt eine Entsprechung zu dieser Kritik an der *Idee der Offenheit* ins Auge fassen. Cooks Unzufriedenheit mit dieser Kritik ist damit verbunden, dass die offene und fluide Selbstheit, die aus dieser Kritik resultiert, keine Chancen für eine Subjektivierung in u. a. politischer Hinsicht zulässt. Dies soll aber nicht auf eine aufklärerische, stabile und vorgegebene Subjektstruktur, in der Heteronomie immer schon ignoriert wird, zurückbringen. Autonomie soll vielmehr *intersubjektiv* gedacht werden, als *selbstgesetzgebende Fähigkeit, die in einem intersubjektiven Kontext entfaltet wird* und Verantwortung für sich selbst mit der Verantwortung für den Anderen verbindet. Eben eine solche Verantwortung hat Readings als Grundlage der heteronomen Gemeinschaft bezeichnet und als neue Form der sozialen Verbindung gedacht.

Die nächste Frage ist nun, ob eine solche Fragestellung doch nicht als *moderne* interpretiert werden kann. Denn in der Moderne, dürfen wir, so Wagner, „nicht eine Lösung für die Ordnung menschlichen Zusammenlebens sehen, sondern die Bestimmung einer *Problematik*, der Problematik nämlich der Autonomie unter Bedingungen der Unbestimmtheit und Ungewissheit".[31] Das bedeutet also, dass, „wenn [seit Anfang der Moderne – O. S.] keine andere – göttliche oder natürliche – Ordnung angenommen werden kann, die Ordnung menschlichen sozialen Lebens von den Menschen selbst zu entwerfen ist. Solche selbstgesetzten Regeln mögen in hochgradig unterschiedlichen Formen

---

[31] Wagner, *Über Politik sprechen.*

auftreten – vom Vorrang der Individuen und dem Gedanken der automatischen Selbstregulierung bis zur vertraglichen Beschränkung der Einzelrechte und deren Delegation an einen starken Staat. In jedem Fall aber liegt eine Art der Verständigung über Regeln vor".[32] Diese Art ist, wie aus meinen Überlegungen folgt, auch von der Art der identifizierten Heteronomie, von innerem Zwang und Disziplin, bis hin zum Status und zur sozialen Standardisierung, und von ihrer Interpretation im Rahmen der Analyse der modernen Gesellschaft abhängig.

Eine solche Fragestellung führt zur Idee der *Vielheit der Moderne* (*multiple modernities*). Eine der Formen dieser Vielheit ist die aufklärerische, die, wie gezeigt, mit dem Vernunftbegriff verbunden ist. Die Kritik dieses Begriffs, die in diesem Text vorgeschlagen wurde und Vernunft durch die *Struktur der Offenheit des menschlichen Zusammenlebens* ersetzt, kann als eine mögliche Alternative zur aufklärerischen Form betrachtet werden. Die *Autonomie, der Konsens und die gegenseitige Anerkennung, die die Heteronomien entlarvt und problematisiert,* werden dabei als notwendige Elemente dieser Struktur angesehen.

Die wagnersche Version der Bestimmung der Moderne ist für uns noch von einem weiteren Gesichtspunkt her wichtig. Diese Bestimmung erlaubt, totalitäre und autoritäre Gesellschaften auch in der Perspektive der Moderne zu denken. In diesem Sinne nimmt die Philosophie die Form einer *post-totalitären Politikphilosopie* an, welche die Aufgabe der Unterscheidung von Totalitarismen und Demokratien immer schon im Blick hat. Demokratie wird auf diese Weise durch die Möglichkeit der Politik im Sinne normenorientierter öffentlicher und d. h. Heteronomien akzeptierender Handlung aufgrund von Autonomie verstanden, Totalitarismus als Unterminierung der Politik in diesem Sinne aufgrund des Verbots der Autonomie und einer Verschleierung von Heteronomien.

Verbindet man diese wagnerschen Bestimmungen mit der oben vorgestellten Kritik der kantischen Autonomie, dann ist die demokratische Ermöglichung des Politischen als *ein offener Prozess* zu denken, der sich auf die normative Grundlage der Offenheit des Zusammenlebens gründet. Das bedeutet, dass vom Gesichtspunkt einer Gefahr der Abschottung des Zusammenlebens Politik die Abweisung bestimmter Formen des Lebens und die Zulassung anderer impliziert und nie eine endgültige Form annimmt, d. h. stets nach neuen Formen der Öffnung sucht. Dies ist aber nur möglich, wenn Heteronomien problematisiert und das Ziel der Selbstrealisierung durch das Ziel der Realisierung des Anderen und der Gemeinschaft ergänzt werden, wenn auch nicht bei allen, sondern nur bei einigen Menschen.

Mit der Entstehung der Demokratie wird, so nach M. Gauchet, „die Gesellschaft völlig von einer Infragestellung ihrer selbst in Anspruch genommen".[33] Infolgedessen kommt es zur Perspektive einer uneingeschränkten Selbstgestaltung und Selbstorganisation. Die Frage, die dabei entsteht, lautet: Wie müsste eine gerechte oder schlicht annehmbare Ordnung beschaffen sein? Die Antwort auf diese Frage ist nirgendwo anders als in der Gesellschaft selbst, d. h. autonom, zu finden. Autonomie wird dabei nicht als Überwin-

---

[32] Ebd.
[33] M. Gauchet, „Tocqueville, Amerika und wir. Über die Entstehung der demokratischen Gesellschaften", in: U, Rödel (Hg.), *Autonome Gesellschaft und libertäre Demokratie*, Frankfurt am Main 1990, S. 154.

dung von Heteronomien, sondern als Möglichkeit für die Klärung ihrer Herkunft, Sinn und Grenze verstanden.

Der Postmarxist C. Castoriadis, den Wagner zu den posttotalitären Politikphilosophen zählt, bezeichnet einen solchen Zustand der Gesellschaft als ihre *Selbstinstitutionalisierung*, die ein offener Prozess ist und, wie ich in einem anderen Text zu zeigen versuchte, seinen Ausdruck in der kantischen *Formel der Institutionalisierung der Kunst* finden kann. Diese Formel paraphrasierend soll man im Zusammenleben die Zwangsfreiheit von Regeln so ausüben, dass dieses Zusammenleben dadurch selbst eine neue Regel bekommt, wodurch die Handlung sich als musterhaft zeigt.[34] Die Heteronomie in der Form des inneren Zwangs oder des Zwangs von der Seite der selbst eingeführten Regeln her wird dabei nicht ignoriert oder als völlig zu überwindende betrachtet, sondern inhaltlich, d. h. bezüglich ihres Sinns und ihrer Bedeutung für diese Handlung oder Gemeinschaft, befragt und, falls nötig, durch andere Regeln ersetzt.

Gerade eine solche Interpretation der Demokratie und des Politischen führt aber zu den größten Schwierigkeiten in Ländern der Post-Sowjetunion wie im Fall von Belarus; hier werden das individuelle wie das gesellschaftliche Leben entweder von der Struktur des Notwendigen bestimmt oder aber von einer Kritik an dieser Struktur her gedacht, die zu einem Relativismus führt, weil das Mögliche und die Offenheit als regellose und asubjektive verstanden werden (eine solche Form des Denkens wurde von Cook als postmodern kritisiert).

Eine Alternative für diese Art und Weise des Denkens bildet diejenige Position, die von einer modernen Verdoppelung der äußeren von der inneren Heteronomie ausgeht und letztere als unüberwindbaren Widerpart der Autonomie versteht. Im Zusammenleben und in sozialen Verbindungen wird so der Charakter ständiger Infragestellung beibehalten, die kaum von einem verschlossenen Selbst vollzogen werden kann, weil jedes Selbst immer schon vom Anderen durchdrungen ist. Die autonome Gemeinschaft ist in diesem Fall notwendig auch als heteronome zu verstehen, nicht aber im Sinn der absoluten Bedingtheit oder des *Selbst*verschwindens, sondern im Sinn der Notwendigkeit einer Vervielfältigung jedes Selbst einerseits und der Suche nach neuen Formen der Verständigung über diese Vervielfältigung andererseits, die aufgrund einer Ergänzung der Selbstrealisierung durch die Ziele der Realisierung des Anderen und der Gemeinschaft, und d. h. aufgrund der Offenheit der Struktur des Zusammenlebens, ermöglicht wird.

---

[34] Vgl. I. Kant, *Kritik der Urteilskraft*, Hamburg 2001. S. 208. Darüber schreibe ich in meinem vor kurzem auf Russisch erschienenen Buch *Erweckung des politischen Lebens: Essay über die Philosophie der Öffentlichkeit*, Vilnius 2010, S. 126.

Sophie Loidolt

Indifferenz
Räume des entmachteten Erscheinens

1. Erfahrene Indifferenz. Indifferenz als Raum

Indifferenz wird vor allem für diejenigen zu einer spürbaren Erfahrung, die mit der *Indifferenz der Anderen* konfrontiert sind. Diese Erfahrung ist zweifellos negativ. Ihre phänomenale Dichte besteht darin, dass sie einen Raum erzeugt, in dem man nicht wahrgenommen wird, d. h. in dem man immer unsichtbar bleibt, gleichgültig wie sichtbar man wird. Das Erscheinen in diesem Raum ist nicht bloß kontingent, es ist vielmehr so, *als ob* es nicht wäre, was es ist: erscheinen, sich differenzieren, sich abheben, sich offenbaren, sich zeigen. Niemals trifft der philosophische Satz härter und gnadenloser zu als im Raum der Indifferenz: *esse est percipi*. Sein ist Wahrgenommen werden.

Nun haben wir uns an den Gott, der uns nicht wahrnimmt, schon besser gewöhnt als an die Anderen, die uns nicht wahrnehmen. Als soziales Phänomen bleibt Indifferenz deshalb unerträglich, weil wir *wissen*, dass die Anderen da sind, weil wir nicht einmal die atheistische Möglichkeit haben, von der quälenden Indifferenz auf Inexistenz schließen zu können. Der Himmel kann leer werden (das *esse* vom göttlichen *percipi* befreit werden), aber die Erde ist voll mit Anderen, die uns noch dazu ständig bestätigen, dass wir in einer gemeinsamen Welt sind, indem sie sich auf dieselben Gegenstände beziehen und etwa einem Hindernis ebenso ausweichen wie ich. Zweifellos sind wir im selben Erscheinungsraum, in dem auch jeder von uns selbst erscheint.

In diesem gemeinsamen Erscheinungsraum der Welt bedeutet soziale Indifferenz in ihrer radikalsten Form, dass ein bestimmtes Erscheinen, das Erscheinen Füreinander als das Erscheinen der je Einzelnen, gleichsam annulliert wird. Das Beunruhigende und – für die Betroffenen – Schmerzhafte dabei ist, dass dieses Annullieren kein *Akt der Verweigerung* ist, der implizit noch so etwas wie Anerkennung bedeuten würde. In einem solchen Fall würde es sich bloß um „Ignoranz" und insofern gespielte Indifferenz handeln, hinter der sich noch immer eine Intention verbirgt, die genau *jemanden* meint. Indifferenz aber ist keine Intention, sie ist keine Absicht, irgendjemandes Erscheinen durchzustreichen. Sie ist keine soziale Beziehung, auch keine negative. Insofern ist sie die Negativität des Sozialen schlechthin – ohne dabei das Soziale überhaupt schon zu negieren.

Ich möchte in diesem Beitrag versuchen, Indifferenz zunächst als „Raum" zu beschreiben, der eine besondere Physiognomie besitzt und dadurch das in ihm Erscheinende einebnet, ent-differenziert, sein ihm eigenes Scheinen und seinen Stachel unsichtbar und unfühlbar macht und das Erscheinende insofern deformiert. Wenn die Öffentlichkeit mit der Metapher der Helle und das Private mit der Metapher des Dunklen belegt wurden, dann müsste die Indifferenz ein Fluidum sein, welches das Erscheinende weder verbirgt, birgt, noch entbirgt (als das zeigt, was es ist), sondern welches das Erscheinende in seinem Erscheinen entindividualisiert und letztlich *entmachtet*. In einem Raum der Indifferenz waltet etwas Verschluckendes, Dämpfendes, Lähmendes, Nichtendes – etwas Außer-Kraft-Setzendes. Heidegger, von dem hier einige Ausdrücke geborgt wurden, betrachtete die Öffentlichkeit nicht (wie etwa Arendt) als entbergende Helle, sondern als einen defizienten Modus, als Verdunkelung des Selbstseins in das graue, massenhafte „Man"[1]. Es gibt in der Beschreibung des Man sicherlich einige Züge, die dem gleichkommen, was ich als Raum der Indifferenz umreißen möchte. Heideggers Perspektive allerdings ist eine andere, eine vom Selbstsein her. Noch dazu ist dieses Selbstsein als eines gedacht, das die Öffentlichkeit und auch die Anderen für sein Selbstsein im Grunde nicht *braucht*. Im Man erscheinen heißt, im Anonymen dahingleiten und seinen Normen unreflektiert zu folgen. Das Dasein kann sich aber, wie wir wissen, auch vom „Man" losreißen, sich selbst ergreifen und „in sein Eigenes" kommen.

Anders die Kraft oder das Außer-Kraft-Setzen der Indifferenz. Erstens ist der Raum, den die Indifferenz erzeugt, kein existenzialer Modus, dem ich verfalle, sondern eine Erscheinungsweise, in deren Falle ich sitze. Nicht nur, dass mein individuelles Gesicht darin zum gleich- und unförmigen, schemenhaften Massengesicht deformiert wird, es ist auch vollkommen gleichgültig, ob ich in meinem Selbstsein angekommen bin, um es ringe, oder nicht. Ich bin unsichtbar, gleichgültig, egal – überflüssig. Ich bin nicht das Subjekt dieses Raumes, das ihm verfallen, ihn aber genauso verlassen und sich selbst ergreifen kann. Es geht nicht um mich und meine Möglichkeiten in Bezug auf den Raum oder die Anderen. Es geht um gar nichts mehr, was mich irgendwie betreffen könnte. Solcherart eingeebnet, scheint mir die Überflüssigkeit bzw. das Überflüssig-Gemacht-Werden der Massen[2] die treffendere Beschreibung für den grassierenden Raum der Indifferenz als das Existenzial des „Man" zu sein. Dies hat noch einen weiteren Grund: Für mein existenziales Selbstsein brauche ich die anderen vielleicht nicht (obwohl man auch das gründlich bezweifeln sollte), für mein sehr gewöhnliches Sein und Überleben aber schon. Wenn das bedürftige Appell- und Anspruch-Sein, das Erscheinen auch immer bedeutet, verhallt, weil es von einem Hören, das nicht hört, verschluckt wird, wenn meine Bewegungen und Anstrengungen immer hysterischer und dabei immer lächerlicher werden, weil sie erscheinen ohne für jemanden zu erscheinen, dann bin ich selbst

---

[1] Vgl. M. Heidegger, *Sein und Zeit,* Tübingen ¹⁸2001, Gesamtausgabe Bd. 2, §§ 25–27.
[2] H. Arendt, *Elemente und Ursprünge totaler Herrschaft. Antisemitismus, Imperialismus, Totalitarismus,* München, Zürich 1986, S. 663–702.

radikal vom Verschwinden gefährdet.³ Meine Überflüssigkeit kann tödlich für mich sein, was aber niemandem auffallen würde. *Esse est percipi.*

Im Gegensatz zu der leeren aber erhabenen Indifferenz, die mich z. B. ein Blick in das All fühlen lässt und die auch einem indifferenten Gott zukommen würde, enthält die Indifferenz als soziales Phänomen eine besondere Komponente der Konkretheit, weil sie von Anderen erzeugt wird und deshalb eben einen besonderen Raum herstellt, der sich vom bloßen Erscheinen in der gleichgültigen Leere unterscheidet. Es ist die Konfrontation mit tauben Ohren, von denen man weiß, dass sie Ohren sind (also hören können) und – noch schlimmer – dass sie eigentlich nicht taub sind, dass es sich nicht um eine Privation des betreffenden Organs handelt. Dass hier alles gehört und alles gesehen und dabei nichts gehört und nichts gesehen wird, macht die Unerträglichkeit aus. Die Reaktion der Betroffenen ist meistens Wut, Ohnmacht, im letzten Stadium ein Gefühl der Sinnlosigkeit, was bedeutet, dass die Indifferenz ihr Werk getan hat und das in ihr bereits deformierte Erscheinende letztlich zersetzt.

Bisher habe ich nur die Erfahrung der Indifferenz aus der Perspektive der Opfer bzw. der Betroffenen von Indifferenz thematisiert. Ich habe versucht, diese als Erfahrung eines bestimmten (entmachteten, unsichtbaren, deformierten) Erscheinens und eines bestimmten Erscheinungsraumes zu beschreiben. Aber was erfahren die Indifferenten selbst?

Entscheidend ist zu betonen, dass dieses Erzeugen des Indifferenzraumes, das vorher angedeutet wurde, im Eigentlichen kein Erzeugen ist, dass es sich um keine Konstitution handelt, die man als einen bewussten Akt beschreiben könnte, oder als ein aktives Leisten irgendwelcher Subjektivitäten – zumindest ist es diese radikale Form der Indifferenz, auf die *ich als nihilistisches Zentrum der Überlegungen* hinauswill.⁴ Der Indifferenz-Erscheinungsraum gestaltet sich in diesem Fall für die Indifferenten nicht als erzeugter, von ihnen bewirkter, sondern als realer Erscheinungsraum, dem sie ebenso ausgesetzt sind. Das indifferente Subjekt macht nicht die Erfahrung, den Indifferenzraum souverän zu produzieren, sondern die Dinge erscheinen ihm, zeigen sich von sich selbst her in dieser indifferenten, entmachteten, farblosen und unansprechenden Weise. Man könnte mit Husserl von einer fungierenden Indifferenz sprechen, die den Raum selbst generiert. Man könnte auch wieder mit Heidegger von einer Grundstimmung oder einer Befindlichkeit sprechen, die die ganze Welt in ein bestimmtes Licht taucht. Wichtig ist aber

---

[3] Im Grunde genügt schon die Indifferenz des einen geliebten und/oder gebrauchten Wesens, um mich zu vernichten. Allerdings ist die Indifferenz aller noch um einiges überwältigender. Private und politische Dimensionen sind hier zu unterscheiden, auch wenn sie ineinander greifen können.

[4] In diesem Sinne verstehe ich auch meinen Beitrag zum Projekt einer „Negativistischen Sozialphilosophie". Mein Ziel ist es, den Begriff der Indifferenz als einen negativistischen herauszuarbeiten, was nicht ausschließen soll, dass „Gleichgültigkeit" auch eine durchaus positive Konnotation haben kann (wie etwa Geier tendenziell argumentiert): sei es im Sinne eines „Selbstschutzes", einer „aufgeklärten Gleichgültigkeit" oder einer (Abstraktions-)Leistung, die erst weitere Spielräume ermöglicht (z. B. Vergleichgültigung dem Unmittelbaren gegenüber, um eine „erweiterte Denkungsart" anzustreben, oder, psychologisch-/analytisch, Gleichgültigkeit als Prozess der Reifung bzw. Selbstwerdung etc.). Der „Prozess der Vergleichgültigung" (vgl. B. Waldenfels, „Der Prozeß der Vergleichgültigung", in: steirischer herbst festival [Hg.], *Herbst. Theorie zur Praxis*, 2009, S. 8–13) scheint mir aber auch immer ein negativistisches Element aufzuweisen, dessen Züge ich hier in einer forcierten Darstellungsweise verdeutlichen möchte.

letztlich, dass es *diese* Welt ist, die so erscheint, und keine „scheinbare" Indifferenzwelt, „vor" oder „hinter" einer „wirklichen" Welt, in die ich mich begeben könnte wie von einem Raum in einen anderen.

Indifferenz in ihrer eigentlichsten Form ist also keine Absicht, keine negative Bezugnahme auf jemanden, sie ist vielmehr ein Erscheinungszusammenhang, in dem alle Beteiligten stecken. Darüber hinaus noch ein Erscheinungszusammenhang, der radikal dissoziierend, „nichtend" fungiert. Statt von Erfahren sollte man eher von „Erfahrungsschwund"[5] sprechen. Um Indifferenz als Erscheinungszusammenhang bzw. als Erscheinungsraum näher analysieren zu können, müssen nun einige Unterscheidungen getroffen werden. Ich möchte drei recht einfache Differenzierungen vorschlagen: 1. zwischen aktiver und passiver Indifferenz; 2. zwischen Indifferenz auf kognitiver und auf emotionaler/ affektiver Ebene; 3. zwischen Indifferenz bezüglich den Anderen, mir selbst und der Welt.

2. Aktive und passive Indifferenz

Ad 1. Aktive Indifferenz kann ein bewusstes „Zumachen" und „Wegschauen" sein, ein Sich-unempfindlich-Machen. Es handelt sich in diesem Fall um ein Phänomen, das zur moralischen Kritik verpflichtet, was mittlerweile auch eine gewisse Tradition hat und daher manchmal zum Gemeinplatz verkommt: Die Gesellschaft wird immer kälter, beziehungsloser, egoistischer etc. Aktive Indifferenz kann auch aggressive Indifferenz sein, die sich gegen eine bestimmte Gruppe oder ein bestimmtes Individuum richtet und ihre Unberührtheit gegenüber deren Schicksal bewusst zur Schau stellt. Genau genommen würde ich ein solches Verhalten aber nicht unter dem Begriff der Indifferenz fassen, da hier die Indifferenz nur die Maske für etwas anderes ist (Vernichtungswillen, Hass, Ressentiment, Rache…).

Weiters gibt es *Haltungen* und *Strategien* der Indifferenz. Die ehrwürdigste und älteste ist wohl die der *Ataraxia*, der stoischen Seelenruhe. Diese scheidet aber deshalb, weil sie ein bestimmtes Ziel (sogar eine bestimmte Vorstellung des „guten Lebens") verfolgt, aus dem engeren Feld *der* Indifferenz aus, die ich als *Physiognomie eines Raumes* und *nicht* als *Einstellung eines Subjekts* beschreiben möchte. Aus demselben Grund würde ich sämtliche klassische philosophische, religiöse und politische Haltungen der Gleichgültigkeit, die bei Manfred Geier[6] in einem schönen ideengeschichtlichen Streifzug von den Kynikern und Stoikern über die Mystiker und Nihilisten bis zu den „postmodernen Oblomows"[7] aufgeführt werden, nicht in den Mittelpunkt des Interesses einer Negati-

---

[5] H. Arendt, *Vita activa oder vom tätigen Leben,* München, Zürich 1981, S. 410.

[6] M. Geier, *Das Glück der Gleichgültigen. Von der stoischen Seelenruhe zur postmodernen Indifferenz,* Reinbek bei Hamburg 1997.

[7] Geier, *Glück der Gleichgültigen,* S. 226. Geier interessiert sich in seiner Darstellung daher auch mehr für reflektierte Haltungen der Indifferenz bzw. „über sich selbst aufgeklärte Gleichgültigkeit" (ebd., S. 240). Dies impliziert m. E. eine Souveränität des Subjekts, die es nicht mehr haben kann, sobald es in den Erscheinungsraum der Indifferenz verwickelt ist, da es nicht mehr Autor seiner Gleichgültigkeit ist. In einigen Schriften von Jean Baudrillard drückt sich m. E. eine Art des „Übergangsstadiums" in diesen Zustand aus, da in seinen Texten sowohl die Faszination und das

vistischen Sozialphilosophie stellen. Selbst die in den 80ern und 90ern vieldiskutierte „postmoderne Indifferenz" lässt sich entweder als ein bewusst reflektiertes ästhetisches Konzept oder, mit Bourdieu, als *Habitus*, d. h. als eine *Form von Praxis* begreifen[8], mit der man sich sozial von anderen unterscheidet. Gleichgültigkeit als Habitus kann daher keine absolute Indifferenz sein[9]: der Cyberpunk, die Generation X, die liberale Ironikerin, der sexuelle Apathiker, der Metaphysikmuffel, die religiöse Indifferentistin, der Wissenschaftsironiker, die gelassene Apokalyptikerin[10] – sie alle repräsentieren Subjekte mit einer Haltung, einer Praxisform, einem Habitus – die im Übrigen auch durchaus sympathische Züge im Vergleich mit metaphysischen oder religiösen Unterscheidungsfanatikern und politischen Existenzialisten haben, von denen jene sich eben: unterscheiden. Es geht mir also nicht um irgendwelche „Phänotypen der Indifferenz"[11], die man als autark, egoistisch, narzisstisch, ironisch, cool etc. beschreiben könnte. Abgesehen davon denke ich, dass der postmoderne Diskurs über Indifferenz mittlerweile nicht mehr den Nerv der Zeit trifft. Denn die spielerische Leichtigkeit, die selbst mit einer gewissen Faszination und Freude an ihrer neuen, kreativ-indifferenten Haltung verbunden war, konnte damit in gewissem Maße noch provozieren und wenn sie das nicht wollte, bloß im exstatischen oder auch kontemplativen Rauschen virtueller Welten aufgehen. Diese Faszination scheint sich mir in der gegenwärtigen Situation nicht nur etwas routinisiert zu haben, sondern die Menschen sehen sich auch wieder mehr auf eine „Realität" zurückgeworfen, die ein ausschließlich ökonomisches Gesicht zu haben scheint (im Übrigen kein besonders schönes oder vertrauenerweckendes). Indifferenz aus Angst, Unsicherheit und Gefühlen des Scheiterns liegt m. E. heute näher als coole Gleichgültigkeit.[12]

Ein weiteres Modell aktiver Indifferenz, das vor allem in Gesellschaften der Reiz- und Informationsüberflutung zur sogenannten „psychohygienischen Notwendigkeit" wird, ist das der Indifferenzstrategie durch Differenzierung und Ausscheidung: Aus Selbstschutz wähle ich, wovon ich mich berühren und ansprechen lasse und was für mich in der Indifferenz versinkt. Hierzu gehören auch Prozesse der „Vergleichgültigung", die als gesamtgesellschaftliche zu beschreiben sind und als Reaktion auf die vermehrte Kon-

---

bewusste Sich-Einlassen in eine von „Simulakren" durchformte Indifferenz-Welt wahrnehmbar ist, als auch die vollkommene Auflösung darin. Insofern bietet Baudrillards Universum einen guten Ausgangspunkt für eine umfassendere Analyse des Indifferenzphänomens als Raum, die aber hier nicht geleistet werden kann vgl. z. B. J. Baudrillard, *Agonie des Realen*, Berlin 1978; *Der symbolische Tausch und der Tod*, München 1982; *Von der Verführung*, München 1992a; *Transparenz des Bösen*, Berlin 1992b; *Das perfekte Verbrechen*, München 1996 u. a.

[8] Vgl. P. Bourdieu, *Die feinen Unterschiede. Kritik der gesellschaftlichen Urteilskraft*, Frankfurt am Main 1982, S. 277 f.

[9] Vgl. C. Sommerfeld, „Der Habitus der postmodernen Gleichgültigkeit", in: P. Krause, B. Schwelling (Hg.), *Gleichgültigkeit und Gesellschaft. Interdisziplinäre Annäherungen an ein Phänomen*, Berlin 1998, S. 57–69, hier: S. 59.

[10] Vgl. Geier, *Glück der Gleichgültigen*, S. 226–238.

[11] Ebd., S. 159 ff.

[12] Diese scheint im Übrigen wieder eher den Charakter einer selbstermächtigenden Strategie *in Reaktion* auf eine gewisse Situation oder Weltgegebenheit zu haben, wozu die Subjekte, die vollends vom Indifferenzierungsgeschehen infiziert sind, kaum noch eine Möglichkeit haben.

frontation mit dem Fremden in zunehmend multikulturellen Gesellschaften auftreten.[13] Freilich befinden wir uns hier schon auf brüchigem Terrain, was die Souveränität bezüglich meines Indifferenzmodus betrifft, da die Dynamik und Rückkoppelungsfunktion dieser Praxis nicht unterschätzt werden kann. Eine weitere Möglichkeit, Indifferenz als aktive Haltung zu verstehen, ist die Deutung von Indifferenz als Protest oder als Widerstand – so manchmal bezüglich der viel beklagten politischen Gleichgültigkeit, die westliche Demokratien prägt, deren Politik und politische Parteien aber meist selbst von so großer Indifferenz (auch im Sinne von Un-Unterschiedenheit) befallen sind (vor allem hinsichtlich des gemeinsamen Unterworfenseins unter das Diktat der globalisierten Ökonomie), dass es nicht Wunder nehmen darf, wenn darauf ebenso mit Indifferenz reagiert wird. Allerdings verhält es sich hier so wie bei der „Selbstschutzstrategie", dass aus aktiver Gleichgültigkeit schnell unbemerkt passiv fungierende werden kann, dass also Indifferenzstrategien immer autoimmunisierend wirken und immer auch „etwas mit uns machen". (Man könnte dies auch mit Merleau-Pontys Deskription des Einschlafens analogisieren, in der wir zunächst eine Haltung des Schlafes simulieren, den Schlaf gleichsam imitieren, bevor er über uns kommt.)

Von diesen aktiven Haltungen, in denen ich etwas tun muss, eine Anstrengung, Aufwendung unternehmen muss, damit der Andere oder die Welt mir als indifferent erscheinen, möchte ich die passive Indifferenz unterscheiden, in der (1) diese Arbeit sich in mir leistet oder in der es (2) passender wäre, von einem Indifferenz-Geschehen zu sprechen, das sich eher „zwischen uns" abspielt, als dass es eindeutig auf ein Subjekt zurückzuführen wäre. Die erste Gruppe (1) gehört in das Feld der Psychopathologie und umfasst psychische Erkrankungen, von der Depression bis zur Apathie. Auch alle Varianten der Überforderung, auf die der sogenannte „psychische Apparat" mit Indifferenzsymptomen reagiert, gehören hierher. Für eine Negativistische Sozialphilosophie kann dies nur ein Randgebiet sein, da es hier z. T. um Phänomene geht, deren Umdeutung ins allgemein Philosophische oder Gesellschaftskritische der Sache (und den Betroffenen) Gewalt antun würde und auch derartig groß angelegte Schlüsse nicht zulässt. Von Interesse sind diese Phänomene aber insofern, als sie eine gesamtgesellschaftliche Dimension erreicht haben, die zumindest eindeutig an einem gewissen Diskurs festmachbar ist: Die „Volkskrankheit"[14] der Depression bzw. der depressiven Verstimmungen oder des neueren Burn-Out in westlichen Gesellschaften kann *nicht nicht* mit den Strukturen in diesen Gesellschaften zumindest in eine Korrelation gebracht werden. Womit ich zum zweiten Punkt (2) komme, für den ich eine Beschreibungsweise des Zwischen ansetzen möchte, der mir für eine Negativistische Sozialphilosophie geeigneter erscheint, der aber gleichzeitig auch schwerer zu fassen ist.

---

[13] Dies kann – wie bereits weiter oben erwähnt – auch ein sozialphilosophisch oder soziologisch positiv zu bewertender Prozess sein, insofern dem/der Fremden dadurch die Möglichkeit eines Lebensraums gewährt wird und Elemente des Fremden auf fruchtbare Weise in die Gastgesellschaft eingehen oder zumindest friedlich neben ihr bestehen können. Worauf ich aber hinweisen möchte, ist, dass sich in der Modifikation meiner Haltung (beispielsweise als Vergleichgültigung) auch das *Wozu* meines Verhaltens modifiziert.

[14] Zum Schlagwort „Zeitalter der Depression" vgl. G. L. Klerman, M. M. Weisman, „Increasing rates of depression", in: *JAMA 261*, Nr. 15 (1989), S. 2229–35. http://www.ncbi.nlm.nih.gov/pubmed/2648043?dopt=Abstract.

Hier geht es um die Deskription der Indifferenzräume aus verschiedenen Perspektiven und die Irreduzibilität dieser Erfahrungshorizonte, bzw., noch stärker, die konstitutive Funktion des indifferenten Erscheinungsgeschehens für alles, was sich darin zeigt. Gleichzeitig muss auch nach den Gründen, Quellen, Produktionsmodi dieses Raumes gefragt werden, wenn wir ihn nicht bloß „seinsgeschichtlich" fassen wollen. Dass es sich dabei weder um eine anthropologische noch um eine psychologische Fragestellung handeln kann, ist klar, da nicht „in den Köpfen" der Menschen irgendetwas passiert, was dann zu einer Wahrnehmungsverzerrung der an sich objektiv gegebenen Welt führt, sondern dass sich die Welt, zumindest die soziale Zwischenwelt, von sich selbst her so zeigt. Klarerweise führt uns dies eher auf Strukturen als auf Subjekte, die diese Produktionsleistung vollziehen, wobei aber die Subjekte selbst wieder als Verkörperungen dieser Strukturen zu lesen sind, die sich tief in ihre Affektivität einschreiben. Von der Indifferenz eher *infiziert* als *affiziert*, fungiert die Struktur in ihrem Zur-Welt-Sein und spiegelt sich wider in den einzig verfügbaren Gestalten von „Sinn" (im kapitalistischen System: Gewinn, Erfolg, Konsum etc.). Die marxistische Tradition stellt schon lange die geeigneten Mittel zur Analyse solcher Strukturen zur Verfügung; mit einer daran gekoppelten phänomenologischen Analyse wäre auch die Dichte, die „fungierende Sinnproduktion" und die Unaufhebbarkeit solcher Erfahrungen noch deutlicher herauszuarbeiten – zumal die Beseitigung des Kapitalismus, von der sich Marx die Aufhebung von Indifferenz und Entfremdung erhofft hatte, nicht gerade vor der Tür steht. Mit Arendt, auf die ich weiter unten noch zurückkommen werde, ist eine solche Aufhebung allerdings auch dann nicht ohne weiteres zu erwarten, wenn sich die klassenlose Gesellschaft realisieren würde.

Zur Herausarbeitung von Erscheinungsrastern von z. B. potenziell allem sozial Erscheinenden als Ware oder als Konsumgegenstand, ist neben dem „globalisierten Kapitalismus" als Erfahrungs- und Erscheinungsräume generierendes System natürlich auch noch auf bereits bewährte Analysen der Kulturindustrie (Horkheimer/Adorno[15]), der Bürokratie (Arendt), der Medien (Anders[16], Sloterdijk[17]), des Diskurses (Foucault[18]), des virtuellen Raumes (Baudrillard[19]) etc. zurückzugreifen. In diesen „Systemen", auf die eine hochentwickelte und „hochkomplexe" (wie es Luhmann gerne formuliert) Gesellschaft kaum mehr verzichten kann, wird Indifferenz produziert und erzeugt, und damit unweigerlich eine bestimmte Welt konstituiert, die durch keine philosophische Konzeption aufgehoben oder aus den Angeln gehoben werden kann – vor allem deshalb, weil die philosophischen Konzeptionen und deren ProduzentInnen schon selbst viel zu sehr in den Indifferenzraum verwickelt sind. Deshalb bleibt es auch unverzichtbar, die existenzielle und subjektiv erlebte Komponente der AkteurInnen in eine Analyse mit

---

[15] M. Horkheimer, T. W. Adorno, *Dialektik der Aufklärung. Philosophische Fragmente*, Frankfurt am Main 1998.

[16] G. Anders, *Die Antiquiertheit des Menschen. Band 1: Über die Seele im Zeitalter der zweiten industriellen Revolution*, München 1988.

[17] P. Sloterdijk, *Kritik der zynischen Vernunft. Zweiter Band*, Frankfurt am Main 1983.

[18] M. Foucault, *Die Ordnung des Diskurses*, Frankfurt am Main 2000.

[19] J. Baudrillard, *Agonie des Realen*, Berlin 1978; *Transparenz des Bösen*, Berlin 1992; *Das perfekte Verbrechen*, München 1996.

hineinzunehmen, da hier am ehesten die Hoffnung besteht, Brüche und Störungen ausfindig zu machen.

3. Kognitive und affektive Indifferenz

Ad 2. Die zweite Unterscheidung zwischen kognitiver und affektiver (emotionaler) Indifferenz soll verschiedene Ebenen des Indifferenzgeschehens markieren, die aber durchaus ineinandergreifen. Unter kognitiver Indifferenz (die wieder eher aktiv oder passiv sein kann), verstehe ich das Nicht-Machen von Unterschieden. Indifferenz heißt also nicht nur, dass ich dem als unterschiedlich Erkannten gleichgültig gegenüberstehe, sondern dass ich diese Unterschiede nicht einmal wahrnehme. Differenzierung in der Wahrnehmung erfordert dann eine zusätzliche Arbeit, der erhebliche Widerstände durch den von selbst ablaufenden Prozess der Indifferenzierung entgegenwirken.

Affektive Indifferenz reicht noch tiefer, weil sie das Angesprochen-Sein überhaupt nicht mehr zu registrieren und zu differenzieren vermag und selbst die eigene Befindlichkeit keine Höhen und Tiefen mehr erreicht. Das „bloße Funktionieren" im System einerseits und die „Vergletscherung der Gefühle" (Haneke) andererseits sind Wesenszüge dieses Zustandes, die wir in Literatur und Film in einigen Detailstudien vorliegen haben.[20] A-Pathie als Stilllegung des Pathos (der Leidenschaften, des Erleidens, des Affiziert-Seins), ist mehr noch als kognitive Indifferenz das Ende alles Sozialen. Die Maschine, der Zombie oder der Muselman der Konzentrationslager sind die phantastischen oder allzu realen Limesfiguren dieser vollkommenen Auflösung des Menschlichen und Sozialen.

4. Indifferenz dem Anderen, sich selbst, der Welt gegenüber

Ad 3. Die dritte Unterscheidung der Indifferenz gegenüber den Anderen, sich selbst und der Welt möchte ich nun noch mit zwei AutorInnen, Levinas und Arendt, herausarbeiten, die in ihrer unterschiedlichen Annäherung an das Problem auch jeweils einen ethischen und einen politischen Aspekt an der Sache deutlich machen und gleichzeitig ein Beispiel dafür geben, wie eine solche Indifferenz-Analyse konkret aussehen könnte.

a. Indifferenz dem Anderen gegenüber

Levinas nähert sich dem Phänomen der Indifferenz, indem er es als „ontologische" Struktur fasst, die sich dem Ethischen gegenüber immer wieder verhärtet. Insofern er also eine Ontologie, oder genauer, *die* Ontologie selbst als Ort der Indifferenz, des Beharrens im Sein etc. ansiedelt, scheint er ihre Unaufhebbarkeit in philosophischen Termini denkbar drastisch festgemacht zu haben. Kein Sein, kein Seiendes, das nicht in

---

[20] Statt der klassischen „Phänotypen" der Indifferenz von Oblomow bis Camus' *Der Fremde*, würde ich daher – wie später im Fließtext – eher auf Filme wie z. B. *Hundstage* verweisen, um Indifferenz als Raum und nicht als Haltung deutlich werden zu lassen.

diese Struktur gegossen wäre. In eine Ontologie, die Selbstinteressiertsein und letztlich Krieg bedeutet. Dass Levinas dieser Ontologie ein „Jenseits des Seins" und einen „ethischen Widerstand" („der Widerstand dessen, was keinen Widerstand leistet"[21]) entgegensetzt, der als Spur der Transzendenz im Gesicht des Anderen „leuchtet", ist bekannt und braucht hier nicht wiederholt zu werden.[22] Levinas verlegt in seinem Spätwerk diese „Spur" von einer Erfahrung der Exteriorität in die Subjektivität selbst und zeigt anhand von verschiedenen Analysen (der Zeitlichkeit, Leiblichkeit, Intentionalität, Empfindung etc.), dass „der Andere" immer schon da ist, bevor ein „Ich" bei sich selbst sein könnte; ja sogar vor einem (präreflexiven) „Sich", da dieses in unendlicher Passivität und Heteronomie vom ethischen Anspruch des Anderen immer schon unterwandert ist. („Das Sich ist von Grund auf Geisel, früher als es Ego ist, schon vor den ersten Ursachen."[23]) Dieser Riss und diese Störung wären nach Levinas nichts anderes als das Sich-Ereignen von Subjektivität selbst, wobei es falsch wäre, dies etwa als Erkenntnis in Aussagesätzen zu formulieren, da von einer solchen ethischen Optik der Subjektivität nur zeugnishaft gesprochen werden kann.[24] Ein Terminus, der bei Levinas in diesem Zusammenhang immer wieder auftaucht, ist der der „Nicht-Indifferenz": Mit dieser semantisch mehrdeutigen doppelten Verneinung von „Differenz" zeigt Levinas an, dass gerade die Erfahrung der Differenz ein Nicht-indifferent-Sein (oder -werden) bedeutet, und dass Subjektivität entgegen aller ontologischen Verhärtungen die „Nicht-Indifferenz" *ist*, die von der Differenz je schon besessen ist: „die Besessenheit, in der die Differenz als Nicht-Indifferenz erzittert […]"[25]. Der ganze Diskurs, den Levinas führt, ist von diesem Erzittern geprägt, das gegen die Ontologie, gegen den Krieg, gegen die Indifferenz in einem unglaublichen, erschütternd-erschütterten Wortfluss Zeugnis ablegt von dem „Jenseits des Seins", der Alterität und der ethischen Verantwortlichkeit. An einer Stelle macht Levinas auch explizit, dass das vorliegende Buch *Jenseits des Seins oder anders als Sein geschieht* geschrieben wurde, „um Rechenschaft zu geben von der unmöglichen Indifferenz gegenüber dem Menschlichen, die selbst – und gerade – in der unentwegten Rede vom Tode Gottes, vom Ende des Menschen und vom Zerfall der Welt sich nicht verborgen halten kann"[26].

---

[21] E. Levinas, *Totalität und Unendlichkeit*, Freiburg i. Br., München 1987, S. 286.
[22] Eine sehr schöne einführende Darstellung von Levinas' Grundgedanken findet sich bei A. Gelhard, *Levinas*, Leipzig 2005.
[23] E. Levinas, *Jenseits des Seins oder anders als Sein geschieht*, Freiburg i. Br., München 1998, S. 261 (in den Fußnoten: Sigle JdS).
[24] Vgl. dazu P. Zeillinger, „Phänomenologie des Nicht-Phänomenalen. Spur und Inversion des Seins bei Emmanuel Levinas", in: M. Blamauer, W. Fasching, M. Flatscher (Hg.), *Phänomenologische Aufbrüche*, Frankfurt am Main 2005, S. 161–179 und P. Zeillinger, „'eins, zwei, viele …' – oder: Ohne Selbst, aber in Gemeinschaft. Der Einbruch des Anderen-im-Plural bei Levinas", in: M. Flatscher, S. Loidolt (Hg.), *Das Fremde im Selbst – Das Andere im Selben. Transformationen der Phänomenologie*, Würzburg 2010, S. 225–247 hier: S. 241–244, wo der Zeugnisgedanke in Zusammenhang mit einem ethisch transformierten Begriff der Subjektivität und der Gemeinschaft entwickelt wird.
[25] Ebd., S. 187.
[26] Ebd., S. 141.

Nur in einer sehr oberflächlichen Lesart wird man dies als ein anthropologisches[27] Projekt verstehen, das die „eigentliche Natur des Menschen" als ethisches Wesen verteidigen möchte. Vielmehr hat sich Levinas dadurch, dass er sich die Ontologie (und die Geschichtsphilosophie) als seine unbezwingbaren Gegnerinnen wählt, nur den Ausweg des Anderen, Jenseitigen, Transzendenten gelassen, das keinen Ort in der Welt und im Sein hat und nur „da" ist, insofern es jemand bezeugt bzw. nur im Bezeugen selbst eine mögliche Existenzform hat – die aber nie in ein „Wissen" oder „positives Sein" einer „menschlichen Natur" umschlagen könnte. Gegen Hobbes, den Denker des – wie ich meinen würde – unaufhebbar Negativen des Sozialen, formuliert Levinas bezeichnenderweise vorsichtig, weil appellhaft und nicht (ein Wissen) aussagend: „Es ist nicht unwichtig zu wissen [...], ob der egalitäre und gerechte Staat [...] aus einem Krieg aller gegen alle hervorgeht – oder aus der irreduziblen Verantwortung des einen für den anderen und ob er nicht die Einzigkeit des Angesichts und der Liebe ignorieren kann. Es ist nicht unwichtig, dies zu wissen, damit der Krieg nicht zur Einrichtung eines Krieges mit gutem Gewissen im Namen der historischen Notwendigkeiten wird."[28] Levinas steht also in spezifisch ethischer und nicht anthropologischer oder psychologischer Weise für den Entwurf einer nicht-indifferenten Sozialität ein.

Sein Gegenbild aber, das des selbst-interessierten bzw. an seinem Sein interessierten Subjekts, das von „Konkurrenz, Unsicherheit und Ruhmsucht"[29] geprägt ist, hat m. E. eine radikale Form der Indifferenz noch gar nicht erreicht. „Sein als Interessiertsein" bedeutet eine gewisse Ontologie des Egoismus oder zumindest des *conatus*, der Selbsterhaltung, die dem Anderen einen nur begrenzten Platz und auch diesen nur mit Vorbehalt einräumt. Es ist die klassische Anklage gegen die scheinbar natürliche egoistische Konstitution des Selbst, die wir bei vielen Denkern finden, so z. B. Kant, der die Neigungen als das Zentrum des sinnlichen Egoismus identifiziert und auch Heidegger, der in existenzialen Begriffen formuliert, dass es dem Dasein in seinem Sein um dieses Sein selbst geht[30]. Aber das Selbst-Interessiertsein ist hier noch das grundlegende Phänomen, das den Indifferenzraum gegenüber Anderen, das die Ontologie des Kriegs produziert. Zwei-

---

[27] Diese Bemerkung zielt keinesfalls darauf ab, anthropologische Ansätze überhaupt zu diffamieren. Vielmehr geht es darum, sich klarzumachen, dass Levinas kein bestimmtes „Menschenbild" entwirft (etwa als Gegenentwurf zu Hobbes), das „dem Menschen" diese und jene Charakteristika zuschreiben würde. Vgl dazu Levinas selbst: „Die Analysen, die wir anstellen werden, sind keine anthropologischen, sondern ontologische. Wir glauben in der Tat an die Existenz ontologischer Probleme und Strukturen", in: E. Levinas, *Die Zeit und der Andere*, Hamburg 1995, S. 17.

[28] E. Levinas, *Verletzlichkeit und Frieden. Schriften über Politik und das Politische,* Berlin, Zürich 2007, S. 149.

[29] Vgl. T. Hobbes, *Leviathan,* Hamburg 1996, S. 104.

[30] Vgl. Heidegger, *Sein und Zeit*. Levinas trifft damit in gewissem Sinne in das Herz der existenzialen Ontologie Heideggers, wenn er diesem entgegenhält: „Es geht für das Sich, in seinem Sein, nicht darum zu sein" (JdS, S. 261). Freilich spricht das späte Denken Heideggers eine andere Sprache, der diese Kritik nicht gerecht zu werden vermag, und man kann auch darüber diskutieren, ob Levinas Heidegger immer angemessen ausgelegt hat. Was Levinas (oder auch Arendt) allerdings an *Sein und Zeit* nachhaltig beunruhigte, war, dass Heidegger hier die „Selbstischkeit" (in: H. Arendt, *Was ist Existenz-Philosophie?* Frankfurt am Main 1990, S. 47) des Subjekts auf eine existenziale Ebene gehoben hatte und damit nicht mehr eine bloß existenzielle bzw. ontische Gegebenheit wie etwa den Egoismus durch empirische Neigungen kennzeichnete, sondern ein ontologisches

fellos genügt diese Ontologie schon, um soziale und menschliche Katastrophen eintreten zu lassen. Die Frage ist allerdings, ob sich in einer Betrachtung, die nicht nur von der „Struktur der Subjektivität"[31] ausgeht, sondern deren gesellschaftlich-geschichtliche und sozio-ökonomische Situation ebenso berücksichtigt, nicht noch etwas anderes zeigt als die Ontologie des Egoismus bzw. diese von etwas anderem über- und durchwachsen wird, so wie die vorher beschriebenen Strukturmechanismen und Erscheinungsräume wesentlich mitbestimmen, was und wie etwas für uns da ist. Die Vermutung wäre hier, dass neben dem klassischen Einwurf, dass Egoismus Indifferenz produziert, das Ausmaß der Indifferenzproduktion viel „unmenschlichere", monströsere Ausmaße angenommen hat und nicht auf etwas so „Urwüchsigem" wie dem Selbstinteressiertsein ruht. Man könnte auch die Indifferenz als einen *Riss* in den Subjekten beschreiben, aber nicht einen, der sie beunruhigt, stört, ethisch „erweckt"[32], sondern einer, der sie dissoziiert, entfremdet, betäubt. Die Selbstinteressiertheitsstruktur könnte hier nur mehr oberflächlich sein unter der hervorstarrenden Indifferenzstruktur des Seins[33] – was das Verhältnis

---

Verhältnis beschrieb, das tatsächlich das Seiende auf eine allumfassende Logik des „Selbstseins" hin ausrichtete.

[31] „In diesem Buch [*Jenseits des Seins*] spreche ich von der Verantwortung als der wesentlichen, primären und grundlegenden Struktur der Subjektivität. Denn ich beschreibe die Subjektivität mithilfe ethischer Begriffe. Die Ethik scheint hier nicht als Supplement zu einer vorgegebenen existentiellen Basis; innerhalb der als Verantwortlichkeit verstandenen Ethik wird der eigentliche Knoten des Subjektiven geknüpft", in: E. Levinas, *Ethik und Unendliches. Gespräche mit Philippe Nemo*, Wien 1996, S. 72.

[32] Dieses Des-Interessiertsein am eigenen Sein durch den Anruf des Ethischen treibt Levinas an einen fast unerträglichen Punkt des Traumas, das zwar selbst am Rande eines Zusammenbruchs in die Indifferenz durch Überforderung balanciert – aber nur, wenn wir von einer Ökonomie und einer Begrenzung der Affektivität ausgehen, was Levinas selbst nicht mehr tut.

[33] Es läge nahe, hier mit dem Levinas'schen Begriff des „Il y a" (Es gibt) zu arbeiten, das nach Levinas das „anonyme Rauschen des *seins*", eines *seins ohne Seiendes* beschreibt vgl. E. Levinas, *Vom Sein zum Seienden*, Freiburg i. Br., München 1997. Das Subjekt muss sich in diesem anonymen Rauschen erst setzen, Distanz gewinnen, um ein „Psychismus" zu werden, und schließlich sich in einem zweiten Schritt auch von diesem „Selbst" noch befreien, um *für* den Anderen zu sein. Das „Es gibt" taucht aber nicht nur im frühen Denken Levinas' auf, sondern auch noch in *Jenseits des Seins*, als das „grauenerregende" (JdS, S. 355), „exzessive und widerliche Geräusch und Gedränge" (JdS, S. 357), das „unerträglich" ist „für ein Subjekt, das sich als Subjekt befreit", da es die pure „Sinnlosigkeit" (JdS, S. 355) vollzieht: „Das unerschütterliche *sein*, das ausgewogen ist und gleichgültig gegenüber aller Verantwortung, die es nunmehr umfasst, schlägt wie in einer Schlaflosigkeit aus dieser Neutralität und dieser Ausgewogenheit um in Monotonie, Anonymität, Bedeutungslosigkeit, in ein unablässiges Rauschen, das durch nichts mehr abgestellt werden kann […]" (JdS, S. 354 f.). Obwohl Levinas darauf beharrt, diese „Ambiguität von Sinn und Sinnlosigkeit im Sein, indem der Sinn in die Sinnlosigkeit umschlägt" (JdS, S. 356) ernstzunehmen, scheint mir der Begriff des „Es gibt", so wie er entwickelt wird, letztlich das Alteritätsereignis noch zu unterstützen, da er durch den „Überschuß der Sinnlosigkeit über den Sinn" dem *Sich* die „Sühne" (JdS, S. 356) ermöglicht. Das „Es gibt" wird so die „ganze Last, die die ertragene Anderheit wiegt" (JdS, S. 356). Zwar finden sich in Levinas' Deskription zweifelsohne Parallelen zum Entwurf eines Indifferenzraumes, aber mir scheint, dass das „Es gibt" eher die Indifferenz „im Gesamten", die des Kosmos, oder, ontologisch gesprochen, des Seins ausdrückt (die ich weiter oben angeführt habe) und nicht den *sozialen* Indifferenzraum. Zudem ist der Weg, wie Levinas zum *il y a* findet, über die Analyse der „Schlaflosigkeit" entstanden, also schon über eine Subjektivität,

der Indifferenzproduktion umdrehen würde, weil sie keinen „Grund" mehr in der Selbstbezogenheit des Seienden bzw. des Daseins hätte.

b. Indifferenz sich selbst gegenüber

Ich möchte daher mit dem zweiten Aspekt dieser Unterscheidung zwischen Anderen, Selbst und Welt – Indifferenz sich selbst gegenüber – nicht auf die Pathologie dieses Phänomens hinaus (die in der Depression, Apathie etc. zweifellos besteht), sondern auf den – wie oben angedeutet – schwerer fassbaren Aspekt eines Indifferenz-Geschehens zwischen und „unter" den Subjekten[34]. Man denke dabei z. B. an Figuren wie Jelineks *Liebhaberinnen*, Ulrich Seidls *Models* oder die von ihm porträtierten Figuren in *Hundstage*, die zwar alle *auch* als egoistisch und selbstinteressiert bezeichnet werden können, deren Bemühungen, in ihrer Welt irgendwie zu reüssieren, aber eher schon wie dressierte Turnübungen in einer sinnentleerten Welt der totalen Kontingenz wirken. Hier geschieht das wirkliche Erodieren des Sozialen, nicht im Egoismus, der immerhin noch eine Vitalität hat, die irritiert werden könnte. Der Erscheinungsmodus der vollkommenen Kontingenz (von Welt, Selbst und den Anderen) und sein Korrelat der Sinnlosigkeit lässt alles Interesse, sogar das an mir selbst, zum lächerlichen Gerüst einer Ontologie werden, die auf Treibsand gebaut ist. Alles Interesse ist dann nur mehr eingeübte Routine: das über den Fernseher trainierte Mitleid mit Opfern von irgendwelchen Katastrophen, das Fortkommen in der Karriere, das neueste technische Gerät mit seinen tollen Funktionen, das unentwegte „Spaß-Haben"[35], das mehr in einer äußerlichen Pose als in irgendeiner Empfindung liegt. Hinter dem scheinbaren Interesse und Egoismus steckt in Wirklichkeit Indifferenz.

Ohne auf die psychoanalytischen Anknüpfungspunkte, die sich hier und an anderen Stellen ergeben würden, eingehen zu können, möchte ich nur das Auffallendste erwähnen, nämlich dass das Indifferenzierungsgeschehen eine Nähe zum so genannten „Todestrieb" aufweist, der als das Bestreben nach Stillstand, immergleicher Wiederholung und Rückkehr in das Anorganische gekennzeichnet wird. Denn der Gleichgültigkeit, die alles Erscheinende und alles Erscheinen durchdringt, kann angemessener mit dem sterilen Stillstand oder automatisiertem Wiederholungszwang geantwortet werden als im lebendigen Sich-Bewegen, das nicht wahrgenommen und damit letztlich zum lächerlichen Abstrampeln wird.

Freilich kann Levinas immer noch recht behalten, schon allein aufgrund der Struktur seines Arguments, dass der Andere immer „einfallen" kann von Nirgendwoher bzw. immer schon eingefallen ist, in die Welt, ins Denken, in unser Innerstes. Das ist das Zeugnis des Ethischen, das nicht nur gegen die egoistische Ontologie, sondern auch gegen eine

---

 die das Rauschen bemerkt, von ihm ge- bzw. verstört wird. Der Indifferenzraum hingegen soll das Gedämpft- und Deformiertwerden als sich unbemerkt vollziehendes einfangen, nicht als Erwachen oder Wachen (Schlaflosigkeit) – vielmehr als seine Gegenbewegung.

[34] Wobei hier nicht behauptet werden soll, dass von irgendwelchen vollständigen Subjekten mit metaphysischer Grundausstattung die Rede ist; man kann durchaus auch von den in der postmodernen/ dekonstruktivistischen Theorie entwickelten „subjektalen Orten" ausgehen.

[35] Vgl. N. Postman, *Wir amüsieren uns zu Tode*, Frankfurt am Main 1985.

Welt der erstarrenden Indifferenz aufrecht bleibt. Die Irreduzibilität der „kriegerischen Ontologie" und wohl auch der sich ausbreitenden Indifferenzräume scheint aber damit genauso anerkannt zu sein.

c. Indifferenz der Welt gegenüber

Diese Betrachtung der Indifferenz in ethischer und subjektstruktureller Hinsicht möchte ich nun noch mit Arendts Überlegungen ergänzen, die das Politische und die gemeinsame Welt in den Mittelpunkt der Indifferenz-Bedrohung stellt. Die Produktion von Indifferenzräumen ist für Arendt auf verschiedene geschichtlich-gesellschaftliche Entwicklungen zurückzuführen, die sie in *Elemente und Ursprünge totaler Herrschaft* und *Vita activa* je unterschiedlich ausarbeitet: Der Totalitarismus, dessen Eigenschaft als eine völlig neue Herrschaftsform Arendt im erstgenannten Werk überzeugend aufzeigt, fußt auf einer ebenso neuen wie einzigartigen sozioökonomischen, existenziellen und ideengeschichtlichen Situation, deren Wurzeln und Bausteine Arendt konkret in ihrer Analyse des europäischen Imperialismus und Antisemitismus rekonstruiert. Indifferenz hat damit ganz wesentlich zu tun. Der Zusammenbruch der alten Welt und ihrer Werte, der sich als stetige Erosion schon im 19. Jahrhundert vorbereitet und schließlich mit dem Ersten Weltkrieg sichtbar vollzogen hat, hinterlässt eine Massengesellschaft, die Arendt primär durch ökonomische und soziale „Verlassenheit" kennzeichnet:

„Die europäischen Massen entstanden aus der Zersetzung einer bereits atomisierten Gesellschaft, in der die Konkurrenz zwischen Individuen und die aus ihr entstehenden Probleme der Verlassenheit nur dadurch in gewissen Grenzen gehalten wurden, daß die Individuen gleichzeitig von Geburt zu einer Klasse gehörten, in der sie unabhängig von Erfolg und Scheitern beheimatet blieben. Das Hauptmerkmal der Individuen in einer Massengesellschaft ist nicht Brutalität oder Dummheit oder Unbildung, sondern Kontaktlosigkeit und Entwurzeltsein."[36]

Arendts Versuch, mit diesen existenziellen Begriffen zu verstehen, „was moderne Menschen so leicht in die totalitären Bewegungen jagt und sie so gut vorbereitet für die totalitäre Herrschaft"[37], ist als unzureichend für eine Erklärung der verschiedenen Aspekte, die in der Entwicklung des Nationalsozialismus oder des Stalinismus eine Rolle gespielt haben mögen, kritisiert worden.[38] Weniger um historische und politik-

---

[36] Arendt, *Elemente und Ursprünge*, S. 682.
[37] Ebd., S. 978.
[38] Vgl. S. Benhabib, *Hannah Arendt. Die melancholische Denkerin der Moderne*, Hamburg 1998: „Sie [Arendt] stand deutlich unter dem Einfluß Martin Heideggers Analyse des ‚Man', wenn sie die grundlegende ontologische Erfahrung des Individuums, die dieses für den Totalitarismus anfällig machte, als die Erfahrung der ‚Einsamkeit' beschrieb. Die neuere Geschichtsforschung hat unterdessen zeigen können, in welchem Ausmaß bereits vorhandene Organisationen und Verbände von den Nazis gar nicht zerstört wurden, sondern ganz im Gegenteil oftmals erfolgreich in ihre Kräftehierarchie integriert werden konnten. Dies stellt den diagnostischen Stellenwert von Kategorien wie ‚Einsamkeit' und ‚Massengesellschaft' für die Erklärung, wie es zum Aufstieg des Totalitarismus kommen konnte, ernsthaft in Frage" (ebd., S. 19; ebenso S. 118–122, 124, 129). Benhabib versucht Arendt dahingehend zu interpretieren, dass sie sich in ihren „diagnostischen Begriffen der Einsamkeit und der Weltlosigkeit" ohnehin von der Fundamentalontologie Martin

wissenschaftliche Korrektheit geht es aber bei Arendt – wie etwa auch bei Benjamin – um die Herausarbeitung einer bestimmten Perspektive auf exemplarische, sich herauskristallisierende Strukturmomente eines Geschehens.[39] Etwas als neue Entwicklung zu kennzeichnen soll dabei weder heißen, dass man ab jetzt die Weltgeschichte aus der Perspektive der Indifferenz oder der Verlassenheit schreiben muss, noch dass man sie als singulär kausal für alles versteht (so ist es auch gewiss bei Arendt nicht gemeint). Für eine Negativistische Sozialphilosophie ist es umso interessanter, wie Arendt anhand verschiedener Stränge genau das herausarbeitet, was ich als Produktion von Indifferenzräumen zu kennzeichnen versuche, die erst gewisse Erscheinungsformen überhaupt möglich machen. Die letzte Ausformung eines solchen Raumes, in der die Überflüssig-Machung Realität wird, sind die Todesfabriken der Konzentrationslager:

„Der Versuch der totalen Herrschaft, in den Laboratorien der Konzentrationslager das Überflüssigwerden von Menschen herauszuexperimentieren, entspricht aufs genaueste den Erfahrungen moderner Massen von ihrer eigenen Überflüssigkeit in einer übervölkerten Welt und der Sinnlosigkeit dieser Welt selbst. Die Gesellschaft der Konzentrationäre, in der täglich und stündlich gelehrt wird, daß Strafe keinen Sinnzusammenhang mit einem Vergehen zu haben, daß Ausbeutung niemandem Profit zu bringen und daß Arbeit kein Ergebnis zu zeitigen braucht, ist ein Ort, wo jede Handlung und jede menschliche Regung prinzipiell sinnlos sind, wo mit anderen Worten Sinnlosigkeit direkt erzeugt wird."[40]

Diese äußerste Ausnahmesituation der Lager[41], die Giorgio Agamben[42] – ob berechtigt oder unberechtigt lasse ich hier dahingestellt – auf die Logik der gegenwärtigen Situation extrapoliert, zeigt in einer nicht mehr artikulierbaren Weise den Horror auf, der im totalen Indifferenzraum waltet. Aber auch die moderne Konsumgesellschaft hält sich, so Arendt wie Agamben, nicht in einem wesentlich anderen Raum auf.[43] Dies deutet schon *Elemente und Ursprünge totaler Herrschaft* an, wird aber in *Vita activa* mit

---

Heideggers entfernt habe und in eine „politische Soziologie der Assoziationen oder freier Zusammenschlüsse" (ebd., S. 129 f.) im Zuge der Lektüre Tocquevilles übergegangen sei. In dieser Interpretation wird sehr klar, dass Benhabib existenzielle Kategorien für eine politische Analyse für nicht geeignet hält, was ich in Arendts Fall bezweifeln würde.

[39] Ebd., S. 114.
[40] Arendt, *Elemente und Ursprünge*, S. 938.
[41] Bemerkenswert ist in diesem Zusammenhang auch eine Rede von Elie Wiesel über „The Perils of Indifference" (1999) in: http://www.historyplace.com/speeches/wiesel.htm.
[42] Vgl. G. Agamben, *Homo sacer. Die souveräne Macht und das nackte Leben*, Frankfurt am Main 2002.
[43] An dieser Stelle wäre es auch möglich, einen Zusammenhang mit den Gewaltverbrechen aufzuzeigen, die Geier am Ende seines Buches als das erschreckende Gesicht der Indifferenz anführt: „Haß- und Gewaltausbrüche aus Gleichgültigkeit, sei es, indem einer fundamental empfundenen Gleichgültigkeit durch mörderische Exzesse zu entkommen versucht wird, sei es, indem mit einer empfindungslosen Grausamkeit getötet wird, ohne dafür einen Grund oder Anlaß zu besitzen" (Geier, *Glück der Gleichgültigen*, S. 240). Auch Baudrillard weist auf dieses Phänomen hin als „eine Langeweile, eine Indifferenz, die plötzlich, einem Prozeß abrupten Übergangs ins Extrem entsprechend, gewaltsam Gestalt annehmen, sich auch beschleunigen [kann]" (ebd.). Man könnte Parallelen ziehen mit der Lagersituation, insofern der Gewaltverbrecher sich in eine „Wärterposition" stellt, in der jeder sein Opfer sein kann, vollkommen gleichgültig, um wen oder welche

philosophischen Begriffswerkzeugen und einer noch umfassenderen Interpretation der abendländischen Geschichte nachdrücklich herausgearbeitet. Die wesentlichen Stränge, die im letzten Kapitel der *Vita activa*, „Der Sieg des Animal laborans"[44], kulminieren, können hier nur in ihrer Kürzestversion in Form von zwei Stichworten angesprochen werden:

1. *Weltlosigkeit*, d. h. Verlust eines beständigen Ortes, an dem Menschen „wohnen" und „zu Hause" sein können; Verlust einer gemeinsam multiperspektivisch betrachteten Objektwelt[45], die Menschen einerseits verbindet, aber auch trennt (wie Arendts berühmtes Beispiel des Tisches zwischen zwei Menschen), auf die sie sich unterschiedlich beziehen können. Arendt versteht „Welt" in diesem architektonisch, dinglich und politisch befestigten Sinn, wodurch dem menschlichen Bezugsgewebe ein Rahmen zur Verfügung gestellt wird. Dieser ermöglicht, dass Menschen sichtbar werden und vor anderen erscheinen, handeln und sprechen, schließlich auch erinnert werden können. Denn menschliches Handeln erzeugt „wie von selbst" Geschichten und stiftet damit Sinn. Ein solcher „Sinn" menschlicher Angelegenheiten wird einem individuellen Leben, das einen Anfangs- und Endpunkt besitzt, insofern gerecht und von ihm auch benötigt, als er spezifische Handlungs- und Verstehensmöglichkeiten aufzeigt – anstatt die menschliche Existenz in ein Selbstverständnis eines bloß kontingenten Moments im ewigen Kreisen des todlosen (geschichts-/geschichtenlosen) Gattungslebens oder des zirkulierenden Kapitals zu verstoßen. Die Elemente und Ursprünge der Weltentfremdung, die schließlich in

---

Situation es sich handelt. Über einen solchen Mörder schreibt Baudrillard: „Sich selbst gegenüber indifferent, eliminierte er ebenso indifferente Wesen" (ebd., S. 241).

[44] Arendt, *Vita activa*, S. 407–415.

[45] Dieses Arendt'sche Begreifen von Welt als das „Gemeinsame" ist weniger metaphorisch zu verstehen als vielmehr phänomenologisch. Dies zeigt sich vor allem in ihren Ausführungen in der *Vita activa*: „Das von Anderen Gesehen- und Gehörtwerden erhält seine Bedeutsamkeit von der Tatsache, daß ein jeder von einer anderen Position aus sieht und hört. [...] Nur wo Dinge, ohne ihre Identität zu verlieren, von Vielen in einer Vielfalt von Perspektiven erblickt werden, so daß die um sie Versammelten wissen, daß ein Selbes sich ihnen in äußerster Verschiedenheit darbietet, kann weltliche Wirklichkeit eigentlich und zuverlässig in Erscheinung treten. So ist Realität unter den Bedingungen einer gemeinsamen Welt nicht durch eine allen Menschen gemeinsame ‚Natur' garantiert, sondern ergibt sich vielmehr daraus, daß ungeachtet aller Unterschiede der Position und der daraus resultierenden Vielfalt der Aspekte es doch offenkundig ist, daß alle mit demselben Gegenstand befaßt sind. Wenn diese Selbigkeit der Gegenstände sich auflöst und nicht mehr wahrnehmbar ist, so wird keine Gleichheit der ‚Menschennatur', und sicher nicht der künstliche Konformismus einer Massengesellschaft, verhindern können, daß die gemeinsame Welt selbst in Stücke geht; dieser Zusammenbruch vollzieht sich vielmehr zumeist gerade in der Zerstörung der Vielfältigkeit, in der dasselbe sich inmitten der menschlichen Pluralität als ein Selbiges zeigt und hält" (ebd., S. 71 f.). – „Ein jeder ist nun eingesperrt in seine Subjektivität wie in eine Isolierzelle, und diese Subjektivität wird darum nicht weniger subjektiv und die in ihr gemachten Erfahrungen darum nicht weniger singulär, weil sie ins Endlose multipliziert erscheinen. Eine gemeinsame Welt verschwindet, wenn sie nur noch unter einem Aspekt gesehen wird; sie existiert überhaupt nur in der Vielfalt ihrer Perspektiven" (ebd., S. 73).

die Weltlosigkeit des sogenannten „Animal laborans"[46] münden, sind vielfältig: (a) Zunächst ist der individuelle Enteignungs- und gesellschaftliche Akkumulationsprozess der Neuzeit zu nennen, der die Subjekte aus ihren angestammten Orten herauslöst und sie immer radikaler der Dynamisierung des Kapitals anheim stellt. (b) Weiters führt Arendt die Inbesitznahme und damit einhergehende „Verflachung" des Globus bei gleichzeitigem Voranschreiten einer „kosmischen Universalwissenschaft" an; diese betrachtet die Natur von einem Standpunkt im Universum außerhalb der Erde und führt so zur naturwissenschaftliche Selbst-Abstraktion des Menschen und seines Platzes sowohl in der Natur als auch in der Welt. (c) Ein weiteres, nicht unwesentliches Element macht der philosophische Rückzug ins Bewusstsein aus, der nach dem Paradigma des Cartesischen Zweifels die Erscheinungen entmachtet und uns so einerseits mit einer Welt zurücklässt, von der wir glauben, dass sie „in Wirklichkeit" ganz anders aussieht als sie uns erscheint (nämlich so, wie es die Naturwissenschaften erklären); und uns andererseits als einzige utilitaristisch-empiristische Wirklichkeit *für uns* unsere privates Lust- und Unlustempfindungen übrig lässt. (d) Schließlich ist noch die Säkularisierung (nach Arendt nur eine „sogenannte Verweltlichung") zu nennen, die das Leben des Einzelnen wieder sterblich (wie im Altertum) gemacht hat, mit dem Unterschied, dass die Welt, die den Sterblichen nun übrig geblieben ist, nicht nur *nicht* unvergänglich, sondern vergänglicher und unzuverlässiger denn je geworden ist.[47] Übrig bleibt in diesem weltlosen, entleerten, kontingenten Diesseits nur mehr der potenziell unvergängliche Lebensprozess des Menschengeschlechts selbst, der aber wesentlich durch weltliche Vergeblichkeit gekennzeichnet ist, da von ihm keine Geschichten, keine großen Taten, nichts Erinnernswertes übrigbleibt: die Menschen sind damit in ihre biopolitisch „organisierte Verlassenheit"[48] entlassen.

2. *Erfahrungsschwund:* Die zweite große Linie, die Arendt in der *Vita activa* nachzeichnet, ist die des Erfahrungsschwunds, wodurch alle menschlichen Tätigkeiten auf die Perspektive des Arbeitens und Konsumierens reduziert und nivelliert werden und man originäre Erfahrungen des Miteinander-Handelns, des Schaffens von Werken oder der Kontemplation nur mehr vom Hörensagen kennt. Bei aller Steigerung der Arbeitsproduktivität[49] und selbst des Wohlstands kann nie die Sinnlosigkeit und Vergeblichkeit durchbrochen werden, die ein solches Leben strukturiert; selbst im Überfluss wird die Überflüssigkeit nicht aufgehoben. Die „Freizeit", die wir haben, macht uns nicht frei für das „Höhere" (wie Marx es hoffte), sondern „die überschüssige Zeit des *animal laborans* wird niemals für etwas anderes verbraucht als das Konsumieren, und je mehr Zeit ihm gelassen wird, umso begehrlicher und bedrohlicher werden seine Wünsche und sein Appetit"[50]. Wenn in diesem exemplarischen Indifferenzraum alles in der Welt nur mehr das

---

[46] Arendt versteht darunter das nur mehr arbeitend und konsumierend in den anonymen Lebensprozess der Gattung eingespannte Individuum. Aber freilich handelt es sich auch hier um eine bestimmte, radikalisierte Perspektive, in der der Mensch niemals vollends aufgeht.
[47] Vgl. ebd., S. 407.
[48] Arendt, *Elemente und Ursprünge,* S. 979.
[49] Arendt, *Vita activa,* S. 157.
[50] Ebd.

Gesicht des Konsumartikels, des Verbrauchs, der „15 minutes of fame" hat, dann ist eigentliches politisches Miteinander, das von der „Sorge um die Welt" geprägt ist, nicht mehr möglich, weil es einfach nicht mehr dem Erscheinungsraum entspricht:

„In ihrem letzten Stadium verwandelt sich die Arbeitsgesellschaft in eine Gesellschaft von Jobholders, und diese verlangt von denen, die ihr zugehören, kaum mehr als ein automatisches Funktionieren, als sei das Leben des Einzelnen bereits völlig untergetaucht in den Strom des Lebensprozesses, der die Gattung beherrscht, und als bestehe die einzig aktive individuelle Entscheidung nur noch darin, sich selbst gleichsam loszulassen, seine Individualität aufzugeben, bzw. die Empfindung zu betäuben, welche noch die Mühe und Not des Lebens registriert, um dann völlig ‚beruhigt' desto besser und reibungsloser ‚funktionieren' zu können. Das Beunruhigende an den modernen Theorien des Behaviorismus ist nicht, daß sie nicht stimmen, sondern daß sie im Gegenteil sich als nur zu richtig erweisen könnten, daß sie vielleicht nur in theoretisch verabsolutierender Form beschreiben, was in der modernen Gesellschaft wirklich vorgeht. Es ist durchaus denkbar, daß die Neuzeit, die mit einer so unerhörten und unerhört vielversprechenden Aktivierung aller menschlichen Vermögen und Tätigkeiten begonnen hat, schließlich in der tödlichsten, sterilsten Passivität enden wird, die die Geschichte je gekannt hat."[51]

Arendt spricht in einem Fragment aus derselben Zeit in Anlehnung an Nietzsche von der „Wüste", die sie aber nicht als innere Wüste[52], sondern als „Anwachsen von Weltlosigkeit" und „Verdorren des Zwischen" beschreibt: So wie uns die Beständigkeit der Welt dadurch verloren geht, dass nur noch anonyme Prozesse über uns hinweg und durch uns hindurchwalten (Kapitalströme, Netzwerke und andere Virtualitäten, Lebensprozesse, Naturprozesse) geht uns die Erfahrung des Miteinander und vor allem des Miteinander-Handelns dadurch verloren, dass wir gemäß unsrer Bedürfnisordnungen nur mehr stromlinienförmig, gleichsam in eine Blickrichtung hin, Seite an Seite ausgerichtet sind[53] und nicht mehr die Welt und ihre Gegenstände von verschiedenen Orten und Perspektiven aus betrachten – sie auch nicht mehr beurteilen wollen oder können. Die Indifferenz, die Arendt hier skizziert, ist die der kognitiven Indifferenz, die des nicht mehr Denkens, Urteilens und Unterscheidens. Dass wir in diesem Wüstenleben also nicht nur mit der ständigen Möglichkeit totalitärer „Sandstürme" rechnen müssen (Situationen, in denen alles „umgekrempelt", zerstört, verweht wird und nichts hinterlässt), *sondern*

---

[51] Ebd. S. 410 f.
[52] Arendt meint, dass Nietzsche sich dadurch, dass er die Wüste in sich selbst lokalisiere, als einer der ersten bewussten Bewohner der Wüste enthülle. Vgl. H. Arendt, *Was ist Politik? Fragmente aus dem Nachlass,* München, Zürich 2005, S. 181.
[53] Diese Ansicht lässt sich auch mit Zygmunt Baumans Analyse in *Flaneure, Spieler und Touristen* (1997) in Zusammenhang bringen, in der er postmoderne Sozialisationstypen durch ihr besonderes Verhältnis zum gesellschaftlichen Raum bzw. durch ihre „ästhetische Raumgliederung" charakterisiert: Dieser soziale Raum ist durch die Distanz des Neben-Seins gekennzeichnet, vermieden wird jedes Miteinander, jedes Von-Angesicht-zu-Angesicht (Bauman zeigt sich hier von Levinas beeinflusst), da dies verantwortliche Beziehungen erzeugen würde – die beschriebene Lebensweise entspricht eher der „Vergegnung" als der Begegnung. Bauman kritisiert diese Haltung als „politische und moralische Verkümmerung", in: Z. Bauman, *Flaneure, Spieler, Touristen. Essays zu postmodernen Lebensformen,* Hamburg 1997, S. 262, vgl. auch Sommerfeld, „Der Habitus", S. 63 f.

auch im Begriff sind, unsere Fähigkeiten schlichtweg vor unseren Augen zu verlieren, uns als Erscheinende und Handelnde gleichsam eingeebnet, deformiert zu erfahren, habe ich am Anfang mit der Beschreibung des Indifferenzraumes versucht zu charakterisieren. Darunter zu leiden, scheint kein Wunder, obwohl Arendt davor warnt, sich „helfen" zu lassen, was letztendlich nur auf Anpassung hinauslaufen würde. Im Visier hat sie dabei die „moderne Psychologie" als „Psychologie der Wüste und gleichermaßen [...] Opfer der schrecklichsten Illusionen der Wüste, daß wir nämlich zu denken beginnen, mit uns stimme etwas nicht – und dies, weil wir unter den Bedingungen des Wüstenlebens nicht leben können und deshalb die Fähigkeit zu urteilen, zu leiden und zu verdammen verlieren. [...] Die Psychologie stellt die Dinge auf den Kopf; denn genau deshalb, weil wir unter den Wüstenbedingungen leiden, sind wir noch menschlich, sind wir noch intakt. Die Gefahr liegt darin, daß wir wirkliche Bewohner der Wüste werden und uns in ihr zu Hause fühlen."[54]

Bei aller dystopischen Energie verhält es sich bei Arendt aber letztlich nicht unähnlich wie bei Levinas: Die Fähigkeit, die Arendt gleichsam beschwörend dieser unheilvollen Situation entgegensetzt, ist das Anfangen-Können, das sich in einer ebenso unverfügbaren Ereignisdimension aufhält wie der Andere, und das ebenso nur bezeugt werden kann – wiewohl es, im Gegensatz zu Levinas, seine ganz konkreten politischen Erfahrungsräume im gemeinsamen Handeln erzeugen kann und will. Wovor Arendt in jedem Fall warnt, ist Eskapismus: Flucht aus der Welt der Wüste, der Politik, in – was immer es sein mag.[55] Damit trage man nur den „Wüstensand" auch in diese Gebiete hinein, die noch „Oasen" hätten sein können, so wie Kierkegaard den Zweifel in das Herz des Glaubens getragen hatte, und so wie die Indifferenz schließlich alles Erscheinende infizieren kann.

5. Indifferenz und Negativistische Sozialphilosophie

Ich möchte am Ende dieses Beitrags, der einen negativistischen Zugang zu einem sozialen Phänomen erproben sollte, noch zwei grundsätzliche Reflexionen zu dem Projekt einer „Negativistischen Sozialphilosophie" im Zusammenhang mit dem Thema der Indifferenz zur Diskussion stellen:

1. Wenn es sich bei einer Negativistischen Sozialphilosophie um die theoretischdeskriptive Ausarbeitung von Phänomenen handeln soll, die einerseits inhaltlich irreduzibel negative Erfahrungen sind und sich andererseits auch in einer von Verantwortung, Gerechtigkeit und Anerkennung geprägten Gemeinschaft nicht aufheben lassen, dann müssen wir uns vor allem hinsichtlich des letzten Punktes fragen, wie dies gemeint sein kann. Denn wenn wir „tatsächliche Unaufhebbarkeit" diagnostizieren, bedeutet das gleichzeitig, dass wir von einer „menschlichen Natur", einem anthropologischen Faktum, einer psychologischen Konstitution des Menschlichen bzw. Intersubjektiven sprechen müssen, was auf das Argument hinausliefe: Wir sind eben so gebaut, dass... Der Hobbes'sche Diskurs des Naturzustandes, der im Kapitel XIII des *Leviathan* mit ergreifender Schlichtheit darlegt, dass die Menschen eben so sind wie sie sind (vor allem aufgrund

---

[54] Arendt, *Was ist Politik?*, S. 181.
[55] Ebd., S. 183.

ihrer Gleichheit!), dass darin auch keine Sünde bestehe, und dass jeder, der sich darüber mokiere, sich doch besser fragen solle, warum er selbst denn die Haustür verschließe[56], zeigt uns, welche Kraft eine solche Argumentation haben kann. Gleichzeitig wissen wir, wie geschichtlich und kulturell relativ dieses und jedes Menschenbild stets ist. „Unaufhebbarkeit" kann also ebenso nur in immer geschichtlich und kulturell relativen Kontexten diagnostiziert werden. Eine Erhebung über diese Faktizität der Situation scheint mir philosophisch nicht möglich, zumal uns erstens Möglichkeiten der „Aufhebung" schlichtweg verschlossen sein könnten und es sich zweitens nicht nur um die Konstitution von Subjekten handelt, sondern um einen ganzen Raum des „Zwischen", der auch noch von vielen anderen Faktoren bestimmt wird.

Was die Indifferenz betrifft, so scheint mir eine durch Krieg, Not, Armut, Einschüchterung, Terror verursachte „Verrohung der Wahrnehmung" und damit einhergehende gleichgültige Unempfindlichkeit (die wir in Kriegssituationen oder totalitären Regimen auch heute beobachten können) in jedem Fall durch die Änderung der Umstände *behebbar*. Aus diesem Grund habe ich auf diese Phänomene auch nicht das Schwergewicht meiner Überlegungen gelegt. In meiner bewusst historisch und kulturell spezifischen Analyse geht es primär um unsere kapitalistischen Konsum- und Massengesellschaften, die sich allerdings mit einer gewissen Vorhersehbarkeit über den ganzen Globus ausbreiten könnten und es in gewissen Elementen schon getan haben. Wie Arendt argumentiert, besteht in diesen selbst bei potenzieller Erfüllung aller Bedürfnisse die Gefahr der rapiden Ausbreitung der Indifferenz – der Welt, aber auch den Anderen und sich selbst gegenüber. Man muss sich daher fragen, ob diese scheinbar unaufhebbare Indifferenz-Dynamik, die selbst im „Paradies" der von allen sozialen Problemen befreiten „schönen neuen Welt" unaufhaltbar wäre, nicht eine nur noch ungehemmtere Vernichtung vorbereiten könnte, wenn sie einmal aus dem Gleichgewicht gerät.

Aber auch wenn wir von unserer ganz konkreten Situation ausgehen, die von der Lösung sozialer Probleme weit entfernt ist, stellt sich die ernüchternde Frage, ob wir nicht einfach zu viele und zu überflutet von Ansprüchen und Informationen sind, als dass wir nicht konstitutiv mit der Indifferenz rechnen und leben müssten. Zumal Indifferenz *per se* jeder Bemühung der Aufhebung von Mängeln entgegensteht und eine bemerkenswerte Beharrungsfähigkeit aufweist. Der Versuch, dieser wachsenden, routiniert-werdenden Indifferenz etwas entgegenzusetzen, muss zwangsläufig die emotionalen, affektiven, trieblichen Lautstärkeregler immer höher schrauben: Ob es nun um die beinahe unmöglich gewordene Provokation in der Kunst oder in der Darstellung von Gewalt oder um die Erregung von Mitleid, von Spenden- bis Kaufbereitschaft oder schlichtweg von Aufmerksamkeit geht: Übertreibung, schmelzender Affekt und Hysterieerzeugung sind die logischen Korrelate der Indifferenz, die letztlich nichts anderes erreichen, als diese weiter zu verstärken und zu immunisieren. So lebt man in einem Raum der unendlich vielen und der immer lauter werdenden Beschallung, die einen zwangsläufig immer tauber macht. Diese unaufhebbare Deformationen des intersubjektiven Zwischen ist kein im Prinzip behebbarer Mangel an Gerechtigkeit, Vertrauen, Verantwortung, sondern konstituiert möglicherweise unsere Gesellschaftsform auch in ihrer bestmöglichen Entwicklung.

---

[56] Vgl. Hobbes, *Leviathan*, S. 105.

2. Die besondere Stellung der Indifferenz in der Negativistischen Sozialphilosophie wäre, dass sie kein Phänomen des Streits, des *polemos*, des Unvernehmens etc. bemerkt, sondern die letzte Stufe einer Zersetzung des Sozialen benennt. An diesem Nullpunkt liegen die „Grenzen der Gemeinschaft" nicht mehr in verschiedenen Interessen oder unversöhnbaren Haltungen beschlossen, sondern das Gemeinschaftliche selbst kommt an sein Ende. Bevor ein solcher äußerster Zustand erreicht wäre, bedeutet diese Situation aber lang vor dem Stillstand des Affektiv-Ethischen eine politische und denkerische Lähmung: Sie äußert sich vor allem im Nicht-mehr-Sehen von neuen Möglichkeitsräumen[57] oder von Möglichkeitsräumen überhaupt (im Vergleich zur scheinbar unaufhebbaren Wirklichkeit). Die Frage ist, inwieweit wir uns selbst schon in dieser Situation befinden. In diesem Fall wäre es tatsächlich wünschenswert, eine Strategie benennen zu können, wie wir die waltende Indifferenz, in unserem Fall die Kontingenz des vielen Geschriebenen, Gedruckten, Gesagten, als bloßen Mangel einfach aufheben und auf ein Neues hin durchbrechen könnten. Eine solche Vision der möglichen „Aufhebbarkeit der Indifferenz" wäre definitiv nicht im Sinne der Grundthese einer Negativistischen Sozialphilosophie. Diese kann aber dennoch beruhigt sein. Denn keine der vorhandenen Philosophien leistet diesen Durchbruch und *kann* ihn auch gar nicht leisten, weil die Philosophien selbst keine Meta-Ebene auf dem riesigen Indifferenz-Markt darstellen. Dies wird aber auch nur den wirklich beruhigen, der vermag, darin eine Chance zu sehen, die das Negative als unaufhebbar betrachtet.

---

[57] Denn die Lösung kann ja nicht die Rückkehr in eine vormoderne Gesellschaft oder etwa in die griechische Polis sein.

Andreas Hetzel

Irreduzible Alterität

Zur Programmatik einer Negativistischen Sozialphilosophie bei Simmel, Plessner und Arendt[1]

Als Anspruch und konkret erfahrene Wirklichkeit geht der Andere dem *Selbst* in jedem *Selbstbezug* voraus. Darin, den Anderen zugleich als Bedingung der Möglichkeit wie der Unmöglichkeit des Selbst zu erfahren und so alle Logiken der Selbstidentität, -transparenz, -erhaltung und -konstitution zu erschüttern, manifestiert sich der Bruch der modernen Sozialphilosophie mit einer Tradition, die von Descartes über Locke und Kant bis zu Husserl alle begrifflichen Ordnungen auf einem mit sich identischen und ganz bei sich seienden Selbst zu gründen suchte. Der Bruch lässt sich dabei nur bedingt an Autorennamen und Jahreszahlen festmachen; er kündigt sich vielmehr bereits in philosophischen Projekten an, die sich dem Anliegen widmen, den Vorrang des Selbst argumentativ abzusichern. Von Fichte über Hegel und Schelling bis zu Kierkegaard wird das Selbst im Zuge dieser Versuche zunehmend als abhängig von etwas anderem begriffen, das ihm widerfährt, ihm vorausgeht, sich ihm entzieht, es als solches erst konstituiert und zugleich daran hindert, sich je ganz zu entsprechen. Als innerweltliche Gestalt dieses anderen wird dabei seit Hegel der konkret begegnende Andere begriffen, als dessen verallgemeinerte (oder besser: multiplizierte) Form wiederum das Soziale betrachtet werden kann.

Indem sie das soziale Band nicht länger als Ausdruck einer universellen Vernunft konzipiert, sondern ausgehend von Erfahrungen eines uneinholbaren Anderen in den Blick nimmt, erweist sich Sozialphilosophie als negativistisch. Unter der im Titel dieses Beitrags anklingenden „Negativistischen Sozialphilosophie" verstehe ich insofern keine noch ausstehende oder erst zu begründende Disziplin, sondern einen Vorschlag zur Lektüre klassisch-moderner sozialphilosophischer Entwürfe[2] von Georg Simmel, Helmut Plessner und Hannah Arendt, die von Erfahrungen einer unaufhebbaren Andersheit artikuliert werden. Bevor ich auf die drei erwähnten sozialphilosophischen Positionen im Rahmen einer ihren Negativismus betonenden Lektüre näher eingehe (4), möchte

---

[1] Für wichtige Anregungen danke ich Burkhard Liebsch.
[2] Vgl. hierzu auch G. Gamm, A. Hetzel, M. Lilienthal, *Interpretationen: Hauptwerke „Sozialphilosophie"*, Stuttgart 2001.

ich einige methodische Überlegungen zu möglichen Bedeutungen des Adjektivs *negativistisch* (1), zu Begriff und Methode einer *Sozialphilosophie* (2) sowie schließlich zur Möglichkeit einer Philosophie des *Anderen* (3) voranstellen.

1. Negativität

Im Gegensatz zu metaphysischen Positionen, die etwas dadurch letztgültig zu erklären suchen, dass sie es auf einen Grund (ein Sein, eine Substanz oder ein Subjekt) zurückführen, der im Idealfall mit sich identisch, unwandelbar, vollständig gesättigt, vollkommen seiend und vollkommen erkennbar ist, beschreibt eine Negativistische Philosophie Phänomene als abhängig eher von einem „Ungrund"[3] oder *mise en abyme*, von etwas, das im Rahmen einer Parmenideisch-Platonischen Metaphysik *nicht ist*, sondern sich wandelt, nicht mit sich identisch, prekär und kontingent bleibt, sich dem erkennen- wie begründenwollenden Zugriff entzieht und alles Sein daran hindert, seinem Begriff zu entsprechen[4]: Der oder „das Andere ist im Selben"[5], wird es immer schon heimgesucht und mit Nichtsein, dem *me on* des Gorgias[6], infiziert haben.

Eine soziale Figuration eines solchen Nichtseins wäre der Andere: der Andere, der sich mir in dieser Welt unaufhörlich und in einer unendlichen Mannigfaltigkeit von Gestalten konfrontiert, den ich erwarte und fürchte, von dem ich buchstäblich alles – meine Freiheit und mein Selbstbild, mein Begehren und meine Sprache, mein Wissen und mein Handeln – empfangen habe, und der mir doch immer eine offene Frage bleiben wird, eine nie zu behebende Irritation. Eine Negativistische Sozialphilosophie wäre in einer ersten Annäherung also eine solche, die von einer Nichtgegründetheit des Sozialen ausginge: *gegründet* nicht im Selbst sondern *nichtgegründet* im Anderen. In der Widerfahrnis des Anderen wird das Soziale enttotalisiert und entessentialisiert. Es gruppiert sich, um Claude Lefort zu zitieren, um einen „leeren Ort"[7], ist abständig von sich, entspricht nicht seinem Begriff, bleibt konstitutiv mangelhaft, beruht allenfalls auf einer Abwesenheit gemeinsamer Gründe, Eigenschaften oder Kompetenzen. Im Sozialen vereinen sich nicht, wie es die Tradition des Kontraktualismus nahe legt, bereits fertig konstituierte Selbste, Individuen, Subjekte oder Personen; das Soziale wäre vielmehr als (selbst offener) Inbegriff offener Begegnungen von sich und einander Anderen zu verstehen, als ein

---

[3] F. W. J. Schelling, *Über das Wesen der menschlichen Freiheit*, hg. v. H. Fuhrmans, Stuttgart 1991, S. 127.

[4] Vgl. hierzu A. Hetzel, „Negativität und Unbestimmtheit", in: ders. (Hg.), *Negativität und Unbestimmtheit. Beiträge zu einer Philosophie des Nichtwissens*, Bielefeld 2009, S. 7–18.

[5] J. Derrida, *Die Schrift und die Differenz*, Frankfurt am Main 1985, S. 446.

[6] Vgl. hierzu das Kapitel „Rhetorischer Akosmismus" in: A. Hetzel, *Die Wirksamkeit der Rede. Zur Aktualität klassischer Rhetorik für die moderne Sprachphilosophie*, Bielefeld 2011, S. 108–122. – Levinas allerdings verdächtigt das Nichtsein, weiterhin einen (zu) engen Bezug zum Sein zu unterhalten: „Sein oder Nichtsein, das ist also nicht die Frage der Transzendenz", einer Transzendenz, die erst ein „Anders-als-Sein" eröffnen würde. E. Levinas, *Jenseits des Seins oder anders als Sein geschieht*, Freiburg i. Br., München 1998, S. 25.

[7] C. Lefort, „Vorwort zu Eléments d' une critique de la bureaucratie (Paris 1979)" in: U. Rödel (Hg.), *Autonome Gesellschaft und libertäre Demokratie*, Frankfurt am Main 1990, S. 49.

„Magma" im Sinne von Cornelius Castoriadis, als jener „bodenloser Boden"[8], auf dem Institutionen „keinerlei ‚Garantie' außerhalb ihrer selbst"[9] finden.

Ausgehend von einer psychoanalytischen Vorstellung ließe sich auch von einer „*Überdeterminiertheit des Sozialen*" sprechen, eine Formulierung, die sich in den Arbeiten von Ernesto Laclau und Chantal Mouffe findet. Das Soziale wird hier gerade nicht von ökonomischen, anthropologischen oder geschichtlichen Tiefenmustern determiniert, die seinen Sinn eindeutig festlegen würden: „Es gibt nicht zwei Ebenen, eine des Wesens und eine andere der Erscheinung, da es keine Möglichkeit gibt, einen letzten buchstäblichen Sinn zu fixieren, für den das Symbolische eine zweite und abgeleitete Ebene der Bedeutung wäre. Die Gesellschaft und die sozialen Agenten haben kein Wesen"[10]. Laclau und Mouffe gehen insofern von einer konstitutiven Perspektivität, „Offenheit" und „negativen Essenz"[11] des Sozialen aus. Was es jeweils ist, bildet das Ergebnis von Kämpfen, Kommunikationen und Verhandlungen – nicht zuletzt zwischen einander Anderen.

Auch wenn der Andere im Sinne von Levinas vor allem einen ethischen Anspruch markiert und nicht als sozialphilosophische Kategorie verstanden werden will, hat er doch bedeutsame sozialphilosophische Implikationen. Der Andere wird von Levinas als derjenige thematisiert, der allen Versuchen, dem Sozialen – verstanden als Ensemble derjenigen Formen, in denen sich Selbst und Anderer begegnen und miteinander kommunizieren könnten – einen Widerstand entgegenzusetzen: „[D]er Widerstand, hart und unüberwindbar, leuchtet im Antlitz des Anderen, in der vollständigen Blöße seiner Augen ohne Verteidigung, in der Blöße der absoluten Offenheit des Transzendenten".[12] Peter Wiechens kommentiert diesen Widerstand wie folgt: „Der Widerstand, den der Andere als Anderer leistet, ist kein realer, innerweltlicher Widerstand. Er lässt sich weder mit der (sozialen) Welt vermitteln noch kann ihm eine Funktion für die Reproduktion dieser Welt zugesprochen werden. Vielmehr ist der Widerstand des Anderen ein absoluter Widerstand, der in dessen Unendlichkeit und Transzendenz gründet, so dass sich in ihm jede Horizonthaftigkeit verliert, jedes Wechselspiel von Öffnungen und Schließungen von vornherein unterbunden wird. Der Widerstand des Anderen besteht letztlich darin, dass dieser seine konstitutive Unfassbarkeit und Unbegreiflichkeit ‚ins Spiel bringt', dass er sich in einer Offenheit präsentiert, die […] keinerlei Haltepunkte bietet."[13] Der Andere überbordet nicht nur alle Formen seiner möglichen Erkenntnis, sondern auch alle Formen der sozialen Beziehung mit ihm. Er steht für den Anspruch, dass ich ihm *bedingungslos* begegnen muss, dass die Bedingungen der Begegnung erst in der Begegnung selbst ausgehandelt werden können. Levinas spricht von einer Kommunikation, die sich „mit dem Risiko des Missverständnisses […], mit dem Risiko der

---

[8] C. Castoriadis, *Gesellschaft als imaginäre Institution. Entwurf einer politischen Philosophie*, Frankfurt am Main 1990, S. 16.
[9] A. a. O., S. 16.
[10] E. Laclau, C. Mouffe, *Hegemonie und radikale Demokratie. Zur Dekonstruktion des Marxismus*, Wien 1991, S. 145.
[11] A. a. O., S. 142.
[12] E. Levinas, *Totalität und Unendlichkeit*, Freiburg i. Br., München 1987, S. 285 f.
[13] P. Wiechens, „Dekonstruktive Sozialtheorie als Ethik jenseits des Sozialen", in: A. Hetzel (Hg.), *Negativität und Unbestimmtheit. Beiträge zu einer Philosophie des Nichtwissens*, Bielefeld 2009, 273.

Verfehlung und der Kommunikationsverweigerung" wird abfinden müssen: „Von dieser Kommunikation [...] wird man [...] nur ihre Ungewißheit aussagen können. [...] Die Kommunikation mit dem Anderen kann nur als gefährliches Leben transzendent sein, als ein schönes Wagnis, auf das man sich einlassen muß."[14]

Das Nichtgegründetsein des Sozialen kann auch dahingehend ausgelegt werden, dass es sich angesichts der Erfahrung doppelter Kontingenz[15] nur noch durch „Performanz" (Jean-François Lyotard)[16] oder „Verfahren" (Niklas Luhmann)[17] zu legitimieren vermöge; Lyotard und Luhmann präsentieren dieses Bild allerdings als Ergebnis einer bestimmten geschichtsphilosophischen Diagnose, die impliziert (oder zumindest implizieren könnte), dass das Soziale unter vormodernen und modernen Bedingungen gegründet war (etwa in Gott, der menschlichen Natur oder der Vernunft), unter heutigen, postmodernen Bedingungen allerdings seiner Fundamente (Lyotards „große Erzählungen") verlustig gegangen sei. Auf die Frage der Berechtigung dieser geschichtsphilosophischen These möchte ich hier nicht eingehen, aber mit beiden Autoren festhalten, dass das Soziale zumindest heute ohne Außenhalt gedacht werden muss und nicht mehr einfach in einem wie auch immer gearteten kosmologischen, naturphilosophischen oder anthropologischen Rahmen befestigt werden kann. Die Negativität des Sozialen wäre in diesem Sinne gleichbedeutend mit seiner Internität oder Medialität[18]: Wir sind immer schon mitten *in* ihm, jeder Versuch, das Soziale theoretisch zu konzeptualisieren, erfolgt, wie bereits die ältere kritische Theorie betonte, selbst von einer sozialen Position aus. *Das* Soziale kann von keinem Ort aus als Ganzes beobachtet oder auf den Begriff gebracht werden.

Ein weiterer möglicher Sinn der Rede von einer Negativität des Sozialen gerät in den Blick, wenn wir nach dem Verhältnis von Ethik und Sozialphilosophie fragen. Wollen wir der Internität des Sozialen Rechnung tragen, dann kann eine sich als Verwalterin von Werten und Normen verstehende Ethik das Feld des Sozialen nicht länger von Außen zu lenken beanspruchen. Daraus folgt aber nicht, wie etwa Luhmann nahe legt, dass die Ethik in einer negativen Sozialphilosophie keinen Ort mehr hätte. Das Mangelhaft- oder Unvollständigsein des Sozialen kann nämlich gerade im Sinne eines nicht still zu stellenden Verhältnisses des Ethischen zum Sozialen expliziert werden; das Ethische verhindert dann, dass sich das Soziale (oder eine bestimmte Konfiguration des Sozialen) absolut setzt.[19] Vor diesem Hintergrund wird verständlich, warum die Figur des Anderen zur

---

[14] E. Levinas, *Jenseits des Seins*, S. 266/267.
[15] Vgl. N. Luhmann, *Soziale Systeme. Grundriß einer allgemeinen Theorie*, Frankfurt am Main 1984, S. 148ff.; vgl. hierzu auch G. Gamm, *Flucht aus der Kategorie. Die Positivierung des Unbestimmten als Ausgang der Moderne*, Frankfurt am Main 1994, S. 246 ff.
[16] Vgl. J.-F. Lyotard, *Das postmoderne Wissen*, Wien 2006.
[17] Vgl. N. Luhmann, *Legitimation durch Verfahren*, Frankfurt am Main 2001.
[18] Die Medialität des Sozialen wird neuerdings von Kurt Röttgers (*Kategorien der Sozialphilosophie*, Magdeburg 2002) betont. In bewusster Differenz zur Soziologie fragt Röttgers nach dem Sozialen selbst in seiner Irreduzibilität auf außersoziale Fundamente. Das Soziale könne etwa nie vollständig auf die integrative Kraft der Liebe, des Marktes oder der Macht zurückgeführt werden. Am ehesten entspricht es einem *textum*, einem Gewebe widerstreitender Motive, das beständig seine Gestalt verändert.
[19] Vgl. dazu Wiechens, „Dekonstruktive Sozialtheorie als Ethik jenseits des Sozialen".

Leitfigur einer postkonventionellen Ethik avancieren konnte. Ist es doch gerade der Andere, der Sozialität zugleich notwendig, möglich und unmöglich macht. Sozialität ist Verhältnis zu Anderen, deren Ansprüche alle kodifizierbaren Weisen, sich zu ihnen zu verhalten, übersteigen. Ethik wäre die Positivierung und Reflexivierung der Unangemessenheit unserer Handlungen und Haltungen an die Anderen, ein Reflexionsprozess, der wie Levinas nahelegt, vom Anderen provoziert und initiiert wird und mich als Subjekt dieser Reflexion dabei erst schafft.

In einem letzten Sinne schließlich würde eine Negativistische Sozialphilosophie Negativität als Unaufhebbarkeit ‚negativ' gewerteter sozialer Phänomene verstehen. Wir können als pathologisch empfundene Formen des Sozialen (Entfremdung, Feindschaft, Gewalt, Hass, Verachtung, Verrat, Indifferenz und letztlich auch Alterität) weder einfach akzeptieren (im Gegenteil), noch auch die Tatsache ignorieren, dass gerade im Namen ihrer Überwindung das zu Überwindende immer neu produziert wird. Mit Formen negativer Sozialität wird insofern immer zu rechnen sein. Wie Max Horkheimer und Theodor W. Adorno wussten, produziert und reproduziert gerade die Aufklärung den Mythos; wie Friedrich Nietzsche, Martin Heidegger und Michel Foucault herausgestellt haben, zeitigt jeder Humanismus inhumane Effekte; wie Carl Schmitt im *Nomos der Erde*[20] gezeigt hat, exerziert gerade der Universalismus der Vernunft und der Menschenrechte einen radikalen Ausschluss, produziert Anteilslose und *homini sacri*, denen das Menschsein abgesprochen wird und die sich dann nur noch auf diversen Achsen des Bösen eintragen lassen; und wie schließlich René Girard betont, lassen sich alle sozialen Institutionen (Recht, Markt, Kultur), die beanspruchen, Gewaltordnungen abzulösen, als Formen einer Gewalt beschreiben, die sich selbst als gewaltlos verkennt.[21]

Mit dem Verzicht auf Visionen einer prinzipiellen Aufhebbarkeit von Haß, Gewalt und Feindschaft in einem universellen Horizont der Versöhnung schwört eine Negativistische Sozialphilosophie nicht der für jede Sozialphilosophie zentralen Frage nach den Bedingungen der Möglichkeit sozialer Integration ab. Sie beantwortet diese Frage allerdings nicht länger kontraktualistisch. Soziale Integration verläuft für eine Negativistische Sozialphilosophie im Gegensatz zur Tradition von Thomas Hobbes, John Locke, Jean-Jacques Rousseau und Immanuel Kant nicht über eine kollektive Selbstgesetzgebung. Als integrierendes Moment begreift eine Negativistische Sozialphilosophie vielmehr die wechselseitige Entzogenheit, Fremdheit oder Andersheit der Individuen.[22] Allen gemeinsam ist vor diesem Hintergrund nur die Abwesenheit von Gemeinsamkeiten, die „Nacht

---

[20] Vgl. C. Schmitt, *Der Nomos der Erde im Völkerrecht des Jus Publicum Europaeum*, Berlin 1997; dazu W. Rasch, *Konflikt als Beruf. Die Grenzen des Politischen*, Berlin 2005.

[21] Vgl. R. Girard, *Das Heilige und die Gewalt*, Frankfurt am Main 1992; dazu W. Palaver, *René Girards mimetische Theorie. Im Kontext kulturtheoretischer und gesellschaftspolitischer Fragen*, Münster 2004.

[22] Ohne damit freilich alle sozialen Phänomene auf den bloßen Ausdruck von Andersheit zu reduzieren und damit tendenziell zu nivellieren. Der Anspruch einer Negativistischen Sozialphilosophie wäre vielmehr, alle „klassischen" sozialphilosophischen Unterscheidungen und Grundbegriffe in negativistischer Brechung, und das heißt vor allem: als heimgesucht vom Anderen, zu rekonstruieren.

der Welt", die sich mir, so bereits Hegel, im Blick des Anderen offenbart.[23] Negativität bedeutet soziale Integration jenseits des Gesetzes als eines gemeinsamen Grundes. Wir können ein soziales Leben nicht konsequent und widerspruchsfrei nach dem Gesetz leben. Insofern war bereits der Apostel Paulus ein negativistischer Sozialphilosoph, wenn er bemerkte, dass das Gesetz seine eigene Überschreitung provoziert (vgl. Röm 4, 15) und sich damit selbst widerstreitet; dies gilt, so wäre gegen alle Neukantianer festzuhalten, erst recht für das universale Gesetz, für das Gesetz einer wie auch immer gearteten Vernunft.

Unter einer „Negativität des Sozialen" verstehe ich also zusammenfassend seine Nichtgegründetheit (es lässt sich auf keine, sei es metaphysischen, sei es natürlichen, Voraussetzungen außerhalb seiner selbst zurückführen), seine Internität (wir sind immer schon in ihm, noch jede Theorie des Sozialen ist primär eine soziale Praxis), seine interne Gebrochenheit (*das* Soziale existiert nicht) sowie seine Mangelhaftigkeit (seine Pathologien gehören wesentlich zu seinem Begriff).

2. Sozialphilosophie

Als negativistische Disziplin wäre Sozialphilosophie eine antifundationalistische und posttranszendentalistische Philosophie *par excellence*, eine Philosophie, die nicht primär versuchte, die soziale Welt auf allgemeine Begriffe oder Kategorien zu bringen, sondern die sich für Erfahrungen offen halten, ihre Zeit in Gedanken fassen und ihre Begriffe von sozialen Zuständen irritieren lassen würde. Sozialphilosophie kann also nicht unabhängig von konkreten Zeitdiagnosen und soziologischen Feldstudien betrieben werden, die immer mehr wären als bloße Beispiele. Als vorbildlich betrachte ich hier manche Arbeiten der älteren kritischen Theorie – die zumindest darum bemüht war, ihre Begriffe (im Sinne der heutigen *grounded theory*) auf Erfahrungen hin zu öffnen bzw. aus Erfahrungen entspringen zu lassen. In den zeitgenössischen Debatten wird dieser Anspruch eher von den Cultural-, Postcolonial-, Subaltern- und Gender-Studies aufgegriffen als von den Vertretern der neueren, weitgehend neukantianisch geprägten kritischen Theorie. So wie Individuen eine wirkliche Erfahrung nur dann machen, wenn sie aus dieser Erfahrungen als Andere hervorgehen, wenn sie sich also in der Erfahrung demjenigen, dessen Erfahrung sie machen, rückhaltlos aus- und damit ihr Selbst aufs Spiel setzen, so hat auch die Sozialphilosophie keine Garantie, dass sie sich in ihren materialen Analysen gleich bleiben, an ihren Konzepten, Methoden und vermeintlichen Kategorien festhalten kann.

Was könnte es nun bedeuten, unter heutigen Bedingungen die Frage nach dem Anderen als sozialphilosophische Frage im angedeuteten Sinne zu stellen? Ich kann an dieser Stelle nicht mehr als einige Andeutungen geben, und auch das nur umwegig.[24] Könnte es nicht sein, dass die ungeheure theoretische Konjunktur des Anderen und der Alterität in der zeitgenössischen Theoriebildung zunächst ein Ausdruck ihres realen Prekärwer-

---

[23] G. W. F. Hegel, „Jenaer Realphilosophie", in: ders., *Frühe politische Systeme*, hg. v. G. Göhler, Frankfurt am Main, Berlin, Wien 1974, S. 201–335, hier: S. 204.
[24] Zu einer ausgeführten Sozialphilosophie des Anderen vgl. T. Bedorf, *Andere. Eine Einführung in die Sozialphilosophie*, Bielefeld 2011 (im Erscheinen).

dens, ja Verschwindens ist? Leben wir nicht längst, wie Jean Baudrillard das formuliert, in einer „Hölle des Gleichen"[25], in einer Welt ohne Alterität, in der mir gerade keine Anderen begegnen, sondern allenfalls deren Simulakren, Schatten und Nachbilder? Die Allgegenwart anonymer Menschen in der modernen Großstadt verlangt von uns, wie bereits Simmel beobachtet hatte, die Einübung von Vergegnungstechniken, oder, in der Sprache Adornos, die Ausbildung einer bürgerlichen Kälte, die den Anderen gerade nicht als Anderen in Frage kommen lässt. Wir sehen und sehen nicht, schauen weg und hindurch, lassen uns nicht ansprechen und weichen aus. Und natürlich umgekehrt. Wir *werden* nicht wahrgenommen und angesprochen, finden uns außerhalb professionalisierter Abläufe und institutionalisierter Routinen, die zunehmend auch die sogenannte Freizeit erfassen, alleingelassen. David Riesmans Diagnose einer „einsamen Masse"[26] bewahrt auch nach über fünfzig Jahren ihre volle Erklärungskraft und wäre unter Bedingungen der neuen „sozialen Netzwerke" zu aktualisieren, in denen wir nur deshalb so leicht, glatt und flüssig leben und kommunizieren können, weil dem Anderen hier jede verstörende Materialität fehlt, weil es uns hier gelingt, den konkret begegnenden Anderen weitgehend mit unseren Wunschvorstellungen zu überschreiben.

Wenn der real begegnende Andere unter den Bedingungen eines entfesselten Neoliberalismus, der uns permanent auf uns selbst als den allein verantwortlichen Geschäftsführer unserer Ich-AG zurückverweist, überhaupt noch relevant wird, dann, worauf schon Arthur Schnitzlers berühmte Geschichte *Der Andere* (1889)[27] vorausweist, in der Figur des Konkurrenten. Die aktuellen Krisen des Sozialen wie des Politischen lassen sich vor allem als Krisen des Vertrauens angesichts universalisierter Konkurrenz begreifen, die an immer weiteren Orten in Haß und Vernichtungswille umschlagen, Sündenbocklogiken befördern und das Soziale selbst erodieren lassen. Das Marktförmigwerden alles Sozialen verdichtet sich zu jener Totalität, gegen die Levinas die Unendlichkeit des Anderen stark macht.[28] Wie immer beginnt die Eule der Minerva auch hier erst in der Dämmerung mit ihrem Flug. Dass die Philosophie den Anderen in den Blick nimmt, kann als Symptom seines drohenden Endes genommen werden. Da uns der Rückweg zu einer vorsozialen Natur und einem universellen Vernunftgesetz verstellt ist, bleibt uns vielleicht nur dieser immer prekärer werdende Andere; an seiner von uns zu achtenden und anzuerkennenden Andersheit scheint ein Eigensinn des Ethischen auf, den wir, wie ohnmächtig auch immer, den Erosionen des Sozialen wie den sich in diversen Dialektiken

---

[25] J. Baudrillard, Die Transparenz des Bösen: ein Essay über extreme Phänomene, Berlin 1992, S. 131.

[26] Vgl. D. Riesman, R. Denney, N. Glazer, *Die einsame Masse*, Reinbek 1967.

[27] Vgl. A. Schnitzler, „Der Andere", in: ders., *Erzählungen*, hg. v. W. Jens, Stuttgart, München o. J., S. 9–17. – Der Andere taucht in dieser Geschichte am Grab der Ehefrau des Erzählers auf. Durch die Zweifel, die er weckt, zerstört er *post mortem* die innige Liebe zwischen dem Erzähler und seiner Frau, die durch den Tod nur noch inniger und exklusiver hätte sein können. Der Andere drängt das Selbst hier aus der Mitte seiner Existenz, wird zu einem alles bedrohenden und verschlingenden Mahlstrom.

[28] Eine paradigmatische Gestalt der von Levinas kritisierten „Totalität" ist der Krieg, der sich historisch gesehen in den Kapitalismus transformiert: „der Kampf aller gegen alle wird zur Tausch- und Handelsbeziehung" (Levinas, *Jenseits des Seins*, S. 27).

der Aufklärung verstrickenden sozialtechnischen Visionen unserer Zeit entgegenzusetzen haben.

3. Alterität

Ich möchte hier nicht so sehr etwas zu einer Philosophie der Alterität[29] beitragen, als vielmehr anzudeuten suchen, welche Rollen der Andere spielen, in welche Figuren er sich kleiden könnte. Vielleicht ist Sozialphilosophie, seit Aristoteles darauf hingewiesen hat, dass die Verschiedenheit der in ihr involvierten Individuen geradezu als Voraussetzung einer Polis gelten kann[30], nichts anderes als eine Philosophie der unterschiedlichen Figurationen des Anderen. Ihre differenzierteste Form findet die Philosophie des Anderen bei Levinas, der mit dem Anderen philosophiegeschichtlich gesehen eine (mindestens) dreifache Wende vollzieht: von einem Denken der Identität zu einem solchen der Alterität, von der Intentionalität zur Passivität sowie schließlich von einem Primat der theoretischen zu einem solchen der praktischen Vernunft (es ließen sich natürlich noch weitere ‚Wenden' hinzufügen: von der Totalität zur Unendlichkeit, vom Gesagten zum Sagen, vom Sein zum Jenseits-des-Seins, vom Bild zum Antlitz usw.). Der Andere begegnet mir bei Levinas als absoluter Anspruch – absolut, da er mich als Adressaten dieses Anspruchs allererst hervorbringt und da ich diesem Anspruch nie vollständig gerecht zu werden vermag.[31] Dieser Anspruch, der mich ein „Zurückgeworfenwerden ins Negative"[32] durchleben lässt, widerfährt mir im Antlitz des Anderen: „Die Weise des Anderen, sich darzustellen, indem er die Idee des Anderen in mir überschreitet, nennen wir nun Antlitz [...]. In jedem Augenblick zerstört und überflutet das Antlitz des Anderen das plastische Bild, das er mir hinterläßt, überschreitet er die Idee, die nach meinem Maß und nach dem Maß ihres *ideatum* ist – die adäquate Idee."[33] Im Gegensatz zu Husserl und Mead wird mein Verhältnis zum Anderen bei Levinas nicht durch eine Rollenübernahme charakterisiert, durch eine Ökonomie projizierter wie internalisierter Selbst- und Fremdbilder, sondern durch ein Scheitern des Vermögens der bildlichen Darstellung. Der Andere ist der, von dem ich mir kein Bild machen kann und soll, er ist der ganz Andere, dem ich immer nur praktisch, als Adressat eines Vertrauens, einer Verantwortung und eines Anerkennens begegnen kann, die auf keinen gemeinsamen Grund

---

[29] Vgl. hierzu etwa M. Theunissen, *Der Andere*, Berlin, New York 1977, ferner B. Liebsch, *Vom Anderen her. Erinnern und Überleben*, Freiburg i. Br., München 1997 sowie S. Moebius, *Die soziale Konstituierung des Anderen. Grundrisse einer poststrukturalistischen Sozialwissenschaft nach Lévinas und Derrida*, Frankfurt am Main, New York 2003.
[30] Vgl. Aristoteles, *Politik,* II 1261a.
[31] „Die Identität des Subjekts hat hier in der Tat ihren Grund in der Unmöglichkeit, sich der Verantwortung, der Sorge und des Einstehens für den Anderen zu entziehen." (Levinas, *Jenseits des Seins*, S. 48.) Der Andere geht mir dabei nicht in einem ontologischen oder zeitlichen Sinne voraus. Die Möglichkeit seiner Existenz erweist sich vielmehr abhängig davon, dass ich seine Stimme vernehme, mich von ihm angesprochen fühle. Zur Stimme des Anderen vgl. B. Liebsch, *Renaissance des Menschen? Zum polemologisch-anthropologischen Diskurs der Gegenwart*, Weilerswist 2010, Kapitel 5.
[32] Levinas, *Jenseits des Seins*, S. 170.
[33] Levinas, *Totalität und Unendlichkeit*, S. 63.

rekurrieren können; er betrifft mich nicht deshalb, „weil er als einer erkannt wäre, der zur selben Gattung gehörte wie ich".[34]

In der neueren Literatur zum Thema *Alterität* und *Anderer* lässt sich gelegentlich die Tendenz beobachten, eine Art Fortschrittsgeschichte nachzuzeichnen, die von Husserl über Schütz, Scheler, Heidegger und Sartre bis zu Levinas führt, wobei das Denken des Anderen bei letzterem zu sich selbst gekommen sei. Dies hätte die fatale Konsequenz, dass der absolut gewordene Andere tendenziell der zu entsetzenden Position eines Ersten nicht entkommt. Levinas selbst erlaubt es uns demgegenüber gerade nicht, unser Denken in der Gewissheit einer absoluten Andersheit zu *beruhigen*; noch und gerade der Andere ist abständig von sich selbst. Noch „vor dem Erscheinen des Anderen" sehen wir uns, so Levinas, durch die „Andersheit des Anderen in Frage gestellt", die uns als „vorursprüngliches Nicht-in-sich-Ruhen"[35] widerfährt. Eine sozialphilosophische Untersuchung von Figurationen des Anderen müsste hier anknüpfen und die Rede vom Anderen pluralisieren.

Sozialphilosophie kann keine Philosophie der Reinheit und Eigentlichkeit sein, sondern eher ein Denken der Gemische und Verunreinigungen. Der Andere ist konstitutiv mit sich selbst verunreinigt; neben und in seiner absoluten Entzogenheit, die jeder Zuschreibung von Eigenschaften Hohn spottet, begegnet er uns auch in je besonderen Zügen. Die Andere hat ein Geschlecht, ein Alter, ein Gesicht oder, wie Levinas ausführt, eine „runzelige Haut"[36] und eine „Nähe", die „stört"[37]; ihre Stimme hat einen besonderen Klang, ihre Gestik einen unverwechselbaren Ausdruck; sie hat eine je besondere Geschichte und eine je besondere Weise, sich zu dieser Geschichte zu verhalten; ihre Ängste und Leidenschaften, ihre Träume und Gedanken machen sie je einzigartig. Der Andere oszilliert also zwischen großem A und kleinem a, zwischen Singular und Plural, er verbirgt (und offenbart) sein Antlitz nur in einem Spiel von Masken. Er ist absoluter Anspruch und unendliche Aufgabe – und zugleich jener kleine, mich faszinierende und verstörende Zug, jener kontingente Tick, jene Kraft und jene Hilflosigkeit, die von der einen Begegnung in der einen besonderen Situation ausgehen. Der Andere ist nicht nur absolute Alterität, sondern kann immer auch Anspruch und Gefahr, Verheißung und Bedrohung, Verstörung und Freude, Parasit und Vermittler, Pflanze oder Tier, Dritter oder Vierter sein.

Die Moderne erkundet viele Möglichkeiten des Anderen, ich nenne nur einige Beispiele: der in den gesellschaftlichen Verhältnissen verobjektivierte und verallgemeinerte Andere (Hegel, Marx, Mead), der bedrohliche, mich aus meiner Selbstgewissheit stoßende Andere (Schnitzler, Kafka), der innere Andere (Freud, Rimbaud, Kristeva), der Andere meines Begehrens (Lacan, Girard), der große Andere (Lacan), der Andere als Quelle der Gewissheit (Wittgenstein, Cavell). In der Moderne werden kurz gesagt alle wesentlichen Weltverhältnisse vom Anderen her gedacht und das heißt auch, dass die Sozialphilosophie zur genuinen Form der Philosophie avanciert. Eine nicht-sozi-

---

[34] Levinas, *Jenseits des Seins*, S. 195.
[35] Levinas, *Jenseits des Seins*, S. 170.
[36] Levinas, *Jenseits des Seins*, S. 199.
[37] Levinas, *Jenseits des Seins*, S. 200.

alphilosophisch gebrochene Erkenntnistheorie, Ethik oder Anthropologie würde heute demgegenüber merkwürdig veraltetet, ja, komisch wirken.

4. Lektüren

Die klassische Sozialphilosophie der Moderne formuliert einen konsequenten Negativismus. Das Soziale wird hier nicht als Substanz gedacht (etwa als *die* Gesellschaft), sondern als Differenz, als eine wechselseitige Entzogenheit, in der sich die Individuen begegnen, die Sozialität zugleich notwendig und möglich macht. Als Mitte des Sozialen wie der Gesellschaft kommen aus der Sicht der Moderne weder Gott noch die Natur, weder der Mensch noch die Vernunft in Frage. Die Mitte bleibt vielmehr unbesetzt, was sich nicht zuletzt darin bemerkbar macht, dass die Sozialphilosophie ihre Semantiken auf Alterität, Differenz und Negativität umstellt. Bereits für den frühen Hegel ist es in diesem Sinne nicht die Partizipation an einer ihnen vorausgesetzten, allen gemeinsamen Vernunft, die eine soziale Integration gewährleistet, sondern gerade die Abwesenheit aller derartigen Voraussetzung.

Das Soziale wird von avancierteren sozialphilosophischen Autorinnen und Autoren in Begriffen der Differenz und Alterität expliziert. Auf den Punkt gebracht wird dieses Differenzdenken des Sozialen bereits 1919 von Karl Barth: „Was positiv ist" am menschlich Positiven, „das ist etwas Differenziertes und Differenzen Begründendes. Reale Gemeinschaft zwischen Menschen findet statt im Negativen, in dem, was ihnen fehlt."[38] Die leere Mitte zwischen ihnen verbindet sie und gewinnt in sozialen Figurationen Materialität; *tertium datur* und *tertium non datur* bedeuten für eine Negativistische Sozialphilosophie das Gleiche. Als *tertium* fungiert hier das *me on*, das Nichtsein. Die Kommunikation in der Alterität oder wechselseitigen Entzogenheit wird für die modernen Sozialphilosophen zum Modell einer umfassenden Philosophie der Negativität. Das Soziale gründet aus ihrer Sicht nicht länger in Natur oder Vernunft, Gott oder Ökonomie, sondern in sich selbst. Eine Theorie der sozialen Vereinigung *in* der wechselseitigen Entzogenheit detailliert ausgearbeitet zu haben, ist vor allem das Verdienst von Georg Simmel (a), Helmut Plessner (b) und Hannah Arendt (c).

(a) In seiner 1908 erschienenen *Soziologie* gibt sich Simmel skeptisch in Bezug auf den heuristischen Wert des Gesellschaftskonzepts. Gesellschaft lässt sich aus seiner Perspektive nicht verobjektivieren, nicht als ein „Etwas" beschreiben, sondern nur als Gesamtheit kommunikativer Prozesse; sie deckt sich mit den Wechselwirkungen zwischen Individuen. Die Gesellschaft bildet nicht den abstrakten Rahmen, in dem die Wechselwirkungen stattfinden, sondern *besteht* aus kommunikativen, über Konkurrenz und Verständigung vermittelten Prozessen, aus einem fragilen und sich ständig entziehende „Zwischen". Soziale Beziehungen sind nicht einfach positiv gegeben, sondern erscheinen abhängig von dem, was sie in ihrer Möglichkeit bedroht, von bestimmten Abweichungen und Verschiebungen. Das Gravitationszentrum dieser Abweichung findet Simmel in der Individualität der einzelnen Menschen. Ihm scheint es so, „als hätte

---
[38] K. Barth, *Der Römerbrief*, Zürich 1989, S. 82.

jeder Mensch einen tiefsten Individualitätspunkt in sich, der von keinem andern, bei dem dieser Punkt qualitativ abweichend ist, innerlich nachgeformt werden kann".[39] Und weiter „Wir alle sind Fragmente, nicht nur des allgemeinen Menschen, sondern auch unserer selbst."[40] Soziale Beziehungen sind letztlich nur möglich, weil wir uns selbst und den anderen nur im Modus der Entzogenheit, der Fremdheit und des Geheimnisses begegnen.

Das Geheimnis wird zu einem zentralen Begriff der *Soziologie*. Für Simmel ist überhaupt kein „andrer Verkehr und keine andre Gesellschaft denkbar, als die auf diesem teleologisch bestimmten Nichtwissen des einen um den andren beruht"[41]. Dieses Nichtwissen avanciert in Simmels Philosophie zur negativen Bedingung der Möglichkeit von Sozialität. Wenn ich immer schon um mich und den anderen wüsste, bedürfte es weder der Kommunikation noch der sozialen Beziehung. Stephan Moebius bringt das in einem lesenswerten Buch zu Simmel auf den Punkt: „Mit denselben gibt es keine Beziehung."[42] Das soziale Band sieht sich eher auf ein Nichtwissen als auf ein Wissen verwiesen, eher auf einen Mangel als auf eine Fülle. Dieser Mangel, gleichsam die Lücke im Sozialen, wird von Simmel als Ort des Subjekts ausgewiesen. Das Subjekt gilt ihm als diejenige Instanz, die das Soziale daran hindert, sich zu totalisieren und zu einer geschlossenen, quasinatürlichen Ordnung zu fügen. Die Tatsache, „daß der Einzelne mit gewissen Seiten nicht Element der Gesellschaft ist, bildet die positive Bedingung dafür, daß er es mit andern Seiten seines Wesens ist: die Art seines Vergesellschaftet-Seins ist bestimmt oder mitbestimmt durch die Art seines Nicht-Vergesellschaftet-Seins."[43]

Was sich der Vergesellschaftung entzieht, ist nun keine geheimnisvolle seelische Substanz, keine unergründliche Innerlichkeit, sondern Resultat des Scheiterns der Subjektivierung des Subjekts, ein nicht aufgehender Rest. Das Subjekt kann seine Rolle in der Gesellschaft nur spielen, weil es nicht in ihr aufgeht, weil es sich als Darsteller der Rolle notwendig auch in eine Distanz zu ihr begibt. In Simmels Worten: „Die soziale Umfassung als solche betrifft eben Wesen, die nicht völlig von ihr umfasst sind"[44]. Diesen inneren Rand des Sozialen begreift er als Bedingung der Möglichkeit des Sozialen. Wären die Menschen vollständig vom Sozialen umfasst, dann wäre die Umfassung nicht mehr gesellschaftlich, sondern natürlich. Sowohl das Subjekt als auch das Soziale zeichnen sich innerhalb dieser Konzeption durch einen Mangel aus, eine Selbstentzogenheit, über die sie miteinander kommunizieren und sich wechselseitig konstituieren. Dass „die individuelle Seele nie innerhalb einer Verbindung stehen kann, außerhalb deren sie nicht zugleich steht, dass sie in keine Ordnung eingestellt ist, ohne sich zugleich ihr gegenüber zu finden"[45], lässt sich als Indiz für die Unmöglichkeit jeder sozialen Ordnung lesen, sich zu totalisieren. Es kann kein Ende der Vergesellschaftung geben.

---

[39] G. Simmel, *Soziologie. Untersuchungen über die Formen der Vergesellschaftung*, Gesamtausgabe Band 11, Frankfurt am Main 1992 [1908], S. 48.
[40] A. a. O., S. 49.
[41] A. a. O., S. 388.
[42] S. Moebius, *Simmel lesen. Moderne, dekonstruktive und postmoderne Lektüren der Soziologie von Georg Simmel*, Stuttgart 2002, S. 14.
[43] Simmel, *Soziologie*, S. 51.
[44] A. a. O.
[45] A. a. O., S. 53.

(b) Helmut Plessner begreift den Menschen (wie später Levinas) als „einen praktischen Anspruch"[46]. Am Menschen prallen alle ethnischen, kulturellen und nationalen Differenzierungsversuche ab: Mensch ist der Einzelne in gewisser Weise erst jenseits seiner Partizipation an einer bestimmten Ethnie, Kultur, Nation oder sozialen Gemeinschaft. Darüber hinaus steht der Mensch für das Scheitern jeder eigenschaftslogischen Anthropologie. Er wird von Plessner nicht länger über Wesensmerkmale oder anthropologische Konstanten definiert. Als Gegenstand des Wissens bleibt er sich selbst und allen anderen konstitutiv entzogen, ein „homo absconditus"[47]. Der Universalismus *des* Menschen, den Plessner als Einspruch gegen die Gemeinschaftsideologie seiner Zeit artikuliert, lässt sich insofern nur als ein negativistischer Universalismus beschreiben. Der Mensch wird nicht dadurch zum Menschen, dass er an einer universellen, alle Individuen überwölbenden Vernunft partizipiert, sondern dadurch, dass er sich selbst entzogen bleibt und sich gerade in dieser Selbstentzogenheit wechselseitig zu einem „praktischen Anspruch" macht bzw. als „praktischen Anspruch" ernst nimmt.[48] Seine theoretische Unergründlichkeit wird, wie bei Simmel, zur Voraussetzung seiner praktischen Verbindlichkeit. Der „praktische Anspruch", der sich im Menschen offenbart, führt sich nicht auf theoretische oder empirische Gründe zurück. Für seine „Erfüllung" können keine „allgemein anerkannten Garantien gegeben werden"[49]. Plessners Anthropologie ließe sich als „postfundationalistisch" im Sinne Laclaus charakterisieren, insofern im Menschen die Suche nach letzten Gründen an eine unüberschreitbare Grenze kommt.

Der Mensch fungiert in Plessners Denken als Synonym seiner eigenen Unbestimmbarkeit, als ‚leerer Signifikant', dessen Leere zu erhalten uns als ethische Forderung aufgegeben ist. Plessner verpflichtet die Anthropologie geradezu auf die „Sicherung einer Unergründlichkeit"[50] im Menschen und antizipiert damit innerhalb der Anthropologie die Anthropologiekritiken Heideggers und Foucaults. Plessner formuliert seine Anthropologie in der „Leere des verschwundenen Menschen"[51], identifiziert den Menschen mit dieser Leere selbst. Das Ende des Menschen wird von ihm, im Gegensatz zu Heidegger und Foucault, nicht als Epoche begriffen, an deren Schwelle wir stehen, sondern als wesentliches Charakteristikum des Menschen selbst. In den Worten Derridas: „Der Mensch ist seit jeher sein eigenes Ende, will sagen das Ende seines Eigenen."[52]

Im Gegensatz zu den zeitgleichen Entwürfen Max Schelers kann Plessners Anthropologie „in der Leere des verschwundenen Menschen" nicht mehr auf die Vorstellung eines

---

[46] H. Plessner, „Die Aufgabe der Philosophischen Anthropologie", in: ders., *Gesammelte Schriften*, hg. v. G. Dux et al., Frankfurt am Main 2003, Bd. VIII, S. 33–51, hier: S. 37.

[47] H. Plessner, „Homo absconditus", in: ders., *Gesammelte Schriften*, Bd. VIII, S. 353–366, hier: S. 357.

[48] Auch Derrida schreibt in diesem Sinne: „Das Ich und der Andere lassen sich durch keinen Relationsbegriff überdachen oder totalisieren. [...] Die Sprache kann daher nicht ihre eigene Möglichkeit totalisieren und ihren eigenen Ursprung oder ihr eigenes Ziel in sich *begreifen*." (Derrida, *Die Schrift und die Differenz*, S. 145)

[49] H. Plessner, „Die Aufgabe der Philosophischen Anthropologie", S. 37.

[50] A. a. O., S. 39.

[51] M. Foucault, *Die Ordnung der Dinge*, Frankfurt am Main 1974, S. 412.

[52] J. Derrida, „Fines hominis", in: ders., *Randgänge der Philosophie*, übers. v. G. R. Sigl et al., Wien 1988, S. 119–141, hier: S. 138.

(griechischen) *kosmos* oder (christlichen) *ordo* rekurrieren, um dem Menschen darin einen Platz anzuweisen. Plessners Anthropologie versteht sich dezidiert als akosmistisch: „Wo keine Gewißheit eines Makrokosmos mehr besteht, hat der Gedanke des Mikrokosmos keinen Boden und keine Wahrheit mehr."[53] Die in dieser Äußerung implizierte Kritik an Schelers *ordo*-Anthropologie motiviert sich nicht nur kosmologisch, sondern auch politisch. Jeder *ordo* hat eine konzentrische und hierarchische Struktur. Er gruppiert sich um eine substantielle Mitte, er *ist* notwendig „hin auf Gott". Verschiedene Grade der Nähe und Ferne zu dieser Mitte erlauben es, zwischen den Menschen, die in den *ordo* eingebunden sind, ontologisch fundierte Hierarchieebenen einzuziehen. Dass der Mensch sich für Plessner durch seine Ortlosigkeit auszeichnet, bedeutet nicht zuletzt, dass alle Menschen für ihn in einem wesentlichen Sinne gleich sind. Diese Gleichheit wird weder durch gemeinsam geteilte Eigenschaften noch durch eine gemeinsame Stellung im *ordo* garantiert, sondern gerade durch deren Abwesenheit.

Jedes Lebewesen zeichnet sich für Plessner gegenüber der anorganischen Natur durch seine Positionalität aus: durch ein Sich-Verhalten zur je eigenen Grenze. Als „exzentrisch positional" tritt der Mensch im Gegensatz zu allen anderen Lebewesen selbst noch aus diesem Verhalten heraus, er verhält sich noch einmal zu ihm. Im Menschen rückt die Positionalität zu sich selbst in Distanz. „Als Ich [...] steht der Mensch [...] hinter sich selbst, ortlos, im Nichts, geht er im Nichts auf, im raumzeitlichen Nirgendwo-Nirgendwann."[54] In Absetzung vom Kosmosbewohner Schelers bewohnt der Plessnersche Mensch ein Niemandsland. Seine Ortlosigkeit verkompliziert sich noch dadurch, dass er auch nicht einfach als „rein" exzentrisch betrachtet werden kann. Seine Exzentrizität bindet sich vielmehr notwendig an genau die Positionalität, die sie aufbricht. Exzentrizität und Positionalität werden sich im Menschen wechselseitig zur Bedingung der Möglichkeit und Unmöglichkeit. Ohne diese Verwiesenheit auf ihr eigenes Gegenteil wäre auch die Exzentrizität nur eine weitere Position und würde ihrem eigenen Begriff widersprechen. Seine Exzentrizität bedeutet, dass er auf Nichts gebaut ist und sich performativ selbst hervorbringen muss. Damit kommt dem Sozialen als Medium der menschlichen Selbsthervorbringung eine eminente Bedeutung zu.

Noch bevor der Mensch sich zu einer Gemeinschaft bekennen kann, erlebt er sich als konstituiert von einer Mitwelt; er „sieht ‚sich' nicht nur im Hier, sondern auch im Dort des Anderen".[55] Dem Anderen kommt für Plessner wie für Levinas und Simmel ein logischer und genetischer Primat gegenüber dem Selbst zu. Der Selbstbezug eines jeden Menschen vermittelt sich über sein Verhältnis zu anderen: „Nur an dem anderen seiner selbst hat er – sich."[56] Die Mitwelt kann als abstrakter Inbegriff der wechselseitigen Konstituierung von Selbst und Anderen begriffen werden, sie „*trägt* die Person, indem sie zugleich von ihr getragen und gebildet *wird*. Zwischen mir und mir und ihm liegt

---

[53] Plessner, „Die Aufgabe der Philosophischen Anthropologie", S. 36.
[54] H. Plessner, „Die Stufen des Organischen und der Mensch. Einleitung in die philosophische Anthropologie", in: ders., *Gesammelte Schriften*, Bd. IV, S. 364.
[55] H. Plessner, „Macht und menschliche Natur. Ein Versuch zur Anthropologie der geschichtlichen Weltansicht", in: ders., *Gesammelte Schriften*, Bd. V, S. 135–234, hier: S. 193.
[56] H. Plessner, „Die Frage nach der Conditio humana", in: ders., *Gesammelte Schriften*, VIII, S. 136–217, hier: S. 203.

die Sphäre dieser Welt des *Geistes*"⁵⁷. Geist kommt nicht dem isolierten Individuum zu, sondern entspinnt sich zwischen uns, in den Anerkennungskämpfen, in denen sich Individualität allererst ausbildet. Im Geist oder in der Mitwelt verkörpert sich die absolute Differenz, die uns zugleich verbindet.

Im Gegensatz zur Unmittelbarkeit der Gemeinschaft beschreibt die Mitwelt Umwege. Sie „lebt allein vom Geist des Spieles"⁵⁸ und der rhetorischen Indirektheit. Der „Sinn des Spieles" liegt in der „Irrealisierung des natürlichen Menschen"⁵⁹ zu dessen Freisetzung uns Rousseau und seine Nachfolger anhalten. In der modernen Gesellschaft spielen wir Rollen, repräsentieren und lassen uns repräsentieren, lassen unser Antlitz hinter Masken verschwinden und folgen sozialen Regeln. Die Regeln der politischen Öffentlichkeit widersprechen den Regeln der Gemeinschaft. Öffentlichkeit zeichnet sich gerade nicht durch Selbsttransparenz und Homogenität aus. Sie ist vielmehr agonal und symbolisch verfasst, der Schauplatz vielfältiger Konflikte, die die Gesellschaft konstituieren. „Öffentlichkeit beginnt da, wo Liebe und blutsmäßige Verbundenheit aufhören. Sie ist der Inbegriff von Möglichkeitsbeziehungen zwischen einer unbestimmten Zahl und Art von Personen als ewig unausschreitbarer, offener Horizont, der eine Gemeinschaft umgibt. Sie ist gerade in dieser Negativität eine sozialformende Macht ersten Ranges."⁶⁰ Öffentlichkeit gilt Plessner auch als „System des Verkehrs zwischen unverbundenen Menschen"⁶¹. Er spricht explizit von einer „unbestimmten Öffentlichkeit"⁶²: Während die Gemeinschaft eine „Vertrautheitssphäre" bilde, ließe sich die moderne Gesellschaft nur als „Nichtvertrautheitssphäre" beschreiben.⁶³ Die wechselseitige Entzogenheit der Gesellschaftsglieder eröffnet erst die Möglichkeit ihres Miteinanders. Auch Plessner deutet also eine negativistische Theorie des Sozialen an. Dem „Zusammenleben" der Menschen in der Gesellschaft geht ein „Aneinandervorbeileben" voraus.⁶⁴ Zwischen den Menschen „klafft Leere"⁶⁵, die sie andererseits überhaupt erst miteinander verbindet. Das Soziale bleibt in einem wesentlichen Sinne von der Unbestimmbarkeit der Individuen für sich selbst und für andere abhängig. Nur als einander entzogene sind die Menschen genötigt zu kommunizieren und zu interagieren. Das Soziale lässt sich insofern nicht nach Art eines physischen Seins beschreiben. Plessner spricht, in Anspielung auf Schelling, von seinem „Ungrundcharakter"⁶⁶. Es ist eher ein in nichts gegründeter performativer Übergang und Vollzug als ein Bereich oder Seinstyp.

Mit symbolischen Formen wie Zeremoniell, Nimbus, Prestige und Macht bietet die Gesellschaft „irreale Kompensationen"⁶⁷ der Unbestimmtheit und Negativität ihrer in-

---

[57] Plessner, „Die Stufen des Organischen und der Mensch", S. 376.
[58] Plessner, „Grenzen der Gemeinschaft. Eine Kritik des sozialen Radikalismus", in: ders., *Gesammelte Schriften*, Bd. V, S. 7–134, hier: S. 94.
[59] A. a. O.
[60] Plessner, „Grenzen der Gemeinschaft", S. 55.
[61] A. a. O., S. 95.
[62] A. a. O., S. 80.
[63] A. a. O., S. 55.
[64] A. a. O., S. 59.
[65] A. a. O., S. 125.
[66] A. a. O., S. 62.
[67] A. a. O., S. 82.

ternen Beziehungen auf. Das Wesen dieser „irrealen Kompensationen" wird besonders am Nimbus deutlich, an der gleichsam an ihm selbst sichtbar werdenden Anerkennung, die einem Individuum widerfährt. Plessner interpretiert den „Nimbus" als das „einfache Vorgeben von etwas, das da sein und wirken soll, ohne ‚da' zu sein".[68] Der Nimbus als Indifferenzpunkt von „Maske und Gesicht"[69] steht für eine sich selbst antizipierende und fingierende Macht, die die Negativität des Sozialen „irreal" kompensiert. Die grundlegenden Strukturen des Sozialen werden von Plessner nicht funktionalistisch gedeutet, sondern erscheinen als Kompensationen ihrer eigenen Fiktionalität.

(c) Auch Hannah Arendt rekonstruiert, in ihrem Hauptwerk *Vita activa*, Verbindungen zwischen einer Negativität des Menschen und einer Negativität des Sozialen. Als Voraussetzung des Vermögens zur Sozialität begreift Arendt die „Natalität"[70] des Menschen. Das Faktum, dass er geboren wird, deutet sie dabei nicht biologistisch; es steht nicht dafür, dass der einzelne Mensch qua Geburt zur Gattung *homo sapiens* gehört. Mit jedem Geborenwerden geht vielmehr ein absoluter Anfang einher, der als Vorwegnahme des Anfangenkönnens im Reden und Handeln interpretiert wird: „Der Neubeginn, der mit jeder Geburt in die Welt kommt, kann sich in der Welt nur darum zur Geltung bringen, weil dem Neuankömmling die Fähigkeit zukommt, selbst einen Anfang zu machen, d. h. zu handeln. Im Sinne von Initiative – ein *initium* setzen – steckt ein Element von Handeln in allen menschlichen Tätigkeiten."[71] Arendt bezieht sich hier implizit auf die Freiheitsphilosophien Kants, Hegels und Schellings, die den Menschen über seine ihm gegebene Fähigkeit charakterisiert sehen, anfangen zu können. So wie die Menschen in der Welt einerseits nur als von der Natur und von anderen Menschen „bedingte Wesen"[72] begriffen werden können, so wohnt ihnen kraft ihrer Natalität auch ein Unbedingtes inne, das jeden Versuch einer eigenschaftslogischen Definition des Menschen scheitern lässt. Für Arendt „berechtigt uns nichts zu der Annahme, daß der Mensch überhaupt ein Wesen oder eine Natur im gleichen Sinne besitzt wie alle anderen Dinge"[73].

Die zentrale Frage ihrer politischen, das Faktum der Freiheit betonenden Anthropologie lautet insofern auch nicht „Was wir, sondern: *Wer* wir sind". Diesem *Wer* eignet eine Unverfügbarkeit, die alle Bestimmungsversuche scheitern lässt: „Sobald wir versuchen zu sagen, *wer* jemand ist, beginnen wir Eigenschaften zu beschreiben, die dieser Jemand mit anderen teilt, und die ihm gerade nicht in seiner Einmaligkeit zugehören. Es stellt sich heraus, daß die Sprache, wenn wir sie als ein Mittel der Beschreibung des *Wer* benutzen wollen, sich versagt und an dem *Was* hängen bleibt, so daß wir schließlich höchstens Charaktertypen hingestellt haben, die alles andere sind als Personen"; diese zeichnen sich durch die „bestürzende Eindeutigkeit des Dieser-und-niemand-anders-Seins"[74] aus. Arendt formuliert eine negative Anthropologie, die von der „Unmöglich-

---

[68] A. a. O., S. 84.
[69] A. a. O., S. 85.
[70] H. Arendt, *Vita Activa oder Vom tätigen Leben*, München 1994, S. 15.
[71] A. a. O., S. 15 f.
[72] A. a. O., S. 16.
[73] A. a. O., S. 17.
[74] A. a. O., S. 17.

keit" Rechenschaft ablegt, „das Wesen des Menschen zu definieren"[75]. Insbesondere der Ersten-Person-Perspektive entzieht sich das *Wer*, das Dieser-und-niemand-anders-Sein. Die Einmaligkeit gründet nämlich nicht in einer unergründlichen Innerlichkeit des Selbst, sondern im je besonderen Verwobensein des Lebensfadens mit den Fäden anderer. Die Person wird sich in diesem Verwobensein selbst zur Frage „Wer bist Du?"[76]. Ihre „Freiheit" lässt sich insofern keinesfalls mit „Souveränität" gleichsetzen; zwar knüpft die Freiheit des Einzelnen aktiv am intersubjektiven Bezugsgewebe von Handeln und Sprechen, allerdings nur so, „daß jeder, der an ihm mitwebt, in einem solchen Ausmaße in es verstrickt wird, daß er weit eher das Opfer und der Erleider seiner eigenen Tat zu sein scheint als ihr Schöpfer und Täter"[77].

Dem *Wer* sind dann, wenn überhaupt, nur Geschichten adäquat, die uns andere über uns selbst erzählen.[78] Arendts Anthropologie ist also nicht nur politisch und negativistisch, sondern auch, wie neuerdings Julia Kristeva[79] hervorgehoben hat, narratologisch. Das *Wer* des Menschen kleidet sich in die Form einer je besonderen, ihm selbst entzogenen Geschichte. Das Leben, das sich zu einer erzählbaren Biographie fügt, bezeichnet Arendt im Anschluss an Aristoteles als „*bios* zum Unterschied von *zoe*"[80], als geformtes im Unterschied zum bloßen Leben. Vom Leben des *bios* wisse Aristoteles zu berichten, dass es „eine *praxis* ist". Sind Handeln und Sprechen doch „tatsächlich die beiden Tätigkeiten, die am Ende immer eine Geschichte ergeben"; weisen beide bei aller Kontingenz doch schließlich „genug Kohärenz" auf, „um erzählt werden zu können"[81]. Im Handeln und Sprechen verweben wir unseren Lebensfaden mit den Lebensfäden der anderen, partizipieren an einer Geschichte, die uns vorausging, und tragen zugleich neue Anfänge in diese Geschichte ein.

In unserem Sprechen und Handeln vollzieht sich eine zweite Geburt, „in der wir die nackte Tatsache des Geborenseins bestätigen, gleichsam die Verantwortung dafür auf uns nehmen"[82]. In diesem Sinne sind für Arendt „Handeln und etwas Neues Anfangen dasselbe"[83]. Die Kraft, anfangen zu können, die vor Beginn der Schöpfung noch ganz bei Gott lag und damit transzendent blieb, wird dem Menschen in der Schöpfung durch Gott verliehen. Mit dem Menschen ist ein Anfang nun auch in der Welt möglich; seine Freiheit steht für das Vermögen einer Transzendenz in der Immanenz. Sprechen und Handeln wird von Arendt dem „Ereignis"[84] und „Wunder"[85] angenähert. „Es liegt in der Natur eines jeden Anfangs, daß er [...] schlechterdings unerwartet und unerrechenbar in die Welt bricht. Die Unvorhersehbarkeit des Ereignisses ist allen Anfängen und allen Ursprüngen inhärent." Unser Sprechen und Handeln geht immer auch mit der Möglichkeit des Un-

---

[75] A. a. O., S. 172.
[76] A. a. O., S. 167.
[77] A. a. O., S. 229.
[78] Vgl. A. Cavarero, *Relating Narratives. Storytelling and Selfhood*, London, New York 2000.
[79] Vgl. J. Kristeva, *Das weibliche Genie. Hannah Arendt*, Berlin, Wien 2001, S. 27–166.
[80] Arendt, *Vita activa*, S. 90.
[81] A. a. O., S. 90.
[82] A. a. O., S. 165.
[83] A. a. O., S. 166.
[84] A. a. O., S. 166.
[85] A. a. O., S. 167.

möglichen (in Arendts Worten: „unendlicher Unwahrscheinlichkeiten"[86]) einher. Es hält sich nicht an Regeln und Konventionen, sondern sprengt den Horizont eingespielter Üblichkeiten, entzieht sich jedem Kalkül und jeder theoretischen Vorhersehbarkeit. Es ist von keinen transzendentalen Möglichkeitsbedingungen außerhalb seiner selbst abhängig, da es jedes Bezugssystem außer Kraft zu setzen vermag. Das aktuale, je besondere Handeln und Sprechen wird damit für Arendt zum einzigen Absolutum.

Das Handeln ist auf einen Gemeinsinn verwiesen, der eine, mit Kant zu sprechen, „transzendentale Synthesis" leistet und die anderen Sinne auf *eine* Realität bezieht. Aus der Perspektive des einzelnen Subjekts, das sich erkennend zur Welt verhält, kann sich keine Wirklichkeit ausbilden. Nur in der Pluralität der Perspektiven kollektiver Handlungszusammenhänge tritt uns eine widerständige Realität entgegen. Der Gemeinsinn gilt Arendt insofern als derjenige Sinn, der Objektivität stiftet: „Die Gegenwart anderer, die sehen, was wir sehen, und hören, was wir hören, versichert uns der Realität der Welt und unserer selbst"[87]. Realität wird hier nicht „durch eine allen Menschen gemeinsame ‚Natur' garantiert"[88], sondern durch das Miteinander-Sprechen und Interagieren. Sprechen und Handeln bilden ein „Bezugsgewebe"[89], das Arendt absichtsvoll nicht als Kultur, Gesellschaft oder *das* Soziale beschreibt und auf diese Weise verdinglicht. Sie betont vielmehr immer wieder den agonalen Charakter und die Performativität des Bezugsgewebes. Dessen agonaler Charakter wird am deutlichsten, wenn wir auf Arendts bevorzugtes Beispiel schauen: die griechische Polis. Diese, „also der öffentliche Raum selbst, war der Ort des heftigsten und unerbittlichsten Wettstreits, in dem ein jeder sich dauernd vor allen anderen auszeichnen mußte, durch Hervorragendes in Tat, Wort und Leistung zu beweisen hatte, daß er als ein ‚Bester' lebte"[90]. Das Bezugsgewebe der Polis geht diesem Wettstreit nicht voraus, sondern *ist* der Wettstreit. Genau darin liegt auch seine Performativität beschlossen; es existiert nur *in actu*. Handeln und Sprechen zeichnen sich für Arendt durch eine ihnen spezifische „energeia" aus, eine Kraft oder Wirksamkeit, die dem Vollzug des Handelns und Sprechens selbst entspringt. *Energeia* kommt gerade denjenigen Tätigkeiten, „die keinen Zweck verfolgen" und „kein Endresultat außerhalb ihrer selbst hinterlassen" zu, „deren volle Bedeutung sich vielmehr im Vollzug selbst erschöpft"[91]. *Das* Soziale im Sinne einer soziologisch beschreibbaren Substanz gilt Arendt demgegenüber als moderne Verdinglichungs- und Verfallsform. Das Verbindende zwischen den Personen, den Adressaten der unbeantwortbaren Frage *Wer bist Du?*, ist gerade keine Substanz, sondern eine radikale Differenz. Entscheidend für das Bezugsgewebe im Sinne Arendts bleibt die unvermittelbare Singularität der einzelnen Fäden. „Ohne Verschiedenheit, das absolute Unterschiedensein jeder Person von jeder anderen, die ist, war oder sein wird, bedürfte es weder der Sprache noch des Handelns für eine Verständigung."[92] Handeln und Sprechen erfolgen über die Kluft eines

---

[86] A. a. O., S. 166.
[87] A. a. O., S. 50.
[88] A. a. O., S. 57.
[89] A. a. O., S. 171.
[90] A. a. O., S. 42.
[91] A. a. O., S. 201.
[92] A. a. O., S. 164.

absoluten Unterschiedenseins hinweg. Deren Bezugsgewebe ist nie vollständig durch externe Faktoren determiniert. Es wird von sich selbst entzogenen Personen konstituiert und gegenüber allen Determinanten offen gehalten. „Daß das Wer sich in solch vieldeutiger und unnennbarer Ungewißheit zeigt, bedingt die Ungewißheit nicht nur aller Politik, sondern aller Angelegenheiten, die sich nicht direkt im Miteinander der Menschen vollziehen, jenseits des vermittelnden, stabilisierenden und objektivierenden Mediums einer Dingwelt."[93]

Simmel, Plessner und Arendt haben die Frage nach dem Anderen ins Zentrum der Sozialphilosophie gestellt. Der kurze Blick auf ihre Überlegungen hat gezeigt, dass sich der Andere nicht in einer absoluten, uns je individuell ethisch herausfordernden Andersheit erschöpfen lässt, sondern auch als Bedingung der Möglichkeit und Unmöglichkeit aller Formen des Sozialen begriffen werden muss. So wie das Selbst vom Anderen heimgesucht ist, so ist es auch der Andere: Er ist immer schon, als *anderer Anderer*, gespalten und pluralisiert. Dies zu untersuchen, das Feld der Möglichkeiten und Unmöglichkeiten, der Masken und Figuren vielfältiger Anderer abzuschreiten, begreife ich als zentrale Aufgabe einer Negativistischen Sozialphilosophie.

---

[93] A. a. O., S. 172.

Tatiana Shchyttsova

Missverständnis in intergenerativen Verhältnissen als Hindernis und als Spielraum

Vom kommunikativ-theoretischen bzw. hermeneutischen zum coexistenzial-dialektischen Ansatz

1. Einführung

Unter den intergenerativen Verhältnissen wird hier das interaktiv-kommunikative Miteinander von Erwachsenem und Kind verstanden. Da wir uns also auf dasjenige Missverständnis beziehen, das in der Kommunikation zwischen Erwachsenem und Kind stattfindet, müssen bei solcher Fragestellung zuerst zwei verschiedene Ideen- bzw. Forschungskontexte berücksichtigt werden, denen beiden in gegenwärtigen Sozialtheorien großes Gewicht beigemessen wird. Der erste Kontext ist die so genannte kommunikative Rationalität samt der an sie anknüpfenden Theorie des kommunikativen Handelns. Der zweite betrifft Kindheitsforschungen, die sich etwa seit den achtziger Jahren des vorigen Jahrhunderts als eine eigenständige Forschungsrichtung im Rahmen der Sozialwissenschaften etabliert haben. Beide Kontexte überlagern sich insofern, als sich zum einen die Konzeption des kommunikativen Handelns auf das Medium der alltäglichen Sprache bezieht und zum anderen die *subjektorientierten* Erforschungen der Kindheit damit befassen, wie Kinder sich im alltäglichen Leben kommunikativ ausdrücken. Der Kindheitsforscher nimmt zwar im Verhältnis zu seinem Gegenüber eine objektivierende Distanz ein, gründet jedoch seine Sozialforschung auf den normativen Charakter gegenseitiger Verständigung, der für jeden kommunikativ orientierten Sprechakt Geltung hat.[1] Damit beispielsweise ein ethnographisches Gespräch mit einem Kind für erfolgreich gehalten werden kann, muss die gesamte Dialogführung so weit und tief wie möglich der pragmatischen Formel „des sich mit einem Anderen über etwas Verständigen" folgen. Die Forschungstätigkeit präsentiert zwar eher ein strategisches als ein kommunikatives Handeln (nach der bekannten Klassifikation von Habermas), aber die kommunikativ vermittelte gegenseitige Verständigung (und sei es nur auf einem sehr niedrigen Niveau) zwischen Erwachsenem und Kind bleibt die notwendige Bedingung für eine fruchtbare Fortsetzung des Forschungsunternehmens. Ohne auf die Geltung dieser kommunikativen Norm im Rahmen ihrer Sozialforschung verzichten zu können,

---

[1] Siehe J. Habermas, *Nachmetaphysisches Denken*, Frankfurt am Main 1988. S. 75.

begegnen gegenwärtige Kindheitsforscher zahlreichen Kommunikationsproblemen zwischen Kindern und Erwachsenen die, nach der präzisen Bemerkung von Dirk Hülst, einen Zweifel daran erwecken können, dass „[...] *Verstehen* als sozialwissenschaftliche Forschungsstrategie überhaupt auf den Gegenstandsbereich der Kindheitsforschung angewendet werden kann".[2]

Diese provokante Äußerung deutet die Notwendigkeit einer neuen Betrachtung derjenigen Tatsache an, die traditionellerweise als eine unproblematische Prämisse in jedem Gespräch über Kinder galt, nämlich der Tatsache, dass Kinder kraft objektiver Gesetze ihrer Entwicklung (d. h. je nach ihrem Alter) unfähig sind, von Erwachsenen artikulierte Sinnzusammenhänge in demselben Maße wie Erwachsene verständnisvoll zu akzeptieren und weiter mitzuteilen. Es geht hier nicht darum, diese Prämisse *als eine objektive Feststellung* zu bezweifeln, vielmehr darum, ihre scheinbar unproblematischen – offensichtlichen – sozialen Implikationen zu hinterfragen bzw. die Frage zu stellen, wie das Phänomen des Missverständnisses, das unausweichlich und systematisch zwischen Erwachsenen und Kindern aufbricht, kulturell bzw. philosophisch zu deuten und gemeinschaftlich zu behandeln (zu *praktizieren*) ist. Dieser Beitrag ist in diesem Zusammenhang als eine Gegenüberstellung von zwei theoretischen Ansätzen bzw. zwei Teilen strukturiert, die das Missverständnis in der intergenerativen Kommunikation unterschiedlich konzipieren, wobei der Übergang vom ersten zum zweiten Ansatz als Indikator für eine praktische Änderung der jeweiligen habituellen Einstellung zum Kind zu verstehen ist.

2. Missverständnis als Hindernis: Über die Erwachsenenzentrierung der kommunikativen Vernunft

Kommunikativ-theoretisch wird Missverständnis als Mangel an Verständigung in einem jeweiligen pragmatischen Kontext gefasst. Zu Missverständnissen kommt es, weil (abgesehen von „technischen" Fehlern wie falsch zu hören oder falsch informiert zu werden) in jedem Sprechakt von jedem Partner mehr gemeint bzw. implizit mitgemeint ist, als wirklich ausgedrückt wird. Das implizit Mitgemeinte enthält, sofern es jeweils unter dem Blickwinkel der Performativität der Aussage zu betrachten ist, sowohl die von beiden Partnern geteilten (obwohl unartikuliert gebliebenen) Sinngehalte als auch individuelle (ungeteilte) Intentionen und Interpretationen, welche den Spielraum einer Zweideutigkeit im Gespräch wirken lassen und dadurch einen krisenhaften Unterschied im Verständnis des kommunikativ Ausgesprochenen verursachen können, nämlich einen Unterschied (Riss), welcher der ganzen Kommunikation den „Miss"-Charakter verleiht. Trotz der Zweideutigkeit bzw. Undurchsichtigkeit aller individuellen Intentionen impliziert jedoch die erwähnte Kontextualität des Missverständnisses den relativen, d. h. überwindbaren Charakter des Mangels. Geht es hier also um eine nicht gelungene Kommunikation, ist diese keinesfalls absolut – als totale Abwesenheit von jedweder (und sei

---

[2] D. Hülst, „Ist das wissenschaftlich kontrollierte Verstehen von Kindern möglich?", in: F. Heinzel (Hg.), *Methoden der Kindheitsforschung. Ein Überblick über Forschungszugänge zur kindlichen Perspektive*, Weinheim, München 2000, S. 37–55.

es nur impliziter) Verständigung – zu deuten. Missverständnis ist keine Opposition, kein Antonym zu Verständigung, sondern ein kommunikativer Modus, der einen bestimmten, von den kommunikativen Partnern *geteilten* Sinnkontext bzw. Sinnhorizont voraussetzt. Anders gesagt, das Missverständnis erweist sich zwar als ein Bruch in der Kommunikation, doch kann dieser Bruch durch die kommunikativ gebrauchte Sprache beseitigt werden. Mehr noch: Soweit solcher Bruch geschieht, betrachtet man ein Missverständnis als etwas, das zu neutralisieren *ist,* und zwar aus dem Grund, weil ein Mangel an Verständigung negative praktische Folgen in der geteilten Handlungswelt bewirkt. Weil also jedes Missverständnis eine nicht gelungene kommunikative Handlung impliziert, hält man es im alltäglichen Leben für ein *Hindernis* par excellence. Und es ist die Sprache als universelles *Medium* unseres Miteinanders einerseits und die *Reflexivität* der kommunikativen Akteure andererseits, welche eine erfolgreiche Überwindung dieses Hindernisses ermöglichen müssen.

Inwiefern ist das skizzierte kommunikativ-theoretische Schema auch auf die Intersubjektivität von Erwachsenen und Kindern anwendbar? Inwieweit (wenn überhaupt) lässt sich Missverständnis, das in kommunikativen Verhältnissen zwischen den Generationen stattfindet, auf einen Mangel an Verständigung zurückführen, der in symmetrischen Verhältnissen von Erwachsenen aufbricht? Symmetrie besagt hier in erster Linie relativ gleiche kognitive und kommunikative Fähigkeiten samt dem Vermögen, einen bestimmten symbolischen Kontext reflexiv bzw. diskursiv zu erörtern und damit zu repräsentieren. Egalität – im Sinne des gleichen Rechts darauf, einen dreifachen (subjektiven, objektiven, normativen) Geltungsanspruch zu erheben – beruht offensichtlich auf dieser basalen Fähigkeits- und Vermögenssymmetrie, die ihrerseits anthropologisch (d. h. im relevanten – hinreichend „erwachsenen" – Lebensalter) fundiert ist. Die Art und Weise, wie ein Missverständnis in intergenerativen Verhältnissen gedeutet und behandelt werden kann, muss dementsprechend damit verbunden sein, wie das Kind – welches eine asymmetrische Gestalt hinsichtlich der jeweiligen Erwachsenen bildet – als kommunikativer Partner akzeptiert und positioniert wird.

Eine kritische Prüfung der sozialwissenschaftlichen Forschungsmethodik im Bereich der Kindheitsforschung zeigt,[3] dass eine wissenschaftlich orientierte Gesprächsführung mit Kindern sehr oft solchen Prinzipien bzw. Ansprüchen auf Kohärenz folgt, die nur für die „symmetrischen" Alltagsgespräche unter Erwachsenen gelten. Soweit also wissenschaftlich kontrolliertes Verstehen von Kindern sich auf das Modell einer „idealisierten Erwachsenenkommunikation" gründet, lässt sich jedes Missverständnis in intergenerativer Kommunikation letzten Endes dadurch erklären, dass Kinder die pragmatisch-rationalistische Weltsicht der Erwachsenen und die entsprechenden „erwachsenen" Verhaltens- und Kommunikationsmuster *nicht teilen* bzw. zu solcher Weltsicht und solchen Mustern *nicht fähig* (oder nicht vollständig fähig) sind. Sofern die Asymmetrie im Verhältnis des Kindes zum Erwachsenen als eine grundlegende Unfähigkeit zum vernünftigen Gespräch konzipiert wird, können kindliche Äußerungen

---

[3] Siehe z. B. Heiko Hausendorfs Analyse des Gesprächs eines Kindheitsforschers mit einem fünfjährigen Kind. H. Hausendorf, „Was ist ‚altersgemäßes Sprechen'? Empirische Anmerkungen am Beispiel des Erzählens und Zuhörens zwischen Kindern und Erwachsenen", in: *Osnabrücker Beiträge zur Sprachtheorie 61* (2001), S. 11–33.

nur als *defizient* (irrational, inkompetent, unmündig, fehlerhaft, chaotisch) wahrgenommen werden. Dieser Tendenz nach müssen dann Bearbeitung und wissenschaftliche Systematisierung der *per definitionem* problemhaften kindlichen Äußerungen insoweit als erfolgreiche gelten, als es gelingt, eine zwischen Erwachsenem und Kind erfolgte Kommunikation den alltäglichen Regeln einer Kommunikation unter Erwachsenen unterzuordnen. Das Missverständnis als ein im voraus erwarteter Nachteil intergenerativer Kommunikation lässt sich zwar auf „erwachsene" Art und Weise – d. h. durch reflexive/ diskursive Erklärung und rationale Argumentation, die auf eine *geteilte* Objektivität und Normativität angewiesen sind – nicht aufheben, es wird aber nach Maßgabe der Rationalität der Erwachsenen beurteilt und behandelt. Im Rahmen solchen Einsatzes erscheint das Kind als *Mangelwesen* par excellence – d. h. als ein Wesen, das in seiner Kommunikation mit Erwachsenen seiner Konstitution nach einen Mangel an wechselseitiger Verständigung verursacht.

Die Hoheit – oder der maßgebende Charakter – der Rationalität der Erwachsenen zeigt sich dabei in zwei miteinander korrelierenden Aspekten. Der methodologischen – rationalisierenden – Reduktion der kindlichen Äußerungen bei ihrer wissenschaftlichen Systematisierung entspricht nämlich eine allmähliche soziale Reduktion des Kindes als Mangelwesens auf einen idealtypischen Erwachsenen als pures Vermögen-zur-symmetrisch-rationalen-Kommunikation. In diesem konzeptionellen Rahmen wird die intergenerative Kommunikation strukturell so weit wie möglich der Erwachsenenkommunikation angepasst. Der Unterschied besteht darin, dass, während in der idealtypischen symmetrischen Kommunikation unter Erwachsenen eine Eliminierung des Mangels der Verständigung *synchron* abläuft, ein Abschaffen des Verständigungsmangels in der intergenerativen Kommunikation *diachron* verschoben ist, und zwar so, dass Erziehung nichts anderes als die Arbeit an der Nivellierung der Asymmetrie in der Intersubjektivität Erwachsener und Erwachsender ist – und damit nichts anderes als die allmähliche Beseitigung der Ursachen des wechselseitigen Missverständnisses in intergenerativen Verhältnissen.

Die wissenschaftliche Systematisierung der Daten einer Kommunikation mit Kindern nach den Prinzipien des Alltagsgesprächs zwischen Erwachsenen erscheint in diesem Kontext als eine methodologische Nachgiebigkeit, die der „unrichtig verlaufenden" Kommunikation zwischen Erwachsenen und Kindern eine Kohärenz ver- bzw. ausleiht, die als ein objektiver (intersubjektiv geteilter) Sinnzusammenhang nur unter derjenigen imaginativen Voraussetzung vorstellbar wäre, dass Kinder *als* Erwachsene fungieren könnten, so, *als ob* sie erwachsen (mündig, rational, kompetent) wären. Eine kohärente Auffassung des Gesprächs mit Kindern erfolgt somit auf dem Weg einer selektiven Interpretation, die gerade diejenigen kindlichen Ausdrucksformen ausklammern oder nur auf reduktionistische Weise in Betracht nehmen muss, die einer rationalisierenden bzw. jedes Missverständnis ausräumenden Bearbeitung widerstehen. So weist beispielsweise A. Kraus darauf hin, dass „die Sozialwissenschaft von einer Nichtakzeptanz primärprozesshafter, also durch Verschiebung und Verdichtung hervorgebrachter Gestaltbildungen wie narrativ erstellter Bilder, metaphorischer Sprache oder Mythischem geprägt sei".[4] Dieser sozialwissenschaftlichen Selektivität, die kindliche Äußerungen für defizient und irrational hält, entspricht wiederum auf der Ebene der lebensweltlichen Interaktion eine soziale Selektion (d. h. Normierung), die sich in Gestalt einer symbolischen Gewalt ausweist, die den Kindern Verhaltensstrategien, Kommunikationsmuster und Wertorientierungen von Erwachsenen aufdrängt.

Missverständnis in der intergenerativen Kommunikation wird also im Rahmen traditioneller Forschungsparadigma als ein defizientes Phänomen im sprachlich artikulierbaren Sinnhorizont von Erwachsenen begriffen – als ein Phänomen, das *zu überwinden und prinzipiell überwindbar ist,* und zwar durch das Erwachsenwerden bzw. sozial-geschichtliche Aufgehen (Husserl spricht vom „Hineinwachsen") des Kindes in die Welt der Erwachsenen. Sofern das kommunikative Miteinander von Generationen unter dem Gesichtspunkt des „erwachsenen" Ideals der wechselseitigen Verständigung als einer regulativen Idee betrachtet wird, taucht es ins Medium der Sprache ein, das als eine unhintergehbare Dimension der intergenerativen Erfahrung wirken soll. Sowohl Gadamers Hermeneutik als auch Habermas' Universalpragmatik kommen darin überein, dass das Telos wechselseitiger Verständigung der Sprache eigen ist und das Medium der natürlichen Sprache und das Telos der Verständigung aufeinander angewiesen sind.[5] Dass die Fähigkeit von Kindern, sich im Gespräch mit Erwachsenen *verständlich* zu machen, im Rahmen der neuen Kindheitsforschung vorwiegend *defizitorientiert* dargestellt wird, bezeugt, dass das Kind *a priori* als eine sprachlich-engagierte Figur betrachtet wird, und zwar als eine Figur, die ihre defiziente („erwachsene") Sprachlichkeit durch Kommunikation mit Erwachsenen allmählich nachholen muss.

Nennt man in der belarussischen Sprache ein kleines Kind *nemauljatka* (das Nicht-Sprechende), so markiert man damit die Grenzposition des Kindes *im* Medium der Sprache, also eine innere, ins Innere der Sprache orientierte Grenze. Der mediale Charakter der Sprache impliziert dabei, dass es Kindern als solchen inneren Grenzfiguren je nach ihrem Erwachsenwerden unterstellt werden muss, dass sie nur sehr mangelhaft (wenn überhaupt) einen (Sinn-)Kontext deutlich machen können, der das Verständnis ihrer Äußerungen ermöglichen könnte. Weil zudem wechselseitige Verständigung, welche die phänomenale Funktion der Medialität der Sprache ausmacht, eine pragmatische Dimension (einen applikativen Aspekt) besitzt, erscheint die kommunikative Inkompetenz des Kindes als zweiseitig: kognitiv und pragmatisch, wobei die Brücke zwischen den beiden Seiten (Wissen und Handeln) die zu erwerbende Sprache bildet.

Missverständnis in intergenerativer Kommunikation weist also, soweit es als ein sprachliches Phänomen par excellence betrachtet wird, einen kognitiven und einen praktischen Aspekt auf, die sich in der „transzendental-kommunikativen" Dimension der *Verständlichkeit* als medialer Basis für jedes kommunikative Miteinander prinzipiell überlagern. Verständlichkeit, die als primäre Bedingung für wechselseitige Verständigung sowohl nach Gadamer als auch nach Habermas der Sprache *immanent* ist,

---

[4] A. Kraus, „Das ‚performative Spiel' als ein didaktischer Weg ‚zu den Sachen selbst'" (Manuskript). Vgl. auch: Hülst „Ist das wissenschaftlich kontrollierte Verstehen von Kindern möglich?", S. 47.

[5] Vgl. Habermas, *Nachmetaphysisches Denken,* S. 66.

weist sich durch eine sprachliche Artikulation aus, die ihrerseits – als Artikulation eines Sinn- bzw. Handlungskontexts – „immer schon" bestimmte Anwendungsimplikationen besitzt. Dass intergenerative Kommuniation letzten Endes an einem Mangel an Verständlichkeit – wie an einem permanenten Systemfehler – leidet, muss dann offenkundig daran liegen, dass das Kind als ein kommunikativer Partner für ein erfolgreiches Fungieren im pragmatisch implizierten Medium der Sprache nicht (ausreichend) entwickelt, mündig, handlungsfähig ist.

Die philosophische Hermeneutik Gadamers und die kommunikative Theorie Habermas' vertreten also, ungeachtet der bekannten kritischen Auseinandersetung zwischen ihnen, einen philosophischen Ansatz, der eine bestimmte Stellungnahme bezüglich der mangelhaften Kommunikation zwischen Erwachsenem und Kind impliziert. Die Auseinandersetzung zwischen Habermas und Gadamer kann in Hinsicht auf unsere „kindliche" Frage gerade insofern keinen Einfluss haben, als beide Konzeptionen *sprachzentriert* sind. Der Ansatz, den sie beide teilen, ist wesentlich dadurch bestimmt, dass Sprache zugleich das Medium und das finale Ergebnis kommunikativer Erfahrung (sei es von der epistemologischen oder von der sozial-pragmatischen Art) ausmacht. Obgleich also für die sprachlich vermittelte kommunikative Erfahrung Habermas zufolge eine kritische Reflexivität konstitutiv ist, die kraft der Performativität der Aussagen eine „schwache" transzendentale Dimension aufrechterhält, verweist jede rationale bzw. diskursive Argumentation auf die Sprache als universales Medium zurück. Der dreifache (subjektive, objektive, normative) Geltungsanspruch, dessen Anerkennung laut Habermas die Möglichkeitsbedingung für Verständigung ist, ist zwar bezüglich der Sprache transzendent, seine Annahme oder seine Zurückweisung besitzt aber sprachlichen Charakter. Im Blick auf ihre Sprachzentriertheit besteht also der Unterschied zwischen Gadamer und Habermas einzig darin, dass ersterer der Sprache eine *synthesierende* Funktion zuschreibt, während letzterer ihr eine *koordinierende* verleiht.[6]

Soweit also idealtypische kommunikative Intersubjektivität bzw. die Welt der Erwachsenen betroffen ist, erscheint die Welt als ein sprachliches Feld, in dem idealtypische („normale vernünftige") Erwachsene persönliche Anerkennung dadurch erwerben, dass ihre Geltungsansprüche jeweils im Rahmen einer sprachlichen Kommunikation bzw. eines sprachlich vermittelten kommunikativen Handelns befriedigt werden. Ein struktureller Mechanismus solcher Befriedigung ist, wie oben skizziert, eben die wechselseitige Verständigung. Sprache gilt damit als ein universelles (unhintergehbares) Medium, in dem die *Andersheit* jeder erwachsenen Persönlichkeit insofern berücksichtigt wird, als die persönlichen Geltungsansprüche des Erwachsenen im kommunikativen Miteinander – d. h. durch sprachliche Artikulation und diskursive Argumentation – berücksichtigt bzw. befriedigt werden. Dieses Prinzip gilt in gleichem Maße für die kommuikative Rationalität Habermas' wie für das wirkungsgeschichtliche Bewusstsein Gadamers.[7] Unter diesem Gesichtspunkt zeigt sich das Missverständnis als ein Phänomen, das nicht nur

---

[6] Siehe И. Инишев, „Измерения коммуникации (идея интегральной коммуникаивной теории)", in: *Топос 12*, № 1 (2006), S. 53–66.

[7] Vgl. H.-G. Gadamer, *Wahrheit und Methode* (*Gesammelte Werke*, Bd. 1), Tübingen 1990, S. 367. Gadamer deutet die Offenheit für die Ansprüche des Anderen als ein konstitutives Moment des wirkungsgeschichtlichen Bewusstseins.

pragmatische Effektivität, sondern auch Anerkennungsähigkeit als quasitranszendentale Bedingung der Möglichkeit für ein komunikatives Miteinander in Frage stellt. Weil sich die Anerkennung des Anderen in einer kommunikativen Berücksichtigung seiner Geltungsansprüche manifestiert, muss jedes Missverständnis – und zwar als Bruch und Hindernis auf dem Weg zu gelungener Verständigung – den normativen Zwang, es aufzuheben, enthalten. Das Missverständnis erscheint also im sprachlich-kommunikativen Feld als eine immanente Transzendenz, eine solche von *negativer Art*: Wenn es stattfindet, trägt es in sich *sui generis* den Appell, aufgehoben zu werden, der gerade dadurch verursacht ist, dass das Missverständnis als Epiphänomen im Medium der Sprache positioniert wird.

Dass (und wenn) alle Kommunikationspartner die bezeichnete negative Norm *teilen*, d. h. ihren Willen zur kommunikativen Überwindung des Missverständnisses bzw. ihre Einwilligung in sie zeigen, ist dies eine primäre Bedingung und ein zuverlässiges Zeichen dafür, dass sie in ihren interpersonellen Beziehungen zu wechselseitiger Verständigung „im Prinzip" bereit oder fähig sind. Soweit es sich also um eine interpersonelle Kommunikation handelt, bilden die eigenen Geltungsansprüche eines jeweiligen Erwachsenen sowie seine Offenheit hinsichtlich der Ansprüche des Anderen ein Motivationssystem, das, obgleich es der Sprache gegenüber transzendent ist, eine immanente Beweglichkeit dieses Mediums in sich selbst, und zwar im Sinne seiner kreativen Lebendigkeit, bedingt. Andererseits ist zu betonen, dass jeder Anspruchsträger überhaupt nur insoweit anzuerkennen ist, als er an sprachlicher Kommunikation partizipiert. Dabei setzt dieses Partizipieren sowohl nach der universalen Sprachpragmatik Habermas' als auch nach der philosophischen Hermeneutik Gadamers Fähigkeiten und Vermögen voraus, die *per definitionem* einem (idealtypischen) Erwachsenen eigen sein müssen.

Dass die Sprache, die zum universellen Medium unserer Erfahrung erklärt wird, als Medium für kommunikative Rationalität bzw. für wirkungsgeschichtliches Bewusstsein der „normalen vernünftigen" Erwachsenen par excellence fungiert, impliziert einen bemerkenswerten Status der Idee der Andersheit, der unsere Aufmerksamkeit verdient. Im Rahmen des kommunikativ-theoretischen bzw. hermeneutischen Ansatzes, welcher der generellen Logik des *linguistic turn* folgt, fungiert die Andersheit anderer Personen als ein Prinzip, das ein kommunikatives bzw. hermeneutisches Verfahren zulässt. Wechselseitige Anerkennung bildet dementsprechend einen Intra-Mechanismus, der das Funktionieren des ganzen spachlich-kommunikativen Verfahrens bzw. den Vollzug des Mediums der Sprache als solchen gewährleistet. Die Idee der Andersheit erhält somit einen bloß formellen Charakter, was sich gerade im Prinzip der Egalität deutlich manifestiert. Der Andere ist derjenige, der – genau wie ich selber – ein Träger von Geltungsansprüchen ist und als solcher in kommunikativer Intersubjektivität respektiert werden soll. *Der formelle Charakter der Andersheit gilt zudem insofern, als es sich um eine idealtypische Erwachsenenkommunikation handelt.* Solche Formalisierung gelingt durch ein bestimmtes Abstrahieren, das die lebensweltlichen Verhältnisse aus der Perspektive der Erwachsenen betrachtet.[8] Es ist diese Perspektive, welche die kon-

---

[8] Husserl macht denselben methodologischen Schritt, wenn er festhält, dass die Explikation der Geschichtlichkeit der Heimwelt auf einer solchen Abstraktion wie der „Gemeinschaft der Reifen meines normalen ‚Wir'" beruht. E. Husserl, *Zur Phänomenologie der Intersubjektivität. Texte aus*

zeptionelle Einsicht ermöglicht, dass Verständigung Konventionalität und Intentionalität verbindet und der kommunikative Sprechakt als solcher drei Dimensionen unserer Erfahrung vermittelt, indem er nämlich 1. eine objektive Welt repräsentiert, 2. intersubjektiven Normen folgt und 3. subjektives Erleben mitteilt.

Die Sprache als universelles Medium solcher Vermittlung eröffnet sich also unter dem Gesichtspunkt der Rationalität der Erwachsenen. Intergenerative Kommunikation lässt sich, soweit sie im Rahmen dieses Paradigmas betrachtet wird, wegen ihres (anthropologisch bzw. seitens des Kindes ontogenetisch bedingten) problemhaften Charakters nur insofern auf eine kohärente Weise thematisieren, als das Kind primär als ein *noch*-nicht-normaler Erwachsener konzipiert wird. Missverständnisse, die systematisch („chronisch") in der kommunikativen Erfahrung zwischen Erwachsenen und Kindern entstehen, werden letzten Endes dadurch erklärt, dass Kinder zum Unterschied von allen „normalen" Erwachsenen dasjenige sozial-kulturelle Kontextwissen (Normen, Wertorientierungen usw.) nicht (vollständig) repräsentieren bzw. nicht teilen, das die Verbindung zwischen Konventionalität und Intentionalität in einem illokutiven Akt erst ermöglicht. Dass solche defiziente Kommunikation nicht (wie z. B. im Fall der Kommunikation mit Geisteskranken) wirklich für pathologisch gehalten wird, findet seinen prinzipiellen Grund eben darin, dass das Kind, ungeachtet seines Mangelcharakters in intergenerativen Verhältnissen, als ein „normales" Erwachsen-Werdendes erfasst wird. Daher wird stets versucht (darin liegt zumindest das Nahziel eines pädagogisch-didaktischen Unternehmens), Missverständnisse in intergenerativer Erfahrung nicht (wie in der Begegnung mit dem geistig Kranken) als Frustrationsgrundlage, sondern als Indikatoren wahrzunehmen, welche die aktuellen Richtungen für eine weitere pädagogisch-hermeneutische Leitung bestimmen helfen, deren letztes Ziel darin besteht, aus einem Kind einen normalen Erwachsenen zu machen.

Dieser pädagogische Optimismus (der in einem bestimmten Aspekt völlig relevant sein kann) ist jedoch einer kritischen Revision zu unterziehen, und zwar insofern, als er im Rahmen und auf dem Boden der universalistischen Ansprüche des Sprachmediums erwächst. Geht man davon aus, dass dieses den Totalhorizont unserer Erfahrung ausmacht, impliziert solche Voraussetzung hinsichtlich der intergenerativen Kommunikation, dass die Andersheit eines Kindes unter die formelle Andersheit eines idealtypischen Erwachsenen subsumiert wird. Will man also über so etwas wie Allgegenwärtigkeit der Sprache – des Hermeneutischen – reden, ist für diese Annahme ein hoher Preis zu zahlen, nämlich die eigenartige Andersheit eines Kindes, weil sie sich im Rahmen des kommunikativ-theoretischen bzw. hermeneutischen Ansatzes nur auf eine reduktionistische Weise als Mangelhaftigkeit eröffnen lässt.

Es ist also offensichtlich, dass eine kognitiv-sprachliche Deutung des intergenerativen Missverständnisses, die auf ontogenetischen bzw. entwicklungspsychologischen Gesetzen basiert, einen „starken" pädagogischen Imperativ impliziert, der die Überwindung jeweiliger Missverständnisse fordert. Das Imperative begründet bzw. rechtfertigt die klassische *autoritative* Einstellung in pädagogischer Praxis und bedeutet letzten Endes, dass das erwachsene Subjekt sich in seinem Verhältnis zum Kind *mit sich selbst*

---

dem Nachlass. Dritter Teil: 1929–1935 (*Husserliana*, Bd. XV), hg. v. I. Kern, Den Haag 1973, S. 141.

beschäftigt, und zwar in dem Sinne, dass seine einzige Sorge darin besteht, das Kind als die entfremdete Form des vernünftigen Subjekts in einen Stand der vollständigen Eliminierung dieser Fremdheit zu versetzen. Das erwachsene Subjekt versteht also sich selbst und sein Verhältnis zum Kind so, dass es im pädagogischen Verfahren *am Kind als solchem,* sofern nämlich dieses im Licht seines Erwachsen-Werdens betrachtet wird, zurück zu sich selbst zu kommen hat.

Das Verhältnis Erwachsener-Kind bildet somit ein eigenes Feld, in dem die neuzeitliche *subjektzentrierte* Vernunft ihre Machtansprüche durchsetzt. In diesem Zusammenhang wird, begonnen mit der Aufklärung, die Begründung der Autonomie des Subjekts (als Subjekts der Erkenntnis und der Handlung) systematisch von einer Konzeptualisierung des Kindes als des *Noch-nicht-Subjekts* begleitet.[9] Da der Unterschied von Kind und Erwachsenen durch dieses paradigmatische Deutungsschema *relativiert* wird, wird so etwas wie eine „wissenschaftliche Eroberung des Kindes" (M. Wimmer) möglich, d. h. die Entwicklung des wissenschaftlichen (pädagogischen, psychologischen, medizinischen) Blicks auf das Kind, die im 18. Jahrhundert beginnt und die Wege bahnt, auf denen das erwachsene Subjekt die kindliche Lebensform *rational* aneignet, sie absorbiert.

Die emanzipierte bzw. zivilisierte Vernunft bemühte sich mithin um ein rational begründetes Abstandnehmen vom Kind und von seiner Lebensweise, um durch diese Rationalisierung der Kindheit die vollständige Unterwerfung der kindlichen Lebensform unter die Instanz des Erwachsenen-Subjekts zu sichern. Solche *Distanzierung* Erwachsener von Kindern, wie sie als Instrument der Eroberung (Kolonisierung) der Kindheit einsetzt, wurde auf unterschiedlichen Ebenen – von der präzisen symbolischen Ausdifferenzierung von zwei Sozialtypen (Erwachsener und Kind) bzw. der Herausbildung des Erwachsenenhabitus (mit seinem Verhaltensstandard und seinen Selbstkontrollmechanismen) bis hin zur Entwicklung wissenschaftlicher Zugangsweisen zum Kind einschließlich ihrer „letzten Begründung" in einer philosophischen Konzeptualisierung des Subjekts als autonomer rationaler und moralischer Instanz – gleichzeitig festgehalten.

Dass diese subjektzentrierte bzw. machtvoll subordinierende Tradition in der Philosophie des transzendentalen Subjekts kulminiert, zeigt – noch im 20. Jahrhundert – die Thematisierung der Figur des Kindes beim späten Husserl, dessen Fragestellung nach dem transzendentalen „*Kind*"[10] durch eine vollständige Absorption der kindlichen Lebensperspektive seitens der transzendentalen Dimension des weltkonstituierenden Ichs gekennzeichnet ist. Als Husserl von der Weltkonstitution als „Sache der Intersubjektivität erwachsender und schon erwachsener Menschen"[11] spricht, meint er nichts anderes als das kommunikativ vermittelte Heranwachsen des Kindes zur Reife, bei welcher der Horizontsinn seiner Welt mit dem des normalen Erwachsenen *identisch* werden

---

[9] Die Hauptidee der Aufklärung, die Idee der Mündigkeit, lässt sich diesbezüglich mit dem Aufruf *Seid nicht wie Kinder, seid autonom!* ausbuchstabieren.

[10] E. Husserl, *Späte Texte über Zeitkonstitution (1929–1934). Die C-Manuskripte* (Husserliana Materialien, Bd. VIII), hg. v. D. Lohmar, Dordrecht, Heidelberg, London, New York 2006, S. 431.

[11] Ebd. S. 74 f.

soll.¹² Intergenerative Weltkonstitution wird damit als zwanghafte Normalisierung bzw. Sozialisierung des fremdartigen Kindes verstanden. Seit dem 18. Jahrhundert bedeutet Sozialisierung als eine intergenerative Erfahrung die *Neutralisierung des Mangels am Erwachsensein* bzw. die Neutralisierung der *Fremdartigkeit* des Kindes als eines Lebewesens, das durch die Unfähigkeit charakterisiert ist, das normative System und die Rationalität der Welt der Erwachsenen zu repräsentieren.

Diese kurze Skizze der Genealogie des modernen Subjekts unter dem Gesichtspunkt des Verhältnisses Erwachsener-Kind ermutigt einen kritischen Blick auf die nachmetaphysischen Ansätze von Gadamer und Habermas. Ihre linguistische bzw. kommunikative Wende impliziert zwar die so genannte Dezentrierung des Subjekts. Diese bleibt aber, wie oben gezeigt, unempfindlich gegenüber einer Verdrängung der kindlichen Andersheit im Rahmen des klassischen Unterordnungsschemas „Erwachsener-Subjekt / Noch-nicht-Subjekt". Sowohl die Hermeneutik als auch die Theorie des kommunikativen Handelns folgen also dem konzeptionellen Rahmen der neuzeitlichen subjektzentrierten Philosophie, indem sie nicht gestatten, Missverständnis im intergenerativen Miteinander *anders* als eine misslungene Kommunikation bzw. ein zu überwindendes Hindernis zu fassen.

3. Jenseits der Erwachsenenzentrierung: Wechselseitiges Missverständnis als Spielraum des intergenerativen Miteinanders

Wenn wir in diesem Beitrag zu einer neuen Interpretation des Missverständnisses im intergenerativen Miteinander zu gelangen suchen, gehört dies zu einer Strategie der Subjektdezentrierung, welche in diesem Fall anhand der Differenz Erwachsener-Kind als Überwindung der Erwachsenenzentrierung durchgeführt wird. Als solche hängt diese neue Denkrichtung sowohl mit der *gender*-Kritik des (männlichen) Subjekts als auch mit der Kritik des kolonialen Diskurses wesentlich zusammen. Im Rahmen dieses Aufsatzes können wir uns mit diesem Komplex zwar nicht weiter befassen, es geht uns aber darum, die Fragestellung, die den beiden erwähnten Kritiklinien zugrunde liegt, auf intergenerative Verhältnisse auszuweiten und in diesem auf seine Art anthropologisch fundierten Bereich auszulegen.

Die ganz allgemein formulierte Frage lautet: Wie ist das Miteinandersein von verschiedenen Lebensformen zu denken, nachdem kritische Reflexion die unterdrückenden („imperialistischen") Machtimplikationen des neuzeitlichen Begriffs des Subjekts als der Begründungsinstanz entlarvt hat? Die im ersten Teil skizzierte moderne Tradition der Konzipierung des Kindes zeigte ihren erwachsenenzentrierten Charakter darin, wie man das Phänomen des Missverständnisses in intergenerativer Kommunikation erklärte und praktisch behandelte. Die gegenwärtige Kritik an dieser Tradition, die seit etwa dreißig Jahren den neuesten Kindheitsforschungen zugrunde liegt, lässt erwarten, dass Revidierung bzw. Überwindung des lebensweltlichen Monopols des Erwachsenensubjekts zu einem Umdenken bezüglich der Funktion und Bedeutung des wechselseitigen

---

[12] Vgl. Husserls Behauptung „Normaler [...] Lebensstil ist nicht nur ein Faktum [...], sondern ein Seinsollen." Husserl, *Zur Phänomenologie der Intersubjektivität*, S. 143 f.

Missverständnisses im intergenerativen Miteinander führen muss. Im Folgenden möchte ich versuchen, eine neue Beschreibung dieses negativen Phänomens zu entwerfen, welche gegenüber der traditionellen Auslegung die Negativität des Phänomens (Riss in der Verständigung) nicht auf eine kognitiv-kommunikative Mangelhaftigkeit des Kindwesens zurückführt. Geht man also – am Leitfaden der generativen Dezentrierung des Subjekts – davon aus, dass das Kind, indem es am intergenerativen Miteinander partizipiert, auf die Option seines zukünftigen Erwachsen-Werdens (bzw. seines „Noch-nicht-Erwachsenseins") nicht reduziert werden kann, wird ein neuer Blick auf das Phänomen des Missverständnisses möglich, und zwar ein solcher, welcher der Versuchung widerstehen wird, den risshaften Charakter des „Miss-" im kommunikativen Miteinander der Generationen zugunsten des vertikalen Machtschemas „Erwachsenensubjekt / Noch-nicht-Erwachsenensubjekt" auszulegen.

Das Wort „Spielraum", mit dem diese alternative Blickrichtung schon im Titel dieses Aufsatzes bezeichnet ist, begreift das Missverständnis nicht immanent als Defizit der Verständigung *im Rahmen* intergenerativer Kommunikation, sondern strukturell als ein „Auseinander", das die intergenerative Kommunikation sozusagen organisiert bzw. selbst die Rahmenbedingung für das Miteinander der Generationen bildet. Ich verdanke diese Bezeichnung Eugen Fink, der in seinem späteren Werk eine post-traditionelle Erziehungswissenschaft entwickelt, welche er auf eine neue, nachmetaphysische Ontologie (die Fink *Kosmologie* nennt) gründet und in diesem Zusammenhang *das wechselseitige Missverständnis der Generationen als Spielraum erzieherischer Co-Existenz* fasst.[13] Ohne den Anspruch darauf zu erheben, eine mehr oder weniger ausführliche Darlegung der Spätphilosophie Finks zu bieten, werde ich hier einige seiner Grundideen als Richtlinien für meine weitere Analyse aufnehmen, um diese neue These bezüglich des Missverständnisses zu erläutern.

Grundlegend für die *strukturelle* Auslegung des wechselseitigen Missverständnisses der Generationen ist Finks Versuch, das Verhältnis von Erwachsenem und Kind von einer *a-subjektiven* Perspektive her – d. h. unter dem Gesichtspunkt ihres Mit-teilens des Geschehens von Welt, also unter dem des *Mit-teilens als Welt-teilens* – zu deuten. Entscheidend ist dabei Finks Deutung von Welt, die den theoretischen Rahmen der (Husserlschen) Phänomenologie sowie der Hermeneutik sprengt, und zwar zugunsten einer dialektischen („spielhaften") Auslegung, die eine *meontische* (nicht erscheinende, nicht phänomenalisierbare) Dimension im Geschehen von Welt bzw. im Teilen von Welt erfasst und dadurch die mediale Rolle der Sprache (der sprachlichen Artikulation, die wesentlich zum Bereich des Erscheinenden gehört) relativiert. Finks kritische Auseinandersetzung mit dem phänomenologisch-hermeneutischen Ansatz (die auf ein „spekulatives Verweisen" aus der phänomenologisch-hermeneutischen Medialität hinaus in einen dialektischen *Spielraum* des Weltgeschehens abzielt) kreuzt sich mit einer scharfen Kritik an der aufklärerischen subjektzentrierten Vernunft, deren Herrschaft (neben anderen epochalen Folgen nihilistischer Provenienz) die Möglichkeit versperrt, das eigenartige, heuristische und soziale Verhältnisse bereichernde Potenzial eines intergenerativen Miteinander zu erblicken und (!) zu vergegenwärtigen. Ausgehend von dieser Auffassung, die das Geschehen von Welt von einer Reduktion auf die Weltsicht eines

---

[13] E. Fink, *Pädagogische Kategorienlehre*, Würzburg 1995, S. 55.

sinnstiftenden rationalen Erwachsenensubjekts (sei es in Gestalt des weltkonstituierenden transzendentalen Ichs oder eines Erziehers als Trägers eines normativen Systems und von interpretierbaren Sinnzusammenhängen jeweiliger Lebenswelten) befreit, gelangt Fink zu derjenigen Fragestellung, die seiner kosmologisch-pädagogischen Revolution zugrunde liegt, nämlich zur Frage nach der erzieherischen „Co-Existenz", welche der prinzipiellen Einsicht folgt, dass im Miteinandersein von Erwachsenen und Kindern, von Alten und Jungen „keine Altersstufe einen unbedingten Vorrang hat".[14]

Das wechselseitige Missverständnis der Generationen verliert in diesem Kontext den eindeutigen Charakter eines kommunikativen Hindernisses, da sich solch schlechthin negative Auffassung am prinzipiellen Vorrang des („normalen vernünftigen") Erwachsenensubjekts als kommunikativen Partners orientierte. Fink sucht dagegen das Aufgehen desjenigen Lebenssinns in den Vordergrund zu stellen, der sich in einer Interaktivität von Generationen gerade insofern zeigt (intergenerativ spürbar ist), als die Lebensperspektive des Kindes derjenigen des Erwachsenen *nicht unterstellt* wird. Dass das Geschehen von Welt reicher, komplexer, in jedem Fall also „mehr" ist, als das „erwachsenenzentrierte" mediale Feld einer jeweiligen sozial-geschichtlichen Lebenswelt bzw. der von (typisch „transzendentalen") Erwachsenen monopolisierte Sinnhorizont kund gibt,[15] ist – nicht ohne bestimmte Anstrengungen – durch die Entdeckung zu erfahren, dass Erwachsener und Kind in ihrem Wechselbezug *voneinander lernen, und zwar je Verschiedenes lernen*.[16]

Dass ein Erwachsener in einer Co-Existenz mit dem Kind von diesem etwas lernen kann, was er selbst dem Kind zu unterrichten nicht imstande wäre und im genuinen Sinne nicht den medialen phänomenalisierbaren Sinnzusammenhängen der Lebenswelt entspringt, impliziert eine Möglichkeit zur *Ontologisierung* des wechselseitigen Missverständnisses in der intergenerativen Kommunikation. Das heißt, ein gewöhnliches (mediales) Missverständnis kann Indikator oder Manifestation dafür sein, inwieweit für das Miteinander von Erwachsenem und Kind ein solches *Auseinander* konstitutiv ist, welches die hervorgehobene unreduzierbare Asymmetrie im wechselseitigen Lernen ermöglicht. Wenn Fink vom wechselseitigen Missverständnis der Generationen als Spielraum erzieherischer Co-Existenz spricht, gebraucht er demnach das Wort Missverständnis in einem *starken* Sinn: Gegenüber einer *schwachen* Deutung, einer solchen, die an ein allmähliches Hineinwachsen des Kindes in den Horizontsinn der Welt des „normalen Erwachsenen" anknüpft, meint dieser starke Sinn eine Auseinandersetzung bzw. lebendige Diskrepanz zwischen Kind und Erwachsenem; indem sie das konstitutive Moment des Wechselbezugs verschiedener Lebensalter ausmacht, zielt solche Diskrepanz über den Rahmen der rezeptiven Sozialisation[17] hinaus und ermöglicht so, dass Erwachsener und Kind im kommunikativen Miteinander als zwei *gleichwertige*

---

[14] E. Fink, *Erziehungswissenschaft und Lebenslehre*, Freiburg i. Br. 1970, S. 216.
[15] Vgl.: „Die geschichtliche Welt ist die Welt der Erwachsenen." (Husserl, *Späte Texte über Zeitkonstitution*, S. 243).
[16] Fink, *Erziehungswissenschaft und Lebenslehre*, S. 206. Vgl. auch: E. Fink, *Natur, Freiheit, Welt*, Würzburg 1992, S. 91.
[17] Vgl. A. W. Corsaro, *The Sociology of Childhood*, Thousand Oaks, London, New Delhi ²2005, S. 7 ff.

Mitstifter und Mitgestalter des aufgehenden Lebenssinns fungieren.[18] Eben dies versteht Fink unter dem intergenerativen „Mit-teilen als Welt-teilen", welches, wie aus unserer Betrachtung folgt, eine *Kultur*, eine *Pflege des Missverständnisses* in erzieherischer Co-Existenz fordern muss.

Das Phänomen des Missverständnisses erhält so einen ambivalenten Charakter, und das ganze Problem bündelt sich dann in die Frage, welche praktischen Folgen diese Ambivalenz für die erzieherische Co-Existenz haben könnte. Bleibt die Aufgabe der Sozialisation (oder, wie Fink sagt, die des „Erlernens des Weltumgangs der Erwachsenen") weiterhin erhalten, ist in einem Bereich wie der Erziehung der Sinn einer Vorbereitung nicht wegzudenken; doch Fink besteht darauf (und gerade darin liegt die echte Wurzel seiner kosmologisch-pädagogischen Revolution), dass Erziehung nicht die bloße Formung der Jugend für ein späteres Leben als Erwachsene ist.[19] Erwachsene haben also sachliche Missverständnisse in ihrer Kommunikation mit dem Kind – gerade um der Vorbereitung willen – *als* Hindernisse zwar pädagogisch sorgsam zu überwinden, Erziehung bzw. erzieherische Co-Existenz lässt sich aber auf einen solchen Vorbereitungsprozess nicht reduzieren; und dies besagt, dass Erwachsene sich mit dem schwachen Sinn des Missverständnisses – d. h. mit einer klassisch autoritativen bzw. belehrenden Einstellung – nicht begnügen sollten. „Weil wir gewohnt sind", so Fink, „,Lernen' nur als Erlernen des Weltumgangs der Erwachsenen zu deuten, übersehen wir allzu leicht die Erfahrungen, die dem menschlichen Lehrer aus der didaktischen Zuwendung zum Kinde zuströmen, – übersehen wir, wie sehr auch das Kind gibt, indem es nimmt".[20] Auch hier weist Fink auf eine qualitative Asymmetrie im intergenerativen Miteinander hin, die das klassische hierarchische Deutungsschema Subjekt/Noch-nicht-Subjekt sprengt und in ein Mit-teilen als Welt-teilen mündet, wobei Welt als ein Geschehen verstanden wird, welches das sinnstiftende Vermögen des rationalen (Erwachsenen-)Subjekts noch umfängt. Ein Bruch in intergenerativer Kommunikation kann somit als Manifestation einer Asymmetrie verstanden bzw. erfahren werden, was sodann eine Aktualisierung des starken Sinns des Missverständnisses – als der intergenerative Kon-Kreativität ermöglichenden Diskrepanz zwischen unterschiedlichen Lebensaltern – bewirkt.

Man mag sich fragen, wie die Verschiebung vom schwachen zum starken Sinn des Missverständnisses detailliert zu denken und praktisch durchzuführen sei. Auf welche Art und Weise können beide im praktischen Feld der erzieherischen Co-Existenz *mit*gemeint werden? Manifestiert sich darin nicht ein Widerspruch? Bedeutet dies mithin nicht, etwas zu legitimieren, was Aristoteles als einen „Übergang in eine andere Denkart" bezeichnete? Missverständnis in pädagogischer Praxis erscheint auf der Grundlage des Paradigmas der Vorbereitung seitens der Erziehung bzw. Ausbildung stets als ein zu überwindender Mangel an Verständigung. Es *wirkt* also, im schwachen Sinn, als ein Hindernis in intergenerativer Kommunikation. Ohne dies zu bestreiten,

---

[18] Fink, *Erziehungswissenschaft und Lebenslehre*, S. 206.
[19] Ebd. S. 215
[20] Ebd. S. 206. – Die These lässt sich als eine präzise Erwiderung Husserl gegenüber lesen, da dieser den Übergang vom Kindsein zum Erwachsensein im Ganzen als den „lernenden Aufstieg der einzelnen Person vom transzendentalen ‚Kind' zum wachen Gemeinschaftssubjekt" deutete (Husserl, *Späte Texte über Zeitkonstitution*, S. 430).

blickt Fink gleichsam durch den schwachen Sinn hindurch und rückt seine pragmatische Bewertung sozusagen an die zweite Stelle. Dies meint: Dem Paradigma der hierarchisch aufgefassten Vorbereitung soll der Status seiner primären und prinzipiellen Rahmenbildung für die Interpretation des intergenerativen Miteinander entzogen werden, und dies muss sich am Phänomen des Missverständnisses erweisen, an dem, *wie* es erfahren und behandelt wird. Der neue konzeptionelle Rahmen ist der Gedanke einer konkreativen Teilnahme am Geschehen von Welt bzw. am Aufgehen des Lebenssinns („Sittlichkeit") von der gegenseitigen interaktiven Bezogenheit der Lebensalter her. Die Bedingung der Möglichkeit zu solcher Kon-Kreativität ist der qualitative Unterschied der Beteiligten, die ihre Individuation durch die entsprechende lebensmäßige Differenzierung bzw. Relation (Erwachsene/Kind; alt/jung) erlangen. Es ist diese Unreduzierbarkeit des Unterschieds, die Fink im strukturell gedeuteten Missverständnis festhalten will. Er überspringt dabei nicht die sachliche und sprachliche Dimension fehlender Verständigung, deutet jedoch Missverständnis nicht mit Bezug auf seine mögliche Aufhebung (welche mittels einer rational-kommunikativen Anleitung von Erwachsenen erreicht wird), sondern im Blick darauf, dass sich eine Differenz zeigt, die allenfalls überdeckt (verschwiegen oder missdeutet), aber nicht eliminiert werden kann. Missverständnis wird somit zu einer strukturellen Bedingung (einem „Spielraum") für ein intergeneratives bzw. erzieherisches Miteinander, und diese Bedingung impliziert, dass die eherne, selbst nicht angezweifelte Pragmatik des autoritativen Belehrens (das moderne Paradigma), die auf das zukünftige Erwachsensein als Telos bezogen ist, am Leitfaden der oben bezeichneten Idee der Kon-Kreativität derart umgegossen werden muss, dass sie, obgleich sich immer noch am Sinn der Vorbereitung orientierend, Inspiration und anti-autoritative Richtlinien für die pädagogische Anleitung aus einer *anderen* Quelle als dem Welthorizont Erwachsener schöpft.

Wonach Fink eigentlich sucht, ist eine Antwort auf die Frage, wie ein Erzieher in seiner Praxis das „starke" Missverständnis – als die lebendige unreduzierbare Diskrepanz in der gegenseitigen Bezogenheit der Lebensalter – *wirken* lassen kann, ohne darauf zu verzichten, sachliche und sprachliche Missverständnisse in der Kommunikation mit Kindern *aufzuheben*. Der Widerspruch lässt sich anscheinend insoweit beseitigen, als die beiden Umgangsweisen mit dem Missverständnis (wirken lassen / aufheben) in der Tat zwei unterschiedlichen „Denkarten" bzw. Erfahrungsdimensionen zugeschrieben werden können, nämlich einerseits einer Ontologie der Differenz und andererseits einer Pragmatik des Verhältnisses der Vorbereitung, die auf dem Monopol der Erwachsenenrationalität beruht. Es ist dies jedoch eine analytische („theoretische") These, die kaum dabei hilft, ein *praktisches* „Zusammendenken", ja ein „Zusammengehen" von beiden Behandlungsweisen, die beide an dasselbe Phänomen der fehlenden Verständigung anknüpfen, zu verwirklichen.

Der Erzieher hat mit den Bruch der Verständigung in der Kommunikation mit Kindern zu tun, und dieses „zu tun haben" bedeutet traditionell „zu überwinden haben". Fink bietet jedoch eine intransitive Interpretation dessen an, wie man mit Missverständnis „umgeht": Der Erzieher findet sich vor – *hat zu co-existieren* – in einem wechselseitigen Missverständnis mit dem Kind und dessen eigenem Lebenshorizont und eigener Welthaftigkeit. Das Phänomen der Erziehung kosmologisch zu ergründen, besagt dann Fink zufolge, das primäre Gewicht darauf zu legen, welcher Lebenssinn aus der Diskrepanz zwischen den beiden *aufeinander bezogenen* Weltverhältnissen (dem „kindlichen" bzw. „jungen" und dem „erwachsenen" bzw. „alten") entsteht. Die Weltverhältnisse beider Lebensalter sind also gerade wegen ihres lebendigen Wechselbezugs (der allein eine Ahnung davon vermitteln kann, was Geschehen von Welt ist) nicht aufeinander reduzierbar. Es ist dieser dialektische Sachverhalt, der den Spielraum – die Grundstruktur – der erzieherischen Co-Existenz bildet. Der Sinn der Vorbereitung ist zwar im Wechselbezug der beiden Lebensalter impliziert, er kann aber den Sinn des intergenerativen Miteinander nicht erschöpfen. Wollte man im erzieherischen Bereich auf dem Monopol der Rationalität der Erwachsenen bestehen, würde dies, von einer Finkschen Perspektive aus, zu einer verkehrten Co-Existenz tendieren, zu einer solchen, die das kreative Potential des intergenerativen Miteinander zugunsten der Machtansprüche der „erwachsenen" Vernunft preisgibt.

Fink entwickelt also eine Art Öko-Pädagogik, die aus der Schonung bezüglich des dialektischen Wechselbezugs zweier Lebensalter, dem eine eigenartige sinnkonstituierende bzw. welterschließende Bedeutung zukommt, entspringt. Das Phänomen des Missverständnisses taucht in diesem Kontext als eine Schnittmarke auf, die für den Erzieher Versuch wie Versuchung impliziert, da die habitualisierte autoritative Einstellung („man hat zu be-lehren") vor-reflexiv dazu neigt, sich damit zu begnügen, entweder das Defizit an Verständigung zu ignorieren („es ist noch zu früh, einem Kind so etwas zu erklären") oder mittels eines maßgeblichen *Über-redens*[21] aufzuklären. Dies wäre insofern eine verkehrte Co-Existenz, als das sinnerschließende Potential des intergenerativen Miteinander durch die rücksichtslose Unterstellung des Kindes unter den Lebenshorizont des Erwachsenen verdeckt würde. Aus Finks Ansatz folgt, dass man das Phänomen *ambivalent* aufnehmen muss. Es besagt gewiss, dass das Kind bestimmte, von normalen Erwachsenen repräsentierte Sinnzusammenhänge noch nicht (oder nicht ohne weiteres) verstehen kann, woraus die pädagogische Aufgabe des „zu belehren Habens" resultiert. Das Phänomen impliziert aber *zugleich* auch, dass Jung und Alt, wie im lebendigen Miteinander unterschiedlicher Lebensalter eingesehen bzw. erlebt werden kann, einander *nie* völlig verstehen können. Das heißt, die erfahrungsmäßige Diskrepanz, die sich zwischen ihnen abspielt, lässt es nie zu, dass ihre altersspezifischen Weltverhältnisse (Lebenshorizonte) zu einer vollkommenen Deckung gelangen.

Die gesamte pädagogische Praxis ist also darauf angewiesen, dass die bezeichnete Ambivalenz im methodischen Sinne fungieren kann. Vorausgesetzt ist dabei, dass die pragmatische Aufgabe der Sozialisation sich *anders*, nicht autoritativ,[22] erfüllen lassen

---

[21] Damit das Kind zur Autonomie fähig wird, benötigt man, so Fink, eine Anleitung, die mehr den Charakter eines *Zuredens* als eines Überredens haben sollte (E. Fink, „Begriffsbildung im Erziehungsfeld", Vorlesung vom WS 1969/1970, Manuskript im Eugen Fink-Archiv, S. 73).

[22] Es ist hier darauf hinzuweisen, dass Fink mit vollem Recht zwei Arten von Pädagogik kritisiert, die autoritative und die sentimentale (Fink, *Erziehungswissenschaft und Lebenslehre*, S. 216 und *passim*). Die beiden Arten bzw. ihre Gegensätze lassen sich auf die beiden grundlegenden Auffassungsweisen der Kindfigur zurückführen, denen zufolge das Kind entweder als solches betrachtet wird, das der Kategorie des Erwachsenensubjekts entsprechen soll oder das als Symbol der Freiheit von jeglicher sozialer Normativität und vorgegebenen kulturellen Werten bzw. als Symbol spontaner Kreativität angesehen wird. Beide Optionen stellen keine echten Alternativen dar, sondern sind komplementäre Momente in der Geschichte des modernen Subjekts, und zwar als zwei

muss, *wenn* man vom strukturellen Sinn des wechselseitigen Missverständnisses der Generationen ausgeht bzw. die lebendige Diskrepanz zwischen ihnen als den Spielraum für Welt- bzw. Sinnerschließung *offen hält*. Es gilt also eine neue „Form" des erzieherischen Miteinander zu finden, die dadurch charakterisiert ist, dass das pragmatische Belehren sich von seinem autoritativen Rahmen befreit und zum *integrierten* Moment einer nicht verkehrten – dem *Miss*- gegenüber aufgeschlossenen – intergenerativen Co-Existenz wird. Für Fink hat die angemessene pädagogische Praxis als eine *zwischenmenschliche Beratung* zu verlaufen, die er als „die Gemeinschaftshandlung einer Sinn-Produktion im Wechselbezug zweier Lebensalter"[23] deutet.

4. Schluss

Die hier entwickelten Betrachtungen, die dem Phänomen des Missverständnisses in der intergenerativen Kommunikation eine tiefe ontologische Dimension verleihen, erwecken neue Fragen und führen zu neuen Forschungsaufgaben. Was bei Fink ungenügend erklärt bleibt, ist die sinnstiftende Funktion des Wechselbezugs zweier Lebensalter. Indem solche Sinnproduktion aus der nicht zu überspringenden Diskrepanz im wechselseitigen Verstehen zwischen Generationen erwächst, lässt sie sich nicht auf den Sinnhorizont Erwachsener zurückführen. Zu fragen ist dann: In wieweit ist der intergenerativ produzierte Sinn mit sprachlichen Mitteln fassbar? Kann der Sinn, der dem *Spielraum* des wechselseitigen Missverständnisses der Generationen entspringt, im sprachlichen Ausdruck aufgehen? Da alle sprachlichen Artikulationen an die hermeneutische Medialität gebunden sind, deren Sinnzusammenhänge auf das idealtypische (normale) Erwachsenen-Subjekt angewiesen sind, müsste eine außersprachliche Dimension zwischenmenschlicher bzw. intergenerativer Beratung angesetzt werden; denn sonst wäre das Missverständnis wiederum bloß zur Tatsache geworden, die der Sprache restlos immanent ist. Dies bedeutet, dass sich die Beratung, indem sich Lehrer und Schüler miteinander *beraten*, gerade insofern durch ein einseitig gerichtetes Belehren nicht ersetzen lässt, als der sprachlich artikulierte – gemeinsam erklärte – Sinn in einer Sinnerschließung wurzelt (und sie *indirekt* offen hält), die sich auf kein intentionales bzw. phänomenalisierbares

---

Modi der Appropriation der Lebensperspektive des Kindes. Beide Linien schlugen sich freilich in entsprechenden pädagogischen Einstellungen nieder, an denen Fink scharfe Kritik übt. In der Gegenüberstellung von autoritativer und sentimentaler Pädagogik, bei der es um die Antithese von „führen" oder „wachsen lassen" geht, entlarvt Fink dieselbe Logik, nämlich „dass im ersten Falle die Freiheit des Erziehers unbezüglich, im zweiten Falle die Natur des Zöglings unbezüglich gedacht" wird (ebd. S. 222 f.).Die ganze Antithese beruht somit auf der aufklärerischen Unterscheidung von Natur und Kultur. Entscheidend ist dabei, dass die bezeichnete Unbezüglichkeit sowohl im ersten als auch im zweiten Fall auf das erwachsene Subjekt zurückgeht. Ist die Unterdrückung in autoritativer Erziehung direkt und ostentativ (der Erzieher „soll den Naturwildling zum Kulturbürger umschaffen", ebd. S. 216), so geht es bei der sentimentalen Erziehung, sofern sie von einer Fixierung auf die spontane Natürlichkeit des Kindes gekennzeichnet ist, um eine subtile narzisstische Übertragung.

[23] E. Fink, *Erziehungswissenschaft und Lebenslehre*, S. 214. Vgl. auch S. 210, wo Fink betont: „Hierbei ist vor allem wichtig, den grundsätzlich intersubjektiven Horizont solcher Sinn-Produktion zu beachten."

„was" gründet, sondern das kosmologische Ethos der kon-kreativen Auseinandersetzung berührt, welches allein durch das Mit-teilen als Welt-teilen ins Spiel gebracht werden kann. Der primäre Lebenssinn, der in kein direktes *Unter*-richten eingehen, sondern nur durch den lebendigen *Wechsel*bezug zweier Lebensalter aufgehen kann, scheint dann gerade darin zu bestehen, *dass* Jung und Alt voneinander lernen. Die Frage, *was* es im *Spielraum* intergenerativer Co-Existenz – d. h. im wechselseitigen Missverständnis der Generationen – zu lernen gibt, zeigt sich dann als eine solche, die mit üblichen phänomenologischen und hermeneutischen Mitteln nicht beantwortet werden kann, da die Frage in Termini des Geschehens von Welt (des Geschehens des Welt-teilens) angegangen werden muss, das in phänomenologisch-hermeneutischer Medialität nicht aufgeht. Missverständnis *als* Phänomen weist somit auf eine unphänomenalisierbare Dimension des intergenerativen Welt-teilens hin. Um die genannte kommunikative Sinnproduktion im *Wechsel*bezug zweier Lebensalter philosophisch zu begründen, muss geklärt werden, wie unsagbarer Sinn in einen sagbaren verwickelt ist. Man braucht also eine Art *negative Hermeneutik*,[24] die sich von Anfang an nicht mit dem Sagbaren im intergenerativen Miteinander begnügt und sich als eine Hermeneutik des Missverständnisses bezeichnen lässt.

---

[24] Ich beziehe mich dabei auf die von Hans Rainer Sepp formulierte Idee der negativen Hermeneutik bzw. der negativen Phänomenologie. H. R. Sepp, „Medialität und Meontik. Eugen Finks spekulativer Entwurf", in: *Internationale Zeitschrift für Philosophie 1* (1998), S. 85–93.

FELIX TRAUTMANN

Nichtmitmachen

Zur Negativität der Gemeinschaft

> *Rien faire comme une bête, auf dem Wasser liegen
> und friedlich in den Himmel schauen, ‚sein, sonst nichts,
> ohne alle weitere Bestimmung und Erfüllung'
> könnte an Stelle von Prozess, Tun, Erfüllen treten
> und so wahrhaft das Versprechen der dialektischen Logik einlösen,
> in ihren Ursprung zu münden.*
> Theodor W. Adorno[1]

Gemeinschaft nicht zu *machen* und *nicht* mitzumachen, widerspricht zunächst allen klassischen Vorstellungen dessen, was Gemeinschaft auszeichnet. Wird sie doch traditionell als Ordnung der Zusammengehörigkeit beschrieben, die von der Idee oder auch dem Gefühl getragen wird, mitdazuzugehören, etwas gemeinsam zu tun und an einem Gemeinsamen teilzuhaben. Aber was ist dieses gemeinsame Gut, wer macht es und, mehr noch, ist es überhaupt *etwas*? Gemeinschaft als etwas Gemachtes oder Hergestelltes zu sehen, bedeutet zugleich, soziale Integration, Intimität und Kollektivität als etwas Machbares oder Herzustellendes zu begreifen. In dieser Bezugnahme auf ein gemeinsames Gut war die Gemeinschaft nie unproblematisch. Sie erscheint darin als eine Ordnung, die sich durch Vermittlung als Ganzes und in Form eines gemeinsamen Seins etabliert. Diese Vermittlung, die stets mehr zu sein beansprucht als die Summe ihrer Teile, nimmt in der Idee der Einheit ihre wesentliche Gestalt an. Das Unsichtbare der sozialen Substanz wird in den verschiedenen Einheitsfiktionen und Kollektivmythen als sichtbar, greifbar und sinnhaft dargestellt. Die Idee der Verkörperung des Sozialen steht insofern paradigmatisch für alle klassischen Gemeinschaftskonzeptionen.

Ausgehend hiervon hat sich eine lange Tradition der kritischen Bezugnahmen auf die Gemeinschaft sowie insbesondere auf die Idee der Herstellung des Sozialen als Körper entfaltet. In der politischen Philosophie wird die Inkorporation des Sozialen einerseits mit religiösen bis absolutistischen Ordnungen sowie andererseits mit modernen Formen des Totalitarismus verbunden. Entgegen der Vorstellung, die Einheit oder der Körper der Gemeinschaft könne und muss ‚gemacht' werden, wird die demokratische Gesellschaft

---

[1] Th. W. Adorno: *Minima Moralia. Reflexionen aus dem beschädigten Leben* [1944/45], *Gesammelte Schriften Band 4*, Frankfurt am Main 1997, S. 179.

vielmehr von der Autonomie des Einzelnen sowie ihren wechselnden politischen Mehrheitsverhältnissen her verstanden.[2] In den Sozialwissenschaften wiederum wird der Begriff der Gemeinschaft spätestens seit Ferdinand Tönnies und Helmuth Plessner in Opposition zu oder teilweise in Vermittlung mit dem der Gesellschaft gedacht. In jüngerer Zeit haben sich die insbesondere kommunitaristische Sozialphilosophie sowie die politischen Diskussionen vor allem entlang der Frage bewegt, ob und in welchem Maße Gemeinschaft eine normative Ressource des Politischen darstellt. Neben der Totalitarismuskritik stellen die sozialwissenschaftliche Diskussion nach Tönnies und Plessner sowie die politische und sozialphilosophische Debatte um den Kommunitarismus aktuell die prominentesten Orte eines Denkens der Gemeinschaft dar. Im Zuge dieser Diskussionen sind verschiedene Bestimmungen der Negativität der Gemeinschaft unternommen worden. Der negative, das heißt abzulehnende Charakter der Gemeinschaft besteht einerseits in totalisierenden Formen der Volks- oder Schicksalsgemeinschaft, welche dann in der modernen Gesellschaft begrenzt, säkularisiert und liberalisiert werden. Eine andere Bedeutung besitzt die Negativität der Gemeinschaft schlicht in Form der Diagnose, dass traditionale Vergemeinschaftungsformen (der Sippe, der Großfamilie, etc.) der Vergangenheit angehören. Als Streitpunkt zwischen den meisten Positionen innerhalb der Diskussion um die heutige Bedeutung der Gemeinschaft bleibt dabei die Frage, welche Rolle der Gemeinschaft *nach* der Überwindung, dem Ende oder Verlust ihrer substantiellen oder totalisierten Einheit noch zukommen soll. Die moderne Gesellschaft wird der Gemeinschaft meist als liberale, plurale und damit freiheitlichere Ordnung gegenübergestellt, so dass Gemeinschaft in dieser Abgrenzung nurmehr ein Vor- respektive Gegenbild zur Gegenwart darstellt. Während, grob gesagt, liberale Perspektivnahmen auf Gemeinschaft diesbezüglich im positiven Sinne von einem Verlust traditionaler Vergemeinschaftung sprechen, bedauern konservative Positionen, dass mit diesem Verlust auch elementare Strukturen des Sozialen erodiert oder verschwunden sind. Doch die Rede von der Abwesenheit einer einstmals intakten, kohärenten und konsistenten Gemeinschaft – ob nun begrüßens- oder bedauernswert – impliziert zweierlei: Nicht nur besitzt die Gemeinschaft – als Vergangene, Abwesende oder, aufgrund ihrer Illiberalität, Abzulehnende – für die Gesellschaft einen negativen Charakter, sondern zu klären bleibt, so die eher konservative Deutung dieser Negativität, auf welche Weise sich die Idee oder das Gefühl eines Gemeinsamen in der Gesellschaft noch herstellt oder wieder herstellen ließe.

Demgegenüber kann und soll im Folgenden ein anderes Verständnis der Negativität der Gemeinschaft entfaltet werden, das seinen Ausgang von einer Kritik an der Idee des ‚Machens' oder Herstellens des Sozialen nimmt.[3] Darin eröffnet sich eine Dimension negativer Sozialphilosophie, welche Gemeinschaft vom Moment des Nicht-Machens und Nichtmitmachens her neu lesbar macht. Notwendiger Umweg für dieses Vorhaben ist eine bestimmte Deutung dessen, was Negativität in diesem Zusammenhang bedeutet.

---

[2] Claude Lefort spricht in diesem Zusammenhang von der demokratischen Gesellschaft als einer ‚desinkorporierten'. Vgl. C. Lefort, „L'image du corps et le totalitarisme", in: ders.: *L'invention démocratique: les limites de la domination totaliltaire*, Paris 1981, S. 170 f.

[3] Zur Kritik einer solchen Sozialontologie des Machens oder ‚Ergontologie' vgl. auch W. Hamacher, „Arbeiten Durcharbeiten", in: D. Baecker (Hg.), *Archäologie der Arbeit*, Berlin 2002.

Ausgehend von einer spezifischen Abarbeitung an Hegels Denken eröffnet sich in der französischsprachigen Philosophie des 20. Jahrhunderts und insbesondere mit Georges Bataille ein anderes Verständnis von Negativität, welches in der Folge auch im Hintergrund der hier vorgestellten sozialphilosophischen Überlegungen steht. Diese Bedeutung des Negativen für das Denken der Gemeinschaft wird später vor allem von Maurice Blanchot und Jean-Luc Nancy aufgegriffen und weitergeführt. Nicht nur wird die Gemeinschaft hierin über die Erfahrung ihrer Abwesenheit hinaus neu bestimmt, sondern auch die ‚Arbeit des Negativen' erhält darin eine spezifische Umwendung. Dass dieses Denken einer negativen Gemeinschaft nicht unmittelbar an die Diskussion des Verhältnisses von Gemeinschaft und Gesellschaft anknüpft, wird dabei noch zu erweisen sein. Klar ist jedoch, dass mit Bataille zu keinem Zeitpunkt eine Art dritter Weg innerhalb der Debatte zwischen republikanischen und individualistischen Positionen eingeschlagen wird, da der Verlust des substantiellen oder traditionalen Gehalts der Gemeinschaft weder im Sinne einer Regression noch eines Fortschritts gedeutet wird. Ausgehend von den genannten Autoren lässt sich die Frage nach der Formierung des Sozialen insgesamt weder durch Rückgriff auf republikanische noch auf vernunftrechtliche Prinzipien lösen.

Stattdessen erhält die Negativität eine grundlegendere Bedeutung im Sozialen, insofern Negativität hier nicht allein bedeutet, dass die Stelle der Gemeinschaft heute – im Unterschied zur ‚einstigen' Gemeinschaft – leer ist oder durch ein autonomes, bisweilen aber noch gemeinschaftsbedürftiges Individuum abgelöst wurde. Negativ bestimmt ist die Gemeinschaft gerade nicht darin, dass vom historischen Verlust einer einst hergestellten Substanz des Gemeinsamen ausgegangen wird. Denn Gemeinschaft ist nie das gewesen, was in ihr begehrt oder verworfen wurde. Der Mangel ihres gemeinschaftlichen Gutes ist konstitutiv, und damit war, ist und bleibt die Gemeinschaft wesentlich und ohne Ende leer. Weitgehend unbeachtet von den prominenten Theorien der Gemeinschaft entfaltet sich ausgehend von dieser konstitutiven Leere, was als eine Dekonstruktion der Gemeinschaft aufgefasst werden kann. Diese geht über die liberale Kritik am Essentialismus oder Totalitarismus von Vergemeinschaftungsformen insofern hinaus, als auch das Verweilen beim Versuch ihrer dialektischen Negation noch problematisiert wird. Insofern steht nicht nur der Begriff der Gemeinschaft selbst zur Disposition, sondern auch das Verständnis von Negativität, das den kritischen Bezugnahmen auf Gemeinschaft jeweils zu Grunde liegt. Die Diskussion in der Folge Batailles, so die These, führt den Begriff der Negativität selbst in eine dialektische Enge, aus der er verändert hervorgeht. Noch die liberalistische Verneinung eines behaupteten, aber verlorenen Objekts der Gemeinschaft, hält an der Idee fest, dass Gemeinschaft im strengen Sinne an die Existenz einer, wie bereits Plessner kritisch bemerkt, ‚gestalthaften Mitte' gebunden war.[4] Bataille und in seiner Folge auch Blanchot und Nancy gehen demgegenüber von einem versammelnden Moment aus, das selbst kein gemeinsames Gut ist, sondern selbst nichts ist und insofern weder gestaltet oder gemacht noch entleert oder verloren werden kann.

Einen negativen Charakter besitzt die Gemeinschaft nicht, weil sie in der modernen Vergesellschaftung aufgehoben wurde, sondern ihre Abwesenheit erscheint als ursprüngliche ‚Nicht-Statthabe' der Gemeinschaft selbst. Ausgehend von dieser Behauptung –

---

[4] H. Plessner: „Die Grenzen der Gemeinschaft", in: ders., *Macht und menschliche Natur. Gesammelte Schriften V*, Frankfurt am Main 2003, S. 48.

„Die Gemeinschaft hat nicht stattgefunden."[5] – stellt sich die Frage von sozialen Zugehörigkeitsmodi und Praktiken sowie der Beschaffenheit des Gemeinsamen von ihrer Nicht-Statthabe her. Zu klären bleibt, weshalb die Gemeinschaft noch immer das ist, *„was uns zustößt* [...], was uns also *von* der Gesellschaft *ausgehend* zustößt"[6]. Ihr Verlust ist nicht nur konstitutiv, sondern hält an – nicht als Abwesenheit, sondern als etwas, das uns widerfährt, uns gegeben wird und uns gerade durch das Anwesen ihrer Abwesenheit stets auf- oder herausfordert. Um die Neubestimmung nachzuvollziehen, welche die Negativität der Gemeinschaft erfährt, wird im Folgenden zunächst der Begriff der Negativität bei Hegel sowie in der Interpretation Batailles betrachtet (1), um in einem weiteren Schritt die Spezifik eines Denkens der Gemeinschaft zu verfolgen, in dessen Hintergrund diese Negativität steht (2). Anschließend daran kann die Infragestellung des ‚Machens' des Gemeinsamen als Eröffnung einer negativen Sozialphilosophie verstanden werden, in der Gemeinschaft zu allererst bedeutet, das ‚mit' nicht zu machen (3).

1. Negativität – *rien à faire*

Die Macht des Negativen, so Hegel, ist ‚ungeheuer'.[7] Sie ist nicht nur die Energie des Denkens, sondern als Tätigkeit des Scheidens und Anderswerdens mit sich auch die Kraft und Arbeit des Verstandes. Negativität ist die Subjektivität als ein unaufhörliches Tun und damit als Arbeit. Sie ist gewissermaßen das Herzstück der Dialektik des Bewusstseins. Diese Macht gewinnt der Geist, so Hegel weiter, indem er von nichts absieht, auch nicht vom Extremsten, dem Tod, sondern indem er diesem „Negativen ins Angesicht schaut, bei ihm verweilt".[8] Die Macht des Negativen wird damit nie außer Kraft gesetzt, sondern vertieft stetig die Vermittlung von Subjekt und Substanz. Hegels Begriff der Negativität, der reinen Negativität ebenso wie der Macht des Negativen, steht damit in unmittelbarer Nähe zur Arbeit und dem Selbstbewusstwerden in der und durch die Arbeit des Aufhebens, des formierenden Tuns und Bildens.[9] Die Negativität, wie sie in Hegels *Phänomenologie des Geistes* eröffnet wird, ist sicherlich einer der entscheidendsten Punkte, den jede Deutung und Kritik Hegels zu durchlaufen hat. Für die Frage, welches andere Verständnis von Negativität und der Arbeit des Negativen sich ausgehend von Bataille entwickelt, ist der Kontext der französischen Hegelrezeption nicht unbedeutsam. Auch Hegels Auffassung der Geschichte, die sich durch Arbeit bildet und die das Sein verwirklicht, indem sie es verneint und am Ende der Verneinung aufhebt, gewinnt hierbei besondere Bedeutung. In Frankreich spielen insbesondere die Hegel-Vorlesungen Alexandre Kojèves und Jean Hyppolites eine zentrale Rolle für alle weiteren Anschlüsse und Kritiken. Obwohl die französischsprachige Rezeption durchaus heterogener ist als meist angenommen, ist sie zweifellos von kritischen

---

[5] J.-L. Nancy, *Die undarstellbare Gemeinschaft*, Stuttgart 1988, S. 30.
[6] Ebd., S. 31.
[7] G. W. F. Hegel, *Phänomenologie des Geistes. Theorie-Werkausgabe Band 3* [1807], Frankfurt am Main 1977, S. 36.
[8] Ebd.
[9] Ebd., S. 154 f.

Ansätzen geprägt, die zunächst anti-dialektisch erscheinen.[10] Dagegen sind wiederum die Vorbehalte gegenüber Hegel im Ganzen, das heißt gegenüber dem Ganzen bei Hegel, selbst keine Eigenheit dieser Rezeption. Die Kritik der Dialektik als Logik, die auf System oder Einheit zielt, kennzeichnet insgesamt die Hegelrezeption des 20. Jahrhunderts. Das Ganze wird zum ‚Unwahren' (Adorno) oder ‚Unwirklichen' (Blanchot) und doch bleibt diese negativ dialektische Kritik in gewisser und bisweilen unklarer Weise Hegel verbunden.[11] Mehr als bei jedem anderen Denker der Moderne wird das Hegelsche Projekt mit dem Gedanken der Schließung und der Aufhebung des Besonderen im Allgemeinen verknüpft. Ihm wird ein emphatischer Begriff der Differenz entgegengehalten, der diese nicht als bloßen Übergang auf dem Weg der Selbstentfaltung des Bewusstseins begreift. Welche Bedeutung Hegels Denken der Negativität für diese Kritik selbst spielt, kann hier zwar nicht vollends geklärt werden, jedoch sollte zu ermessen versucht werden, so der bekannte Vorschlag Michel Foucaults, „was in unserem Denken gegen Hegel vielleicht noch von Hegel stammt"[12]. Darin liegt die Herausforderung eines Denkens, das für alles eintritt, was sich nicht in Dialektik aufheben lässt. Von Bataille wird die Frage nach dem Überdauern, der Ausdauer und Ewigkeit der Macht des Negativen unter genau diesem Gesichtspunkt gestellt.

Trotz der Zustimmung zu und Faszination für die schöpferische und produktive Kraft der Negation, einer *négation créatrice* (Hyppolite), behält sich Bataille einen wesentlichen Punkt des Unbehagens vor. Was sich ihm nicht erschließt, ist der Gedanke, dass aus der Negation stets noch *etwas* als Resultat ihrer unaufhörlichen Arbeit hervorgeht. Problematisiert wird hierbei, dass die Arbeit des Negativen stets noch einen Zweck und eine Bestimmung besitzt. Denn dass, wie Kojève am Ende des Kapitels über die Dialektik des Realen schreibt, „es *Totalität* oder *Vermittlung* oder *Aufhebung* gibt, besagt, dass es außer dem *gegebenen-Sein* auch *schöpferische-Tat* gibt, die zu einem *Werke* führt"[13]. Batailles Reaktion auf Kojèves Deutung setzt nun genau an diesem Punkt ein. Ausgehend von dessen Vorlesung über Hegel entfaltet er eine Gegenlektüre, die schließlich von einem anderen Denken der Negativität zeugt – einer, wie Jacques Derrida später über Bataille schreibt, rückhalt- und vorbehaltlosen Negativität; rückhaltlos darin, dass sie sich nicht mehr als Teil eines Prozesses oder Systems bestimmen lässt.[14] Batailles Interesse gilt dabei all dem, was dem dialektischen Prozessieren äußerlich bleibt und durch

---

[10] Vgl. hierzu die Beiträge in U. J. Schneider (Hg.), *Der französische Hegel*, Berlin 2007.
[11] Th. W. Adorno, *Minima Moralia*, S. 55; M. Blanchot, „Die Literatur und das Recht auf den Tod", in: ders., *Das Neutrale. Philosophische Schriften und Fragmente*, Berlin u. a. 2010, S. 63.
[12] M. Foucault, *Die Ordnung des Diskurses*, Frankfurt am Main 1991, S. 45; vgl. auch die Äußerungen Batailles bezüglich seines Verhältnisses zu Hegel, zitiert in: J. Derrida, „Von der beschränkten zur allgemeinen Ökonomie. Ein rückhaltloser Hegelianismus", in: ders.: *Die Schrift und die Differenz*, Frankfurt am Main 1976, passim.
[13] A. Kojève, *Hegel*, Frankfurt am Main 1975, S. 216; vgl. hierzu A. Gelhard, „Abstraktion, Attraktion – Maurice Blanchot liest Hegel", in: U. J. Schneider (Hg.), *Der französische Hegel*, Berlin 2007, S. 74 f.
[14] Derrida, „Von der beschränkten zur allgemeinen Ökonomie", S. 392: „Der blinde Fleck des Hegelianismus, *um den herum* die Repräsentation des Sinns sich organisieren kann, ist jener Punkt, an dem die Destruktion, die Unterdrückung, der Tod und das Opfer eine derart irreversible Verausgabung, eine so radikale – hier muss man *vorbehaltlose [sans réserve]* sagen – Negativität bilden,

keine Negation aufgehoben oder absorbiert werden kann. Insbesondere der Tod, das Opfer und die ekstatische Veräusgabung verweisen auf einen Rest oder blinden Fleck im Prozess universeller Vermittlung, welche das Werk der Negativität auf- bzw. offenhalten.

Diese Kritik des Hegelschen Systems transformiert die Faszination für die ungeheure Macht des Negativen in eine gegenstrebige Faszination für all das, was sich ihr entzieht. Darin entfaltet sich eine Art nicht-dialektische Bejahung, der keine Negativität mehr korrespondiert.[15] Das Beharren auf einen Punkt der Negativität, der jenseits der Arbeit der Negation liegt, wird schließlich als Befreiung von der Bedingtheit jeder Aufhebungsökonomie sowie als Befreiung der Negativität *als* Negativität begriffen – folglich einer Negativität, die frei *von* Negativität ist. Es ist die Attraktion eines Ortes, oder besser: Nicht-Ortes, der nicht von der universellen Vermittlung durchzogen wird. Befreit werden soll die Negativität damit nicht nur aus jeglicher totalisierenden Logik der Schließung, sondern insbesondere von ihrer Indienstnahme, ihrer Zurichtung im Dienste der universellen Vermittlung. Dass die Arbeit des Negativen stets noch aufgehoben, stets noch in ein Positives gewandelt werden kann, wird hier radikal bestritten, da sich die Negativität, paradoxerweise, darin nicht erschöpft. In der kritisierten Fassung der Arbeit des Negativen steht diese, wie Derrida schreibt, komplizenhaft im Dienst der Positivität.[16] Die Kritik an Hegel formuliert sich als Zurückweisung der endlosen Arbeit sowie dem endlosen Werk von Negation und Aufhebung – ihrer permanenten „Geschäftigkeit" [*l'affairement*]: Der Begriff der ‚Aufhebung' ist, so Derrida weiter, „lächerlich darin, dass er die Geschäftigkeit eines Diskurses bezeichnet, der alle Negativität wiederanzueignen sich abquält und alles tut, um den Einsatz beim Spiel in eine Investition zu verwandeln, die die Ausgaben absolut *amortisieren* [*amortir*]"[17].

So sehr Hegel die Macht des Negativen erkennt, so verfehlt er doch, gemäß Bataille und Derrida, die Radikalität seiner eigenen Bestimmung dieser Macht, wenn er glaubt, „mit dem Negativen fertig geworden zu sein"[18]. Damit übergeht bzw. integriert er das, was nicht mehr negativ genannt werden kann, „weil es keine vorbehaltene Kehrseite hat, weil es sich nicht mehr in Positivität umkehren lässt, weil es nicht mehr an der Verkettung des Sinns, des Begriffs, der Zeit und des Wahren im Diskurs *mitarbeiten* [*collaborer*] kann, weil es buchstäblich nicht zu *arbeiten* [*laborer*] vermag und nicht mehr als ‚Arbeit des Negativen' befragt werden kann"[19]. Indem die Negativität als Arbeit bestimmt ist, entgeht ihr, so Derrida im Anschluss an Bataille, „die überschüssige Energie als solche, die ‚nur ziellos verschwendet werden kann, folglich ohne irgendei-

---

dass man sie nicht einmal mehr in einem Prozess oder in einem System bestimmen kann: der Punkt, an dem es weder Prozess noch System gibt." (ebd.)

[15] Folgt man der Charakterisierung Foucaults, so besteht das Denken sowohl Batailles als auch Blanchots vor allem im nietzscheanischen Gestus einer nicht-dialektischen Bejahung, die jeder dialektischen Negation vorausgeht. Zu Bataille vgl. M. Foucault, „Vorrede zur Überschreitung", in: ders., *Dits et Ecrits. Schriften Erster Band*, Frankfurt am Main 2001; Zu Blanchot vgl. M. Foucault, „Das Denken des Außen", ebd.

[16] Vgl. J. Derrida, „Von der beschränkten zur allgemeinen Ökonomie", S. 392.

[17] Ebd., S. 389.

[18] G. Bataille nach ebd., S. 393.

[19] Ebd.

nen Sinn'"[20] ist. Darin ist sie beschränkt, denn sie ist nur „in der Lage, die Differenz und die Negativität als Seiten, Momente oder Voraussetzungen des Sinns zu bestimmen: als Arbeit"[21]. Bataille und später Blanchot machen bezüglich dieser Verkennung all dessen, was nicht Arbeit, Werk oder Prozess ist, zwei terminologische Vorschläge, die hier im Folgenden weiter betrachtet werden sollen. Die befreite Negativität wird gegenüber der rastlosen und unentwegt arbeitenden Negativität mit zwei negativen Tätigkeitsformeln belegt: *sans emploi* (Bataille) und *désœuvrement* (Blanchot).[22] Damit wird eine Negativität bestimmt, die sich jenseits der Arbeit, jenseits des Werks und versuchsweise jenseits ihrer Erfüllung bewegt. Nicht die einfache Abwesenheit des Tuns oder Machens wird hierin benannt, sondern eine Erfüllung, die sich gerade darin ausweist, dass sie nichts füllt. Es ist diese Un-Produktivität des Negativen, die Weise ihrer Beschäftigungslosigkeit (*sans emploi*) und die Inoperativität ihres Arbeitens (*désœuvrement*), auf die es beide Bestimmungen absehen. Sie begrenzen jedes Handeln, indem sie eine reflexive Unbestimmtheit in dieses einführen, die selbst nicht mehr Teil des Handlungsantriebs ist.

Batailles Wendung einer Negativität *sans emploi* entstammt einem Brief an Kojève aus dem Jahre 1937, in dem er auf dessen Deutung des Endes der Geschichte bei Hegel reagiert:

„Wenn das Handeln (das ‚Tun') die Negativität ist – wie Hegel sagt –, erhebt sich die Frage, ob die Negativität dessen, der ‚nichts mehr zu tun hat' [*n'a plus rien à faire*], verschwindet oder im Zustand der ‚unbeschäftigten Negativität' [*négativité sans emploi*] fortbesteht: persönlich kann ich die Frage nur in einem Sinn entscheiden, da ich selber genau diese ‚unbeschäftigte Negativität' bin (ich könnte mich nicht präziser kennzeichnen). Es mag sein, dass Hegel diese Möglichkeit vorausgesehen hat – er hat sie aber zumindest nicht am *Ausgang* der Prozesse angesiedelt, die er beschrieben hat. Ich denke, dass mein Leben – oder sein Misslingen, besser noch, die offene Wunde, die mein Leben ist – für sich allein schon die Widerlegung des geschlossenen Systems von Hegel darstellt."[23]

Die *négativité sans emploi*, die zugleich auf die Singularität der Existenz, aber auch auf die Unterbrechung der Tätigkeit verweist, beschreibt darin das Dasein von seinem

---

[20] Ebd., S. 412.
[21] Ebd. An anderer Stelle wendet sich Derrida schließlich kritisch vom Begriff der Negativität ab. In Auseinandersetzung mit Foucault etwa fordert er ein Denken der Geschichte und mehr noch des ‚Ahistorischen', das sich nicht als Geschichte des Sinns und folglich nicht als Geschichte der Ökonomie des Negativen versteht. „Es würde sich demnach um eine so negative Negativität handeln, dass sie sich nicht einmal mehr so nennen könnte." (J. Derrida, „Cogito und die Geschichte des Wahnsinns", in: ders., *Die Schrift und die Differenz*, Frankfurt am Main 1976, S. 57, Fn. 4).
[22] Die Übersetzungen von *sans emploi* und *désœuvrement* nähern sich bisweilen auch stark an, etwa wenn im Englischen *désœuvrement* mit *inoperativity* oder *worklessness* übersetzt wird. Die im Deutschen meist gebräuchliche Übersetzung durch ‚Entwerkung' deutet diese Nähe zum *sans emploi* nur in Teilen an. *Sans emploi* wird dagegen meist mit Brotlosigkeit, Arbeitslosigkeit, Beschäftigungslosigkeit bzw. dem Unbeschäftigt- und Untätigkeitsein übersetzt. Vgl. hierzu ausführlicher T. Corn, „La négativité sans emploi (Derrida, Bataille, Hegel)", in: *Romanic Review* (1985), 76:1; sowie F. Chazal, „Du désœuvrement: Blanchot ou l'absence...", in: *Tangence* (1997), Nr. 54.
[23] G. Bataille, *Die Freundschaft und Das Halleluja*, München 2002, S. 162; eine ausführlichere Fassung dieses Briefes findet sich in D. Hollier (Hg.), *Le Collège de Sociologie. 1937–1939*, Paris 1995, S. 75–82.

grundlegenden Zug des ‚Unbeschäftigtseins' her. Bereits in seiner eigenen Existenz erkennt Bataille die Widerlegung einer Negativität, welche – noch am Ende der Geschichte – pausenlos weitermacht. Batailles Formel verweist dagegen auf die Negativität eines Menschen, der, wenn alles getan ist, gerade „nichts mehr zu tun hat"[24]. In der Logik des Tuns deutet sich ihm zufolge eine Begrenzung, ein Nicht-mehr-machen an, das als Ende des geschichtlichen Tuns der Existenz einen Punkt der Arbeitsverweigerung und Unversöhnlichkeit einschreibt. Sie drückt sich in der Widerständigkeit gegen die Integration in das Hegelsche System aus. Das Ungeheuere der Macht des Negativen erscheint hier nicht allein als Motor einer dialektischen Logik, die von einem Prozess und dessen Erfüllung getragen ist, sondern in Form völliger Verausgabung, Entmächtigung und Unvollendetheit. Damit wird die Negativität als permanentes Prozessieren streng genommen arbeitslos (*sans emploi*). Sie kann, und darauf versucht Bataille hinzuweisen, nichts mehr produzieren, wenn alles im absoluten Wissen und der universellen Vermittlung aufgehoben ist. Der selbstbewusste Geist findet sich wieder im Pausieren, einem ‚endlosen Sonntag' seines eigenen Antriebmotivs.[25] Batailles Wendung, die er aus der ‚inneren Erfahrung' seiner Existenz bezieht, besteht darin, diesen Modus der radikalen Negation, die nichts mehr zu verneinen hat, selbst zu bejahen.[26] Etwas, wenn nicht das Entscheidendste, bleibt damit der Transparenz des Universellen äußerlich. Es widersteht dem Hegelschen System, besser: dem System-Hegel, und bleibt als Wunde offen, ohne Selbsterhöhung, ohne Rechtfertigung.[27] Die singuläre Existenz ist das *dead-end* der dialektischen Bewegung. Sie stößt sich am äußersten Punkt, den sie noch mit aller Kraft zu fassen vermeint. Sie arbeitet sich ab, wo sie ohne Nutzen ist, ohne Anwendung, Anstellung oder Gebrauch. Sie kennt nicht das Glück, sich umsonst zu verausgaben, ohne Ziel oder Verwirklichung. Batailles Negativität *sans emploi* ist der Auflösungs- und Auslassungspunkt jeder geschlossenen Einheit, der jedem Werk der Einheit einsitzt und nurmehr Index, Schema oder Schemen einer wesenlosen Negativität ist.

Blanchot nun knüpft auf seine Weise an diesen Gedanken an, indem er eine ähnliche Bewegung in einem anderen Kontext als *désœuvrement* beschreibt. Insbesondere die Vorstellung, dass die Vermittlung schließlich zu einem Werk führt, wird von ihm problematisiert. In Zusammenhang mit seinen Überlegungen zum Schreiben, zur literarischen Produktion, weist Blanchot darauf hin, dass sich die Negativität des Menschen nicht im produktiven, produzierenden Handeln erschöpft.[28] Während Bataille die Ne-

---

[24] G. Bataille, *Die Freundschaft*, S. 163.
[25] Vgl. D. Hollier, *Le Collège de Sociologie*, S. 68: „Quel dimanche interminable leur réserve l'ajournement *sine die* du travail du négatif?"
[26] Vgl. M. Blanchot, *L'espace littéraire*, Paris 1969, S. 305: „[L]'expérience intérieure est la manière dont *s'affirme* cette radicale négation qui n'a plus rien à nier."
[27] Vgl. hierzu auch Batailles Metapher vom Tier in der Falle: „Ihnen gegenüber habe ich keine andere Selbstrechtfertigung als die eines stöhnenden Tiers, das den Fuß in der Falle hat [*d'une bête criant le pied dans un piège*]" (G. Bataille, *Die Freundschaft*, S. 163).
[28] In *Die Literatur und das Recht auf den Tod* beschreibt Blanchot, durchaus in Anlehnung an Hegel, das Schreiben als einen Prozess, der sich als Nichts in das Nichts hineinarbeitet – ausgehend „von nichts und in Hinblick auf nichts" (M. Blanchot, „Die Literatur und das Recht auf den Tod", S. 50). Das Werk, so der weitere Gedanke, macht nicht der Autor, sondern schreibend hat dieser „die Erfahrung seiner selbst als eines arbeitenden Nichts gemacht und, nachdem er geschrieben

gativität allen Handelns an jenem Punkt befragt, an dem es nichts mehr zu tun gibt, versucht Blanchot, das Schreiben als einen anderen Modus des Handelns, und damit als eine Negativität zu fassen, die unvergleichbar mit allem anderen ‚Tun' ist.[29] Ausgehend von seinen Reflexionen zur Literatur beschreibt er mit *désœuvrement* jenes Moment, das sich in allem Schreiben der Werk- und Prozesslogik entzieht. In einem Abschnitt von *L'espace littéraire* (1955), der Mallarmes Erfahrung der Negation gewidmet ist, heißt es: „In der Unwirklichkeit selbst stößt der Dichter auf eine unbestimmte Präsenz, von der er sich nicht lösen kann […]; nicht weil […] die Arbeit der Negation zu früh beendet worden wäre, sondern weil, wenn es nichts gibt, dieses Nichts nicht weiter negiert werden kann, weil es affirmiert und wieder affirmiert, weil es das Nichts als Sein sagt, das Ent-werken des Seins [*le désœuvrement de l'être*]"[30]. Genauer noch als Bataille weist Blanchot darauf hin, dass in dieser Werklosigkeit selbst noch eine Wirkung, eine Bewegung stattfindet; eine Wirkung jedoch, die als Entwirkung oder als Brachliegen am Werk ist und folglich jedes Werk neutralisiert. Anders gesagt: es gibt kein Werk, in dem nicht etwas von ihm (vielleicht auch hier das Entscheidendste) offen bleibt. Was Blanchot *désœuvrement* nennt, bleibt irreduzibel in aller Dialektik, unvermittelbar, unaufhebbar, unnegierbar – und, bei aller Macht des Negativen, unregierbar. Es ist jener neutrale Punkt, der nicht vollends integrierbar in den Prozess der Vermittlung, der weder positiv noch negativ ist, und schließlich alle Arbeit und jedes Werk des Negativen aufhält, offenhält und auf ein nicht weiter dialektisierbares Außen hin öffnet. Während Hegels konkreter Totalität gerade nichts äußerlich ist, öffnet sich dieser Ansatz gerade diesem Außen. *Désœuvrement* bezeichnet das Brachliegen aller Arbeit, die Verweigerung jedes Arbeitsdienstes, sowie das Außer-Vollzug-Setzen im Sinne des Ent- oder Aussetzens. Es ist das, was der Erfüllung des Werkes widersteht und zugleich entgeht. Eine nicht-produktive, neutralisierte Praxis, kein *passivum*. Jedes (literarische) Werk bewegt sich zwischen Abgeschlossenheit und seiner Unvollendbarkeit.[31] Paradigmatisch

---

hat, macht er die Erfahrung seines Werkes als etwas, das verschwindet. Das Werk verschwindet, aber die Tatsache des Verschwindens bleibt, erscheint als das Wesentliche, als die Bewegung, die dem Werk erlaubt, sich zu verwirklichen, indem es in den Lauf der Geschichte eingeht, diesem erlaubt, sich zu verwirklichen, indem es verschwindet" (ebd., S. 54).

[29] M. Blanchot, *L'espace littéraire*, S. 304. Blanchot schreibt dort weiter – gegen Jean-Paul Sartres Gleichsetzung dieser beiden Handlungsformen: Der Mensch ist jenes Sein, dessen Negativität sich gerade nicht im Handeln, im Tun, erschöpft: „[L]'homme est cet être qui n'épuise pas sa négativité dans l'action, de sorte que, lorsque tout est achevé, lorsque le ‚faire' (par lequel l'homme aussi se fait) s'est accompli, lorsque donc l'homme n'a plus rien à faire, il lui faut exister, ainsi que Georges Bataille l'exprime avec la plus simple profondeur, à l'état de 'négativité sans emploi'" (ebd., S. 305). Zur Kritik einer Literatur der Aktion, die sich hieran anschließt, vgl. M. Blanchot, „Die Literatur und das Recht auf den Tod", S. 64 f.

[30] M. Blanchot, *L'espace littéraire*, S. 138; für die Übersetzung siehe A. Gelhard, „Abstraktion, Attraktion", S. 74.

[31] Blanchot beantwortet die Frage nach dem spezifischen Vermögen des Schreibenden wie folgt: „[E]r negiert alles, was er ist, um all das zu werden, was er nicht ist. Sein Werk ist in diesem Sinne eine ungeheure Handlung, die größte und wichtigste, die es gibt. […] Seine Negation ist *allumfassend*. […] Aus diesem Grund verneint sie am Ende nichts, und das Werk, in dem sie sich verwirklicht, ist selbst keine wirklich negative, zerstörerische und verwandelnde Handlung, sondern verwirklicht eher die Ohnmacht zu verneinen, die Weigerung, in die Welt einzuschreiten, und verwandelt die

sind dabei sowohl das fragmentarische Schreiben der Jenaer Frühromantik als auch die Texte Kafkas oder Mallarmés, die allesamt ein ‚Werk des abwesenden Werks' sind und zugleich auf den grundlegenden Charakter allen Schreibens und mehr noch des Seins selbst verweisen. Literatur wird bei Blanchot zum Modus einer persistenten Negativität, in der keine dialektische Rückgewinnung möglich ist. Das *désœuvrement* steht für den Ausdruck dieser grundlegenden Unbestimmtheit in aller Bestimmung.[32]

Das Denken der Gemeinschaft bei Nancy knüpft nun in gewisser Weise an diese beiden Bestimmungen von Negativität an.[33] Was hier als Negativität gefasst wurde, gilt ihm als eine Weise der Beschreibung der Verfehlung der dialektischen Vermittlung in einer gemeinschaftlichen Totalität. Im Anschluss an Bataille eröffnet Nancy die Option einer Gemeinschaft, welche dieser Vermittlung in der Totalität entkommt, indem sie ihre „Negativität so weit [öffnet], bis sie ‚brotlos' [*sans emploi*] wird"[34]. Diese Figur wendet Nancy, wenn auch unter stärkerem terminologischen Bezug auf Blanchot, auf die Frage der Gemeinschaft an. Die Negativitätsfiguren Batailles und Blanchots bewegen sich insofern stets im Hintergrund des Gemeinschaftsdenkens Nancys. Negativität figuriert hierbei nicht nur als Verweis auf ein nichtidentisches Moment in aller Identität oder Gemeinschaft, sondern auch darauf, dass die Gemeinschaft selbst nichts ist, was gemacht, geschweige denn als ‚etwas' gemacht werden kann.

2. Gemeinschaft – *désœuvrée, sans emploi*

Das Denken der Gemeinschaft, wie es sich insbesondere bei Nancy entfaltet, steht durchaus noch vor dem Hintergrund einer Kritik der dialektischen Logik. In *La communauté désœuvrée* (1986) hält er daran fest, dass die Gemeinschaft der Vermittlung in einer Totalität entkommt. Was das Gemeinschaftsdenken mit den genannten Bestimmungen radikaler Negativität hierin verbindet, ist, dass beide etwas ausmacht, das selbst nicht noch einmal objektivierbar oder prozessierbar ist. Denn das Sein der Gemeinschaft ist selbst nicht gegenständlich verfasst, kein objektivierbares Gut und insofern auch kein Gut, das jemals gemacht – und dessen Gemachtheit einst verloren – wurde. Die Gemeinschaft als Werk gedacht, setzt indes ein solches objektivierbares gemeinsames Gut voraus und

---

Freiheit, die man in den Dingen den Gesetzen der Zeit gemäß verkörpern muss, in ein Ideal, das über die Zeit hinausgeht, leer und unerreichbar ist" (Blanchot, „Die Literatur und das Recht auf den Tod", S. 62 f.).

[32] Hier zeigt sich vielleicht das Problematische einer solchen Hegelkritik, denn unklar bleibt, ob die Deutung der Negativität von ihrer Untätigkeit und Entwerkung her – die an die Stelle von Synthesis und Positivität treten – wirklich der dialektischen Logik widersprechen. Gerade Hegel zersetzt diese Idee der Synthesis. Die Negativität als Untätigkeit, und diese Untätigkeit als eine gewisse Unruhe, Beunruhigung oder gar Rastlosigkeit des Negativen – als *l'inquiétude du négatif* wie Nancy sein Buch über Hegel (1997) untertitelt – selbst zu deuten, verweist auf Hegels eigenen Gedanken, demzufolge das Subjekt, das Bewegende, das Ruhende, Unbewegte, als reine Negativität, selbst vor allem eines ist: ‚Unruhe' (G. W. F. Hegel, *Phänomenologie des Geistes*, S. 26).

[33] Vgl. dazu auch I. Devisch, „La ‚négativité sans emploi'", in: *Symposium. Canadian Society für Hermeneutics and Postmodern Thought* (2000), 4:2, S. 167–187.

[34] J.-L. Nancy, *Die undarstellbare Gemeinschaft*, S. 171, Fn. 2.

impliziert, „dass das gemeinsame Sein als solches (in Orten, Personen, Gesellschaftsordnungen, Diskursen, Institutionen, Symbolen, kurz: in Subjekten) objektivierbar und herstellbar wäre"[35]. Dieser Vorstellung der Gemeinschaft als sich selbst erkennendes und vergegenständlichendes Subjekt wird nun ein Verständnis entgegengehalten, in der Gemeinschaft von der beschriebenen Untätigkeit und Entwerkung durchzogen ist. Auch wenn Nancy zunächst titelgebend auf Blanchots Wendung zurückgreift, so nimmt sein Vorschlag, der dialektischen Logik und somit auch jeder dialektischen Vermittlung der Gemeinschaft in einer Totalität sowie jeder Herstellung der Gemeinschaft als Totalität zu entkommen, ihren Ausgang von Bataille. An der Gemeinschaft entfaltet Nancy schließlich jenen Gedanken, den Bataille an der ekstatischen und singulären Struktur der Existenz und Blanchot in der Literatur und dem Schreiben benennen.

Als Lösung wird kein alternatives Modell einer Gemeinschaft entwickelt, die sich allein dadurch auszeichnet, dass sie etwas liberaler wäre als andere, denn das Problem der unfreiwilligen Assoziation im Rahmen einer Schicksalsgemeinschaft wäre noch nicht mit deren Ersetzung durch Wahlgemeinschaften behoben. Auch diese bewegen sich noch im problematischen Strom imaginärer Gemeinschaften, die sich von einem gemeinsamen und objektivierbaren ‚Eigenen' her verstehen. Auch Wahlgemeinschaften erkennen noch in der Einheit der Gemeinschaft eine gelungene Integration des Sozialen. Die Gemeinschaft jedoch, die sich bis aufs äußerste ihrer Negativität hin öffnet, besitzt kein ‚verlorenes' Gut, sondern erscheint erst in der Entwerkung dieses Gutes oder Seins und somit in der Öffnung auf die Möglichkeit, sich selbst nicht zu ‚machen'. Was dieses Denken der Gemeinschaft antreibt, ist der Versuch, den Ursprung der Gemeinschaft von seiner Nicht-Zugänglichkeit, seiner Enteignung, her zu begreifen. Die Negativität des Ursprungs ist darin „nicht die eines Abgrunds, noch die eines Verbots, noch die eines Schleiers oder von etwas Verheimlichtem, noch die eines Geheimnisses, noch eines Unrepräsentierbaren"[36]. Sie muss, so Nancy weiter, „nicht im dialektischen Modus operieren, in dem das Subjekt sich seine eigene Negation aufbewahren müsste (da es die des Ursprungs ist), noch im mystischen Modus [...], wo das Subjekt sich an seiner Negation erfreuen müsste"[37]. Die Verstrickung der Gemeinschaft in die Bewegungen der Entfremdung und Wiederaneignung werden hier selbst suspendiert. Gegen die Idee einer gemeinsamen Potenz zur Wideraneignung und Herstellung des Gemeinsamen schlägt Nancy vor, dessen Enteignung als Teil, als „unsere Disposition und unsere Miterscheinung"[38] zu begreifen.

Die Abwesenheit der Gemeinschaft ist somit weniger ein misslicher, vermeidbarer oder, umgekehrt, wünschenswerter Zustand, der korrigierbar respektive erhaltenswert wäre, sondern das Kennzeichen einer gemeinsamen Dis- oder Exposition, einer geteilten Ent- oder Aussetzung. Die negative Gemeinschaft räumt mit allen Erwartungen an eine kollektive Identitätsfindung auf, ohne damit Sozialität in eine Art kollektiven Individualismus aufzulösen. Die ‚entwerkte' Gemeinschaft stellt damit nicht das letzte positive Muster der Gemeinschaft dar, in der sich diese durch Anerkennung ihres Wi-

---

[35] Ebd., S. 69.
[36] J.-L. Nancy, *singulär plural sein*, Berlin u. a. 2004, S. 35.
[37] Ebd.
[38] Ebd.

derspruchs vollenden würde. Sie „ist keine Abwesenheit, sondern eine Bewegung; es ist die Entwerkung in ihrer singulären ‚Aktivität'"[39]. Die negative Gemeinschaft bewegt sich insofern jenseits des gewünschten oder abgelehnten Prinzips des sozialen Bundes von Identitäten. Wenn die Dialektik der Gemeinschaft stets als deren ‚Vermittlung in der Totalität' verstanden wird, dann wird diese Vermittlung in der negativen Gemeinschaft selbst beschäftigungslos. Der Vorschlag Nancys, die Negativität soweit zu öffnen bis sie untätig wird, hieße daher vielleicht, in der Untätigkeit und Unbeschäftigtheit (*sans emploi*) sowie Werklosigkeit und Entwerkung (*désœuvrement*) dessen, was Gemeinschaft macht, ihr wesentliches Moment zu begreifen.

Bereits Bataille hat in seinen eigenen Überlegungen über die Loslösung von einem Gemeinschaftsmodell auf ein solches Untätigkeitsmotiv hingewiesen. In seinen Notizen finden sich Überlegungen zur Frage der ‚negativen Gemeinschaft'. Diese wird als die Gemeinschaft derer bezeichnet, „die keiner Gemeinschaft angehören [*la communauté de ceux qui n'ont pas de communauté*]"[40]. Man könnte die seit den 1980er Jahren verfassten Arbeiten Blanchots und Nancys zum Thema Gemeinschaft als Versuch verstehen, die Negativität dieser Idee weiter zu verfolgen, ohne sie in einem anderen Gemeinschaftstypus aufzuheben. Einen weiteren Einsatzpunkt bietet dabei Batailles Bestimmung des Zugehörigkeitsmodus zu dieser negativen Gemeinschaft: Es steht, so Bataille, „nicht jedermann frei, nicht zu meiner *Abwesenheit von Gemeinschaft* zu gehören"[41]. An diese Negativformel, mit der auch der liberale Gedanke verneint wird, dass in der freiwilligen Teilhabe und individuellen Unabhängigkeit gerade ein Freiheitsgewinn liegt, knüpfen auch Nancys und Blanchots Überlegungen zur besonderen Form der sozialen Teilhabe an. Zwischen ihnen entfaltet sich Mitte der 1980er Jahre ein Dialog, in dem es um gerade diese Instabilität und Unverfügbarkeit inmitten der Gemeinschaft selbst geht. Auf Nancys *La communauté désœuvrée* antwortet Blanchot mit der Behauptung der negativen als einer ‚uneingestehbaren Gemeinschaft' [*la communauté inavouable*]. Eine abermalige Antwort liefert Nancy schließlich mit seiner Arbeit zur ‚herausgeforderten Gemeinschaft' [*la communauté affrontée*]. All diese Texte widmen sich der Frage des Negativen der Gemeinschaft – als einer Gemeinschaft *ohne* Gemeinschaft.

Nancy nimmt dabei, wie zuvor auch Bataille, seinen Ausgang von einer Kritik der totalitären Dimension der Gemeinschaft, die gerade in der Erfüllung oder Verwirklichung der Gemeinschaft als ihr eigenes Werk besteht.[42] Im Interesse einer nicht-totalitären Politik versucht er den Rückzug eines gemeinsamen Seins zu beschreiben. Gemeinschaft ist dann das, was als Entzug in jeder Vergemeinschaftung erfahren wird. Sie ist „weder ein

---

[39] J.-L. Nancy, *Die undarstellbare Gemeinschaft*, 128 f.
[40] G. Bataille, *La somme athéologique I. Œuvres Complètes V*, Paris 1992, S. 483. Vgl. auch Batailles Rede von einer ‚Profangesellschaft', in welcher „Aktivität und Produktivität verschmelzen" (G. Bataille, *Die Literatur und das Böse*, München 1987, S. 181). Dieser hält er eine Form des Sozialen entgegen, das alle, „die sich wechselseitig ineinander spiegeln, jenem Unergründlichen ausliefert, das ihre ‚letzte Instanz' ist." (Ebd.) Dagegen trennt die „gewöhnliche Tätigkeit der Menschen – was wir unsere ‚Beschäftigung' nennen" – von dem, was Bataille ‚starke Kommunikation' nennt, d. h. von außerordentlichen Augenblicken, „die aus den Gemütserregungen der Sinnlichkeit und der Feste, aus dramatischen Begebenheiten, aus Liebe, Trennung und Tod erwachsen" (ebd.).
[41] G. Bataille, *Henker und Opfer*, Berlin 2008, S. 84.
[42] Vgl. J.-L. Nancy, *Die herausgeforderte Gemeinschaft*, Berlin u. a. 2007, S. 25.

herzustellendes Werk, noch eine verlorene Kommunion, sondern der Raum selbst, das Eröffnen eines Raums der Erfahrung des Draußen, des Außer-Sich-Sein"[43]. Als Werk verstanden, setzt die Gemeinschaft stets voraus, dass das Gemeinsame objektivierbar sei. Genau dagegen verweigert sich Nancy: Die Gemeinschaft ist kein „auf ein Produkt oder Werk zielendes Projekt – sie ist überhaupt kein *Projekt*"[44]. Sie kann nicht hergestellt werden, sondern „man erfährt sie (oder ihre Erfahrung macht uns aus) als Erfahrung der Endlichkeit. [...] Diesseits oder jenseits des Werkes, ist sie das, was sich aus dem Werk zurückzieht, was nichts mehr mit Herstellung oder Vollendung zu tun hat, sondern auf die Unterbrechung, die Fragmentarisierung, das In-der-Schwebe-Sein trifft".[45] Die Negativität der Gemeinschaft räumt daher mit der Erwartung einer stabilen Gemeinschaftsidentität auf. Ihre ‚Entwerkung' ist keine Figur der Abwesenheit von Konsistenz, sondern die Bewegung des Inkonsistenten selbst. Das gemeinsame Erscheinen der singulären Seienden in der Bewegung des *désœuvrement* „bewahrt eine Öffnung, einen Bruch in der Immanenz".[46]

Blanchots Reaktion auf die ‚entwerkte Gemeinschaft' handelt nun ebenso von der negativen Gemeinschaft im Anschluss an Bataille. Einer seiner Bezugspunkte ist darin der Mai 1968, der für ihn ein Beispiel des Zusammenseins ‚ohne Projekt' ist. Entlang des Motivs der Unbekennbarkeit spricht er jedoch eine Warnung in Richtung Nancy aus – „Achten Sie auf das Unbekennbare!"[47]: „Blanchot forderte mich auf, nicht bei der Negation der kommuniellen Gemeinschaft zu verharren und weiter über diese Negativität hinaus zu denken, auf ein Geheimnis des Gemeinsamen hin, das kein gemein(sam)es Geheimnis ist"[48]. Das ‚Unbekennbare' der Gemeinschaft, von dem Blanchot spricht, kann ihm zufolge nur ernstgenommen und anerkannt werden, wenn auch die Gefahren eingeholt werden, die mit der Positivierung einer negativen Gemeinschaft einhergehen. Blanchot zufolge ist die Gemeinschaft nicht in der Lage, sich zu sich zu bekennen, weil sie sich selbst nicht kennt und sich unbekannt bleibt.

Es steht gleichsam niemandem frei, nicht an dieser fundamentalen Unbestimmtheit oder Unbekennbarkeit der Gemeinschaft teilzuhaben. In seiner Replik auf Blanchot hat Nancy schließlich diesen Gedanken erneut aufgegriffen, indem er von der permanenten Konfrontation oder besser Affrontation mit dieser Unbekanntheit und Unbestimmtheit spricht. Unter dem Titel „La communauté affrontée" geht es ihm, ein letztes Mal in der Semantik der Gemeinschaft, um jenes Moment, welches der Gemeinschaft selbst gegenübersteht und ihre Vervollständigung offen und damit aufhält. Die Unabschließbarkeit wird hierbei in einem Widerstand zu verorten versucht, welcher außerhalb der Gemeinschaft aber zugleich in ihr selbst, in ihrer eigenen Gestalt als Frage und Infrage-

---

[43] J.-L. Nancy, *Die undarstellbare Gemeinschaft*, S. 45.
[44] Ebd., S. 38.
[45] Ebd., S. 69 f.
[46] Ebd., S. 124.
[47] M. Blanchot in J.-L. Nancy, *Die herausgeforderte Gemeinschaft*, S. 32.
[48] Ebd.; ‚unbekennbar' ist, so Nancy, ein Wort das „ununterscheidbar Schamlosigkeit und Schamhaftigkeit mischt": „Schamlos kündigt es ein Geheimnis an, schamhaft erklärt es, das Geheimnis werde geheim bleiben" (ebd., S. 35).

stellung – nicht als Mitte –, gegenübersteht [*affrontée*].[49] Es gibt eine Art Riss, Trennung oder Widerstand, der die Gemeinschaft durchzieht. Gemeinschaft ist darin immer die Abwehr ihrer selbst. Dieses Moment fordert das Eingeständnis der eigenen Uneingestehbarkeit insofern ab, als es die Gemeinschaft sich selbst gegenüberstellt. Sie kann nur sein, wenn es sie nicht gibt. Eine innere Kluft, welche durch die Gemeinschaft entweder gewaltsam und imaginär überbrückt oder eben als ihr eigener Widerspruch anerkannt wird. Dieser Widerstand inmitten der Gemeinschaft stellt eine Unruhe dar, welche zugleich ausnahmslos alle dazu auffordert, aus jeglichem gemeinschaftlichen Selbstverständnis herauszutreten. Keine Gemeinschaft könnte diese Herausforderung durch die gewaltsame Verteidigung ihrer imaginierten Identität bewältigen, da dieses Moment dem Glauben der Einheit selbst innewohnt. Dagegen unterstellt das Gemeinsam-Sein „ein gemeinsames Sein, eine Gründung, ein Prinzip und ein Ziel, in dem die ‚Glieder' ihren Sinn und ihre Wahrheit finden"[50]. Mit Nancys Antwort auf Blanchot endet zunächst eine Diskussion, die seither jedoch zahlreiche freundschaftliche und kritische Anknüpfungsversuche erfahren hat. Auffällig präsent ist sie bis heute – nicht nur in der politischen Philosophie.[51]

3. Mit-Sein – nicht machen

Auch wenn ihre Überlegungen in spezifischen politischen Kontexten der 1930er respektive 1980er Jahre entstanden sind – die Negativität der Gemeinschaft bleibt gegenwärtig. Deutlich wird dies auch angesichts der mittlerweile unübersichtlich gewordenen Unmöglichkeitsattribute und Negativvokabeln, die derzeit im Denken der Gemeinschaft in Anschlag gebracht werden. Unklar scheint dabei allerdings, welches Differenzierungspotential diese Attribute und Vokabeln sowohl für sozialphilosophische als auch für rechtliche und politische Fragen haben.[52] Die begrifflichen Bestimmungen der Untätigkeit

---

[49] Das französische *affronter* verweist sowohl auf *frontière* (Grenze) als auch auf *affrontement*: Ablehnung, Trotzen, Widerstehen. *Affrontée* bedeutet insofern: sich gegenüberstehend, entgegenstellend.

[50] Ebd., S. 39.

[51] Gerade von ästhetischer Seite sowie in den Bereichen politischer Kunst- und Kulturproduktion ist dieses verstärkte Interesse zu beobachten. Allein die ungeheure Zahl der Ausstellungen der letzten Jahre zum Thema Gemeinschaft, die zumeist einen expliziten Bezug zu den hier genannten Theoriepositionen besitzen, lässt vermuten, dass das Thema nicht an den historischen Kontext Ende der 1980er Jahre gebunden ist.

[52] Während genuin sozial- und rechtsphilosophische Weiterführungen eher rar sind, hat sich die Diskussion auf Seiten der politischen Philosophie bereits weit ausdifferenziert. Nancy selbst ist immer wieder auf die Frage nach der politischen Dimension des Gemeinschaftsdenkens eingegangen. Demokratie und Gemeinschaft etwa werden in Anlehnung an Derrida gleichermaßen als ‚kommende' beschrieben – wobei hier unklar bleibt, ob Demokratie und Gemeinschaft von der gleichen Negativität gekennzeichnet sind: „Die Gemeinschaft ohne Gemeinschaft ist ein *Zu Kommendes* in dem Sinne, dass sie immer und unaufhörlich inmitten einer jeden Kollektivität ankommt" (J.-L. Nancy, *Die undarstellbare Gemeinschaft*, S. 151). Politik im Sinne des ‚Machens' und der ‚Bewerkstelligung' wird aus dieser Perspektive kritisierbar – oder wie Nancy an anderer Stelle schreibt: „Wir sind Gefangene einer Vision von Politik als Bewerkstelligung und Aktivierung

und Entwerkung, welche die Gemeinschaft als Beunruhigung und Unbestimmtheitssignatur durchziehen, führen nicht nur in politischer, sondern auch sozialphilosophischer Hinsicht zu der Frage, ob und warum hier noch von Gemeinschaft die Rede ist. Derrida etwa fragt sich, was vorgeht, wenn „man sich verpflichtet fühlt, *in einer so paradoxen und aporetischen, so unmöglichen Weise* gerade von der Gemeinschaft, dem Recht, der Freiheit, der Gleichheit, der Republik und der Demokratie zu sprechen"[53]. Die Negativität des Begriffs der Gemeinschaft wurde so weit geöffnet, dass sich zweifeln ließe, ob hier notwendig noch von ‚Gemeinschaft' die Rede sein muss.[54] Während durch das

---

einer absoluten Teilhabe: Schicksal eines Volkes, einer Republik, Schicksal der Menschheit, Wahrheit der Beziehung, Identität des Gemeinsamen" (J.-L. Nancy, *Wahrheit der Demokratie*, S. 40). Politik erscheint darin immer als Wille, als Macht, als Projekt und den damit einhergehenden Phantasmen der Machbarkeit. Die Frage bleibt, wie eine Politik aussieht, die in diesem Sinne nichts ‚tut', die „nichts mit dem Willen zu tun hätte" (J.-L. Nancy nach M. Ryklin, *Dekonstruktion und Destruktion. Gespräche*, Berlin u. a. 2006, S. 130). Für Nancy weist diese Frage auf eine Politik hin, die sich nicht als staatliche versteht und folglich kein Staatsprojekt ist. Die negative Gemeinschaft ist gleichsam strukturell staatsfeindlich, da jeder Staat ein Projekt, sein Werk, vollenden will – und die Gemeinschaft genau diesem Werk widersteht. An diesen Punkt schließt auch die politische Philosophie Giorgio Agambens an. Politik wäre für ihn vielmehr das, „was dem wesenhaften Werklos-Sein des Menschen entspricht, dem radikalen Ohne-Werk-Sein der menschlichen Gemeinschaften" (G. Agamben, *Mittel ohne Zweck. Noten zur Literatur*, Berlin u. a. 2001, S. 119). Es gibt sie, da der Mensch „durch kein ihm eigentümliches Wirken [*operazione*] definiert ist", sondern „ein Wesen von reiner Potenz also, das sich in keiner Identität und in keiner Anlage erschöpfen kann" (ebd.). In den negativen Tätigkeiten des *sans emploi* und *désœuvrement* – nicht im Sinne der Trägheit oder des Nichtstuns – erkennt er das Paradigma einer ‚kommenden Politik' (vgl. G. Agamben, *Die kommende Gemeinschaft*, Berlin 2003, S. 105).

[53] J. Derrida, *Politik der Freundschaft*, Frankfurt am Main 2000, S. 120 f.

[54] Bekanntlich wendet sich Derrida demgegenüber dem Begriff der Freundschaft zu: „Wir wären nicht zu einer Art Gemeinschaft, einer Mindestgemeinschaft, einer minimalen und doch mit jeder anderen Gemeinschaft inkommensurablen Gemeinschaft versammelt [...], wäre nicht vor jedem anderen Vertrag eine Art Freundschaft schon besiegelt, schon einbekannt worden, eingestanden als das Unmögliche, das selbst dem Eingestehen widersteht, aber doch einbekannt, eingestanden als das Uneingestehbare der ‚uneingestehbaren Gemeinschaft': Eine Freundschaft vor allen Freundschaften, eine unauslöschliche, grundlegende und grundlose Freundschaft, jene, die im Sprechen einer (vergangenen oder zukünftigen) geteilten Sprache und in jenem Zusammen-sein lebendig ist, das in jeder Allokution, in jeder Anrede, selbst in einer Kriegserklärung vorausgesetzt ist." (Ebd., S. 317 f.) Vgl. auch ebd. S. 67 f., Fn. 13. Alain Badiou wiederum begrüßt zunächst die sozialphilosophische Neuausrichtung, welche Sozialität vom Gesichtspunkt der Unmöglichkeit aus fasst: „[L]e *réel* du monde est précisément la communauté comme impossible." (A. Badiou, „L'outrepassement politique du philosophème de la communauté", in: G. Leyenberger [Hg.], *Politique et modernité*, Paris 1992, S. 56.) Zugleich distanziert auch er sich von der terminologischen Entscheidung für ‚Gemeinschaft' und schlägt stattdessen den Begriff der ‚Gleichheit' vor, da er bezweifelt, dass ‚Gemeinschaft' noch ein geeigneter Begriff für das politische Denken ist: „La raison de ce doute est claire: communauté, dans la guise du communisme, détient encore l'histoire désastreuse d'une suture. Plus précisément: communauté a été le nom par lequel la philosophie a injecté un sens destinal aux lourds et cruels concepts de la politique dans son âge marxiste-léniniste, âge dont la péremption est prononcée au moins depuis l'échec de la Révolution Culturelle, et aussi depuis Mai 68." (Ebd., S. 63.) Das ‚alte Wort' der Gleichheit selbst – so Nancys Replik – ist jedoch selbst nicht unbelastet und verweise mehr auf die Frage des Status als auf ‚Existenz' (J.-L. Nancy in M. Ryklin, *Dekonstruktion und Destruktion*, S. 129).

hier vorangestellte Denken der Gemeinschaft zwar versucht wurde, die Negativität der Gemeinschaft weiter zu konturieren und differenzieren, so findet sich in den gegenwärtigen Diskussionen, die hieran anschließen, meist nur eine lose Sammlung zum Teil berauschender Unmöglichkeitsvokabeln, deren sozialphilosophische Bedeutung jedoch nicht immer ersichtlich wird. Um die Gefahr abzuwenden, dass sie in dem durchaus voraussetzungsreichen Sprachspiel zergehen, wäre zu fragen, welche Rolle diese kritische Perspektive auf soziale Prozesse heute in Bezug auf sozialphilosophische Themen spielen kann.

Angesichts der gegenwärtigen Dekontextualisierung des Gemeinschaftsdenkens sollte auch und vielleicht erneut davor gewarnt werden, dass nicht nur der traditionelle Begriff der Gemeinschaft darin negiert wird, sondern dass auch ein bei der einfachen Negation verweilendes Denken der Gemeinschaft eine problematische Verlockung darstellt. Um weiterhin zwischen der Restituierung des traditionellen und der Öffnung des negativen Gemeinschaftsbegriffs unterscheiden zu können, gilt es daher, den gegenwärtigen Kontext des In-Gemeinschaft-Seins erneut zu bestimmen.[55] Denn die Frage des Zusammenseins, des *en-commun* oder *ensemble*, ist noch immer virulent. Welche Rolle die Negativität der Gemeinschaft für die klassischen sozialphilosophischen Themen der Ungleichheit oder Anerkennung spielt, wäre daher neu zu bestimmen. Auch die Frage, ob sich im Zuge heutiger postnationaler und -traditionaler Vergemeinschaftungsprozesse neue Totalisierungsformen entfalten, bleibt zu klären. Inwieweit neuere Vorstellungen von Projektgemeinschaften, Netzwerken und losen Assoziationen noch als ein Ins-Werk-Setzen verstanden werden können, wäre vor dem Hintergrund einer Negativität der Gemeinschaft stets aufs Neue zu ermessen. Denn das Totalisierende des Ins-Werk-Setzen, das Ergebnis-Sein des eigenen Wirkens, ist nicht allein an totalitäre politische Ordnungen geknüpft und somit in Demokratien gerade nicht gebannt.[56]

Der Gedanke einer negativen Gemeinschaft eröffnet jedoch keine klassische, normative Anerkennungstheorie, aus der verschiedene Modi des Gelingens oder Scheiterns des Sozialen begriffen werden könnten. Die Gemeinschaft begegnet vielmehr als ein Moment des Nichtanerkennbaren, da sie sich und uns exponiert, dass wir uns ihr nicht bekennen können. Die Negativität soweit zu öffnen, bis sie unbeschäftigt wird, wie Nancy vorschlägt, könnte heißen, jede soziale Formierung darauf hin zu deuten, inwieweit sie sich zu schließen und sich eine ‚gestalthafte Mitte' zu geben versucht – wobei sie zugleich auch nicht in der Undarstellbarkeit verharren kann. Die Anerkennung einer

---

[55] Vgl. hierzu die Reaktionen auf Nancys *Die undarstellbare Gemeinschaft* in der deutschen Linken. Während die anfängliche Rezeption Ende der 1980er Jahre in jeder Rede von Gemeinschaft immer noch etwas Ursprüngliches und Mythisches erkennt, wird das gleiche Buch Jahre später, vielleicht bis heute, als ein Versuch verstanden, linke Politik neu zu denken (vgl. J.-L. Nancy, „Dem Politischen mangelt es an Symbolizität. Ein Gespräch mit Jean-Luc Nancy", in: *Information Philosophie* 4 [2002], S. 38).

[56] Nancy etwa hat jüngst darauf verwiesen, dass Kapitalismus und Demokratie den Wert der Gleichwertigkeit teilen und das Unvergleichliche oder Inkommensurable gleichermaßen übergehen (J.-L. Nancy, *Wahrheit der Demokratie*, S. 51 f.). Was er Gemeinschaft nennt, kann dagegen die Bejahung dieser Inkommensurabilität jedes Einzelnen ermöglichen, „das Sichzeigen von allen auf einem Grund, dessen ‚Nichts' bedeutet, dass alle unvergleichlich, absolut und unendlich wert sind" (ebd., S. 53).

radikalen Negativität des Sozialen, die selbst nicht mehr aufgehoben werden kann, eröffnet die Möglichkeit, Sozialität von ihrer Exposition gegenüber dieser Negativität her zu begreifen. Was hier als Gemeinschaft benannt wurde, und was Nancy später auch im kritischen Bezug auf Heidegger als Mit-Sein begreift, ist dasjenige, demgegenüber wir immer schon exponiert sind, was sich uns mitteilt und worüber wir nicht im Sinne einer Machbarkeit verfügen. Anerkennung kann darin insofern auch nicht erstritten werden.[57] Dagegen kann die Gemeinschaft diese Exposition nur als Moment einer Selbst-Fremdheit anerkennen, die nicht wieder integrier- oder aufhebbar ist – oder wie Blanchot schreibt: „Die Fremdheit dessen, was nicht gemeinsam sein kann, ist das, was diese Gemeinschaft begründet, ewig provisorisch und immer schon im Stich gelassen."[58] Die Gemeinschaft ist daher, so Nancy in einer Abwandlung Blanchots, „exponiert, ausgesetzt, zerbrechlich, unsicher, doch auf diese Weise gerade *exponiert*, ausgestellt, gezeigt, manifestiert in ihrer beunruhigenden, verstörenden Fremdheit, welche jene der gewöhnlichsten Begegnung ebenso ist wie jene der unbekanntesten Verbindung"[59]. Die Abwesenheit der Gemeinschaft begründet insofern eine Gemeinschaft ohne ein Gemeinsames, ohne gemeinsames Sein und folglich *ohne* Gemeinschaft. Sie bleibt Exposition des *ohne*. Was wir Gemeinschaft nennen, was wir als Gemeinschaft erfahren, ist damit eine Erfahrung, „die sich erkennen muss, indem sie sich verkennt"[60]. Schon Bataille formuliert dies als einen Modus unfreiwilliger Teilhabe an der Abwesenheit der Gemeinschaft.[61]

Nancy wiederum ist in seinen Überlegungen nun stärker bestrebt, die negative Gemeinschaft mit anderen sozialphilosophisch relevanten Instanzen zu verbinden, wenn er etwa versucht, die Kritik an der Gemeinschaft noch in jeder Rede von einem ‚Wir' aufzuweisen und dieser jeden Charakter des Sentimentalen, des Familiären oder Kommunitaristischen abzustreifen. Den nicht unproblematischen Gemeinschaftsbegriff übersetzt er bisweilen mit der schlichten Pluralität eines ‚Mitseins'. Dessen ‚Wir' der Teilhabe wird hier nicht als lokalisierbarer Ort oder gemeinsamer Punkt der Versammlung gedacht, denn uns ist dieses ‚Wir' gegeben, „ehe wir ein ‚wir' artikulieren oder gar

---

[57] Vgl hierzu auch G. Agamben, *Die kommende Gemeinschaft*, S. 79.
[58] M. Blanchot in J.-L. Nancy, *Die herausgeforderte Gemeinschaft*, S. 44.
[59] Ebd., 44 f.
[60] M. Blanchot, *Die uneingestehbare Gemeinschaft*, Berlin 2007, S. 49.
[61] An anderer Stelle spricht Bataille auch von der Schwierigkeit, diese radikale Negativität anzuerkennen, denn „niemand könnte einen Gipfel ‚anerkennen', der die Nacht wäre" (G. Bataille, *Die Freundschaft*, S. 162). Vgl. auch Batailles weitere Ausführungen zur Negativität, „die sich vom Handeln abwendet" (ebd., S. 163), in Bezug auf Kunst und Religion (ebd.). In diesen beiden Formen bleibt jedoch das Problem bestehen, denn „weder im Kunstwerk noch in den Gefühlselementen der Religion wird die Negativität *als solche* ‚anerkannt'" (ebd., S. 163 f.), sondern „in ein System überführt, das sie annulliert, und allein die Affirmation wird ‚anerkannt.'" Daher, so Bataille weiter, „gibt es einen grundlegenden Unterschied zwischen der Objektivierung der Negativität, wie die Vergangenheit sie gekannt hat, und jener, die *am Ende* möglich bleibt. Denn der Mensch der ‚unbeschäftigten Negativität', der im Kunstwerk keine Antwort auf die Frage findet, die er selber ist, kann nur zum Menschen der ‚*anerkannten* Negativität' werden. Er hat begriffen, dass sein Bedürfnis zu handeln keine Beschäftigung mehr fand. Aber dieses Bedürfnis, das nicht unbegrenzt von den Verlockungen der Kunst betrogen werden kann, wird über kurz oder lang als das erkannt, was es ist: als inhaltslose Negativität." (Ebd., S. 164.)

rechtfertigen können"⁶². Damit langt das Denken der Gemeinschaft über den Umweg ihrer Entwerkung und deren untätiger Negativität wieder bei Hegel an. Dessen Formel vom ‚Ich, das Wir ist, und Wir, das Ich ist' ist der Kritik der Identitätslogik in einer weiteren Überlegung Nancys nicht unverbunden: „Wir müssen uns nicht als uns, als ein ‚Wir' identifizieren. Vielmehr müssen wir uns als Uns des-identifizieren *von* aller Art des ‚Wir', das Gegenstand seiner eigenen Repräsentation ist".⁶³ Das traditionell mit einem identitären ‚Wir' verbundenen Adjektiv des ‚zusammen' [*ensemble*] wird hier nicht mehr substantiviert. Indem das Sein bislang immer nur als Sammlung, im Sinne der Mengenlehre, das heißt quantitätslogisch, gedacht wurde, führt es auf ein ‚Wir', das stets nur einem identitären Kollektiv den Raum eröffnet.⁶⁴

Die verführerische Gewissheit vergisst und verleugnet genauso wie das Projekt eines konsistenten ‚Wir', dass wir immer schon und immer auch *zwischen-uns* [*entre nous*] sind. ‚Zwischen', ‚unter' und ‚mit' können nicht in einem kollektivistischen ‚Wir' vergegenständlicht werden, da sie sich aufgrund der Unverfügbarkeit ihres eigenen Grundes nicht zu einem substantivischen, summativen oder projektiven ‚Zusammen' fügen. Das ‚mit' nicht zu machen – und nicht der ur-liberale Gedanke einer Freiheit des Nichtmitmachens im Sinne einer Distanznahme vom Kollektiv –, stellt damit die notwendige Grundlage aller sozialen Prozesse und Teilhabemodi dar. Zugleich wird die Ex- wie Inklusivität sozialer Teilhabe von der Unmöglichkeit, das ‚mit' zu machen, neu beschreibbar. Die Bedeutung dessen, was es heißt, in einem gemachten ‚mit' nicht mitmachen zu dürfen, erscheint darin in der Dimension einer fundamentalen Selbstverkennung des Sozialen. Sozialphilosophisch ließe sich ein Denken der Gemeinschaft ausgehend von ihrer Negativität und damit des Nicht-mit-machens fassen, die nicht gänzlich auf eine Untätigkeit im Sinne einer einfachen Verweigerung oder Distanzierung des Gemeinsamen hinausliefen. Nicht allein eröffnet dieses Verständnis des Nichtmitmachens eine Möglichkeit der Teilhabe *ohne* Teilhabe, sondern verweist zugleich auf die Erscheinungsweise der Gemeinschaft als Exposition und Gegebenheit – oder wie Nancy schreibt: „Die Gemeinschaft wird uns gegeben – oder wir werden gemäß der Gemeinschaft gegeben und aufgegeben: Es ist dies eine zu erneuernde, mitzuteilende Gabe, kein Werk".⁶⁵ Wir erfahren die Gemeinschaft darin, so wiederum Blanchot, als einen „Nichtort", „an dem nichts festzuhalten ist, geheimnisvoll darin, kein Geheimnis zu haben,

---

⁶² J.-L. Nancy, *Die herausgeforderte Gemeinschaft*, 38; vgl. hierzu insbesonder J.-L. Nancy, *Hegel. L'inquiétude du négatif*, Paris 1997, S. 115: „‚Nous' n'est pas quelque chose – ni objet ni soi – auprès de quoi l'absolu serait, lui-même comme une autre chose ou un autre soi. Au contraire: que l'absolu soit et veuille être auprès de nous, cela veut dire qu'il est notre ‚auprès de nous', notre entre-nous, l'entre-nous de notre manifestation, de notre devenir et de notre désir." (Ebd., S. 116.) Diese ‚proximité de l'absolu' kann weder besessen noch inkorporiert werden (vgl. ebd., S. 117).

⁶³ J.-L. Nancy, *singulär plural sein*, S. 112. Dass Hegel Substanz und Subjekt als Vermittlung denkt, die ihr selbst nicht äußerlich ist, erlaubt gerade nicht, das Verhältnis von ‚ich' und ‚wir' subsumtionslogisch zu lesen (vgl. G. W. F. Hegel, *Phänomenologie des Geistes*, S. 36). Im Prozess der Selbstobjektivierung des Bewusstseins wird die Vergegenständlichung gerade eingeklammert. Im Sinne der selbstbezüglichen Negativität gibt es somit keine positiv identifizierbare Eigenschaft, welche das Subjekt auszeichnen würde.

⁶⁴ Vgl. J.-L. Nancy, *singulär plural sein*, S. 98.

⁶⁵ J.-L. Nancy, *Die undarstellbare Gemeinschaft*, S. 77.

nur auf die Entsetzung des Werkes hinarbeitend [*n'œuvrant qu'au désœuvrement*]"[66]. Was die Gemeinschaft insofern ausmacht, ist ihr Modus des Mitseins, dessen ‚mit' gerade nichts ist und nicht gemacht wird. Die Unmöglichkeit der positiven Repräsentierung oder sozialtheoretischen Objektivierung erscheint daher nicht als Mangel oder Defizit, als Fehler oder Fehlen, sondern als negativer Punkt der Konstituierung des Sozialen. Die Gemeinschaft ist folglich auch kein geteilter Wille, der sich sozial, kulturell, ökonomisch oder politisch artikuliert, sondern vielmehr die Erfahrung der Inkonsistenz ihres Begründungszusammenhangs und insofern ihrer Negativität als Gegebenheit. Darin liegt die Anerkennung dessen, dass die Gemeinschaft nicht ‚etwas' ist, dass sie nichts *macht* und nicht gemacht wird, sowie dass niemand nicht Nichtmitmachen kann und niemand über die Auf- und Verteilung dieses ‚mit' verfügt. Die sozialphilosophische Kritik an Totalisierungen in sozialen Prozessen artikuliert sich darin als Kritik eines *mise-en-œuvre* des Gemeinsam-Seins und begreift die Möglichkeit, das ‚mit' nicht zu machen, als fundamentale Bedingung des Sozialen.[67] Darin eröffnet sich ein Sinn des Gemeinsamen, in dem Kollektivität nicht die ‚blinde Wut des Machens'[68] ist, sondern das Mit-Sein im Nichtmitmachen, sonst nichts.

---

[66] M. Blanchot, *Die uneingestehbare Gemeinschaft*, S. 39 (Übersetzung leicht modifiziert).
[67] Diese Möglichkeit hat Agamben als eine Bartleby'sche Potenz ‚nicht zu' gefasst und diese in seinen Überlegungen zur Struktur des souveränen Banns mit den Bestimmungen des *désœuvrement* und der Negativität *sans emploi* zusammengeführt (vgl. G. Agamben, *Homo sacer. Die souveräne Macht und das nackte Leben*, Frankfurt am Main 2002, S. 59): „Die einzige kohärente Auffassung von *désœuvrement* wäre die einer unbestimmten Existenz der Potenz, die sich nicht (wie die individuelle Tätigkeit oder die kollektive Handlung, die als Summe der individuellen Tätigkeiten begriffen wird) in einem *transitus de potentia in actum* erschöpft." (Ebd., S. 73.) Bataille habe „in der *négativité sans emploi* und im *désœuvrement* eine Grenzdimension erreicht, in der die ‚Potenz nicht zu' nicht mehr unter die Struktur des souveränen Banns fällt" (ebd., S. 59).
[68] Th. W. Adorno, *Minima Moralia*, S. 178.

MICHAEL STAUDIGL

Rassismus

Zur Phänomenologie leibhaftig inferiorisierender Desozialisierung[1]

> *Wir täten besser daran, mit Mut der Tatsache ins Auge zu blicken,*
> *daß die Vorurteile selbst Elemente der Auslegung der sozialen Welt sind*
> *und sogar deren Triebfeder ausmachen.*
> *Vorurteile sind Rationalisierungen und Institutionalisierungen*
> *des zugrundeliegenden ‚Zentral-Mythos',*
> *auf den die Selbstauslegung der Gruppe gegründet ist.*
> *Es ist nicht sinnvoll, dem Negerfresser des Südens zu sagen,*
> *daß es im biologischen Sinn keine Neger-Rasse gibt.*[2]

Die zitierte Einsicht Schütz', die sich in seinem 1955 geschriebenen Aufsatz *Die Gleichheit und die Sinnstruktur der sozialen Welt* findet, ist bemerkenswert, da sie in sonst kaum zu findender Schärfe nicht nur die *Negativität* eines spezifischen Typus sozialen Handelns ins Auge fasst, sondern sie als deren „Triebfeder" anerkennt. Vor diesem Hintergrund stelle ich mir im Folgenden die Aufgabe, „Rassismus" als ein Phänomen „negativer Sozialität" zu analysieren – und zwar in sozialphänomenologischer Perspektive. Ein solches Ansinnen erfordert drei bedeutsame Vorüberlegungen. Erstens handelt es sich um eine Reflexion darauf, was ich unter „negativer Sozialität" verstehe. Zweitens ist darzulegen, was ich – den Einsichten der neueren Forschung zum Thema Rechnung tragend – unter Rassismus *nicht* verstehen möchte. Im Lichte dieser Reflexionen sollte einleitend deutlich werden, weshalb ich Rassismus für ein in der Tat *exemplarisches* Phänomen „negativer Sozialität" halte. Drittens bleibt im Anschluss daran in aller gebotenen Kürze zu erläutern, weshalb ich die Phänomenologie für eine Analyse des Rassismus im Sinne eines exemplarischen Phänomens „negativer Sozialität" für geeignet halte.

Im Anschluss an diese einleitenden Vorüberlegungen wende ich mich im Hauptteil der Analyse des Phänomens selbst zu. Ich werde dabei jedoch nicht den *konkreten historischen Ausprägungen* des Rassismus nachgehen. Im Zentrum der Analyse sollen vielmehr

---

[1] Der vorliegende Text wurde im Rahmen des vom Österreichischen Fonds zur Förderung wissenschaftlicher Forschung geförderten Forschungsprojekts „The many faces of violence" (FWF P 20300-G15) realisiert.
[2] A. Schütz, „Die Gleichheit und die Sinnstruktur der sozialen Welt", in: ders., *Gesammelte Aufsätze Bd. 2. Studien zur soziologischen Theorie*, Den Haag 1972, S. 242.

die meines Erachtens *invarianten Methoden* stehen, die Rassismus als eine spezifische *Form* sozialer Praxis charakterisieren. Diese lassen sich mit Wulf Hund treffend als „negative Vergesellschaftung"[3] bezeichnen, die Identitätsrelevanz nicht nur für die ihr *unterworfenen* Subjekte hat, sondern auch für diejenigen, die sie „anwenden". Diese Methoden sollen im Folgenden unter Heranziehung konkreter Phänomenbeschreibungen beispielhaft aufgewiesen werden. Aus Gründen des Umfangs werde ich mich dabei auf zwei Beispiele beschränken.

Im abschließenden Teil soll zumindest ansatzweise geklärt werden, ob und inwiefern Rassismus als ein *irreduzibles* Phänomen „negativer Sozialität" anzusehen ist und was dies für den Umgang mit ihm bedeutet.

1. Drei Vorbemerkungen

a) Der Ausdruck „negative Sozialität" scheint auf den ersten Blick eminent problematisch zu sein. In der Tat verweist er auf einen Verdacht, dem ich nachgehen möchte. Dieser besteht darin, „dass sich [...] negative Erfahrungen [sc. wie Misstrauen, Diskriminierung, Verachtung] nicht in einer von Verantwortung, Gerechtigkeit und Anerkennung geprägten Gemeinschaft oder Gesellschaft aufheben lassen". Trifft dies jedoch zu, dann stehen wir vor der Notwendigkeit einer grundlegenden Revision all dieser Begriff, ja schließlich des Begriffs des Sozialen selbst. Denn dieses, so die daraus abzuleitende These, ließe sich unter diesen Bedingungen nämlich „nicht durchgängig verrechtlichen und durch Regeln des Zusammenlebens befrieden".[4]

Aus dieser These folgt, dass *Negativität* – konkret gelebte „negative Erfahrungen" – in ihrer *Irreduzibilität* oder *Unaufhebbarkeit* im „sozialen Leben" und im Hinblick auf die ihm eigene Kohärenz und Intelligibilität fokussiert werden müssen. Negativität meint demzufolge kein *Mangel*phänomen[5], das sich diskursiv einholen, dialektisch vermitteln oder prozedural bewältigen ließe, um nur einige bekannte Verfahrensweisen der Kontingenzbewältigung zu nennen. Sie besagt also keineswegs einen bloß kontingenten Mangel an Gerechtigkeit, Vertrauen, Verantwortung, Vergemeinschaftung, Solidarität, Kommunikation etc., wie dies im Mainstream der Sozialphilosophie unterstellt wird, sofern diese für das angezeigte Problem überhaupt sensibel ist. Unangesehen dessen also, ob man in philosophischer Hinsicht solchen „negativen Erfahrungen" eine durch Harmonie, *concordia*, *homonoia*, die „Dialektik der Anerkennung", den „gewaltfreien Diskurs" oder die „ideale Kommunikationsgemeinschaft" zu realisierende Einheit, bzw. in politischer

---

[3] Den Begriff entlehne ich W. D. Hund, *Negative Vergesellschaftung. Dimensionen der Rassismusanalyse*, Münster 2006.

[4] Vgl. das Vorwort der Herausgeber in diesem Band und die verwandten Überlegungen bei A. Koschorke, „Nicht-Sinn und die Konstitution des Sozialen", in: K. Junge et al. (Hg.), *Erleben, Erleiden, Erfahren. Die Konstitution sozialen Sinns jenseits instrumenteller Vernunft*, Bielefeld 2008, S. 319–332.

[5] Dies zeigt im Hinblick auf das hier leitende Thema M. Terkessidis (*Die Banalität des Rassismus. Migranten zweiter Generation entwickeln eine neue Perspektive*, Bielefeld 2004), der vorschlägt, Rassismus nicht mehr als eine „Ausnahme im gesellschaftlichen Funktionieren" (ebd., S. 8) zu begreifen.

Hinsicht die Ideale einer voll integrierten Gesellschaft oder einer organischen Gemeinschaft entgegensetzte, in deren vereinigendem Licht sich diese Negativität doch auflösen lassen sollte, in all diesen Fällen wird diese Negativität als relativ, als bloßer *Mangel* also vorgestellt.

Im Gegenzug dazu scheint es mir in der Tat notwendig zu sein, Negativität als ein „Faktum" gleich dem Kant'schen „Faktum der Vernunft" zu verstehen, das sich in keiner übergreifenden rechtlichen oder politischen Ordnung aufheben lässt. Es lässt sich deshalb nicht aufheben, da es ihr gegenüber *außerordentlich* ist. Es in seiner Außerordentlichkeit zu denken aber bedeutet in eins, es in seiner *ordnungskonstitutiven* Funktion zu reflektieren. Denn Ordnungen (re)generieren sich durch Exklusion und Selektion, also durch die Produktion eines Außer-ordentlichen. So, wie *es Ordnung gibt*, gibt es also auch Gewalt. Insbesondere gibt es eine *Gewaltsamkeit* der Ordnung selbst, sofern diese immer selektiv und exklusiv fungiert, d. h. das Außerordentliche ausschließend einschließt.[6] Auch der Ordnung selbst wohnt also ein Moment der Negativität inne. Dieses Moment ist gleichwohl nicht kontingent, da es ihre Ordnungsleistung möglich macht (und d. h. identitätsrelevante Handlungsmotivationen bereit stellt). Es gilt daher, diese Negativität *in ihrer Außerordentlichkeit und Unaufhebbarkeit* als für soziale Ordnungsleistung – und d. h. konkret Vergesellschaftung – *konstitutiv* anzuerkennen. Dies besagt nichts anderes, als dass die angesprochenen Phänomene „negativer Sozialität" zwar einerseits *durch und durch soziale Phänomene* sind, sie aber andererseits *die Faktizität des sozialen Zwischen*, in dessen Horizont wir zu denken gewohnt sind, *negieren*. Sie zeitigen also de-sozialisierende Wirkungen, gemahnen uns an die Grenzen von Vergesellschaftung und Gemeinschaftlichkeit, bleiben darin jedoch selbst sozial überdeterminiert und in ihrer Wirkmacht an konkretes soziales Handeln gebunden.

b) Bereits seit längerem bemüht sich die Rassismusforschung um den Nachweis, dass nicht von Rassismus, sondern von *Rassismen* zu sprechen ist.[7] Eine Reihe von Analysen konnte nachweisen, dass der Bezug auf den Begriff der „Rasse" für die historischen Erscheinungsformen des Rassismus keineswegs konstitutiv ist. Die Ausdifferenzierung dieses Begriffs ist vielmehr an verschiedene gesellschaftlich-historische Kontexte gekoppelt. „Rasse" hat mithin als „soziales Konstrukt" zu gelten[8]. Andererseits ist festgehalten worden, dass es auch „Rassismus ohne Rassen"[9] gibt, d. h. einen Rassismus, der kulturalistisch reüssiert, ohne dazu des Rasse-Begriffs noch zu bedürfen.[10] Diesen Einsichten zufolge hat man ganz folgerichtig neben dem „Rassenrassismus" auch Klassen-, Geschlechter- und Nationalrassismus unterschieden[11], deren Rechtfertigung kulturalistisch bzw. differentialistisch verfährt. In allen

---

[6] Vgl. zu diesen Gedankengängen B. Waldenfels, *Ordnung im Zwielicht*, Frankfurt am Main 1987.
[7] Vgl. etwa S. Hall, „Rassismus als ideologischer Diskurs", in: N. Räthzel (Hg.), *Theorien über Rassismus*, Hamburg 2000, S. 7–16, hier: S. 11 (Orig. 1989).
[8] Vgl. dazu M. Banton, *Racial Theories*, Cambridge ²1998, S. 196 ff.; außerdem die Beiträge in A. Demirovíc, M. Bojadžijev (Hg.), *Konjunkturen des Rassismus*, Münster 2002.
[9] Vgl. E. Balibar, I. Wallerstein, *Rasse. Klasse. Nation. Ambivalente Identitäten*, Hamburg 1990, S. 28.
[10] Vgl. dazu P.-A. Taguieffs auf den französischen Kontext bezogene, gleichwohl verallgemeinerbare Studie „The New Cultural Racism in France" (in: *Telos 83* 1990, S. 109–122, bes. 116 ff.).
[11] Vgl. z. B. W. D. Hund, *Rassismus*, Bielefeld 2007, S. 15 ff.

genannten Fällen geht es dabei – soweit scheint ein Minimalkonsens zu tragen – um einen „soziale[n] Konstruktionsprozess angeblich natürlicher Ungleichheit", um den Versuch also, „für gesellschaftliche Unterschiede eine naturbedingte Erklärung [zu finden]"[12]. Als hegemoniales Erklärungsschema spiegelt Rassismus dabei immer *Machtbeziehungen*, die die Integrität von Gesellschaften äußerlich wie innerlich formen. Im Gegensatz zu sozialer *Diskriminierung*, die „die einzelnen *innerhalb* des gesellschaftlichen Zusammenhangs nach hierarchischen Gegensätzen [gliedert]", stellt *Rassismus* diese „als andere außerhalb des gesellschaftlichen Zusammenhangs, indem sie sie ihrer sozialen Besonderung beraubt oder ihre Fähigkeit dazu bestreitet".[13] Sie fungiert damit als Motiv bzw. Drohmittel zu sozialer Integration bzw. Exklusion einerseits, Assimilation bzw. Segregation andererseits. Diese doppelte Stoßrichtung des rassistischen Vergesellschaftungsprozesses, der demzufolge durch eine doppelte Logik „einschließender Ausschließung" und „ausschließender Einschließung" arbeitet, ist meines Erachtens konstitutiv für das Phänomen.

Dem Ausgeführten zufolge verstehe ich unter Rassismus einen sozialen Prozess heteronormativer Bedeutungskonstitution, der durch die leibhaftige Desozialisierung anderer Gemeinschaftlichkeit imaginiert und dadurch identitätsrelevante Handlungsmotivationen vorgibt. Was in der Geschichte des Rassismus variiert, sind die *Legitimationsmuster* dieser Prozesse und die sie konkretisierenden *Ausschließungspraxen*. Es mag daher zutreffen, dass „idealtypische Konstruktionen" die Vielfalt und Heterogenität rassistischer Praktiken nicht in den Blick bekommen. Sie scheinen allerdings insofern doch vergleichbar zu sein, als sie „die anderen" – sowohl innergesellschaftlich wie nach außen – „als Mängelwesen konstruieren und jenseits der jeweiligen gesellschaftlichen Dualismen ansiedeln."[14] Aus dieser Einsicht folgt weiterhin: „Die Vermittlung von Identität auf Kosten und zu Lasten anderer erzeugt nicht nur unterschiedliche Grade des Menschseins, sondern macht den von ihr gestifteten Zusammenhang ebenfalls fragil. Sie zieht die nach außen behauptete Grenze zur Minderwertigkeit als flexible Sollbruchstelle gleichzeitig ins Innere der Gesellschaft ein."[15]

Rassismus als solcherart „negative Vergesellschaftung" ist demnach in der Tat als ein *exemplarisches* Phänomen negativer Sozialität zu verstehen, da er nicht nur negierende soziale Praxis ist, sondern uns auch die Negativität des Sozialen selbst verspüren lässt.

c) Inwiefern kann nun die *Phänomenologie* dazu beitragen, Rassismus als einen solchen Prozess „negativer Vergesellschaftung" – einen fraglos historischen Prozess, in den konkrete materielle Grundlagen, strukturelle Formen sozialer Organisation und ideologische Begründungen eingehen – zu analysieren? Sofern Rassismen oder – um mit R. Miles zu sprechen – „Rassifizierungen" vielfach auf prä-reflexiver Ebene vermittelte Prozesse der „Bedeutungskonstitution"[16] sind, die identitätsrelevante Identifikationsangebote bzw. Ausschlusserfahrungen transportieren, erscheint mir ein phänomenologi-

---

[12] Ebd., S. 35; vgl. auch C. Delacampagne, *Die Geschichte des Rassismus*, Düsseldorf et al., S. 60.
[13] W. D. Hund, *Negative Vergesellschaftung*, S. 124.
[14] Ebd.
[15] Ebd., S. 123.
[16] Diesen Begriff brachte R. Miles, „Bedeutungskonstitution und der Begriff des Rassismus" (in: N. Räthzel, *Theorien über Rassismus*, S. 17–33) in die Rassismusforschung ein.

scher – genauer gesagt ein sozialphänomenologischer – Analysezugang angebracht zu sein. Genauer besehen sprechen zwei Gründe für diese Wahl. Der erste betrifft die Spezifik des Gegenstandes – Gewalt bzw. ein Gewaltverhältnis –, der zweite die spezifische Methodologie phänomenologischer Analyse:

1) Die Praxis der Phänomenologie ermöglicht das, was sich mit Husserl eine „ethische Epoché"[17] nennen lässt. Die Aufgabe einer solchen Epoché sehe ich darin, dass sie jene *Diskurse der Begründung und Gewaltrechtfertigung* in Klammern setzt, in deren normativ überdeterminiertem (ja vielfach moralisierendem) Lichte die Analyse von direkter Gewalt und indirekten Gewaltverhältnissen – Rassismus impliziert beides – sich bislang weitgehend vollzogen hat. Ihre Aufgabe besteht vielmehr darin, deren *Möglichkeitsbedingungen* zu thematisieren. Sie muss also das ins Auge fassen, was bewirkt, dass solche – in diesem Falle *rassistische* – Gewalt überhaupt *möglich* wird – und nachträglich dann auch Gegenstand von Rechtfertigungsdiskursen werden kann.[18] Dieses Ansinnen verweist eine Phänomenologie rassistischer Gewalt – bzw. eine Phänomenologie der Gewalt im Allgemeinen – auf die Notwendigkeit, jenen Prozessen der *Desensibilisierung* auf den Grund zu gehen, die zur Folge haben (können), dass Subjekte dem Leiden anderer gegenüber indifferent werden, die Singularität ihres „ethischen Anspruchs" also nicht (mehr) wahrnehmen.

2) Damit wird auch der zweite Grund greifbar, weshalb ich einen phänomenologischen Zugang wähle. Denn einzig ein solcher scheint mir in der Lage zu sein, nominalistische wie essentialistische Fehldeutungen des Phänomens zu unterlaufen, um im Gegenteil der *wirksamen Realität von Rassifizierungen* in der *Alltäglichkeit gelebter Erfahrung* nachzuspüren.[19] Dies besagt näher besehen, dass die genannten „Bedeutungskonstitutionen" sich weder im Rekurs auf die Motive eines selbstreflexivhandlungsmächtigen Subjekts, noch im Rückgriff auf objektive handlungsleitende Strukturen umfassend rekonstruieren lassen. Der Fokus muss meines Erachtens vielmehr jenen *prä-reflexiven Dimensionen gelebter Erfahrung* gelten, die den *Habitus* unserer Interaktionen in leibhaftiger Weise bestimmen – d. h. in unserem Zusammenhang rassistisch imprägnieren oder eben „rassifizieren". Methodologisch betrachtet besagt dies, dass ich einen phänomenologischen Ansatz insofern für zielführend erachte, wie dieser es erlauben kann, das *Zusammenspiel verschiedener Erfahrungsregister in seiner Identitätsrelevanz* zu durchleuchten. Ohne dies hier näher ausführen zu können, lässt sich Bedeutungs- und mithin Subjektkonstitution nämlich als das Zusammenspiel subjektiver *Sinngebungen*, anonymer *Sinnbildungsvorgänge* und symbolischer *Sinnstiftungen* in ihrer Identitätsrelevanz verstehen. Die „offenunbestimmte Einheit der Subjektivität" bildet sich also, wie sich mit Merleau-Ponty

---

[17] Vgl. E. Husserl, *Erste Philosophie (1923/24). Zweiter Teil: Theorie der phänomenologischen Reduktion (Husserliana* Bd. VIII), Den Haag 1959, S. 319.
[18] Zur Problematik der Gewaltrechtfertigung vgl. A. Hirsch, *Recht auf Gewalt? Spuren philosophischer Gewaltrechtfertigung nach Hobbes*, München 2004; B. Waldenfels, „Grenzen der Legitimierung und die Frage nach der Gewalt", in: ders., *Der Stachel des Fremden*, Frankfurt am Main 1990, S. 103–119.
[19] Vgl. L. M. Alcoff, „The Phenomenology of Racial Embodiment", in: dies., *Visible Identities. Race, Gender, and the Self*, Oxford 2006, S. 183 ff.

in diesem Zusammenhang formulieren lässt, in Korrelation zur „offenen Einheit der Welt", deren „autochthonen Sinn"[20] ihre Genese wesenhaft mitbestimmt. Eine Phänomenologie, die Sinn- und Selbstkonstitution derart als ein leibhaftig-relationales Geschehen denkt, entwickelt sich damit aus eigener Kraft zu einer *Kulturtheorie*. Erst in deren Lichte wird es der Phänomenologie nämlich möglich, die angesprochene *Wirksamkeit*, d. h. die performative Kraft und Magie kulturell überdeterminierter Sinnzusammenhänge bzw. hegemonialer Sinnbildungsregime (wie der Rassebegriff bzw. der pseudowissenschaftliche Rassediskurs eines ist), als solche ins Auge zu fassen.[21]

2. Zur Phänomenologie rassistischer Methoden

Die Stoßrichtung eines phänomenologischen Rückgangs auf die gelebte Erfahrung ist damit klar bestimmt. Konfrontiert uns dieses Ansinnen jedoch nicht mit einem gravierenden Problem? Zeichnet sich damit nicht eine *Phänomenologie* ab, die nicht mehr von der unnegierbaren Sinnhaftigkeit der sozialen Welt ausgehen kann, sondern im Gegenteil auf Inkompossibles trifft, dessen Widersetzlichkeit die „schützenden Dächer" unserer „symbolischen Sinnwelten"[22] unterminiert? Bieten sich also einem solchen Ansinnen nicht wenigstens zwei in der Tat aufeinander *irreduzible* Ausgangspunkte der Reflexion über den Sinn der Gewalt an? *Wessen* Erfahrung steht hier nämlich auf dem Spiel? Geht es nicht *entweder* um die von Sartre vorgeschlagene „phénoménologie de l'oppresseur"[23], *oder* aber um eine Phänomenologie „erlittener Gewalt", also eine Phänomenologie der Erfahrung des Opfers rassistischer Diskriminierung oder Gewalt? Und verkomplizieren sich die Dinge nicht noch weiter: Bleiben phänomenologisch nicht auch die Perspektiven wirklicher (z. B. Zeugen, Mitläufer, *bystander*, „unbeteiligte Beobachter") und virtueller „Dritter" (das Gewissen als „innerste Form der Andersheit", der Mitanspruch des Gesetzes) mit zu berücksichtigen, deren An- oder Abwesenheit und Intervention oder Passivität ja unzweifelhaft von entscheidender Bedeutung für die Genese der jeweiligen Erfahrungszusammenhänge und ihrer identitätsrelevanten Implikationen ist? Ist also, so ließe sich das Argument zusammenfassen, die *Kategorie* des Sinnes – die Kategorie von Phänomenologie und Hermeneutik – überhaupt geeignet, um der strukturellen Differenz, die Gewalt als *Intention* und Gewalt als *Widerfahrnis* (um von

---

[20] M. Merleau-Ponty, *Phänomenologie der Wahrnehmung*, Berlin 1966, S. 486 u. 501.
[21] Ich kann die damit angesprochene phänomenologische Kulturtheorie, die meines Erachtens im Begriff der „symbolischen Sinnstiftung" (*institution symbolique*) ihr Zentrum findet, hier nicht entwickeln. Vgl. dazu aber ansatzweise die Überlegungen bei L. Tengelyi, „Kultur als symbolische Sinnstiftung. Versuch einer Begriffsbestimmung", in: F. Kurbacher, K. Novotný, K. Wendt (Hg.), *Aufklärungen durch Erinnerung, Selbstvergewisserung und Kritik*, Würzburg 2007, S. 93–102.
[22] Vgl. P. L. Berger, T. Luckmann, *Die gesellschaftliche Konstruktion der Wirklichkeit. Eine Theorie der Wissenssoziologie*, Frankfurt am Main 2004, S. 109 u. 102 f.
[23] J.-P. Sartre, *Cahiers pour une morale*, Paris 1983, S. 579.

Gewalt als einem „Konstrukt zweiter Ordnung" hier abzusehen) offensichtlich voneinander trennt, beizukommen?[24]

Trotz der Irreduzibilität, auf die es pocht, scheint mir dieses Problem ein Scheinproblem darzustellen. Denn „Fremderfahrung" – um Husserls Begriff zu verwenden – ist durch und durch relational. *Soziale* Phänomene sind „Zwischenphänomene", um einen Begriff Bernhard Waldenfels' aufzugreifen. Fremderfahrung hat also einen *Sinn*, der „zwischen mir und dem Anderen, zwischen uns und den Anderen, zwischen Eigenem und Fremdem geschieht". Sie hat einen Sinn genauer besehen, der restlos „weder auf die Initiative und das Vermögen einzelner Individuen oder Gruppen noch auf eine vermittelnde Ordnungsinstanz, noch auf codierte Regelungen zurückgeführt werden kann."[25] Sie hat, phänomenologisch gesprochen, einen *Sinn*, der sich weder gänzlich auf ichliche Sinngebungen zurückführen, noch als Effekt symbolischer Sinnstiftungsprozesse erklären lässt. Ebensowenig handelt es sich um einen Sinn, der *sich* gänzlich im Rücken des aktiven Ich *bildet*. Vielmehr handelt es sich um Sinn, der zu seiner identitätsrelevanten Artikulation des Durchgangs durch die historisch-kulturelle „Zwischenwelt" der menschlichen Symbole ebenso bedarf, wie der aktiven „Übernahme von Faktum und Zufall".[26]

Fremderfahrung hat also, um es anders zu formulieren, einen Sinn, der sich immer erst in der konkreten intersubjektiven Begegnung artikuliert, ohne dabei im gegebenen Fall jedoch – und dies ist entscheidend – auf eine „Reziprozität der Perspektiven" zu verweisen, die uns des Zugangs zu einer gemeinsamen Welt versichert. Es ist im Gegenteil die konkrete Modalität rassistischer Praxen, die *Weise, wie sie andere „anspricht"*, die diese Möglichkeit *ausschließt*[27], d. h. den anderen auf entmenschlichende Weise subjektiviert.

Diese Erfahrung entsubjektivierender Subjektivierung und ihre Folgen bringt Frantz Fanon im Kapitel „Die erlebte Erfahrung des Schwarzen" seines Buches *Schwarze Haut, weiße Masken*, deutlich zum Ausdruck. Es handelt sich dabei meines Wissens um eine eine der ersten Anwendungen phänomenologischer Deskription auf diesen Problemkreis. Sie stützt sich in wesentlichen Zügen auf Sartres Theorie eines leibhaftigen Für-Andere-Seins[28]. Zugleich versucht Fanon in ihr aber auch dem bei Sartre ausgeblendeten existenziellen Faktum gerecht zu werden, dass der Weiße für den Schwarzen nicht einfach „nur

---

[24] Zur damit angesprochenen Differenz zwischen handlungstheoretischen und definitionstheoretischen Ansätzen vgl. R. Hitzler, „Gewalt als Tätigkeit. Vorschläge zu einer handlungstypologischen Begriffsklärung", in: S. Neckel, M. Schwab-Trapp (Hg.), *Ordnungen der Gewalt: Beiträge zu einer politischen Soziologie der Gewalt und des Krieges*, Opladen 1999, S. 9–19, hier: S. 17.

[25] Waldenfels, *Bruchlinien der Erfahrung*, S. 174.

[26] Zu dieser „Zwischenwelt" vgl. M. Merleau-Ponty, *Die Abenteuer der Dialektik*, Frankfurt am Main 1968, S. 241 f.; zur „Übernahme", die besagt, dass Bewusstseinsakte nie ursächlich bedingt, sondern motiviert sind, vgl. ders., *Phänomenologie der Wahrnehmung*, S. 155 bzw. 301.

[27] Vgl. zu dieser spezifischen Modalität E. Levinas, *Wenn Gott ins Denken einfällt. Diskurse über die Betroffenheit von Transzendenz*, Freiburg i. Br., München 1985, S. 182 f.

[28] Zusammenfassend heißt es bei Sartre: „Ich existiere meinen Körper: das ist seine erste Seinsdimension. Mein Körper wird vom Andern benutzt und erkannt: das ist seine zweite Dimension. Aber insofern *ich für den Andern bin*, enthüllt sich mir der Andre als das Subjekt, für das ich Objekt bin. Es handelt sich hier sogar [...] um meine fundamentale Beziehung zum Andern. Ich existiere also für mich als durch den Andern erkannt – insbesondere gerade in meiner Faktizität. Ich existiere für mich als durch den Andern als Körper erkannt. Das ist die dritte ontologische

der *Andere* ist, sondern der – reale oder imaginäre – *Herr*".[29] Nicht nur wird dadurch aber das konkrete Scheitern der „Dialektik der Anerkennung", das für Sartres Ansatz ja konstitutiv ist, greifbar. Mit Fanon lässt sich vielmehr zeigen, dass dieses Faktum in Form symbolisch instituierter Machtbeziehungen den *Habitus leibhaftiger Selbsterfahrung* der „rassifizierten Objekte"[30] prägt und so performativ reproduziert wird. Diese Einsicht findet sich in vielfachen Variationen bei Fanon: „Der Schwarze bei sich zu Hause, im 20. Jahrhundert, kennt nicht den Augenblick, da seine Minderwertigkeit über den anderen führt ... [...]. Und dann geschah es, daß wir dem weißen Blick begegneten. Eine ungewohnte Schwere beklemmte uns. Die wirkliche Welt machte uns unseren Anteil streitig. In der weißen Welt stößt der Farbige auf Schwierigkeiten bei der Herausbildung seines Körperschemas. Die Erkenntnis des Körpers ist eine rein negierende Tätigkeit. Eine Erkenntnis in der dritten Person. Rings um den Körper herrscht eine Atmosphäre sicherer Unsicherheit. Ich weiß: wenn ich rauchen möchte, muß ich den rechten Arm ausstrecken und nach dem Päckchen Zigaretten greifen, das am anderen Ende des Tisches liegt [...]. Und alle diese Gesten mache ich nicht aus Gewohnheit, sondern aufgrund einer stillschweigenden Erkenntnis. Langsamer Aufbau meines Ichs als Körper innerhalb einer räumlichen und zeitlichen Welt, dies scheint das Schema zu sein. Es drängt sich mir nicht auf, es ist eher eine endgültige Strukturierung des Ichs und der Welt – endgültig, denn zwischen meinem Körper und der Welt greift eine tatsächliche Dialektik Platz."[31]

Das hier angesprochene „Körper-Schema", dieser von Merleau-Ponty thematisierte Angelpunkt der angesprochenen Dialektik unseres Zur-Welt-Seins, beschreibt Fanon zufolge noch eine *oberflächliche* Erfahrungsweise gelebter Leiblichkeit. Was Fanon das „historisch-rassische Schema" nennt, liegt *darunter* und strukturiert es: „Seit einigen Jahren arbeiten die Labore an der Entwicklung eines Serums zur Entnegrifizierung; die Labore haben allen Ernstes ihre Reagenzgläser gespült, ihre Waagen justiert und Untersuchungen begonnen, die es den unglücklichen Negern erlauben sollen, weiß zu werden und damit nicht mehr die Last jenes körperlichen Fluchs zu tragen. Hinter dem Körperschema hatte ich ein historisch-rassisches Schema geschaffen. Die Elemente, die ich verwendete, waren mir nicht durch ‚Reste von Empfindungen und Wahrnehmungen vor allem taktiler, auditiver, kin[a]esthetischer und visueller' Natur geliefert worden, sondern durch den Anderen, den Weißen, der mich aus tausend Details, Anekdoten, Erzählungen gesponnen hatte. Ich glaubte, ein psychologisches Ich konstruieren, den Raum ins Gleichgewicht bringen, Empfindungen lokalisieren zu müssen, und nun verlangte man eine zusätzliche Leistung."[32]

Dimension meines Körpers." (*Das Sein und das Nichts. Versuch einer phänomenologischen Ontologie*, Reinbek 1994, S. 619.

[29] Vgl. F. Fanon, *Schwarze Haut, weiße Masken*, Frankfurt am Main 1980, S. 90, Anm. 22 (unsere Hvh.).

[30] Ich knüpfe mit dieser Distinktion an Toni Morrison (*Playing in the Dark. Whiteness and the Literary Imagination*, Cambridge 1992, S. 90) an, die von „racial subjects" und „racial objects" spricht.

[31] F. Fanon, *Schwarze Haut, weiße Masken*, S. 72.

[32] Ebd., S. 72 f.

Das Körperschema, wie die Phänomenologie es thematisiert, erscheint in dieser Hinsicht als das Schema eines Körpers, der in der Welt bei-sich ist, eines Körpers, der in einem prä-reflexiven Gleichgewicht mit seiner Umwelt lebt, dessen habituelles Vollzugswissen unthematisch gelebt wird. Der „Blick des Weißen" (der natürlich nie nur der *Blick* ist) *rassifiziert* dieses Schema, oder genauer gesagt: Er macht dem Erblickten bewusst, dass es *immer schon* rassifiziert ist. Dies aber hat zur Folge, dass seine *Orientierung* in der Welt fraglich wird, die *Erreichbarkeit* gewisser Objekte plötzlich problematisch erscheint und – allgemein gesprochen – das Körperschema „zusammenbricht", um einem „epidermischen Rassenschema"[33] Platz zu machen. Dieses Schema aber pfropft sich der Wahrnehmung des sozialen Raumes und seiner Institutionen auf und organisiert das Handeln im Lichte einer „retrospective reoccupation of a space that I already inhabited".[34] Der gelebte Raum als solcher wird *weiß*, im Sinne nämlich jenes „absent centre against which others appear only as deviants, or points of deviation".[35] Die habituelle Einverleibung des solcherart um-orientierten Raumes schafft „habit worlds" und führt zur „institutionalization of a certain ‚likeness', which makes non-white bodies bodies feel uncomfortable, exposed, visible, different, when they take up this place"[36]. Der „habituelle Leib"[37] wird damit zum Spielfeld „symbolischer Gewalt", d. h. einer Gewalt, die durch die prä-reflexive Einverleibung sozialer Ungleichheit wirkt, eben aufgrund ihrer Prä-reflexivität jedoch nicht als solche wahrgenommen wird, sondern vielmehr den Anschein der Naturgegebenheit erlangt.[38]

„Ich konnte nicht mehr, denn ich wußte bereits, daß es Legenden, Geschichten, die Geschichte und vor allem die *Geschichtlichkeit* gab, wie mich Jaspers gelehrt hatte. Und das Körperschema, an mehreren Stellen angegriffen, brach zusammen und machte einem epidermischen Rassenschema Platz. […]
Ich war verantwortlich für meinen Körper, auch verantwortlich für meine Rasse, meine Vorfahren. Ich maß mich mit objektivem Blick, entdeckte meine Schwärze, meine ethnischen Merkmale – und Wörter zerrissen mir das Trommelfell: Menschenfresserei, geistige Zurückgebliebenheit, Fetischismus, Rassenmakel, Sklavenschiffe, und vor allem ‚Y a bon banania'."[39]

Die Reflexion auf das genannte Faktum, d. h. auf Rassismus als symbolisch *vermittelten und reproduzierten Herrschaftszusammenhang*, macht damit aber auch noch etwas anderes deutlich, etwas, das erst später ins Zentrum der antirassistischen Diskussion treten sollte. Es handelt sich um die Einsicht, dass korrelativ zur angezeigten „sym-

---

[33] Ebd., S. 72.
[34] Ebd., S. 73; zu dieser Analyse genauer S. Ahmed, „A Phenomenology of Whiteness," in: *Feminist Theory 8*, Nr. 2 (2007), S. 149–168, hier 152 ff.
[35] S. Ebd., S. 157.
[36] Ebd.
[37] Merleau-Ponty, *Phänomenologie der Wahrnehmung*, S. 107.
[38] Zum Konzept der „symbolischen Gewalt" vgl. P. Bourdieu, J.-C. Passeron, *Grundlagen einer Theorie der symbolischen Gewalt*, Frankfurt am Main 1973; P. Bourdieu, *Die männliche Herrschaft*, Frankfurt am Main 2005, bes. S. 63 ff.
[39] F. Fanon, *Schwarze Haut, weiße Masken*, S. 73.

bolischen Gewalt" des Rassismus[40], d. h. zur symbolisch einverleibten Präformation des Körperschemas und mithin der subjektiven Interpretations- und Handlungsspielräume der „rassifizierten Subjekte", korrelativ auch der Spielraum der Interaktion der „rassifizierenden Subjekte" einer Präformation unterliegt.[41] Diese tiefe Korrelation wurde Sartre bewusst, als er nach seinem ersten Besuch in den USA im Jahre 1945 die „Unsichtbarkeit des schwarzen Blicks" zu bedenken begann[42], eines Blicks also, der überhaupt nicht in den „Kampf um Anerkennung" einzutreten vermag. Was Sartre klar zu werden begann war, dass dessen aufoktroyierte und habituell gelebte Unsichtbarkeit *korrelativ* eine *Anstrengung* auf Seiten derer erfordert, die in der „Norm Weiß"[43] aufgehen wollen, gleichwohl immer *Angst* davor verspüren, dieser Norm nicht zu entsprechen[44] – eine Angst, die sie in der Folge auf den Anderen *projizieren*[45].

> „‚Sieh mal, ein Neger!' Das war ein äußerer Ansporn, ein Nasenstüber, der mir unterwegs verpaßt wurde.
> ‚Sieh mal, ein Neger!' Das stimmte. Ich amüsierte mich.
> ‚Sieh mal, ein Neger!' Langsam zog sich der Kreis zusammen. Ich amüsierte mich unverhohlen.
> ‚Mama, schau doch, der Neger da, ich hab Angst!' Angst! Angst! Man fing al-

---

[40] Zur Analyse des Rassismus als Herrschaftsverhältnis, das „das Wechselspiel zwischen rassistischen gesellschaftlichen Strukturen und deren Stabilisierung in Diskursen und Praktiken" mit Hilfe von Bourdieus Konzept der „symbolischen Gewalt" zu analysieren erlaubt, vgl. A. Weiß, „Rassismus als symbolisch vermittle Dimension sozialer Ungleichheit", in: dies. (Hg.), *Klasse und Klassifikation. Die symbolische Dimension sozialer Ungleichheit*, Wiesbaden 2002, S. 79–108, hier: S. 103.

[41] Dies entspricht auch Sartres Ansatz in der *Kritik der dialektischen Vernunft*, wo dieser die Konzepte des Praktisch-Inerten und der Serialität dazu verwendet, die Verpflichtung – ja den „kategorischen Imperativ" – des Weiß-Seins thematisch zu machen.

[42] So in J.-P. Sartre, „Retour aux Etats-unis. Ce que j'ai appris du problème noir", in: *Le Figaro* 16, Juni 1945; dazu umfassender R. Bernasconi, „Sartre's Gaze Returned: The Transformation of the Phenomenology of Racism", in: *Graduate Faculty Philosophy Journal 18,* Nr. 2 (1995), S. 359–379 sowie J. Murphy, „Sartre on American Racism", in: J. K. Ward, T. L. Lott (Hg.), *Philosophers on Race. Critical Essays*, Oxford et al. 2002, S. 222–240.

[43] Vgl. dazu die brillante Analyse A. Davids, *Racisme et antisémitisme. Essai de philosophie sur l'envers de concepts*, Paris 2001, der diese „Norm" der Weißheit (ebd., S. 167) mit der Metaphysik der „Form" in Zusammenhang bringt, was für die abendländische Philosophie folgende entscheidende Frage nach sich zieht: „Comment voire cela, la ‚couleur', comment accéder au fait que la lumière n'est pas lumen naturale, lumière naturelle, mais lumière blanchie?" (Ebd., S. 168.)

[44] Vgl. zum Motiv der Angst etwa M. Stokes, *The Color of Sex. Whiteness, Heterosexuality, and the Fiction of White Supremacy*, Durham 2001, der Weiß-sein als eine Form textuell vermittelter politischer und sexueller Angst analysiert (vgl. systematisch S. 158 ff., „Becoming Visible: I'm White, Therefore I'm Anxious.") Vgl. auch R. Dyer, *White*, London, New York 1997, S. 44 f.

[45] Vgl. dazu exemplarisch B. Hooks Analyse der – bereits bei Fanon diskutierten – Figur des „schwarzen Vergewaltigers" in *Sehnsucht und Widerstand. Kultur, Ethnie und Geschlecht*, Berlin: Orlanda 1996, S. 87–98; ebenfalls erhellend ist L. Young, *Fear of the Dark. ‚Race', Gender and Sexuality in the Cinema*, London 1996. Zum psychoanalytischen Motiv der Projektion vgl. F. Fanon, *Schwarze Haut, Weiße Masken*, S. 119 ff.; eine Studie konkreter Projektionen findet sich bei R. Kearney, *Strangers, Gods, and Monsters. Interpreting Otherness*, London et al. 2003.

so an, sich vor mir zu fürchten. Ich wollte mich amüsieren, bis zum Ersticken, doch das war mir unmöglich geworden."[46]

Diese Beschreibungen Fanons fokussieren zwar die „erlebte Erfahrung des Schwarzen", liefern durch den Nachweis, dass „der Neger mit seinem Körper die Schließung des Körperschemas des Weißen behindert"[47] – was ihn als verkörpertes „Prinzip des Bösen"[48] (im Sinne der „biologischen Gefahr", die sich in seiner Unreinheit, Sexualität, Sündhaftigkeit und Unmoralität spiegelt, also in all dem, was es zu verwerfen gilt) auszeichnet – zugleich auch entscheidende Ansatzpunkte für eine Analytik des „rassistischen Subjekts". Entsprechend lassen sich an ihnen neben den zentralen *Modalitäten der Erfahrung* von Rassismus auch die zentralen *Methoden* des Rassismus ausmachen, Methoden, wie sie auch in vergleichenden historischen Untersuchungen zutage gefördert wurden.[49] So stoßen wir hier erstens auf die *Erfahrung der Inferiorisierung durch die Zuschreibung kultureller Differenz*. Solche Zuschreibungspraxen arbeiten mit einer Logik des gegensätzlichen Ausschlusses, die sich in den Gegensatzpaaren Kultur/Barbarei, Zivilisiertheit/Wildheit, Reinheit/Unreinheit, Weißheit/Farbigkeit, Erwähltheit/Verworfenheit oder Wertigkeit/Minderwertigkeit ausdrückt. Dieser Prozess inferiorisierender Differenzsetzung bedeutet eine heteronormative Form von Vergesellschaftung, die in letzter Instanz nicht auf – wie auch immer diskriminierende – Zurechnung, sondern prinzipiell auf Absonderung und Ausschluss abstellt, d. h. rein negativ verfährt. Damit verbindet sich zweitens eine *Erfahrung der Selbstentfremdung*, die sich *auf das der Inferiorisierung immanente Ziel prinzipieller Desozialisierung* zurückführen lässt.[50] Die entfremdende Bewusstseinsspaltung, d. h. die „Verdoppelung der Persönlichkeit" nach Sartre[51] oder das „doppelte Bewusstsein" im Sinne von Du Bois[52], resultiert aus der – vielfach prä-reflexiven – Übernahme rassistischer Normen, deren Erfüllung *per definitionem* unmöglich ist. Die entsprechenden Praxen der Desozialisierung sind

---

[46] Fanon, *Schwarze Haut, weiße Masken*, S. 73.
[47] Ebd., S. 103
[48] Ebd., S. 119. Es ist interessant, dass Sartre in seinen „Betrachtungen zur Judenfrage" (in: idem, *Drei Essays*, Zürich 1960, S. 108–190) darlegt, dass der Jude für den Antisemiten ebenfalls den „Geist des Bösen" (ebd., S. 127) ausmacht.
[49] So bei Hund, *Rassismus*, S. 82–119.
[50] Dass Inferiorisierung *à la limite* auf Desozialisierung abstellt, besagt, dass die Unterscheidung zweier „Logiken des Rassismus", eines *herabsetzenden* Rassismus einerseits, der sich in der Legitimierung ökonomischer und sozialer Ungleichheiten zu erschöpfen scheint, und eines *differenzialistischen* Rassismus andererseits, der jenseits solcher Rechtfertigungsdiskurse auf mythische Differenzsetzungen rekurriert (vgl. M. Wieviorka, *The Arena of Racism*, London et al. 1995, S. 42 ff.), im Hinblick auf ihr Gewaltpotential nicht haltbar ist. Mit Levinas ist dagegen festzuhalten, dass *alle* Gewalt, also auch *bloß* ausschließende Gewalt, bereits „an der Grenze zum Mord" (E. Levinas, *Totalität und Unendlichkeit. Versuch über die Exteriorität*, Freiburg, München 1987, S. 284) steht.
[51] J.-P. Sartre, „Betrachtungen zur Judenfrage", S. 163 u. ff.
[52] Vgl. W. E. B. Du Bois, *The Soul of Black Folks in Writings*, hg. V. N. Huggins, New York 1986, S. 363–365 („double consciousness"). Schütz spricht diesbezüglich von „Nachwirkungen des auferlegten Relevanzsystems" für die Gruppe, der es „aufgezwungen" wird, davon weiterhin, dass die Auferlegung entsprechender Typisierungen diese ihnen „selbst entfremdet" (A. Schütz, „Die Gleichheit und die Sinnstruktur der sozialen Welt", S. 241 f.).

weit gestreut und reichen von der „Verweigerung sozialer Besonderung" bis hin zur grundsätzlichen „Infragestellung kultureller Eigenheit".[53] Ermöglicht bzw. vermittelt werden Inferiorisierung und Desozialisierung ihrerseits, dafür sensibilisiert uns Fanon in besonderem Maße, durch *stigmatisierende Formen der Verkörperung*, die demzufolge als eine dritte zentrale Methode des Rassismus festzuhalten sind.

Das bislang Ausgeführte lässt sich jedoch keineswegs nur im Rahmen der „Höllenmaschine" des Kolonialismus nachweisen[54], der historisch betrachtet für die Genese des Rassenrassismus und genealogisch besehen für den nachfolgenden Nationalrassismus natürlich von entscheidender Bedeutung war.[55] Es wird vielmehr auch – um einen großen Sprung zu tun – in den *Mikropraxen alltäglicher rassistischer Interaktionen* greifbar. Um dies zu verdeutlichen, sei hier auf Audre Lordes – in der Tat praktisch-phänomenologische – Beschreibung einer solchen affektiv überdeterminierten Situation zwischenleiblicher Begegnung in *Sister Outsider* zurückgegriffen: „The AA subway train to Harlem. I clutch my mother's sleeve, her arms full of shopping bags, christmas-heavy. The wet smell of winter clothes, the train's lurching. My mother spots an almost seat, pushes my little snowsuited body down. On one side of me a man reading a paper. On the other, a woman in a fur hat staring at me. Her mouth twitches as she stares and then her gaze drops down, pulling mine with it. Her leather-gloved hand plucks at the line where my new blue snowpants and her sleek fur coat meet. She jerks her coat closer to her. I look. I do not see whatever terrible thing she is seeing on the seat between us – probably a roach. But she has communicated her horror to me. It must be something very bad from the way she's looking, so I pull my snowsuit closer to me away from it, too. When I look up the woman is still staring at me, her nose holes and eyes huge. And suddenly I realise there is nothing crawling up the seat between us; it is me she doesn't want her coat to touch. The fur brushes my face as she stands with a shudder and holds on to a strap in the speeding train. Born and bred a New York City child, I quickly slide over to make room for my mother to sit down. No word has been spoken. I'm afraid to say anything to my mother because I don't know what I have done. I look at the side of my snow pants secretly. Is there something on them? Something's going on here I do not understand, but I will never forget it. Her eyes. The flared nostrils. The hate."[56]

In dieser Beschreibung zwischenleiblicher Begegnung lassen sich die oben erwähnten *Methoden* des Rassismus wiederfinden. Besonders deutlich wird in ihr zudem, wie sich

---

[53] Hund, *Rassismus*, S. 88 u. f.
[54] Die Wendung stammt aus Sartres *Kritik der dialektischen Vernunft. 1. Band*, Reinbek 1967; zum damit angesprochenen „System der Gewalt" vgl. N. de Warren, „The Apocalypse of Hope. Political Violence in the Writings of Sartre and Fanon", in: *Graduate Faculty Philosophy Journal 27*, (2004), Nr. 1, S. 25–59, hier: bes. S. 47 ff.
[55] Zur damit angesprochenen Genealogie des Nationalsozialismus vgl. das entscheidende Buch von E. Traverso, *Moderne und Gewalt. Eine europäische Genealogie des Nazi-Terrors*, Stuttgart 2003.
[56] A. Lorde, *Sister Outsider: Essays and Speeches*, Freedom: CA, S. 147 f. Eine Interpretation dieses Textes, an die ich mich hier anlehne, findet sich bei S. Ahmed, „Collective Feelings. Or, the Impressions Left By Others", in: *Theory, Culture and Society 21* (2004), Nr. 2, S. 25–42, hier: S. 32 und ff.

interpersonale Begegnungen im Medium einer „interkinästhetischen Affektivität"[57] vollziehen, einer Dimension lateraler Sinnbildung, die in der analytischen Fokussierung auf Sprache bzw. Prozesse „symbolischer Interaktion" nicht adäquat erfasst werden kann.

Dies zeigt sich erstens hinsichtlich der *Erfahrung von Inferiorisierung durch die Zuschreibung von Differenz*, die sich im gegebenen Fall durch die „misperception of a phobic object"[58] einstellt. Es ist Audre selbst, die *zu diesem Objekt wird*, die also erfährt, dass sie die Ursache des Hasses ist, der ihr im Blick der anderen entgegenschlägt. Damit geht zweitens die *Erfahrung von Selbstentfremdung* einher, eine Erfahrung in diesem Falle des „Ich kann nicht", die die „organization of social and bodily space" beeinflusst. Indem sich in dieser Erfahrung der soziale Raum selbst verändert, ja affektiv re-konstituiert wird, werden darin *Praktiken einer Desozialisierung* spürbar, die in der „expulsion of Blackness from white social space" und korrelativ einem „re-forming [of] the apartness of the white body" Gestalt annimmt.[59] Dadurch greift zugleich eine *stigmatisierende Weise der Verkörperung* Raum. Denn die affektive Überdeterminierung der Begegnung, die als *unvergesslich* angesprochen wird, stellt die Weisen, wie Audre den gelebten Raum bewohnt (in-habit) und mit dem „ease of movement" ihres Körper koinzidierte, nicht einfach nur in Frage. Vielmehr greift sie in das Körperschema ein, indem sie „disorientated bodies" schafft, deren Bewegung im sozialen Raum zu einer „defensive posture" wird, die „sozialen Stress" vermeiden soll – eben dadurch aber jene affektive Ökonomie reproduziert, die ihren Ausschluss aus diesem Raum signiert.

Die „Rassifizierung" von Identitäten durch die genannten *Methoden* wirkt, dies möchte ich hier zusammenfassend nochmals deutlich festhalten, auf *zwei* Ebenen.[60] Sie betrifft nicht nur den *diskursiven Status des Subjekts in der Öffentlichkeit*, wo es als Subjekt gleichsam „unsichtbar" gemacht, ausgeblendet wird[61], um dadurch im Gegenzug die normierende „Unsichtbarkeit" der herrschenden Identitätsformation sicherzustellen. Darüber hinaus betrifft sie vor allem auch die *Weise der leibhaftigen Selbsterfahrung des Subjekts*. Diese nämlich wird infolge seiner stigmatisierenden Verkörperung von „Schwierigkeiten bei der Herausbildung des [...] Körperschemas"[62] heimgesucht, wohingegen unser „Ich kann" ansonsten, um mit Sartre zu sprechen, „mit Stillschweigen übergangen"[63] wird, d. h. in der Selbstverständlichkeit eines erlernten *Stils* aufgeht. Das „historisch-rassische Schema", das sich dadurch dem Körperschema substituiert hat[64], bringt also einen Habitus hervor, dem das Stigma der Differenz, die diskursiv verhandelt wird, immer schon eingeschrieben zu sein scheint: Denn gleich, ob diese Differenz affirmativ übernommen und d. h. performativ reproduziert wird, oder ob

---

[57] Dazu E. Behnke, „Interkinaesthetic affectivity: a phenomenological approach", in: *Continental Philosophy Review 41* (2008), Nr. 2, S. 143–161.
[58] Ahmed, „Collective Feelings", S. 33.
[59] Ebd.
[60] Die These dieser doppelten Funktion von Rassismen findet sich auch bei L. M. Alcoff.
[61] Dazu genauer R. Bernasconi, „The invisibility of racial minorities in the public realm of appearances", in: K. Thompson, L. Embree (Hg.), *Phenomenology of the Political*, Dordrecht, Boston, London 2000, S. 169–187.
[62] F. Fanon, *Schwarze Haut, weiße Masken*, S. 72.
[63] Sartre, *Das Sein und das Nichts*, S. 583.
[64] Fanon, *Schwarze Haut, weiße Masken*, S. 72.

sie als objektiv nicht-existent verworfen wird, um im Gegenzug als desto gefährlichere, weil eben unsichtbare Gefahr heraufbeschworen zu werden – *als Differenz* spiegelt sie sich in einem amputierten Körperschema, wie dies mit Fanon ausgedrückt werden kann, bzw. in der „inneren Überdeterminierung" des Handelns der rassistisch Dominierten, die Sartre zufolge dessen Körper zum „unversöhnlichen Feind" stempelt, wirkmächtig wieder.[65]

Zusammenfassend betrachtet, lässt sich Rassismus im Lichte der genannten Beispiele als *leibhaftige Inferiorisierung des Anderen, die à la limite dessen Desozialisierung betreibt*, fassen. Sein „sozialer Sinn" besteht dabei darin, Gemeinschaft zu imaginieren und individuelle Identifikationsangebote zu schaffen, die die Kontingenz faktischer Subjektivierungsformen zu transzendieren vorgeben, tatsächlich aber faktische Machtverhältnisse sicherstellen.

3. Schluss

Die aktuelle Forschung hat vielfach den *strukturellen* Charakter des Rassismus unterstrichen, der, wie es scheint, auch durch Ideologiekritik und die verstärkte Bekämpfung von Vorurteilen und Diskriminierungen nicht aufzuheben ist. Winant etwa spricht diesbezüglich von einem „common-sense [...] feature of everyday life and global social structure".[66] Hund unterstreicht in strukturfunktionaler Perspektive seine integrierende „Funktion im Prozess klassenspezifischer Vergesellschaftung"[67]. Goldberg schließlich hält ebenso schlicht wie desillusionierend fest: „Race is irrelevant, but all is race."[68]

Sollten sich auch alle „rassistischen Ideologien" beseitigen lassen, so wäre also, dies ist die Konsequenz, Rassismus folglich noch keineswegs aus der Welt geschafft. Er scheint vielmehr in dem Maße ein *irreduzibles* Phänomen „negativer Sozialität" zu sein, wie er sich in präreflexiv gelebten Wahrnehmungsschemata sedimentiert, das subjektive Relevanzsystem imprägniert und dadurch in Mikropraxen der Interaktion (wie die Haltung und den Blick etwa) eingeht, in deren alltäglicher Reaktivierung er stillschweigend reproduziert wird.

Nun, natürlich ist eine gesellschaftliche Transformation auch dieser „Praxen" denkbar, doch es fragt sich, wie tief sie zu greifen vermag. Ich denke in diesem Zusammenhang nicht nur an die *institutionalisierten* bzw. *systemischen Formen*, in denen Rassismus gerade auch jene Gesellschaften prägt, in denen sich kaum jemand explizit als rassistisch versteht bzw. definiert, sondern im Gegenteil die Irrelevanz rassifizierender Identifikationen vorherrschen soll, gleichwohl aber ein *Rassismus wider Willen*[69] Platz greift. Ich

---

[65] Vgl. J.-P. Sartre, „Betrachtungen zur Judenfrage", S. 158 bzw. 179.
[66] H. Winant, *The World is a Ghetto. Race and Democracy since World War II*, New York 2001, S. 308; Hund, *Rassismus*, S. 118 f.
[67] Hund, *Rassismus*, S. 120 ff.
[68] D. Th. Goldberg, *Racist Cultures: Philosophy and the Politics of Meaning*, Oxford 1993, S. 6.
[69] Nach dem Titel des Buches von A. Weiß, *Rassismus wider Willen. Ein anderer Blick auf eine Struktur sozialer Ungleichheit* (Wiesbaden 2001), die unter Verwendung von Bourdieus Konzepten der „symbolischen Gewalt" und des „sozialen Raumes" Rassismus als symbolisch vermittelte

denke ebenso auch an jenen *universalistischen Humanismus*,[70] der die *Abschaffung* solch partikularisierender Identifikationen einfordert, dadurch aber die selektive Normativität seiner eigenen Position festschreibt, d. h. festschreibt, wie der andere in einer Welt zu erscheinen hat, in der ich meine Identität nicht zu thematisieren brauche, weil sie eben ihre *unsichtbare* Norm ist.[71] Und schließlich denke ich vor allem auch an jenes „institutional desire for good practice", das die „social promise of diversity" gleichsam teleologisch verklärt, sodass „the desire for signs of resistance" allzu schnell in eine „resistance to hearing about racism as an ongoing and unfinished history"[72] umschlägt und man sich allzu schnell weigert, die Metamorphosen des Rassismus ins Auge zu fassen.

Die performative Magie des Rassismus ist also, so kann geschlossen werden, nicht nur in die sinnhafte Konstitution der sozialen Welt, d. h. „ins ‚normale' gesellschaftliche Funktionieren eingelassen".[73] Sie kehrt zuletzt vielmehr noch in einer „Dialektik von Gleichheit und Andersheit" wieder, die all unsere Versuche eines „Vergleichens des Unvergleichlichen" heimsucht.[74] Sofern für das „gesellschaftliche Funktionieren" das Begehren nach Identität und mithin Identifizierung des Anderen konstitutiv ist[75], wohnt ihr Rassismus demzufolge *strukturell* inne.

Levinas schreibt in diesem Zusammenhang: „[E]s ist in der Tat offenkundig, daß in der Kenntnis des jeweils anderen als eines bloßen Individuums – Individuum einer Gattung, einer Klasse, einer Rasse – der Frieden mit dem jeweils anderen sich in Haß umkehrt; sie ist das Ansprechen des jeweils anderen als ‚espèce de ceci ou de cela'"[76]. Levinas' Beobachtung rührt an den Kern der Sache, doch liefert sie uns keine Begründung für das „Offenkundige", d. h. den *Hass*. Phänomenologisch betrachtet bliebe zu zeigen, wie dieser – Sartre zufolge die freie Bestimmung des Für-sich, „auf den Tod

---

habituelle Dimension bzw. mit Foucault gesprochen als ein Dispositiv sozialer Asymmetrisierung analysiert.

[70] Sartre sprach bereits in seinen „Betrachtungen zur Judenfrage" treffend von einem „herablassenden Liberalismus" (S. 180).

[71] Dass gegen einen solchen abstrakten Universalismus, der in der Tat leicht ein „Instrument des Rassismus" (R. Bernasconi, „The Invisibility of Racial Minorities", S. 186) werden kann, wiederum auf *positive* Identifikationen zurückgegriffen wird, hat Hannah Arendt ebenso deutlich gemacht, wie Benny Lévy in seiner Diskussion mit Sartre, der dies freilich ebenso gesehen hat (vgl. nochmals die „Betrachtungen zur Judenfrage", S. 181 ff.). Alle Genannten machen dabei deutlich, dass alles andere zur „Selbstspaltung" führt – in eins aber eben auch zur Wiederkehr des Rassismus.

[72] Ahmed, „A Phenomenology of Whiteness", S. 165.

[73] Terkessidis, *Die Banalität des Rassismus*, S. 11.

[74] Die letztgenannte Wendung stammt von E. Levinas (vgl. *Jenseits des Sein oder anders als Sein geschieht*, Freiburg i. Br., München 1992, S. 345); zur angesprochenen Dialektik, die noch die reflektierteste „Politik der Differenz" heimsucht, vgl. die wichtige Untersuchung von M. D. Barber, *Equality and Diversity. Phenomenological Investigations of Prejudice and Discrimination*, New York 2001, bes. S. 12 f.

[75] Dies zeigte zuletzt eindrucksvoll M. Wieviorka, *Kulturelle Differenzen und kollektive Identitäten*, Hamburg 2003.

[76] E. Levinas, „Frieden und Nähe", in ders., *Verletzlichkeit und Frieden. Schriften über Politik und das Politische*, hg. v. P. Delhom u. A. Hirsch, Zürich, Berlin 2007, S. 137–149, hier: S. 143 f.

des Anderen zu gehen"[77] – *motiviert* wird und unter welchen Bedingungen wir uns dieses Motiv *zu eigen machen*. Es gälte dazu einerseits auf die in unserer „Leibwahrheit" wurzelnde *Angst*[78] zurückzugehen, dass der Andere unserem Griff entgeht, dass er die Formen zerbricht, d. h. aber uns weniger unsere Möglichkeiten *stiehlt*, als dass er uns mit jenen Möglichkeiten *konfrontiert, die wir sind, indem wir sie nicht sind*. Diese Angst als Angst also vor einer „Wiederkehr des Verdrängten" im Sinne nämlich der sozial „zensierten Kapitel" unserer Existenz, bliebe wiederum aus der Erfahrung zu verstehen, dass wir selbst der Norm des „Wir" – bzw. ihren symbolischen Substituten – nicht entsprechen, d. h. *nicht sind, was wir sind*. Rassismus als *negative Vergesellschaftung* wurzelt in dieser Angst, die andere Seite unseres Begehrens zu *sein*.[79]

---

[77] J.-P. Sartre, *Das Sein und das Nichts*, S. 715; für eine umfassendere Analyse des Phänomens vgl. den Beitrag von S. Lehmann im vorliegenden Band.

[78] Vgl. zur damit angezeigten leibhaftigen Genese von Angst und Hass J. Rogozinski, „Le chiasme et le restant. La ‚phénoménologie française' au contact de l'intouchable", in: *Rue Descartes 35*, Nr. 1 (2002), S. 125–144, hier: S. 136.

[79] Vgl. zu einer Analyse, die, was ich hier nur in ersten Ansätzen getan habe, Sartre und Levinas Levinas kritisch miteinander konfrontiert, R. Visker, „The Gaze of the Big Other. Levinas and Sartre on Racism", in: ders., *Truth and Singularity. Taking Foucault into Phenomenology*, Dordrecht et al. 1999, S. 326–356.

JAMES MENSCH

Religiöse Intoleranz: Hasse deinen Nächsten wie dich selbst

Während der gesamten Menschheitsgeschichte spielte die Religion eine bedeutende Rolle. Belege dafür finden sich seit frühesten Zeiten; so existierten die Glaubensvorstellungen der australischen Aborigines schon vor schätzungsweise 60.000 Jahren, während aus Botswana Belege für noch ältere religiöse Kulte bekannt sind. Das Praktizieren einer Religion ist darüber hinaus ein universelles, auf der gesamten Welt verbreitetes Phänomen. Ausgehend von historischen Überlieferungen und zeitgenössischen Berichten sehen wir, dass die religiöse Intoleranz ebenso weit verbreitet ist. Sie begegnet uns in den Konflikten zwischen den Buddhisten und Muslimen im Süden Thailands, zwischen den Hindus, Sikhs, Muslimen und Christen in Indien, zwischen Christen und Muslimen in Nigeria oder im Irak sowie (zumindest bis vor kurzer Zeit) zwischen Protestanten und Katholiken in Nordirland.

Diese Intoleranz ist umso erstaunlicher, als sich alle wichtigen Religionen auf die goldene Regel berufen. Wir können in der hinduistischen Mahabharata lesen: „Dies ist die höchste Pflicht: Füge anderen nichts zu, was dir selbst Schmerzen bereiten würde." Der Babylonische Talmud lehrt das gleiche, wenn er festhält: „Tue Deinem Nächsten nichts, was Du selbst verabscheust" (Shabbat 31a). In einer positiven Weise wird die Botschaft im Konfuzianismus ausgedrückt: „Tue Dein Bestes, andere so zu behandeln, wie Du selbst gern behandelt werden möchtest" (Menzius VII A 4). Diese Fassung passt zum christlichen Gebot: „Liebe deinen Nächsten wie dich selbst" (Lukas 10, 2)[1]. Als Jesus diese Regel aufstellte, wurde er von einem Rechtsgelehrten gefragt: „Wer ist mein Nächster?" Er antwortete, indem er die Geschichte vom barmherzigen Samariter erzählte – dem Mann, der die Wunden eines Israeliten versorgte und damit jemandem half, der weder sein Glaubensgenosse noch sein Landsmann war. Dem Beispiel Jesu wurde nur selten gefolgt. Welche Disposition der Religion – nicht nur der christlichen – verleitet ih-

---

[1] Diese Aufforderung ist sehr alt. Der zoroastrische Ausdruck hierfür lautet: „Was Dir auch immer unangenehm ist, füge nicht anderen zu" (aus dem zoroastrischen *Shayast-na-Shayast* 13: 29). Zu einer Liste mit Zitaten, die der goldenen Regel entsprechen, vgl. http://www.religioustolerance.org/reciproc2.htm.

re Anhänger dazu, die Grenzen für den Bereich der Nächsten eng zu fassen? Wie kommt es, dass religiöse Menschen universale Brüderlichkeit predigen und zugleich das Gegenteil tun können? Im Folgenden werde ich versuchen, einige Antworten anzudeuten, und mich dabei auf die Begriffe *Glauben*, *Ethik* und *Endlichkeit* konzentrieren.

1. Die Praxis des Glaubens

Der Unterschied zwischen Glaube und Wissen ist oft betont worden. Glaube umfasst nicht nur das, was du weißt, sondern auch das, was du bist. Die Aussagen: „Ich bin ein Buddhist" oder „Ich bin ein Christ", sind keine Aussagen über ein Wissen, sondern über eine Lebensweise. Sie erklären, wer jemand ist. Kierkegaard erläutert dies in Bezug auf Sokrates' Verhältnis zum Sklaven-Jungen in Platons *Menon*. Indem er auf die Fragen, die ihm Sokrates stellt, antwortet, entdeckt der Junge, dass man, um die Grundfläche eines Quadrats zu verdoppeln, ein Quadrat auf seiner Diagonale konstruieren muss. Aus der Sicht Kierkegaards liegt die entscheidende Botschaft des Dialogs darin, dass der Sklavenjunge selbst die Wahrheit finden kann.[2] Er verfügt über die „Bedingung" für das Erreichen der Wahrheit bereits in seiner Fähigkeit zu zählen, zwischen gleichen und ungleichen Dingen zu unterscheiden, usw. Wenn diese Voraussetzung nicht gegeben ist, muss der Lehrer seinem Schüler nicht einfach nur die Wahrheit vermitteln, sondern zunächst „die Bedingung dafür mitgeben, sie zu verstehen". Das heißt, dass der Lehrer vor Beginn des Unterrichts „den Lernenden […] nicht umgestalten sondern ihn umschaffen" muss. Kierkegaard fügt hinzu: „Aber dies vermag kein Mensch, soll es denn geschehen, so muß es durch Gott selber sein."[3] Indem Gott den Lernenden für das Verständnis der Wahrheit empfänglich macht, verwandelt er ihn. Als Folge dieser Verwandlung „geht ja eine Veränderung mit ihm vor, wie die von Nichtsein zu Sein".[4] Im christlichen Kontext bedeutet dies, dass sich der Lernende vom Nichtchristen zum Christen entwickelt.

Dieser Schritt kann durch eine berühmte Formel Anselms von Canterbury ausgedrückt werden: „Ich glaube, dass ich verstehen kann." Sich auf eine ähnliche Aussage von Augustinus stützend, prägt Anselm diese Formel als Bestätigung dafür, „dass ich zunächst glauben muss, um verstehen zu können"[5]. Der Glaube wird, mit anderen Worten, zur Bedingung des Wissens. Wenn wir dies phänomenologisch interpretieren wollen, müssen wir den Glauben als eine „Bewegung der Existenz" auffassen. Diese Bewegung, als Bedingung genommen, wäre als eine Existenzweise zu deuten, als eine Weise, durch die Zeit zu existieren, die sich in einem Lebensstil oder in einem entbergenden Verhalten ausdrückt. In der Existenzialanalytik Heideggers wird dieser Stil von einem Seinsverständnis orientiert. Er wird von einem Kriterium für das „Wirkliche" beseelt, das entsprechende Formen des Umgangs mit und der Entbergung von „Wirklichkeit" präfiguriert. Der religiöse Glaube ersetzt dieses Kriterium durch eine Beziehung zu

---

[2] Siehe S. Kierkegaard, *Philosophische Brocken*, in: ders., *Gesammelte Werke*, hg. v. E. Hirsch u. H. Gerdes, Gütersloh 1985, S. 7 f.
[3] Ebd., S. 12 u. 13.
[4] Ebd., S. 17.
[5] *St. Anselm's Proslogion*, übers. v. M. J. Charlesworth, Oxford 1965, S. 114.

einem „Du". Damit verändert sich grundlegend, was als „Pragmatik der Entbergung" bezeichnet werden könnte.

Für Heidegger entspricht eine solche Pragmatik einem Bezugsbereich[6], der von einer dominierenden Vorstellung oder einem Maß des Seins bestimmt wird.[7] Wenn zum Beispiel Nahrung das Maß wäre, dann bildet die Küche mit ihren verschiedenen Gerätschaften den entsprechenden Bezugsbereich der Entbergung. So werden Eier durch eine Kette von Handlungen zu Omeletts entborgen: durch ihre Entnahme aus dem Kühlschrank, das Aufschlagen über einer Schüssel, das Verquirlen mit einem Schneebesen, das Zerlassen von Butter in einer Pfanne auf dem Herd, das Umfüllen des Schüsselinhalts in die Pfanne, das Braten bis zum richtigen Zeitpunkt, usw. Wenn unser Maß die Materie in ihren mathematisch beschreibbaren Beziehungen wäre, dann wäre das Labor mit seinen Versuchsanordnungen und Messgeräten der Bezugsbereich, in dem wir die erforderlichen Tätigkeiten durchführen könnten, um sie als solche zu entbergen. Um ein letztes Beispiel anzuführen: Wenn, wie Heidegger sagt, unser modernes Weltbild durch das charakterisiert ist, was Nietzsche als einen „Willen zur Macht" kennzeichnet, dann werden alle Gerätschaften der modernen Technik von Computern über Staudämme bis zu den „Finanztechniken" des globalen Kapitalismus zum umfassenden *Bezugsbereich*, der unser Verhalten dazu anhält, die „wirkliche" Welt am Leitfaden der Macht zu entbergen.

Für das religiöse Bewusstsein wird unser Verhalten jedoch nicht durch einen Begriff bestimmt, sondern durch ein Individuum. Das entbergende Verhalten begegnet uns als Lebensform, die exemplarisch von einem „Du" verkörpert wird. Dieses „Du" kann Krishna, Jesus, Buddha, der Gott Abrahams, Isaaks und Jakobs oder eine andere religiöse Figur bzw. Gottheit sein. Wichtig ist nur, dass uns die vorbildliche Lebenspraxis unserem Weg durch *die Momente der Zeit* – unserer Bewegung der Existenz – einen klaren Stil aufprägt.[8] Die Identität, die jemandem durch diesen Stil verliehen wird, führt dazu, dass er als Hindu, Christ, Buddhist, Jude oder als Mitglied einer anderen Glaubensgemeinschaft existiert. Die Mitglieder dieser Gemeinschaften entbergen ihre Welt entlang der Praktiken, die in einen bestimmten Stil verkörpert sind. Was sie entbergen,

---

[6] Im Original Deutsch.

[7] Für eine Liste der philosophischen Ausdrücke für solche Standards vgl. M. Heidegger, „Die onto-theo-logische Verfassung der Metaphysik", in: ders., *Identität und Differenz, Gesamtausgabe* Bd. 11, Frankfurt am Main 2006, S. 51–80, hier: S. 73; Heideggers „Vom Wesen der Wahrheit", in: ders., *Wegmarken*, Frankfurt am Main 1967, S. 79–80, beschreibt die Vorstellung von einem Bezugsbereich.

[8] Ich rekurriere hier auf Einsichten Kierkegaards. Was Existenz vom Begriff (von der Essenz) unterscheidet, ist Bewegung in der Zeit. So lässt sich „Existenz nicht ohne Bewegung denken, und Bewegung läßt sich nicht unter der Form der Ewigkeit (*sub specie aeterni*) denken" (*Abschließende Unwissenschaftliche Nachschrift zu den Philosophischen Brocken*, Zweiter Teil, *Gesammelte Werke*, Bd. 16, S. 9). Begriffe sind zeitlos, Existenz ist es nicht. Bewegung verlangt jedoch Kontinuität. In Kierkegaards Worten: „Insofern Existenz Bewegung ist, gilt, dass es doch ein Kontinuierliches gibt, das die Bewegung zusammenhält, sonst gibt es nämlich keine Bewegung" (ebd. S. 13). Sein Punkt ist, dass es für Bewegung immer eine Kontinuität geben muss, die vom Stil der Bewegung gesichert wird. Aber indem ein solcher Stil der Bewegung Kontinuität gibt, ermöglicht er Existenz als Bewegung. Er tut dies, indem er uns über die Momente der Zeit hinweg eine Identität verleiht – die Identität eines unverwechselbaren Stils – d. h. Existenz.

bildet den Grundstock ihres Weltbild. So strebt der Buddhist, der die von Buddha empfohlene Lebensweise als verbindlich begreift, nach Erleuchtung; die Anhänger des Islam betrachten die Unterwerfung unter den Willen Allahs als verbindlich, die ihnen der durch das islamische Recht interpretierte Koran vorschreibt; der Christ findet seine Lebensweise in den Evangelien vorgezeichnet, insbesondere aber in der Gestalt Christi, der er nachzufolgen strebt; der orthodoxe Jude unterstellt sich den Gesetzen der Thora und deren Interpretation durch den Talmud. Jeder gibt seinem Leben mit dem entsprechenden Glauben die als angemessen empfundene Bewegung. Die Anhänger einer Religion werden, was sie glauben, insofern sie ihren Glauben in ihre Bewegung der Existenz einbetten, die sie erst als praktizierende Gläubige definiert. Sie haben in der Religion eine „Bedingung" für ihren Verstand, da die Welt, die sie entbergen, den Beweis für ihren Glauben liefert.[9]

Man kann hier mit Heidegger von einem „Vorverständnis des Seins" sprechen, von einer Art, die Welt zu betrachten, die ihre Entbergung anleitet. Die religiöse Form dieses Verhältnisses wird dadurch spezifiziert, dass die Entbergung durch ein „Du" geleistet wird. Das Verhältnis zu diesem „Du" ist ein Verhältnis der unmittelbaren Begegnung. Aus der Sicht Kierkegaards steht „der Einzelne [...] als Einzelner in einem absoluten Verhältnis zum Absoluten"[10]. Er unterhält keine Beziehung zu einem Begriff oder einem universellen Modell des Seins, sondern zu einem anderen Individuum: „Des Glaubens Paradox ist also dies, dass der Einzelne höher ist denn das Allgemeine, dass der Einzelne [...] sein Verhältnis zum Allgemeinen [d. h. zum Ethischen] durch sein Verhältnis zum Absoluten bestimmt."[11] Dieses Absolute ist „keine Lehre"; der „Gegenstand des Glaubens ist die Wirklichkeit eines anderen" Einzelnen.[12] Als Absolutes fungiert mit anderen Worten ein existierendes Individuum. Man kann dieses Individuum nicht „kennen" – d. h. man kann es nicht durch theoretische Konzepte begreifen.[13] Als Bewegung der Existenz, kann man sich in Bezug auf den Gegenstand des Glaubens nur engagieren. Man bezieht sich auf ihn, indem man ihn nachahmt, d. h. die Bewegung seiner Existenz imitiert. Wenn man dies tut, wird man ihm ähnlich. So wird man ein Christ, wenn man die Nächstenliebe Christi nachahmt, ein Buddhist, wenn man Buddha auf seiner Suche nach Erleuchtung folgt, ein Moslem, wenn man sich wie Mohammed dem Willen Allahs un-

---

[9] Eine solche Entbergung hat wahrscheinlich Pascal im Sinn wenn er rät: „Sie wollen vom Unglauben geheilt werden und fragen nach den Heilmitteln dafür. Lernen Sie von denen, die gebunden waren wie Sie und die jetzt ihre ganze Habe aufs Spiel setzen; das sind Leute, die einen Weg kennen, dem Sie gern folgen möchten. [...] Folgen Sie der Weise, in der jene begonnen haben, indem sie in allem so handelten, als ob sie glaubten, indem sie das Weihwasser nahmen, indem sie Messen lesen ließen usw. Gerade das wird Sie auf natürliche Weise zum Glauben bringen" (Pensée 418; Übersetzung n. B. Pascal, *Gedanken*, hg. v. R. Guardini, übers. v. W. Ruttenauer, Wiesbaden o. J., S. 44).
[10] Kierkegaard, *Furcht und Zittern*, *Gesammelte Werke*, Bd. 4, S. 90.
[11] Ebd. S. 76.
[12] Kierkegaard, *Abschließende Unwissenschaftliche Nachschrift*, Zweiter Teil, S. 28.
[13] In Kierkegaards Worten, „Das Einzelne lässt sich nicht denken, sondern nur das Allgemeine" (ebd.). Vgl. die Behauptung des Aristoteles, dass wir das Besondere nicht definieren können. Wir können es nur „durch intuitives Denken oder Wahrnehmung" erfassen (*Metaphysik* VII, X, 1036a 2–7).

terwirft, ein Jude, wenn man den Patriarchen – insbesondere aber Abraham, dem „Vater des Glaubens" – in ihrer Gottesfurcht folgt.

2. Glaube und Ethik

Jedes dieser Beispiele wird von einer gewissen Exklusivität geprägt. Die Eins-zu-eins-Beziehung zu einem „Du" beschränkt sich auf eine tatsächliche Person. Wie Martin Buber in diesem Zusammenhang schreibt: „Jede wirkliche Beziehung zu einem Wesen oder einer Wesenheit in der Welt ist ausschließlich. *Losgemacht*, herausgetreten, einzig und gegenüber wesend ist ihr Du. Es füllt den Himmelskreis: nicht als ob nichts anderes wäre, aber alles andere lebt in seinem Licht."[14] Da alles andere „in seinem Licht lebt", impliziert diese Ausschließlichkeit auch eine gewisse Einschließlichkeit. Wie Buber weiter ausführt: „In der Beziehung zu Gott sind unbedingte Ausschließlichkeit und unbedingte Einschließlichkeit eins. Wer in die absolute Beziehung tritt […], dem ist alles in der Beziehung eingeschlossen."[15] Phänomenologisch gesprochen ist es deshalb in ihr enthalten, weil alles in den Begriffen der Lebenspraxis gesehen wird, die das „Du" uns auferlegt. Die Praxis formt unsere Lebensweise und somit auch die Weise der Welterschließung, die ihr korrespondiert. Das „Licht des Glaubens" geht hier vom „Du" aus, das diese Praxis anleitet.

Die besondere Natur dieses „Lichts" wird deutlich, wenn wir es mit Kants rationalem Gottesbegriff kontrastieren. Für Kant steht, um Kierkegaards Formulierung umzukehren, das Allgemeine höher als der Einzelne. Tatsächlich erkennen wir das Absolute hier nur durch das Allgemeine. So muss für Kant „[s]elbst der Heilige des Evangelien […] *zuvor mit unserem Ideal der sittlichen Vollkommenheit verglichen werden, ehe man ihn dafür erkennt*".[16] Jesus ist mit anderen Worten nichts anderes als ein Beispiel für moralische Vollkommenheit. Erst vor dem Hintergrund unserer Moralvorstellungen können wir ihn anerkennen. Wie Kierkegaard feststellt, führt uns diese Auffassung zurück zur sokratischen Position. Jesus dient dann einfach nur als Erinnerung an das, was wir bereits wissen. So wie die Fragen von Sokrates an den Sklavenjungen, so bringen uns auch die Taten Jesu dazu, uns unseres moralischen Ideals zu „erinnern". Um das Wesen dieser Erinnerung zu verstehen, müssen wir beachten, dass dieses Ideal für Kant aus einer Reihe von universellen Gesetzen, die für alle gelten, besteht. Wir begreifen (oder erinnern) es durch die Verallgemeinerung des Prinzips oder der „Maxime" unseres Handelns. Wenn ich also z. B. wissen möchte, ob es moralisch ist, ein falsches Versprechen zu geben – zum Beispiel zu versprechen, dass ich eine Schuld begleichen werde, obwohl ich weiß, dass ich dies nicht kann – muss ich mich fragen, was geschehen würde, wenn jeder dies tun würde. Kann ich die Maxime, dass es zulässig ist, ein falsches Versprechen zu geben, um aus finanziellen Schwierigkeiten herauszukommen, verallgemeinern? Wenn ich das tue, sehe ich sofort, dass dann niemand mehr meinem Versprechen glauben schen-

---

[14] M. Buber, „Ich und Du", in: ders., *Das dialogische Prinzip*, Gerlingen 1994, S. 5–136, hier: S. 79.
[15] Ebd., S. 80.
[16] I. Kant, *Grundlegung der Metaphysik der Sitten*, BA 29.

ken würde; insofern wäre ein allgemeines Gesetz diesen Inhalts unmöglich.[17] Wie Kant deutlich macht, hängt unser Zugang zu den universellen Gesetzen der Ethik von unserer Fähigkeit zum Abstrahieren von unseren besonderen Lebensumständen ab. Positiv hängt der Zugang zur Ethik dagegen von der „Bedingung" der Vernunft ab. Für den Sklavenjungen in Platons *Menon* war Vernunft die Fähigkeit, bestimmte grundlegende Begriffe wie Gleichheit, Ungleichheit, Identität, Andersheit usw. zu begreifen und anzuwenden. Zusammen mit seiner Fähigkeit zu zählen, erlaubten es ihm diese Begriffe, sich der Lösung der geometrischen Aufgabe, die Sokrates ihm stellte, zu „erinnern". Für Kant gilt Vernunft als das Vermögen, das wir bemühen, wenn wir uns fragen, was geschehen würde, wenn jedem eine bestimmte Handlung unabhängig von seinen konkreten Lebensumständen erlaubt sein würde. Für Plato und Kant wird uns Vernunft nicht von einem partikularen „Du" gegeben. Wir finden sie vielmehr von Geburt an in uns vor. Wir können sie sowohl verwenden, um mathematische Probleme zu lösen, als auch, um die Regeln für unser ethisches Verhalten festzulegen.

Die Sache ist ganz anders gelagert, wenn unser Verhalten durch eine exklusive Eins-zu-eins-Beziehung zu einem „Du" angeleitet wird. An diesem Punkt hat das Licht des Glaubens dasjenige der Vernunft ersetzt. Wir befinden uns nicht mehr im Bereich der Ethik im Sinne einer Reihe universeller und für jedermann zugänglicher Regeln. In Kierkegaards Terminologie haben wir es hier mit einer „teleologischen Suspension" des Ethischen durch eine Beziehung zum Absoluten zu tun.[18] Dieses Absolute kann eine Handlung fordern, die sich nicht universalisieren lässt, so etwa Gottes Befehl, dass Abraham seinen Sohn Isaak töten soll. Im Lichte des Glaubens erscheint dies als ein „Opfer", im Lichte der Ethik als „Mord."[19] Was ist es nun wirklich? Nach Kierkegaard stoßen wir hier auf ein Paradoxon: „Des Glaubens Paradox ist also dies, dass der Einzelne höher ist denn das Allgemeine, dass der Einzelne [...] sein Verhältnis zum Allgemeinen [d. h. zum Ethischen] durch sein Verhältnis zum Absoluten bestimmt, nicht sein Verhältnis zum Absoluten durch sein Verhältnis zum Allgemeinen. Das Paradox kann auch so ausgedrückt werden: es gibt eine absolute Pflicht gegen Gott; denn in diesem Pflichtverhältnis verhält der Einzelne als Einzelner sich absolut zum Absoluten."[20] Das Paradoxon wäre dann das einer Pflicht, die nicht verallgemeinert werden kann, einer Pflicht, welche die Pflicht im Kantschen Sinne transzendiert.

Um die Paradoxie aufzuheben, müssten wir erfolgreich zwischen dem Licht des Glaubens und dem der Vernunft vermitteln können. Wir müssten eine Perspektive finden, die sowohl den Glauben der Eins-zu-eins-Beziehung zum Absoluten als auch die ethische Forderung, dass wir uns auf ein Universelles beziehen sollen, integrieren könnte. Anderenfalls müssten wir uns dem zuwenden, was Kierkegaard das „Dämonische" nennt. Um ihn selbst zu zitieren: „Das Dämonische hat die gleiche Eigenschaft wie das Gött-

---

[17] In Kants Worten: „So werde ich bald inne, dass ich zwar die Lüge, aber ein allgemeines Gesetz zu lügen gar nicht wollen könne; denn nach einem solchen würde es eigentlich gar kein Versprechen geben, weil es vergeblich *wäre, meinen* Willen in Ansehung meiner künftigen Handlungen andern vorzugeben, die diesem Vorgeben doch nicht glauben" (Ebd., BA 20).
[18] Kierkegaard, *Furcht und Zittern*, S. 57.
[19] Ebd., S. 27.
[20] Ebd., S. 76.

liche, daß der Einzelne in ein absolutes Verhältnis dazu treten kann." Dies liegt daran, dass man „mit Hilfe des Dämonischen [...] als Einzelner höher ist denn als das Allgemeine."[21] Sowohl die Beziehung zu Gott als auch die zum Dämonischen sind Eins-zu-eins-Beziehungen. Beide stehen außerhalb des Universellen. Somit befindet sich die Person, die in sie eintritt, jenseits der Intelligibilität, die durch universelle Vernunftbegriffe garantiert wird.[22]

Wie kann man vor diesem Hintergrund das Verhältnis zum Glauben von dem zum Dämonischen unterscheiden? Kierkegaard behauptet, dass die Beziehung zum Dämonischen sündhaft ist. In seinen Worten: „In der Sünde ist der Einzelne bereits in Richtung auf das dämonische Paradox höher denn das Allgemeine, weil es ein Widerspruch seitens des Allgemeinen ist, sich selber fordern zu wollen von dem, welchem diese Voraussetzung mangelt."[23] In der Sünde fehlt uns die Bedingung für ethisches Handeln. Unser Verharren in der Erbsünde bedeutet, dass unsere Natur verdorben ist. Zu unterstellen, dass die Ethik eine von Gott gegebene Bedingung erfordert, bedeutet für Kierkegaard insofern, sie zu überschreiten. Er schreibt: „Eine Ethik, welche die Sünde ignoriert, ist eine ganz und gar müßige Wissenschaft, aber macht sie die Sünde geltend, so ist sie eben damit über sich hinaus."[24] Das liegt daran, dass sie im letzteren Fall ein Prinzip jenseits der uns von Geburt an gegebenen Vernunft postuliert. Aus der Sicht einer solchen Vernunft könnten wir die Beziehung zum Dämonischen nicht von der zum Göttlichen unterscheiden. Wir können nicht sagen, ob Abraham sündigt oder auf göttlichen Befehl hin handelt, da, wenn wir aus der Perspektive des Glaubens heraustreten, keine der beiden Optionen verständlich ist. Außerhalb des Glaubens fehlen uns diese Kategorien und Abrahams Handeln erscheint uns dann als Mord. Im Glauben haben wir die Bedingung; wir können die Welt ausgehend vom gleichen „Du" erschließen wie Abraham. Indem wir dies tun, können wir seine Tat als Opferhandlung und nicht als Sünde werten.

Wie Buber erkannt hat, begegnet uns das Dämonische häufig in einer politischen Dimension. Die Ich-Du-Beziehung kann sich auf eine Person beziehen, deren „Sendung von ihm begehrt, dass er nur noch die Verbundenheit mit seiner Sache, also kein wirkliches Verhältnis zu einem Du, keine Vergegenwärtigung eines Du mehr kenne; dass alles um ihn Es, eben seiner Sache dienstbares Es werde". Dies war nach Buber bei Napoleon der Fall. „Er war das dämonische Du der Millionen, das nicht antwortende, das auf Du mit Es antwortende".[25] Das „Es" war seine Bedingung, seine Weltsicht. Es lieferte das Modell für die Weltanschauung seiner Anhänger. Wie Buber betont, gibt es im Verhältnis zum dämonischen Du keine Gegenseitigkeit. Die Person, die dieses Du verkörpert, sieht die Dinge nicht im selben Licht wie diejenigen, die ihm folgen. Er ist der, „zu dem tausendfache, von dem keine Beziehung führt; der an keiner Wirklichkeit teil-

---

[21] Ebd., S. 110.
[22] Von sich selbst Rechenschaft für sein Handeln zu fordern, bedeutet, wie Kierkegaard schreibt, sich selbst in den „lächerlichsten Selbstwiderspruch" zu verstricken, der „bedeuten würde, eben den Einzelnen der außerhalb des Allgemeinen steht, unter allgemeine Bestimmungen einzuordnen" (Ebd., S. 78).
[23] Ebd., S. 112.
[24] Ebd., S. 112.
[25] Buber, „Ich und Du", S. 70.

nimmt und an dem unermesslich teilgenommen wird als an einer Wirklichkeit".[26] Was Buber in den 1920er Jahren über Napoleon bemerkt, erweist seine prophetische Kraft im Hinblick auf das Wirken Hitlers in den 1930er Jahren. Denis de Rougemont schrieb nach der Teilnahme an einer Kundgebung Hitlers im Jahre 1935: „Ich dachte, ich würde an einer Massenversammlung, einer politischen Kundgebung teilnehmen. Aber sie hielten einen Gottesdienst ab. Eine Liturgie wurde gefeiert, die große heilige Zeremonie einer Religion, zu der ich nicht gehörte und die kraftvoll über mir zusammenschlug und mich fortspülte" wie eine Welle. Die Kraft, die er von „all jenen schrecklich dicht gedrängten Körpern" ausgehen spürte, war größer als eine bloß „physische Gewalt".[27] Sie war religiös. In der Tat unterhalten Hitlers Gefolgsleute eine im wesentlichen religiöse Beziehung zu ihrem Führer.[28] Diese Beziehung, die sich an die Stelle ihres christlichen Vorläufers setzt, formt ihre Weltanschauung.[29] Der Glaube an Hitler bildet mit anderen Worten die „Bedingung". Er setzt einen Standard für eine Entbergung der Welt durch die Auferlegung einer bestimmten Bewegung der Existenz. Wenn diese Weise des Daseins für jemanden verbindlich wird, dann glaubt er nicht einfach nur an bestimmte Lehren. Er *ist* dann ein Nazi.

3. Intoleranz und Anerkennung

Intoleranz lässt sich am besten in Begriffen der Anerkennung anderer als mit uns selbst gleichwertiger Subjekte fassen. Wie Edmund Husserl herausstellt, kann die grundlegende Struktur dieser Anerkennung in Form einer Analogie beschrieben werden, die wir in unseren Beziehungen zu anderen ständig ziehen und zu präzisieren suchen. Diese Analogie hat vier Komponenten. Drei von ihnen werden direkt erfahren, die vierte (ähnlich wie die „vierte Proportionale" in der Mathematik) wird in Bezug auf die drei anderen bestimmt. Zwei der Komponenten, die wir erfahren, sind das Erscheinen meines eigenen Selbst und das des anderen. Ich beobachte mein eigenes Verhalten und meine eigene Sprache unmittelbar. Ich beobachte ferner das Verhalten des anderen, zu dem auch sein Gesprächsverhalten mir gegenüber gehört. Die dritte Komponente ist das Bewusstsein meines inneren Lebens. Ich erlebe unmittelbar die Intentionen und Interpretationen, die erklären können, was ich tue und sage. Beim anderen Selbst kann ich sie natürlich nicht direkt beobachten. Diese vierte Komponente, die aus dem Bewusstsein des anderen besteht, bleibt für mich eine Leerstelle, die von mir selbst aufgefüllt werden muss. Ich tue dies, wenn ich sehe, dass sich der andere so verhält, wie ich selbst dies in der gleichen Situation tun würde. Ich fülle dann diese vierte Komponente auf, indem ich dem anderen die Absichten und Interpretationen, die ich an seiner Stelle hätte, unterstelle, d. h. diejenigen, die mein Verhalten lenken würden. Indem ich dies tue, erkenne ich ihn als jemanden an, der auf eine Situation genauso sinnvoll reagiert wie ich dies tun würde; ich erkenne ihn also als ein Subjekt an, das so ist, wie ich selbst. Wie Husserl bemerkt, ist

---

[26] Ebd., S. 71.
[27] D. de Rougemont, *Journal aus Deutschland*, 1935–1936, übers. v. T. Scheffel, Berlin 2001, S. 60.
[28] Ebd., S. 61.
[29] Ebd., S. 73–74.

diese Übertragung insofern verifizierbar, als sie auf einer beobachteten Ähnlichkeit unseres Verhaltens basiert. Da ich auf den anderen meine eigenen, mir bewussten Intentionen projiziere, muss ich, zumindest anfänglich, mein durch meine Intentionen geleitetes Verhalten als Maßstab der Prüfung unterstellen.[30]

Dies bedeutet nicht, dass der andere, den ich anerkenne, darauf reduziert wird, ein Spiegelbild meiner selbst zu sein. Wenn dem so wäre, dann wäre jede Anerkennung des anderen nur eine Art Selbstanerkennung. Dies würde bedeuten, dass meine Interpretationen seines Verhaltens niemals von ihm korrigiert werden könnten. Ich könnte von ihm nie erfahren, dass ich mich geirrt habe. Wenn ich mit dem anderen spreche, dann erwarte ich tatsächlich immer, dass er unserem Gespräch etwas Neues hinzufügt und nicht einfach wiederholt, was ich bereits gesagt habe. Wenn ich seine besondere persönliche Geschichte in Rechnung stelle, dann muss ich davon ausgehen, dass er in unser Gespräch eine andere Perspektive einbringt, die von Erfahrungen geprägt ist, die ich nicht hatte. Da die Interpretationen und Erwartungen, die aus dieser anderen Geschichte hervorgehen, sein Verhalten beeinflussen, gehe ich nicht davon aus, dass sein Verhalten immer mein eigenes Verhalten spiegeln wird. Dies bedeutet nicht, dass ich meine eigenen interpretativen Standards aufgebe. Es bedeutet aber sehr wohl, dass ich bereit bin, sie vom anderen in Frage stellen zu lassen. So werde ich in meiner Begegnung mit dem anderen nicht einfach davon ausgehen, dass er sich so verhalten wird, wie ich dies in seiner Situation tun würde, und insofern auch nicht mein Selbst als Modell für sein Selbst begreifen; ich unterstelle dagegen vielmehr auch, dass ich in seiner Situation anders handeln könnte. Dabei nehme ich sein Verhalten als Standard für die Überprüfung meines eigenen Selbst. Eine andere Person als ein Subjekt wie mich selbst anzuerkennen, bedeutet also auch zu unterstellen, dass sie, wie ich selbst, ihr eigenes Verhalten als Maßstab der Prüfung nutzt. Wechselseitige Anerkennung fordert deshalb, dass wir uns mittels unserer Einbildungskraft in die Situation des jeweils anderen versetzen. Jeder sollte die Welt, in der wir uns begegnen, immer auch im Sinne der Kategorien, Interpretationen und Weisen der Welterschließung des anderen deuten können.

Die „Toleranz", die in dieser Anerkennung im Spiel ist, erinnert uns an ihre lateinische Wurzel, *tolerare*, ein Verb, das soviel wie *tragen, unterstützen, unterhalten* und *ertragen* bedeutet.[31] In der wechselseitigen Anerkennung, muss sich jede Partei mittels

---

[30] In Husserls Worten: „Der erfahrene fremde Leib bekundet sich fortgesetzt wirklich als Leib nur in seinem wechselnden, aber immerfort zusammenstimmenden ‚Gebaren‘ [...]. Der Leib wird als Schein-Leib erfahren, wenn es damit eben nicht stimmt." (*Cartesianische Meditationen*, Hamburg 1963, S. 117). „Zusammenstimmend" bedeutet hier, mit meinem eigenen Verhalten zusammenstimmend. Die Handlungen des Anderen müssen zu meinem Verhalten stimmen um diese Übertragung leisten zu können. Wie Husserl das ausdrückt, ist das Ego des Anderen „zunächst nur als so leiblich waltendes bestimmt [...], [das sich] in bekannter Weise ständig bewährt, sofern die ganze Stilform der für mich primordial sichtlichen sinnlichen Verläufe den vom eigenen leiblichen Walten her typisch bekannten beständig entsprechen muß" (ebd., S. 122). Dies ist auch der Fall bei den „höheren psychischen Vorkommnissen" – also etwa beim Sprachgebrauch. Diese „haben dann wieder ihren Stil der synthetischen Zusammenhänge und ihrer Verlaufsformen, die für mich verständlich sein können durch assoziative Anhalte an meinem eigenen, in seiner ungefähren Typik mir empirisch vertrauten Lebensstil" (ebd., S. 133).
[31] Vgl. *A Latin Dictionary*, hg. v. Lewis u. Short, London 1966, S. 1876.

ihrer Phantasie in die Welt des anderen versetzen und sie ertragen. So überlagert sich im Anerkennen mein Weltbild mit dem des Anderen. Mein Bewusstsein für die unvollständige Entsprechung beider Weltbilder macht mich nicht nur aufmerksam für die Andersartigkeit des Anderen, sondern verweist mich auch auf die Begrenztheit und Kontingenz meiner eigenen Perspektive. Sie ist beschränkt, da meine Deutung niemals den Sinn einer gegebenen Situation ausschöpfen könnte. Sie ist kontingent, da mir meine eigene Fähigkeit, mich imaginativ in den Standpunkt des anderen zu versetzen, zeigt, dass mein eigener Standpunkt auch ein anderer hätte gewesen sein können. Der Interpretation, die sich in meiner Perspektive ausdrückt, mangelt es also von Haus aus an jeder Notwendigkeit. Sie ist eine von vielen möglichen Interpretationen. Meine Fähigkeit, dies zu sehen, ist der Maßstab für meine Toleranz. Negativ ausgedrückt, bedeutet diese Toleranz, dass ich den anderen jemand anderen sein lasse, dass ich ihn nicht dazu zwinge, sich so zu verhalten wie ich. Positiv gesprochen verlangt sie, dass ich die Ideale des anderen, seine Standards der Sinnstiftung, als die seinen akzeptiere. Wie Husserl sagt, sind die Ideale in gegenseitiger Toleranz die Ideale des anderen, „das seine für mich, als das seine, das ich *in ihm* bejahen muß, wie er das meine nicht zwar als sein Lebensideal hat, aber es als das meines Seins und Lebens bejahen muß". (Ms. E III 1, S. 7)[32] Solche Bejahungen implizieren, dass wir nicht nur die Ideale des jeweils anderen ertragen müssen, sondern auch die Kontingenz und Begrenztheit unserer eigenen. Toleranz impliziert insofern ein Akzeptieren der Fähigkeit unserer menschlichen Natur, mehrere Ideale, mehrere Standards der Sinngebung, mehrere Arten der Entbergung zu haben. Tolerant zu sein bedeutet, dass die Entbergung eine Vielzahl von Formen annehmen kann, die sich in einer Vielzahl von Bewegungen der Existenz äußern können, die das Menschsein ausmachen.[33]

---

[32] Das gleiche gilt auch für verschiedene Gesellschaften. „Ich bin nicht Egotist" – d. h. *nicht intolerant* – wenn ich den Anderen „in seinen Sonderzwecken und Sonderleistungen ständig bejahen könnte [...]; unsere Gemeinschaft ist keine egoistische, wenn sie, ihre Außenwelt behandelnd, sich in ihr Zwecke stellend, keiner anderen Menschen, keiner anderen sozialen Gemeinschaft universales und ‚wahres Wohl' außer Rücksicht ließ, unbekümmert bleibend, ob es verletzt wird oder nicht" (Ms. A V 24, S. 4). Ich danke dem Husserl-Archiv in Leuven, Belgien, für die freundliche Genehmigung, aus Husserls Nachlass zitieren zu dürfen.

[33] Eine so definierte Toleranz hat ihre Grenzen. Verstanden als ein positives Ideal, liegt ihr Ziel in der „Fülle" (oder im Erfüllen) der Möglichkeiten des Menschseins durch ein Maximum an kultureller Vielfalt im Einklang mit sozialer Harmonie. Mit „sozialer Harmonie" meine ich, dass solche Möglichkeiten miteinander vereinbar sein müssen; das heißt, dass ihre gleichzeitige Verwirklichung nicht unmöglich sein darf. Die Grenzen der Toleranz umfassen solche Handlungen, die eine solche Verwirklichung unterlaufen. Ein paar allgemeine Beispiele machen dies deutlich. Toleranz, negativ als Intoleranz-Verbot verstanden, verbietet Lügen und Diebstahl. Die Lüge insofern, als sie, wäre sie allgemein zugelassen, die Möglichkeit der Rede im Sinne des Kommunizierens überprüfbarer Informationen unterminieren würde. Die Lüge untergräbt diejenigen menschlichen Möglichkeiten, die diese Kommunikation voraussetzen, so etwa die Zivilgesellschaft. Diebstahl hat, wenn er kollektiv erlaubt wird, einen ähnlichen Effekt auf die Möglichkeit des Besitzes und dessen, was davon abhängt, etwa den Handel. Soweit Lügen und Diebstahl solche Möglichkeiten unterbinden, führen sie zu einer Reduzierung der menschlichen Potenziale und sind eigentlich Akte der Intoleranz. Für eine umfassendere Darstellung dieses Zusammenhangs siehe das Kapitel

So definiert ist Toleranz keine leicht zu praktizierende Tugend. Wenn die Standards des eigenen Seins und Handelns in Frage gestellt werden, kann dies sehr verstörend wirken. Im Extremfall wird es als Trauma empfunden, als eine Erschütterung der mich definierenden Bewegungen der Existenz. In solchen Fällen hindert unser Sinn für Selbsterhaltung uns daran, dem anderen die gleiche Autorität einzuräumen wie uns selbst. Die Selbsterhaltung fordert uns dazu auf, auf unseren eigenen Kategorien zu bestehen, d. h. darauf zu verzichten, unsere eigenen Formen der Entbergung als kontingent und endlich zu betrachten. Wenn wir dies tun, können wir andere, die nicht unseren Standards und Herzensanliegen folgen, nicht anerkennen. Wir werden mit anderen Worten intolerant, weigern uns, die Andersheit der anderen zu ertragen oder gar zu unterstützen. Anstatt anzuerkennen, dass Menschlichkeit sich darin äußert, mehrere Ideale, mehrere Möglichkeiten, unserer gemeinsamen Welt Sinn zu geben, zuzulassen, sehen wir eine solche Andersheit als eine Bedrohung. Wir fühlen, dass in unserem Beharren auf unserer Art der Entbergung der Welt genau das Selbst auf dem Spiel steht, das diese Entbergung leistet.

Religiöse Intoleranz gibt diesem Beharren auf dem Selbst und der Selbsterhaltung eine göttliche Legitimation. Da unser Verhalten, von einer Beziehung zu einem bestimmten „Du" geleitet wird, werden alternative Formen der Entbergung auf alternative Formen des „Du" bezogen. Solche „fremden Göttern" bestimmen nicht nur alternative religiöse Praktiken, Lebensformen und damit auch Bewegungen der Existenz, sondern stellen auch das eigene „Du" in Frage, und damit genau jene Bewegung der Existenz, die das eigene Selbst definiert. Damit öffnet sich eine Kluft zwischen denjenigen, die einem bestimmten Glauben folgen, und denen, die dies nicht tun. Die einen haben die „Bedingung", die anderen nicht. Die einen „haben das Licht gesehen", die anderen „verharren in der Finsternis", da sie nicht über die Bedingung verfügen, die für die Erkenntnis der Wahrheit notwendig ist. So werden die Ungläubigen zu den vernunftlosen anderen, die sich weder so wie wir verhalten, noch die Welt in gleicher Weise entbergen. Wir können uns nicht wechselseitig anerkennen, da wir, solange wir nicht das gleiche „Du" teilen, nicht die Übertragung von Sinn leisten können, die für die intersubjektive Anerkennung erforderlich wäre. In einer solchen Situation bedeutet, nicht das *gleiche „Du"* zu teilen, nicht über die *gleiche ontologische Bedingung* zu verfügen, was wiederum bedeutet, nicht im Besitz der gleichen Subjektivität zu sein.

Diese Situation zeichnet sich besonders durch einen Mangel an Rückgriffsmöglichkeiten auf eine gemeinsame Quelle der Evidenz aus, die es uns ermöglichen könnte, einander zu verstehen. In dem Maße, in dem sich uns die Welt entlang unserer unterschiedlichen Lebenspraktiken entbirgt, fehlt es uns an einer Grundlage für ein gemeinsames Verständnis. So lange wir dabei bleiben, innerhalb unserer Glaubenspraktiken die Eins-zu-eins-Beziehungen als definitiv zu begreifen, unterbrechen wir darüber hinaus unsere Beziehung zum Ethischen, verstanden als eine Reihe universeller Regeln. Diese Unterbrechung untergräbt die Möglichkeit, andere dadurch als gleichwertige Subjekte anzuerkennen, dass wir ihre Handlungen im Licht von Kants kategorischem Imperativ betrachten. Die Berufung auf das „Licht der Vernunft", das immer dann aufleuchtet,

---

„Sustaining the Other: Tolerance as a Positive Ideal", in: J. Mensch, *Embodiments: From the Body to the Body Politic*, Northwestern University Press, 2009.

wenn wir danach fragen, was geschieht, wenn „jeder" in einer bestimmten Weise handeln würde, wird durch die Berufung auf das „Licht des Glaubens" ersetzt, das durch die Eins-zu-eins-Beziehung zum Göttlichen bestimmt wird. Wenn wir diese Beziehung eingehen, ersetzen wir mit ihr die Intelligibilität, die von universellen Begriffen getragen wird. In Kierkegaards Worten: „Der Glaube selbst kann nicht in das Allgemeine hinein vermittelt werden; denn damit wird er aufgehoben [als eine Eins-zu-eins-Beziehung]. Der Glaube ist dies Paradox, und der Einzelne vermag überhaupt nicht, sich irgendwem" auf einer begrifflichen Ebene „verständlich zu machen"[34].

Wenn wir dies mit der Möglichkeit des Dämonischen verbinden, das auch außerhalb des Universellen steht, werden die Risiken dieses „Paradoxons" deutlich. Wie ich oben erwähnt habe, können wir außerhalb des Glaubens nicht zwischen dem Göttlichen und dem Dämonischen unterscheiden. Beide beinhalten eine Eins-zu-eins-Beziehung, die das Ethische aussetzt. Die Versuchung, beide miteinander zu verwechseln, kann in Zeiten der Not überwältigend werden. In der Erschütterung unseres Selbst, die sich einstellt, wenn wir mit einem alternativen Glauben konfrontiert werden, kann sich unser Selbsterhaltungsinstinkt in einer Gewalt entladen, die sowohl unvernünftig wie unmoralisch ist: unvernünftig, da sie außerhalb des Universellen steht, unmoralisch, da das Ethische ihr nicht mehr zugänglich ist. Außerhalb dieser Parameter wird unsere Beziehung zum „Du" in der Tat anfällig für die schlimmsten Formen der Instrumentalisierung. Dies geschieht, wenn die Position dieses „Du" von einer charismatischen Gestalt besetzt wird. Unsere Eins-zu-eins-Beziehung zu dieser Gestalt verleiht ihr eine Macht, die keine ethischen Grenzen kennt und sich häufig in der Verfolgung Andersdenkender manifestiert. Alle schrecklichen Möglichkeiten einer solchen Verfolgung sind insofern gegeben, als wir zum Menschsein der Verfolgten keinen Zugang mehr finden können. So glauben wir zwar, dass wir andere so behandeln sollen, wie wir selbst behandelt werden möchten, um aber zugleich doch die Feinde unseres „Du" aus dem Anwendungsbereich der goldenen Regel auszuschließen. Dies ist möglich, da sie ohne Bezug auf diese „Du" nicht über die Bedingung – die „Bewegung der Existenz" – verfügen, die es erlauben würde, sie als wirkliche Subjekte anzuerkennen.

4. Hasse deinen Nächsten wie dich selbst

Die bisherigen Ausführungen sollten nicht so verstanden werden, dass wir den Anhängern „fremder Götter" jeglichen Subjektstatus absprechen würden. Hinter jeder Nichtanerkennung des Anderen verbirgt sich eine heimliche Anerkennung. Wenn ich den Anderen, wie Levinas bemerkt, nicht als Subjekt anerkenne, „würde sich der Einsatz von Gewalt selbst auf Arbeit reduzieren".[35] Meine Beziehung auf ihn würde sich auf die Arbeit reduzieren, die ich auf ein unbelebtes Objekt ausübe, zum Beispiel auf einen Baum, den ich fälle und zu Brettern zurechtsäge. In der Tat kann mich der Glaube des Anderen nur dann bedrohen, wenn ich ihn als Subjekt begreife. Ich muss seine Welt bereits als

---

[34] Kierkegaard, *Furcht und Zittern*, S. 78.
[35] „Le déploiement de la force violente se réduirait à un travail". Emmanuel Levinas, *Totalité et infini, Essai sur l'extériorité*, Paris 1961, S. 246.

eine auch für mich offenstehende Möglichkeit anerkannt haben, um sie als bedrohlich empfinden zu können. Meine Nichtanerkennung des Anderen geschieht dann aktiv. Sie impliziert die Unterdrückung einer Identität, die ich heimlich anerkenne. Konkret geschieht dies durch Projektion. Das „Du", dass meine Bewegung der Existenz bestimmt, gilt mir als Bedingung für mein Ideal ethischen Handelns. Ich projiziere auf den Anderen jene Aspekte meines Selbst, die mir unvereinbar mit dem gewünschten Ideal zu sein scheinen. Da diese Aspekte keine legitime Form der Entbergung kennen, werden sie normalerweise unterdrückt. Sie stehen für das, was ich nicht anerkennen kann, was ich, so die Forderung des „Du", hassen muss. Wenn ich sie auf den anderen projiziere, dann erkenne ich ihn zugleich als meinesgleichen an und nicht an. Er ist wie ich, soweit ich ihm meine Intentionen und Überzeugungen unterstelle. Er ist nicht so wie ich, soweit es sich um meine verdrängten Intentionen und Überzeugungen handelt. Ich dichte ihm, in Lacans Worten, „das Kapitel meiner Geschichte [an], das das zensierte Kapitel ist", mein „Unbewusstes". Indem ich meine verdrängten Wünsche und Vorstellungen projiziere, tauchen sie in der Person des anderen wieder auf.[36] Das Ergebnis ist, dass ich den Anderen hasse *wie ich mich selbst hasse*. Er verkörpert die Intentionen und Überzeugungen, die ich nicht akzeptieren kann. So betrachtet, ist die Andersheit, die er beansprucht, nicht seine eigene. Sie erwächst nicht aus seinen Idealen, seinen Weisen der Welterschließung. Indem ich seine Vorstellungen und Wünsche unterdrücke, ersetze ich sie mit den zensierten Kapiteln meines eigenen Bewusstseins. Ich sehe den Anderen als mit jenen Aktivitäten befasst, die ich selbst als „Versuchungen" begreife.

Ein besonderer Fall hiervon ist die Intoleranz einer Religion gegenüber ihren Vorgängern und Nachfolgern. Was eine Religion nicht anerkennen kann, sind die Ähnlichkeiten, die sie mit anderen Religionen verbinden. Freud spricht hier vom Narzissmus der kleinen Unterschiede. In ihrem Bemühen, sich von ihren Konkurrenten zu unterscheiden, unterdrückt eine Religion nicht nur alle Gemeinsamkeiten mit anderen Religionen, sondern stigmatisiert sie durch die Projektion von vermeintlichen Eigenschaften, die eigens erfunden werden, um die Unterschiede herauszustreichen. Wir finden dies in der Beziehung des Judentums zu den semitischen Religionen in Kanaan, aber auch in der Beziehung des Christentums zum Judentum. Hier werden die jüdischen Ursprünge des Glaubens verdrängt, genauer gesagt, die Tatsache, dass Christus ein Jude war. Die Tatsache, dass Jesus von Heiden – d. h. von Römern – hingerichtet wurde, wird solange verzerrt, bis die Juden als Mörder dastehen. Ähnliche Beispiele der Transformation und falschen Projektion finden wir in der Wahrnehmung des Christentums durch den Islam und im protestantischen Bild vom römischen Katholizismus. Die Gewaltsamkeit, die die Beziehungen dieser Religionsgemeinschaften häufig geprägt hat, rührt daher, dass ihre durch den Glauben geleiteten Handlungen häufig die Ethik transzendieren. So kann Gott

---

[36] „L'inconscient est ce chapitre de mon histoire qui est marqué par un blanc ou occupé par un mensonge: c'est le chapitre censuré" (Jacques Lacan, *Écrits*, Paris 1966, S. 259; „Que l'inconscient du sujet soit le discours de l'autre, c'est ce qui apparait plus clairement encore que partout dans les Études que Freud a consacrées à ce qu'il appelle la télépathie, en tant qu'elle se manifeste dans le contexte d'une expérience analytique" (ebd., S. 265).

den Israeliten befehlen, die Amoriter und andere Völker zu vernichten.[37] Er kann auch von den Kreuzfahrern angerufen werden, wenn sie Massaker an den jüdischen Einwohnern von Jerusalem begehen. Solche Beispiele bezeugen das Gegenteil jener positiven Stereotypisierung, die im Hinblick auf die Mitgläubigen erfolgt. Diejenigen, die unseren Glauben teilen, haben die Bedingung. Alles, was wir in Bezug auf die Bedingung schätzen, projizieren wir auf sie. Sie sind unsere Nachbarn und wir lieben sie tatsächlich so wie wir uns selbst lieben. Der Hass auf die Ungläubigen und die Liebe der Glaubensbrüder sind in der Tat nur zwei Seiten der gleichen Medaille – der Bedingung, die durch die Beziehung zu einem „Du" gegeben ist.

5. Endlichkeit

Das Ziel des Forschungsprojekts, das dieses Buch informiert, ist die Diskussion von Phänomenen einer *unaufhebbar negativen Sozialität*. Ist religiöse Intoleranz ein solches Phänomen? Können wir uns nicht eine Zukunft vorstellen, in der Religionen koexistieren, in der jede, in der Ausübung von Toleranz, den anderen Religionen ihre jeweiligen Ideale zugestehen könnte, so wie sie erwartet, dass auch ihre eigenen Ideale respektiert werden? Gegen eine solche Perspektive spricht der Mangel einer gemeinsamen Basis für dieses wechselseitige Verständnis. Im Paradigma der pragmatischen Entbergung, das wir vorgeschlagen haben, würde ein solches Verständnis verlangen, dass die Angehörigen verschiedener Glaubensrichtungen die Welt auf ähnliche Weise entbergen und sich somit auch ähnlich verhalten. Die Bewegungen der Existenz, die ihre Subjektivitäten definieren, könnten sich dann decken. Aber das würde erfordern, dass die verschiedenen Gestalten des „Du", welches diese Bewegungen der Existenz jeweils bestimmt, konvergieren. Wenn dies nicht der Fall ist, sind die Anhänger des „Du" auf ihre eigene Glaubenspraxis, auf ihre eigenen Formen der Entbergung beschränkt. Was diese Kluft unaufhebbar[38] macht, ist genau die Begrenztheit der Entbergung. Man kann zum Beispiel nicht nach der buddhistischen Erleuchtung streben – seine Gedanken auf das Hier und Jetzt beschränken – und das eigene Leben zugleich von eschatologischen Hoffnungen auf einen erlösten Zustand bestimmt sein lassen. Unsere Endlichkeit schränkt uns auf jeweils eine Bewegung der Existenz, ein Programm der Entbergung ein. Unsere Endlichkeit ist unaufhebbar, irreduzibel und unumgänglich.

Die einzige Antwort auf diese Endlichkeit ist Toleranz. Wir müssen die Tatsache akzeptieren und absichern, dass wir als endliche menschliche Wesen zu einer Reihe von unterschiedlichen Bedingungen fähig sind, zu mehrere Möglichkeiten, sich auf ein „Du" zu beziehen und somit zu mehreren Möglichkeiten der Entbergung von Welt. Vor allem müssen wir die Endlichkeit der Entbergung selbst akzeptieren, d. h. ihre Unübersetzbarkeit in eine übergeordnete, „wahre" Perspektive. Kann ein religiöses Bewusstsein mit

---

[37] „Aus den Städten dieser Völker jedoch, die der Herr, dein Gott, dir als Erbbesitz gibt, darfst du nichts, was Atem hat, am Leben lassen. Vielmehr sollst du die Hetiter, und Amoriter, Kanaaniter und Perisiter, Hiwiter und Jebusiter der Vernichtung weihen, so wie es der Herr, dein Gott, dir zur Pflicht gemacht hat, damit sie euch nicht lehren, alle Greuel nachzuahmen, die sie begingen, wenn sie ihren Göttern dienten, und ihr nicht gegen den Herrn, euren Gott, sündigt." (Dtn 20, 16–18)
[38] Im Original Deutsch.

dieser Aufgabe zurechtkommen? Als Jesus, auf die Frage „Wer ist mein Nächster?" antwortete, schaffte er es. Der barmherzige Samariter offenbarte seine Gottesliebe in seinem Umgang mit jemanden, der einem anderen Kultus anhing. Die etymologische Wurzel des Wortes „Religion" geht auf das lateinische *ligare* („binden") zurück; *religare* bedeutet „fest und beständig binden". In einer seltsamen Weise lässt uns das Gleichnis mit einer Religion ohne Religion zurück, mit einer Bindung die nicht bindet. Der Samariter unterhielt eine Beziehung zu einem „Du", die die Zwänge seiner besonderen religiösen Gemeinschaft löste. Indem es die Liebe Gottes mit einer solchen Entbindung vereinbar macht, ist dieses Gleichnis, aus einer religiösen Perspektive, äußerst beunruhigend. Die Entbindung, die es nahe legt, trägt wahrscheinlich dazu bei, dass sein Autor zu einem Opfer der religiösen Intoleranz wird.

Übersetzt von Andreas Hetzel

Tobias Nikolaus Klass

Schweigen

Annäherung mit Kafka

1. Einleitung

Die folgenden Zeilen werden keine ganze, in sich geschlossene Theorie des Schweigens als Baustein einer Negativistischen Sozialphilosophie vorstellen, sondern versuchen eine erste Annäherung an das komplexe Thema des Schweigens über einen Umweg: über Franz Kafka. Dies deshalb, weil, so lautet die Ausgangsthese, im Zentrum seines Werkes ein Schweigen zu finden ist, oder genauer: Formen des Schweigens (denn es gibt derer mehrere), die ihrerseits – vielleicht – Baustein einer wirklichen Theorie des Schweigens sein könnten, zumindest für eine sozialphilosophische Theorie des Schweigens (denn es mag andere Theorien des Schweigens noch geben). Um den genannten Formen des Schweigens in Kafkas Werk auf die Spur zu kommen, möchte ich in drei Schritten vorgehen. Zuerst seien einige grob schematischen Überlegungen dazu angestellt, was Schweigen ist bzw. genannt werden kann, um den Ort anzeigen zu können, an dem das von mir gesuchte Schweigen zu finden ist. In einem zweiten Schritt nähere ich mich dann Kafkas Welt, genauer: den Grundkoordinaten seines Verständnisses von Sozialität. Bevor ich dann, endlich, besagte Formen des Schweigens zu fassen versuche, vor allem eine: Amalias Schweigen.

2. Schweigen

Schweigen sei zuerst abgegrenzt von *Stille* auf der einen, und *Stummheit* auf der anderen Seite. Zwar scheinen alle drei miteinander zu teilen, dass man in ihnen *nichts hört* – was freilich für das Schweigen so nicht ganz zutreffend ist; ich werde darauf zurückkommen –, doch ist Schweigen immer mehr als das bloße Ausbleiben von Geräuschen (so sei Stille gefasst) und auch mehr und etwas anderes als das Ausbleiben von Worten (wie die Stummheit). Sondern Schweigen ist über das Ausbleiben von Etwas (bestimmten

Lauten oder Tönen) hinaus zuerst eine „Mitteilungsform", wie Christian Hart Nibbrig[1] es treffend nennt. Natürlich ist diese Unterteilung sehr grob, kennt Überschneidungen und Verschränkungen. Denn auch Stille ist ihrerseits mehr als ein bloßes Ausbleiben von Geräuschen, sondern immer schon gebunden an ein Hören: Stille will gehört sein, d. h. Stille ist nur dann, wenn jemand hört, dass er nichts hört; und insofern ist auch Stille an einen Akteur gebunden (wie das Schweigen). Eben deshalb kann Stille auch eine Art Schweigen sein: etwa wenn vom „Schweigen der Natur" die Rede ist. Ähnliches gilt von der Stummheit: auch wenn die Unfähigkeit zu sprechen etwas anderes als die Fähigkeit, nicht zu sprechen, so gibt es doch auch hier Übergänge: Zum einen können Dinge und sogar Zeichen stumm bleiben, d. i. mir nichts verraten: der Unfähigkeit zu sprechen steht eine Unfähigkeit zu hören oder verstehen entgegen (d. i. auch die Stummheit ist wie das Schweigen an einen anderen gebunden). Und zum anderen kann die vermeintliche Fähigkeit zu sprechen sich auch generell als eine eigentliche Unfähigkeit zu sprechen erweisen – weil eine oder auch die Sprache generell nicht hergibt, was sie verspricht. Auf diese Mischformen werde ich an geeigneter Stelle noch zurückkommen.

Begonnen aber sei, wie gesagt, damit, Schweigen grob und vorläufig abzugrenzen von der Stille als dem Ausbleiben von Geräuschen und der Stummheit als der Unfähigkeit zu sprechen (eine Abgrenzung, die schon deshalb intuitiv einleuchtet, weil jeder zugestehen würde, dass man, wie bereits angedeutet, nicht unbedingt still oder stumm sein braucht, um zu schweigen: man kann auch etwas nicht sagen (also schweigen), indem man etwas ganz anderes sagt; „mit Worten klappern" nennt Nietzsche das[2]). Und zwar, wie bereits eingeführt, durch die Bestimmung von Schweigen als einer „Mitteilungsform", die für Luhmann/Fuchs[3] zusammen mit dem Reden unabdingbar „die Einheit einer Form" bildet, und eben deshalb immer schon Teil der Kunst des Sprechens ist (was schon die antike Rhetorik, etwa Quintilian, wusste[4]). Schweigen wird so betrachtet zu einer bestimmten Art des Redens, damit zu einem Teil eines Kommunikationsgeschehens (d. i. transzendiert die Welt physikalischer Prozesse), und bezeichnet in diesem Kommunikationsgeschehen einen bestimmten Typus von Sprechakt. Dessen Spezifikum ist es zuerst, ein „Nichts Sagen" zu sein, in der ganzen Paradoxie dieser Formulierung: dass „Nichts" gesagt wird als sei es ein Etwas. An diese Paradoxie knüpfen einige Konsequenzen an, auf die ich noch kommen werde.

Besagtes „Nichts Sagen" des Schweigens kennt nun mindestens drei verschiedene Formen (die heuristisch voneinander abgehoben seien, de facto aber ebenfalls Übergänge kennen und bisweilen auch ineinander verstrickt sind). Auf einer ersten Ebene

---

[1] Ch. Hart Nibbrig, *Rhetorik des Schweigens*, Frankfurt am Main 1981. Eine gute Einführung ins und zugleich einen guten Überblick über das Thema liefert Ulrich Schmitz in: „Beredetes Schweigen – Zur sprachlichen Fülle der Leere. Über Grenzen der Sprachwissenschaft", in: ders. (Hg.), *Osnabrücker Beiträge zur Sprachtheorie, Band 42*, Juni 1990, Duisburg, S. 5–58.

[2] „Meine liebste Bosheit und Kunst ist es, dass mein Schweigen lernte, sich nicht durch Schweigen zu verraten. /Mit Worten und Würfeln klappernd überliste ich mir die feierlichen Wärter: allen diesen gestrengen Aufpassern soll mein Wille und Zweck entschlüpfen." Vgl. F. Nietzsche, „Also sprach Zarathustra. Ein Buch für alle uns keinen", in: Kritische Studienausgabe, Bd. 4 (Hg. G. Colli, M. Montinari), München 1988, S. 218.

[3] N. Luhmann, P. Fuchs, *Reden und Schweigen*, Frankfurt am Main 1989.

[4] Vgl. dazu: O. Seel, Quintilian oder die Kunst des Redens und Schweigens, München 1987.

ist das Nichts Sagen des Schweigens ein *Dieses-oder-jenes-nicht-Sagen*. Man sagt hier etwas Bestimmtes bewusst nicht: von der einzelnen Affäre, die man seinem Partner verschweigt, bis hin zu einem ausgesuchten tabuisierten Thema, dass man generell nicht anspricht (wobei die Tabuzonen natürlich kulturell und historisch variieren ebenso wie der dazu gehörende kritische Impuls, diese Tabuisierungen zu durchbrechen, indem explizit geredet wird über das, über was man angehalten wird zu schweigen). Diese erste Art des Schweigens kann man grob und vereinfachend als *Verschweigen* bezeichnen.

Auf einer zweiten Ebene betrifft das Nichts des Sagens nichts das Etwas, dass da nicht gesagt wird, sondern den Adressaten der Rede. Schweigen kann hier zweierlei meinen: entweder nicht antworten; der Schweigende ist hier ein *Kommunikationsverweigerer: Das sage ich Dir nicht, mit Dir rede ich nicht*. Auch dabei ist wieder eine Bandbreite möglicher Varianten denkbar: vom individualisierten Einzelnen, dem man das Wort verweigert, bis hin zu ganzen Gruppen, die man der Rede nicht für würdig oder auch fähig befindet.[5] Diese Art Schweigen ist nicht so sehr ein Etwas-Verschweigen als vielmehr ein Wort-Verweigern; weshalb es auch nicht eigentlich richtig ist zu sagen: Es gehe hier um ein Nicht-Antworten (im Sinne einer ausbleibenden Antwort), sondern besser wäre zu sagen: Es geht um ein Nichts-Antworten. Denn es wird ja geantwortet, nur ist diese Antwort eben ein Nichts, eine verweigerte Antwort. Diese seltsame Form der Kontaktverweigerung, die gleichwohl kein Kontaktabbruch ist, sondern im Gegenteil eine besondere Art von Kontakt, erzeugt eine ganz eigenwillige Form von Spannung, die über den Status quo hinaus drängt; davon wird noch zu reden sein.

Der genannten Kommunikationsverweigerung gegenüber steht – was erstaunlich selten thematisiert wird – auf derselben Ebene (also der der Adressatenbezogenheit) ein Schweigen, das genau umgekehrt funktioniert. Schweigen bedeutet hier: Jemand anderen reden lassen, ihm Raum geben für sein Reden. Dieses Schweigen könnte man, im Gegensatz zur Kommunikationsverweigerung eine Kommunikationseröffnung oder auch einen Kommunikationsempfang nennen. Das immer zuerst ein Empfangen des Anderen, eine Art kommunikativer Gastfreundschaft ist. Auch von dieser Art schweigen wird noch zu reden sein.

Auf einer dritten Ebene schließlich betrifft das Nichts des Sagens die Sprache selbst. Hier wird nicht etwas Konkretes nicht gesagt (das man aber sagen könnte, wenn man nur wollte), ebenso wenig wie einem Jemand das Wort verweigert wird (dem man es aber auch geben könnte bzw. umgekehrt). Sondern hier wird etwas nicht gesagt, weil man es gar nicht sagen kann: weil jedes Gesagte es immer schon verfälscht bzw. falsch oder unvollständig sagt. Das „kann" in der Formulierung „weil man es gar nicht sagen kann" ist ein anderes „kann" als das der Stummheit. Es geht hier nicht um Vermögenspsychologie, um vorhandene oder nicht vorhandene Fähigkeiten eines einzelnen, sondern um Sprache selbst. Schweigen heißt hier vor allem: an die Grenze der Sprache stoßen, ein Schweigen gegen das generelle Verschweigen der Sprache setzen, der Idee der Unsagbarkeit Tribut zollen (so wie es in Wittgensteins berühmtem Diktum geschieht, gegen das einer der großen Philosophen der Unsagbarkeit, Adorno, bekanntlich rebelliert hat).

---

[5] Wie sehr dieser Versuch, einem anderen den Status des *zoon logon echon* abzusprechen direkt verbunden ist mit seinem Ausschluss aus der Gemeinschaft der der politisch relevanten Wesen, vgl. dazu J. Rancière, *La Mésentente. Philosophie et Politique,* Paris 1995.

Schweigen ist hier weder das Verschweigen von etwas noch das Verweigern eines Wortes als vielmehr das Befolgen eines sprachethischen Imperativs: Schweige, so es nicht möglich ist, etwas *angemessen* zu sagen (wobei natürlich im kleinen Wörtchen „angemessen" ebenso sehr eine ganze Metaphysik verborgen ist wie im großen Imperativ des „Schweige!"[6]).

Auf allen drei genannten Ebenen – die, wie gesagt, einander durchaus berühren und teilweise auch durchdringen: etwa, wenn ich einem anderen das Wort verweigere, weil ich den vom ihm produzierten Geräuschen gar nicht den Status von Sprache überhaupt zugestehe[7] – entfaltet das Schweigen soziale Wirksamkeit, wenn auch in unterschiedlicher Weise und unterschiedlichem Ausmaß. Etwas zu verschweigen spielt mit der Macht der Wahrheit, genauer: der Macht der Teilhabe an ihr: Etwas soll nicht ans Licht der Öffentlichkeit kommen, entweder weil ein Einzelner sich davon einen Vorteil verspricht – wie im Fall der verschwiegenen Affäre, bei der der Welt möglichst viel Liebesreserven entlockt werden sollen, ohne dafür Sanktionen in Kauf nehmen zu müssen – oder weil eine Gemeinschaft dem Einzelnen diktieren will, was er ans Licht kommen lassen darf und was nicht (im Falle des Redetabus). Die soziale Wirksamkeit des Schweigens insofern Verschweigen liegt hier in einer Macht über das Gesagte: Es geht im Foucault'schen Sinne um Diskursverknappung oder Diskurskontrolle.[8]

Jemandem das Wort zu verweigern bzw. ihm Raum zu geben dagegen spielt mit der Macht der Aufmerksamkeit und damit des zugestandenen oder verweigerten Kontakts: Etwas wird überhaupt nur dann zu einer „Mitteilung", wenn da jemand ist, dem es mitgeteilt wird; und dazu muss dieser jemand es annehmen („securing uptake" heißt diese kommunikative Minimalforderung bekanntlich bei Austin[9]). Die soziale Wirksamkeit des Schweigens ist hier nicht die der Kontrolle über das Gesagte, sondern die über die der zugelassenen Sprecher/Hörer: Wer überhaupt an einer Kommunikation teilhaben darf und wer nicht (d. i. wer daraus ausgeschlossen oder aber in sie hineingelassen wird), bzw. wer von sich aus daran teilnimmt oder sich aus ihr verabschiedet. Und zwar in

---

[6] Ein großer Teil der vorhandenen Literatur zum Schweigen setzt zuerst an diesem Punkt an: Schweigen als einzig adäquate Antwort auf die Idee der Unsagbarkeit, als Gebot, das sich aus der Erfahrung der Unsagbarkeit – die dabei verschiedene Gründe haben kann – rechtfertigt. Paradigmatisch für eine lange Liste möglicher Texte seien nur die folgenden beiden Texte genannt: B. Menke, „Das Schweigen der Sirenen. Die Rhetorik und das Schweigen", in: J. Janota (Hg.), *Kultureller Wandel und die Germanistik in der Bundesrepublik: Vorträge des Augsburger Germanistentages 1991*, Tübingen 1993, S. 134–162; und M. De Bruker, *Das resonante Schweigen. Die Rhetorik der der erzählten Welt in Kafkas ‚Der Verschollene', Schnitzlers ‚Therese' und Walsers ‚Räuber'-Roman*, Würzburg 2008.

[7] „Worüber jemand schweigen kann, charakterisiert ihn ausdrucksvoller als Reden es könnten, deren positive Inhalte hoffnungslos ausgelaugt sind. Das Schweigen schont die Worte; manchem gibt es die Chance, sich zu erholen." Gerd Mattenklott beschreibt hier das Nicht-Sprechen-Können als ein Zeichen persönlicher Macht angesichts dem zunehmenden Abnutzung der Worte – und verbindet so auf gewisse Weise alle drei genannten Formen des Schweigens in einer; vgl. G. Mattenklott, „Gewinnen, nicht siegen. Kommentare zu zwei Texten von Kafka", in: *Merkur 39* (1985), S. 961–968, hier: S. 967.

[8] Vgl. M. Foucault, *Die Ordnung des Diskurses*, Frankfurt am Main 1971.

[9] Vgl. J. L. Austin, *How to do Things with Words*, Cambridge 1962, S. 118.

der Bandbreite von: an einer bestimmten, hier und jetzt stattfindenden Kommunikation zwischen zweien bis hin zu: an der herrschenden Kommunikation überhaupt.

Zu schweigen schließlich, weil, was gesagt werden soll, gar nicht mit den Mitteln der Sprache sagbar ist, scheint zuerst Teil der größeren erkenntnistheoretischen Frage: Wie überhaupt von Dingen sprechen? und damit praktisch, d. i. sozialphilosophisch irrelevant. Doch ist dem nicht zwingend so: Denn wenn die zweite genannte Ebene des Schweigens – die des: dem anderen das Wort verweigern oder erteilen – als eine Verweigerung bzw. Gabe gegenüber einer größeren oder kleineren Kommunikationsgemeinschaft und ihren Gesetzen gelten kann, kann das Schweigen angesichts der Unsagbarkeit als eine Verweigerung gegenüber dem Gesetz der Sprache überhaupt angesehen werden. Und damit einer Verweigerung gegenüber ihrer Macht, die eben immer auch eine sozial verfestigte Macht ist. Darauf werde ich bei Kafka noch genauer zu sprechen kommen.

Zuvor aber sei noch ein letzter wichtiger Aspekt des Schweigens betrachtet. Da, egal um welche Form des Schweigens es geht, Schweigen immer zuerst ein Nichts ist, ist jedes Schweigen weit mehr noch als jedes Reden vom Virus der Vieldeutigkeit geprägt. Eben deshalb lädt es auch in besonderer Weise zu Missverständnissen ein und auch zum Spiel mit der Vieldeutigkeit, was besonders den, der auf eine eindeutige Aussage oder Antwort angewiesen ist, dem Schweigenden gegenüber in eine äußerst missliche Lage bringt. So wie es umgekehrt den Schweigenden mit einer unproportional machtvollen Position ausstattet. Um die Vieldeutigkeit eines Schweigens in die (natürlich immer nur relative) Eindeutigkeit einer Aussage zu überführen – was, da Schweigen stets ein Einsatz in einem Kommunikationsgeschehen ist, unabdingbar ist –, muss man das Nichts des Schweigens irgendwie in ein Etwas zu verwandeln, ihm Qualitäten von Etwas zuzusprechen (ohne es zu einem Etwas zu machen). Dazu braucht es, in der Sprache der Sprechakttheorie gesprochen, „indicating devices"[10], die anzeigen, wieso eine bloße Stille oder eine Stummheit oder gar ein Reden ein Schweigen ist (und eben nicht einfach nur eine Stille oder eine Stummheit oder ein Reden). Und es braucht darüber hinaus Indikatoren, die anzeigen, *wie* das angezeigte Schweigen zu verstehen ist, d. i. *als was* es zu verstehen ist: als ein Verschweigen eines Thema oder einer Wahrheit, ein Verweigern oder Eröffnen eines Kontakts oder als ein Tribut an die Unsagbarkeit, das Scheitern der Sprache (und ihrer Machtansprüche). Pragmatisch scheinen sich derartige Indikatoren leicht bestimmen zu lassen: Im Anschluss an sprachpragmatische Bestimmungen von Schweigen[11] legen Ort, Zeit und vor allem: die Situation des Sprechens die Anwesenheit und Bedeutung von Schweigen fest. Da, wo *gewöhnlicher-* oder *konventionellerweise* ein bestimmtes Etwas des Äußerns erwartet wird – z. B. die Antwort auf eine Frage – taucht plötzlich, überraschenderweise ein Nichts auf: eben ein Schweigen. Das dann *verstanden* werden kann, weil es als bestimmte Negation im Sinne Hegels fungiert: Es ist die Negation dessen, was *gewöhnlicherweise* hätte gesagt oder getan werden sollen – das Schweigen ist das Nichts von etwas Bestimmten. So sehr dies auch in einigen Fällen ein erster Ansatz für die mögliche Interpretation des Schweigens sein mag, so sehr bleibt eine solche Bestimmung des Interpretationsmaßes doch unbefriedigend: Etwa bei einem

---

[10] Vgl. J. R. Searle, *Speech acts. An Essay in the Philosophy of Language,* Cambridge 1969, S. 30.
[11] Eine schöne Übersicht über sprachpragmatische und sprachwissenschaftliche Positionen zum Schweigen findet sich bei Ulrich Schmitz, „Beredetes Schweigen", S. 16.

Redetabu wird ja gerade erwartet, dass etwas nicht gesagt wird. Von was ist dann das Schweigen insofern Verschweigen, das dem Redetabu entspricht, eine bestimmte Negation? Zudem gibt die Situation – und zwar: auch pragmatisch – selten eindeutig her, ob eine Stille überhaupt ein Schweigen ist und nicht („Du hast doch was, was ist denn?" – „Nichts."), auf welcher Ebene ein Schweigen – gesetzt, dass man es als solches hat festmachen können – zu verorten ist. Außer vielleicht in extrem ritualisierten Formen (wie im Rahmen etwa einer Eheschließungszeremonie: „Wer gegen diese Ehe Einspruch erheben möchte rede jetzt oder schweige für immer!") lässt sich ein Schweigen, das trotz allem zuerst ein Nichts bleibt, wesentlich schwieriger konventionalisieren als jede explizite Rede. Dessen eingedenk scheint es sinnvoller, statt schlicht einen – nur pragmatisch lösbaren – Mangel des Schweigens zu konstatieren, positiv festzuhalten, dass es zum Schweigen dazu zu gehören scheint, dass nicht nur das Was oder Wer des Nichts Sagens unklar ist; sondern auch, dass eine Anwesenheit von Indikatoren des *Ob* und der *Natur* des Nichts Sagen, die als Indikatoren in dieser Anwesenheit zugleich stets zweifelhaft, Gegenstand einer weiteren Kommunikation sind („Du hast doch was, das merk' ich doch, was ist denn?" „Nichts" usf.). D. h. zum Schweigen als Kommunikationsform gehört nicht nur die Kommunikation, deren Teil das Schweigen ist, sondern immer auch – mitanwesend – eine Kommunikation über diese Kommunikation, die selbst wieder vom Virus des Schweigens infiziert sein kann. Womit die Kommunikationsform „Schweigen" einem ähnlichen Taumel ausgesetzt zu sein (und zugleich zu produzieren) scheint, wie die Ironie: die explizit fassen zu wollen ebenfalls nicht selten in einem Schwindel unendlicher Auflösung von Kommunikation überhaupt mündet.[12]

---

[12] Über das Genannte hinaus gibt es natürlich noch viele andere Aspekte, die man mit Blick auf das Schweigen thematisieren könnte, von denen zwei wenigstens kurz genannt seien: Einerseits die Tatsache, dass, wiewohl Schweigen als Schweigen äußert schwierig überhaupt festzustellen ist, es doch – notgedrungen – immer schon gedeutet wird. Was sogar juridische Konsequenzen haben kann: So gab es etwa, berichtet Peter Burke in seinen „Randbemerkungen zu einer Sozialgeschichte des Schweigens" (in: *Reden und Schweigen. Zur Geschichte sprachlicher Identität*, Berlin 1994) in der englischen Armee noch bis in die 50er Jahre den Straftatbestand des „Überhebliches Schweigens". Im Anschluss an solche Entdeckungen kann man tatsächlich beginnen, eine Kulturgeschichte des Schweigens zu entwerfen: Schweigevorschriften nach zu zeichnen (etwa in Benimmbüchern), Orte des Schweigens und ihre Geschichte zu eruieren (die Bibliothek, die Kirche (das wird bei Kafka noch wichtig), Schweigen bei Tisch): Personengruppen und ihre Schweigepflicht zu betrachten (Frauen, Kinder; darüber hinaus gibt es ganze Schweigegemeinschaften und -praktiken, etwa unter Mönchen); auch die Geschichte der juridischen Figuren des Schweigens (wie die Entstehung des Rechtes auf Schweigen eines Angeklagten oder auch der Schweigepflicht von Ärzten, Anwälten und Geistlichen) ließe sich nachzeichnen und vieles mehr. Zudem ließe sich sehr viel ausführlicher über mögliche Motive des Schweigens nachdenken: Schweigen als Ausdruck von Respekt, aus Ehrfurcht und Vorsicht (bei Tisch etwa oder in der Kirche); oder aber – genau im Gegenteil – als ein Manöver der Täuschung (man gibt sich bedeutungsvoll schweigend, um in die Irre zu führen), als eine Strategie des Machterhalts u. ä. Dieser zweite Aspekt wird im Kafka-Teil des vorliegenden Textes wenigstens ansatzweise gestreift.

3. Kafkas soziale Welt

Von diesen allgemeinen Überlegungen zu verschiedenen Aspekten und Arten des Schweigens nun zu Kafka und den in seinem Werk vorgestellten, sozialphilosophisch relevanten Formen des Schweigens. Franz Kafka war und ist nicht ohne Grund für Philosophen verschiedenster Provenienz einer der wichtigsten Literaten deutscher Sprache überhaupt. Denn Kafka hat nicht nur eine besondere Sprache geprägt, sondern zugleich eine Welt beschrieben, die mehr als nur *eine* Welt ist, statt dessen Exempel von Welt. Das Exemplarische dieser Welt hat Kafka selbst nicht systematisch (sondern eben „nur" literarisch) dargelegt, was Autoren von Sholem über Benjamin und Adorno bis Derrida auf den Plan gerufen hat, dies an seiner statt zu versuchen, wobei sie bekanntlich zu durchaus unterschiedlichen Ergebnissen gekommen sind. Dies lässt darauf schließen, dass das Systematische, von dem das Exempel Exempel ist (oder sein soll), so eindeutig und auch so einfach nicht zu fassen ist (zumal ja auch Kafka selbst Zweifel daran genährt hat). Gleichwohl sei hier ein grober Versuch einer solchen systematischen Erfassung unternommen, da nur so der Ort und der Einsatz einsichtig wird, an dem das Schweigen, um das es gehen soll, in Kafkas Welt auftaucht.[13]

Vier Koordinaten oder Achsen scheint mir besonders wichtig in den Blick zu bekommen, will man Kafkas Welt erfassen. Zu allererst einmal muss man über Kafkas Begriff vom „Gesetz" nachdenken, das als oberste Macht oder Instanz die Kafka'sche Welt strukturiert bzw. – wie es treffender Agamben formuliert hat – in seinem Bann hält.[14] Der allergrößte Anteil philosophischer Interpretationen Kafkas umkreist bekanntlich genau diese Frage. Zweitens gilt es, die Figuren, die die Kafka'sche Welt bevölkern, genauer in Augenschein zu nehmen und analytisch auseinander zu dividieren. Dies ist deshalb für den sozialphilosophisch bestimmten Blick erfolgversprechend, weil Kafka – auch nach eigener Aussage – keine Individuen, sondern Typen oder Bilder von Menschen beschreibt.[15] Dann, drittens, sind die Arten des Umgangs, den diese Protagonisten miteinander pflegen, zu beachten, was bis dato erstaunlich selten geschehen ist. Es versteht sich fast von allein, dass auf dieser dritten Ebene das Schweigen als eigenständige Interaktionsform auftaucht. Dieses dritte Feld wird also das für die vorliegenden Über-

---

[13] Die Rede von „Kafkas Welt" ist an sich natürlich erklärungsbedürftig. Kafka wurde früh von Theoretikern und Philosophen „vereinnahmt", wogegen sich die Literaturwissenschaft mit einigem Grund schon in der 50er Jahren des letzten Jahrhunderts gewehrt hat (vgl. vor allem: F. Beißner, „Der Erzähler Franz Kafka" [1951], in: *Der Erzähler Franz Kafka und andere Vorträge*, Frankfurt am Main 1983), um ihn auch als Schriftsteller entdecken und bearbeiten zu können. Wenn im Folgenden stets von „Kafkas Welt" die Rede ist, dann soll damit in keiner Weise das Dichterische in Kafkas Werk geschmälert oder gering geschätzt werden; sondern es geht einzig darum zu fragen, ob, wenn man die soziale Welt, so, wie sie in seinen Texten vorgestellt wird, als Bild der ihn umgebenden sozialen Welt versteht, man diesem Bild etwas abgewinnen kann zum Verständnis bestimmter Formen des Schweigens.
[14] Vgl. G. Agamben, *Homo sacer. Die souveräne Macht und das nackte Leben*, Frankfurt am Main 2002.
[15] Von Janouch angesprochen darauf, dass eine seiner Figuren – Karl Rossmann – „so lebendig" sei, antwortet Kafka: „Das ist nur ein Nebenprodukt. Ich zeichnete keine Menschen. Ich erzählte eine Geschichte. Das sind Bilder, nur Bilder." Vgl. G. Janouch, *Gespräche mit Kafka*, Frankfurt am Main 1961, S. 28.

legungen wichtigste Feld werden. Schließlich gilt es, viertens, Kafkas Topographien nachzuzeichnen, da sie maßgeblich die Systeme von Ein- und Ausschlüssen strukturieren, nach denen die Kafkasche Welt funktioniert. Da dabei freilich das Auge und nicht das Ohr wichtigstes Orientierungsorgan ist – die Stimme, das werden wir noch sehen, durchdringt Mauern und Abgrenzungen und ist als solche ubiquitär – werde ich diesen vierten Teil fast vollständig vernachlässigen.

a. Das Gesetz

Über das Gesetz in Kafkas Werk ist viel geschrieben und nachgedacht worden: ob es das göttliche ist oder ein menschliches, ob es Ausdruck von Kafkas Judentum war oder gerade nicht und vieles mehr.[16] Was mich an der Figur des Gesetzes einzig interessiert ist, wie weit es die soziale Welt, die Kafka vorstellt, strukturiert. Um diese Strukturierungsmacht des Gesetzes besser bestimmen zu können, scheint mir die Abgrenzung von anderen Gesetzes-Begriffen hilfreich: Die Abgrenzung vom *Naturgesetz*, vom *moralischen Gesetz* und vom *juridischen Gesetz*. Mit dem *Naturgesetz* – in dem es nicht aufgeht, weil unter dem Gesetz sich bei Kafka stets Spielräume auftun, Wahlmöglichkeiten entstehen – teilt es die Unausweichlichkeit, Unabwendbarkeit: das Gesetz kommt stets wie ein Schicksal über die Protagonisten. Und in dieser Schicksalhaftigkeit hat es – das hat schon Benjamin betont[17] – stets eine biopolitische Seite: Bei Kafka geht es für den vom Gesetz Betroffenen nie einfach um Recht oder Unrecht, Schuld oder Unschuld, Strafe oder Straffreiheit, sondern um Leben und Tod: in *Das Urteil*, in *Der Prozess*, in *Das Schloß* und auch in *In der Strafkolonie*. Mit dem moralischen Gesetz – von dem sich das Kafka'sche Gesetz negativ abhebt dadurch, dass es bei Kafka nie um Gewissensfragen, um Selbstzermartung des Schuldigen geht (wie etwa bei Dostojewski), sondern Schuld stets von außen zugesprochen wird – teilt es paradoxerweise gleichwohl die Innerlichkeit (auch das ein biopolitischer Zug): Es betrifft den Einzelnen zwar von Außen, bleibt aber nicht äußerlich, sondern setzt sich in seinem Leben von innen her fest, bleibt auch im Inneren unabweisbar. Das Gesetz ist bei Kafka weniger das, was dem ansonsten von ihm unbetroffenen Einzelnen Grenzen setzt, die der Einzelne nicht zu übertreten hat, als vielmehr ein Gesetz seines Lebens, seines Seins, seines So-und-nicht-anders-Seins. Mit dem juridischen Gesetz schließlich teilt das Kafka'sche Gesetz die Formen: Es gibt Prozesse, Verfahren, Akten, Rechtsanwälte, Richter, Eingaben usf., in denen das Gesetz sich verwirklicht – aber diese Verfahren sind zugleich immer „besondere" Verfahren, *undurchsichtig* in ihren Entscheidungsprozessen und damit der Idee von Recht

---

[16] Ein schöner Überblick über die Rezeptionsgeschichte Kafkas und ihre verschiedenen Schwerpunktsetzungen findet sich bei M. Müller, *Erläuterungen und Dokumente. Franz Kafka: Der Prozeß*, Stuttgart 1993, S. 94 ff.

[17] In seinem Aufsatz „Schicksal und Charakter" von 1919 (in: *Zur Kritik der Gewalt und andere Aufsätze*, Frankfurt am Main 1965, S. 66–77) bindet Benjamin sowohl die Idee des Rechts auch die des Schicksals an die des „nackten Lebens" („Schicksal ist der Schuldzusammenhang des Lebendigen", heißt es apodiktisch an zentraler Stelle, S. 72).

entgegengesetzt.[18] Der zentrale juridische Aspekt des Gesetzes neben den Formen des Justizapparates aber ist, dass das Gesetz *urteilt*: d. h. es spricht, erscheint, macht sich bemerkbar, indem es Urteile fällt, die stets Verurteilungen sind (diese doppelte Funktion des Urteils als einfacher Aussagesatz und zugleich einer Verurteilung hat vor allem Derrida zur Grundlage seiner Kafka-Lektüre gemacht[19]). Dabei fallen diese Urteile nicht wie ein Fallbeil – auch, wenn es dem Hauptprotagonisten zu Anfang stets so vorkommt, weil das Urteil aus heiterem Himmel zu kommen scheint –, sondern „das Verfahren geht langsam in ein Urteil über", wie es in *Der Prozess* heißt. Von nichts anderem handeln Kafkas Erzählungen: Die Zeit des Gesetzes, die seiner Wirksamkeit ist stets die zwischen irgendwo zumeist unhörbar gefälltem Urteil und sich daran anschließendem Prozess (in dem der Hauptprotagonist sich zuerst gegen das Urteil zu wehren sucht, dabei aber selbst verwandelt wird, einen Prozess durchläuft, bis dahin, das Urteil anzuerkennen), dessen Ende dann zumeist den Tod bedeutet. Die Zeit der Protagonisten ist damit die Zeit des „Prozesses", d. i. der Entwicklung oder „Verwandlung" zwischen dem ausgesprochenen Urteil und dem Ende des Lebens. In dieser Zeit lebt der Protagonist unter dem Gesetz (was vorher war bleibt offen), das nun all sein Tun in seinem Bann hält. Auf eine Formel gebracht: Indem das Urteil als Verurteilung des Einzelnen ausgesprochen wird (die immer seine Verurteilung zum Tode ist), beginnt paradoxerweise erst das Leben der Kafka'schen Protagonisten, das als Leben ein Leben im Bann des Gesetzes ist.

In all dem – und auch das zu sehen ist wichtig – ist das Gesetz als Gesetz unzugänglich, entzieht sich permanent (in *Das Schloß* kommt K. nie bis ins Schloss, Joseph K. in *Der Prozeß* bekommt niemals seinen Ankläger zu Gesicht, die Schrift der Strafmaschine in *In der Strafkolonie* ist nicht zu entziffern usf.), es ist, wie es in *Der Prozeß* im Kapitel „Im Dom" heißt, „den Menschen entrückt", oder, wie Kafka in *Zur Frage des Gesetzes* sagt, uns „nicht allgemein bekannt" (wobei es, wie er hinzufügt doch „etwas äußerst Quälendes [ist], nach Gesetzen beherrscht zu werden, die man nicht kennt"[20]). Diese Unzugänglichkeit des Gesetzes freilich mindert seine Macht nicht, sondern im Gegenteil: es steigert sie bloß. Damit tut sich ein weiteres Paradox der Kafkas'chen Welt auf: Zwar spricht das alles in seinen Bann schlagende Gesetz qua Urteil, macht sich nur bemerkbar, indem es urteilt (ist also so gesehen nur als ein Sprechakt oder insofern es sprechhandelt), aber: seine Macht bezieht es dabei vor allem aus seinem Entzug (also einem „negativen" Sprechakt), der zumeist als ein Schweigen erfahren wird.

Bevor ich diesen für mich zentralen, weil auf ein Schweigen verweisenden Aspekt des Gesetzes genauer ausführe, noch kurz ein Blick auf ein weiteres Charakteristikum besagten Gesetzes in Kafkas Welt, das mir erwähnenswert erscheint. Denn wiewohl das Gesetz als Gesetz auch bei Kafka natürlich allgemein ist, bezieht es sich bei ihm doch stets nur auf den Einzelnen. Es ist Gesetz nur, indem es für den Einzelnen ist, er in seinem Angesicht steht. Nie geht es bei Kafka um Gesetze, die ganze Gruppen betreffen

---

[18] Zu Kafkas Verhältnis zum Recht und vor allem Rechtsritualen siehe: Ulf Abraham, „Rechtsspruch und Machtwort. Zum Verhältnis von Rechtsordnung und Ordnungsmacht bei Kafka", in: W. Kittler, G. Neumann, *Franz Kafka: Schriftverkehr*, Freiburg 1990, S. 248–278.
[19] Vgl. J. Derrida, *Préjugés. Vor dem Gesetz,* Wien 1992.
[20] Vgl. F. Kafka, „Zur Frage der Gesetze", in: *Die Erzählungen*, Frankfurt am Main 1996, S. 365–367; hier: S. 365.

und gegen die diese Gruppen dann revoltieren, sondern das Gesetz, in dieser großen unspezifischen Form, trifft immer nur den Einzelnen. Diese Tür, heißt es in *Vor dem Gesetz*, war nur für dich bestimmt; der Mann vom Lande sitzt vor *dem* Gesetz, und doch ist dieses Gesetz nur für ihn. Diese oft bemerkte Singularität oder Singularisierung des Gesetzes bedeutet freilich nicht, wie man denken könnte, dass es nicht auch in die soziale Welt eingreift, im Gegenteil: Es gibt bei Kafka keine Ich-Du-Beziehung, die nicht über das Gesetz vermittelt wäre. Denn entweder ist einer der beiden der Beziehung selbst Vertreter des Gesetzes und die Beziehung, die zu ihm hergestellt wird, wird eben wegen dieser Funktion zu ihm hergestellt. Oder aber – was bei Kafka ausgesprochen selten der Fall ist – der andere ist kein Vertreter des Gesetzes, doch auch dann steht die Ich-Du-Beziehung stets im Bann des Gesetzes. Sei es, dass das gefallene Urteil die Themen diktiert – wie im Gesprächs K.s mit der Wirtin in *Das Schloß:* immer geht es darum, was das Schloss will und wie man bestmöglich damit umgeht –, sei es, dass K. sich vom anderen irgendeinen Vorteil für die Verhandlungen mit dem Gesetz erhofft (dies betrifft vor allem K.s Verhältnis zu Frauen, auch dann, wenn dieses Verhältnis zuerst erotisch bestimmt scheint). Das Gesetz, das stets nur den Einzelnen trifft, ist durch diesen Einzelnen hindurch stets zugleich das Gesetz des Sozialen: denn es trägt und bestimmt jede Beziehung auch des Einzelnen zu anderen und zum anderen. Singularität und Sozialität schließen bei Kafka einander somit nicht aus, sondern bedingen einander.

b. Die Figuren der Kafka'schen Welt

Und damit wäre ich auf der zweiten Ebene der Kafka'schen Welt angelangt: der der Figuren oder Gestalten. Klar ist, dass es zumeist einen Hauptprotagonisten in seinen Erzählungen gibt, der sich durch eine bestimmte Reihe mehr oder minder deutlich ausgeprägter Charakterzüge auszeichnet: Er ist meist borniert, aggressiv, besitzt wenig Empathie, ist dabei ebenso ordnungsversessen wie beratungsresistent, weiß sich im Recht und versucht dies auch mit einiger Gewalt durchzusetzen. Der für die vorliegenden Überlegungen wichtigste Zug an ihm aber ist, dass er an das Recht, d. i. an den egalitären Austausch vernunftgestützter Argumente angesichts allgemeiner Regeln glaubt: was ihn einerseits an das Gesetz bindet, andererseits – da dieses Gesetz eben im Recht nicht aufgeht (wie oben dargelegt) – in genau diesem Gesetz sich auf tragische Weise verfangen macht. Darauf wird noch zurück zu kommen sein.

Diesem Hauptprotagonisten stehen vor allem zwei große Gruppen anderer Protagonisten gegenüber (die sich bisweilen überschneiden): einerseits die Vertreter des Gesetzes: seine Beamten, Exekutanten und Boten. Andererseits Repräsentanten des „normalen" Lebens: Arbeitskollegen, Nachbarn, Dorfbewohner. Die Repräsentanten des Gesetzes sind zumeist ganz und gar von ihm gezeichnet: all ihre Aktionen sind Aktionen in seinem Dienste, dabei sind sie sich ihrer Macht bewusst, die sie fest als Pfand in den Händen halten und auch aggressiv einsetzen – auch, wenn sie dabei von einer eigenen Melancholie gezeichnet sind (man denke nur an den Dorfvorsteher in *Das Schloß*). Die Kollegen, Nachbarn und Dorfbewohner – die hier und da auch Vertreter des Gesetzes sind oder eine Funktion für das Gesetz ausüben, wenn auch nur am Rande – sind anders als K. ihrem Schicksal ergeben, gehorsam dem Gesetz gegenüber (auch vorauseilend gehorsam), abweisend, grob und – in auffallendem Gegensatz zum Aktionismus des Hauptprotagonisten – ausgesprochen passiv, die Dinge erleidend. Sie haben sich dem Gesetz unlängst ergeben, auch – oder gerade weil – sie es nicht verstehen.

Neben diesen beiden großen Gruppen gibt es noch eine Reihe weiterer Figuren, deren Status unklar ist: zum einen oft schwer identifizierbare Zwischenwesen (Inbegriff dessen ist Odradek aus *Die Sorge des Hausvaters,* ein Wesen, dass mehr einer Spindel gleicht als einem Menschen, aber auch die Boten und Gehilfen, deren Identität fließend scheint, wenig fassbar), zum anderen die immer wieder auftauchenden Kinder, die unschuldig und machtvoll zugleich erscheinen, schwer zu verorten sind wie die Zwischenwesen und dadurch zugleich grenz- und ordnungsauflösend wirken (man denke an das Kind in *Unglücklichsein,* das genauso zur Bedrohung der häuslichen Ordnung wird wie Odradek).

Und dann gibt es schließlich noch, ganz selten, Einzelwesen, die ohne wirklichen Ort im vorgestellten Sozialgefüge sind, ohne doch deshalb in einem indefiniten Zwischen sich aufzulösen wie die beiden vordem genannten (d. i. die Boten oder Kinder). Dem Hauptprotagonisten K. hat vor allem Hannah Arendts besondere Aufmerksamkeit gewidmet (sie sieht in ihm den Inbegriff des Paria und damit des sich gegen Assimilation wehrenden Juden, der sich abgrenzt vom Parvenü[21]), Walter Benjamin dagegen hat sich vor allem den Zwischenwesen und Boten angenommen, in denen er ein messianisches Moment jenseits der großen Achsen der Texte findet.[22] Für mich dagegen werden die genannten Einzelwesen jenseits der großen Gruppen im Vordergrund stehen.

c. Arten des Umgangs

Fast all diese Figuren zeichnen sich bei Kafka nun nicht einfach nur durch ihr So-Sein, sondern zuerst durch ihre Art zu handeln, genauer: sich handelnd auf andere und anderes zu beziehen aus (womit ich von der zweiten auf die dritte Ebene gewechselt wäre). Auf dieser Ebene gilt es generell zwei Arten von Umgang auseinander zu halten: Zum einen Arten des Umgangs mit dem Gesetz (wie der einzelne sich handelnd zum Gesetz und seinen Repräsentanten verhält), zum anderen Arten des Umgangs mit anderen Mitgliedern des sozialen Raums. Ich beginne mit letzterem.

Zwischen den Figuren der Welt Kafkas scheint es nur zwei Modi des Miteinander-Umgehens zu geben, wobei beide scharf voneinander getrennt sind und doch innerhalb weniger Augenblicke und ohne jede Vermittlung ineinander umschlagen können. Die erste Art des Umgangs ist die stark formalisierter Höflichkeit, die von permanenten Entschuldigungen und Vorsichtserklärungen geprägt ist; die Figuren wirken hier wie Marionetten, Vertreter einer Etikette, die sie aller persönlicher und individuierender Züge beraubt hat. Dagegen steht der offene und erbitterte Kampf (insgesamt ist Kafkas Welt von einem immensen Aggressionspotential gezeichnet), der in ganzer Rohheit mit Worten und auch Stöcken geführt wird (einer der Höhepunkte dessen ist sicher der Prüg-

---

[21] Vgl. H. Arendt, „Frank Kafka: Der Mensch mit dem guten Willen" und „Franz Kafka", in: *Die verborgene Tradition,* Frankfurt am Main 1976, S. 62–71 und S. 88–107.
[22] Vgl. W. Benjamin, „Franz Kafka. Zur zehnten Wiederkehr seines Todestages", in: *Gesammelte Schriften,* Bd. II, 2, Frankfurt am Main 1977, S. 409–438.

ler in *Der Prozeß*, aber auch K.'s Verhalten seinen Gehilfen gegenüber in *Das Schloß* ist hier stilbildend). Wenn der Kampf mit Worten ausgetragen wird (was in der Mehrzahl der Fälle so ist), ist das Was des Sagens fast nebensächlich: auf Argumente wird wenig gehört, da sie in der Welt Kafkas nahezu ohne Einfluss sind. Weit wichtiger ist das Wie des Sagens, der Ton, indem etwas vorgetragen wird. Paradigmatisch sei hier die frühe Gerichtsszene in *Der Prozeß* genannt: Sprache wird dort nicht vorgestellt als ein Medium zum Austausch von Informationen, sondern Sprache ist dort etwas rein Physisches, eine Kraft, die ein Gegenüber – in diesem Fall das Auditorium, eine Masse eng aneinander gepferchter, zu einem Wesen zu verschmelzen scheinender Körper, die sich nur durch ein Murren oder die von ihm ausgestoßenen Laute äußert – in diese oder jene Richtung zu drängen versucht. Diese Idee einer direkt auf die *physis* zielenden Sprache, die mehr Kommunikation einer Kraft denn von Informationen ist, radikalisiert Kafka in eine Welt reiner Tonalität: die Kafka'sche Welt ist insgesamt voll von bloßen Klängen, deren Inhalt fast nichts ist, deren Wirksamkeit aber nur umso größer. Man denke nur an den der Gesang der Josephine in *Josephine die Sängerin*, ein Gesang, der als „Gesang nichts Außerordentliches darstellt" [23], eigentlich gar kein Gesang war, sondern mehr ein Pfeifen, und da auch mehr ein schwaches – das dennoch von „großer Wirkung" ist, denn – und hier beginnt die Verbindung zu unserem Thema – es bringt eine „große Stille" hervor, so dass der Erzähler sich fragt: „Ist es der Gesang, der uns entzückt, oder nicht vielmehr die Stille, von der das schwache Stimmchen umgeben ist?" [24] Dieser aus der ihn umgebenden Stille wirkende Gesang meidet Störungen nicht nur nicht, sondern sucht sie geradezu, so dass „alles, was sich von außen her der Reinheit ihres Gesangs entgegenstellt, in leichtem Kampf, ja ohne Kampf, durch bloße Gegenüberstellung besiegt wird", was dazu beiträgt, „die Menge zu erwecken, sie zwar nicht Verständnis, aber ahnungsvollen Respekt zu lehren" [25], und so „aus schlimmer politischer oder wirtschaftlicher Lage zu retten" [26].

Diese Macht der Tonalität des Sprechens, dieser Einsatz von Sprache als physischer, dem Leib entspringender und auf Leiber wirkender Kraft, wird nur von zwei Mächten noch übertroffen: einerseits der Stille (das hier ein Schweigen ist). Darauf komme ich noch zurück. Und andererseits der Schrift (vor allem in *In der Strafkolonie*), die als Schrift die höchste Form des Gesetzes darstellt („Du achtest die Schrift nicht genug!" mahnt der Pfarrer Joseph K. In *das Schloß* im Domkapitel) und dabei direkt auf den Körper einwirkt, indem sie sich mit Hilfe von Nadeln in ihn einschreibt (bis zum elenden Tod des Protagonisten). Die Grenze zwischen einem „nur" sprachlich und einem physisch geführten Kampf ist hier vollständig aufgehoben. Die Sprache der Kommunikation ist in Kafkas Welt eine in Worten kondensierte Kraft, die weit tiefer – d. i. im Leib – ansetzt als jede auf Informationsaustausch setzende Sprache, und die zuerst dem Kampf

---

[23] Vgl. F. Kafka, „Josefine die Sängerin oder Das Volk der Mäuse", in: *Erzählungen*, S. 518–538; hier: S. 519.
[24] Ebd., S. 521.
[25] Ebd., S. 522.
[26] Ebd., S. 525.

dient: es ist die Sprache der Rhetorik nicht der Vernunft, die der Musik näher steht als dem Wort.[27]

Dem Gesetz gegenüber, das sich stets entzieht und unzweideutig eine höhere Macht bedeutet, wiederholen sich diese zwei Arten des Umgangs, wenn auch in verschobener Form. Auf Seiten des Hauptprotagonisten stellt sich Höflichkeit dem Gesetz gegenüber zuerst als ein korrektes Einfordern von Rechten dar, das aber ebenfalls schnell umschlägt in einen Kampf, wo es sich dann als ein kämpferisches Nehmen-Wollen von Rechten präsentiert. Mit dieser Strategie freilich steht der Hauptprotagonist ziemlich allein da, denn alle anderen Figuren der Kafka'schen Welt stehen dem Gesetz sehr viel ergebener gegenüber. Kleine Tricks und Umwegsstrategien versuchen sie hier und da (darauf wird sich auch der Hauptprotagonist im Laufe des Verfahrens mehr und mehr verlagern, wenn er merkt, dass mit direkten Forderungen – wie in der Eingangsszene von *Das Schloß* – nichts zu erreichen ist), ohne sich aber damit gegen das Gesetz als solches zu erheben (was auch K. nicht tut), sondern immer nur in der Hoffnung, ihm ein Stück näher zu kommen, Zugang zu ihm finden, um dann dort Gnade zu erfahren (eben jene Gnade, die zu erfahren K., der zuerst sein „Recht" will, strikt ablehnt). Letzte Konsequenz und zugleich erniedrigender Höhepunkt dieser Art des Umgangs mit dem Gesetz ist ein Verhalten bedingungsloser Unterwerfung (dem auch K. immer näher kommt): das stundenlange Warten an irgendwelchen Orten, an denen möglicherweise irgendein Repräsentant des Gesetzes vorbei kommen könnte, dem man dann, wenn man Glück hat, ein Bittgesuch überreicht, dass eventuell das Gesetz milde stimmt – wenn dieses Gesuch das Gesetz überhaupt erreicht (was alles andere als gewiss ist). Diese – natürlich scheiternde – entwürdigende Strategie zu wählen drängt nur aus einem Grund sich auf: aus dem, dass alle anderen Strategien zuvor schon gescheitert sind (einschließlich der Kampfstrategien K.s). Hoffnung gebe es, so lautet eines der berühmtesten von Max Brod überlieferten Worte Kafkas, „nur nicht für uns".[28] Und diese Hoffnung ist eben stets eine auf „Rettung", nicht Verständigung oder Wahrheit.

4. Amalias Schweigen

Die für uns entscheidende Frage ist nun: Welche Rolle spielt in dieser – hier natürlich nur grob skizzierten – Welt das Schweigen, genauer: welche Arten von Schweigen gibt es und wie strukturieren diese verschiedenen Arten von Schweigen die vorgestellte Welt. Die Antwort auf diese Frage sei eingeleitet mit einem Blick in einen kleinen, für das vorliegende Thema unumgehbaren Text Kafkas:

„Das Schweigen der Sirenen

Beweis dessen, daß auch unzulängliche, ja kindische Mittel zur Rettung dienen können: Um sich vor den Sirenen zu bewahren, stopfte sich Odysseus Wachs in die Ohren und

---

[27] Zu Rolle und Funktion von Musik in Kafkas Werk siehe: G. Neumann, „Kafka und die Musik", in: W. Kittler, G. Neumann, *Franz Kafka: Schriftverkehr*, S. 391–398.
[28] Dargelegt in: W. Benjamin, „Franz Kafka. Zur zehnten Wiederkehr seines Todestages", S. 414.

ließ sich am Mast festschmieden. Ähnliches hätten natürlich seit jeher alle Reisenden tun können, außer denen, welche die Sirenen schon aus der Ferne verlockten, aber es war in der ganzen Welt bekannt, daß dies unmöglich helfen konnte. Der Sang der Sirenen durchdrang alles, und die Leidenschaft der Verführten hätte mehr als Ketten und Mast gesprengt. Daran aber dachte Odysseus nicht, obwohl er davon vielleicht gehört hatte. Er vertraute vollständig der Handvoll Wachs und dem Gebinde Ketten und in unschuldiger Freude über seine Mittelchen fuhr er den Sirenen entgegen. Nun haben aber die Sirenen eine noch schrecklichere Waffe als den Gesang, nämlich ihr Schweigen. Es ist zwar nicht geschehen, aber vielleicht denkbar, daß sich jemand vor ihrem Gesang gerettet hätte, vor ihrem Schweigen gewiß nicht. Dem Gefühl, aus eigener Kraft sie besiegt zu haben, der daraus folgenden alles fortreißenden Überhebung kann nichts Irdisches widerstehen. Und tatsächlich sangen, als Odysseus kam, die gewaltigen Sängerinnen nicht, sei es, daß sie glaubten, diesem Gegner könne nur noch das Schweigen beikommen, sei es, daß der Anblick der Glückseligkeit im Gesicht des Odysseus, der an nichts anderes als an Wachs und Ketten dachte, sie allen Gesang vergessen ließ. Odysseus aber, um es so auszudrücken, hörte ihr Schweigen nicht, er glaubte, sie sängen, und nur er sei behütet, es zu hören. Flüchtig sah er zuerst die Wendungen ihrer Hälse, das tiefe Atmen, die tränenvollen Augen, den halb geöffneten Mund, glaubte aber, dies gehöre zu den Arien, die ungehört um ihn verklangen. Bald aber glitt alles an seinen in die Ferne gerichteten Blicken ab, die Sirenen verschwanden förmlich vor seiner Entschlossenheit, und gerade als er ihnen am nächsten war, wußte er nichts mehr von ihnen. Sie aber – schöner als jemals – streckten und drehten sich, ließen das schaurige Haar offen im Winde wehen und spannten die Krallen frei auf den Felsen. Sie wollten nicht mehr verführen, nur noch den Abglanz vom großen Augenpaar des Odysseus wollten sie so lange als möglich erhaschen. Hätten die Sirenen Bewußtsein, sie wären damals vernichtet worden. So aber blieben sie, nur Odysseus ist ihnen entgangen.

Es wird übrigens noch ein Anhang hierzu überliefert. Odysseus, sagt man, war so listenreich, war ein solcher Fuchs, daß selbst die Schicksalsgöttin nicht in sein Innerstes dringen konnte. Vielleicht hat er, obwohl das mit Menschenverstand nicht mehr zu begreifen ist, wirklich gemerkt, daß die Sirenen schweigen, und hat ihnen und den Göttern den obigen Scheinvorgang nur gewissermaßen als Schild entgegengehalten."[29]

Die Sirenen also, deren Macht seit je in ihrem Gesang – einem reinen Klang, einer Sprache des Leibes – bestanden hat, hatten „eine noch schrecklichere Waffe, nämlich ihr Schweigen" – Schweigen wird hier deutlich als gesteigerte Form des reinen Klangs, einer auf reine Wirksamkeit setzenden Rede vorgestellt. Dieses Schweigen ist dabei, das zeigt der Text unzweideutig, eines, das gehört werden muss, um wirksam werden zu können: „Odysseus", heißt es, „hörte ihr Schweigen nicht", und nur deswegen konnte er sich der Macht dieses Schweigens entziehen. Das Nichts des Schweigens muss als ein Nichts des Sagens wahrgenommen werden, muss als Nichts ein Etwas sein, das natürlich gleichwohl Nichts bleibt, um seine Wirkung zu entfalten.

Gerichtet ist diese Wirksamkeit dabei nicht auf Verständigung oder ein Ans-Licht-Bringen einer verborgenen Wahrheit oder das Wiedererlangen von Recht (durch das

---

[29] Vgl. F. Kafka, *Die Erzählungen*, Frankfurt am Main 1996, S. 351–352.

Ausbreiten von Argumenten), sondern auf „Rettung" (eben diesen „Beweis" will der Text ja liefern, dass „unzulängliche, ja kindische Mittel zur Rettung dienen können"[30]). „Rettung" meint dabei zuerst, der Macht, die in der Beziehung zum anderen waltet und die stets eine Gefahr für das eigene Leben bedeutet (weil sie „in das Innerste dringen" und das Leben von dort bestimmen kann), zu entkommen. Und zwar nicht durch eine Flucht vor dieser Macht, sondern dadurch, dass man, gerade wenn man dieser Macht am nächsten ist, von ihr nichts weiß, nichts hört. Das Nichts im Nichts Hören, das ein Nichts Sagen beantwortet (und damit selbst ein Nichts Sagen wird: weil es eine Antwort ist, die durch Nichts antwortet), verfügt damit über eine Art Macht der Selbsteinklammerung (ein sich in den Machtzusammenhängen aus diesen ausklinken), die man als „Schild" dem Zugriff der Macht entgegen hält und so ihr Eindringen „in sein Innerstes" verhindert.

Dieses Schweigen der Sirenen samt der Antwort des Odysseus (selbst ein Schweigen), d. i. die Logik oder Dialektik dieser Formen des Schweigens durchherrscht Kafkas Welt, wenn sie auch – da von einem Nichts strukturiert – schwerer ins Bewusstsein rückt als der vernehmbare Kampf der Worte (was, wie der eben zitierte kleine Text ja darlegt, auch das Glück der Sirenen war: denn nur dadurch, dass sie kein Bewusstsein haben, also das Nichts des Nichts Hörens nicht erkannten, bewahrte sie vor ihrer „Vernichtung"). Dies wird zuerst einmal deutich daran, dass das Schweigen der Sirenen dem Schweigen des Gesetzes vergleichbar ist: auch das Gesetz, das wirkt und lebt im Urteil, kennt das Schweigen als seine „gefährlichste Waffe": es gehört zur „Einheit der Form", wie Luhmann/Fuchs sagen würden[31], und es stellt in dieser Einheit die machtvollere Seite dar; es wendet sich, so hat Agamben diese Struktur erfasst, dem Einzelnen zu, indem es sich von ihm abwendet.[32] Im finalen Domkapitel in *Der Prozeß* ist dies vielleicht am deutlichsten spürbar: In der letzten Szene, in der Joseph K. nach langen Versuchen, durch Gegenwehr verschiedenster Art seinem Urteil auszuweichen oder es abzuwenden, endlich vor einem Repräsentanten des Gesetzes, dem Gefängnispfarrer, steht, bringt dieser K. durch eine direkte Ansprache dahin, sich seinem Urteil nunmehr zu stellen: „Joseph K." hallt es da durch die Stille des Doms.[33] Dabei ist es offensichtlich nicht so sehr das Aussprechen seines Namens, das K. in den Bann des Gesetzesrepräsentanten schlägt, als vielmehr der Klang der Stimme, die zu ihm spricht: es ist „eine mächtige geübte Stimme", heißt es, die Joseph K. adressiert. Erst dieser „machtvolle Klang" erreicht K. in seinem Innersten, und bringt ihn so in Berührung mit seinem Urteil, genauer: macht es ihn berühren. Und doch hat K., wie Kafka betont, selbst in diesem Moment, in dem ihn das Gesetz qua Klang berührt, noch eine Wahl: „K. stockte", heißt es im Text, „und sah vor sich auf den Boden. Vorläufig war er noch frei, er konnte noch weitergehen und durch eine der drei kleineren dunklen Holztüren, die nicht weit vor ihm waren, sich

---

[30] Wobei als diese „kindischen Mittel" gemeinhin zuerst die im Text angeführten „Ketten" und „Wachs" gelten; vgl. dazu W. Kittler, *Der Turmbau zu Babel und das Schweigen der Sirenen. Über das Reden, das Schweigen, die Stimme und die Schrift in vier Texten von Kafka*, Erlangen 1985.
[31] N. Luhmann, P. Fuchs, *Reden und Schweigen*.
[32] Vgl. G. Agamben, *Homo sacer*, S. 60 ff.
[33] Vgl. F. Kafka, *Der Prozeß*, Frankfurt am Main 1996, S. 221.

davonmachen."³⁴ Das aber tut K. nicht, sondern er bleibt, wählt also die Unfreiheit und zwar aus folgendem Grund: „Hätte der Geistliche nochmals gerufen, wäre K. gewiß fortgegangen, aber da alles still blieb, drehte er doch ein wenig den Kopf"³⁵ – und bleibt, d. i. verfängt sich endgültig im Bann des Gesetzes. Die Stille, die in diesem Fall das Ausbleiben weiterer Worte bedeutet, schafft ein Nichts, dass Joseph K. erst wirklich in den Bann des Urteils zieht, das ihn zuvor nur angerührt hatte. Warum dieses Nichts dies vermag ist – in Kafkas Welt – schwer zu ermessen; wir erfahren wenig darüber, wenig Konkretes zumindest. Nur das erfahren wir überall in Kafkas Werk: Je mehr das Gesetz ein Nichts ist, je mehr es sich entzieht, dabei zur bloßen Drohung, d. i. zur „realen Möglichkeit", wie Schmitt es nennt³⁶, wird, desto stärker scheint seine Macht. Wo geredet wird, das Gesetz noch Vertreter schickt, mit denen verhandelt werden kann – wie der Ortsvorsteher oder der Lehrer in *Das Schloß,* der Richter in *Der Prozeß* –, da scheinen kleine Gewinne oder Arrangements noch möglich, zumindest die Illusion dieser Gewinne. Je größer aber das Schweigen – diese höchste Steigerungsform einer auf bloße Kraft reduzierten Sprache – des Gesetzes, desto stärker scheinen die Protagonisten von Kafkas Welt ihm ausgesetzt und desto deutlicher wird die Hilflosigkeit aller in Anschlag gebrachten Strategien der Gegenwehr: vom borniert-rechthaberischen Kampf bis zum larmoyant-unterwürfigen Bittgesuch. Die Macht, die das Leben in seinem Bann – und zugleich im Leben – hält, gibt sich hier, indem sie sich verweigert: es ist paradoxerweise der Abbruch der Kommunikation, der die Verbindung aufrechterhält. Als dränge das Nichts, das der Abbruch bedeutet, den Adressaten dieses Nichts notgedrungen dazu, diesem Nichts durch ein Etwas zu parieren, aus der vermeintlichen Leere eine Fülle werden zu lassen, um bloß der beunruhigenden Vieldeutigkeit, die dieses Nichts bedeutet, dem Eröffnen eines unendlich scheinenden Möglichkeitshorizont Herr zu werden – was aber notgedrungen scheitern muss und so nur nach immer weiteren Auffüllungsversuchen eines Nichts durch ein Etwas verlangt.

Nicht zwischen, sondern jenseits der Alternative von Rebellion oder Unterwerfung als mögliche Reaktion auf das Schweigen der Macht und ihre Macht des Schweigens, steht nun – auf der Seite möglicher Antworten – die Strategie des Odysseus. Der auf das Nichts Sagen des Gesetzes eben nicht antwortet mit einem Etwas, das dieses Nichts füllt, sondern selbst mit einem Nichts, einem Nichts Hören, das zugleich ein Nichts Antworten ist (also selbst ein Schweigen). Sich einklammert darin, dadurch die Macht des Gesetzes ausklammert (oder ausschaltet: eine Art Selbstepoché)³⁷. Denn durch diese Art

---

³⁴ Ebd.
³⁵ Ebd., S. 222.
³⁶ Vgl. C. Schmitt, *Der Begriff des Politischen: Text von 1932 mit einem Vorwort und drei Corollarien,* Berlin 2002, S. 32.
³⁷ In einer feinsinnigen Interpretation des Textes *Die Wahrheit über Sancho Pansa* und *Das Schweigen der Sirenen* liest Gerd Mattenklott die Texte als Allegorien des Schweigens: als Parabeln über die Strategie der Kunst, die Macht zu unterlaufen, ohne es aber ausdrücklich zu sagen. Auch wenn Mattenklott dabei den Schwerpunkt seiner Analyse auf die Macht und Wirkungsweise der Kunst legt, so teilt sein Ansatz mit dem vorliegenden doch die Intuition, dass bei Kafka eine Auseinandersetzung mit einer an sich unbesiegbaren Macht dargestellt wird, die nur zu gewinnen ist durch ein Schweigen, das aus der Logik der Macht aussteigt; vgl. Gerd Mattenklott, „Gewinnen, nicht siegen".

Selbsteinklammerung sorgt Odysseus auf listige Wiese dafür, „daß selbst die Schicksalsgöttin nicht in sein Innerstes dringen konnte". Dabei mag es nun so scheinen, dass ihm dies gelingt zuerst dank der ihm inhärenten Eigenmacht: immerhin ist er ein Held, ein deutlich jenseits der gewöhnlichen Menschen stehender Liebling der Götter. Doch ist – und das gezeigt zu haben ist vielleicht Kafkas wichtigste sozialphilosophische Leistung – die Strategie des Odysseus eben nicht nur seine, sondern auch andere, unscheinbarere Wesen der Welt Kafkas bedienen sich ihrer. Die vielleicht prominenteste ist dabei die Figur der Amalia aus *Das Schloß*. Amalia, deren Blick als „kalt" beschrieben wird, als „klar, unbeweglich, [...], nicht gerade auf das gerichtet, was sie beobachtete, sondern [...] – das war störend – ein wenig, kaum merklich, aber zweifellos daran vorbei"[38], die zudem „nicht leicht zu verstehen" ist, „weil man oft nicht weiß, ob sie ironisch oder ernst spricht".[39] Diese von allen als seltsam entrückt empfundene Schönheit ist die Schwester des Barnabas, d. i. des Boten, der K.s Verbindung zum Schloss ist, und die Schwester der Olga, die im Gegensatz zu jener bäuerlich-schlicht, dabei aber doch gutmütig wirkt. Alle drei wohnen samt ihrer hinfälligen Eltern in einer ärmlichen Kate, freilich erst, seit einer vermeintlichen Missetat Amalias: Sie hat einen ihr Avancen machenden Repräsentanten des Gesetzes abgewiesen („Das Entscheidende war, dass Amalia nicht auf den Herrenhof ging"[40]). Diese Abweisung, diese *Verweigerung* zieht ihre Verurteilung und auch die ihrer Familie nach sich: womit ihre soziale Ächtung und ihr Untergang besiegelt scheint. Ganz in der Logik des sich entziehenden Gesetzes zeigt sich im Zuge anhaltender Nachforschungen danach, wie genau dieses Urteil lautet und was sein Inhalt ist, wie immer unklarer wird, nicht nur *wie* besagtes Urteil lautet, sondern *ob* es dieses Urteil überhaupt gegeben hat; bis hin zu der Feststellung, dass man im Schloß – also dem Ort des Gesetzes – von einem derartigen Urteil nichts weiß. Nur das weiß man: „Man zog sich von uns zurück. Die Leute hier wie auch das Schloß."[41] Was seltsamerweise an der Wirksamkeit des Urteils – das es nicht gibt – nicht das Geringste ändert, im Gegenteil. Je mehr das Gesetz in Form eines Urteils als ein Nichts sich erweist, desto stärker seine zerstörerische Wirkung.

Bis auf die Mutter versuchen nun alle Familienmitglieder mit unterschiedlichen Strategien, sich diesem Urteil entgegen zu stemmen: Barnabas wird Bote, d. i. er wird zum Komplizen der Macht, der er so hofft, näher zu kommen und das Urteil revidieren zu können; Olga prostituiert sich in der Welt der „Normalen", mischt sich unter die hin und an in die dörfliche Gaststätte kommenden Gesetzesvertreter und hofft so auf deren Gefälligkeiten als Mittel, dem Gesetz näher zu kommen; Amalias Vater schließlich geht den Weg des Rechts, der als vollkommener Selbstentwürdigung dargestellt wird: Er wird zum Bittsteller an Landstraßen bis hin zum vollständigen Ruin seiner Gesundheit. Die alles aber bringt nichts, da sie alle es nicht schaffen, vom sich entziehenden Gesetz „freizukommen"[42]. Anders dagegen Amalia, an der alles liegt: „Sie hatte an jenem Morgen die Führung der Familie an sich gerissen und hielt sie fest. Ohne besondere Veranstaltun-

---

[38] F. Kafka, *Das Schloß*, Frankfurt am Main 1996, S. 205.
[39] Ebd., S. 251.
[40] Ebd., S. 236.
[41] Ebd., S. 252.
[42] Ebd., S. 254.

gen, ohne Befehle, ohne Bitten, fast nur durch Schweigen."[43] Durch dieses Schweigen, diesen „schweigenden Befehl"[44], wie es kurze Zeit später heißt, schlägt Amalia freilich nicht nur ihr soziales Umfeld in ihren Bann; sondern sie ist auch ihre Strategie, mit dem Gesetz zu verfahren: Während die Familie fortwährend neue „Einfälle" sucht, wie sich dem Gesetz gegenüber bestmöglich verhalten, und damit scheitert, trifft man bei Amalia auf nichts anderes „als Schweigen"; „wir", fasst Olga diese Differenz innerhalb der Familie, wie bestmöglich mit dem ergangenen Urteil umzugehen sei, K. gegenüber zusammen, „hofften auf irgendwelchen kleinen Mittel, sie wusste, das alles entschieden war, wir hatten zu flüstern, sie hatte nur zu schweigen."[45] Ob Amalias Nichts-Sagen den gleichen Effekt hat wie Odysseus' Nichts-Hören (das ja, wie oben dargelegt, selbst ein Nichts-Sagen war), davon erfahren wir nichts; weder von einer möglichen „Vernichtung" der Gegenseite ist die Rede noch von „Rettung". Und werfen wir einen Blick auf ihre Familie, scheint eher das Gegenteil einzutreten: Ein Ausweg aus ihrem Elend ist nicht in Sicht, nicht zumindest als Reaktion auf Amalias Schweigen. Und doch: scheint Amalia sich durch ihr Schweigen zumindest in sich eingeklammert und damit dem Gesetz entzogen zu haben; denn ebenso wenig wie Rettung in Sicht ist, ebenso wenig ist doch absehbar, dass ihr Verfahren langsam in ein Urteil übergehen wird (mit dem unausweichlichen Ergebnis ihres Todes). Amalia scheint, anders als Odysseus, durch ihr Schweigen gegen das Gesetz nichts gewonnen zu haben (ganz anders als ihren Mitmenschen gegenüber: da ist ihr Schweigen zu einer „Befehls"-Macht geworden); aber sie hat sich doch durch ihr Schweigen dem Bann des Gesetzes entzogen. Und damit seiner Macht über ihr Leben.

Die Frage, die sich damit natürlich aufdrängt, ist: Was hat Amalia dadurch gewonnen? Giorgio Agamben hat in seiner Interpretation von *Vor dem Gesetz* gezeigt, dass es eine Strategie des Mannes vom Lande ist, das Gesetz sich schließen zu machen und damit seinen Bann zu beenden. Freilich weniger durch ein Schweigen als durch seine Beharrlichkeit; die einen hohen Preis zahlt: Das Ende des Lebens des Mannes vom Lande. Womit das Gesetz, auch wenn es „geschlossen" wurde, doch sein bio- oder besser: thanatopolitisches Ziel erreicht hätte. Amalia scheint es da mit ihrem Schweigen besser gewählt zu haben: sie setzt, wie Odysseus, dem Nichts Sagen des Gesetzes, aus dem dieses all seine Macht bezieht, ein ebensolches Nichts Sagen entgegen. Und verfällt damit nicht in den Irrtum der anderen Familienmitglieder oder auch K.s: nämlich dem, die Autorität konstituierende Leere des Nichts Sagens des Gesetzes durch ein Etwas füllen zu wollen, wodurch man erst in seinen Bann gerät. Aber auch Amalia zahlt einen Preis für ihre Strategie: Sie ist, wie es heißt, den Menschen entrückt, wird von ihnen nicht verstanden, wirkt „unmenschlich", „kalt", d. i. auf eine andere Weise schon tot. Tot in dem Sinne, dass sie sich mit ihrem Schweigen ausgeschlossen hat aus der Gemeinschaft der Lebenden (deren Leben immer ein Leben unter dem Gesetz und dank des Gesetzes ist). Sollte auch sie „Rettung" erfahren – wie Odysseus –, meint „Rettung" im Falle Amalias nicht (wie im Fall von Benjamins Zwischenwesen[46]): der Ankunft eines Kommenden

---

[43] Ebd., S. 255.
[44] Ebd., S. 256.
[45] Ebd.
[46] Vgl. W. Benjamin, „Franz Kafka. Zur zehnten Wiederkehr seines Todestages", S. 414 ff.

zuarbeiten (sei es nun der Messias oder sei es auch nur etwas strukturell Analoges), sondern Rettung meint nur: sich der Macht des Gesetzes entziehen, aus seiner Logik aussteigen, ihm die Herrschaft über das eigene Leben abspenstig zu machen. Um den Preis eines Ausschlusses aus den Gemeinschaft der Lebenden.

Allgemeiner gesagt: Das Gesetz, das bei Kafka das Leben trägt und regelt, ist ein urteilendes Gesetz, d. i. ein in Urteilen sich gebendes. Dieses Urteil folgt dabei dem Gesetz der Sprache: die – deren Kraft – bestimmt, was ist und was nicht ist, und damit zugleich: was sein darf und was nicht sein darf. Alle Versuche, sich gegen dieses Urteil und die durch es kommunizierte Kraft zu wehren, sind zum Scheitern verurteilt, solange sie selbst dem Gesetz der Sprache verhaftet bleiben: und in seiner Logik Gegenantworten zu formieren, d. i. der kommunizierten Ordnungsmacht eine Gegenmacht entgegen zu setzen versuchen. Schweigen in der Amalia'schen Form als Antwort auf das Gesetz dagegen bedeutet: sich – durch ein Nichts – dieser Logik entziehen, indem man sich dem Gesetz und seiner Logik des Urteils generell entzieht (so wie auch der Urheber oder Stifter des Gesetzes dem Gesetz selbst entzogen ist); Schweigen meint hier: in der Kommunikation aus dieser aussteigen. Freilich um den Preis, damit außerhalb des Gesetzes zu stehen – und so außerhalb des Lebens, dessen Endlichkeit von diesem Gesetz bestimmt und rhythmisiert wird.[47]

Ist das zwingend? Gibt es gar keine Alternative zwischen: dem Gesetz unterliegen oder aber aus der Gemeinschaft der Lebenden aussteigen? Um diese Frage positiv beantworten zu können müsste man, in der Logik der dem Kafka-Teil vorangestellten Überlegungen zu den verschiedenen Arten von Schweigen, in Kafkas Welt ein adressatenbezogenes Schweigen finden, das nicht als Verweigerungs- und damit Machtinstrument funktioniert, sondern ein Schweigen, das Räume eröffnet, ein gebendes Schweigen, das empfängt und ermöglicht. Ein solches Schweigen wäre bei Kafka – vielleicht – in der Figur der Olga zu finden. Ihre Art, sich K. zu geben, ist eben nicht die sich entziehender Präsenz, sondern eine, die K. Raum gewährt. Ihr Reden ist kein Kampf, sie versucht K. nicht in diese oder jene Richtung zu drängen, diesem oder jenem Urteil gemäß zu verwandeln: „Olga lachte über ihn [K.], zog ihn zur Ofenbank, sie schien wirklich glücklich zu sein darüber, dass sie jetzt mit ihm allein hier sitzen konnte, aber es war ein friedliches Glück, von Eifersucht war es gewiss nicht getrübt. Und gerade dieses Fernsein von Eifersucht und daher auch von jeglicher Strenge tat K. wohl; gern sah er in diese blauen, nicht lockenden, nicht herrischen, sondern schüchtern ruhenden, schüchtern standhaltenden Augen."[48] Bei Olga wird das Schweigen zu Stille: die nichts mehr will, nichts mehr fordert, nur noch eröffnet, möglich macht. Und so durch ihre Ohnmacht das Spiel der Macht – zumindest für Augenblicke – suspendiert. Zumindest möglicherweise.

---

[47] M. De Bruyker sieht in der Idee, dass Schweigen in der Literatur als ein Akt des Widerstands gegen die Herrschaft inszeniert wird, als ein Signum der modernen Literatur insgesamt: „Die Literatur der Moderne widersetzt sich der Idee der besänftigenden Stabilität und Harmonie. Romanfiguren bekommen explizit eine die Autorität unterstützende oder eine sie unterminierende Funktion. Ihr explizit thematisiertes Schweigen z. B. stellt einen auffallenden Widerstandsakt gegen die ‚Herrschaft' dar." (De Bruyker, *Das resonante Schweigen,* S. 23).

[48] F. Kafka, *Das Schloß,* Frankfurt am Main 1996, S. 210.

ALFRED SCHÄFER

Stigma: Identifikation als Ausgrenzung

1. Stigma als Problem einer sozialen Normativität

Stigma bedeutet – wie man in einer ersten Annäherung sagen könnte – die Einordnung in eine negativ konnotierte soziale Kategorie: eine Ausgrenzung, die ein besonderes Handeln der anderen wahrscheinlich macht. Aufgrund bestimmter Attribute und Kennzeichen werden Menschen einer solchen Kategorie zugeordnet, die als Kategorie dann einen Generalisierungseffekt entwickelt: Wer in einer bestimmten Gegend wohnt, ist wahrscheinlich arbeitsunwillig, ungebildet, neigt zum Stehlen oder zum Randalieren – er trägt das Stigma der Asozialität. Hartz IV-Empfänger neigen – auch wenn es ja Ausnahmen geben mag – zum Schmarotzertum, sie genießen die soziale Hängematte, wollen eigentlich selbst gar keine Arbeit annehmen, sondern andere für sich arbeiten lassen: Wer sich also öffentlich als Hartz IV-Empfänger outen muss, der weiß immer schon, dass er dann mit dem Stigma des Arbeitsunwilligen rechnen muss. Und er weiß auch, dass es ihm angesichts dieses Labels wenig hilft, wenn er ständig mit einem Aktenkoffer abgelehnter Bewerbungen unterwegs ist, um sich als Ausnahme zu stilisieren.

Stigmatisierungen wirken demnach generalisierend: Von einem negativ bewerteten Attribut wird auf eine soziale Kategorie geschlossen, die nicht nur mit Vorurteilen verstärkt werden und so erfahrungsresistent gemacht werden kann[1], sondern die als soziales Etikett auch gegen die Stigmatisierten durchgesetzt wird. Sie werten ab, schließen aus und schaffen (mit Hilfe interaktioneller, aber auch institutioneller Vorkehrungen) eine soziale Wirklichkeit, aus der es für die Betroffenen kaum einen Ausweg zu geben scheint. Während sie auf der einen Seite als soziale Typisierungen wirken, scheint ihre ausgrenzende Potenz andererseits auch für die Beteiligten selbst letztlich darin zu liegen, dass deren Identität mit einem solchen Typus kurzgeschlossen wird. Stigmatisierte wer-

---

[1] Goffman spricht von einer besonderen Beziehung von Eigenschaft und Stereotyp, die für die Konstitution von Stigmata bedeutsam ist (vgl. E. Goffman, *Stigma. Über Techniken zur Bewältigung beschädigter Identität*, Frankfurt am Main 1967, S. 12).

den auf eine Identität festgelegt und derart vereindeutigt, dass Rückwege oder Übergänge in eine auch über andere Kontexte konstituierte ‚Normalität' versperrt sind.

Nun könnte man mit moralischen Argumenten auf die Ungerechtigkeit der generalisierenden Identifikation verweisen, die der Ausgrenzung und der mit ihr einher gehenden therapeutischen oder strafenden Perspektive zugrunde liegt. Man könnte aus einer politiktheoretischen Perspektive darauf verweisen, dass Vorstellungen sozialer Ordnung mit Ausgrenzungsoperationen verbunden sind[2], dass die ‚Schließung' des Sozialen antagonistisch erfolgt, auf Ausgrenzung angewiesen ist.[3] Man kann aber auch – gleichsam auf einer ‚Zwischenebene' zwischen moralischen Urteilen und Fragen der Schließung sozialer Ordnungen – Stigmatisierungsprozesse daraufhin untersuchen, inwieweit in ihnen (mikropolitische) Probleme einer Ambivalenz und Fragilität des Sozialen zum Tragen kommen. In einer solchen Untersuchungsperspektive dürften Fragen der Möglichkeit einer scheinbar einfachen moralischen Beurteilung von Gerechtigkeitsaspekten selbst einen eher ‚politischen' Charakter gewinnen; zugleich dürften sich die ‚großen' politischen Fragen der Schließung des Sozialen auf einer eher alltäglichen Ebene der ‚Identitätspolitik' aufweisen lassen.

Für den Soziologen Erving Goffman zeigt sich in Stigmatisierungsprozessen ein allgemeines Problem der Aufrechterhaltung einer prekären sozialen Normativität. Er interessiert sich vor allem für die inhärenten Probleme der Normstabilisierung. Diese zeigen sich nicht zuletzt daran, dass alle möglichen Attribute und Handlungsweisen zum Anlass für Stigmatisierungsprozesse genommen werden können. Auch wenn es bestimmte Aufhänger für die Stigmatisierung (etwa körperliche Merkmale, Behinderungen oder manifeste Regelverstöße) geben mag, die sich zu geregelten und sanktionierten Anlässen für Stigmatisierungen verdichtet haben, so muss doch jeder ständig auf der Hut sein, kein diskreditier*bares* Verhalten oder Merkmal zu zeigen, von dem aus dann die Maschine der synekdochalen Negativ-Stilisierung ihren Ausgang nehmen kann. Goffman erklärt sich diese Möglichkeit mit der Unterscheidung zwischen einer virtualen und aktualen Identität. Unter virtualer Identität versteht er die Antizipation einer sozialen Kategorie durch Dritte, an die sich dann normative Erwartungen hinsichtlich bestimmter Merkmale und Handlungen richten. In ihr wird das Akzeptable, werden die Anerkennungsbedingungen formuliert. Aktuale Identität meint das, was dem Betreffenden aufgrund seiner Handlungen und des Sich-Situierens als Kategorie und Attribut begründet zugerechnet werden kann. Sie bezeichnet also eher die Art und Weise, wie der Betreffende sich in der virtualen Identität konkret bewegt. Die virtuale Identität bleibt also – bei aller Normativität des als selbstverständlich im Kontext einer sozialen Kategorie Erwartbaren – offen für eine Weise der Ausgestaltung, aber auch für Korrektur: Vielleicht hat man den Anderen zunächst in eine falsche Kategorie eingeordnet. Für Goffman bildet es das Kennzeichen des Stigmas, dass es die Differenz von virtualer und aktualer Identität zur Diskrepanz stei-

---

[2] Darauf verweisen aus unterschiedlichen Perspektiven J. Rancière (*Das Unvernehmen. Politik und Philosophie*, Frankfurt am Main 2002) und G. Agamben (*Homo sacer. Die souveräne Macht und das nackte Leben*, Frankfurt am Main 2002).

[3] Dieser Gedanke ist zentral für das Verständnis von Demokratie, das von E. Laclau und C. Mouffe (*Hegemonie und radikale Demokratie. Zur Dekonstruktion des Marxismus*, Wien 2000) entwickelt wird.

gert.[4] Es konstituiert eine (mehr oder weniger) generalisierte virtuale Identität, die das Spiel von Antizipation und Realisierung still stellt: Selbst wenn sich der Stigmatisierte gegenläufig zu dem verhält, was von ihm als Stigmatisiertem erwartet wurde, so lässt sich diese aktuelle Inszenierung dennoch (etwa als Täuschungsmanöver oder Ausnahme) als ‚Ausdruck' seiner virtualen Identität verstehen. Es besteht also eine Diskrepanz zwischen dem, als was das Handeln oder die Präsentation ‚normalerweise' verstanden werden kann und dem, wie diese nun verstanden werden. Die aktualisierte Identität des Stigmatisierten zeigt sich als eine scheinbare, als eine selbst nur virtuelle, während ihre Wahrheit, die Wahrheit der aktuellen Identität in der Wirklichkeit des (virtuellen) Stigmas liegt. Das Verhältnis von Virtualität und Aktualität wandelt sich zum strategischen Machtfeld, in dem das Stigmamanagement des Betroffenen darauf zielt, die Aktualität gegenüber der zugeschriebenen virtuellen Identität in den Vordergrund zu rücken, und in dem die anderen solche Versuche als Ablenkungsmanöver abtun und auf die aktuelle Wirklichkeit des Virtuellen verweisen.

Den Hintergrund einer solchen Fassung der fragilen Normativität des Sozialen, der Notwendigkeit ihrer (mikropolitischen) Durchsetzung, bildet das Konzept eines *symbolischen* Interaktionismus. Dieser Ansatz verweist nicht nur auf die Interpretationsabhängigkeit sozialer Gegebenheiten, darauf, dass diese gleichsam nur in subjektiver Perspektive wirklich werden. Auch wenn diese Seite in der Rezeption des Symbolischen Interaktionismus in der Frontstellung gegen den Strukturfunktionalismus Parsons' eine bedeutsame Rolle spielte, weil man auf das subjektive Moment der Regelanwendung verweisen konnte[5], so hat man doch kaum auf das Symbolkonzept referiert. Symbole stehen für eine Differenz zu dem von ihnen Repräsentierten: Sie stehen für das Problem der Referenz – für die Differenz von symbolischer Repräsentation und repräsentierter ‚Wirklichkeit'. Und sie stehen zugleich für ein differentielles System, das die Verfügung durch denjenigen, der sich in ihrem Medium bewegt, überschreitet. Die symbolische Ordnung ist als differentielles System von Verweisungen zu verstehen, die als solche kontextabhängig, verschiebbar und dennoch verbindlich für diejenigen zu sein scheinen, die in dieser uneindeutigen Ordnung ihre ‚Selbst- und Weltverhältnisse' hervorzubringen versuchen. Symbole verkörpern einen Ordnungszusammenhang, dessen referentieller Grund sich gerade einer symbolischen Vergewisserung entzieht und sie organisieren damit ein Feld von Auseinandersetzungen, in dem die Plätze nicht von vorneherein einer bestimmten Ordnung gehorchen. Selbst wenn man von bestimmten Kategorien und Attribuierungen (wie etwa sozial/asozial, integrierbar/nicht-integrierbar) ausgehen zu können meint, ist die Frage ihrer Durchsetzung und Akzeptanz, ihrer Zumutung und Gegenwehr, eine Frage der symbolischen Politik – die Frage der Etablierung einer Ordnung mit symbolischen Mitteln, deren Referenz wie Ordnung problematisch bleiben.

---

[4] Vgl. Goffman, *Stigma*, S. 11.
[5] Exemplarisch war hier die Rezeption durch Habermas, der in seiner Sozialisationstheorie die Freiheitsspielräume des interpretierenden Regelbefolgers in den Vordergrund rückte. Diese Gegenüberstellung prägt bis heute die Darstellung soziologischer Sozialisationstheorien (vgl. J. Habermas: „Stichworte zur Theorie der Sozialisation" [1968], in: ders., *Kultur und Kritik. Verstreute Aufsätze*, Frankfurt am Main 1973, S. 118–194).

Das macht nicht zuletzt den Umgang mit Stigmatisierungen deshalb schwierig, weil den Mechanismen und Strategien der *negativen* Ausgrenzung, der objektivierenden und vorurteilsgesättigten Identifikation nun nicht einfach das positive Gegengift einer vereinnahmenden Anerkennung zuteil werden kann. Fasst man Stigmatisierung als symbolische Praxis, wird eine ihrer selbst gewisse moralische Wertung schwierig. Diese müsste schließlich mit einer Bestimmtheit argumentieren, deren Möglichkeit als solche hinsichtlich der Stigmatisierung gerade den Kritikpunkt darstellte. Diese Problematik soll nun zunächst am Beispiel der Diskussion um den sogenannten ‚labeling approach' gezeigt werden. Mit der Frage einer möglichen Kritik an einer verdinglichenden Bestimmung, die als solche einen Grund für das eigene bestimmend-kritische Vorgehen sucht, beschäftigt sich das Konzept der Verdinglichung, das Axel Honneth jüngst vorgelegt hat. Mit dem Verweis auf Goffmans Konzept eines sakralisierten Selbst und dessen Bedeutung für einen taktvollen Umgang angesichts symbolischer Abgründe soll dann zu einer eher analytischen Perspektive zurückgekehrt werden. Anschließend wird noch einmal auf die Frage des Politischen zurückzukommen sein: Mit Hilfe des Konzepts einer normalisierenden Subjektivierung und der Frage hegemonialer Wirklichkeitskonstruktionen wird einerseits die Grundfrage des ‚labeling approach' noch einmal aufgenommen; andererseits soll damit auch die Frage der Verbindlichkeit der Stigmatisierung für die Stigmatisierten selbst[6] ebenso thematisierbar werden wie der hegemoniale Einsatz der Kritik im Kontext von Stigmatisierungsprozessen.

2. ‚Labeling Approach': Eine moralische Kritik der Ausgrenzung

Wenn Regeln und normative Erwartungen immer schon interpretiert werden müssen, dann wird es schwierig, trennscharf zwischen einer unumgänglichen Differenz (in der Terminologie Goffmans zwischen virtualer und aktualer Identität) und Devianz zu unterscheiden. Die Rede von der Devianz als Abweichung wird uneindeutig: Es stellt sich die Frage, ob eine Regelinterpretation noch im akzeptablen Differenzbereich liegt oder nicht. Für eine Beantwortung dieser Frage bietet der Rekurs auf die Regel keine Lösungsperspektive, weil eben auch dieser Rekurs nichts anderes als eine Interpretation ist. Damit stellt sich die Frage, wann Interpretationen akzeptiert oder nicht akzeptiert werden, als Frage der Durchsetzung bestimmter Interpretationen.

Es war nun gerade die Koppelung von Handlungserwartungen an Identitätserwartungen, die für interaktionistische Konzepte der Stigmatisierung bedeutsam wurde. Aus einzelnen Attribuierungen – etwa dem Konstatieren einer Regelverletzung: eines Schulschwänzens, eines Diebstahls, einer (um ein aktuelleres Beispiel zu wählen) hyperaktiven Aufmerksamkeitsstörung – ergeben sich dann Vermutungen über eine (virtuale) Identität: Diese Vermutungen strukturieren den Fokus der folgenden Erwartungen. Man achtet darauf, ob so etwas oder ähnliche, damit in Verbindung zu bringende Vorkommnisse sich ereignen werden, die sich dann als Bestätigung der Außenseiter-Vermutung

---

[6] E. Goffman spricht im Rahmen seiner empirischen Erhebungen davon, dass sich diese bis zum Selbsthass steigern kann (vgl. ders., *Stigma*, S. 15 f.).

zeigen.[7] Die generalisierte Vermutung und ihre objektivierende Verdichtung spielt sich in der Zeit ab: als ‚Karriere'. Es mag zwar Aufhänger für ein Stigma geben, aber die Definition selbst verläuft über einen Prozess, in dem der Betreffende zunehmend mit den negativen Erwartungen hinsichtlich seiner abweichenden Identität konfrontiert wird: Man legt eine Akte an, er muss regelmäßig vorstellig werden, man verschreibt Medikamente, verordnet Therapien. Die Karriere macht in ihrem Verlauf eine Gegenwehr gegen das soziale Problem, das man selbst symbolisiert, immer schwieriger: Schließlich akzeptiert man die Definition der anderen, richtet sich ein und versucht, zumindest ‚sekundäre Krankheitsgewinne' zu erzielen.

Die breite Rezeption des ‚labeling approach', wie sie zum Beispiel in der Sozialpädagogik und in Grenzen auch hinsichtlich schulischer Selektionsprozesse im Verlaufe der 1970er und frühen 1980er Jahre stattfand[8], nahm ihren Ausgang vom Problem des Symbolischen. Die Etikettierung, die Stigmatisierung, war als Ergebnis eines symbolischen Zuschreibungsprozesses zu verstehen, für den soziale Institutionen als Definitions- und Machtinstanzen autorisiert waren, dessen Referenz auf die Wirklichkeit des Definierten aber grundsätzlich in Zweifel zu ziehen war. Das stigmatisierende Label hatte also keine Begründung in der Wirklichkeit des Ausgegrenzten, Kriminalisierten, Pathologisierten. Die Kritik richtet sich also auf den in der Definitionskarriere erzeugten ontologischen Schein. Die Wirklichkeitsbehauptung, die mit einer Stigmatisierung, der Zuschreibung einer negativ bewerteten und mit praktischen Konsequenzen versehenen Identität, verbunden ist, fußt nicht auf der ‚Wahrheit', der ‚wahren Identität', sondern auf der Durchsetzung einer symbolischen Repräsentation.

Eine solche Kritikperspektive hat nun zumindest zwei Möglichkeiten. In einer (moralisch gesehen) schwachen Variante, auf die später zurückzukommen sein wird (5.), kann man davon ausgehen, dass jede Form der Identifizierung symbolisch ist und daher mit den Problemen der Repräsentation verhaftet bleibt. Die Bestimmung dessen, was ‚wirklich' sein und als solches gelten soll, die Politik des Wirklichen, bleibt dann ein nicht zu umgehendes Problem. In einer (moralisch) starken Variante, deren Implikationen nun zu zeigen sind, kann man die letztliche Unbegründbarkeit symbolischer Identifizierungen zum Anlass nehmen, den Prozess der Stigmatisierung grundsätzlich in Frage zu stellen. Die Probleme der symbolischen Repräsentation werden dann mit den moralischen Fragen einer unmöglichen Rechtfertigung verknüpft: Die symbolischen Repräsentationen werden zu ‚reinen' Machtdemonstrationen. Stigmatisierung impliziert somit notwendig gesellschaftliche Gewalt und ist deshalb (in moralischer Hinsicht) grundsätzlich verwerflich. Wenn man weitere Attribute und Handlungen, Entstehungsgeschichten und soziale Kontexte berücksichtigt hätte, wäre man zu anderen Ergebnissen gekommen, die dem Betreffenden eher gerecht geworden wären. Ihre politische Stoßkraft gewinnt eine solche Argumentation einerseits aus der Kritik an der Engführung, die die Logik der Stigmatisierung kennzeichnet; andererseits beansprucht sie für ihre eigene Identi-

---

[7] Von zentraler Bedeutung für diese Perspektive war die Studie über Außenseiter, die Howard S. Becker (*Outsiders. Studies in the Sociology of Deviance*, London 1963) vorgelegt hat.

[8] Vgl. K. Lüderssen, F. Sack, *Seminar: Abweichendes Verhalten (3 Bände)*, Frankfurt am Main 1968; M. Brusten, K. Hurrelmann, *Abweichendes Verhalten in der Schule*, München 1973; H. G. Homfeldt, *Stigma und Schule*, München 1974.

fizierungsperspektive ein *höheres* Maß an Wirklichkeitsbezug. Wenn man – überspitzt formuliert – alle diese zusätzlichen Faktoren berücksichtigt und sich zudem vielleicht auch noch kritisch mit den Vorurteilen der sozialen Umgebung auseinandergesetzt hätte, dann wäre man symbolisch der Wirklichkeit des Betreffenden gerechter geworden: Die starke moralische Variante behauptet auf diese Weise die Möglichkeit symbolischer Praktiken, die einen adäquaten (zumindest adäquateren) Wirklichkeitszugang zur Identität des Betreffenden haben. Die Kritik an der Definitionsmacht verweist darauf, dass die eigene Definitionsperspektive keine (oder jedenfalls geringere) Machtimplikationen hat.

Die Schwierigkeit einer solchen Position lässt sich (immer noch mit den Mitteln des Symbolischen Interaktionismus) einsichtig machen, wenn man berücksichtigt, dass auch sie letztlich auf einer differenten Behauptung von Handlungs- und Identitätserwartungen beruht: Sie schlägt eine andere Perspektive auf ihren Zusammenhang vor und bewegt sich damit auf dem gleichen Zuschreibungsterritorium.[9] Die als negativ gekennzeichneten Attribute und Handlungsweisen sind nicht als Attribute des Stigmatisierten zu verstehen, sondern nur als Zuschreibungen, die ihn in eine negative Kategorie pressen. Es ist doch nicht sein Problem, wenn die anderen Schwierigkeiten mit seinem Äußeren, seinen sexuellen Vorlieben, seinem Schulschwänzen oder seinen kleinen Diebstählen haben. Und überhaupt ist es schwierig, das Negative an den Vorkommnissen eindeutig zu bestimmen, wenn man etwa soziale Vergleiche heranzieht. Kleine Diebe bestraft man, große belohnt man mit Steuergeschenken. Kleine Schläger regen die Republik auf, der Massenmord in völkerrechtlich illegitimen Kriegen findet öffentlich kaum Aufmerksamkeit und die Verantwortlichen werden nicht zur Rechenschaft gezogen. Solche Argumentationen relativieren die Devianz und verweisen auf Probleme sozialer Gerechtigkeit, um die Stigmatisierung zu problematisieren. Die Argumentationsstrategie besteht letztlich darin, die stigmatisierende Identitätszuschreibung dadurch zurückzuweisen, dass man die Devianz, die Abweichung selbst in Frage stellt. Die ungerechtfertigte Stigmatisierung beruht nun nicht mehr nur darauf, dass man der Wirklichkeit des Stigmatisierten nicht gerecht wird, sondern auch noch darauf, dass man Attribute und Handlungsweisen, die ‚an sich' nicht abweichend zu sein scheinen, ihm als Abweichung zuschreibt: dass man mit zweierlei Maß misst. Die Argumentation geht also einerseits von der Perspektive der Möglichkeit einer adäquateren symbolischen Repräsentation aus und verweist andererseits auf ein sozial ungerechtes Vereindeutigungsinteresse.

Das Problem einer solchen Argumentationsperspektive liegt in ihrem Ausgangspunkt: der symbolischen Repräsentation. Als politische Perspektive, die im Raum des Symbolischen um die Durchsetzung einer hegemonialen Repräsentation kämpft, wäre sie nachvollziehbar – wenn auch vielleicht hinsichtlich dessen, was problematisch sein könnte, ‚gebrochener'. Ihren advokatorischen und nicht zuletzt auch paternalistischen Impetus gewinnt sie aus einer moralischen Aufladung des politischen Einsatzes: eine moralische

---

[9] Michel Foucault hat am Beispiel der Gerichtsgutachten auf die mit einem solchen Verfahren verbundenen Verdoppelungsstrategien hingewiesen. Neben der Bedeutungszuschreibung der Handlung geht es darum, einen ‚Täter' hinter den Handlungen als delinquentes (oder eben nicht delinquentes) Subjekt zu figurieren und mit der Perspektive auf ein Instrumentarium möglicher Besserungsmöglichkeiten oder Hilfestellungen zu versehen (vgl. M. Foucault, *Die Anormalen*, Frankfurt am Main 2007, S. 32 ff.).

Aufladung, die auf eine nicht unproblematische Weise Gerechtigkeitsfragen an ontologische Gesichtspunkte bindet, um die eigene ‚symbolische' Position zu gründen. Es lässt sich fragen, ob man eine solche moralische Aufladung symbolischer Auseinandersetzungen auch ohne (und wenn, dann allenfalls mit Hilfe ganz vorsichtiger ontologischer) Rückgriffe einnehmen kann. In diesem Zusammenhang scheint die Theorie der Verdinglichung, die Honneth vorgelegt hat, von Interesse.[10]

3. Verdinglichung als ‚Anerkennungsvergessenheit'

Wenn man das Problem des ‚labeling approach' so formuliert, dass es angesichts der Begründungsprobleme des Symbolischen darum ging, einen festen normativen Stand zu gewinnen, dann ist damit ein zentrales Problem der nach-kantischen Moderne verknüpft. Dieses besteht darin, dass die Referenz der Symbole auf die Welt nicht durch ein transzendentales Signifikat (Gott, Logos) gesichert ist, dass aber die Symbole auch nicht durch einen transzendentalen Signifikanten, ein transzendentales Ich gesichert werden können. Wenn die moralische Welt des Sozialen nur symbolisch zugänglich ist, dann lassen sich für sie nur Aussagen treffen, die weder in einem theoretischen noch in einem praktischen Sinne wahr sind. Symbolisierungen verweisen auf eine ästhetische Urteilskraft, die für ihre Aussagen eine solche Wahrheit nicht beanspruchen kann, sondern die diesen Anspruch nur repräsentieren kann.

Kant hatte damit dem 19. Jahrhundert ein doppeltes Problem hinterlassen: das der Möglichkeit einer wissenschaftlichen Erkenntnis der sozialen Welt und das damit zusammenhängende, von welchem immanenten Ort aus eine solche Möglichkeit begründet werden könnte. Eine Begründungsfigur, die spätestens mit dem Ansatz Wilhelm Diltheys Konjunktur erhält, ist diejenige, dass man die Immanenz des Selbst- und Weltverhältnisses selbst zum transzendenten Bezugspunkt macht. Dies geht nur dann, wenn diese Immanenz immer schon als eine (unmittelbare) Verschränkung gedacht wird, als eine transzendentale Immanenz, die als Ermöglichungsgrund noch vor jedem expliziten Selbst- und Weltverhältnis, vor der Subjekt/Objekt-Unterscheidung liegt.[11] Es geht um die Explikation einer vorgängigen Einheit mit der Welt, die als transzendentale Bedingung der Möglichkeit und Grenze ihres Erkennens ebenso angesetzt werden kann wie als ein normativer Bezugsrahmen noch vor dem urteilenden Ich.

Das Konstatieren eines solchen Grundes – in der Unmittelbarkeit des Erlebnisses, aber auch etwa in vorgängigen Anerkennungsbeziehungen – ist nun nicht ganz unproblematisch. Sie ist mit dem Makel einer nachträglichen Vergewisserung verbunden, d. h. dem Verdacht, dass man sich den Grund konstruiert, den man braucht. Die Dialektik des Ursprungs[12], nach der dieser das Andere dessen sein muss, für das er den Grund ab-

---

[10] Vgl. A. Honneth, *Verdinglichung. Eine anerkennungstheoretische Studie*, Frankfurt am Main 2005.
[11] Es geht mir – wie schon in den vorauf gehenden Anmerkungen zu Kant – nicht um eine Interpretation Diltheys und seiner ‚Grundlegung der Geisteswissenschaften'. Ähnliche Probleme finden sich auch in den Werttheorien des südwestdeutschen Neukantianismus.
[12] Vgl. dazu K. Heinrich, *Parmenides und Jona. Vier Studien über das Verhältnis von Philosophie und Mythologie*, Frankfurt am Main 1982, S. 14 f. Diese Figur findet sich auch in abgewandelter Form in der Paradieserzählung.

gibt, muss auf eine ‚griechische' Weise rückgängig gemacht werden: Der Ursprung ist das Wahre, von dessen Vergewisserung her man die positive oder negative Valenz von Selbst- und Weltverhältnissen einzuschätzen vermag.

Dabei wird man bei der Vergewisserung des Wahren vorsichtig zu Werke gehen müssen. So ist eine Kritik der Verdinglichung, also einer inadäquaten Identifikation, die Personen oder Beziehungen ihrer ‚persönlichen Qualität' beraubt, nur möglich vor dem Hintergrund der Vorstellung nicht verdinglichter Beziehungen. Man wird allerdings eine einfache moralische Gegenüberstellung vermeiden müssen. Wenn der ‚Ursprung' nur in der Immanenz sozialer Verständigung angesetzt werden kann, dann verläuft seine Vergewisserung auf zwei Ebenen: derjenigen einer genetischen Rekonstruktion und derjenigen der Auszeichnung ihrer moralischen Valenz als etwa ‚nicht-verdinglicht'. Erst das Ineinanderspielen beider Herangehensweisen neutralisiert das methodische Problem der Nachträglichkeit jeder Rekonstruktion, die von einem Standpunkt jenseits des Rekonstruierten aus erfolgt und ihre Gründung selbst im Rekonstruierten postuliert.[13]

In der Perspektive von Georg Lukács[14] bezeichnet die Kategorie der ‚Verdinglichung' eine problematische Form von Sozialbeziehungen, in der interpersonelle Verhältnisse als dingliche, als Verhältnisse zwischen Dingen verstanden werden. Lukács führt dies – in Anlehnung an das Kapitel über den Warenfetischismus bei Marx[15] – auf die Logik des Warentauschs zurück, bei dem von qualitativen Eigenschaften der getauschten Gegenstände ebenso abstrahiert werden muss wie von persönlichen Eigenschaften der Tauschenden. Honneth problematisiert nun einerseits die Verortung der Verdinglichungskritik in der Logik einer kapitalistischen Warenproduktion. Zugleich aber hält er an dem normativen Implikat dieser Kritik fest: Nur wenn man einen nicht-verdinglichten Bezugspunkt anzugeben vermag, ist ‚Verdinglichung' als ‚Pathologiebegriff'[16] sinnvoll verwendbar. Dabei ergibt sich für Honneth als zusätzliches Problem, dass dieser Bezugspunkt nicht so gewählt werden darf, dass sich daraus eine unscharfe ‚totalisierende' Kritikperspektive ergibt. Dies wäre etwa dann der Fall, wenn man bereits jedes identifizierend-objektivierende Denken unter den Verdacht einer Verdinglichung stellen würde: Der Bezugspunkt einer solchen Kritik müsste dabei einen unmöglichen Verzicht auf Objektivierung enthalten.[17] Auch eine moralische Perspektive, die jedes instrumentelle oder

---

[13] Vielleicht könnte man – zur Abgrenzung – sagen, dass die ältere Kritische Theorie etwa Adornos gerade an dieser Stelle ihre Vorbehalte gegen eine ‚moralische Re-Konstruktion' ansetzte: Dass der Kritisierende nicht jenseits des von ihm Kritisierten steht, dass der Status der Bezugspunkte einer solchen Kritik immer auch einen ‚metaphysischen' Charakter haben müssen – eine solche Einsicht spaltet die (geisteswissenschaftliche) Verflechtung von Analyse und Urteil auf.
[14] Vgl. G. Lukács, *Geschichte und Klassenbewusstsein. Studien über marxistische Dialektik*, Neuwied 1970.
[15] Vgl. K. Marx, *Das Kapital. Kritik der politischen Ökonomie (erster Band)*, Berlin 1972, S. 85 ff.
[16] Vgl. Honneth, *Verdinglichung*, S. 12.
[17] Wenn man dies als eine Kritik an der Verwendung der Verdinglichungskategorie durch Adorno liest, so bliebe allerdings zu beachten, dass die Bezugspunkte der Kritik bei Adorno metaphysische Konzepte sind, die als solche, d. h. im solidarischen Wissen um ihre Unbegründbarkeit (vgl. T. W. Adorno, *Negative Dialektik*, Frankfurt am Main 1966, S. 398), dazu dienen sollen, einen (immanent nicht zu begründenden) Außenstandpunkt einzunehmen (vgl. A. Schäfer, *Theodor W. Adorno. Ein pädagogisches Porträt*, Weinheim 2004).

strategische Verhältnis zu anderen als Verdinglichung bezeichnet, würde mit dem Verweis auf ein ‚rein moralisches' Handeln übersehen, dass strategische und instrumentelle Aspekte durchaus Gesichtspunkte darstellen, unter denen menschliche Handlungen in sozialem Kontext beschrieben werden können – als etwa (mit Weber oder Simmel) der Logik abendländischer Rationalisierung gehorchend. Eine oppositionelle Logik von Arbeit und Interaktion, von technischem und kommunikativem Handeln scheint Honneth eine zu starke Normativität zu enthalten.[18] Ein Festhalten an der Behauptung einer alles determinierenden kapitalistischen Wirklichkeit scheidet für ihn als dritter Bezugspunkt der Kritik aus, weil er mit zu starken ontologischen Implikationen verbunden scheint.

Eine legitime Verwendung des Verdinglichungsbegriffs impliziert damit für Honneth einerseits die Möglichkeit, in der Bestimmung sozialer Wirklichkeit nicht-verdinglichte und verdinglichte Beziehungsmuster einander konfrontieren zu können. Gegen eine zu simple moralische Positiv/Negativ-Unterscheidung insistiert er andererseits darauf, dass auch nicht-verdinglichte Beziehungen die Möglichkeit zu denkender Objektivierung wie instrumentell-strategischem Handeln enthalten können. Nicht jede Identifikation ist als eine Verdinglichung zu kritisieren und nicht jedes strategische Handeln macht den anderen zur Sache. Wenn man also das Gegenteil der Verdinglichung, den Maßstab ihrer Kritik, nicht einfach in normativen Reinheitsvorstellungen finden kann, macht das deren Bestimmung schwierig. Hinzu kommt jedoch – soll das Nicht-Verdinglichte denn als Maßstab der Kritik dienen können – noch eine zusätzliche (normative) Auszeichnung. Denn zum kritischen Bezugspunkt wird die Ordnung nicht-verdinglichter Beziehungen nur dann, wenn sie zugleich als ‚das Normale', ‚das Ursprüngliche' oder ‚das Richtige' ausgewiesen werden kann.

Um sich der Vorstellung nicht-verdinglichter Beziehungen zu nähern, verweist Honneth zunächst darauf, dass hinter der bei Lukács zu findenden Qualifizierung der verdinglichten Verhältnisse, die durch die habituelle Einstellung einer Teilnahmslosigkeit und Passivität gekennzeichnet wird, ein positiver Referenzpunkt angenommen werde: Dieser bestehe in der Perspektive einer psychischen und existenziellen Berührtheit.[19] Die Bedeutung einer solchen Perspektive wird dann durch den Verweis auf Heideggers Konzept der ‚Sorge' und Deweys Betonung des Primats existenzieller Distanzlosigkeit und eines praktischen Engagements bekräftigt. Die zusätzliche Rezeption entwicklungspsychologischer Perspektiven führt schließlich zur Konstatierung der ontogenetischen Vorrangigkeit einer emotional anerkennenden Beziehung zu Bezugspersonen: Erst auf der Grundlage dieser (gelingenden) Anerkennungsbeziehungen, dieser in sich nicht noch einmal zu distanzierenden Einheit, wird die Bedeutung situationaler Konstellationen und vorhandener Gegenstände erschlossen. Erst auf dieser (immanenten) Grundlage werden

---

[18] Vgl. J. Habermas, „Arbeit und Interaktion", in: ders., *Technik und Wissenschaft als ‚Ideologie'*, Frankfurt am Main 1968, S. 9–47. Honneth lehnt auch die Übernahme der späteren Unterscheidung von System und Lebenswelt durch J. Habermas (*Theorie des kommunikativen Handelns* [2 Bände], Frankfurt am Main 1981) ab, in der dieser die Interferenz von systemrationalen und lebensweltlich-normativen Logiken durchaus im Hinblick auf das Verdinglichungstheorem diskutiert. Die Kolonialisierung der Lebenswelt durch Systemimperative bezeichnet dort den Mechanismus der Verdinglichung, der Versachlichung und Verrechtlichung kommunikativer Verhältnisse (vgl. Honneth, *Verdinglichung*, S. 66 f.).

[19] Vgl. Honneth, *Verdinglichung*, S. 22 f.

Subjekt/Objektverhältnisse möglich und moralische Orientierungen mit einem Grund versehen. Die Bedingungen der Möglichkeit des Verhältnisses zu sich, zu anderen wie zur Welt werden in einer Immanenz gelegt, die sich zugleich als transzendentaler Bezugspunkt verstehen lässt. Ontogenetisch geht mithin die Anerkennung dem Erkennen, der Orientierung in der symbolischen Welt sprachlicher Bedeutungen, voraus.[20] Summarisch lässt sich feststellen: „Das Gewebe sozialer Interaktion ist nicht ... aus dem Stoff kognitiver Akte, sondern aus dem Material anerkennender Handlungen gewebt."[21]

Wenn die Anerkennung somit den Grund sozialer Beziehungen darstellt, der in denkerischen Akten und Handlungsorientierungen immer schon vorausgesetzt ist und gleichzeitig – sonst wäre er kaum als konstitutiver Grund zu betrachten – von diesem Denken und Handeln nicht außer Kraft gesetzt werden kann, dann ist man bei einer transzendentallogischen Figur angelangt: bei einer Figur, die einen Grund konstruiert, der immer schon, d. h. unaufhebbar und uneinholbar vorausgesetzt werden muss, wenn über soziale Sachverhalte gesprochen wird. Weil er nicht aufgehoben werden kann und konstitutiv ist, bleibt ein solcher Grund transzendent. Gleichzeitig aber wird er reflexiv und mit Hinweis auf die Ergebnisse wissenschaftlicher Forschung als solcher konstruiert, erschlossen. Als immer schon vorausgesetzter ist der Grund unaufhebbar; er ist aber auch uneinholbar, weil jeder Versuch, sich ihm denkerisch oder auch in der Gestaltung intersubjektiver Beziehungen zu nähern, ihn als Voraussetzung immer schon impliziert. Als Indiz dieser Uneinholbarkeit kann auch die Vagheit des Konzepts der Anerkennung gewertet werden. Eine (ethisch inspirierte) Diskussion darüber, was eine akzeptable Form des emotionalen Involviertseins in eine soziale Beziehung ausmacht, setzt schließlich (im Horizont der transzendentallogischen Figur) selbst wiederum die Anerkennung voraus: Sie bleibt als solche letztlich unbestimmbar und funktioniert wie eine normative Folie vor jeder inhaltlich bestimmten Normativität.[22] Als normative Folie liegt sie auch den hier betrachteten Auseinandersetzungen um das Soziale und Asoziale, um das Normale und Deviante oder das Integrierbare und Nicht-Integrierbare voraus. Sie könnte der Politik des Wirklichen eine normative Verankerung geben.

Die Identifikation möglicher Verdinglichung muss für Honneth durch den Bezug auf den transzendent-transzendentalen Grund der Anerkennung erfolgen. Da auch in der Logik verdinglichter Beziehungen dieser Grund nicht aufgehoben werden kann, lässt sich Verdinglichung am ehesten als „Anerkennungsvergessenheit" angeben[23]. Davon ist vor allem dann zu sprechen, wenn es „zu einer Vereinseitigung oder Verhärtung der erken-

---

[20] Vgl. ebd., S. 53.
[21] Ebd., S. 58.
[22] Vor dem Hintergrund solcher Konstruktionen fehlt auch einem Nicht-Psychoanalytiker so etwas wie der Verweis auf das Unbehagen in der Kultur oder eine Diskussion der drei ‚Register' J. Lacans (*Die vier Grundbegriffe der Psychoanalyse.* [Das Seminar XI], Freiburg, Olten 1978), der zwischen dem Imaginären, dem Symbolischen und dem Realen unterscheidet und dadurch eine Logik der Verkennung entwickelt. Solche Hinweise können hier als Ausdruck eines Unbehagens gewertet werden, das sich angesichts der schon angedeuteten Verabschiedung der Dialektik des Ursprungs einstellt: Wenn das Transzendente, das Paradies schon im Diesseits da ist, haben wir – mit einem ungebrochenen Aufklärungspathos – wieder alles in unserer Hand.
[23] Honneth, *Verdinglichung*, S. 62.

nenden Haltung durch die Verselbständigung ihres Zweckes"[24] kommt. Zwar kann für Honneth etwas Ähnliches auch durch die Orientierung an Stereotypen und Vorurteilsmustern – also im Rahmen der hier interessierenden Stigmatisierung – geschehen, aber hier spricht er lieber von ‚Leugnung' oder ‚Abwehr'[25]. Mit der Verdinglichung als einer anerkennungsvergessenen Objektivierung des Anderen kommt es auch dazu, dass die Bedeutungsaspekte von Gegenständen und Sachverhalten, wie sie dem Anderen gegeben sind, vergessen werden. Die Verdinglichung der Gegenstandswelt zeigt sich so als abkünftiger Modus der Verdinglichung des Anderen. Erwähnt sei, dass Honneth auch von einer Selbstverdinglichung spricht, wenn Individuen vergessen, ihre Wünsche und Empfindungen anzuerkennen, wenn sie vergessen, dass diese es wert sind, ausgedrückt zu werden.[26]

Verdinglichung als Anerkennungsvergessenheit bedeutet, dass die Logik der Anerkennung durch Verdinglichung nicht aufgehoben wird. Sie bleibt als transzendentallogisch konstruierter Grund vorausgesetzt und funktioniert als sakralisierter Bezugspunkt. Sakralisierung – das bedeutet in diesem Fall, dass die Ansetzung eines transzendent bleibenden Grundes dazu führt, dass er zum ersten als niemals vollständige Anwesenheit in Sozialbeziehungen (nach der frühen Kindheit) konstitutiv ist. Der Grund lässt sich als im Sozialen niemals vollständig realisierter denken: Er wird konstitutiv in Form einer anwesenden Abwesenheit. Zum zweiten eröffnet er gerade als sakralisierter die Möglichkeit von Auseinandersetzungen um die Art, die Relevanz oder die Bedeutung dieses sakralen Grundes in der Beobachtung des Sozialen. Diese Auseinandersetzungen setzen als solche immer schon die uneinholbare Geltung dieses Grundes voraus: Sie ist in keiner Positionsnahme aufzuheben. Dies erlaubt die endlose Auseinandersetzung um die Identifikation adäquater oder inadäquater (,pathologischer') Sozialbeziehungen, weil einerseits jede von ihnen letztlich (und wie vermittelt auch immer) den transzendenten Grund voraussetzt und ihn andererseits nicht einzuholen vermag – also der Geltung ihrer Positionsnahme niemals gewiss sein kann. Erzeugt wird die Möglichkeit eines Streits, von Auseinandersetzungen, die sich um die Inszenierung des Verhältnisses von Anwesenheit und Abwesenheit des transzendenten Grundes drehen. Eben das liegt wiederum auf der Linie einer Urteilskraft, die die Präsenz uneinholbarer Voraussetzungen als ein Aufscheinen im Er- und Bekannten (ästhetisch) zu figurieren versucht.

4. Das sakralisierte Selbst: Identität als Tabu

Die ästhetische Urteilskraft versteht Symbole als Repräsentationen von etwas, das sich entzieht, das jenseits der Symbolisierung kategorial nicht identifizierbar ist. Und dies betrifft vor allem die moralische Welt: die Identität und Orientierungspunkte eines freien Wesens. In den symbolischen Ordnungen des Sozialen geht es um Differenz: um die Differenz von (romantisch formuliert) Endlichem und Unendlichem, die Differenz (symbolisch-interaktionistisch formuliert) von einer ‚sozialen' oder ‚persönlichen' Identität

---

[24] Ebd., S. 72.
[25] Vgl. ebd.
[26] Vgl. ebd., S. 92.

zu ihren unmöglichen Erfüllungsbedingungen. Deren Handhabung in jener Differenz von virtualer und aktualer Identität verweist darauf, dass es immer (in allen normativen Erwartungen) um Identität geht: um eine Identität, die nur in einer Inszenierung zu haben ist – also nur in dem, wo sie (mit Plessner gesprochen[27]) gerade nicht ist.

Um die zentrale Bedeutung der Identität für die Normativität sozialer Interaktion und gleichzeitig die Unmöglichkeit ihrer ‚wirklichen' und nicht nur symbolischen Erfüllung zu bezeichnen, spricht Goffman von einer Sakralisierung des Selbst. Im Ausgang von Durkheims Thesen über primitive Religionen[28] kommt er zu dem Schluss, dass unsere „säkularisierte Welt nicht so areligiös ist, wie wir denken. Viele Götter sind abgeschafft worden, aber der Mensch selbst bleibt hartnäckig als wichtige Gottheit bestehen."[29] Die Sakralisierung des menschlichen Selbst strukturiert die Logik von Interaktionen: In ihr treffen Götter aufeinander, die füreinander zugänglich sind.[30] Zugänglich sind diese Götter als Götter aber nur, als sich in ihrer Zugänglichkeit gerade ihre Unzugänglichkeit zeigt.[31] Jenseits davon und zugleich in dem, was Individuen im sozialen Verkehr miteinander ausdrücken, bleiben sie zugleich intransparent, unergründlich. Auch hier ergibt sich die Sakralisierung, die Behauptung eines zugleich immanenten und doch transzendenten Bezugspunkts, aus einer Analyse der Interaktion. Auch hier handelt es sich um eine Rekonstruktion – aber um eine solche, die nicht den Anspruch erhebt, mit ihrem Bezugspunkt eine normativ-moralische Urteilsgrundlage für soziale Verhältnisse gefunden zu haben.

Goffman zeigt, dass die wechselseitige Intransparenz der Individuen füreinander und die daraus resultierende Intransparenz des Selbst für sich selbst notwendig aus der Struktur der Perspektivenübernahme folgt. Für ihn ist also nicht entscheidend, dass für eine solche Perspektivenübernahme Anerkennungsverhältnisse vorausgesetzt sind, sondern sein Einsatzpunkt besteht darin zu zeigen, dass solche Anerkennungen selbst wiederum notwendig auf uneinholbaren Voraussetzungen beruhen.[32] So erscheint das Gelingen einer Perspektivenübernahme deshalb unmöglich zu sein, weil die übernommene Perspektive immer eine selbst interpretierte Perspektive darstellt. Über deren Übereinstimmung mit der Perspektive des Anderen lässt sich nichts sagen. Man reagiert auf die selbst interpretierte Perspektive des Anderen und hat dann nachträglich die Chance, aus seiner Reaktion auf das Gelingen der Perspektivenübernahme zu schließen. Doch auch

---

[27] Plessner verbindet diese Figur mit einem Lob der sozialstrukturellen Rollentheorie, deren Weisheit gerade darin bestehe, dass sie sich als soziologische Theorie mit der sozialen Inszenierung bescheide und darauf verzichte, eine Identität von Person und Rolle zu postulieren: vgl. H. Plessner, „Soziale Rolle und menschliche Natur" [1960], in: ders., *Gesammelte Werke X*, Frankfurt am Main 1985, S. 227–240.

[28] Vgl. É. Durkheim, *Die elementaren Formen des religiösen Lebens*, Frankfurt am Main 1994.

[29] E. Goffman, *Interaktionsrituale. Über Verhalten in direkter Kommunikation*, Frankfurt am Main 1973, S. 104 f.

[30] Das Individuum, sagt Goffman, ist ein „zugänglicher Gott" (ebd., S. 105).

[31] Die Zugänglichkeit des Unzugänglichen – das ist die Figur, mit der B. Waldenfels im Ausgang von Husserl Fremdheit zu bestimmen versucht: vgl. ders., *Topographie des Fremden. Studien zur Phänomenologie des Fremden 1*, Frankfurt am Main 1997.

[32] Im Folgenden beziehe ich mich auf die Einleitung zu E. Goffman, *Wir alle spielen Theater. Die Selbstdarstellung im Alltag*, München 1969, S. 5–18.

das ist nur eine Interpretation, die in der nächsten ‚Antwort' wieder aufs Spiel gesetzt wird. Zudem kann man vermuten, dass das gleiche Problem systematisch auch für das Gegenüber auftritt.

Das Resultat dieser Konstellation einer ‚doppelten Kontingenz' besteht nun einerseits darin, dass der Andere intransparent bleibt – bleiben muss; andererseits bleibt damit aber auch die Transparenz des eigenen Selbst, die der Bestätigung durch den Anderen bedarf, systematisch nachträglich, vorläufig und von eigenen Interpretationen abhängig – ungewiss. Da diese Logik der Perspektivenübernahme und damit die wechselseitige Intransparenz der Individuen füreinander wie für sich selbst nicht aufzulösen ist, macht es keinen Sinn, auf die Möglichkeit einer authentischen Kommunikation selbsttransparenter Individuen zu hoffen. Was bleibt, ist das Aufrechterhalten der Interaktion durch Arbeitsübereinstimmungen, die nur funktionieren, wenn die wechselseitige Identitätsproblematik nicht zum *zentralen* Gegenstand wird. Goffman verweist auf die destruktive Dynamik und die Versuche der Gegenwehr, wenn das doch geschieht – wie im Falle der Stigmatisierung[33] oder totaler Institutionen[34]. Er zeigt die Logik einer Selbstpräsentation auf, die systematisch den Unterschied von Sein und Schein aufhebt; er verweist auf ritualisierte Umgangsformen mit Brüchen in einer solchen Selbstpräsentation, die darauf abzielen, die auftretende Identitätsproblematik wieder in den Hintergrund zu drängen. Soziale und persönliche Identität können nur inszeniert werden: Man kann den vermuteten Erwartungen entgegenkommen, muss aber die unaufhebbar gegebene Differenz zwischen der eigenen Interpretation und dem Selbstverständnis des Anderen berücksichtigen und daher gleichzeitig eine Distanz zu diesen vermuteten Erwartungen einziehen. Jeder Versuch, hinter die Inszenierungen der Anderen zu kommen oder sich als ein Selbst hinter der Inszenierung darzustellen, führt uns wieder auf eine andere Ebene der Inszenierung: Hinter den Masken sind nur Masken. Obwohl man um die Differenz des Selbst zu den Masken ‚wissen' kann, ist der Weg zu diesem Grund im Selbst versperrt.

Die Sakralisierung des Selbst ergibt sich – wie man mit Blick auf Honneth sagen könnte – aus der jeder Anerkennung impliziten und ihr vorausgesetzten Unmöglichkeit einer nicht-verkennenden Perspektivenübernahme. Zugleich ist es dieses sakralisierte Selbst, das dann zum konstitutiven Faktor einer zu analysierenden Ordnung der Interaktion wird. Bezogen auf es lassen sich Interaktionen beobachten und analysieren. Dabei fungiert es auf eine doppelte Weise: einerseits als Grundlage der Interaktion und andererseits als das, was als Grund von dieser Interaktion niemals eingeholt und aufgehoben werden kann. Als strukturierender Grund der Interaktion wirkt es zudem, indem seine Thematisierung vermieden wird. Dass Identitäten nur Als-ob-Identitäten sind, dass Übereinstimmungen auf Verkennungen beruhen, dass es keine Grundlage gibt, auf der das Spiel imaginärer Spiegelungen aufgegeben werden könnte – all dies darf nicht zum Thema werden, wenn die Interaktion im Namen des sakralisierten Selbst funktionieren soll. Das sakralisierte Selbst funktioniert in diesem Fall wie ein Tabu: Das Verbot der Annäherung, das Meidungsgebot, hält die von ihm als transzendierendem Grund her zu verstehende Ordnung in Gang.

---

[33] Vgl. Goffman, *Stigma*.
[34] Vgl. E. Goffman, *Asyle. Über die soziale Situation psychiatrischer Patienten und anderer Insassen*, Frankfurt am Main 1973.

Das sakralisierte Selbst, welches nach der Logik eines Tabus funktioniert und nicht als transzendentallogisch konstruierter Grund, der die Aufstellung regulativer Ideen erlaubt, gestattet das endlose Erzählen von analytisch raffinierten Geschichten, die die Wirkungsweise dieses Tabus illustrieren. Als Interaktionsgeschichten sind dies – unter der Perspektive des funktionierenden Tabus – zugleich Geschichten, die die Interpretationsnotwendigkeit von Regeln verdeutlichen und die Grenze ihrer objektivierend-strukturtheoretischen Deutung in Frage stellen. Sie illustrieren die Fragilität scheinbar interpretationsunabhängiger und interaktionsdeterminierender Sozialordnungen. Die Sakralisierung des Selbst und ihre Funktionsweise über die Logik des Tabus ermöglichen eine Perspektive auf eine Ordnung von Interaktionen in einer Welt, in der nichts gewiss zu sein scheint. In dieser Perspektive lassen sich Geschichten über immer neue Ordnungsmuster und -aspekte erzählen, die eine Ästhetik der Existenz illustrieren, in der inszenierungstranszendente Kriterien von Wahrheit und moralischer Richtigkeit keinen Platz haben. Die Sakralisierung des Selbst und eine in der Interaktion zelebrierte Ästhetik der Existenz verweisen aufeinander – und dieser Zusammenhang strukturiert die Geschichten, die sich über die abwesende Anwesenheit des Selbst in der Welt erzählen lassen. Dass solche Geschichten – bei aller analytischen Kraft – mit ironischen Untertönen inszeniert werden, scheint notwendig zu sein, wenn ihr Arrangement nicht jener Selbsttäuschung durch das eigene Spiel verfallen soll, vor der sich jede theatralische Inszenierung hüten sollte.[35]

Stigmatisierungen erzeugen in diesem Spiel imaginäre Vereindeutigungen und Oppositionen, die die Sakralisierung des Selbst aufheben, die das Tabu brechen – die dies zumindest versuchen. Eine Betrachtung der Stigmatisierungsprozesse lenkt den Blick auf die Auseinandersetzungen um die Vereindeutigung der Identität, ihren Geltungsbereich und die Legitimationsstrategien (z. B. durch den Verweis auf adäquate ‚Diagnosen', um helfen zu können). Diese Auseinandersetzungen sind solche um eine unmögliche Referenz des Symbolischen, für die Ontologisierungen, Naturalisierungen oder Pathologisierungen bedeutsame politische Einsätze darstellen. Und es sieht so aus, als würden diese Auseinandersetzungen sich eher ausweiten: Zumindest kann man das Konzept der Normalisierung so verstehen.

5. Normativität und Normalität

Die bisherigen Überlegungen gingen von der Stigmatisierung als Problem aus. Jemandem ein Stigma zuzuordnen, setzt voraus, dass man einer symbolischen Repräsentation eine Realität verleiht: Dazu können Verfahren, Vorurteile und Bilder dienen, die metonymische Verschiebungen und synekdochale Ganzheitshypothesen erlauben. Wenn Teile solcher Vorgehensweisen auch noch wissenschaftlich abgestützt erscheinen, umso besser für diesen strategischen Zusammenhang. Der Prozess der Stigmatisierung schien auch deshalb problematisch zu sein, weil mit Gegenwehr zu rechnen ist: sei es derjenigen des Adressaten oder derjenigen seiner anwaltschaftlichen Vertretungen, die sich auf der gleichen Ebene, mit den gleichen rhetorischen Vorgehensweisen anderer Attribu-

---

[35] Vgl. Goffman, *Theater*, S. 19 f.

ierungsstrategien bedienen. Diese können die Stigmatisierungsversuche selbst in einem problematischen Licht erscheinen lassen: Sie können sie als produktive Machtstrategien durchsichtig machen.

Eine solche Perspektive machte Ausgrenzungen als symbolische Politik durchsichtig und warf die Frage auf, ob man mit moralischen Gründen das Spiel einer solchen politischen Auseinandersetzung still stellen könne. Dabei zeigten sich moralische Gründe jedoch eher als eine spezifische Strategie in diesem politischen, Wirklichkeiten über Unterscheidungen konstituierenden Kontext – eine Strategie, die (etwa im Unterschied zu ontologisierenden Argumentationen) mit Hilfe sakralisierter Bezugspunkte zu operieren versucht. Dass man solche sakralisierten Bezugspunkte auch jenseits ihrer moralischen Lesart als diskurskonstituierende Referenzen verstehen kann, wurde dann mit Rückgriff auf die Figur des sakralisierten Selbst gezeigt.

Eine solche Perspektive auf die Stigmatisierung als politische Form der Ausgrenzung übersieht nicht, dass Ausgrenzungsprozesse als solche für die Ausgegrenzten dramatisch sind, dass ihnen zunehmend Möglichkeiten der Gegenwehr genommen werden, dass sie zunehmend für sich Möglichkeiten der Inklusion nur noch über die Akzeptanz dessen sehen, was zum Anlass ihrer Ausschließung genommen wurde. Sie übersieht also nicht die Realitätseffekte der Ausgrenzung: Deren politischer Charakter besteht ja gerade darin, dass die symbolische Einordnung zu verfestigten Wirklichkeiten gerinnt: zu Institutionen, die sich helfend, strafend oder therapierend der Behandlung und der mehr oder weniger als erfolgversprechend angesehenen erneuten Inklusion widmen. An der Durchsetzung der Realitätsdefinition hängen Wissenschaften, Institutionen und Professionen, die als solche eine erfolgreiche Exklusion voraussetzen und zugleich performativ verfestigen.

Und dennoch scheint die politische Perspektive als solche an Voraussetzungen gebunden zu sein, die nicht selbstverständlich sind. Diese Voraussetzungen lassen sich vielleicht auf den Punkt bringen, dass ‚Normalität' selbst zu einem Problem sozialer Normativität wird, dass also soziale Normativität nicht einfach mehr definiert, was ‚normal' ist und dies mit selbstverständlich erscheinender Gewalt durchgesetzt wird. Erst wenn ein Gefüge sozialer Positionen, die in sich klar gegeneinander definiert sind, sich auflöst und die Zugehörigkeit des Individuums zu normativ definierten sozialen Stellungen problematisch wird, scheint sich ein Raum der ‚Normalität' zu eröffnen, der nicht mehr direkt mit einer sozialen Stellung und deren profilierter Normativität identisch gesetzt werden kann. Es entsteht der Raum einer normalisierenden Hervorbringung des Individuums[36] ebenso wie jener eines moralischen Räsonierens, das sich im Namen des Menschen von sozialen Normativitäten löst. Die Kriterien für die ‚Normalität' der Seele, des Subjekts werden zum Gegenstand diskursiver Auseinandersetzungen, was vorstellbar wurde dadurch, dass soziale Regeln und Normativitäten nicht mehr als hinreichender Maßstab des subjektiv Gültigen galten. Gegenüber einer Perspektive, die mit dieser Aufspaltung eine Befreiung des souveränen Subjekts verbindet, lässt sich auch darauf verweisen, dass die ‚Normalität' eine neue Perspektive normativer Kontrollmöglichkei-

---

[36] Foucault beschreibt die Konstitution dieses Raumes über eine produktive Logik der Disziplinen: vgl. M. Foucault, *Überwachen und Strafen. Die Geburt des Gefängnisses*, Frankfurt am Main 1977.

ten eröffnet, die sich eher im Rahmen einer produktiven ‚Biopolitik' verstehen lassen. Hier geht es um die Festlegung von Normalitätsmaßstäben, die die Gestaltung des individuellen Lebens noch vor jeder Beziehung zur sozialen Normativität normieren, indem sie es auf sich selbst als (tendenziell immer neu zu fassenden: unendlichen) Bezugspunkt zurückverweisen. Michel Foucault hat darauf aufmerksam gemacht, dass dieses neue Modell der Normalisierung, der Unterscheidung von Normalen und Anormalen, sich als produktives Modell von einfachen sozial-normativen Ausschlussprozessen unterscheidet. Im Gegensatz zum Modell des radikalen Ausschlusses, den er am Beispiel der Leprakranken expliziert, habe sich ein Modell der produktiven Bearbeitung, der Vermessung, Klassifizierung und Behandlung entwickelt, das zunächst am Beispiel der Pest erprobt worden sei, das aber schließlich zum Modell für die „Erfindung der produktiven Machttechnologien" geworden sei.[37]

Fügt man Stigmatisierungen in diese Logik der normalisierenden Formierung von ‚Subjekten' ein, so ergibt sich der Eindruck, dass hier jene, die in diesem Disziplinierungsprozess problematisch erscheinen, dadurch ‚anormalisiert' werden, dass ihnen diese Problematik selbst noch einmal zugerechnet wird: Das, was die Funktionslogik der Normalisierung stört oder behindert, wird nach deren eigenem Mechanismus jenen zugerechnet, die die Störung ‚verursachen'. Der mikropolitische Prozess der Stigmatisierung folgt dabei jenen äquivalenz- und differenzlogischen Figuren, die den Betreffenden auf unterschiedliche, aber ähnliche Weise von dem, was als normal gilt, abgrenzen.[38] In diesem Prozess wird nicht nur das Stigma hervorgebracht und zugerechnet, sondern gleichzeitig auch die normative Kraft der Normalität. Im Stigmatisierungsprozess geht es also nicht nur um die Konstitution der Unterscheidung von anormal und normal, sondern zugleich auch um die normativ-soziale Kraft dieser Unterscheidung, die als solche nicht selbstverständlich ist. Es geht also zugleich immer um die Autorisierung der Normalität als eines hegemonialen Signifikanten.

‚Normal' lässt sich zunächst im Sinne einer statistischen Größe betrachten: ‚Normal' ist das, was sich statistisch als Durchschnitt erfassen lässt. Und das Konzept scheint sich historisch auch im Sinne der statistischen Verteilung durchgesetzt zu haben.[39] ‚Normal' kann alles sein, das sich im statistischen Vergleich als Mittelmaß zeigt; Normalitäten sind damit relativ auf den Vergleich und flexibel insofern, dass im Kontext anderer Vergleichspunkte andere Mittelwerte erwartbar sind. Normalität eignet sich von daher nur bedingt zur Festsetzung sozial normativer Verbindlichkeiten. Der mikropolitische Prozess der Stigmatisierung konstituiert nun eine Verbindung bestimmter Normalitäten mit sozialer Normativität und er tut dies auf eine Weise, die sich über eine Ausgrenzung vollzieht, die mit biopolitischen Normalisierungsangeboten verknüpft wird. Stigmatisierungsprozesse zeichnen sich damit durch eine gewisse Gegenläufigkeit aus. Auf der einen Seite verlangt die zurechnende Ausgrenzung über die Verbindung von Normalität und Normativität Ontologisierungsstrategien gegenüber dem Ausgegrenzten,

---

[37] Foucault, *Die Anormalen*, S. 69.
[38] Vgl. Laclau, Mouffe, *Demokratie*.
[39] Jürgen Link stellt fest, dass sich das Konzept der Normalität (auf einer statistischen und damit flexiblen Grundlage) zwischen 1820 und 1870 durchsetzt: vgl. ders., *Versuch über den Normalismus. Wie Normalität produziert wird*, Göttingen 2009, S. 192.

denen die als unzweifelhaft gesetzte Normativität des Normalen entspricht. Auf der anderen Seite muss gerade das Normalitätskonzept flexibel gehandhabt werden, damit die Bearbeitungs- und Integrationsstrategien Erfolg versprechen.[40]

Normalität ist vielfältig und flexibel: Hinter ihren Komplexionen und Verschiebungen verschwindet ‚das' Selbst, obwohl es doch gleichzeitig der Bezugspunkt sein soll, von dem die Normalitätsstandards etwas aussagen sollen. Stigmatisierungen vereindeutigen diese unterschiedlichen Felder von in sich flexiblen Normalitäten hin auf ein normativ als zentral ausgezeichnetes Vergleichsfeld. Eine bestimmte Normalität wird als entscheidend (im Verhältnis zu anderen, die durch sie ebenfalls betroffen erscheinen) ausgezeichnet und im Hinblick auf diese wird das Individuum als defizitär hervorgebracht. Verbesserungsmöglichkeiten können dabei gerade in den Normalisierungsbereichen ansetzen, die als von der zentralen Anormalität betroffen figuriert wurden. Normalisierung bleibt der Hebel einer zu erwartenden (wenn auch vielleicht der Unterstützung bedürftigen) ‚Arbeit an sich selbst'.

Die ‚Arbeit an sich selbst' im Rahmen unterschiedlicher Normalisierungsvorgaben setzt immer schon voraus, dass die Normalität zur Norm geworden ist. Eine solche Norm ist das, was doch jeder erreichen kann, wenn er sich anstrengt – und zugleich das, für dessen Erreichen es keinen eindeutigen Maßstab gibt. Sich auf Normalisierungsvorgaben hin zu subjektivieren, führt so in die Paradoxie, dass die Fähigkeit zur Bewältigung eines solchen Vorhabens immer schon vorausgesetzt werden kann, dass aber das Vorhaben selbst über keine Erfüllungskriterien verfügt.[41] Subjektivierungen unter Normalisierungsvorgaben bilden eine historisch entstandene soziale Praxis, für die das Symbolische des eigenen Vorhabens, die Differenz zum Repräsentierten, aber auch die Differenz in der eigenen Performance, konstitutiv ist und sich aufdrängt: Sie bilden damit einen Anknüpfungspunkt für die von Goffman betonte universelle Diskreditierbarkeit und damit für das Damokles-Schwert überall drohender Stigmatisierung. Vom tabuisierten Selbst scheint der Weg dabei jedoch eher zu einer Selbstvorstellung zu führen, die als Schnittpunkt aller möglichen Normalisierungen unter einen erhöhten und zugleich uneinlösbaren Souveränitätsdruck gestellt wird: Das unternehmerische Selbst wird selbst zu einer Normalitätsfolie für Subjektivierungsprozesse, deren Hegemonie eine unabsehbare Reihe von Unterwerfungsgesten erforderlich zu machen scheinen. Dass diese über Kompetenzprofile selbst den Anschein der statistischen Messbarkeit gewinnen, dass jedes Mittel des ‚Nachhelfens' zunehmend erlaubt zu sein scheint, dass dabei

---

[40] Link spricht in diesem Zusammenhang von einem aporetischen Verhältnis protonormalistischer und flexibel-normalistischer Strategien (vgl. ebd., S. 59). Unter Protonormalismus versteht er dabei eine Strategie des Umgangs mit statistischen Normalitäten, die versucht, diese Normalitäten so engzuführen, dass der Eindruck einer festen Normativität entsteht. Unter flexibel-normalistischen Strategien werden Umgangsformen verstanden, die Normalität nur noch statistisch und damit primär ästhetisch handhaben.

[41] Ulrich Bröckling spricht daher neben der paradoxalen Grundstruktur der Subjektivierung von ihrer gerundivischen Logik (vgl. ders., *Das unternehmerische Selbst. Soziologie einer Subjektivierungsform*, Frankfurt am Main 2007, S. 19 f).

die Unterscheidung von medizinischen und sozialen Indikationen verschwimmt[42] – dies mag man als Indikatoren dafür lesen, dass sich in der symbolischen Politik, die sich um die Wirklichkeit des Selbst dreht, die Frage der Diskreditierbarkeit verschärft. In den normalisierenden Subjektivierungspraktiken scheint sich das Problem der Stigmatisierung bereits vor der Schwelle sozial-institutioneller Ausschließungspraktiken zu einem bedeutsamen Moment der Selbst- und Fremdeinschätzung zu entwickeln – in einem Raum, dessen politische Bedeutsamkeit diesseits einer Unterscheidung von ethischen und ästhetischen Bezugspunkten liegt.

---

[42] Auf diese Problematik hat am Beispiel der Psychopharmaka vor allem A. Ehrenberg hingewiesen: vgl. ders., *Das erschöpfte Selbst. Depression und Gesellschaft in der Gegenwart*, Frankfurt am Main 2008.

Artur R. Boelderl

Unterbrechung: Störung der Genealogie

Ansätze zu einer Negativistischen Sozialphilosophie im Herzen der abendländisch-christlichen Kultur

Gemeinschaften wie Gesellschaften sind von jeher mit Phänomenen negativer Sozialität konfrontiert, mit Widersprüchen und Konflikten aller Art. Traditionelle Sozialtheorien stellen letztere als Herausforderungen der ersteren dar, nach dem Muster des Betriebsunfalls: Was zuvor aus welchen Gründen auch immer mutmaßlich reibungslos funktioniert hat, steht nun im Konfliktfall auf dem Spiel, und die Kohäsionskraft einer sozialen Entität bemisst sich nach ihrer Kompetenz zur Integration und Aufhebung derartiger Störungen. Dass dieses Muster einen immanenten Hang zur Nostalgie und zur Mythologisierung sozialer Zusammengehörigkeit hat, ist nicht erst seit Jean-Luc Nancys einschlägigen Arbeiten zur Undarstellbarkeit von Gemeinschaft bekannt. Gegenläufige Bemühungen um ein neues Verständnis des Sozialen unter Einbeziehung jener negativ-sozialen Erscheinung im Wege einer Prüfung von deren an sich bereits gegebener Bindekraft, wie sie im Gefolge Blanchots, Batailles, Derridas und Nancys seit gut dreißig Jahren unternommen werden, können sich – dies die Hypothese des vorliegenden Beitrags – nicht nur auf die bekannten subversiven Kritiker der geläufigen Sozial- und Kulturtheorien berufen, die „Meister des Verdachts" wie Nietzsche, Freud und eben Bataille, sie finden Vorläufer, d. h. Ansätze zu einer Sozialphilosophie *ex negativo*, gerade auch in jener Tradition der abendländischen Kultur, der sie mit allem Grund skeptisch bis ablehnend gegenüberstehen: der römisch-christlichen. Diese bewahrt, wenn auch gleichsam marginalisiert, in ihrem Kern eine alternative Konzeption von Gemeinschaft, die im Wege einer Relektüre markanter Grundlagentexte zu bergen und auszuloten sich lohnen mag. An zwei Beispielen aus der nämlichen jüdisch-christlichen Tradition sei dies im Folgenden verdeutlich: der Erzählung von Abrahams Opfer (Genesis 22) (1) und den zusammengehörigen Tropen von der Geburt Gottes als eines Menschen resp. der Josefsvaterschaft (2). Beide erweisen sich als prägnante Illustrationen einer von der Warte der jüdisch-christlichen Lehre her gebotenen Außerkraftsetzung sozialer Bindungen, die auf genealogischen Verhältnissen im Sinne biologisch-„natürlicher" Abstammung beruhen; in beiden nimmt nicht von ungefähr das Thema der Geburt eine zentrale Stelle ein. Sie philosophisch entsprechend zu würdigen, ist freilich nur von einem Standpunkt möglich, der sich nicht zuletzt angesichts der Unfähigkeit des römisch-christlichen Lehramts, diese negativ-sozialen Aspekte der eigenen Tradition zu affirmieren und zu integrieren, als irreversibel nachchristlich begreift.

1. Abraham *revisited* oder „Jede Geburt ist eine Adoption" (Paul Ricœur)

> *Abraham ist uns mehr als irgend eine Person der griechischen oder deutschen Geschichte.*
> Friedrich Nietzsche

a. Genesis 22 in der philosophischen Tradition

Allen wirkungsmächtig gewordenen philosophischen Interpretationen der Abraham-Isaak-Episode des Alten Testaments lässt sich, ohne sie deswegen gleich *grosso modo* als falsch oder jedenfalls unzureichend abzutun (wozu sie freilich dann besonders neigen, wenn sie die Erzählung fälschlicherweise als eine Stellungnahme zum *ethischen* Problem auffassen, wie sich der Einzelne verhalten soll, welchem Bestimmungsgrund des Handelns in Entscheidungsfragen der Vorzug zu geben ist), eine *alternative Lesart* an die Seite stellen, die im Bemühen, am Textbefund nicht vorbeizugehen, auf die Erzählung *insgesamt* reflektiert und nicht nur, wie jene, einige, aus ihrer jeweiligen Sicht zentrale Aspekte derselben herausgreift und ihrer Deutung allein zugrunde legt. Der eigentlichen philosophischen Brisanz der Geschichte ist diese Vorgangsweise nicht abträglich, sie macht sie im Gegenteil umso plastischer und ruft jene Wirkung, die sie faktisch gehabt hat, nämlich auf der Ebene der Kulturgeschichte des Abendlandes, in Erinnerung, eine Wirkung, deren in erster Linie *sozialphilosophischen* Gehalt auszudeuten heute mehr denn je an der Zeit ist.

Traditionelle philosophische Interpretationen von Genesis 22, von Kant bis Derrida, stellen die *Probe* Abrahams in den Mittelpunkt, also seine *Prüfung* und damit den Aspekt des *Opfers*.[1] Damit geht von vornherein eine zumindest tendenzielle Vernachlässigung des beispielsweise für die jüdisch-religiöse Tradition wenigstens gleichrangigen Moments der *Akedah*, der *Bindung* Isaaks, einher; Isaak tritt überhaupt merkwürdig in den Hintergrund, als sei er eine – über das Faktum seiner Sohnschaft zu Abraham hinaus – sekundäre Figur der Erzählung. Im Vordergrund steht dabei dann eine eigentlich nur als moralische Notlage eines Einzelnen samt entsprechenden psychologischen Kalamitäten erscheinende Situation Abrahams, auf die Ernst Blochs freilich nichts an Sarkasmus zu wünschen übrig lassende Beschreibung zuzutreffen scheint, dass Abraham diese nur

---

[1] Vgl. dazu u. a. den konzisen Überblick bei P. Tschuggnall, „Abrahams Opfer – eine anstößige Erzählung über den Glauben? Dichterische Varianten – Philosophische und psychologische Rezeption – Literaturwissenschaftliche und theologische Befragung", in: *Zeitschrift für Religion und Geistesgeschichte 46* (1994), S. 289–318.

überwinden kann, indem er nicht nur seinen Verstand, sondern auch noch sein menschliches Gefühl opfert.[2]

Nichts anderes als dieses geopferte Gefühl liegt in der Gestalt des Wissens um das ethische Sollen bzw. Nichtsollen der Interpretation Kants zugrunde, wenn er schreibt, Abraham „hätte auf diese vermeinte göttliche Stimme antworten müssen: ‚Daß ich meinen guten Sohn nicht töten solle, ist ganz gewiß; daß aber du, der du mir erscheinst, Gott sei, davon bin ich nicht gewiß, und kann es auch nicht werden' [...]"[3]. Diesseits der Frage, ob damit der Kern der Erzählung ausgelotet oder auch nur getroffen ist, verbindet Kant damit die philosophisch freilich unhintergehbare Einsicht, dass ethische Gesetze nicht ursprünglich von Gott ausgehen können; da er sie jedoch in der Vernunft als höchster Instanz der Ethik selbst bereits grundgelegt und in Geltung sieht, fragt er nicht weiter nach der Bedingung der Möglichkeit ihrer allgemeinen Etablierung im Sinne einer Institutionalisierung ethischer Normen, sondern belässt es dabei.

Der späte Schelling wiederum nimmt ebenfalls den Ausgang seiner Abraham-Isaak-Interpretation beim „reinste[n] menschliche[n] Gefühl", das sich gegen die von Gott verlangte Opferung Isaaks „empör[e]", beharrt indes gegen Kant gerade auf der Abgründigkeit des göttlichen Befehls und damit auf der dunklen („falschen") Seite Gottes, die dessen Lebendigkeit – in Abhebung vom kalten Rigorismus der philosophischen Ethik kantischer Prägung – bezeuge.[4]

Beim frühen Hegel liest man dazu, ganz auf der Linie der bisher geschilderten Beiträge, dass es der „Gewißheit des Gefühls" auf Abrahams Seite gelinge, auch angesichts dieser dunklen Seite Gottes zu bestehen, wobei Hegel jedoch als einziger der Genannten die Brücke zu Isaak sieht und als über die bloß faktische Verwandtschaft zwischen beiden, Vater und Sohn, hinausgehendes genealogisches Prinzip des *Sozialen* zumindest andeutet, wenn er das gewisse Gefühl als Bestimmungsgrund für Abrahams Bereitschaft zur Opferung seines Sohnes näherhin als „diese Liebe" beschreibt, die „nur so stark sei, um ihm doch die Fähigkeit zu lassen, den geliebten Sohn mit eigener Hand zu schlachten"[5].

Man muss diese in sich aporetische „Lehre" der Abrahamserzählung nicht, wie Albert Camus das getan hat, als Exempel für die Absurdität des Daseins nehmen, um ihr von philosophischer Seite Genüge zu tun, dabei freilich den eigentlichen Gehalt der religiös gemeinten Erzählung außer Acht lassend, sondern kann in dieser nämlichen Absurdität auch wie Kierkegaard – durchaus in Kontinuität mit einer gewissen christlich-paulinischen Tradition des *credo quia absurdum* (Tertullian) – eine rundum positive Eigenart des Glaubens erkennen, die Abraham und *a fortiori* jeden Rechtgläubigen dazu befähigt,

---

[2] Vgl. E. Bloch, *Atheismus im Christentum. Zur Religion des Exodus und des Reichs*, Frankfurt am Main 1968, S. 122.
[3] I. Kant, *Der Streit der Fakultäten*, Hamburg 1959, S. 62 Anm.
[4] Vgl. F. W. J. Schelling, *Philosophie der Offenbarung*, Zweiter Band, Darmstadt 1974 (unveränd. Reprint der Ausgabe von 1858), S. 122 ff.
[5] G. W. F. Hegel, „Der Geist des Judentums", in: ders., *Frühe Schriften*, Frankfurt am Main 1971, S. 274–297, hier S. 279 (=Werke 1).

sich über bloß subjektive Befindlichkeiten (Stichwort Gefühl) hinaus zu erheben und in eine Sphäre des Religiösen einzutreten, in der die bloße Vernunft nichts mehr vermag.[6]

Auf dieser Linie der Interpretation reiht sich Derrida ein, der indes über die Kierkegaardsche Auseinandersetzung mit der Frage der Entscheidung Abrahams – Isaak opfern oder nicht – hinaus in der Erzählung das Problem der sozialen Verantwortung und damit das der rechtlichen Institution erkennt, wenn er zwei Pflichten – die Abrahams gegenüber Gott und die Abrahams gegenüber seinem Sohn – unter dem Titel des *Geheimnisses* gegeneinander aufrechnet: „Dieser Begriff setzt uns in Beziehung [...] mit dem absoluten Anderen, mit der absoluten Einzigartigkeit des Anderen, für die Gott hier der Name ist."[7] Verantwortlich bin ich genau an dem Punkt, wo ich die Verantwortung nicht übernehmen kann, wo die Größe der Pflicht, die ich zu erfüllen habe, mein Vermögen unendlich übersteigt – wie just in der Vaterschaft. Hierin zeigt sich die Wahrheit der Genealogie, die das naturrechtliche Prinzip der Vererbung, der Heredität, transzendiert: „Die absolute Pflicht fordert, daß man sich auf unverantwortliche Weise [...] verhält, dabei [aber] doch genau das anerkennt, bekräftigt und wiederbehauptet, was man opfert, nämlich die Ordnung der menschlichen Ethik und Verantwortung."[8] „Es ist eine Pflicht, die ethische Pflicht nicht aus Pflicht zu achten"[9], mit anderen Worten: Die Missachtung der (individual-)ethisch gebotenen Pflicht öffnet Raum für eine soziale Verantwortung, die sich nicht auf Genealogie gründet. Auf diesem Weg stößt Derrida im Ausgang von seiner Lektüre Kierkegaards vielleicht nicht schon auf die Intrikation von Unterbrechung der Ethik und Unterbrechung der Genealogie – Ethik des Sozialen *als* Unterbrechung der Genealogie des Individuums („Geburt der Ethik aus dem Bruch mit der Genealogie") –, aber jedenfalls auf die Figur des *Bruchs* in ihrem für das Verständnis der Abraham-Isaak-Erzählung konstitutiven Sinn, den es auf dem Feld seiner Entstehung im Rahmen des Textes selbst herauszukristallisieren und zu plausibilisieren gilt.

b. Der eigentliche Affront in Genesis 22: Eine alternative Lesart

Zurecht haben Theologen früh darauf hingewiesen, dass der Text von Genesis 22 die darin beschriebene Probe oder Prüfung Abrahams nicht als Experiment mit offenem Ausgang inszeniert, sondern vielmehr von Anfang an keinen Zweifel daran lässt, dass Abraham die Prüfung bestehen wird. Von diesem Befund her – dessen theologische Interpretation Philosophen nicht teilen müssen, den sie aber, soweit er sich auf solide textkritische Erkenntnisse stützt, für ihre Deutung der Erzählung auch nicht einfachhin ignorieren dürfen – relativiert sich die Bedeutung der erzählten Prüfung oder besser, verschiebt sich der Fokus der Geschichte vom Aspekt der Probe und des Opfers samt dessen in erster Linie moralischer Brisanz und Problembehaftetheit (der sich die vorhin angerissenen philosophischen Auslegungen der Tradition vorrangig gewidmet haben) weg.

---

[6] Vgl. S. Kierkegaard, *Furcht und Zittern. Dialektische Lyrik von Johannes de Silentio*, Düsseldorf, Köln 1971.
[7] J. Derrida, „Den Tod geben", in: A. Haverkamp (Hg.), *Gewalt und Gerechtigkeit. Derrida – Benjamin*, Frankfurt am Main 1994, S. 331–445, hier S. 393.
[8] Ebd.
[9] Ebd.

Die Frage ist nur, *wohin* verlagert sich das Gewicht der Erzählung? Theologen sagen – es wäre polemisch hinzuzufügen: Sie begnügen sich damit zu sagen –, dass dieser Umstand, dass am Ausgang der Geschichte irgendwie kein Zweifel besteht, dass Abraham also die Prüfung jedenfalls bestehen wird, so aufzufassen sei, dass das eigentliche Thema von Genesis 22 nicht sachlich die Frage des Verhaltens Abrahams angesichts von Gottes „unmöglicher" Forderung des Sohnesopfers sei, sondern die Erzählung vielmehr ein bewusst anstößiges Exempel, gleichsam typologisch, näherhin charakterologisch, liefert dafür, wie sich ein gläubiger Mensch in aporetischen Situationen, Situationen, die er selbst als Mensch mit seiner Vernunft nicht zu lösen weiß, verhält – nicht einmal so sehr ein Beispiel dafür, wie er, wie man sich verhalten *soll*, sondern wie man sich verhalten *wird* (in Korrespondenz mit der eigentlichen grammatischen Form auch des Dekalogs, der ja nicht fordert: „Du sollst...", sondern ungleich schlichter feststellt: „Du wirst...").

Für die Richtigkeit dieser Annahme spricht einiges, doch schöpft sie den ganzen Gehalt von Genesis 22 auch schon aus? Es ist wohl alles andere als zufällig, dass das Exempel Abrahams – wenn es denn ein solches ist – im Register der Beziehung zwischen Vater und Sohn, also im Feld der Verwandtschaft und damit der Genealogie angesiedelt ist, und wenn es denn auch nicht – soweit ist der theologischen Kritik an der philosophischen Prioritätensetzung bei der Frage des Opfers philosophischerseits jedenfalls zuzustimmen – um das moralische Problem geht, ob man nun als Vater einem von woher auch immer ergehenden Befehl, den eigenen Sohn hinzuschlachten wie ein Opferlamm, Folge leisten soll oder nicht, so wirft die Geschichte die Frage des ethisch richtigen Verhaltens eines Vaters gegenüber seinem Sohn, *a fortiori* der Eltern gegenüber ihrem Kind dennoch auf, und zwar just, indem sie die Genealogie, die direkte Abstammung im Sinne der biologischen Vaterschaft selbst thematisiert und problematisiert.[10]

„Nimm deinen Sohn, den einzigen, den du lieb hast", fordert Gott Abraham auf und stellt mit dieser Wendung zugleich in den Raum, dass Abraham von seinen beiden Söhnen nur den einen, Isaak nämlich, lieb hat, eine Referenz, deren Triftigkeit gleichsam selbstevident ist bzw. in der Erzählung durch den Umstand evident wird, dass Abraham „natürlich" Isaak mitnimmt zum Berg Moria und nicht Ismael, den zuvor schon einmal mit seiner Mutter Hagar Verstoßenen. Von daher erhält auch die Diskrepanz zwischen Gottes Befehl zur Opferung des eigenen Sohnes einerseits und seiner Verheißung einer zahlreichen Nachkommenschaft an Abraham andererseits erst ihre Schärfe: Wie kann Gott zuerst eine solche Verheißung ergehen lassen und dann deren einzige Möglichkeitsbedingung, Isaak, den Sohn des Abraham und der Sara, als Opfer fordern? Die erwähnte Diskrepanz erwächst nur aus der Einengung des Blicks, sowohl Abrahams als auch des Lesers von Genesis 22, auf Isaak als die Gestalt, durch die sich jene Verheißung allein erfüllen kann. Just mit dieser Einengung aber, der traditionellen Reduktion des Konzepts der Nachkommenschaft auf biologische Verwandtschaft, bricht die Erzählung, wenn ihre Fabel denn nicht tatsächlich bloß als Laune eines auf absolute Ergebenheit seines Volkes aus seienden Gottes verstanden werden soll oder als ein bloßes Schauspiel, eine Charade (deren Ausgang man von Anfang an kennt) zur Erbauung der Gläubigen und zur Bestär-

---

[10] *Damit* steht Genesis 22 im Übrigen, wie in Abschnitt 2 ausführlicher diskutiert wird, in typologischer Beziehung zur Trope der Geburt Jesu durch eine Jungfrau – und nicht über die Schiene der Kategorie des Opfers.

kung ihres Glaubens an diesen Gott, wie rational unbegründet dieser Glaube auch immer sein mag.

Um es pointiert zu sagen: Selbst wenn der Engel Gottes Abraham nicht in den Arm gefallen wäre, als dieser bereit und bereits dabei war, seinen Sohn zu opfern, selbst wenn das Opfer vollzogen worden wäre, wäre die Verheißung der reichen Nachkommenschaft davon unbeschadet geblieben, wäre der Gott Abrahams kein Lügner – und das scheint mir die Lehre von Genesis 22 zu sein: Unter Gottes Herrschaft tritt an die Stelle der Genealogie, an die Stelle des Blutes, der biologischen Verwandtschaft die universale Gotteskindschaft als symbolische Referenz. Die von Derrida erkannte Unterbrechung der Ethik, die die Erzählung so plastisch darstellt, dient der Etablierung einer Ethik der Unterbrechung, also einer Sozialphilosophie *ex negativo* – im Sinne einer Abkehr vom archaischen Prinzip der biologischen Herkunft als (einziges) Medium sozialer Zugehörigkeit zugunsten eines neuen, jetzt symbolischen und in der Folge rechtlichen, d. h. institutionalisierten Prinzips der Wahlverwandtschaft (das „erwählte" Volk).

Das ist es, was Abraham, der Stammvater und Rechtgläubigste von allen, in und durch die ihm von seinem Gott in Genesis 22 auferlegte Prüfung zu lernen hat, wodurch er zum Vorbild für jeden Gläubigen wird – und was die Bibelstelle uns zu denken gibt: dass nämlich, in Paul Ricœurs Worten, jede Geburt eine Adoption ist,[11] dass jeder Entbindung eine Bindung (*Akedah*) folgt und folgen muss, weil jene diese (entgegen dem genealogischen Phantasma) gerade nicht *ipso facto* bereits konstituiert hat.

c. Eine nachchristliche Ethik der Unterbrechung? Kronzeugen

Der soeben zitierte Paul Ricœur geht in seinem letzten Werk dieser Frage nach der Bindung unter dem Titel der *Anerkennung* nach und verweist dabei auf zwei Kronzeugen jener Negativistischen Sozialphilosophie im Ausgang von einer Unterbrechung der Ethik (die sich nicht zuletzt als Bruch mit der Sitte vollzieht), auf welche hin ich die Abraham-Isaak-Erzählung soeben zu lesen versucht habe: Hannah Arendt und Pierre Legendre,[12] zu denen ich als dritten meinerseits den bereits erwähnten Jacques Derrida hinzufügen möchte. Die Anerkennung – des Sohnes durch den Vater – ruht in der diesseits des Biologischen liegenden Möglichkeit der Nichtanerkennung, sprich des Opfers, sie stört das genealogische Prinzip, um es im selben Moment als symbolische Referenz wieder aufzurichten, man könnte auch sagen: um es aus der Logik der bloßen Vererbung zu heben und zu öffnen für eine im Sinne des Neuen radikal ungewisse Zukunft.

Darin treffen sich, wie hier nur andeutungsweise ausgeführt werden kann, Arendt, Ricœur, Derrida und Legendre bei aller sonstigen Unterschiedlichkeit ihrer Ansätze: Arendt erkennt in der Unterbrechung des Weltlaufs, den jede Geburt darstellt, wie man weiß, die Bedingung der Möglichkeit von Ethik und Politik gleichermaßen;[13] Ricœur sieht in der Anerkennung des Sohnes oder der Tochter als Sohn oder Tochter von ...

---

[11] Vgl. P. Ricœur, *Wege der Anerkennung. Erkennen, Wiedererkennen, Anerkanntsein*, Frankfurt am Main 2006, S. 242.
[12] Vgl. Ricœur, *Wege*, S. 241–246.
[13] Vgl. H. Arendt, *Vita activa oder Vom tätigen Leben*, München 1981, S. 243.

die für jede Kultur maßgebliche Vorbedingung, „sich nicht bloß [genealogisch] als Erzeuger zu betrachten, sondern als die Eltern ihrer Kinder"[14] und verbindet mit der dazu nötigen Unterbrechung des rein genealogischen Prinzips der Abstammung die Einsicht, dass „in der unbegrenzten Abfolge der Generationen" „keiner [der Plätze] begründend [ist]"[15]; Derrida wiederum stellt, was vielleicht nicht so allgemein bekannt ist oder hinreichend beachtet wird, sein ganzes Projekt einer Dekonstruktion der abendländischen Metaphysik unter das Motto einer „Dekonstruktion *des* genealogischen Schemas", Dekonstruktion mithin des Genealogischen, „wo immer es seine Herrschaft im Namen einer Geburt und einer nationalen Natürlichkeit geltend macht"[16], mit dem erklärten Ziel, „eine Politik, eine Freundschaft, eine Gerechtigkeit zu leben, an deren *Anfang* der Bruch mit ihrer [sc. der Abstammung, der Geburt, der Herkunft, der Generation, der Familie, des Nächsten] naturhaften Homogenität […] steht"[17].

Meine These mit Blick auf die Möglichkeit einer gemäßen philosophischen Deutung von Genesis 22 lautet unter diesen Prämissen, dass die Erzählung von der Prüfung Abrahams genau diesen Bruch mit dem genealogischen Prinzip markiert und fordert, von dem die archaischen Völker bzw. die Stammesgesellschaften zuvor geprägt waren, und dass dieser bereits im Alten Testament konstitutive Bruch über seine variierende Wiederholung im Aspekt der Josefsvaterschaft im Neuen Testament bestärkt und besiegelt wird und so zum in der Folge sukzessive vergessenen und verdrängten Gründungsmoment der abendländischen, näherhin der christlich-römischen Kultur avanciert. Philosophisch entscheidend an Genesis 22 ist also nicht, ob überhaupt und wenn ja, unter welchen Voraussetzungen Abraham handeln oder nicht handeln dürfte, wie er zu handeln beabsichtigt, noch auch, ob der entsprechende Befehl zu handeln von Gott selbst kommt etc. Entscheidend ist vielmehr, dass und wie in dieser Situation die Figur des Vaters und damit einer nicht-natürlichen Rechtsinstanz eingeführt und etabliert wird.

Gegenstand der Erzählung ist nicht eine moralische Unterweisung oder Belehrung, keine Ethik im Sinne einer Entscheidung der Frage, wie man sich richtig verhält oder nicht, ihr „Sinn" liegt vielmehr auf dem Feld des Sozialen, besteht darin, durch die Sistierung derartiger ethischer Fragen angesichts eines „unmöglichen" Befehls die trotz ihrer absoluten Künstlichkeit unumgängliche Notwendigkeit der Errichtung einer symbolischen Ordnung zu erweisen, deren soziale Bindungskraft das auf dem bloß biologisch gedachten genealogischen Prinzip beruhende „natürliche" Band zwischen Vater und Sohn bei weitem übersteigt und allererst kultur- bzw. gesellschaftsstiftend zu wirken vermag. Der semantische Mehrwert der *Akedah*, der Bindung Isaaks – der in dieser Lesart keine sekundäre Gestalt der Erzählung abgibt, sondern in deren Fokus steht –, besteht in der Verdoppelung der Bande zwischen seinem Vater und ihm im Wege eines Austauschs, dem Derrida die Logik des Supplements zuerkennen würde: Abraham bindet Isaak physisch, weil er dazu aufgrund seiner gleichsam „natürlichen", in ihrer Begründung ebenfalls physisch-biologischen Vatergewalt befähigt und berechtigt ist – im Moment der Ent-bindung, der Geburt, liegt das Leben des Sohnes in der

---

[14] Ricœur, *Wege*, S. 245.
[15] Ricœur, *Wege*, S. 246 Fn.
[16] J. Derrida, *Politik der Freundschaft*, Frankfurt am Main 2000, S. 155.
[17] Derrida, *Politik*, S. 156.

Hand des Vaters; seine eigentliche Bindung im Sinne einer Adoption, der symbolisch-rechtlichen Anerkennung erfolgt indes in dem Moment, wo Abraham angesichts des göttlichen Befehls – den er als gläubiger Mensch nicht anders denn befolgen kann – die Entscheidungsgewalt aus der Hand genommen ist, wo er sich als biologischer Vater radikal überfordert sieht. Im andeutungsweisen Vollzug des Rituals der Opferung – Vollzug, der jedwede Ethik im Sinne dessen, was man tut oder nicht tut, übersteigt, der die menschliche Vernunft an die Grenze zur Selbstaufgabe treibt – ersteht aus dem nur biologischen Vater der symbolische, wandelt sich der reale Vater in die Vaterfunktion.[18]

Diesen Aspekt der Erzählung möchte ich zum Abschluss dieses ersten Abschnitts mit dem dritten der vorhin genannten Kronzeugen etwas ausführlicher verdeutlichen, zumal dessen Werk im deutschen Sprachraum nach wie vor wenig Beachtung findet. Es handelt sich um den Lacan-Schüler Pierre Legendre, seines Zeichens Rechtshistoriker an der Pariser *Ecole pratique des Hautes Etudes*. Auch diese Wahl ist, sowenig wie die der anderen Referenzautoren, zufällig, hat sich Legendre doch zumindest in seinem Werk *Das Verbrechen des Gefreiten Lortie*, das den Untertitel trägt *Abhandlung über den Vater*, explizit mit der Abraham-Isaak-Erzählung auseinandergesetzt. Er tut dies vor dem spezifisch französischen Diskurshintergrund – auf den vor allem Walter Seitter aufmerksam gemacht hat – einer in letzter Instanz auf Rousseaus *Contrat social* rekurrierenden Konzeption eines „Universums der Filiation"[19], dem sich seit spätestens Anfang des 20. Jahrhunderts vor allem religionswissenschaftliche und ethnologische Studien (hingewiesen sei nur, nicht zuletzt aufgrund der formalen Analogie im Titel, auf Emile Durkheims *Les formes élémentaires de la vie religieuse* und Claude Lévi-Strauss' *Les formes élémentaires de la parenté*) auf unterschiedliche Weise gewidmet haben.

Im erwähnten Buch, dem (einzig auf Deutsch vorliegenden) Band VIII von Legendres bisher neun Bänden sogenannter *Leçons*/Lektionen, aber auch in einer Reihe weiterer Bände und anderer Studien[20] nähert sich Legendre diesem Universum der Filiation (was nichts weiter bezeichnet als die oben am Beispiel der Abraham-Isaak-Erzählung herausgearbeitete Logik der Genealogie und ihrer Unterbrechung) im Ausgang von seinem zunächst rechtshistorischen und rechtswissenschaftlichen Interesse an den juridischen Wirkungen des Prinzips der Vaterschaft. Von daher ist der Begriff des Vaters für Legendre von „grundsätzlich institutioneller Natur, es handelt sich um einen genuin institutionellen [d. h. nicht natürlichen] Begriff"[21].

Vor diesem Hintergrund rekonstruiert Legendre Genesis 22 zunächst wie folgt: „Die Bindung [...] bedeutet die Herstellung eines Bezugs aller genealogischen Plätze zur absoluten Referenz. Die Szene ist grundlegend: Abraham bindet und fesselt seinen Sohn

---

[18] Wenn hier von „Vater" die Rede ist, versteht sich im theoretischen Kontext, in dem die relevanten philosophischen Diskurse angesiedelt sind, von selbst, dass damit nicht einfach der sog. leibliche Vater, also ein männlicher Erzeuger, gemeint ist, sondern der Vater als Platz in einer bestimmten genealogischen Konstellation. Hier wird also keinem patriarchalischen Diskurs das Wort geredet.

[19] P. Legendre, *Das Verbrechen des Gefreiten Lortie. Abhandlung über den Vater (Lektionen VIII)*, Freiburg i. Br. 1998, S. 19.

[20] Darunter *L'inestimable objet de la transmission. Etude sur le principe généalogique en Occident* (*Leçons* IV), *Filiations. Fondement généalogique de la psychanalyse* (*Leçons* IV suite 2) und *Les enfants du texte. Etude sur la fonction parentale des etats* (*Leçons* VI).

[21] Legendre, *Verbrechen*, S. 35.

Isaak [...] auf den Opferaltar, um ihn auf göttliches Geheiß zu töten. Von der Unterwerfungsgeste Abrahams gerührt, entbindet Jahwe Abraham davon, den Mord zu begehen, und ein Widder ersetzt das Opfer. Isaak wird durch seinen Vater also zunächst gebunden und dann wieder entbunden."[22] In seiner Interpretation „dieser für die europäische Kultur paradigmatischen Szene"[23] legt Legendre Wert auf die Beobachtung, dass beide, Abraham wie Isaak, jeweils für sich zunächst gebunden und entbunden werden, wie sie sich auch zugleich voneinander entbinden, um sich schließlich umso stärker aneinander zu binden. „Der Vater wird hier instituiert als derjenige, der den Sohn im Bezug zum Mord bindet und entbindet, und er nimmt diese Bindung und Entbindung für seinen Sohn und für sich selbst vor. [...] In der Geschichte, die Abraham und Isaak bereit zum Opfer zeigt, bindet und entbindet der Vater weder aus reiner Willkür, noch ist er bloß ein Henker, der blind Befehle ausführt und seinen Job tut. Er nimmt die genealogische Funktion desjenigen ein, der opfert"[24] – eine „paradoxale Funktion", insofern sie *als* genealogische (schließlich *ist* Abraham Isaaks Vater) just die Genealogie unterbricht, indem sie den Sohn als „Vater" des Vaters – als denjenigen, durch welchen der Vater allererst zum Vater wird – eliminiert (in gewisser Weise richtet der Vater also in der Person seines Sohnes die Hand gegen sich selbst; man ist erinnert an Derridas Wendung von der Dekonstruktion des genealogischen Schemas als einer „paradoxe[n], zugleich genealogische[n] und a-genealogische[n] Dekonstruktion des Genealogischen selbst"[25]). Diese Funktion hat, so Legendre, ihren Sinn in der „Einrichtung der absoluten Referenz", deren Wesen darin besteht, „in der menschlichen Spezies das Verhaftetsein mit der Allmacht aufzulösen und zu unterbinden"[26]. Daher ist die Lehre dieser biblischen Erzählung für Legendre „unaus-schöpflich": „Weil uns Abraham an der äußersten Grenze des Verzichts auf seine eigene Person gezeigt wird"[27], an der Stelle, wo der Abbruch der Genealogie die Kontinuität der auf menschlicher Vernunft und auf ihr allein basierenden Ethik unterbricht, wo sich – entgegen der dem archaischen genealogischen Prinzip entsprechenden väterlichen Annahme, dass ein Kind für den Vater die Ewigkeit bedeute,[28] ein biologisches Kind, wohlgemerkt – auf dem Feld des Sozialen *ex negativo* die Option einer *anderen* Ethik auftut gerade in der Universalität einer nicht mehr genealogisch reduzierten Nachkommenschaft als symbolischer Gotteskindschaft.

Dies ist die nicht nur jüdisch-christliche, sondern, so der Rechtshistoriker Legendre, die vor allem *römisch*-christliche Lehre, die an die Stelle der somatischen Kategorien der Biologie die spirituellen Kategorien des Rechts gesetzt hat. Für den Philosophen – und den Sozial- und Kulturphilosophen zumal – gilt es daher, „den Mechanismus, der das menschliche Subjekt an die Kategorien des Rechts, an die juridischen Wörter der Genea-

---

[22] Legendre, *Verbrechen*, S. 33.
[23] Ebd.
[24] Ebd.
[25] Derrida, *Politik*, S. 155. – Vgl. dazu auch A. R. Boelderl, „Genealogische Dekonstruktion des Politischen und politische Dekonstruktion des Genealogischen. Derrida und Nancy über Geburt und Gemeinschaft", in: H.-J. Lenger, G. C. Tholen (Hg.), *Mnema. Derrida zum Andenken*, Bielefeld 2007, S. 117–134.
[26] Legendre, *Verbrechen*, S. 33.
[27] Ebd.
[28] Vgl. ebd.

logie bindet, [...] recht wahr[zu]nehmen"[29], jenen Mechanismus, den uns die Abraham-Isaak-Erzählung in narrativer Gestalt gleichsam *avant la lettre* vor Augen führt. Welche Folgen die Einsicht in diesen Mechanismus, der im Inneren unserer römisch-christlichen Kultur wirkt, im Blick auf die Reformulierung der Sozialphilosophie angesichts der Herausforderungen eines im Gewand von Neurobiologie und *life sciences* neu erstarkten genealogischen Biologismus haben müsste, bliebe zu ergründen.

2. Die sozialphilosophische Dimension von Gottesgeburt und Josefsvaterschaft: Das Christentum als Ethik der Ent-Bindung

Unter dem Aspekt der Frage nach der sozialen Bindekraft: Was ist es, das uns zusammen sein lässt?, scheint es angebracht, den zentralen christlichen Gedanken von der Geburt Gottes als eines Menschen (nicht schon, in einem starken Sinne, den – religiösen – Glauben daran) auf seinen negativ-sozialen Gehalt zu prüfen, mit anderen Worten auf seine potenzielle Bedeutung als Chiffre für jene andere, nachchristliche Vorstellung der „Gemeinschaft derjenigen, die ohne Gemeinschaft sind", wie sie im Kontext der gegenwärtigen Sozialphilosophie vor allem französischer Provenienz im Gefolge Georges Batailles ventiliert wird.

Die Geschichte des Christentums ist freilich nicht identisch mit der Geschichte dieses für es zentralen Gedankens. Weder entstammt er als solcher dem Christentum oder beginnt mit ihm, noch verhilft das Christentum diesem Gedanken zum Durchbruch – letzterer steht vielmehr nach wie vor aus.[30]

Das Christentum steht der Idee von der Geburt Gottes als eines Menschen nämlich ebenso sehr entgegen und verdeckt ihre Bedeutung, wie es sich dennoch bei ihr um „seine", also des Christentums Idee handelt. Dass heute die ganze Welt, ob christlich oder nicht, Weihnachten feiert, zeugt von der Größe der Idee, die Art und Weise, wie weltweit Weihnachten gefeiert wird – keineswegs so, dass es den Vorstellungen der offiziellen Vertreter christlicher Kirchen entspricht –, zeugt davon, dass die Idee größer ist als ihr Ursprung, anders gesagt: dass die Idee von der Geburt Gottes als eines Menschen wahrhaft katholisch ist, universal also, in dem Sinne, dass sie allen gehört, nicht nur den Christen, das heißt solchen, die sich zum Christentum bekennen, und auch nicht nur antizipatorisch jenen, die sich letzten Endes zum Christentum bekehren lassen haben werden, wie die Amtskirche glaubt.

Die Geschichte von der Menschwerdung Gottes besiegelt das Ende der Religion als eines autoritären Abhängigkeitsdiskurses, wie ihn die Religionskritik seit jeher, wenngleich in besonderer Schärfe seit dem 19. Jahrhundert gezeichnet hat. Mit diesem Ende der Religion verschwindet die Religion freilich nicht von der Bildfläche, doch vollzieht sie einen radikalen Gestaltwandel, dessen Zeugen wir werden.

---

[29] Legendre, *Verbrechen*, S. 36.
[30] Zur ersten – konjunktivischen – Entwicklung dieses Gedankengangs siehe A. R. Boelderl, „,Born to be alive'. Zur philosophischen Bedeutung der Gottesgeburt – Erwägungen im Konjunktiv", in: *Theologisch-Praktische Quartalschrift* 156 (2008), S. 388–395.

Wie Hegel erkannt und Nietzsche verkündet hat, ist das Christentum als Hüter der Geschichte von der Geburt Gottes als eines Menschen die letzte Religion oder, in den Worten Marcel Gauchets, eine Religion der Verabschiedung der Religion mit dem Fluchtpunkt des Atheismus. Luigi Pareysons berühmter Formel, wonach das Christentum nur gegenwärtig bzw. wirklich sein könne, wenn es die gegenwärtige Möglichkeit seiner Negation betrachte, ist von daher jene Version an die Seite zu stellen, die Jean-Luc Nancy ihr im Wege der Reflexion über den geschilderten Sachverhalt gegeben hat: Der Atheismus könne nur wirklich bzw. gegenwärtig sein, wenn er die Wirklichkeit seiner christlichen Herkunft betrachte.

a. Sozialphilosophische Implikationen der Autodekonstruktion des Christentums

Dieses Binnenverhältnis von Christentum als Kulmination des Gottesglaubens einerseits und Christentum als Abkehr vom Theismus andererseits konstituiert kein dialektisches Selbstverhältnis im Sinne einer Aufhebung des Gegensatzes zugunsten einer Selbstüberhöhung des Gottesglaubens als Selbsterhebung des – göttlichen – Weltgeistes, wie Hegel dachte. Vielmehr steht das Christentum im Ausgang von seiner ihm wesentlichen Anerkennung der Wirklichkeit der Geburt Gottes als eines Menschen zu sich selbst im Verhältnis der *Autodekonstruktion*. Diese lässt den Gegensatz von Theismus/Atheismus hinter sich, ohne ihn zu überwinden. In ihrem Verlauf nimmt die Religion eine neue, soziale Gestalt an, von der sich heute nur soviel sagen lässt, dass sie jedenfalls monströs sein wird (wie sich in Umrissen bereits zeigt, beispielsweise in den religiösen Fundamentalismen verschiedener Provenienz, die ja ebenfalls nichts mit der traditionellen Erscheinungsform von Religion gemein haben) – monströs in dem Sinne, dass sie sich in keiner irgendwie absehbaren, mit geschichtlichen oder gegenwärtigen Gestalten von Religion (noch auch von Gesellschaft) vergleichbaren Form präsentieren wird. Diese neue, monströse Religion ist keine mehr, und *a fortiori* ist das Christentum, um ein Wort Karl Rahners zu paraphrasieren, künftig keine Religion mehr, oder es ist nicht.

Die Zukunft der Religion ist die Religion der Zukunft, der unbestimmte Glaube an oder die grundlose Hoffnung auf jenes Zukünftige als das Zu-kommende, von dem wir nicht wissen und nicht wissen können, wie es sein wird, und das dennoch bzw. gerade deshalb unsere Welt konstituiert, indem es sie offenhält und bewahrt vor einem Abschluss im Vergangenen oder bereits Gegenwärtigen, wie die Naturreligionen einerseits und die säkularen Religionen (z. B. des Kommunismus und des Kapitalismus gleichermaßen) andererseits ihn angenommen haben und herbeigeführt wissen wollten, und zugleich vor einem Abschluss in der „schlechten Unendlichkeit" einer Zukunft, deren Ort nicht die Welt, sondern etwas Außerweltlich-Transzendentes wäre, wie in den Religionen des Buches und den meisten „Welt"-Religionen, vielleicht mit Ausnahme des Buddhismus.

Möglichkeitsbedingung und Katalysator zugleich dieser Entwicklung der Religion überhaupt und des Christentums im Besonderen – insofern diese beiden Entwicklungsstränge in einer zunehmend globalisierten Welt unwiderruflich miteinander verknüpft sind, auch und gerade dort, wo das Christentum als Konfession einer Population sich faktisch im Rückgang befindet (beredtes Zeugnis für diesen Sachverhalt sind die medial globalisierten Auftritte des Papstes vor Massen von jubelnden Menschen, von denen ein großer Teil in ihrem sonstigen Leben mit der Lehre des Katholizismus wenig am Hut hat) – ist die Geschichte von der Geburt Gottes als eines Menschen, die im Zentrum des christlichen Glaubens steht und deren Eingedenken wir zu Weihnachten zelebrieren. Sie bricht mit der traditionellen Gestalt von Religion so grundlegend, dass das Wesen der Religion davon nicht nur nicht unberührt bleibt, sondern einerseits allererst als solches in Reinform in Erscheinung tritt (das ist die eigentliche Bedeutung der Geschichte des Christentums als Institutionen-, d. h. Kirchengeschichte in dem oben bereits geschilderten ambivalenten Sinn, dass sie die wahre Bedeutung der Geschichte von der Menschwerdung Gottes zugleich verschleiert) und andererseits im Wege dieses Erscheinens seine Konturen verliert und sich auflöst, ohne zu verschwinden (es erhält sich vor allem, wie auch das nämliche Beispiel der gegenwärtigen massenmedialen Verbreitung und Wirkung der Papstreisen zeigt, in einer von der religiösen Lehre weitgehend abgekoppelten symbolischen – und außerkirchlichen – sozialen Praxis).

Das Ausmaß dieses epochalen Bruchs mit der traditionellen Gestalt von Religion – den folgerichtig nur eine Bewegung stiften und vollziehen kann und könnte, die sich selbst als religiöse verstünde und präsentierte, und nicht eine der Religion wesentlich äußerliche (deren Möglichkeit im Übrigen mit – zumindest dem frühen – Bataille ernsthaft bezweifelt werden darf) – wird dort ersichtlich, wo (und von Denkern formuliert, für die) die beileibe nicht auf den religiösen Bereich im engeren Sinn beschränkte Geltungsbreite der Rede von Gott – jenseits einer affirmativen Haltung ihr gegenüber – dennoch jedenfalls eine unumstößliche Tatsache menschlicher Existenz und menschlichen Denkens und Handelns ist, der es philosophisch Rechnung zu tragen gilt. Ohne dass dies explizit eines von dessen Themen wäre, wird – unter dieser Perspektive – dennoch nirgends deutlicher als im Denken von Jacques Derrida, dass sich auf die Geschichte von der Geburt Gottes als eines Menschen einzulassen bedeutet, *jede* Geburt eines Menschen als Gottesgeburt anzusehen und sich in eins damit die Monstrosität, d. h. die Unausdenkbarkeit und Unberechenbarkeit, eines jeden solchen Neuanfangs und damit jeder Zukunft, verstanden als positive Unabgeschlossenheit der Welt in (und aufgrund von) deren und unserer radikalen Endlichkeit zwischen Geburt und Tod, einzugestehen. Seine Rede von der Autodekonstruktion des Christentums, die Jean-Luc Nancy aufgegriffen hat und fortführt, nimmt ihren Ausgang präzise von einer philosophischen Reflexion auf die unerhörte Geschichte, den beispiellosen Frevel der christlichen Grundüberzeugung von der Gottesgeburt als Menschengeburt, gegenüber dem die Rede vom Tod Gottes im Kontext der neuzeitlichen Religionskritik und des modernen Atheismus nur ein vergleichsweise schwaches Echo darstellt, insofern sie lediglich eine in dieser Grundüberzeugung bereits enthaltene Konsequenz derselben explizit macht.

„[…] Indem ein Eid Gott als Zeugen anruft (auch dort, wo Gott ungenannt bleibt, auch dort, wo es um die ‚weltlichste' Verpflichtung und ihr Pfand geht [also überall dort, wo Menschen verantwortlich zu sprechen und handeln versuchen]), ist es unumgänglich, daß er Gott als etwas erzeugt, als etwas anruft oder herbeiruft, was bereits da ist, *was also ungeboren ist und nicht geboren werden kann*, was vor dem Sein selbst kommt: nicht erzeugbar. Abwesend an seinem eigenen Ort. Erzeugung und Wiedererzeugung dessen, was nicht erzeugt werden kann und an seinem eigenen Ort abwesend ist. Alles beginnt mit der Gegenwart oder Anwesenheit dieser Abwesenheit – dort, an jenem Ort."[31]

Derrida formuliert hier das Motiv oder besser: den Grund für die *Unüberwindlichkeit der Religion* und gleichzeitig ein Kriterium für jene neue Religion nach dem (durch das Christentum mit herbeigeführten) *Ende der Religion*, für die wir den Namen „Religion" nur als Platzhalter einzusetzen haben, da wir eines besseren ermangeln (daher setzen wir ihn in der Folge, nach dem Beispiel Derridas in ‚Glaube und Wissen', in Anführungszeichen). In gewisser Hinsicht ist das Christentum bereits jene neue „Religion", in anderer Hinsicht steht es deren Heraufkunft entgegen. Wo immer wir einen Eid ablegen, wo wir also verantwortlich sprechen und handeln wollen, rufen wir *nolens volens* einen Zeugen an, einen Dritten, der die soziale Verbindlichkeit unseres Versprechens garantieren soll. Dieser Garant der Verbindlichkeit hat in letzter Instanz ein „absoluter" Zeuge zu sein, einer, dessen Existenz gleichsam unvordenklich verbürgt ist, ohne ihrerseits eines Bürgen zu bedürfen; und diese Bedingung erfüllt wiederum nur Gott: „Ohne Gott kein absoluter Zeuge."[32] Die Existenz dieses Zeugen und in eins damit die Möglichkeit seiner – expliziten oder impliziten – Anrufung im Blick auf eine Absicherung der Verbindlichkeit unseres Handelns steht und fällt mit dessen Nichtgeborensein: „Man fängt also damit an, im Rückblick das absolute Altersvorrecht eines Einen zu behaupten, das nie geboren wurde und das ungeboren bleibt."[33] Dies hat nichts mit einer – bewussten oder uneingestandenen – Vorliebe für religiöse Begründungen zu tun, sondern ist eine gleichsam logische Forderung der performativen Praxis des Versprechens als Möglichkeitsbedingung verantwortlichen Handelns – weshalb Derrida sagen kann: Ohne zu sein, ist Gott dennoch in allen Dingen, anwesend in der Abwesenheit oder, um eine Ausdrucksweise Levinas' aufzunehmen, der Derrida in diesem Punkt zweifellos beeinflusst hat: *Dieu sans l'être* – Gott ohne Sein / ohne Buchstaben (*lettre*), quasi-ontologischer Vorrang des Sozialen (als Zeugenschaft: Es braucht mindestens mehr als ein Ich, mehr als mich, mich und einen Zeugen) vor dem Ontologischen – *Dieu avant l'être même* – „was vor dem Sein [dem Buchstaben, z. B. des Gesetzes] selbst kommt"[34]. In dieser Hinsicht „gibt es" Gott, ist die Religion (wie die Metaphysik überhaupt) unüberwindlich, ohne dass Gott existierte bzw. ohne dass die Religion möglich wäre, ist Religion *notwendig und unmöglich zugleich*, um eine (im Übrigen an der Kantischen Bestimmung der Vernunft als jener Instanz, die sich vor Aufgaben gestellt sieht, denen sie sich nicht entziehen, die sie indes auch nicht leisten kann, modellierte) Lieblingsformulierung Derridas auf diesen Sachverhalt umzumünzen. Religion trägt also derjenigen Dimension menschlicher Existenz Rechnung, die nicht ohne Gott im Sinne eines Garanten verbindlichen Handelns auskommt; damit ist Religion zugleich mehr als Religion, bringt sie auf eine spezifische, als „religiös" bezeichnete Weise eine quasi-ontologische Notwendigkeit zum Ausdruck, die sich auch abseits des religiösen Diskurses Geltung verschafft, im sozialen ebenso wie

---

[31] J. Derrida, „Glaube und Wissen. Die beiden Quellen der ‚Religion' an den Grenzen der bloßen Vernunft", in: ders., G. Vattimo, *Die Religion*, Frankfurt am Main 2001, S. 9–106, hier S. 47, Hervorh. ARB.
[32] Ebd.
[33] Ebd.
[34] Ebd. (Vgl. Anm. 31).

im politischen Bereich (von daher die ungeachtet der religionskritischen, ja anti-religiösen Wirkung der Aufklärung fortbestehende, quasi-universale Kohabitation von Religion und Politik auch und gerade in den demokratischen Staaten des 20. Jahrhunderts und der Gegenwart)[35].

Die Rede von der Geburt Gottes, mit der Derrida zufolge in der christlichen Tradition die Autodekonstruktion der Religion begonnen hat, negiert nun die Grundbedingung dieser Garantie menschlichen Handelns, die Gott als ungeborenen Einen zeichnet. Sie negiert damit sowohl die These von der Ungeborenheit als auch die von der Einheit und führt mit der Gegenthese von der Gottesgeburt als Menschengeburt gegen die Alleinheit des Göttlichen die Pluralität der Menschen ins Feld. Man ist nun imstande zu sagen, Gott sei präzise deswegen ohne Sein, weil er allein, weil er nur einer sei; Sein sei hingegen immer plural. Dem biblischen „Ich bin, der ich bin" tritt das „Ich bin, weil wir (gewesen) sind" an die Seite, als dessen Subjekt jenes „Ich, das Wir ist, und Wir, das Ich ist" fungiert, von dem Hegels *Phänomenologie* spricht, freilich mit der von Nancy im Gefolge Derridas gegenüber Hegel beigebrachten Präzisierung, dass das Wirsein dieses Ich nicht in einer antizipierten Gemeinschaft derjenigen aufgehe, die gleichen Geistes Kinder seien in dem Sinn, dass sie, als Geist, alles gemein hätten, sondern dass diese Gemeinschaft sich im Gegenteil über die Erkenntnis realisiere, dass „wir" nichts miteinander gemein haben, dass wir vielmehr gemeinsam „sind".

b. „Ich, ich bin, ich bin geboren" (Derrida) – wie „wir" alle

Chiffre dieses Gemeinsam-Seins ist das Faktum unserer Geburt, der Geburt jedes einzelnen von uns, der einzigen Universalie, von der wir mit hinreichender Sicherheit ausgehen dürfen. Somit sind nicht wir alle Götter, vielmehr ist Gott „einer von uns", wenn er denn, wie das Christentum lehrt, kein ungeborener Gott ist, sondern einer, der als Mensch auf die Welt kam – und als Mensch gestorben ist. Die Begleitumstände seiner Geburt – und das Nachspiel seines Todes –, die von naiven Religionsgegnern einerseits sowie zwar subtiler argumentierenden, aber gleichwohl kurzsichtigen Kritikern des Christentums andererseits gern als Belege für die Irrationalität und Mythologizität der christlichen Lehre angeführt werden, bringen symbolisch diejenige Bedeutung zum Ausdruck, die der Gottesgeburt auch und vor allem sozialphilosophisch, jenseits jeglicher Verortung des solcherart gepflogenen philosophischen Diskurses inner- oder außerhalb des im engeren Sinn religiösen christlichen Kontextes, zukommt: so etwa die Jungfrauengeburt und die Josefsvaterschaft. Beide stehen dafür, dass die messianische oder erlösende Kraft des geborenen Gottes nicht an seiner Person, als jenes Jesus von Nazareth, Sohn der Maria und des Josef, hängt, dass er nicht als diese charismatische Persönlichkeit mit Namen Soundso, aus jener genealogischen Reihe stammend, seine Heilstätigkeit entfaltet, sondern just im Gegenteil als Jedermann, dass er als Person austauschbar ist.

---

[35] Vgl. dazu exemplarisch die Ausführungen von R. P. Buckley, „Die Phänomenologie und der indonesische Islam", in: F. Uhl, S. Melchardt, A. R. Boelderl (Hg.), *Die Tradition einer Zukunft. Perspektiven der Religionsphilosophie*, Berlin 2011 (=Schriften der Österreichischen Gesellschaft für Religionsphilosophie, Bd. 10), S. 261–291.

Deutlicher noch als im Dogma von der Jungfrauengeburt, das auch einer anderen, insbesondere politischen Symbolik zugehört – so hängt in den Reichen des Nahen Ostens der Anspruch auf Königsherrschaft seit jeher mit der jungfräulichen Geburt zusammen –, kommt dieser im Alten Testament in der Abraham-Isaak-Erzählung bereits typologisch präfigurierte – s. o. Abschnitt 1 – wichtige Aspekte des Bruchs mit der Genealogie, und zwar mit der matrilinearen ebenso wie mit der patrilinearen (und mit dem Patriarchat), das heißt schlichtweg mit jedem Biologismus, in der Josefsvaterschaft zum Ausdruck: Jesus ist sozusagen ein adoptiertes Kind, Josef, der „Nährvater", übernimmt – was nicht zuletzt legistische Konsequenzen hat – die Rechte und Pflichten der Vaterschaft für dieses „monströse" = „göttliche" Kind, das biologisch gesehen nicht seines ist, er übernimmt die Verantwortung für etwas, wofür man keine Verantwortung übernehmen kann, und er tut dies im Angesicht und unter Anrufung eines Zeugen, der für sein Versprechen garantiert: seines Gottes, der kein Gott, oder kein Gott mehr, ist, weil er doch gerade als Mensch geboren worden ist, geboren von Josefs Frau. Josef akzeptiert damit – mehr noch, er *affirmiert* – das Kind eines anderen, das Kind *als* anderen, gesteht sich selbst, vor Gott und der Welt als Zeugen, jene Wahrheit ein, die nicht allein die seine ist: dass jedes Kind „nicht meines" ist, sondern ein anderes, ein Anderer, anders als ich, etwas, das mir nicht gehört, über das ich keine Verfügungsgewalt und keine letzte Kontrolle habe und von dem ich nicht weiß und nicht wissen kann, wie es sein, wie es sich entwickeln wird, nicht zu meinen Lebzeiten und *a fortiori* nicht nach meinem Tod, das insofern „monströs" ist, während ich doch zugleich die Verantwortung für dieses Andere, dieses Unbekannte trage, über meinen Tod hinaus, zumal es mich mit großer Wahrscheinlichkeit auch überleben wird.

In dieser Lesart der Geschichte von der Geburt Gottes als eines Menschen erscheint auch die Lehre von der Auferstehung Christi als Bekräftigung der mit dieser Geburt unwiderruflich hergestellten Endlichkeit, was freilich der in der christlichen Tradition selbst zur Abmilderung der eigentlichen Radikalität der Botschaft entwickelten These von der Überwindung des Todes zuwiderläuft: Auch hier, in der Auferstehung, geht es nicht um diese Person Soundso, diesen Jesus von Nazareth, der als Christus seinen eigenen Tod überwindet, sondern ist es vielmehr jedermann, dessen transzendentale Geburt – in dem Sinn, dass der konkrete Tod des einzelnen diese nicht ungeschehen macht, sondern gleichsam bestätigt und verbrieft – hier symbolisch repräsentiert wird, sind es jeder und jede, der/die, indem er/sie sich zu seiner/ihrer eigenen Endlichkeit bekennt, ein in den und durch die Grenzen dieser Endlichkeit unendliches, „ewiges" Leben gewinnt.

„Alles beginnt mit der Gegenwart oder Anwesenheit dieser Abwesenheit – dort, an jenem Ort"[36]: Es kommt alles darauf an, dieses „Dort", „jenen Ort" nicht einfach als transzendent zu denken, sondern quasi-immanent, das heißt als Wirklichkeit eines sich selbst übersteigenden Lebens, das sich in jeder Geburt zugleich als radikal endlich und dennoch „mehr als menschlich", als ein „ÜberdenMenschenHinausgehen" des Menschen (Eugen Fink) feiert.

---

[36] Derrida, „Glaube und Wissen", S. 47 (vgl. Anm. 31).

c. Die negativ-soziale Lehre des Christentums: eine politische Botschaft

Zu den im Inneren der christlichen Tradition nicht nur verborgenen, sondern wohl in nicht zu vernachlässigendem Ausmaß durchaus auch geborgenen Motiven solchen Denkens, die eine bereits im Gang befindliche Autodekonstruktion des Christentums herausschält, hat neben Derrida und Nancy auch Jean-François Lyotard in seinem am wenigsten beachteten Buch Stellung bezogen. *Kindheitslektüren* enthüllt im Ereignis der Geburt des Menschen jenes Mehr, das sich im Leben jedes einzelnen als fehlend bemerkbar macht: das unausdenkliche Faktum, sein Leben nicht sich selbst zu verdanken – „[d]as Ereignis der geschlechtlichen Fortpflanzung in der Geschichte der Lebewesen"[37] in Verbindung mit seinem „Echo"[38] beim Individuum, nämlich dem Geschlechtsunterschied. In diesem Ereignis, das keines gewesen sein wird (niemand war bei seiner Geburt „anwesend", sie konstituiert stets ein Dort, niemals ein Hier [insofern bleibt auch und gerade Heideggers Rede vom „Dasein" metaphysisch]), konvergieren der blanke Biologismus und das gleichzeitige Eingeständnis seiner radikalen Unmöglichkeit von materialistischer Seite mit ihrem jeweiligen Gegenteil auf der idealistischen Seite, denn: „[...] seiner wissenschaftlichen oder kognitiven Bezeichnung entkleidet"[39], steht das Geheimnis der Geburt / die Geburt als Geheimnis dafür, „daß es eine Beziehung zu dem gibt, was keine Beziehung hat: daß die Seele [...], im Wissen darum, daß sie geboren wird und stirbt, bezeugt, daß es nicht nur *das* gibt, *was* ist, *was* sie ist, sondern auch das Andere dessen, was ist. Und diese Beziehung findet offensichtlich nicht statt, wenn sie stattfindet, sie *hat* stattgefunden und *wird* stattfinden, sie *wird* also auf einmal stattgefunden *haben*, zu spät aufgetreten sein, zu früh verschwunden sein, weil sie immer nur erzählt wird. Meine von anderen erzählte Geburt, und mein Tod, von dem mir die Berichte über den Tod anderer erzählen, meine Erzählungen und die von anderen. So daß es wesentlich für diese Beziehung zum Nichts (aus dem ich komme und wohin ich gehe) ist, daß sie mir selber erzählt worden ist. Wesentlich für die Gegenwart der Abwesenheit ist auch die Beziehung zu den *anderen*, von denen sie (diese Gegenwart der Abwesenheit) zu mir *zurück* kommt."[40]

Die Geburt, und *a fortiori* jene „göttliche" Geschichte von der Geburt Gottes als eines Menschen, deren Göttlichkeit sich präzise der Erkenntnis verdankt, dass diese Geburt, sprich: jede Geburt, und nichts anderes das größte Geheimnis der Welt ist, bedeutet philosophisch gesehen, die Existenz von etwas anzuerkennen, das nichts (weil weder erkennbar noch bewusst erfahrbar) und doch nicht nichts (weil auf unvordenkliche Weise immer schon „erfahren", im Unterschied zum Tod) ist, etwas, das „einen *vor* jedem Begriff und selbst *vor* jeder Vorstellung berührt"[41], „da es da ist, bevor man selbst da ist"[42]. Lyotard zögert freilich nicht, im selben Atemzug dieses Etwas, das da ist, bevor man selbst da ist (und insofern „geistig", ja seelenhaft), zu benennen: „Es ist wie Ge-

---

[37] J.-F. Lyotard, *Kindheitslektüren*, Wien 1995, S. 84.
[38] Ebd.
[39] Lyotard, *Kindheitslektüren*, S. 84 f.
[40] Lyotard, *Kindheitslektüren*, S. 85 (Hervorh. i. O.).
[41] Lyotard, *Kindheitslektüren*, S. 50 (Hervorh. i. O.).
[42] Ebd.

burt und Kindheit, die da sind, bevor man da ist. Dieses zur Frage stehende *da* heißt Körper. Es ist nicht Ich, was geboren wird, was auf die Welt kommt. Ich, ich werde später geboren, mit der Sprache, genauer gesagt, wenn ich die Kindheit verlasse. [...] Und das, diese Kindheit, dieser Körper, dieses Unbewußte bleibt für mein ganzes Leben, ein für alle Mal da. Wenn mich, mit dem Ich und der Sprache, das Gesetz erreicht, ist es zu spät. Die Dinge haben schon eine Runde gedreht, und das Gesetz kann diesen Vorsprung nicht aus der Welt schaffen."[43]

Eine der vielen Implikationen der Anerkennung der Geburt als jenes Geheimnisses – wozu die Lehre des Christentums uns aufrufe – besteht darin, in der Gemeinschaft der Geburt („in Christo", sozusagen) die Geburt der Gemeinschaft zu erkennen, eines unwiderruflichen gemeinsamen In-der-Welt-seins, des Teilens von Welt und des damit immer schon einhergegangenen Anspruchs des Anderen im Sinne der Verantwortung für ihn. Kein natürliches Band bindet uns aneinander, sondern eine vor aller Differenzierung von Natur und Kultur *ex negativo* bereits etablierte soziale Verantwortung füreinander, die ebenfalls in der Geschichte von der Geburt (und Kindheit) Christi (und weniger in der von Tod und Auferstehung) symbolisch zum Ausdruck gebracht ist und in der Lyotard erblickt, was er als „das wahre Prinzip der Zeugung"[44] bezeichnet: „Die echte Abstammung braucht den Bruch, die Unterbrechung der Verbindung zwischen Vater und Sohn."[45] Die „Göttlichkeit" Christi ist in dieser Hinsicht ein Epitheton für diesen Bruch mit jedwedem Biologismus, Naturalismus, Genealogismus der traditionellen Religionen, um mit der so ermöglichten Heraufkunft einer „neuen" Gemeinde, der Gemeinschaft derjenigen, die ohne alle (Bluts-)Gemeinschaft sind (Bataille), in eins ein konkretes Verzeihen, eine konkrete Versöhnung der Gegensätze zu realisieren, und sei es nur im Modus des Versprechens. Von daher ist die Geschichte des Christentums als Geschichte der Autodekonstruktion des Christentums vielleicht im Übrigen tatsächlich geknüpft an jene geschichtliche Bewegung, deren Zeugen wir in vielfältiger Weise unter dem Sammelnamen „Globalisierung" gerade werden – ein durchaus „monströses" Weltwerden der Welt, dessen Ausgang wir noch keineswegs abzuschätzen vermögen und an dessen Ende vielleicht ein anderes Christentum steht als jenes, das wir kennen, mit anderen Worten: kein Christentum, und dennoch identisch mit seinem veritablen Anfang, der Geburt Gottes als eines Menschen.

Im Kontext seiner Auseinandersetzung mit Hannah Arendt zur „Tatsache der Natalität" schreibt Lyotard: „[...] sie manifestiert sich in der frohen Botschaft: ‚Uns ist ein Kind geboren.' Ich würde dem beipflichten: ein Kind wird uns unaufhörlich geboren. Das Geborenwerden ist nicht nur die biologische Tatsache des Auf-die-Welt-kommens, sondern (unter dieser Tatsache verdeckt und bloßgelegt [wie in der Geschichte des Christentums]) auch das Ereignis einer radikalen Alteration [...]. Kindheit ist der Name für diese Fähigkeit, da sie auf die Welt dessen, was ist, das Erstaunen dessen mit sich bringt, was für einen Augenblick noch nichts ist. Also dessen, was *bereits ist*, ohne allerdings

---

[43] Lyotard, *Kindheitslektüren*, S. 51 (Hervorh. i. O.). Die Seele ist das Verhältnis des Körpers zu sich, heißt es schon bei Aristoteles; zu einer im hier maßgeblichen Sinn dekonstruktiven Lektüre von *Peri psyches* vgl. J.-L. Nancy, *Corpus*, Zürich, Berlin 2002.
[44] Lyotard, *Kindheitslektüren*, S. 31.
[45] Ebd.

etwas zu sein. Ich bezeichne diese Geburt als unaufhörlich, weil sie den Rhythmus eines ‚Überlebens' schlägt, das ohne Metrum (ohne Maß) rekurrent ist. Dieses ‚Überleben' verlängert nicht ein bereits totes Leben, sondern es initiiert im Tod dessen, was da war, das Wunder dessen, was noch nicht ist, was noch nicht identifiziert ist."[46]

Beschreiben diese Worte nicht zugleich auch die näheren Umstände des Überlebens des Christentums angesichts seiner Autodekonstruktion? Nicht ohne eine gewisse Skepsis gegenüber einem bestimmten Rest von „humanistischem Heilsdenken" bei Arendt zum Ausdruck zu bringen, resümiert Lyotard doch seine Überlegungen zur philosophischen, näherhin sozialphilosophischen Bedeutung der Gottesgeburt, wenn er schreibt: „Die frohe Botschaft, die besagt, daß uns ein Kind geboren ist, verkündet in Wahrheit, daß mit Jesus die Geburt selbst geboren wurde [...]. Die hier und jetzt ausgeübte Verzeihung, mit der die frohe Botschaft die Geburt verkündet, ist selbst nur die Geburt des Neuen, das Einbrechen des Nochnicht in die trübselige Welt des Immergleichen."[47] Diese frohe Botschaft ist freilich keine religiöse (mehr), sie ist eine soziale – und als solche eine eminent politische.

---

[46] Lyotard, *Kindheitslektüren*, S. 92 (Hervorh. i. O.).
[47] Lyotard, *Kindheitslektüren*, S. 94.

BURKHARD LIEBSCH

Verfehlte Anerkennung?

Zur gegenwärtigen Diskussion um einen sozialphilosophischen Grundbegriff

> *Die Selbstheit [...] ist der Ort des Verkennens schlechthin.*
> *[...] das sich selbst verkennt [...].*
> Paul Ricœur[1]

> *Verstehen, heißt das nicht [...], das ich aufheben,*
> *jenes stolze Organ der Verkennung?*
> Roland Barthes[2]

1. Anerkennung *versus* Alterität?

Die Rede von Anerkennung und vom Anderen ist seit geraumer Zeit zu einer fragwürdigen Popularität gelangt. Im Kontext einer sog. Politik der Differenz etwa wurde ständig suggeriert, der oder die Andere, jede(r) Andere verdiene angesichts seiner bzw. ihrer Alterität Anerkennung. Alterität rückte unter dem diffusen Titel „Differenz" zum umstrittenen Politikum auf.[3] Mit Recht sprach Paul Ricœur in diesem Zusammenhang von einer durchgreifenden Banalisierung, die der Begriff der Anerkennung mehr und mehr erfahre (WA, S. 235, 267). Sie geht scheinbar damit einher, dass Menschen nicht nur darüber klagen, dass ihnen keine Anerkennung *für etwas* entgegengebracht wird, sondern dass sie *sich selbst* nicht anerkannt sehen – sich selbst mit ihren Wertvorstellungen, in ihrer abweichenden Identität und in ihrem Anderssein. Sollten wir nicht in einer Gesellschaft leben können, in der man „ohne Angst anders sein" (Theodor W. Adorno) könnte? Aber *verdient* denn schieres Anderssein Anerkennung – unbedingt und in jeder Hinsicht? Oder lädt eine derartige Ausweitung des Verlangens nach Anerkennung ohne weiteres zu dessen narzisstischer Trivialisierung sowie zu einer uferlosen Psychologisierung ein, die angesichts höchst unterschiedlicher Äußerungsformen dieses Verlangens die Frage nach seiner *Berechtigung* vergisst? Dagegen richten sich diverse Versuche, das *Anzu-*

---

[1] P. Ricœur, *Wege der Anerkennung. Erkennen, Wiedererkennen, Anerkanntsein*, Frankfurt am Main 2006, S. 318, 321 (=WA).
[2] R. Barthes, *Fragmente einer Sprache der Liebe*, Frankfurt am Main 1988, S. 244 (=FSL).
[3] Vgl. v. Verf., *Menschliche Sensibilität. Inspiration und Überforderung*, Weilerswist 2008, Kap. VII.

erkennende konsequent auf soziale, politische und rechtliche Maßstäbe der Allokation von Prestige, Ehre, Macht, Ansehen oder Wertschätzung zu beziehen. Dabei entsteht der Eindruck, jeder sei als „Teil" einer Lebensform oder eines politischen Gemeinwesens gewissermaßen „restlos" Gegenstand entsprechender Einstufungen und Beurteilungen, ein *unverfügbares* Anderssein des Anderen komme aber gar nicht mehr in Betracht. Doch hat man nicht genau darauf die Anerkennung des Anderen *als des Anderen* gemünzt? Sollte sich die unaufhebbare Alterität des Anderen nicht gerade darin zeigen, dass sie sich jeglicher restlosen Eingemeindung in Spiele der Zuschreibung und Distribution von Wertungen entzieht?[4] *Muss insofern nicht der Gedanke der Anerkennung des Anderen, der ohne Bezug auf derartige Spiele nicht auszukommen scheint, der Alterität des Anderen widersprechen?*

Seit etwa einem halben Jahrhundert macht der Begriff des Anderen Karriere. Ein gewichtiges, 1965 erschienenes Werk von Michael Theunissen trägt diesen Titel: *Der Andere.*[5] Emmanuel Levinas handelte von der *Spur des Anderen*[6]; Paul Ricœur verfolgte diese Spur in das menschliche Selbst hinein, um sich am Ende seines Buches *Das Selbst als ein Anderer* schließlich eingestehen zu müssen, nicht zu wissen, auf wen oder was diese Spur hinführt: auf einen Anderen, „dem ich ins Angesicht sehen oder der mich anstarren kann", oder auf unbekannte Ahnen oder auf Gott oder auf eine bloße „Leerstelle".[7]

So erweist sich der Andere als *unaufhebbar anders*, nicht nur als von mir, von uns *verschieden* (wobei der Vergleich noch von uns selbst ausgehen könnte), sondern darüber hinaus als *fremd*.[8] *Gerade um seine befremdliche Anderheit will man den Anderen nicht bringen*, auch nicht in Bemühungen des Verstehens, des Begreifens. Liegt in ihr nicht die eigentliche Freiheit des Anderen, wie Levinas meint? Kann man zu Anderen als Anderen also nur in ein „angemessenes" Verhältnis treten, wenn man sich zur Anerkennung dieser Freiheit durchringt? In diesem Falle würde die Anerkennung der Anderen als der Anderen freilich gerade nicht deren (vorgängiges) Erkanntwerden voraussetzen (vgl. WA, S. 255), sondern sich vor allem als Verhalten bewähren, das die fragliche Anerkennung praktisch bezeugt.

---

[4] In diesem Sinne sprach R. Barthes von einem „unqualifizierbaren" Anderen und von einem unaussprechbaren „Rest", der dem „kleinlichen Bild", das man sich vom Anderen im Banne der sozialen Welt mache, entzogen bleibe. Je mehr man den Anderen kennzeichne, desto weniger wisse man von ihm. Schließlich bleibe er unerkennbar. Aber gilt das nur für die Liebesbeziehung? Vgl. FSL, S. 38, 45, 81, 155, 201, 219; v. Verf., Kap. VII in *Renaissance des Menschen? Zum polemologisch-anthropologischen Diskurs der Gegenwart,* Weilerswist 2010.

[5] M. Theunissen, *Der Andere. Studien zur Sozialontologie der Gegenwart* [1965], Berlin, New York ²1977.

[6] E. Levinas, *Die Spur des Anderen. Untersuchungen zur Phänomenologie und Sozialphilosophie* [1983], Freiburg i. Br., München ²1987.

[7] P. Ricœur, *Das Selbst als ein Anderer* [1990], München 1996, S. 426 (=SaA).

[8] Und als sich selbst fremd. Deshalb scheint das Selbst, das nach Anerkennung begehrt, zugleich sich verkennen zu müssen (SaA, S. 317). Das Selbst erscheint Ricœur als der Ort des (sich) Verkennens schlechthin, als Instanz eines Irrtums, der nicht weiß, dass er einer ist. Ob sich eine Anerkennung denken lässt, die darunter nicht zu leiden hätte, steht dahin. Liegt am Ende auch in der begehrten Anerkennung (oder im Begehren selbst) ein Verkennen seiner selbst (SaA, S. 320)? Verspricht Anerkennung der Selbsterkenntnis aufzuhelfen? Oder steht sie ihr geradezu im Weg?

Aber wie sollen wir jemanden anerkennen, den wir in dieser Freiheit letztlich nicht zu verstehen und zu begreifen vermögen? Sind Andere *insofern* überhaupt „anerkennbar"? Können wir nicht nur diejenigen anerkennen, die wir zuvor oder im Zuge der Anerkennung auch erkennen? Kann man Andere *als* befremdlich Andere oder *in* ihrer befremdlichen Anderheit erkennen? Oder läuft diese Frage bereits darauf hinaus, sie zu verfehlen, wenn die fragliche Anderheit überhaupt nicht zu erkennen (und demnach auch nicht zu verkennen), sondern nur praktisch zu würdigen ist?[9] Diese Fragen machen deutlich, dass die Rede von der Anerkennung des Anderen abgründige Schwierigkeiten in sich birgt. Es könnte sich am Ende herausstellen, dass die Idee der Anerkennung *als verfehlt* gelten muss (ohne dass wir sie darum einfach aufgeben könnten).

Diesem Verdacht gehe ich im Folgenden nach, wobei es mir nicht darum zu tun ist, der Anerkennung ein Verkennen anzukreiden, das dem Erkennen einfach als *Gegenteil* gegenüberstünde oder als ein dem Anerkennen selbst *innewohnender Mangel an Erkenntnis* gelten müsste. Vielmehr wird es darum gehen, *drei Bedeutungen des Verfehlens* zu unterscheiden, *die nicht davon abhängen, dass man die Anerkennung als eine Art (beschränkter oder verkennender) Erkenntnis auffasst.*[10]

Als verfehlt können Formen der Anerkennung zunächst deshalb erscheinen, (1) weil man in ihnen eigentlich *etwas anderes* sucht, das sie prinzipiell nicht erbringen können. Wer beispielsweise nach Ersatz für entbehrte Liebe in sozialen Kämpfen um Anerkennung sucht, muss enttäuscht werden, weil er oder sie missversteht, was Anerkennung leisten kann und was nicht.[11] Hier würde es sich um ein *elementares Verfehlen im Sinne eines Missverständnisses* handeln, *das etwas anderes für Anerkennung oder Anerkennung für etwas anderes nimmt.* Als verfehlt kann darüber hinaus erscheinen, (2) *wie* sie (nicht: *dass* sie überhaupt) gesucht wird. So kann es sich herausstellen, dass in der Form politischen Prestiges gesuchte Anerkennung niemals das Bedürfnis nach persönlicher Anerkennung befriedigen kann, das den Kampf um Anerkennung antreibt. In diesem Falle würde es sich um eine *interne Konfusion* handeln, *die eine Form der Anerkennung durch eine andere verfehlt.* Und drittens schließlich (3) kann die Anerkennung als *in sich* verfehlt erscheinen, wenn sie etwa jedem Anderen gelten soll, aber scheinbar nicht im gleichen Zuge *jeden Anderen als singulären Anderen* würdigen kann. So redet beispielsweise Paul Ricœur einer „singularisierenden Anerkennung" das Wort, der er eine solche Würdigung zuzutrauen scheint. Aber muss sie nicht in dem Maße, wie sie zu einer allgemeinen Forderung wird, die Singularität jedes Anderen verfehlen? Spuren dieser scheinbar *in sich verfehlten* Anerkennung in der neueren Diskussion um diesen

---

[9] Vgl. WA, S. 309, wo der Autor mit Levinas den Weg einer Annäherung an den Anderen *durch* die „Ruinen der Vorstellung" ins Auge fasst. An diesen führt in der Tat kein einfacher Weg vorbei, wenn die Anerkennung des Anderen als eines „unaufhebbar" Anderen nur über seine erkennbaren Erscheinungsformen *hinausgehend*, aber nicht ohne jegliches Verhältnis zu ihnen denkbar ist (siehe unten zu J. Lacan).

[10] Vgl. demgegenüber WA, S. 210, sowie T. Bedorf, *Verkennende Anerkennung*, Frankfurt am Main 2010.

[11] Selbstverständlich lässt sich auch das Gegenteil vorstellen: dass um Liebe wie um soziale Anerkennung gekämpft wird. Weiter unten gehe ich auf einen Vorschlag, Liebe als (nicht zu erkämpfende) Form der Anerkennung zu verstehen, i. E. ein.

zentralen sozialphilosophischen Grundbegriff bringen die nachfolgenden Überlegungen zur Sprache.

2. Von der nachvollziehenden zur konstituierenden Anerkennung

Nicht nur in sozialphilosophischen und politischen Diskussionen ist die Rede von der Anerkennung des Anderen inzwischen derart verbreitet, dass der Eindruck entsteht, es handle sich längst um eine selbstverständliche Norm, die *ihrerseits* fraglos Anerkennung verdiene. Titel wie diese: *Arzt vom Anderen her* (Klaus Dörner) oder *Die Achtung vor dem Anderen* (Joachim Küchenhoff) zeigen geradezu programmatisch die Entschlossenheit an, dem Anderen auch in der Begründung des Sinns sozialer, besonders klinischer Praxis einen außerordentlich hohen Stellenwert einzuräumen.[12] Sie soll sich in der fraglichen Achtung vor dem Anderen, dessen Anderheit ihr immer schon vorausgegangen ist, auf einen Weg *zu ihm hin* begeben, ohne je ankommen zu dürfen[13] – weil das Ankommen als eine Art Eroberung aufgefasst (und gefürchtet) wird. Eine irreduzible Anderheit geht demnach nicht nur jeder Bewegung *voraus*, die sich ihr annähert. Vielmehr soll sie ihr auch *entzogen bleiben* und als solche gewürdigt werden. Man muss sie demnach ausdrücklich freigeben in einem Verzicht auf die Anderheit des Anderen „aufhebendes" Verstehen. Gelegentlich entsteht der Eindruck, *in einer solchen ethischen Geste des Verzichts liege die eigentliche Anerkennung des Anderen als eines Anderen* – viel mehr sei aber womöglich auch nicht von ihr zu erwarten.

Darüber hinaus hat der Begriff der Anerkennung die starke Tendenz, eine ganze Reihe von anderen Begriffe zu absorbieren, die bislang für Formen der Hinwendung zum Anderen oder des Geltenlassens des Anderen als eines Anderen standen: Liebe, Respekt, Achtung usw. In jedem Fall soll es sich um verschiedene Formen der Anerkennung handeln, die nicht einfach dem Anderen gilt, sondern dem Anderen *als Anderem*, der seine Anderheit über jede Wahrnehmung, über jede Kategorisierung und über jedes Verstehen hinaus wahrt.

In diesem Sinne, scheint mir, vertritt bspw. Judith Butler den Standpunkt, im menschlichen Leben müsse es unumgänglich zentral um dessen Anerkennung gehen. Wenn man nur (im biologischen Sinne) lebt, aber keine Anerkennung findet (oder nicht einmal *als nach Anerkennung Verlangender wahrgenommen* wird), steht demzufolge die Lebensfähigkeit oder die Lebbarkeit (*livability*) des Lebens in Frage. Man lebt in diesem Falle (ist am Leben), aber in einer Art sozialem Tod (Orlando Patterson).[14] So erklärt sich

---

[12] Vgl. die Überschrift in K. Dörners Buch *Der gute Arzt*, Stuttgart 2001; J. Küchenhoff, *Die Achtung vor dem Anderen. Psychoanalyse und Kulturwissenschaften im Dialog*, Weilerswist 2005, sowie das Sonderheft *Der Andere in der Psychoanalyse. Figuren der Begegnung* der Zeitschrift *Psyche* 58 (2004) mit weiterführender Literatur.

[13] Küchenhoff, *Die Achtung vor dem Anderen*, S. 95.

[14] Vgl. J. Butler, *Precarious Life. The Powers of Mourning and Violence*, London, New York 2006; *Die Macht der Geschlechternormen*, Frankfurt am Main 2009; *Frames of War. When is Life Grievable?*, London, New York 2009; v. Verf., „Grenzen der Lebbarkeit eines sozialen Lebens. Anerkennung und sozialer Tod in der Philosophie Judith Butlers", in: N. Balzer, N. Ricken (Hg.), *Judith Butler: Pädagogische Lektüren*, Wiesbaden i. E.

Butler, dass sich viele selbst dann noch einem für sie demütigenden Kampf um Anerkennung aussetzen, wenn gar keine Aussicht mehr darauf besteht, effektiv Anerkennung zu erfahren. In solchen Fällen wird immerhin darin noch eine minimale Anerkennung gesucht, dass man *wenigstens als nach Anerkennung verlangend wahrgenommen wird*. Der soziale Tod würde dann eintreten, wenn nicht einmal das noch der Fall wäre. Im vollen Sinne leben könnte man demgegenüber nur in einem uneingeschränkt anerkannten Leben. Beim viel zitierten Kampf um Anerkennung würde es demnach vor allem darum gehen, ein Leben menschlich leben zu können, das seinen Namen als wahrhaft anerkanntes auch verdient. Was menschliches Leben ausmacht, wäre demnach in keiner Weise schon durch das bloße Am-Leben-Sein garantiert, sondern erst dadurch, dass es von Anderen in bestimmter Weise *sozial konstituiert* wird.[15]

Nun ist zwar der Begriff der Anerkennung in dieser radikalen sozialphilosophischen Bedeutung noch relativ jung.[16] Doch eine radikale Abhängigkeit des Lebens jedes Einzelnen von Anderen in diesem Sinne klingt bereits in der antiken Tugendlehre und in der neuzeitlichen Politischen Philosophie an, wo (seit Machiavelli, Hobbes und Rousseau vor allem) der Ruf, das Ansehen, die Ehre oder der Wert, den jemand in den Augen Anderer genießt, zu zentralen Objekten eines sozialen Kampfes aufrücken.[17] Wenn man ihn verliert, riskiert man nicht nur, geringschätzig behandelt zu werden, sondern sogar jeglichen Wertes und Ansehens verlustig zu gehen.[18] Das besagt der Begriff des Gesichtsverlusts bis heute.

Vor allem durch den Begriff der Würde ist demgegenüber ein Wert zur Geltung gekommen, der niemandem abzusprechen ist, selbst dann nicht, wenn der oder die

---

[15] Mit Hannah Arendt wäre an dieser Stelle allerdings das Lebensgefühl vom Wirklichkeitsgefühl zu unterscheiden, „das dem Menschen nur dort entsteht, wo die Wirklichkeit der Welt durch die Gegenwart einer Mitwelt garantiert ist" (*Vita activa oder Vom tätigen Leben*, München ⁴1985, S. 192).

[16] Im Vergleich zu Hegel, auf den ich gleich zu sprechen komme, ist dieser Begriff der Anerkennung bereits deutlich verschoben, geht es doch nicht um die Behauptung gegen Andere (wie schon bei Hobbes, an den Hegel anschließt, nicht ohne das bloße Am-Leben-Bleiben zum geistigen Überleben umzuinterpretieren), sondern vielmehr um das Leben als individuelles Leben, das sich keineswegs in einer Ökonomie des Besitzes erfüllen muss.

[17] Autoren wie G. Himmelfarb und A. MacIntyre versuchen demgegenüber einen der sog. komparativen, umkämpften sozialen Existenz nicht derart ausgesetzten Begriff des Wertes zu rehabilitieren. Ob sie dabei aber noch einen einheitlichen Wertekanon voraussetzen können oder ob das Fehlen eines solchen, verbindlichen Kanons ihre Analysen anachronistisch werden lässt, bleibe dahingestellt. Vgl. A. Honneth, *Kampf um Anerkennung*, Frankfurt am Main 1994, S. 205, 285 (=KA); A. MacIntyre, *After Virtue. A Study in Moral Theory*, Notre Dame ²1984; G. Himmelfarb, *The De-Moralization of Society. From Victorian Virtues to Modern Values*, New York 1995.

[18] Vgl. demgegenüber L. Vogt, *Zur Logik der Ehre in der Gegenwartsgesellschaft*, Frankfurt am Main 1997, wo in Abrede gestellt wird, der Begriff der Ehre sei längst zum Anachronismus geworden und Formen der Entehrung oder der Aberkennung mit dem Begriff der Anerkennung und Prozessen sozialer Kapitalbildung zusammen gedacht werden. Dabei verliert sich ganz und gar die Spur einer Anerkennung des Anderen als eines Anderen, so dass der Verlust von Anerkennung im Sinne sozialer Wertschätzung auf einen völligen „Gesichtsverlust" hinauslaufen kann. Demnach hat der Andere kein Gesicht unabhängig von sozialer Wertschätzung. Vgl. ebd., S. 147 f., 195, 232 f.; C. Lasch, *Das Zeitalter des Narzißmus*, München 1982, S. 85; KA, S. 41, 199; P. L. Berger, B. Berger, *Das Unbehagen in der Modernität*, Frankfurt am Main 1987, S. 85.

Betreffende sozialer Verachtung anheim fällt. Im Gegensatz zu einer auf-, um- oder abwertenden Einstufung durch Andere spricht *Kant* von menschlicher Würde als einem absoluten, d. h. irrelativen Wert, der mit keinem anderen, relativen Wert oder Preis im Sinne sozialer Wertschätzung zu verrechnen sei. Die Würde bezieht sich hier auf die angesichts der Menschheit eines jeden gebotene Achtung – aber gerade nicht auf die Anerkennung, nach der jemand streben mag. Im Übrigen steht die Rede von der Menschheit „eines jeden" im Verdacht, die Anderheit des Anderen schon im Ansatz zu nivellieren.[19]

Man könnte zwar versuchen, die Geschichte all jener Begriffe (wie Tugend, Ehre, Ansehen, Prestige, Achtung, Wert und Würde) im Sinne einer Geschichte der Anerkennung (in verschiedenen Kontexten, gemäß entsprechend unterschiedlicher Maßstäbe) zu *reinterpretieren*, aber *explizit* ist bis hin zum frühen Hegel tatsächlich nicht von Anerkennung die Rede, die uns sozial konstituiert. Der übliche Wortgebrauch beschränkt sich noch im *Deutschen Wörterbuch* der Gebrüder Grimm weitgehend auf die Anerkennung von Sachverhalten (eine Mutter erkennt ein Kind als das ihre an) und geht über die Ehre als „äuszere anerkennung unserer vorzüge" nicht wesentlich hinaus. Dabei wird unterstellt, es gebe zunächst derartige Vorzüge, die in einem gewissen Kontext als solche nachträglich auch gelten und gewürdigt werden. Hier überwiegt also eindeutig ein Verständnis von Anerkennung, das in ihr eine das Anzuerkennende bloß *nachvollziehende* Würdigung sieht.

Bei Hegel dagegen greift die Anerkennung in das soziale Sein der Menschen selbst ein und konstituiert es. Niemand kommt fertig auf die Welt; vielmehr muss der Mensch „sich selbst formieren", schreibt Hegel in den *Grundlinien der Philosophie des Rechts*.[20] Diese Formierung soll in einem geschichtlichen Prozess[21] möglich sein, der den Einzelnen radikal Anderen ausliefert – weit entfernt, nur die Bühne einer Selbst-Bildung bereitzustellen (wie sie zuvor von Shaftesbury, Herder und anderen beschrieben worden war). Speziell *als freie Person existiert jeder Einzelne nur durch die Anerkennung Anderer*. Das „Dasein der Person ist ihr Anerkanntsein", heißt es in der *Phänomenologie des Geistes* (W 3, S. 465); ihr Tun ist nur als anerkanntes auch wirklich (W 3, S. 470).[22] Anerkennung *stiftet* die Wirklichkeit einer Person, die sich als solche in ihrem Reden und Tun zeigen, manifestieren muss.

Eine Person kann sich aber nur von einer (anderen) Person anerkennen lassen. Es gibt nicht Personen und dann auch noch zusätzlich Anerkennung (als eine Art Wertschätzung, die zu an sich schon vorhandenen Personen sekundär hinzukäme). Interpersonales Leben kann es nur auf der Grundlage gegenseitiger Anerkennung geben. Das

---

[19] P. Ricœur, SaA, S. 270; v. Verf., *Moralische Spielräume. Menschheit und Anderheit, Zugehörigkeit und Identität*, Göttingen 1999, Kap. 3.–5.

[20] G. W. F. Hegel, *Grundlinien der Philosophie des Rechts, Werke, Bd. 7* (Hg. E. Moldenhauer, K. M. Michel), Frankfurt am Main 1986, S. 124. Nach dieser Ausgabe wird im Folg. mit der Sigle W und Bandangabe zitiert.

[21] Vgl. A. Kojève, *Hegel*, Frankfurt am Main 1975, wo es schlicht und einfach heißt, Geschichte sei „die Geschichte begehrter Begierden" (S. 23); menschlich sei die Begierde nur als eine auf die Begierde der Anderen gerichtete (S. 57).

[22] Vgl. im gleichen Sinne den Anhang zur *Jenaer Realphilosophie* (1895/6) in: *Frühe politische Systeme* (Hg. G. Göhler), Frankfurt am Main, Berlin, Wien 1974, S. 327.

liegt sozusagen in der *begrifflichen* Natur der Sache (KA, S. 73), muss aber von jedem erst eingesehen werden. Und zur Einsicht gelangt man erst durch einen Kampf um Anerkennung, in dem man sein Leben „daransetzt" (W 3, S. 149). Ungeachtet dieser Dramatisierung baut Hegel darauf, dass die Anerkennung stabilisiert werden kann in einer politischen Form von Anerkennungsverhältnissen, die wir als bürgerliche Gesellschaft bezeichnen.[23] In ihr ist die Anerkennung schon „vorhanden"; sie gerinnt zu einer stabilen, staatlich garantierten politischen Form, die nicht in jedem Anerkennungskampf aufs Neue radikal in Frage gestellt wird (W 10, S. 221; W 7, S. 349).[24]

So wird klar, dass es Hegel in keiner Weise um psychologische Fragen der Anerkennung geht, die wir heute überwiegend mit diesem Begriff und mit der Erfahrung eines in sich kritischen Verhältnisses zu eingespielten Lebensformen verbinden, aus deren Verbindlichkeit man auch ganz herausfallen kann.[25] Genau dem will Hegel vorbeugen, indem er die Anerkennung des Einzelnen „aufgehoben" denkt in der rechtlichen Verfassung der bürgerlichen Gesellschaft. Die Frage, ob und wie man sich als dieser, besondere Einzelne anerkannt sieht, ist damit noch nicht wirklich berührt.[26] Heute neigt man wohl auch deshalb dazu, politisch-rechtliche Anerkennungsverhältnisse von psychologischen und sozialen Fragen der Anerkennung, die sich Einzelnen und Gruppen stellen, weitgehend zu trennen.

Mit Recht fragt man sich (kritisch auch gegen Hegel gewendet) zudem, *welche Voraussetzungen schon erfüllt sein müssen, damit jemand überhaupt ein Verlangen nach*

---

[23] Vgl. KA, S. 175. Von der Diskussion um Zuordnungen verschiedener Dimensionen, Sphären und Stufen der Anerkennung sehe ich hier ab. Vgl. K. Honneth, *Leiden an Unbestimmtheit*, Stuttgart 2001, S. 98 (=LU) zu dem Vorschlag, die Anerkennung von Bedürfnissen, Interessen und von Ehre sowohl distinkten Ordnungen als auch Stufen von der Familie über die bürgerliche Gesellschaft bis hin zum Staat einander zuzuordnen.

[24] Angeblich verkörpern die europäischen Rechtsstaaten die allgemeine Anerkennung eines jeden als einer freien Person bereits zureichend; doch überlassen sie immer mehr Menschen sich selbst, die ungeachtet ihrer formellen Anerkennung die bittere Erfahrung machen müssen, nicht im Geringsten mehr zu zählen. Die Frage, wie es um die nicht nur formelle Anerkennung derer bestellt ist, die nicht einmal mehr wahrgenommen werden, und ob die Sorge um die *Wahrnehmung Anderer* zur Angelegenheit derer werden muss, die nur auf ihre eigene Anerkennung aus sind, kommt in neuerer Zeit wieder durch die Politische Philosophie Jacques Rancières zur Sprache. Vgl. die entsprechenden Beiträge in U. Bröckling, R. Feustel (Hg.), *Das Politische denken. Zeitgenössische Positionen,* Bielefeld 2010.

[25] Vgl. KA, S. 179 zur Abkoppelung politisch-rechtlicher und psychologischer Formen der Anerkennung.

[26] Zwar wird nach Hegel schon in der Familie das „Recht der Besonderheit" anerkannt; aber die Spur dieser Anerkennung verliert sich wieder in der „dünnen" Anerkennung als freie Person, die man im Rechtsstaat genießen mag. Hier setzen denn auch Versuche der *Soziologisierung und der Psychologisierung des Anerkennungsbegriffs* an, die heute das Feld der Diskussion weitgehend beherrschen (vgl. KA, S. 109 f.). Nur am Rande sei darauf hingewiesen, dass sich das Verlangen nach Anerkennung keineswegs in deren Individualisierung oder Ausrichtung am Besonderen erschöpft. So spricht R. Barthes vom Verlangen nach Anerkennung der eigenen „Verrücktheit" (FSL, S. 34 ff., 56), die schon darin liegt, keine eigene Sprache sprechen zu können, sondern nur die Sprache der Anderen, um deren verbale Kurbeln zu bedienen, wie Barthes in Anspielung auf Franz Schuberts *Winterreise* schreibt (FSL, S. 187, 242). Ist es etwa abwegig, den Empfang des Anderen im Zeichen der Achtung seiner niemals zu „versprachlichenden" Einsamkeit zu verstehen?

Anerkennung artikulieren kann. Axel Honneth rekurriert an dieser Stelle auf die Psychoanalyse und vermutet die elementarste Voraussetzung in der Erfahrung des Geliebtwerdens (KA, S. 66). Während Hegel das Kind vor allem als äußeres Zeugnis der Liebe der Eltern ins Auge fasst (ebd., S. 67[27]), versucht sich Honneth an einer Stufentheorie der Anerkennung und erweitert den Begriff dabei derart, dass auch eine vom Kind überhaupt nicht zu erkämpfende, nicht-gegenseitige Liebe (die von Seiten der Eltern nur geschenkt werden kann) als primäre und buchstäblich sozial grundlegende Anerkennungsform in Betracht kommt, die ein Subjekt *konstituiert*, das sodann selbst nach Anerkennung auch *verlangen* kann. (Auf diese Anerkennungsform konzentrieren sich die nachfolgenden Überlegungen.)

3. Primäre Anerkennung und ihre Schicksale

Im Rahmen dessen, was bei Hegel „natürliche Sittlichkeit" heißt, soll unter dieser Voraussetzung das Kind als „konkretes Bedürfniswesen" praktisch anerkannt werden. Jenseits der Familie, integriert in den Rechtsstaat, wird es als „abstrakte Rechtsperson" anerkannt; und schließlich soll es „als in seiner Einzigartigkeit vergesellschaftetes Subjekt" Anerkennung finden (KA, S. 45, 129). Unter Rückgriff auf psychoanalytische Objektbeziehungstheorien soll so die *Liebe als „innerster Kern aller als ‚sittlich' zu qualifizierenden Lebensformen"* ausgewiesen werden (ebd., S. 282). Wenn an dieser Stelle von einem „Kern" die Rede ist, so legt das nahe, die Liebe als primäre Form der Anerkennung nicht etwa nur einer ontogenetisch frühen Stufe der Anerkennung vorzubehalten, sondern sie als die ursprüngliche Dimension aufzufassen, auf der die späteren Formen der Anerkennung gewissermaßen aufgepfropft zu verstehen wären.[28]

Im deutlichen Widerspruch zur *Phänomenologie des Geistes* (nicht aber zur früheren *Jenaer Realphilosophie*[29]) wird die erste Form der Anerkennung, die dem Kind entgegengebrachte Liebe, als *ursprünglich radikal einseitig, kampflos* vorgestellt (auch wenn sie sich in der Folge in einer lange währenden Geschichte von intergenerationellen Konflikten *als solche erst bewähren* muss). Aber affirmiert die Liebe zunächst nur, dass wir es im Neugeborenen mit einem „Bedürfniswesen" (KA, S. 153) zu tun haben, dem es überlassen bleibt, seine Anerkennung als Rechtssubjekt und als „besonderes" bzw. „einzigartiges" Wesen mit „unverwechselbarer Identität" (KA, S. 11, 31) zu erkämpfen, das letztlich nach „ungetrübter" und „vollständiger Anerkennung" und Individuierung strebt (KA, S. 43, 107, 210, 273)?[30]

---

[27] Vgl. Hegel, „Jenaer Realphilosophie [1805/6]", in: *Frühe politische Systeme*, S. 229, 246 zur Liebe als (unmittelbarem und kampflosem) „Anerkanntsein ohne Gegensatz des Willens".

[28] Vgl. O. F. Kernberg, *Objektbeziehungen und Praxis der Psychoanalyse*, Stuttgart 1981, S. 28 f.; H. Stierlin, *Das Tun des Einen ist das Tun des Anderen*, Frankfurt am Main ³1981.

[29] Siehe Anm. 27. Von Fragen der internen Theorieentwicklung bei Hegel wie dem Wegfall der „aristotelischen Voraussetzung" einer „vorgängigen Intersubjektivität" sehe ich hier ganz ab (KA, S. 33, 52).

[30] In LU scheint der Autor selbst deutlich davon abgerückt zu sein (S. 107 ff.).

Öffnet sich die primäre Anerkennung nicht von vornherein der Geschichte eines künftigen Selbst[31], *das sie von Anfang an mit seinem unverfügbaren Anderssein in Anspruch nimmt und eine Anerkennung auf den Plan ruft, die es auch als solches gelten lässt?*[32] Anfangs kann das Kind *selbst* freilich nach gar keiner Anerkennung verlangen. Und doch glauben wir sie ihm als künftigem Anderem schuldig zu sein. Wenn wir es in Folge dessen schon in der Aufnahme unter die Lebenden anerkennen, so gerade nicht, weil wir uns diese primäre, das Kind als soziales Wesen instituierende Anerkennung haben abnötigen lassen.[33]

In der primären Anerkennung liegt so gesehen eine radikale Asymmetrie, die dem (neugeborenen oder werdenden) Kind Anerkennung entgegenbringt (wie unzureichend auch immer) und auf diese Weise ein soziales Verhältnis stiftet, auf dessen Basis später Kämpfe um Anerkennung anheben können. So geht die primäre Anerkennung nach und nach in konfliktträchtige reziproke Beziehungsmuster ein, ohne je ganz in diesen aufzugehen. Die gegenseitige Anerkennung geschieht als Antwort auf das Verlangen nach ihr, das aber nur von Anderen zu artikulieren ist, denen zunächst kampflos ein anerkannter Platz unter den Lebenden eingeräumt worden ist.[34] Auch als gegenseitig einander Anerkennende gehen wir niemals ganz in solchen Formen auf. Das Verlangen nach Anerkennung richtet sich zunächst einseitig von einer Person auf eine andere (und ggf. umgekehrt) und setzt zunächst ganz und gar darauf, dass es wenigstens als solches wahrgenommen und gewürdigt wird. Ohne diese minimale Anerkennung des Anderen, die ihm noch keineswegs *Recht zu geben* braucht, wenn sie sich wenigstens als für sein Verlangen aufgeschlossen erweist, kann nicht einmal ein Kampf um Anerkennung anhe-

---

[31] Vgl. v. Verf., „Leben im Zeitalter seiner technischen Reproduzierbarkeit? Zur Kritik vorgreifender Macht über das Leben Anderer: Kant, Levinas und Habermas in bio-politischer Perspektive", in: U. Kadi, G. Unterthurner (Hg.), *sinn macht unbewusstes. unbewusstes macht sinn*, Würzburg 2005, S. 230–264.

[32] Hier stoßen wir auf eine Ambiguität des Begriffs, die sich durch alle Theorien der Anerkennung durchzieht: Einerseits wird der Begriff gewöhnlich so aufgefasst, dass die Anerkennung das Anzuerkennende nur *nachvollzieht*; andererseits wird der Anerkennung die Funktion zugeschrieben, das Anzuerkennende überhaupt erst zu *stiften*. Levinas, der den geläufigen Theorien der Anerkennung sehr kritisch gegenüber steht (sofern er sich überhaupt mit ihnen auseinandergesetzt hat), würde dem wohl kaum zustimmen, so sehr betont er durchgängig einen unverfügbaren ethischen Anspruch des Anderen, der von keiner nachträglichen Antwort auf ihn (sei es im Sinne der Anerkennung, sei es im Sinne der Missachtung) tangiert wird. Bei näherem Hinsehen zeigt sich bei Levinas in diesem Punkt jedoch ein bezeichnendes Schwanken, das so weit geht, *im Zeugnis für den Anderen* die entscheidende Würdigung (oder Anerkennung) seines Anspruchs zu sehen.

[33] Vgl. zur Kultur- und Rechtsgeschichte des „Aufhebens" des Neugeborenen B. Jussen, „Künstliche und natürliche Verwandtschaft? Biologismen in den kulturwissenschaftlichen Konzepten von Verwandtschaft", in: Y. L. Bessmertny, O. G. Oexle (Hg.), *Das Individuum und die Seinen*, Göttingen 2001, S. 39–58. Gegen die im alten Rom anzutreffende absolute Verfügungsmacht des Vaters über das Leben des Neugeborenen wäre einzuwenden, ob nicht schon darin, dass man jemanden als des „Aufhebens" wert befindet oder dass man ihn überhaupt dafür in Betracht zieht, Anerkennung liegt. (Eine einseitige, kampflose Anerkennung, die von einem der Sprache nicht mächtigen Kind nicht zu verlangen ist.)

[34] Es versteht sich von selbst, dass dies konkret vielfach nur in höchst ambivalenter und mangelhafter Art und Weise geschieht. Wie sich daraus eine nachhaltige Dramatisierung späterer Kämpfe um Anerkennung ergeben kann, ist hier nicht weiter zu untersuchen.

ben. Das erklärt die Verve, mit der Menschen auch politisch darum kämpfen, überhaupt als Subjekte von Ansprüchen wahrgenommen zu werden, die erst danach darauf hoffen können, dass ihre Ansprüche inhaltlich Beachtung finden und als berechtigt anerkannt werden.

Während die Anerkennung der Ansprüche Anderer *als berechtigt* diese Ansprüche gewissermaßen nur nachvollzieht, *stiftet* die originäre Anerkennung[35], auf die wir im Fall der Elternschaft (und analoger sozialer Beziehungen) stoßen, überhaupt erst Verhältnisse[36], in denen eine konfliktträchtige Geschichte von Anerkennungskämpfen stattfinden kann.[37] Sie *bejaht*, dass ein künftiger Anderer Subjekt nicht nur von Bedürfnissen, Wünschen und Begierden, sondern auch eines *Begehrens* sein wird, das sich seinerseits auf Andere als Andere richten wird.[38] Damit eröffnet sie einen Horizont der Gegenseitigkeit, die es auch dem künftigen Selbst abverlangen wird, sich anerkennend zur unaufhebbaren Anderheit derer zu verhalten, die es ins Leben gerufen haben.

Deren ursprüngliche Bejahung des künftigen Selbst garantiert zweifellos in keiner Weise, dass sie sich praktisch auch zugunsten dieses Selbst *bewähren* wird. So kann gerade die vermeintlich generöseste Liebe als schwere Last empfunden werden, die zu Gegenleistungen ohne Maß zu verpflichten scheint. Wie eine radikal einseitige Anerkennung (hier: im Modus der Liebe) überhaupt möglich sein soll, die davor zu bewahren wäre, in eine Ökonomie von Vorleistungen und Rückgaben einzuscheren, ist bis heute ein Rätsel.[39]

---

[35] Es geht hier um die Asymmetrie einer *unbedingten* Anerkennung, wie sie dem bejahten Kind widerfährt, das nicht erst kämpfen muss, um gastlich Aufnahme zu finden, ganz unabhängig davon, *was* oder *wer* es werden wird. (Der Begriff „unbedingter Gastfreundschaft" ist hier weit entfernt von einer „emotionalen" Sphäre der Liebe, die man immer wieder der Familie vorbehält.) Ob darauf ein „seinsimmanenter Anspruch" besteht, wie Hans Jonas meint, bleibe dahingestellt. Ricœur spricht hier vom „Anerkennungsmodell der Liebe" (WA, S. 239), die er in der bedingungslosen Bejahung des Anderen realisiert sieht. Aber die Spur dieser, zunächst ganz einseitigen Anerkennung (wie sie bereits in der Aufnahme des Neugeborenen unter die Lebenden nachzuweisen ist) verliert sich, sobald man den familialen Umkreis verlässt und wieder die Ebene des Rechts und Sphären der „gesellschaftlichen Wertschätzung" betritt. Im ersten Fall *anerkennt* man den Anderen bereits, bevor er überhaupt *erkannt* werden kann (ebd., S. 253 ff.), wohingegen davon in der gesellschaftlichen und politisch-rechtlich geregelten Sphäre keine Rede sein kann. Denn hier besteht angeblich die menschliche Würde genau darin, *to assert claims* (Joel Feinberg; KA, S. 194; WA, S. 252). Als jemand, der Ansprüche erheben kann und entsprechend „zählt", muss man demzufolge bereits erkennbar sein. Die primäre Anerkennung dagegen antwortet wohl auf einen Anspruch des Anderen, gerade nicht aber auf einen Anspruch, den dieser explizit *erheben* könnte.

[36] Im beschränkten Rahmen dieses Aufsatzes können die triangulären Strukturen dieser Verhältnisse nicht eigens bedacht werden.

[37] Vgl. KA, S. 81, 98, zu einer „impliziten" Anerkennung die nur nachvollzogen werden müsse.

[38] Im Unterschied zum Bedürfnis und zur Begierde sättigt sich das Begehren nicht an der Präsenz des Anderen, sondern sucht gerade dessen Unaufhebbarkeit in jeder Vergegenwärtigung zu achten. Aber wie das in einem bedürftigen und begierigen Leben und über es hinaus geschehen kann, ist ein Rätsel. Es gibt kein reines Begehren, das nicht in einem bedürftigen und begierigen Leben fundiert wäre.

[39] Vgl. J.-P. Sartre, *Entwürfe für eine Moralphilosophie*, Reinbek 2005, S. 645 f. zur Verflechtung von Gabe und gegenseitiger Anerkennung. Zu warnen ist jedenfalls von einer fragwürdigen

So rückhaltlos und unbedingt die primäre Anerkennung auch gewährt werden mag (und so sehr sie auch als solche verheimlicht werden mag, um einer „Ökonomisierung" zu entgehen), sie ist niemals davor geschützt, *gerade als solche* radikale Konflikte heraufzubeschwören, die sie letztlich zerstören können. Durch einseitige, unbedingte Anerkennung eines künftigen Selbst, die noch gar nicht wissen kann, um wen es sich handeln wird, kann man sich nicht die konkrete Auseinandersetzung ersparen, die ihn oder sie erst nach und nach zu *jemandem* werden lassen. Zwar ist schon das neu geborene Kind ein „jemand"; und so sprechen wir es an. Aber noch lange weiß es nicht, *wer* es ist. Diese sog. Identitätsfrage erschöpft sich nicht in der *Selbigkeit* eines durch Ausweise zu identifizierenden Mitglieds des jeweiligen Gemeinwesens, das Geburten und Todesfälle verzeichnet. Vielmehr zielt die Wer-Frage auf die *Selbstheit, der unaufhebbare Andersheit innewohnt*.

4. Imaginäres Verfehlen

Das ist nach der Auffassung Ricœurs denn auch die wichtigste Lektion, die uns die Psychoanalyse bis heute erteilt:[40] wir erfahren uns selbst in unserer leiblichen Existenz derart von Andersheit unterwandert, dass wir uns geradezu *wie* oder *als* Andere begegnen (daher der Buchtitel: *Soi-même comme un autre*[41]). Und im Anderen haben wir ebenfalls stets jemanden vor uns, der (oder die) weit davon entfernt ist, jemals zureichend Rechenschaft von sich ablegen zu können. Als dem Unbewussten überantwortete Wesen kennen wir uns selbst nicht. Es stößt auch ohne unser bewusstes Zutun auf *Resonanz im Unbewussten des Anderen*, insofern er unbewusst ein Anderer auch für sich selbst ist, aber anders… So wendet sich das Selbst als ein unbewusst Anderes an einen Anderen, dessen Selbst seinerseits von einer ihm entzogenen Andersheit unterwandert wird, die auf weitgehend intransparente Art und Weise die Subjektivität von Bedürfnissen, Wünschen, Begierden und schließlich das Begehren nach dem Anderen (einschließlich *seines* Begehrens) bestimmt.[42]

Bis heute trennen sich die Wege derjenigen, die gleichwohl noch an der Möglichkeit einer ungebrochenen Kommunikation festhalten, und derjenigen, für die nur noch eine in sich gebrochene Kommunikation zwischen Selbst und Anderem wahr sein kann.

„agapistischen" Überschätzung der primären Anerkennung, die in ihr nur eine „überschwengliche Gabe" erkennt, der sogar jegliches Begehren fremd wäre (WA, S. 276, 280).

[40] Vgl. P. Ricœur, „The Self in Psychoanalysis and in phenomenological philosophy", in: *Psychoanalytic Inquiry* 6 (1986), no. 3, S. 437–458.

[41] Dt. *Das Selbst als ein Anderer*, München 1996.

[42] In seiner großen Freud-Studie hatte Ricœur, unter z. T. implizitem Einfluss Lacans, versucht, die Freudsche Lehre mit einer Hegelianischen Dialektik der Begierde zusammen zu denken (*Die Interpretation* [1965], Frankfurt am Main 1974, bes. S. 470–484), worauf hier nicht näher einzugehen ist; vgl. E. Roudinesco, *Jacques Lacan*, Köln 1996, S. 482; H. Lang, *Die Sprache und das Unbewusste*, Frankfurt am Main 1973, S. 51 ff., 110, 218, 227 f. (=SU). Der hier noch präsente Hintergrund der Hegelianischen Anerkennungstheorie kommt auch in den späteren Schriften dieses Autors kaum noch zur Geltung. Vgl. H. Lang, *Strukturale Psychoanalyse*, Frankfurt am Main 2000, S. 87 f.

Vor allem Jacques Lacan hat ausgehend vom Befund einer ursprünglicher Fragmentierung (*discorde primordiale*) des Psychischen alle möglichen Illusionen der Einheit in der Form eines Ichs zu entlarven versucht, das dem Anderen wie eine Maske präsentiert wird und darauf abzielt, Einheit in der Begegnung mit dem Anderen zu wiederholen. So kann es gerade im vermeintlich deutlichen, klaren und verständlichen Sprechen zu einem gegenseitigen imaginären Verkennen kommen, wenn nicht realisiert wird, wie sich das Subjekt der Rede (S) nur indirekt, durch einander verkennende Imagos (a=*moi*/ a'=*autre*), dem Anderen (A=*grand Autre*) in einer in sich gebrochenen Rede mitteilen kann (SU, S. 81, 90).[43] Das unüberwindliche Missverhältnis zwischen *sujet* und *moi* einerseits, *autre* und *Autre* andererseits ist als *struktural* einzustufen, denn es geht hier um eine unüberwindbare Dezentrierung bzw. Spaltung, der man nicht etwa in Akten der Bewusstwerdung beikommen kann.[44]

So wird die Idee der Anerkennung nicht gänzlich obsolet, doch ist sie radikal zu revidieren durch die Anerkennung einer inneren Spaltung jedes Subjekts einer Rede, die sich an den Anderen wendet, ohne dabei die Orte imaginärer Verkennung seiner selbst und des anderen (a/a') einfach umgehen zu können (SU, S. 97, 251). Dennoch lässt die strukturale Aufklärung des inneren Missverhältnisses zwischen *Sujet* und *moi* (S/a), *autre* und *Autre* (a'/A) darauf hoffen, man könne sich doch wenigstens indirekt, *durch* die einander verkennenden Ichs (a/a') *aneinander* (S/A) wenden. Soll dem eine Chance gegeben werden, so setzt das freilich voraus, dass man von einander *nicht* erwartet, sich unmittelbar als nicht zu verfehlendes Selbst erkennen geben zu können. Auch nicht in einer die normale Rede[45] unterlaufenden geheimen Kommunikation, wie sie sich manche Romantiker zwischen verwandten Seelen vorgestellt hatten.

Welche „Lösung" auch immer hier gesucht wird, an der gegenseitigen Anerkennung des Befundes, dass man einander *nicht direkt*, in einer nicht imaginär gleichsam verblendeten Art und Weise gegenüber treten kann, führt kein Weg vorbei. Sobald das Bedürfnis des einen (S) in eine Begierde nach dem Anderen (A) übergeht, steht das fragliche Subjekt vor der Wahl, ihn entweder immer wieder in imaginären Identifikationen (im Register a') verfehlen zu müssen oder aber darauf Verzicht zu leisten, den Anderen (A) gleichsam in einer solchen Form dingfest machen zu wollen. In diesem Falle muss es ihn freigeben in einem *Begehren*, das die Alterität des Anderen nicht etwa

---

[43] J. Lacan, *Ecrits*, Paris 1966, S. 53, 458.
[44] SU, S. 96, 139, 156, 164 f.
[45] Zwischen *moi* und *autre* ereignet sich in der normalen Rede nur ein „man spricht" (SU, S. 98), wenn man nichts ahnt von der Erschlossenheit des Anderen (A), der stets als eine Art Resonanz mit ihm Spiel ist, der eine fragmentarische, außer-ordentliche Rede möglicherweise besser gerecht wird als eine durch und durch verständliche Kommunikation (SU, S. 62 ff., 107 f.). So vertraut Lang auf Wahrheit im Anklingen dessen, was gerade nicht offen gesagt wird (SU, S. 66, 62), d. h. in einem vorgängig eröffneten Horizont der Sprache auf ein *sujet vrai* hinter dem *moi* als Ort imaginärer Identifikationen und auf Bedeutungen, die schon „da" sind, bevor sie entziffert werden können (ebd., S. 126). Das kommt den zurückgewiesenen romantischen Illusionen allerdings ziemlich nahe, obgleich der Verdacht besteht, auch der Andere (A „hinter" a) sei womöglich maskiert (vgl. SU, S. 63, 140).

zu tilgen versucht, sondern gerade ihrer Wahrung verpflichtet ist.[46] Und nur *im Geiste einer solchen Freigabe im Einanderbegehren* scheint noch eine Anerkennung zwischen in sich und im Verhältnis zu einander unvermeidlich gespaltenen, singulären Subjekten gelingen zu können, die gleichwohl mit der Hypothek belastet bleiben, sich unvermeidlich gegenseitig eine fragwürdige Einheit vorzuspiegeln und zueinander nur *durch* ein gegenseitiges Verkennen vordringen zu können, das keine Selbsterkenntnis je ganz auszuräumen verspricht (vgl. SU, S. 221–227).

Vor jeder konkreten Anerkennung des Begehrten muss die Anerkennung der Wirklichkeit des Begehrens angesichts der Unzurechnungsfähigkeit des Selbst für das Begehren selbst liegen. Es entzündet sich in ihm und widerfährt ihm, sobald es sich dem Anderen als Anderem zuwendet oder sich von ihm als solchem angesprochen erfährt. Längst bevor sich jemand fragen kann, wer er (oder sie) ist, und lange bevor das Interesse an einer „geglückten Selbstbeziehung" (KA, S. 220) erwachen kann (was auch immer man sich darunter vorstellen soll[47]), hat eine Geschichte weitgehend unbewusster Bedürfnisse, Wünsche, Begierden und eines Begehrens ihren Lauf genommen, der wir niemals Herr werden und die als solche nur nachträglich zu bewahrheiten ist. Mit Recht sagt Hannah Arendt, wir seien nicht die Autoren unseres Lebens, allenfalls an ihm Mitwirkende (ohne dass wir jeweils wissen könnten, wie tief und weit unsere Mitwirkung tatsächlich reicht). Deshalb muss die Anerkennung Anderer die Anerkennung ihrer Intransparenz für sich selbst einschließen. D. h. *sie kann in gewisser Weise niemals wirklich wissen, was sie tut und worauf sie sich dabei einlässt.*

5. Versagte und versagende Anerkennung

Sie kann sich nur durch negative Reaktionen nachträglich über eine praktisch unzulängliche, fehlgeleitete oder den Anderen geradezu verfehlende Anerkennung belehren lassen.[48] So rückhaltlos und unbedingt die primäre Anerkennung auch zum Tragen gekommen sein mag, *zur praktischen Herausforderung wird sie doch erst in Erfahrungen*

---

[46] So verbiege ich gewissermaßen den Begriff des Begehrens ein Stück weit in Richtung Levinas, ohne hier den Anspruch zu erheben, letzterem oder den differenten Verwendungsweisen des Begriffs in der Psychoanalyse Lacanscher Provenienz gerecht zu werden; vgl. E. Levinas, *Totalität und Unendlichkeit. Versuch über die Exteriorität*, Freiburg i. Br., München 1987, S. 35 ff., 81 ff.; *Jenseits des Seins oder anders als Sein geschieht*, Freiburg i. Br., München 1992, S. 197, 273 f., 334 ff.

[47] In LU finden sich noch Spezifizierungen wie „unbeschränkte Selbsterfahrung", „uneingeschränkte Subjektivität" (S. 28, 45), die an die psychoanalytische Erfahrung kaum mehr anschließbar scheinen.

[48] Freilich werden diese negativen Erfahrung dramatisch unterschätzt, wenn sie von vornherein nur als Erfahrungen der Missachtung (nicht etwa der Verachtung) gedeutet werden, die als solche immer nur auf die (verletzte) Norm der Anerkennungswürdigkeit des Anderen verweisen, diese aber nicht in Frage stellen würden; vgl. demgegenüber v. Verf., *Subtile Gewalt. Spielräume sprachlicher Verletzbarkeit. Eine Einführung*, Weilerswist 2007, Kap. VI; ders., „Anerkennung und Verachtung. Gegensatz, Komplementarität und Verquickung", in: A. Schäfer, C. Thompson (Hg.), *Anerkennung*, München 2010, S. 141–169.

*der Negativität*⁴⁹, d. h. dort, wo sie schmerzlich vermisst, als eingeschränkt, mangelhaft oder sogar als pervertiert erfahren wird. In solchen Fällen muss sich das Verlangen nach Anerkennung den Gründen für diese Negativität stellen. Es muss sich zunächst mit der Frage auseinandersetzen, ob es nicht etwas anderes für ein Anerkennungsproblem nimmt und es als solches missversteht (siehe oben den Fall des *ersten* Verfehlens). Wenn das ausgeschlossen scheint, muss nicht nur der Befund der wie auch immer vermissten und mangelhaften Anerkennung als solcher akzeptiert werden; er muss auch als solcher im Einzelnen verstanden werden, wenn die Anerkennung nicht fragwürdig abstrakt bleiben und womöglich (im Sinne des *zweiten* Verfehlens) fehlgehen soll.

An der Erreichbarkeit dieses Ziels muss man freilich zweifeln. Statt angemessenes, womöglich tiefes Verstehen zur Voraussetzung von Anerkennung machen zu können, muss sich das Begehren nach Anerkennung vielfach die Unfähigkeit eingestehen, zureichend zu verstehen, woher es rührt und worauf es eigentlich hinaus will. Selbst die ursprünglich generöseste Anerkennung muss hinnehmen, ggf. im Nachhinein als mangelhaft beklagt zu werden, ohne die Gründe dafür zureichend verstehen und einsehen zu können.

Am Anfang eines Konflikts, der die Anerkennung als praktische Herausforderung erst sichtbar macht, steht so oder so die Erfahrung ihres Versagens, ihrer Mängel, ihres Fehlgeleitetseins oder ihres Verfehlens. Und vor dieser Erfahrung ist auch die generöseste Anerkennung nicht geschützt. Die Negativität dieser Erfahrung lässt – wie unzulänglich auch immer – zum Vorschein kommen, *wofür* und *in welcher Hinsicht* nach Anerkennung verlangt wird (sei es für das, was oder wer man *ist*, sei es für das, was man *hat* oder *tut*) mit Bezug auf *Adressaten* dieses Verlangens. Wenn diese anerkennen, die *richtigen* Adressaten eines *nicht verfehlten* Verlangens zu sein, müssen sie sich der Frage stellen, *in welcher Form* sie überhaupt noch eine *nachholende* Anerkennung gewähren können – nach teils lange währenden Geschichten versagter Anerkennung, die als solche nicht zureichend hermeneutisch zu rekonstruieren und nie wieder gut zu machen sind.

In solchen Fällen wird allenfalls Trauer darüber hinweg helfen, *dass* es sich so verhält. Andernfalls müssen *falsche, verspätet auftretende Adressaten unnachsichtiger Anerkennungsforderungen* dafür gerade stehen, dass ggf. elementare, jedem Kind zustehende Formen der Anerkennung niemals befriedigend gewährt worden sind. So legitim ein daraus sich ableitendes Anerkennungsverlangen auch sein mag, es läuft, wenn es sich zur Trauer darüber nicht durchringen kann, auf immer wieder erhobene, unerbittliche oder sogar rachsüchtige Forderungen hinaus. Auch wenn das Verlangen nach Anerkennung nicht derart über jedes Maß hinausschießt und selbst zum Grund der Zerstörung sozialer Beziehungen wird, liegt in ihm das Potenzial einer exzessiven Dynamik, die niemals zu einem befriedigenden Ziel scheint gelangen zu können.

---

[49] Zur Negativität der Erfahrung (der Missachtung, der Ungerechtigkeit usw.), die scheinbar immer auf ein *Fehlen* von Anerkennung schließen lässt, bei Ricœur vgl. WA, S. 236, 272, 305.

6. Verfehlter Sinn der Anerkennung?

Worauf will die Anerkennung denn letztlich hinaus? „Vielleicht bleibt der Kampf um Anerkennung unendlich", mutmaßt Ricœur (WA, S. 305 f.). Läuft das Begehren nach Anerkennung nicht auf eine Art Unersättlichkeit, auf ein endlos unglückliches Bewusstsein hinaus (WA, S. 273)? Stellt es den Kampf nicht auf Dauer? Rechtfertigt es nicht unaufhörliches Machtstreben der Geltungssüchtigen, die auch im pazifizierten Rechtsstaat niemals von der Pleonexie ihres Verlangens loskommen, wenn sie nirgends einen zureichenden Beweis ihres Anerkanntseins finden können? *Geht das Verlangen nach Anerkennung nicht von Anfang an fehl, wenn es auf einen solchen Beweis aus ist?*

Wie können wir je *wissen, dass* wir, *wie* wir und *von wem* wir wirklich anerkannt werden – zumal wenn die fragliche Anerkennung grundsätzlich stets nur in dauerhaften Prozessen praktisch zu bewähren bzw. zu bezeugen ist? Damit ist die Frage aufgeworfen, wie wir uns überhaupt *anerkennen lassen* können. Wie lassen wir uns davon überzeugen, dass wir uns als nicht nur bedürftige Wesen und als Rechtssubjekte, sondern sogar als unverfügbar Andere, die sich selbst fremd bleiben, anerkannt erfahren dürfen?

Der einschlägigen Literatur zu diesem Thema sind erstaunlicherweise nur wenige Hinweise darauf zu entnehmen, worauf die Anerkennung eigentlich hinaus will und in welchem Anerkannt*sein* das Verlangen nach ihm dauerhaft befriedigt wäre. Wenn die Anerkennung einem geschichtlich sich vollziehenden Selbstsein gilt, das für sich selbst nicht transparent ist, so spricht von vornherein nichts dafür, dass dieses Verlangen im *Wissen*, anerkannt zu sein, zur Ruhe kommen könnte. Selbst einmalige Akte, die explizit die Anerkennung Anderer aussprechen und feststellen, helfen in dieser Hinsicht nicht weiter. In der Regel vollziehen sie ohnehin nur Anzuerkennendes (wie gewisse Leistungen, die in der Vergangenheit erbracht worden sind) nach, verfehlen aber die Geschichte eines künftigen Selbst, dessen Zukunft dahin steht und das sich nicht einmal in seiner eigenen Gegenwart ausreichend verständlich wird. Als solches kann es nicht in einem starren bzw. endgültigen *Wissen, anerkannt zu sein*, sondern nur in einer andauernden Geschichte *praktischer Bewährung des Anerkanntwerdens* Anerkennung erfahren, vorausgesetzt, es nimmt sie Anderen auch ab und *lässt sich* anerkennen. Das ist umso riskanter, wie Anerkennung *überhaupt nicht zu beweisen*, sondern nur zu *bezeugen* ist. D. h. man muss denjenigen, die Anerkennung gewähren, *glauben*, ohne dass bezeugte Anerkennung je epistemische Zweifel an ihr ausräumen könnte. Der Zweifel zielt auf ein Wissen ab, das praktische Anerkennung niemals erbringen kann.

Wenn Anerkennung demnach darauf abzielt, sich als definitiv anerkannt zu *wissen*, ist sie von vornherein verfehlt. Sie bleibt auf Dauer darauf angewiesen, dass Anderen geglaubt werden kann; Anderen, die in ihrer eigenen Andersheit niemals zureichend für sich werden einstehen können. Das muss jedes Verlangen nach Anerkennung seinerseits anerkennen; andernfalls verfehlt es schon im Ansatz den Adressaten, von dem her es effektive Anerkennung erfahren will.

Nur derart von innerer Andersheit geprägte Andere kommen überhaupt als Subjekte der Anerkennung in Betracht, die sich allemal praktisch bewähren muss. Das gilt auch für die angeblich in der Form des Rechtsstaats schon „vorhandene" bzw. in ihm institutionalisierte Anerkennung eines jeden als Subjekt, dem unabdingbare rechtliche Ansprüche zustehen. Diese Ansprüche bewähren sich ihrerseits nur in Formen ihrer wirklichen Inanspruchnahme, die man Anderen zumutet, die allein den Sinn des Rechts praktisch einlösen können.

Wer von institutionalisierter Anerkennung darüber hinaus Anerkennung seiner Besonderheit, Einzigartigkeit, Andersheit oder „Verrücktheit" (R. Barthes[50]) erwartet, muss ebenfalls verfehlen, was Anerkennung in dieser Form praktisch leisten kann.[51] Sie gilt allgemein nur unter Gleichen, die zwar nur in ihrer irreduziblen Andersheit „Teil" einer politischen Lebensformen sein können; doch wie dieser Andersheit allgemein eine „singularisierende Anerkennung" soll zuteil werden können, ist bislang nirgends deutlich geworden (WA, S. 269 f., 307). Wie es scheint, bleibt diese Anerkennung einer zwischenmenschlichen Anarchie überantwortet, die zwar in die Beziehungen zwischen Gleichen hineinwirkt, aber nicht allgemein geregelt werden kann. Sie gilt niemals allen Anderen gleichermaßen, sondern stets dem singularen Anderen in der Begegnung, um ihm oder ihr Gerechtigkeit widerfahren zu lassen.[52] Nicht gemäß allgemeiner Normen, sondern angesichts der Singularität des Anderen und im Verhältnis zu ihr.

Genau das besagt schon jene primäre Anerkennung, die einem singularen, künftigen Selbst gilt, dem wir für den (unvermeidlichen) Fall der Unterwerfung unter Normen und gleich machende Vergleiche versprechen, dennoch in seiner Singularität gerecht zu werden. Vielleicht ist der anerkennungstheoretisch gefasste Begriff der Liebe nur ein anderer Ausdruck genau für die lebenspraktisch-dauerhafte Form der Einlösung dieses Versprechens. Aber dieses Versprechen müssen soziale und politisch-rechtliche Normen der Anerkennung verraten, die niemals versprechen können, jedem Anderen in seiner Singularität gerecht zu werden. *Erst die singularisierende Anerkennung, wie sie bei Ricœur angedacht ist, verspricht wieder in Erinnerung zu rufen, was die Unterwerfung aller unter allgemeine Normen der Anerkennung ganz und gar in Vergessenheit fallen lassen kann: dass der praktische Horizont der Anerkennung ursprünglich je nur im Verhältnis zum künftigen Selbst singularer Anderer gestiftet werden kann. Von ihm her ziehen wir uns ursprünglich das Verlangen zu, ihm als solchem auch gerecht zu werden.*

Dieses Verlangen wird *als ein sozial gültiges und verbindliches* originär in der primären Anerkennung *gestiftet*, die stets nur einem unvergleichlichen, individuellen Anderen gilt – aber *in* einer Pluralität anderer Anderer, denen sie nie zugleich gerecht werden kann. Dieser *Horizont der Singularität im Plural* bedeutet, dass die *Anerkennung nur gelingen kann, wo sie zugleich auch scheitert*: sie wird niemals allen unterschiedslos und sozusagen in einem Zug gerecht werden können, sondern stets einen Schatten der Nicht-Anerkennung werfen, in dem Andere nicht einmal als Subjekte des Verlangens nach Anerkennung wahrgenommen, geschweige denn gewürdigt werden. Wer nicht realisiert,

---

[50] S. o. Anm. 25.
[51] Im Recht weiß der Einzelne sich anerkannt und gründet darauf bürgerlichen Stolz (WA, S. 138 f.). Er will sich darüber hinaus auch in seiner Geschichte wiedererkennen als „fähiges" Wesen (WA, S. 132 ff.). Aber gerade als solches genügt er sich nicht; er bedarf des Anderen, um zu wissen, *was* oder *wer* er in Wahrheit ist. Paradoxerweise verlangen wir lt. Ricœur in unserer „*ureigensten*" Identität, die […] uns zu dem macht, *was* wir sind", danach, anerkannt zu werden. Andererseits hieße Anerkennung zu erfahren, „durch andere die vollständigste Gewißheit seiner Identität zu *erlangen*", d. h. dessen, *wer* man ist (WA, S. 42, 310).
[52] Wie sich eine Gerechtigkeit angesichts der Singularität des Anderen denken lassen soll, wissen wir nicht (WA, S. 321).

wie sich Anerkennung und Nicht-Anerkennung als miteinander sozusagen verschwistert erweisen, wird sich notorisch zuviel von ihr versprechen und ebenfalls verfehlen müssen, was Anerkennung leisten kann.

So verstrickt sich die Anerkennung in eine unübersichtliche Gemengelage sozialer und politischer Beziehungen und Verhältnisse, in denen schließlich ganze Gruppen, Klassen und Völker gegeneinander antreten in vielfältigen Kämpfen, aus denen vor allem eines unmissverständlich hervorzugehen scheint: dass *Anerkanntsein* (im Gegensatz zur Anerkennung *als Verlangen* und *als Geschehen*) stets nur das Ergebnis eines gewaltträchtigen Konflikts sein kann, in dem sie Anderen abgenötigt wird – nicht ohne nachhaltige Zweifel daran zu wecken, ob auf die erreichte Anerkennung auch für die Zukunft Verlass sein wird.

Man sieht sich deshalb dazu genötigt, *die Notwendigkeit und den Sinn des Kampfes um Anerkennung „auf allen Ebenen in Frage [zu] stellen"* (WA, S. 234, 271). Fraglich erscheint nicht nur, ob sich Anerkennung in einem das Verlangen nach ihr *letztlich befriedigenden* Sinne erkämpfen lässt; die Frage ist auch, ob das Modell des Kampfes nicht ganz andere Formen der Anerkennung verdrängt hat, die *überhaupt nicht die Form des Kampfes annehmen* können.[53] Weder das Recht noch die Gerechtigkeit versprechen die gesuchte Anerkennung ganz und gar zu verwirklichen. Gerechtigkeit befriedet nicht endgültig; sie birgt vielmehr Keime zu neuen Konflikten in sich (WA, S. 276, 279). Der menschlichen Pluralität wird sie in den Formen, die wir kennen, nicht gerecht (ebd., S. 227). Als gleich-machende droht sie sogar die Singularität des Anderen gänzlich aus dem Auge zu verlieren. Wie eine „singularisierende Anerkennung" *im Politischen* aussehen könnte, wissen wir nicht. Wohl aber erinnern wir uns an ihr ursprüngliches Vorbild in der Aufnahme Neugeborener und Fremder in die Lebensformen Anderer, die sie mehr oder weniger rigoros und ungefragt Normen unterwerfen und dabei Gefahr laufen, die Singularität jedes Einzelnen aus dem Auge zu verlieren. In Folge dessen beladen sie sich mit der Hypothek, das ursprünglich dem Anderen gegebene Versprechen zu brechen.

Darüber belehren uns die unterschiedlichsten Schicksale versagter, versagender und verfehlter Anerkennung[54], in denen das Verlangen nach Anerkennung nur durch die Negativität der Erfahrung ans Licht tritt, keine, nur beschränkte oder fehlgehende Anerkennung gefunden zu haben. Erst diese Negativität lässt danach fragen, inwiefern jeder

---

[53] Apologeten des Kampfes um Anerkennung gehen meist davon aus, dass sie von Anderen freiwillig gar nicht gewährt wird oder nicht gewährt werden kann – sei es, weil sie das Begehren nach Anerkennung als solches nicht wahrnehmen oder verkennen, sei es weil sie die Anerkennung verweigern, sie es, weil die Anerkennung überhaupt nur als erkämpfte ihren Sinn erfüllen kann.

[54] Klinische Praxis weiß nicht nur von eklatanten Defiziten, sondern auch von Perversionen der Anerkennung zu berichten: So wird Anerkennung gesucht, wo sie nicht zu finden ist. Fragwürdige Surrogate treten an ihre Stelle – oder aber die Anerkennung fungiert ihrerseits als Ersatz für anderes, an dem es eigentlich fehlt. (Wer um soziale Anerkennung im Sinne persönlicher Wertschätzung kämpft, wird dafür kaum mit der womöglich eigentlich vermissten Liebe belohnt. Und wer jede Hoffnung auf Anerkennung aufgegeben hat, kann sich dem Ressentiment und Rachegelüsten hingeben…)

Andere – womöglich radikal – auf Anerkennung angewiesen ist, warum er bzw. sie der Anerkennung bedarf, warum sie oder er nach ihr verlangt und ihrer würdig ist.[55]

Nach dem hier entwickelten Verständnis liegt schon in der ersten Aufnahme des Neugeborenen dessen unbedingte Würdigung – nicht bloß als eines Bedürfniswesens und als eines Rechtssubjekts, sondern darüber hinaus als eines unverfügbaren künftigen Selbst, das sich als ein unaufhebbar anderes und fremdes erweisen wird. Diesem Selbst soll nicht abverlangt werden, seine Anders- und Fremdheit aufzugeben, um sich als derart reduziertes den Zwängen eines politisch-rechtlich geregelten Lebens zu unterwerfen, die womöglich die Lebbarkeit *seines* Lebens radikal in Frage stellen. Das *muss* Judith Butler zufolge sogar der Fall sein, wenn von einem derart geregelten Leben keine singularisierende Anerkennung zu erwarten ist, die dem Neugeborenen im Grunde versprochen wird, ohne dass abzusehen wäre, wie dieses Versprechen praktisch sollte eingelöst werden können. Demzufolge läge bereits in der ursprünglichen Anerkennung des Anderen, wie wir sie in der Aufnahme des Neugeborenen vor uns haben, eine unweigerlich *in sich* verfehlte Anerkennung.

Ursprünglich wird, im besten Falle, unbedingt ein singuläres Leben als solches anerkannt, dessen Lebbarkeit gleichwohl weiterhin auf dem Spiel steht. D. h. uns bleiben kämpferische Auseinandersetzungen um eine Anerkennung nicht erspart, deren Notwendigkeit bzw. Unabdingbarkeit erst in Folge negativer Erfahrungen einsichtig wird, die die Lebbarkeit individuellen Lebens in Frage stellen. In solchen Fällen zeigt sich, dass angeblich schon „vorhandene" Strukturen bzw. Verhältnisse der Anerkennung, die jedem Anderen ein lebbares Leben ermöglichen sollen, in keiner Weise eine primäre, nur zwischen-menschlich zu ermöglichende und allein praktisch zu bewährende Anerkennung erübrigen, die ursprünglich stets einem singularen Anderen gilt. Diese Anerkennung stiftet zunächst einen praktischen Horizont, in dem die Anerkennung sich erst zu bewähren hat, indem sie explizite, aus negativer Erfahrung gespeiste Ansprüche nachvollzieht, indem sie sie als solche wahrnimmt, würdigt und womöglich auch als berechtigt gelten lässt. In diesem Horizont stoßen wir auf Stufen, verschiedene Dimensionen und Sphären der Anerkennung (KA, S. 151), in denen sie sich zunehmend diversifiziert und kaum mehr umfassendes Anerkanntsein in Aussicht stellen kann, so dass die Zielperspektive der Anerkennung immer undeutlicher wird.

Was man als gelungene Anerkennung beschrieben hat, nämlich „schmerzfreie" und von Erfahrungen der Missachtung „ungetrübte" allgemeine Wertschätzung (KA, S. 210), die allein in sozialen und politischen Kämpfen zu erreichen sein soll, lässt auf fragwürdige Idealisierungen schließen. Diese lassen nur allzu schnell verkennen, dass die Gesellschaften, in denen sich derartige Kämpfe vollziehen, das ursprüngliche Versprechen einer singularisierenden Anerkennung niemals uneingeschränkt einlösen können: Sie nötigen diejenigen unaufhörlich zum Kampf um Anerkennung, denen sie nicht mehr gewährt wird wie eine vorbehaltlose, sogar unbedingte Gabe. Wenn der Kampf für das Versagen *einer solchen* Form der Anerkennung entschädigen soll, verkennt er den Sinn

---

[55] Von der speziellen Deutung dieser Negativität sehe ich hier ab; fraglich scheint insbesondere, ob sie sich stets im Horizont *schon berechtigter* Forderungen nach Anerkennung bewegen muss, oder ob sie diesen nicht auch erweitern oder sprengen kann; vgl. N. Fraser, A. Honneth, *Umverteilung oder Anerkennung? Eine Kontroverse*, Frankfurt am Main 2003, S. 140 f., 148 ff.

der ursprünglichen, niemals Anderen abzunötigenden, einseitigen Anerkennung. *Hier, wo sie nie gesucht wurde, wird sie unwissentlich gefunden; aber in dieser Form wird sie niemals mehr zu finden sein, wo man sie im Kampf zu erzwingen sucht.*

So gesehen lässt die gängige Rede vom Kampf um Anerkennung von vornherein deren Sinn verfehlen. Auch die ursprüngliche, einseitige und kampflose Anerkennung, wie sie sich in der unbedingten Aufnahme Neugeborener realisiert, liefert sich in dem Maße einer offenen Geschichte von Anerkennungskämpfen aus, wie sie ihrerseits nur praktisch zu bewähren und in keiner Weise davor geschützt ist, sich in negative Erfahrungen des nicht oder ungenügenden Anerkanntseins zu verstricken. Anerkennungskämpfe, die daraufhin anheben, können aber bestenfalls noch eine Anerkennung nachvollziehen, deren Sinn ursprünglich gerade nicht darin lag, erkämpft werden zu müssen. Nur im Verzicht auf Wiedergewinnung einer ursprünglichen, unbedingten Anerkennung kann die gesellschaftlich umkämpfte und stets (auf bestimmte Andere, Bereiche und Formen) beschränkte Anerkennung versprechen, nicht von vornherein zu verfehlen, worauf sie hinauswill. Andernfalls bleibt sie dazu verurteilt, nicht nur Anerkennung in verfehlten Formen zu realisieren, sondern den Sinn der Anerkennung selbst zu verfehlen. Darauf scheint freilich auch jene ursprüngliche Anerkennung selbst schon angelegt zu sein, insofern sie ihr *stets übermäßiges* Versprechen[56] unbedingter Anerkennung eines singularen, unaufhebbar differenten Anderen in einer fortgesetzten Geschichte praktischer Anerkennung nicht uneingeschränkt einlösen kann und infolge dieser negativen Erfahrung Kämpfe provoziert, die suggerieren, was nicht wie eine Gabe gewährt wird, sei Anderen doch noch abzunötigen. So gesehen liegt die größte Herausforderung solcher Kämpfe – abgesehen von ihren legitimen praktischen Zielen[57] – darin, wie wir uns von dieser Illusion wieder befreien und *vom Kampf ablassen* oder ihn wenigstens *suspendieren* und *unterbrechen* können.

---

[56] Vgl. v. Verf., *Gegebenes Wort oder Gelebtes Versprechen. Quellen und Brennpunkte der Sozialphilosophie*, Freiburg i. Br., München 2008, Teil B II, 4.

[57] Wie zuvor angekündigt, habe ich mich hier weitgehend auf jene primäre Anerkennung und auf das in ihr schon angelegte Verfehlen ihres Sinns beschränkt. Ihre Verflechtung mit anderen, etwa genuin politischen und rechtlichen Formen der Anerkennung konnten im beschränkten Rahmen dieses Aufsatzes dagegen nur gestreift werden. Deshalb wurden hier auch die aktuellen Diskussionen um Fragen der Umverteilung und/oder Anerkennung (N. Fraser, A. Honneth u. a.) nicht aufgegriffen.

PETAR BOJANIC

Verrat und Hochverrat

Das Paradox der Repräsentation bei Thomas Hobbes

Dieser Text stellt nicht nur einige von Hobbes' Interpretationen von Verrat und Hochverrat vor. Meine Intention ist vielmehr zu zeigen, wie Hobbes diese beiden alten Satzungsgegenstände des Römischen Rechts seiner Zeit und seinem Kenntnisstand von Theologie und Philosophie anzupassen sucht. Die Figur des Verrats (und des Verräters) könnte im Kontext von Hobbes' Verständnis (aber nicht nur des Hobbeschen) der Figur des Souveräns und der Souveränität durchaus bezeichnend sein. Der Hauptteil meines Beitrags gilt dem Ziel, im Rahmen von Hobbes' Theorie der Repräsentation (*representatio*), von der Hobbes im Kapitel 16 seines bedeutendsten Buchs, des *Leviathan* von 1658, handelt, die Quelle und die unbedingte Bedingtheit von Verrat als solchem zu ermitteln.

Der Akt oder die Darstellung, worin vielleicht eine verräterische Geste (oder die Dynamik des Verrats) zu erkennen wäre, könnte im so genannten Paradox der Repräsentation gefunden werden. Der „Verräter" bricht die Kette der Übertragung von Macht und Ermächtigung, unterbindet die Repräsentation und hört auf, im Namen des Anderen zu sprechen. Vermöchte ich aufdecken, ob und wie dies möglich ist und Reden und Handeln im Namen von jemandem stets Elemente des Verrats mit sich bringen, dann, so scheint es, könnte ich schließen, dass unterschiedliche Formen „direkter" Rede and Handlung („im Namen von jemandem") „Akte des Verrats" darstellen. In diesem Fall würde mich interessieren, ob die Form des „Verrats" im Herzen der repräsentativen Demokratie zu finden ist und somit Verrat als solcher *de facto* einen integrativen Teil einer demokratischen Ordnung oder Gesellschaft bildet.

In Hobbes' *A Dialogue between a Philosopher and a Student of the Common Laws of England*,[1] verfasst zwischen 1668 und 1675, aber veröffentlicht erst nach seinem Tod (1681), richtet der Philosoph an einen Studenten eine Frage, die das größte aller Verbrechen betrifft: „Was ist Hochverrat?" Der Student fängt an, verschiedene Arten des Verrats

---

[1] T. Hobbes, *A Dialogue between a Philosopher and a Student of the Common Laws of England*, in: *The English Works of Thomas Hobbes*, ed. Sir William Molesworth, London 1840, vol. VI, S. 1–161. Eine neue Auflage dieser Ausgabe wurde von Joseph Cropsey vorbereitet und 1971 in Chicago veröffentlicht.

oder verräterischer Handlungen, die jemand gegen seinen Herrscher oder Souverän begehen mag, aufzuzählen.² Der Student zitiert und interpretiert die Werke von Edward Coke, dem damals führenden Juristen im Königreich. Von Anfang an gibt es hier eine Voraussetzung, einen Auftakt für jede künftige Bedingung des Vorliegens von Verrat: In Anbetracht von einander abweichenden Meinungen und Ungewissheiten ist es der König / Herrscher / Souverän, der, gegründet auf Traditionen und Unterredungen mit anderen Herren, entscheidet und festsetzt, was Verrat ist und was nicht. Dem folgend listet der Student die schwerwiegendsten (schlechten) Taten auf, die den unmittelbaren Entzug einer jeden Art von Vertrauen und Gehorsam verlangen. Die Liste beginnt mit Hochverrat und endet mit dem so genannten kleinen oder „leichten" Verrat. Die schlimmste Art von Hochverrat liegt vor, wenn jemand auf den Gedanken kommt oder den Wunsch äußert (*compass or imagine*), den König oder die Königin oder ihren ältesten Sohn oder Erben zu töten, wohingegen der geringfügigste Verrat beispielsweise von einem Diener seinem Herrn, von einer Frau ihrem Mann oder von einem Gläubigen einem Priester gegenüber begangen wird.³ „So that not only killing but the design, is made high-treason; or, as it is in the French record, *fait compasser* (planning) [provoke/incite] that is to say, the causing of others to compass⁴ or design the King's death is high-treason."⁵ Verschwörung, *Komplott*, Heimlichkeit sind Synoyme für das Wort *anzetteln* (compass), das Hobbes wählt. Wenn jemand den Mord an einem Souverän (König, Herrscher, Ersten Minister, Premier) plant oder plant und dann ausführt, so müssen, soll Verrat oder Hochverrat vorliegen, Bedingungen für diese (böse) Tat erfüllt sein. Dies muss in Übereinstimmung mit dem Recht (dem Gesetz oder Statut) stehen, d. h. mit Edward Cokes „Satzungen", die Hobbes analysiert und kritisiert:

1. Der Souverän oder die höchste Instanz (z. B. die Regierung) bestimmt, ob etwas Verrat ist oder nicht;
2. Merkmal des Verrats ist seine Verstohlenheit und dass er im Geheimen (und vom Geheimen aus) entsteht;
3. Hochverrat erfolgt in Umkehrung (*subversion*), vom einzelnen Subjekt zum Herrscher, vom Niederen zum Höheren⁶ (*superanus*, Souverän);
4. Hochverrat wird von einem begangen, der unter dem Schutz des Souveräns oder der Untertanenpflicht (*ligeance*) ihm gegenüber steht (daher ist der Verräter [*perduellis*] nicht der Feind [*hostis*], und der Feind steht *a priori* nicht unter dem vom König oder Souverän vorgesehenen Schutz [*allegiance*]⁷);

---

² Ebd., S. 68 f.
³ Der Tatvorwurf des geringfügigen Verrats (*petty* oder *petit treason*) wurde im 19. Jahrhundert aufgehoben. Heute besteht kein Unterschied mehr zwischen diesem Verbrechen und Mord.
⁴ „When a man doth compass or imagine the death of our lord the King, or of our lady his Queen ..." (der *Treason Act* von 1351 ist in normannischem Französisch verfasst).
⁵ *The English Works of Thomas Hobbes*, vol. VI, S. 76.
⁶ S. H. Cuttler, *The Law of Treason and Treason Trials in Later Medieval France*, Cambridge, 1981, S. 5.
⁷ Das von Hobbes verwendete Wort *allegiance* meint die wechselseitige Verbindung zwischen Untertan und Souverän. Der Untertan verpflichtet sich zu Loyalität und Gehorsam, während der Souverän

5. Hochverrat verdient die schärfste Form der Bestrafung (Hängen, Vierteilen und gänzliche Vernichtung).[8]

Der *Philosoph*, der die Frage an den *Anwalt* richtet und den in diesem „Dialog" Hobbes selbst verkörpert, ist mit den von mir in diesen fünf Punkten zusammengefassten Antworten nicht zufrieden. Es wäre ziemlich kompliziert, allen Absichten Hobbes' wie auch den Konsequenzen, die seine Einwände nach sich ziehen, angesichts der dunklen Geschichte und der Verwandlung der Figur des Verrats nachzugehen. Nach fast 350 Jahren wurde der Verrat (oder Hochverrat) als eine der Schlüsseleinrichtungen der Souveränität, ja als deren Fundament, vollständig umgebildet, abgeschwächt oder völlig aus den Verfassungen einzelner Staaten getilgt.[9] Andererseits konnte das Wort „Verrat", und zwar wegen seines problematischen Gewichts im politischen Recht, nie präzis in die Domäne der Ethik eingeführt werden. Von all den Argumenten, die Loyalität, Ergebenheit, Bindung und Bürgschaft betreffen; von allen Versuchen, Verrat an den Rändern des Lügens, Betrügens und der Gaunerei, der Vortäuschung und Verstellung ausfindig zu machen – z. B. den Verrat, der mit einer Lüge begann, der nur dann auftritt, wenn die Wahrheit gemieden wird, oder der gerade dort erscheint, wo die Wahrheit aufgedeckt ist, etc.;[10] von all den erfolglosen Versuchen, dem Akt des Verrats Allgemeingültigkeit zu verschaffen und ihn zu einer Verhaltensnorm in einer Gemeinschaft werden zu lassen; von den unbarmherzigen Geschichten, in denen Sprechgesänge des ‚Verrats' begegnen; von all den anachronistischen Berichten, die den Verräter in Räuberbanden und Kleinorganisationen vorführen – von all dem bleibt vielleicht nur die grenzenlose Dynamik dieser Strategie, die in den Nähten der unterschiedlichen Modelle der Gemeinschaft, des gemeinschaftlichen Lebens, des Opfers für das Gemeinwohl und des Verzichts auf Gemeinschaft im Namen des Lebens versteckt ist.

---

ihm im Gegenzug Schutz gewährt. Von dem Moment an, da der Untertan geboren ist, gelangt er unter die Herrschaft und den Schutz des Souveräns (*regere et protegere*).

[8] *The English Works of Thomas Hobbes*, vol. VI, S. 126. – Mehr als einhundert Jahre später schreibt Kant: „Der geringste Versuch hiezu [gemeint ist eine „Vergreifung" an einer individuellen Person, dem „gesetzgebenden Oberhaupt des Staats", P. B.] ist *Hochverrath* (proditio eminens), und der Verräther dieser Art kann als einer, der sein *Vaterland umzubringen* versucht (parricida), nicht minder als mit dem Tode bestraft werden." (I. Kant, *Die Metaphysik der Sitten*, in: *Gesammelte Schriften* [Akademieausgabe], Berlin, 1912–1913, Bd. VI, S. 320)

[9] Was sind die Konsequenzen dieser Abschwächung oder des völligen Wegfalls der Institution des Hochverrats? Die französische Verfassung vom 4. Oktober 1958 erwähnt Hochverrat (*haute trahison*) nur im Abschnitt 68, in dem gesagt wird, dass der „Präsident der Republik von den Taten, die in seinen Zuständigkeitsbereich fallen, nur für Hochverrat verantwortlich ist". In der Verfassung der Vereinigten Staaten (Paragraph 3, Abschnitt 3) wird Verrat als ein Akt definiert, der es sich zum Ziel setzt, die Regierung eines Staates umzustürzen oder im Kriegsfall den Staatsfeind zu unterstützen. „Treason against the United States, shall consist only in levying War against them, or in adhering to their Enemies, giving them Aid and Comfort."

[10] Fast 150 Jahre vor Hobbes' Schriften, am 17. Mai 1521, beschreibt Niccolò Machiavelli in seinem berühmten Brief an Francesco Guicciardini sein Verfahren der Ausrede, Beschönigung und Betrügerei mit den Worten: „Denn ich habe nie, und einige Zeit ist seitdem verstrichen, das gesagt, woran ich glaube, noch habe ich jemals geglaubt, was ich gesagt habe, und selbst wenn ich einmal das sage, was zutreffend ist, verstecke ich es unter so vielen Lügen [*io lo nascondo fra tante bugie*], das es schwierig wird, es zu entdecken" (*Lettere*, ed. Franco Gaeta, Milan 1961, S. 405).

Ich möchte versuchen, Hobbes' Missfallen an der Stellung des Verrats innerhalb des Rechts (*statute*) zu systematisieren. Dabei versuche ich sie in Übereinstimmung mit dem Schluss des Paragraphen 14 („Von Gesetzen und Verstößen") des 1641 auf Lateinisch erschienenen Buches *De Cive* (Der Bürger) zu bringen und lege nahe, dass vor allen anderen vielleicht Hobbes selbst es ist, der für den spezifischen Ort, den die Figur des Verrats in der Demokratie einnehmen sollte, verantwortlich zeichnet.

Wir begegnen den berühmten Satzungen römischer Juristen innerhalb der Begründungen von Statuten oder Dekreten, die den Verrat betreffen – eine Tatsache, die Hobbes bei Edward Coke liest. Hobbes' eigener Beitrag beschränkt sich auf eine Art von Entmystifikation des Gesetzestextes und Aufdeckung solcher Rechtselemente, die ihm vorausgehen und ihm nicht zugehören. Wie ein gewisser Autor und ein Mitglied der Familie der Julier einige Jahre vor dem ersten nachchristlichen Jahrhundert versucht, gemeinschaftlichen Ehe- und Familienproblemen in Scheidungsregeln allgemeine Gültigkeit zu verschaffen, diese dann auf Ehebruch bezieht und das so genannte *Ad Legem Iuliam Maiestatis* (die *Lex Iulia* des Verrats) verfasst – den Verrat in Rom betreffende Gesetze, die sowohl während der republikanischen wie der kaiserlichen Ära als unhintergehbar galten –, so dekonstruiert Hobbes „Normen" und stellte sie in die Natur- und Gewohnheitsrechte zurück. Die Gesetze und Regeln, die den so genannten Julia-Gesetzen des Verrats unterstehen, beinhalten auf unterschiedliche Art und Weise mehrere von Hobbes verwendete Schlüsselargumente, nicht-rechtliche und solche, die dem öffentlichen Recht vorhergehen:

– Zuerst die Sicherheit (Ulpianus' Definition 4.4.1 lautet: „Das Verbrechen des Verrats ist ein solches, das gegen das römische Volk und ihre Sicherheit verübt wird" [*Maiestatis autem crimen illud est, quod aduersus populum Romanum uel aduersus securitatem eius committitur*]);

– zweitens ist der Verrat dem Sakrileg verwandt (*proximum sacrilegio crimen*) (wieder Ulpianus);

– drittens ist der Verrat ein In-Erscheinung-Treten (Amtsanmaßung; Marcianus 4.4.3 weist darauf hin, dass entsprechend der Lex Iulia ein Verräter auch derjenige gemeine Bürger (*privates*) ist, der wissentlich und arglistig als Richter auftritt (*magistrate*), so, als ob er solche Autorität besäße);[11]

– viertens, *maiestas maiestas*; „Verrat" steht auf gleicher Stufe mit „Souveränität", oder Verrat (*maiestas*) und Souveränität (*maiestas*) sind untrennbar miteinander verwoben; die Quelle von Verrat findet sich in Souveränität und umgekehrt.[12]

---

[11] *The Digest of Justinian*, ed. T. Mommsen, Philadelphia, 1985, vol. IV, S. 802–805. Zur Institution des falschen Agenten oder falschen Anwalts (*falsus procurator*) s. G. Le Bras, *L'évolution générale du procurateur en droit privé romain des origines au IIIe siècle*, Paris, 1922, S. 88; Siro Solazzi, „Procuratori senza mandato" [1923], in: *Scritti di Diritto Romano*, Napoli 1972, S. 569.

[12] *Maiestas* ist ein Substantiv, dessen Ursprünge auf einem Vergleich basieren. Dieses Wort bezeichnet ein Verhältnis, das in einem Vorrecht gründet, z. B. die *maiestas* eines Vaters im Verhältnis zu seinem Kind, des Ehemanns im Verhältnis zu seiner Frau, die *maiestas* von Rom (*maiestas Populi Romani*) im Verhältnis zu besiegten Nationen. Die Abweichungen in diesem Vergleich verursachten Verwirrung. Der Ausdruck *crimen maiestatis* lässt an Verrat denken (ersetzt aber nicht das griechische Wort *prodosía* [*proditor* auf Lateinisch], eher das Wort *adébeia*, und in der by-

Der letzte Punkt ist bemerkenswert; er bleibt in der Geschichte der Interpretation des Verrats völlig verdeckt, da er auf den ersten Blick trivial ist. Denn Verrat setzt voraus, dass es eine Ordnung gibt, die verneint wird (Hobbes ist für uns von Bedeutung, da er die Institution der Souveränität topologisch bestimmt – auf das, was verneint wird, trifft man stets im Rücken, bei der Nachhut). Wenn ich etwas verneine, so vernichte ich die Ordnung oder die Folge, doch gleichzeitig bestätige ich diese Ordnung. Begehe ich einen Verrat, d. h. verschiebe ich (*tradere*) etwas von einem Ort zu einem anderen, so bestätige ich den früheren oder ursprünglichen Ort. Für Hobbes (und da steht er nicht allein) liegt die notwendige Bedingung dafür, einen Ort einzunehmen und ihn zu halten – so jedoch, dass diese Verlagerung nicht einen völligen Bruch darstellt –, auch im Wort *t-reason* (-vernunft) selbst. Daher ist *Vernunft* eine absolute Bedingung. Sie ist notwendig, um das Ausmaß der und die Verfügungsgewalt über die Information zu kalkulieren, die an das ursprüngliche Informationssystem (das wir ohne jede Zweideutigkeit als Identität oder, wie Hobbes, als Person bezeichnen können) „distribuiert" (für es bereitgestellt – *provided*)[13] werden kann, damit dieses weiterhin funktioniert.

Vielleicht könnte auch ein anderes Beispiel akzeptabel sein: eine Situation, in der der Staat, als eine Art Informationssystem, Manifestationen, Rituale des Austauschs und der Übermittlung von Information, feierliche Bezeugung und Repräsentation (*representation*) – Reden und Handlungen in seinem Namen – erfordert. Dies führt zu der Annahme – gerade so, wie C. E. Shannon dies in der Kybernetik tat –, dass Information „aus-" und „eintritt", dass es zu einem *feedback* kommt und dass Information mit Sicherheit irgendwo „durchsickert". Das, was übermittelt, verkündet, verbreitet wird, aber auch was „durchsickert", bestätigt ungeniert die Identität eines Systems. Doch was genau beinhaltet diese deplatzierte Metonymie „Information, die durchsickert"?

All diese möglichen Phantasien, Analogien und Assoziationen, welche die Zersetzung eines Staates oder die Instabilität in ihm betreffen, sind stets zwischen *maiestas* und *maiestas*, zwischen Verrat und Souveränität, anzutreffen und wiederholen Hobbes' Matrix und sein Unterfangen:

Die Vernunft oder der Zentralcomputer oder das Gehirn oder die Staatsräson (*Raison d'Etat*) finden sich im Haupt des Souveräns; ebenso im Kabinett der Staatssekretäre

---

zantinischen Zeit das Wort *katósiosis*); im späteren Verlauf der Geschichte wird das Substantiv *crimen* systematisch vermieden, nur *maiestatis* bleibt, das dann als Synekdoche verwendet wird. *Maiestatis* (der Genitiv von *maiestas*) ist in der Lex Iulia ein anderer Name für einen, der Verrat begeht (Hochverrat). Etymologisch gesehen stammt das Substantiv *maiestas* vom Verb *magnificare* (vergrößern) ab, entstanden aus *magnus* (groß) (genauer aus dem Komparativ *maior* [größer] im Gegensatz zu *minor* [kleiner]). Daher bezeichnet dieser Ausdruck einen in sich ungleichgewichtigen Vergleich, sofern ein Komponent die Position des größeren, der andere die des kleineren einnimmt. Dies repräsentiert das vergessene Fundament des „Prinzips der Souveränität" (ein französisches Wort, mit dem Jean Bodin auf seine Weise diese grundlegende Ungleichheit zwischen dem Größer und Kleiner bezeichnet). Folglich bezeichnet dasselbe Wort die Souveränität als eine Ungleichheit, bei der der Größere einen Vorteil besitzt, und den Verrat, als Störung der Ungleichheit und des Primats dessen, was als das Größere über dem Kleineren steht. – Siehe auch Richard A. Bauman, *The Crimen Maiestatis in the Roman Republic and Augustan Principate*, Johannesburg, 1967, S. 1–14.

[13] *Predat* (provide) ist ein russisches (altslawisches) Wort und bedeutet „verraten".

und im staatlichen Sicherheitsapparat, der das Haupt des Souveräns in der Tat dadurch beschützt, dass eine Kette an Instanzen sichergestellt wird, die in einer abwärts führenden (oder „mit dem Kopf voran" verlaufenden) Linie stehen und beim allerletzten (oder ersten oder neuen), jüngst geborenenen Bürger enden.

Entlang der Linie, beginnend mit dem Haupt und Körper desjenigen, der all dem vorsitzt (oder vorsteht) und präsidiert, wird mit jeder neuen Geburt ein neuer Untertan hinzugefügt,[14] der unmittelbar und an erster Stelle von seinen Eltern oder Hausverwaltern (oder Bevollmächtigten) behütet wird (an diesem Punkt tritt die *procuratio* auf, eine weitere rechtliche Schlüsselinstanz, deren sich Hobbes bedient und die zur *repraesentatio* komplementär sein könnte), und zwar gerade dank des Schutzes, den der Präsident oder Souverän gewährt. Auf diese Weise fungiert die Ordnung autoritativer Ermächtigung als ständiger Ersatz für Schutz und Sicherheit. Daher verkörpert, verglichen mit Hobbes' berühmter Vision des Souveräns – in Gestalt des Leviathans auf dem Kupferstich zum Buch (eines Giganten, der über der Stadt auftaucht und dessen Körper aus allen ihren Bürgern sich zusammensetzt)[15] –, jeder gemeinsam mit allen anderen eine Stärke, die als diese gemeinschaftliche Kraft das Ganze vor jeglichem Individuellen schützt; mehr noch, die Gemeinschaft verfolgt Ambitionen, die aufwärts vom Boden in den Himmel führen, wobei zugleich der Verlauf der Macht (Autorität) vom Himmel herab zur Erde durchgespielt wird. Vereinfacht gesagt, wird Macht durch Personen (durch Re-präsentationen) übertragen, von denen eine aus der anderen „entspringt" und im Namen der anderen handelt und spricht. Jedem in dieser Kette kommt Autorität zu, jeder ist geschützt und bietet Schutz. Akzeptiert man, dass die erste Fassung der Souveränität – bei der Furcht alle Untertanen zu dem gemeinschaftlichen Körper des Leviathan vereinigt – eine Art augenscheinliche Gleichheit ist (im Angesicht von Zwang und Gesetz gleichermaßen), dann akzeptieren wir auch, dass ihre zweite Gestalt pyramidenförmig und hierarchisch und damit kippbar und instabil ist.

Wenn wir uns nun diese Abfolge vorstellen, diese ganze Folge von Fürsprechertum und Aufsicht, eine Folge, die vom Gipfelpunkt, dem Haupt, über Minister, Richter, Väter, den ganzen Weg hinunter zum Schoß der Mutter[16] führt (die ungesicherte Position der Mutter sollte die Bande in der Verantwortung zum Gehorsam und der Ermächti-

---

[14] „A multitude of men, are made *One* Person, when they are by one man, or one Person, Represented; so that it be done with the consent of every one of that Multitude in particular. For it is the *Unity* of the Represented, not the *Unity* of the *Represented*, that maketh the Person One. And it is the Representer that beareth the Person, and but one Person [...]. This done, the Multitude so united in one Person, is called *Commonwealth*, in latine *Civitas*. This is the Generation of that great Leviathan [...]" (T. Hobbes, *Leviathan*, ed. R. Tuck, Cambridge 1996, S. 114, 120).

[15] In seinem Buch *Thomas Hobbes Der Leviathan. Das Urbild des Modernen Staates und seine Gegenbilder – 1651–2001* (Berlin 2003) analysiert Horst Bredekamp eine Vielzahl unterschiedlicher Ausgaben und visueller Präsentationen des Leviathans. Obgleich es einige Ausnahmen gibt, zeigen die weitaus meisten Illustrationen die Gestalten der Bürger, wie sie den Körper des Monstrums bilden, wobei sie uns ihre Rücken zukehren und den Souverän anblicken. Das Antlitz des Souveräns (sein ganzes Haupt, mit langem Haar) wird in keinem dieser Fälle von den Gestalten seiner Untertanen gebildet, und stets blickt es den Leser an.

[16] In Kap. XX des *Leviathan*, „Of Dominion Paternall, and Despoticall", schreibt Hobbes: „Domination is acquired two wayes; By Generation, and by Conquest. The right of Dominion by Generation, is that, which the Parent hath over his Children; and is called Paternall. And it is

gung, dass jemand um des Schutzes willen etwas im Namen eines anderen tut, lösen) und wenn wir unsere Aufmerksamkeit auf das berühmte Kapitel 16 von Hobbes' *Leviathan* richten, dann sehen wir, dass Hobbes' Vision des Souveräns die Figur des Verräters (oder den verborgenen Geist des Verrats) voraussetzt. Sowohl das Wort „Vision" (da der Souverän oder sterbliche Gott sich selbst zeigen und repräsentieren kann) wie auch das Word „Figur" (da der Philosoph einen kleinen ständigen Zweifel, der im Fundament der Repräsentation und auf jeder Stufe der Übertragung der Macht[17] besteht, verallgemeinert oder universalisiert) sind Belege für Hobbes' Distanz zum römischen Erbe und seiner Rechtstradition. Auf der anderen Seite reformuliert Hobbes mehrere elementare christliche Prinzipien, die ihm häufig Probleme verursachen; dies dürfte jedoch von zweitrangiger Bedeutung sein. Es scheint, dass diese Reformulierungen das Ergebnis von Hobbes' Nachlässigkeit und der Strenge seiner Gegner und in keiner Weise Teil des Projekts sind, das man als Säkularisation bezeichnet. Hobbes' Einführung der Institution des Repräsentanten und der Repräsentation, ein Moment von wahrhaft epochaler

---

not so derived from Generation, as if therefore the Parent had Dominion over his Child because he begat him; but from the Childs Consent, either expresse, or by other sufficient arguments declared [...]. He that hath the Dominion over the Child, hath Dominion also over the Children of the Child; and over their Childrens Children. For he that hath Dominion over the person of man, hath Dominion over all that is his; without which, Dominion were but a Title, without the effect." (Ed. R. Tuck, S. 139–141) Diese schließlich in einem Höchstmaß verhaltene und raffinierte Version von einem absoluten Vorrang des männlichen Geschlechts gegenüber dem weiblichen besitzt zwei grobere Vorgängerversionen in Schriften, die mehrere Jahre davor veröffentlicht wurden. In seinem Buch *De Corpore* (die erste Auflage erschien 1640) macht sich Hobbes daran, das Recht (den Rechtstitel) der Mutter (denn das Kind ist bis zu seiner Entbindung [*till the time of separation*] ein Teil ihres Körpers) von dem Moment an herauszuheben, da der Vater oder ein anderer Mann (*father or any other man*) dieses Recht von ihr übernimmt (*pretendeth by the mother*). In Kap. 9 von *De Cive* (1651) (*The English Works of Thomas Hobbes*, vol. II, S. 166), überschrieben mit „Of the Right of Parents over their Children, and of Hereditary Government", besitzt eine Frau oder Mutter einen in der Natur (im Naturzustand) gründenden Vorteil bei der Betreuung der Kinder, basierend auf dem so genannten Naturrecht, „wherefore (original) the dominion over the infant belongs to him who first hath him in his power" (ebd., S. 114 f.). Die Mutter besitzt auf der Grundlage ihres eigenen Willens (was bedeutet, dass sie sich niemandem gegenüber rechtfertigen muss) das erste Recht zur Erziehung des Kindes. „If therefore she breed him, because the state of nature is the state of war, she is supposed to bring him up on this condition; that being grown to full age he become not her enemy; which is, that he obey her. [...] But each man is an enemy to that other, whom he neither obeys nor commands" (ebd., S. 116). Die Stellung der Mutter ist sehr kompliziert: Sie ist Teil der Rangfolge (der Rechtsvorschrift, des Gesetzes) und zugleich ihr Ursprung (Natur kommt vor dem Recht), aber es scheint, dass die Folge der Herrschaft erst mit dem Mann als dem wahren Herrscher beginnt, der seinen Untertanen *de jure* Geburt verleiht. Darüber hinaus dringt die Mutter, wie aus diesem Beispiel des Feindes ersichtlich wird, von der Seite her in die Ordnung des Vaters ein (und bringt so eine Unausgewogenheit in die Rangfolge); sie „verrät die Rangfolge", indem sie in sie ein neues Element, ein neues Leben einfügt (*bios*, Biologie dringt in den *nomos* vor); gefolgt von der Mutter, die der erste Zeuge ist (denn das Kind ist Teil ihres Körpers), die Mutter wird zur Verräterin, da schon der jüngst geborene Teil von ihr ein Verräter (der Feind) ist, der von Anfang an weder gehorchen noch befehlen kann.

[17] „[...] all his pacts, and surrenders, and translations of power." Aus: „An Answer to a Book Published by Dr. Bramhall"; dieser Text wurde 1667/1668 verfasst, aber erst nach Hobbes' Tod 1682 publiziert (*The English Works of Thomas Hobbes*, vol. IV, S. 286).

Bedeutung, das unsere Wahrnehmung von Demokratie und unser Verständnis von Politik und Rechtssystem veränderte, ist auch Zeichen dafür, dass die römische Möglichkeit, mit dem Gesetz direkt, persönlich verbunden zu sein, für immer verloren ist.[18] Die Ursprünge der Repräsentation und der *procuratio* im römischen Recht gründen in erster Linie auf dem Rhythmus des zeitgenössischen Alltagslebens und seinen Veränderungen. Der sich zeitweise (und zwar zumeist um in den Krieg zu ziehen) sich von seinem Gut entfernende[19] Vater (*pater*) oder Herr muss gezwungenermaßen die Befugnis über seinen Besitz seinem Sohn, einem Diener oder Freund übertragen. Diese grundlegenden institutionellen Merkmale, die ziemlich spät festgelegt wurden, sind Bevollmächtigung und Vertrauen. Ein weiteres bedeutendes Moment ist, dass es hierbei für lange Zeit keine finanzielle Entschädigung für diese Art rechtlicher Handlung gab.

Die Abwesenheit des Vaters bleibt bei Hobbes latent, solange Reden und Handeln im Namen des Anderen dasjenige ist, was die institutionelle Maschine am Laufen hält. Der Ursprung der Repräsentation der Autorität findet sich im abwesenden Gott (Hobbes sagt, dass Moses nicht in seinem Namen spricht, der Sohn spricht im Namen des Vaters, die ersten Zeugen und Schüler sprechen im Namen des Sohns [auf diese Weise wird der Sohn zum Vater], der Diener handelt im Namen des Souveräns, Bürger im Namen des Gesetzes etc.).[20] Mit all den Vorbehalten, die gegenüber dem Wort endlos wiederholt werden müssen, ist Verrat eine Bedingung für diese Abfolge. Das System der Befugniserteilung und Bevollmächtigung lässt den Verrat unmöglich und endlos zugleich werden.[21] Bevor Hobbes all diese Sprachfguren, „im Namen von jemandem" oder „im Namen des Anderen", zur Gestalt und Figur eines Verräters zum Zweck der Unterhaltung seines Souveräns formt (ich will versuchen, am Ende diese Konstruktion zu erklären), würde ich gern in Form mehrerer Fragen einige Dilemmas und Aporien skizzieren, die sich auf den Ausdruck „im Namen von" (*in nomine, to ónoma*) beziehen.

---

[18] Das alte Römische Recht erlaubt keine Handlung, die von einer Person im Namen einer anderen ausgeführt wird, mit Ausnahme von Handlungen *pro populo*, *pro libertate* und *pro tutela*. In noch größerem Umfang begrenzt das Jüdische Recht strikt das Reden oder Handeln anstelle eines Anderen auf die Gegenwart eines Priesters oder Richters (oder Gottes). Siehe Deut. 19:17; Mak. 1:9; Sanhedrin, 21:8.

[19] *Absentis alicuius procurator praesens imago*. Sec. Papinianus. D. 21, 2, 66 3. Der Anwalt (*procurator*) ist das anwesende Bild von jemandem, der abwesend ist (*person*).

[20] M. Stolleis, „Im Namen des Gesetzes", in: H. Dreier (Hg.), *Rechts- und staatstheoretische Schlüsselbegriffe: Legitimität – Repräsentation – Freiheit*, Berlin, 2005, S. 35–40.

[21] Koloniale und rassistische Analogien beginnen während des 17. und 18. Jahrhunderts sich zu unterscheiden (und bleiben dann unterschieden) – an den Rändern der Reden und Taten, die im Namen des Anderen gehalten und ausgeführt werden. Der Ausdruck *être nègre*" (schwarz, ein Sklave zu sein) wird beispielsweise in der französischen Sprache häufig in seiner figurativen Form gebraucht und bezeichnet dann eine Person, die im Namen eines Anderen (zumeist im Namen eines Politikers oder eines bereits bekannten Autors, der dafür unterzeichnet) Bücher schreibt oder spricht. Ähnlich verhält es sich mit dem Wort „Judas" im Französischen oder Englischen. *Judas* oder *judas* (auf Englisch), ein Jude, oder *l'œil de judas* (das Auge des Juden) ist die Bezeichnung für eine kleine Öffnung an einer Tür (Guckloch). Verrat befindet sich stets auf der Schwelle, der Türstufe, vor dem Anderen (dem Ausländer), an einem Ort des Entdecktwerdens und der Furcht vor Entdeckung und freilich auch dort, wo es Vergnügen macht.

Gleichzeitig werden diese Fragen auch die Elemente anzeigen, die vermutlich Vorbedingungen für jeglichen Verrat darstellen:

Ist es möglich, Verrat an jemandes statt, zu jemandes Vorteil zu begehen, im Namen des und für den Anderen?[22] Spricht der Verräter in Wirklichkeit nur in seinem eigenen Namen und ohne Bevollmächtigung? An wem oder woran begeht er aber seinen Verrat, wenn keiner ihn dazu ermächtigt hat?

Sollte ein Repräsentant (*president*) das tun, wozu er ermächtigt wurde, oder das, von dem er meint, dass es das Beste für den sei, der ihn bevollmächtigt hat? Falls er das tut, wozu er ermächtigt ist, oder falls er denjenigen repräsentiert, der ihn bevollmächtigt hat, hört er dann auf, ein Repräsentant zu sein?[23]

Ist es möglich, sich selbst zu ermächtigen und dann Verrat gegen sich selbst zu begehen? Bezeichnet Verrat das Ende eines Konflikts zwischen mehreren Bevollmächtigungen, mit dem Ergebnis, dass eine von ihnen begünstigt wird?

Wer bevollmächtigte Thomas Hobbes (*obedient servant*),[24] und in wessen Namen spricht und handelt er? Wie ist es möglich, über die Quelle höchster Herrschaft, über Geheimdienst und den Schutz des Souveräns zu sprechen, und wer bevollmächtigt mich, so zu sprechen? Wer ist mein Herr, wer beschützt mich, wer gab mir das Recht (die Ermächtigung, die Rechtmäßigkeit etc.), und in wessen Namen forsche ich aus,[25] was geheim und unbekannt bleiben muss?

Das eröffnende Paradox in dieser Ansammlung von Fragen und Dilemmas, insbesondere dort, wo es die Möglichkeit meint, „persönlich" und im eigenen Namen zu sprechen, könnte eine wirkliche Anregung für Verrat im Kontext von Hobbes' Theo-

---

[22] Warum ist es so, dass ich niemanden dazu autorisieren kann, Verrat an meiner Stelle zu üben, dass ich aber selbst nur dann Verrat begehen kann, wenn ich Autorität habe, d. h. den Anderen repräsentiere? Im Französischen und Englischen sind folgende Syntagmen möglich: *trahison par procuration / treason by proxy*.

[23] Eine auf diese Weise formulierte Frage weicht auf fast unmerkliche Weise von Hanna Pitkins „paradox of representation" ab („Commentary: the Paradox of Representation", in: R. Pennock [ed.], *Representation*, Reihe *Nomos X*, New York, 1968, S. 38–42). Im Kapitel „Delegation and Political Fetishism" seines Buches *Language et pouvoir symbolique* (Paris 1982, S. 259–279) spricht Pierre Bourdieu von zwei wichtigen Dilemmas, die durch die Einrichtung der Repräsentation verursacht werden: Wie ist es möglich, dass ein Mandatsträger Macht über die besitzt, die ihm diese Macht verliehen haben, und wie ist es möglich, dass ein solcher Bevollmächtigter, der von einer Mehrheit (einer Gruppe) ausersehen wurde, zugleich dieser Gruppe Form gibt? In seiner Studie *Repräsentation* (Berlin 1974) schreibt Hasso Hofmann über die schwierige Situation, die darin besteht, dass eine Mehrheit durch eine Person (eine Singularität) repräsentiert bzw. auf nur einen ihrer Teile zurückgeführt wird (ebd., S. 11). Mehr zum Paradox der Kontrolle von vielen durch den einen (Thomas von Aquin) siehe auch B. Accarino, *Rappresentanza*, Bologna, 1999, p. 48 etc., und Q. Skinner, „Hobbes and the Purely Artificial Person of the State", in: *The Journal of Political Philosophy* 7 (1999), S. 4–6.

[24] Von daher kommt es, dass Hobbes zu Beginn seiner Bücher und in den Widmungen an seine Auftraggeber selbst unterzeichnet.

[25] „Der Ursprung der obersten Gewalt ist für das Volk, das unter derselben steht, in praktischer Absicht *unerforschlich*: d. i. der Unterthan *soll* nicht über diesen Ursprung, als ein noch in Ansehung des ihr schuldigen Gehorsams zu bezweifelndes Recht (ius controversum), werkthätig *vernünfteln*" (Kant, *Die Metaphysik der Sitten*, S. 318).

rie der Repräsentation sein. Falls die repräsentative Kette (jedes Glied besteht aus einem Autor, der Autorisierung des nachfolgenden Akteurs und seiner Tat [die zugleich den künftigen Akteur autorisiert]) auf der fortlaufenden Zirkulation von Reden und Handlungen im Namen eines Anderen basiert („ich spreche für oder repräsentiere den Anderen"; „meine Rede ist die Rede des Anderen / von Anderen"; „deine Rede ist meine Rede" etc.), sollte angenommen werden, dass eine verräterische „Handlung" die Kette der Autorisierung unterbricht und außer Kraft setzt. Hobbes' Annahme, dass es eine Selbstrepräsentation und „Aktion" von einem selbst gibt, eröffnet die Möglichkeit, dass die Kette unterbrochen oder sogar stets unterbrochen werden kann (oder dass sie endlos gebrochen und wieder verknüpft werden kann). In einem weiteren Kontext scheint es, dass Hobbes – seine Bezugnahme auf Cicero verstärkt diese Vorstellung – den alten „verräterischen" Gedanken falscher Autorisierung oder falscher Repräsentation (*falsus procurator*) stillschweigend durch den völlig neuen, epochalen ersetzt, demzufolge es unmöglich ist, in einem repräsentativen Akt eine Person ausfindig zu machen, die, solange sie etwas oder jemanden repräsentiert, sich zugleich selbst repräsentiert.[26] Diese paradoxe Gleichzeitigkeit und Überlappung mehrerer Personen (oder Rollen) in einer einzigen Person geht jeglicher möglichen falschen Repräsentation voraus und bedingt sie. Ich kann nämlich im Namen von irgendjemanden repräsentieren oder sprechen, ungeachtet der Tatsache, dass ich nicht über die Autorisierung (oder das Mandat) des Autors verfüge. Eine Sache, die ich niemals tun kann – und eben dies bewirkt, daß Verrat stets eine persönliche Markierung erhält (mein Eigenes und stets mein Eigenes) –, besteht darin, dass ich dadurch, dass ich jemanden repräsentiere, der mich dazu ermächtigt hat (oder mir betrügerischerweise vorstelle, dass er mich ermächtigt hat), die Repräsentation unterbinde und mich selbst präsentiere. Verwende ich das Vermögen zur Repräsentation zu Zwecken der „Eigenwerbung", hintergehe ich den, den ich repräsentiere.[27] Von Hobbes' theologischer Matrix aus kann all dies noch viel schlimmer

---

[26] Der Gedanke einer Selbstrepräsentation wird im Werk bzw. Denken einiger Zeitgenossen von Hobbes, z. B. der Dichterin Mary Wroth, auf Selbstverrat zurückgeführt. Wir verraten uns selbst (Wroth verwendet das Wort *bewray* anstatt *betray*), wenn wir repräsentieren und uns selbst präsentieren. Der Elizabethanische Erzbischof Edwin Sandy sagt in einem Sprichwort von 1589: „A man's speech or gesture will bewray his inner thoughts."

[27] Hier sollten wir uns einen Moment Zeit nehmen, um mehrere voneinander zu unterscheidende Vorstellungen und Bedeutungsverästelungen von „Verrat" festzuhalten. Das Wort „Verrat" ist eine Theaterfigur, die die Nichtvollendung oder Nichterfüllung einer gewissen repräsentativen Aufgabe oder Verpflichtung wiedergibt. Freilich kann man als selbstverständlich erachten, dass ein Mandat eine bestimmte Art der Nähe von Autor und Akteur voraussetzt und zeitlich begrenzt ist (gerade so, wie der Akt des Verrats von der Zeit abhängt, indem er seine eigene Zeitlichkeit und Zeiteinteilung besitzt – Verrat kann nicht jederzeit oder mehrmals verübt werden etc.) und eine dritte Partei „bekräftigen" (überwachen oder bezeugen) kann, dass in der Tat Verrat vorliegt etc. Während ich daher den Anderen repräsentiere, verrate ich ihn, da ich, der ich mich selbst als Subjekt der Repräsentation bestimme, mich als Person nicht gänzlich außer Kraft setzen kann (so kennzeichnet Hobbes diesen Fall); indem ich mich selbst repräsentiere, verrate ich mich selbst, denn ich kann den Anderen, der mich ermächtigte, in seinem Namen zu agieren, und der der Träger der Repräsentation ist, nicht völlig ausschalten; indem ich mich selbst für den Anderen repräsentiere und zugleich für mich selbst, unterbreche ich die Kette der Autorisierung und die Übermittlung der Bevollmächtigung und verrate einen Dritten (das nächste Glied in der Folge der Repräsentanten).

aussehen: Ich verbrauche das „autorielle" Vermögen der ersten übergeordneten Autorisierung, die in jeder nachfolgenden steckt, und schwäche sie, da ich nie dazu komme, sie weiterzugeben (Gott ist der Autor *par excellence*; der einzige „natürliche Autor", der einzige, der autorisiert, der einzige, der niemanden repräsentiert, der reiner Selbstbeginn, reine Selbstpräsentation ist).

Ganz am Anfang von Kapitel 16 des *Leviathan* scheint es, dass die Grenze zwischen dem Autor und dem Akteur erkannt werden kann, d. h. dem, der ermächtigt ist, im Namen des Anderen aufzutreten und zu agieren, zwischen dem, der agiert und sich selbst präsentiert, und dem, der die „repräsentative Befähigung" besitzt, den Anderen zu autorisieren: „A Person, is he, whose words or actions are considered, either as his own, or as representing the words or actions of an other man, or of any other thing to whom they are attributed, whether Truly or by Fiction. When they are considered as his owne, than is he called a Naturall Person: And when they are considered as representing the words and actions of an other, then is he a Feigned or Artificial person."[28]

Dieses logische „either ... or" (*either as his own ... or of an other man ... or thing*), entweder der eine oder der andere (aber nicht beide zugleich), wird erstmals erschüttert durch das am Anfang stehende Wort *Person*,[29] mit dem Hobbes dieses unglaublich komplizierte Kapitel seines Buches eröffnet (im Gunde ist dies die Neuerung, die Hobbes in Bezug auf das ergänzende Fragment von Justinians Gesetzessammlung einführt, das diesem Abschnitt zugrunde liegt und in dem jemand, der an unserer Stelle agiert, nicht als Person bezeichnet wird),[30] und dieses Logische wird dann durch ein kurzes Zitat aus Ciceros Werk völlig zerschlagen (Hobbes zitiert und kommentiert es in mehreren Werken); dieses Zitat dient dazu, den Satz „... and he that acteth another, is said to beare his Person, or act in his name" zu erläutern, d. h. das Verb *to bear* zu klären. Hobbes fährt fort: „In which sense Cicero useth it [the word *bear*, P. B.], where he saies, *Unus*

---

[28] *Leviathan*, ed. R. Tuck, S. 111 f. Hobbes lässt die Wörter „feigned" and „artificial" in der Übertragung seines eigenen Texts ins Lateinische (1668) aus: „*Persona est is qui suo vel alieno nomine res agit: si suo, persona propria, sive naturalis est; si alieno, persona est ejus, cujus nomine agit, repraesentativa*" (*The Latin Works of Thomas Hobbes*, London 1841, vol. III, S. 123).

[29] Ich bin der Ansicht, dass Hobbes in diesem Fall mehr der christlichen Tradition schuldet als Ciceros Text und Handbüchern des Rechts. Der Hauptgrund dafür ist, dass das griechische Wort *prosopon* (Hobbes erwähnt es in diesem Kapitel in der Bedeutung einer Maske) als „Person" übersetzt werden kann, da es zu Zeiten der Kirchenväter häufig als Synonym für *ipostas* verwendet wurde. Zum Beispiel unterscheidet Gregor (*Ad Graecos*) nicht zwischen den Bedeutungen und Verwendungskontexten dieser beiden Wörter. Weitere Argumente für einen Mangel an Differenzierung beider Begriffe, zumindest in einer wichtigen Zeit menschlichen Denkens und Tuns, liefert Hobbes' eigene Prüfung der Bedeutung dieser Begriffe im Kontext der heiligen Dreieinigkeit, so in seinem Werk mit dem Titel „An Answer to a Book Published by Dr. Bramhall" (S. 308–311, 318, 400–403). – Siehe auch W. M. Thorburn, „What Is a Person?", in: *Mind* 103 (1917), S. 291–316; F. Lessay, „Le Vocabulaire de la Personne", in: Y. C. Zarka (ed.), *Hobbes et son vocabulaire*, Paris: Vrin, 1992, S. 155–186; S. Schlossmann, *Persona und Prosopon*, Kiel, Leipzig 1906, zum Verhältnis von *prosopon-ipostas* s. S. 79–83.

[30] Liber IV, Titulus X. *De his per quos agere possumus* (Über die, vermöge derer wir agieren können).

sustineo tres Personas; Mei, Adversarii, & Judicis, I beare three Persons; my own, my Adversaries, and the Judges."³¹

Das sagt Antonius. Cicero übermittelt seine Worte, Hobbes wiederholt sie und gibt sie aus dem Lateinischen wieder, während diese Formulierung dann verschiedene Übersetzer in verschiedenen Sprachen repräsentieren. Dies ist die Abfolge, eine Kette von Autorisierungen. Die Szene oder das Theater, von denen Hobbes spricht und was stets mit einem Hofstaat, einem Parlament, einer Liturgie oder einer Behörde verglichen werden kann, wird ergänzt durch jedes der folgenden Glieder in dieser Kette der Repräsentation. Um ein „Teil" zu sein und eine Ermächtigung oder ein Mandat von dieser Kette zu „empfangen" (keiner verlieh sie mir, keiner kann sie mir verleihen, denn ich kann nur ein solches Mandat mir verschaffen oder empfangen, das mir keiner gibt [*Ich kann meiner Natur nach nur ein Mandat übernehmen, das niemand mir gegeben hat*, Franz Kafka]), muss ich zuerst versuchen, das autorisierende Vermögen oder das autoritative Potential von Antonius' Bericht zu wiederholen. Ich (meine Person) muss Antonius personifizieren. Doch das genügt nicht, ein Mandat zu haben (zu „empfangen" oder „sich zu verschaffen", ohne jemanden zu haben, der es mir beschafft oder mir vorsingt) und „im Namen von" (in wessen Namen?)³² zu agieren. Mehr als das ist nötig. Um in diesem Fall Antonius und Antonius' Absicht zu übertragen, zu personifizieren, für mich den Repräsentanten und Anwalt Antonius zu personifizieren, ist es paradoxerweise nötig, all das zu personifizieren, was ihn in Zweifel zieht, was ihn verrät und vernichtet.

In meinem Fall, in diesem Text und in meiner Rede, für mich, um wahrhaft ein Teil einer Kette zu sein, die sich von Cicero und Hobbes zu bekannten und unbekannten

---

³¹ In seinem Buch über den Redner zitiert Cicero die Worte eines Anwalts mit Namen Antonius, der, während er seinen Klienten auf seine Verteidigung vorbereitet, zugleich sich selbst anschickt, diesen vor Gericht zu repräsentieren. „Ich meinerseits pflege dafür Sorge zu tragen, daß jeder selbst mich über seine Angelegenheiten belehre und kein Fremder zugegen sei, damit er sich umso freimütiger ausspreche, und die Sache des Gegners zu führen, damit er die seinige verteidige und alle seine Gedanken über seine Angelegenheit mitteile. Hat er mich nun wieder verlassen, so übernehme ich allein [kraft meiner eigenen Person] mit der größten Unparteilichkeit drei Rollen, meine eigene, die des Gegners und die des Richters." (Cicero, *De Oratore*, Zweites Buch, 102; in der Übersetzung von R. Kühner, *Vom Redner*, München o. J., S. 164 f.). – Siehe auch H. F. Pitkin, *The Concept of Representation*, Berkeley 1967, S. 24 f. David Runciman analysiert Ciceros unterschiedlichen Gebrauch des Worts „Person": *Pluralism and the Personality of the State*, Kap. „The Mask of Personality", Cambridge 1997, S. 225 f.

³² In wessen Namen spricht oder arbeitet der Philosoph oder die Institution der Philosophie? Spricht der Philosoph in seinem eigenen Namen; ist das Regime der Selbstpräsentation, Selbstrepräsentation und Selbstinauguration zwingend philosophisch? Kann der Philosoph repräsentieren, oder autorisiert er notwendigerweise? Personifiziert er Gott? Falls er im eigenen Namen spricht, verrät er dann sich selbst oder jemanden sonst? Ist philosophische Repräsentation falsch? Wie werden Wahrheit, Sein, das Ding an sich und die Sprache als solche repräsentiert? Was heißt es, im Namen der Vernunft, einem Universum oder einer Universität zu sprechen? Was bedeutet es, das Leben, die Gerechten, Energischen, die Sieger, die Exzellenten, Hobbes' Geisteskranke, Narren, Kinder zu repräsentieren? Spricht der Philosoph im Namen der Unwissenden, Narren, von Pufendorfs Schwachsinnigen, im Namen der Versehrten, Schwachen, Kranken, der Verschollenen, Älteren, jüngst Verschiedenen? Im Namen all derer, die hinterlistig sind? Vom repräsentativen Ton der Philosophen und der Philosophie will ich anderswo sprechen.

Interpreten erstreckt, für mich würde ich, um in Antonius' Namen zu sprechen, eine Rolle ähnlich der von Antonius zu spielen haben.

Antonius, der Anwalt ist (um seine Stellung besser zu erklären, fügt Hobbes mehrere verwandte Funktionen hinzu: *Repräsentant, Statthalter, Stellvertreter, Rechtsbevollmächtigter, Abgeordneter, Sachwalter, Akteur* [*Representer, Representative, Lieutenant, Vicar, Attorney, Deputy, Procurator, Actor*]),[33] führt drei ähnliche Operationen durch: Er spielt den Anderen, drückt ihn aus, personifiziert ihn (*personate*), führt ihn vor, repräsentiert ihn (*represent*); dann nimmt er seine Person auf sich (*beare his Person*; *sustinere*) und agiert schließlich in seinem Namen (*act in his name*). Um das zu sein, was er ist – Person und Advokat –, spricht Antonius einen von Cicero notierten Schlüsselsatz, einen Satz, der Hobbes entzückte, wobei er ihn jedoch nicht völlig kopierte und auch die Cicero-Quelle nicht richtig angab,[34] einen Satz, dessen Wortfolge Hobbes verändern musste, um ihn seinen verschiedenen Texten anzupassen: *Itaque cum ille discessit, tres personas unus sustineo summa animi aequitate, meam, adversarii, iudicis.*

Wie nach einer psychoanalytischen Sitzung, bei der der Patient ohne einen Zeugen anwesend war und ohne Vorbehalte und im aufrichtigen Bestreben, sich ungezwungen auszudrücken, sprach, erklärt Antonius zu Beginn, dass der Klient gegangen sei. Die Bedingung für künftige Repräsentation und künftigen Verrat ist die Abwesenheit desjenigen, in dessen Namen eine Aktion noch bevorsteht. Im zweiten Teil dieses Satzes, der beinahe nur ein letzter Rest und Nachhall der vergangenen Sitzung ist und den auf völlig gleiche Weise auszusprechen der Klient hätte in der Lage sein sollen (dies ist genau der Unterschied zwischen dem Repräsentanten und demjenigen, der repräsentiert wird: letzterer agiert und spricht durch den ersteren [*par procuration*]), bescheinigt Antonius, dass er selbst drei Rollen und drei Personen, die untereinander völlig gleichberechtigt sind, auf einmal ausfülle. Keiner von ihnen kommt mehr Bedeutung zu, alle sind gleichermaßen repräsentiert, und alle sind auf gleiche Weise im Spiel, da er, Antonius, keine einer anderen vorziehe. Und doch gibt es eine gehörige Portion Unausgewogenheit und eine *Contra*- (entgegengesetzte) Übertragung, die Cicero und Hobbes schonungslos zu verbergen suchen: 1. Cicero (Antonius) als ein *substance intelligent* (dies ist Hobbes' perfekte Übersetzung des Wortes *ipostas* von 1668) ist derjenige, der entscheidet,

---

[33] *Leviathan*, ed. R. Tuck, S. 112.
[34] In „An Answer to a Book Published by Dr. Bramhall" von 1668 zitiert Hobbes in der Schlusspassage, dort, wo Cicero erwähnt wird, eine inkorrekte Quelle („Letter to Atticus") und vergisst gänzlich seinen Zweifel hinsichtlich des Verbs *to bear* (das er mit dem Verb *to sustain* vertauscht): „Cicero, in an epistle to Atticus, saith thus: *Unus sustineo tres personas, mei, adversarii, et judicis*: that is, ‚I that am but one man, sustain three persons; mine own person, the person of my adversary, and the person of the judge'; Cicero was here the *substance intelligent* [Hervorhebung von P. B.], one man; and because he pleaded for himself, he calls himself his own person: and again, because he pleaded for his adversary, he says, he sustained the person of his adversary: and lastly, because he himself gave the sentence, he says, he sustained the person of the judge. In the same sense we use the word in English vulgarly, calling him that acteth by his own authority, his own person, and him that acteth by the authority of another, the person of that other. And thus we have the exact meaning of the word person" (*The English Works of Thomas Hobbes*, vol. IV, S. 310 f.).

der aufrechterhält, der diese (Un-)Gleichheiten zwischen den Personen, die repräsentiert werden könnten, trägt. 2. Ein Repräsentant (Anwalt) zu sein, ist gerade eine von zahlreichen möglichen Rollen (dies ist das Wort *meam* in Ciceros Satz); Antonius, der Repräsentant, entscheidet zum Beispiel dann, wenn Antonius' Person die Szene betritt (gewiss steht seine Rolle als Repräsentant infrage). 3. Es befinden sich so zumindest zwei Personen zur selben Zeit auf der Bühne, nicht zu unterschiedlichen Zeiten und nacheinander (wie Hobbes sich das vorstellt),[35] denn der *substance intelligent* kann nie sich selbst aufheben, d. h. sich repräsentieren.

Die Paradoxien der Repräsentation, das Geheimnis der Bevollmächtigung und des Verrats an der Autorisierung – auf allen Stufen, bei jedem Schritt, in allen Verbindungen einer Ordnung, wo es Berührung gibt, wo zwei Instanzen einander berühren und sich aneinander fügen – erfordern von Hobbes ein Vorgehen, das dem Recht und dem griechisch-römischen Erbe grundsätzlich zuwiderhandeln muss.

Um eine stabile Ordnung zu gewährleisten (Sicherheit setzt Hobbes zufolge das Recht fort),[36] ist es für den Souverän nötig, außerhalb des Gesetzes zu stehen, und so wird Hochverrat unmöglich. Umgekehrt ist Sicherheit an die absolute Präsenz des Souveräns geknüpft, bei jedem Rang und in jedem Gesetz, und so wird Hochverrat in jedem Verbrechen erkannt. Um diese großartige Erfindung des grandiosen und gigantischen Körpers eines Souveräns, des Beschützers von allem, zu ermöglichen, muss Hobbes einen großen Verbrecher oder großen Verräter (einen souveränen Superverräter) ersinnen. Präziser gesagt, um den schrecklichen Souverän, der sich über die Stadt emporschwingt, und die Hierarchie und Ungleichheit zwischen den Untertanen zu rechtfertigen (dies sind lediglich zwei von vielen möglichen Einwänden, die ein nach Gleichheit Strebender erheben könnte), muss Hobbes den Verräter fortschaffen und ihm einen Ort außerhalb von allen Gesetzen, d. h. außerhalb der Ordnung, zuweisen.

Wie ist das möglich? Was bedeutet es, eine alte Einrichtung aus einer Ordnung oder einem Recht oder Gesetz zu entfernen, eine Institution, die jahrhundertelang den Souverän beschützte, in erster Linie vor seiner Familie, seinen Ratgebern und Verbündeten?

Wenn die Größe eines Verbrechens übertrieben und aufgebauscht wird, ein Verbrechen sich ins Böse, zum Bösen selbst, in die Personifikation des Bösen, einen Übeltäter, in das Prinzip des Bösen wandelt (all dies sind kleine Schritte auf dem Weg zur Errichtung der Souveränität), erwächst große Gefahr, große Unsicherheit, Terror und damit auch die Existenznotwendigkeit eines großen Beschützers. Hobbes vollendet die Umwandlung des Verbrechens ins Böse dadurch, dass er den Verrat vom Recht in die Theologie überträgt.

---

[35] In Hobbes' Buch *De Homine*, 1658 auf Latein zwischen den beiden Version des *Leviathan* verfasst, macht der Autor, während er Cicero interpretiert, von der Analogie eines Schauspielers Gebrauch, der verschiedene Rollen spielen kann, aber nur zu unterschiedlichen Zeiten: „Ut ergo idem histrio potest diversas personas diversis temporibus induere, ita quilibet homo plures homines repraesentare potest" (*De Homine* [*The Latin Works of Thomas Hobbes*, vol. II], chapter XV, „De Homine Fictitio", S. 130).

[36] In *De Cive* (1651) ist Sicherheit das höchste Gebot (*the safety of the people is the supreme law*) (*The English Works of Thomas Hobbes*, vol. II, S. 166).

Auf diese Weise umfasst der Verräter alle Merkmale eines Atheisten. Hobbes merkt weiter an, dass der Atheist nicht einer ist, der das Gesetz bricht, vielmehr einer, der die Gesetze vernachlässigt.[37] „Not only the deeds, but even the minds of these men are against the laws. They, who sin only through infirmity, are good men even when they sin; but these, even when they do not sin, are wicked."

Für Hobbes beginnt das Problem mit dem Atheisten, d. h. dem Verräter, in dem Augenblick, in dem feststeht, dass es kein Gesetz gibt, auf dessen Grundlage ein solch vollkommen entsetzlicher Verbrecher bestraft werden kann. Hobbes glaubt, dass es das Beste wäre, wenn unmittelbar Gott ihn bestrafen würde. Denn solange er nicht den Gesetzen folgt („because he keeps not the laws" – „nicht die Gesetze einhält"), kann der Verräter nicht als ein Untertan, durch den Souverän, bestraft werden; ein Untertan, der sich weigert, die allgemeinen Regeln des Gehorsams anzuerkennen, weist in eins damit alle Gesetze zurück („at once renounce all the laws" – „entsagt sogleich allen Gesetzen") (dies ist das Hauptkennzeichen des Verräters); der Untertan erklärt, dass er nicht länger einem Mann oder einem Gemeinwesen, die durch eine höchste Macht bevollmächtigt wurden, gehorchen will (der Verräter macht ein Ende mit der Folge der Autorisierung, aber erst, nachdem er ihr zuvor gefolgt ist – auf diese Weise *wird* jemand zum Verräter –, dies jedoch richtet sich direkt gegen das Prinzip einer Gleichgültigkeit des Gesetzes *a priori*); der Untertan bekundet seinen Willen durch seine Taten, indem er gegenüber der Person des Souveräns oder demjenigen, der die Befehle des Souveräns befolgt, Gewalt übt; in Kriegszeiten wechselt der Untertan auf die Seite des Feindes. Auf dieser Grundlage kommt Hobbes zu folgendem Schluss: „... that rebels, traitors [*proditores*], and all others convicted of treason, are punished not by civil, but natural right; that is to say, not as civil subjects, but as enemies to the government [*ciuitatis hostes*]; not by the right of sovereignty and dominion [*iure imperi siue domini*], but by the right of war."[38]

Zwanzig Jahre später, in seiner „Antwort auf ein Buch, das Dr. Bramhall publiziert hat", spricht Hobbes nochmals darüber, worüber er schon in *De Cive* schrieb, wobei er dem Vorwurf der Häresie zu begegnen sucht, der nach der Veröffentlichung des *Leviathan* gegen ihn erhoben worden war. Jetzt sind seine Worte noch deutlicher und bemerkenswerter: „... an atheist is punished not as a subject is punished by his king, because he did not observe laws: but as an enemy, by an enemy, because he would not accept laws. [...] an atheist ought to be punished not as a just enemy, but as a disloyal traitor."[39]

Die Theorie der Bestrafung des Atheisten enthüllt schließlich den „Ort" des Verräters. Hobbes' Unzufriedenheit mit dem „Ort", den der Verräter im Gesetz einnimmt, endet mit der Feststellung derselben Resultate, wie sie im Text *A Dialogue between a Philosopher and a Student of the Common Laws of England* zu finden sind, mit dem wir unsere Untersuchung des Verrats begonnen haben und der unmittelbar nach „An Answer to a Book published by Dr. Bramhall" verfasst wurde. Ich will nur einige von Hobbes' Ausdrucksgesten wiedergeben, die den Verräter als Feind zeigen sollen und auf diese Weise den Philosophen zufrieden stellen: Hobbes ist der Ansicht, dass Vernunft

---

[37] Ebd., S. 197.
[38] Ebd., S. 201. Siehe auch T. Hobbes, *De Cive, the Latin Version* [1642], Oxford, 1983, S. 217.
[39] *The English Works of Thomas Hobbes*, vol. IV, S. 290 f.

ohne Zuhilfenahme von Normen und Gesetzen (*statute*) Verrat erkennen und bestimmen kann, da Verrat ein Verbrechen an sich ist (*malum in se*),⁴⁰ da er als ein *malum in se* alle Gesetze auf einmal vernichtet und das *salus populi* (*salus populi is suprema lex*) fraglich werden lässt – die Sicherheit von Volk und Herrscher (der zugleich Sicherheit garantieren soll) –, und daher ist es nicht nötig, die Meinung des Herrschers abzuwarten, ob im gegebenen Fall Verrat vorliegt oder nicht.⁴¹ Was folgt, ist, dass es möglich ist zu wissen, wer ein Verräter ist. Wenn jemand nicht zu den drei Gruppen gehört, die von der Vernunft keinen Gebrauch machen (Kinder, Narren und Geisteskranke⁴²), dann kann, abgesehen von jeglichen Gesetzen und Rechten, genau gewusst werden, wer der Verräter ist.

Hobbes (und nicht nur er, aber er, der Sohn des Vikars [*vicarius* oder *diakonos* bezeichnet einen Minister oder Repräsentanten] von Charlton und Westport, vor allen anderen) tilgt den gesetzlichen, hochstehenden Status, den der Verräter innerhalb des Gesetzes (als *perduellis*) genoss, und hebt so den Unterschied zwischen einem Verräter und einem ausländischen Feind (*hostis*) auf. Die Verzweigungen dieses Eingriffs, der die Stabilität der in der allmächtigen Herrschaft des Souveräns gefügten Ordnung zu seinem Erbe hat, sind wahrhaft zahllos:

Der Feind (derjenige, der „weder gehorcht noch befiehlt") findet sich innerhalb des Staates und nicht außerhalb. Hier besteht bereits ein Kriegszustand innerhalb des Staats, und schlimmer noch: Jeden Moment droht im Staat der Naturzustand, denn der Verräter ist nicht ein achtbarer, sondern ein verräterischer, ungerechter Feind; der Souverän ist nicht länger wirklich ein Beschützer, denn seine Taten gegen Teile seiner eigenen Souveränität sind solche eines Feindes gegen einen Feind; der Soverän kann den Verräter abseits von allen Gesetzen und Rechten strafen; Verrat ist auf allen Stufen der Herrschaft möglich, nicht nur an der Spitze; es gibt keinen kleinen Verrat, denn jedes solches Vorkommnis ist bedeutend.

Die wichtigste Konsequenz von Hobbes' Schritt, den Verräter in eine *Variable* zu rekonfigurieren, die häufig die Löcher einer Souveränität übertüncht (der Verräter verändert Nationalitäten, Rasse, wird zum Terroristen, ungerechten Feind, *homo sacer*, Piraten, Banditen etc.), scheint die sehr schwerfällige und nie vollständig durchdachte verräterische Idee *par excellence* zu sein, dazu fähig, die Grenzen der Souveränität zu übersteigen.⁴³ Ich meine die unaufhörliche Suche nach einem Schutz des Lebens, von dem Leibniz, Hobbes' größter Kritiker, mehr als zwanzig Jahre nach Hobbes' Tod

---

⁴⁰ „[…] *mala in se*, or wrong in themselves and those that are *mala prohibita* and wrong merely because they are punished by statute." (Anonymer Text mit dem Titel „The Distinction between Mala Prohibita and Mala in se in Criminal Law", in: *Columbia Law Review* 30 [1930], S. 74–86) – Für Schmitt ist Piraterie ein „Übel an sich" im absoluten Sinn, denn Pirat zu sein, bedeutet, „ein Feind der ganzen Menschheit" zu sein und Krieg „gegen die Menschheit" zu führen (C. Schmitt, *Das international-rechtliche Verbrechen des Angriffskrieges*, Berlin 1991, S. 50–54).

⁴¹ *The English Works of Thomas Hobbes*, vol. VI, S. 70–75.

⁴² „Likewise Children, Fooles, and Mad-men that have no use of Reason, may be personated by Guardians, or Curators; but can be no Authors (during that time) of any action done by them, longer then (when they shall recover the use of Reason) they shall judge the same reasonable" (*Leviathan*, S. 113).

⁴³ T. Nagel, „The Problem of Global Justice", in: *Philosophy & Public Affairs* 33 (2005), S. 113–147.

spricht,⁴⁴ und ebenso die unablässige Suche nach einem Vaterland, wofür einer der berühmtesten Verräter aller Zeiten, Sokrates' Günstling Alkibiades, steht.⁴⁵ In Alkibiades' berühmter Rede über seine Verbannung (das Wort „Verrat" fällt nicht) in Thukydides' *Geschichte des Peloponnesischen Kriegs*, die Hobbes 1628 übersetzt hatte, heißt es: „Vaterlandsliebe aber bewahre ich nicht in einer Zeit, da mir Unrecht widerfährt, sondern solange ich in Sicherheit meine Bürgerpflicht erfüllte. Nicht ein Vaterland, das noch das meine ist, glaube ich jetzt anzugreifen, vielmehr eines, das es nicht mehr ist, rückzugewinnen. Ein echter Vaterlandsfreund ist nicht, wer eine Heimat, hat er sie zu Unrecht verloren, nicht angreift, sondern wer auf jede Weise aus Sehnsucht sie wiederzuerlangen trachtet."⁴⁶

Es scheint, dass unterschiedliche Akte des ‚Verrats' am eigenen Vaterland nicht einfach nur eine Gesprächsordnung entwerfen, wie sie in Alkibiades' Rede anzutreffen ist – er rechtfertigt sich selbst, spricht im eigenen Namen, außerhalb seines Landes und ohne jegliche Verantwortung, es zu repräsentieren; vielmehr kommt es paradoxerweise ausschließlich durch diese Handlungen dazu, dass die Verwerfung des eigenen Vaterlands und der Verrat an ihm den wahren Mythos und die Fiktion der Souveränität enthüllen.

Übersetzt von Hans Rainer Sepp

---

⁴⁴ In seinem Brief an Falaisau, geschrieben in Hannover am 8. Juli 1705, gebraucht Leibniz zum ersten Mal den römischen (*les Latins*) Namen für einen Staat, *Republica*, und definiert ihn als eine Gesellschaft, deren Ziel kollektive Sicherheit ist (*la sureté commune*). „Denen, die besiegt sind, ist es erlaubt, ihren Feinden Treue zu schwören [*de prester serment de fidelité à l'ennemi*], dem Herrscher, der sie besiegte, da ihr früherer Herrscher nicht fähig war, ihre Sicherheit zu garantieren." (*Die Werke von Leibniz*, hg. v. O. Klopp, Hildesheim, 1990; Bd. IX, Brief Nr. 1969, S. 142 f.)

⁴⁵ Als einer der drei Kommandeure von Athen ergab er sich dem Feind Sparta. Dann zog er mit den Spartanern, die ihm nie vertrauten, gegen Athen ins Feld, um schließlich nach Athen zurückzukehren und dort von 411 bis 406 das Amt eines Generals zu bekleiden. Plutarch vermerkt in seinen *Lebensbeschreibungen*, dass, als Alkibiades aus Athen floh, ihn einer, der ihn erkannte, fragte: „Traust du deinem eigenen Vaterland nicht, Alkibiades?", worauf dieser antwortete: „Ich habe Vertrauen zu allem, doch wenn mein Leben auf dem Spiel steht, traue ich nicht einmal meiner Mutter" (Plutarch, *Lebensbeschreibungen*, Bd. IV, 22. 2).

⁴⁶ Thukydides, *Der Peloponnesische Krieg*, VI. Buch, 92.4; in der Übersetzung von H. Vretska, Stuttgart 1970, S. 350.

Hans Rainer Sepp

Widerstand

Zwischen pathischer Negation und negativer Aktion

1.

Gibt es so etwas wie eine ursprüngliche Erfahrung des Negativen – und wenn ja, worin besteht sie? Und wenn es sie gibt, wie prägt sie das, was man das ‚Negative' nennt? Lässt sich also, phänomenologisch gefragt, ein *Ursprung* des Negativen in einer bestimmten Erfahrung ausweisen? Die These, die im Folgenden entwickelt werden soll, besagt, dass solch ein Ursprung nicht im Bereich des Denkens und auch nicht im Feld der Wahrnehmung liegt. Eher mag es sich um eine Dimension handeln, die man traditionellerweise dem Gefühl zuspricht. Auf der Ebene des Gefühls geht es, früher noch als auf der Stufe von Missfallen versus Vorziehen, um solches, das man mit dem Begriff des *Abstoßenden* fassen könnte. Denn etwas muss mich abstoßen, und ich muss es als abstoßend empfinden, damit es mein Missfallen erregt. Solche Phänomene des Abstoßens analysierte schon Aurel Kolnai, als er seine Studien zum Ekel und zum Hass vorlegte. In seiner 1929 in Husserls Jahrbuch erschienenen Arbeit zum Ekel betonte er nicht nur das wichtige Moment der „Leibgebundenheit", sondern auch den „Antwortcharakter"; und er fügt hinzu, dass zwei so unterschiedliche Gefühle wie der „hochintentionale Hass" und „das kaum-intentionale Unbehagen" „relativ wenig antwortmäßig" seien, während Ekel und Angst „echte ‚Reaktionen'" darstellten.[1]

Das als abstoßend Erlebte würde demnach den Antwortcharakter der Abstoßung hervorrufen. Ist aber dies, das Zueinander des als abstoßend Erlebten und die Abstoßung, schon das ‚ursprüngliche' Phänomen? Weist es nicht vielmehr auf etwas noch Grundlegenderes, Davorliegendes zurück, nämlich auf das schlichte Erleben eines – um im Vokabular zu bleiben – *Abstoßes*, auf das leibliche Erfahren nämlich, an eine undurchlässige Grenze zu rühren, die abprallen lässt?

---

[1] A. Kolnai, *Ekel, Hochmut, Haß. Zur Phänomenologie feindlicher Gefühle*, mit einem Nachwort von A. Honneth, Frankfurt am Main 2007, S. 9. – Vgl. den Beitrag von Sandra Lehmann in diesem Band.

2.

Das, was abstoßen lässt, kann auch mit ‚Widerstand' umschrieben werden. Das deutsche Wort ‚Widerstand' kann bekanntlich in zwei unterschiedlichen Richtungen verwendet werden. Zum einen kann damit gemeint sein, dass etwas widersteht, ein Widerstand, der auf mich einwirkt, den ich erleidend erfahre; zum anderen kann dasselbe Wort den Umstand zum Ausdruck bringen, dass ich selbst widerstehe, Widerstand leiste. Die doppelte Bedeutung spricht nicht von zwei gänzlich Unterschiedenen, sondern verweist offensichtlich auf ein gestuftes Phänomen in dem Sinne, dass das Erleiden von Widerstand früher ist als meine widerständige Haltung. Ich muss – ganz allgemein formuliert – in einem Kontext existieren, der mich am eigenen Leibe erfahren lässt, was Widerstehen bedeutet, bevor ich selbst daran gehen kann, Widerstand zu leisten.

In der Tat weist diese Urerfahrung des Widerständigen auf einen ebenso schlichten wie in seiner Schlichtheit zumeist übersehenen Umstand hin: auf den Umstand nämlich, dass ich „mit beiden Beinen auf der Erde stehe", dass ich in meiner bloßen, nackten Existenz den Widerstand fühle, den mir der Erdboden unter meinen Füßen und die Luft um meinen Körper entgegensetzen. Erst viel später mag ich diesen Tatbestand reflektieren und beispielsweise sagen ‚auf der Erde unter dem Himmel'. Damit ich dies oder Ähnliches aussprechen kann, muss mein Leib schlicht berühren, in einer für sich vorsprachlichen, vorsinnhaften Erfahrung – auch wenn diese, sobald sie zu Bewusstsein kommt, schon in Kontexte der Sprache und des Sinns eingelagert ist.

Diese basale, vorsprachliche Erfahrung hat, wie man sogleich bemerken kann, (noch) nichts mit Gefühl oder Empfinden zu tun. Sie geht beidem vorher. Die ihr entsprechende Leiblichkeit bewirkt gleichwohl eine Art von Konditionierung; vor jeglicher zwischenmenschlicher und durch Sprache und Sinn vermittelten Konditionierung werde ich durch etwas, wofür schlichtweg der Begriff fehlt, ‚in Form gebracht' – einfach dadurch, dass mein Leib, und zwar unaufhebbar, an ‚etwas' stößt, das er nicht zu durchdringen vermag. Ist diese Unsagbarkeit, die gleichwohl eine massive Erfahrung darstellt, die Erfahrung von etwas Negativem?

‚Negativ' hätte hier die Bedeutung von einem pathischen Widerfahrnis auf niederster Stufe, wäre also nicht nur negativ in Bezug auf die Hemmung meiner Tendenz, sondern auch negativ bezüglich jeglichen Sinns von Aktivität; und als vor- und außersprachlich ist es negativ bezüglich der durch Sprache und Sinn zusammengehaltenen Bezüge. Ursprünglich wäre ich demnach un-frei im Sinne eines Nichtseins von Freiheit, einer Freiheit, die es hier (noch) nicht gibt. Ein solcher negativer Begriff von Freiheit, Abwesenheit von Freiheit, umrahmt schon meine Existenz: ihr Zur-Welt-Kommen wie auch ihr Aus-der-Welt-Gehen. Ich stoße nur an Geburt und Tod, indem mich Geburt ins Leben stößt und der Tod aus ihm befördert. Das einzige so genannte Positive scheint dann nur das In-der-Welt-sein zu sein. Es scheint aber ebenso der Fall zu sein, dass dieses ein recht spätes Produkt ist, dessen spätes Eintreffen sich mit jedem einzelnen Individuum wiederholt.

3.

Die Hauptströmungen der europäischen Philosophie haben das Phänomen des Widerstands lange Zeit ignoriert oder, wenn beachtet, dann einem bestimmten Kontext zugeordnet.[2] Dieser Kontext ist das voluntative Verhalten, und Widerstand meint dann die Blockierung eines Wollens. Freilich wird man unschwer leugnen können, dass in einer Unterbindung des Wollens Widerstände am Werk sind, fraglich aber ist, ob mit dem Rekurs auf solche Unterbindung das Phänomen des Widerstands in seinem Kern getroffen wird. Im Rückbezug des Widerstandserlebnisses auf die Begrenzung des Wollens liegt zudem eine bestimmte Tendenz zur Subjektivierung vor, die zwar notwendig, aber nicht hinreichend ist, um das Phänomen des Widerstands auszuloten.

In jüngster Zeit hat Michel Henry die „Anstrengung", die bereits von Maine de Biran behandelt wurde, in einen phänomenologischen Kontext gestellt.[3] Schon bei Maine de Biran ist die Formierung des Widerstands ganz auf die Subjektivität bezogen, wenn er betont, dass sich das Widerständige kontinuierlich meiner Anstrengung widersetzt. Mit Recht stellt Henry heraus, dass diese Formierung in einer Leiblichkeit vonstatten geht, die nicht – wie das der späte Husserl dachte – vorintentional sei, sondern die (noch) außerhalb jeglicher Intentionalität und Sinnesempfindung steht und umgekehrt erst den Rahmen dafür schafft, dass sich in einem „widerständigen Kontinuum" eine „erste Außenheit" und ein entsprechendes Intentionalsystem bilde: Im Widerstehen komme es zuerst zu einer Zäsur zwischen der immanenten Bewegung des Fleisches als absoluter Selbstgebung und dem „organischen Leib", der im Widerstehen seine Kraft erprobt. Zur Konstitution von Körperlichkeit komme es, wenn die widerstehende Leiblichkeit in ihrem kontinuierlichen Widerstehen zurückweicht und das widerständige Kontinuum die auf diese Weise sich abhebende Wirklichkeit der Körper über die Abhebung der zurückweichenden Leiblichkeit als des „eigenen dinglichen Körpers" definiert.[4] Wirklichkeit

---

[2] Max Scheler stellte die Problematik des Widerstands insofern in einen neuen Kontext, als er einerseits zwar, wie schon Maine de Biran vor ihm, den grundlegend voluntativen Charakter des Widerstandserlebnisses als das „spontane unwillkürliche *Leben unserer Triebnimpulse*" (*Späte Schriften* [*Gesammelte Werke*, Bd. 9], Bern, München 1976, S. 214 f.) beschrieb, zum anderen aber nicht vergaß zu betonen, dass sich im Widerstehen nicht nur mein triebhaftes Leben erprobe, sondern sich auch das melde, was mir widersteht und als solches mit der Konstitution einer ‚Außenwirklichkeit' nicht zusammenfällt; in diesem Sinn ist für Scheler die traditionelle Frage nach der Realität der Außenwelt, wie sie sich im Kontext des Widerstandsphänomens noch bei Dilthey findet, schon im Ansatz falsch gestellt, denn sie setzt voraus, dass der primäre Zugang zum ‚Realen' ein durch das Bewusstsein vermittelter und nicht vielmehr einem „*vor*gewußten und *vor*bewußten Erleben" (Scheler, „Erkenntnis und Arbeit.", in: *Gesammelte Werke*, Bd. 8, Bern, München ³1980, S. 373) geschuldeter sei, dessen triebhafte Struktur auch nicht allein durch eine Analyse ‚unterster', instinkthafter Schichten eines konstituierenden Bewusstseins aufzuklären ist, wie dies bei Husserl der Fall ist.

[3] Vgl. M. Henry, *Inkarnation. Eine Philosophie des Fleisches*, aus d. Frz. v. R. Kühn, Freiburg i. Br., München 2002 [*Incarnation. Une philosophie de la chair*, Paris 2000], bes. Kap. 28–31.

[4] „Das Fleisch wirkt ‚von außen' auf seinen eigenen dinglichen Körper innerhalb des Druckes ein, welchen es auf seinen eigenen organischen Leib ausübt […]. Was in mir durch mich, an der Grenze meiner Anstrengung als dinglicher, kontinuierlich widerständiger Körper berührt wird, ist folglich nur in der inneren Entfaltung der Vermögen meines Fleisches" (ebd., S. 253).

wird somit als (primär eigen-)körperliche und als diese als Ein-Druck der Leiblichkeit in ihr selbst bestimmt.

An dieser Deutung fällt ein Mehrfaches auf: Zum einen wird das Voluntative in einen außerintentionalen Bereich unterstiegen. Zum zweiten bleibt die Bindung an Konstitutionsprozesse des Subjektiven in Geltung: Es geht darum zu zeigen, wie Subjektivität die Bedingung der Möglichkeit von Weltbewusstsein in einer aufgrund einer leiblichen Erfahrung erzielten Ausbildung einer ersten Exteriorität bereitstellt. Das führt zu einem dritten Punkt: Denn dies bedeutet, dass diese Grundlegung selbst hier, wo die Bildung von Sinnzusammenhängen in einem Außersinnhaften grundgelegt wird, doch bereits im Hinblick auf die Konstitution sinnhafter Weltlichkeit erfolgt. Mit anderen Worten: Das Exteriore wird nur als auf Sinn hin und als im Kontext einer Subjektivität angelegt verstanden – wenngleich einer solchen, die, wie Rolf Kühn formuliert, „unabhängig von allen ontologischen, empirischen oder metaphysischen Betrachtungen zuallererst *sich selbst* erscheint".[5] Und viertens: Wird das Phänomen der Widerständigkeit im Kontext des Voluntativen verstanden – und sei es auf dieser untersten Stufe einer sich zunächst selbst erprobenden Leiblichkeit –, so ist Widerständigkeit von vornherein in dem von uns charakterisierten zweiten Sinn aufgefasst, als widerständige Haltung. Diese Haltung als Anstrengung setzt jedoch die pathische Erfahrung einer Widerständigkeit voraus, der gegenüber sie ihre Anstrengung erproben kann. Anders gesagt: Nicht erst das Zurückweichen des sich erprobenden Leibs konstituiert Wirklichkeit, sondern ‚Wirklichkeit' beginnt sich bereits dort zu formen, wo Leiblichkeit die rudimentäre pathische Erfahrung des Widerstands macht: ‚Wirklichkeit' manifestiert sich hier schlicht als das Harte, das Undurchdringliche, das mir unüberwindliche Grenzen setzt, das niemals in den Sinn hinaufgehoben werden kann, das nicht darin aufgeht, ein subjektbezogenes Kontinuum zu sein und das am allerwenigsten schon die Wirklichkeit von Körpern ist. Das Undurchdringliche ist damit aber nicht nur ein Befund meines Leiberlebens, sondern das Erleben eines solchen, das meine Leiblichkeit absolut übertrifft, ein rudimentär Fremdes, so rudimentär, dass es selbst zu keiner Zeit zu einem Exterioren wird, wenn Exteriorität schon auf Sinn bezogen ist. Zugleich wird dieses Erleben zum Ausgangspunkt für einen Prozess, in dem sich in der Tat Außenheit zu formen beginnt – eine Außenheit, deren Struktur jenes ursprünglich erlebte stumme ‚Exteriore' überdeckt.

4.

Die erste Konstitution des Exterioren erfolgt somit nicht reaktiv, über die Gegenwendung, ‚Anstrengung' meiner leiblich verfassten Subjektivität. Das Harte oder Unüberwindliche, an das mein Leib unausweichlich rührt, besitzt trotz ihrer Stummheit und Undurchdringlichkeit eine eigentümliche Mächtigkeit, eine Mächtigkeit, die mir auf Schritt und Tritt Einhalt gebietet, einen *Einhalt*, der eine widerständige Haltung herausfordert, indem er ihr vorausgeht. Die Erfahrung dieses Einhalts bezeichnet offen-

---

[5] R. Kühn, *Pierre Maine de Biran – Ichgefühl und Selbstapperzeption. Ein Vordenker konkreter Transzendentalität in der Phänomenologie* (Studien und Materialien zur Geschichte der Philosophie, Bd. 73), Hildesheim, Zürich, New York 2006, S. 9.

bar eine Urerfahrung, wenn man von einer solchen sprechen will, eine *Urerfahrung von Negativität*; in jedem Fall ist es eine Erfahrung, die jegliches Voluntative erst provoziert. Dann ist aber die ihrerseits nicht zu bewältigende Mächtigkeit dieses ebenso erfahrbaren wie nicht zu benennenden X, an das meine Leiblichkeit stets stößt, der ursprüngliche Anlass zur Bildung von Sinn, zur Auffaltung des Bildschirms der Welt. Bedeutet dies aber, dass Welt die negative Folge jener Erfahrung ist – ‚negativ' in dem Sinne, dass sie Produkt einer *re-actio* ist, eine Ausflucht, das Resultat eines Davon-Kommen-Wollens, welches sich in die Aufspannung einer imaginären Zeiträumlichkeit rettet? Welt – und nicht Wirklichkeit als der Kontakt mit dem, was meine Leiblichkeit nicht zu durchdringen vermag – wäre so das konstitutive Resultat eines Zurückweichens meiner Leiblichkeit, das als diese Reaktion freilich noch nicht im Zusammenhang willentlicher Aktivität stünde, wäre Surrogat dafür, dass jeglicher Versuch, das Undurchdringliche zu durchdringen, scheitert.

Blicken wir an dieser Stelle kurz auf den bisher zurückgelegten Weg. Wir unterschieden zwischen zwei Weisen einer negativen Erfahrung aufgrund von Widerständigkeit: zum einen die, wenn man so will, Urerfahrung des vor- und außersinnhaften Berührens einer Grenze. Dasjenige, was durch diese Grenze markiert wird, bleibt auf ewig stumm, wenn ich nicht aus ihm gleichsam einen Sinn herausziehe oder ihm einen solchen verleihe. ‚Tiefer' noch als diese Sinnverweigerung ist jedoch der schlichte Zudrang, der meine Leiblichkeit ‚in Mark und Bein' trifft. Gegen diese Mächtigkeit kann ich nichts ausrichten; ich kann – um nochmals nur die Extrema zu nennen – weder meiner Geburt zuvorkommen noch meinen Tod überholen. Ich kann nur zurück- und vorlaufen, und das nur dann, wenn ich mir die Laufbahn selbst bereitstelle, also Exteriorität als imaginäre bilde. Die imaginäre Exteriorität ist meine einzige Waffe gegen das *factum brutum*, die brutale Macht desjenigen ‚Exterioren', an das mein Leib stets rührt. Dies wäre also die zweite Weise, Negativität zu erleben: nur in einer Reaktion auf das pathische Erlebnis jener Mächtigkeit etwas zu schaffen – nämlich Welt. Diese Reaktion enthält nicht nur als solche ein negatives Moment, sondern produziert selbst ein Negativ: Welt als Hohlform – aber als eine Hohlform, die kein Positiv, kein Vor-Bild hat. In diesem Sinn ist das Negativ absolut, kein Derivat, keine Privation. Welt wird nur einge-*drückt* und eingedrückt gehalten durch das unausweichliche Erleben der Härte, in die leibliche Existenz gestellt ist.

5.

Ist also der Widerstand als mein Widerstehen nicht nur in einem allgemeinen Sinn eine Antwort auf den Widerstand, der an mich herangetragen wird, sondern in dem spezifischen Sinn, dass die Bildung von Welt die negative Antwort auf eine negative Erfahrung ist? In dieser Frage steckt auch der zentrale Gedanke, mit dem Nietzsche sein Philosophieren begann – auch dies eine Frage des Ursprungs, konkret: der *Geburt* der Tragödie: Nietzsche bemerkt, dass die Griechen sich nur dadurch zu retten vermochten, dass sie eine Mitte schufen,[6] Mythos bzw. Epos und dann Tragödie, d. h. *Welt* im Kontext von beidem. Unsere Frage würde übersetzt lauten: Ist das Apollinische als ein Negativ eine negative Antwort auf die Erfahrung des Negativen, genannt das Dionysische? Wir wissen auch, dass es Nietzsche letztlich auf die Grenze zwischen beidem ankam, auf das *Halten* dieser Grenze. Das aber heißt für unsere Fragestellung: Es kommt auf die Wahrung der Differenz der beiden Arten des Widerstands an: die Erfahrung des Undurchdringlichen, das mir widersteht, und meine ‚Antwort', mit der ich im Ausbilden von Welt widerstehe. Die Antwort auf den Einhalt, den meine Leiblichkeit im Kontakt mit dem Widerständigen erleidet, wäre demzufolge nie nur auf die Schaffung von Welt und das Einrichten in sie anzulegen, sondern darauf, den Schnittpunkt zwischen Weltbildung und dem permanenten Ausgesetztsein an das Undurchdringliche zu halten. Das Aushalten dieser Grenze geht verloren, wenn man sich zu sehr in Welt einrichtet, d. h. das Negativ in ein Positiv kehrt, *sich positioniert*, und vergisst, dass dieser Versuch, sich vor der stummen Härte des uns Widerstehenden zu retten, vom Negativen durchtränkt bleibt: eine Ausflucht ist, mit zudem durchaus zweifelhaften Mitteln, bei denen wir immer geneigt sind, die Produkte transzendentaler Imagination für ursprüngliche Wirklichkeit auszugeben.

Offenbar geschieht die Auffaltung von Welt in mannigfachen Formen, die sich jedoch einem Tableau einfügen, das durch zwei Pole abgesteckt ist und von bloßer Passivität, der unwillkürlichen Abstoßung, zur aktiven Reaktion, der willkürlichen Abwehr, reicht. Dabei kommt es offenbar in dem Maße zunehmend zu einer Intensivierung bei der Ausstrukturierung von Welt, als der zweite Pol als das Intentionale vom Bannen-Wollen zum Haben-Wollen zunehmend zum Inbegriff der Stoßrichtung eines sich ausgestaltenden Begehrens wird.[7] Das scheint zugleich der Hintergrund dafür zu sein, wie *Sozialität* sich realisiert.

Nicht nur von Stammeskulturen wissen wir, wie der Abwehrcharakter gemeinschaftsbildend und -stabilisierend ist, wenngleich in einer durchaus höchst labilen Form, was seine Herkunft als negatives Phänomen verrät. Strukturell betrachtet ist der Abwehr etwas Gewaltsames inhärent: sich die Welt untertan machen zu wollen. Es bildet sich hier nicht nur ein Gerichtetsein aus, sozusagen als Skelett der Weltauffaltung, ein magisches Begehren, das sich mit dem Pfeil seiner Intentionalität auf seine Objekte einschießt; es festigt sich damit derjenige, der sich auf solche Art ausrichtet. Dieser macht sich als *Ego* fest, als ein solches, das sich Welt als *seine* Welt untertan machen will. Es braucht als Ego das Alter ego, aber nur zum Zweck der Selbstbehauptung seiner Positionierung. Sich positionierend ist es in all den Ausprägungen, die Kulturen hervorgebracht haben, negativ im Sozialen. In dieser ‚natürlichen' Weltauffaltung wird das Ego zudem selbst zum Negativ, stellvertretend für die von ihm beanspruchte Welt, zum Negativ der an die Härte des Widerständigen ausgelieferten und diese mit der Stiftung von Welt negierenden Leiblichkeit. Und mehr: Indem das Ego in der Tendenz steht, alles mit sich

---

[6] Die „künstlerische *Mittelwelt* der Olympier" (F. Nietzsche, *Die Geburt der Tragödie aus dem Geiste der Musik* (*Werke*, Bd. I), hg. v. K. Schlechta, München [6]1969, S. 30.

[7] Vgl. E. Hutfless, „Begehren als Widerstand. Zur Phänomenologie des Begehrens im Kontext postmoderner Subjektkonzeptionen", in: M. Flatscher u. I. Laner (Hg.), *Neue Stimmen der Phänomenologie*, Bd. 1 (*libri virides*, Bd. 1.1), Nordhausen 2011, S. 233–242, sowie die Respondenz von G. Unterthurner, ebd., S. 243–245.

selbst in dem Sinne zu identifizieren, dass es stillschweigend glaubt, Welt werde nach dem Bilde geformt, das es selber ist, und dabei an seiner Egoität festhält, negiert es sich in seinem totalisierenden Ausgriff auch selbst. Denn es gibt sich an die Welt, die es selber zu sein meint, preis. Um den Schatten, der es in Wirklichkeit ist, zu kompensieren, rettet sich das Ego, sofern es keine anderen Mittel kennt, in eine Intensivierung seines Machtwillens. Spätestens hier hat das Ego den Widerstand in sich aufgenommen, indem es selbst als Widerständigkeit auftreten will. Es rettet sich vor der Mächtigkeit der Widerständigkeit, vor die sich leibliche Existenz gestellt sieht, daher nicht nur durch Aufspannung und Aneignung von Welt, sondern in eins damit durch eine Einverleibung dieser Widerständigkeit auf dem Boden von Welt. Die neue Qualität, mit der Existenz dem Undurchdringlichen antwortet, ist eine Widerständigkeit, die noch das Imaginative von Welt als Instrument ihres Widerstehens gebraucht. Das Ego, das sich an die Welt preisgegeben hat, indem es sich in diese, sie sich anverwandelnd, aufhob, usurpiert damit Widerständigkeit in dem Sinne, dass es Widerstehen zu einem machtvollen Sich-Durchsetzenwollen radikalisiert und mit ihm auch all das sich einverleiben will, was ihm Widerstand entgegenbringt.

Wie aber muss ein Widerstehen beschaffen sein, das noch dieser Form des Widerständigen widersteht? Es kann, um ein wirkliches Widerstehen zu sein, d. h. ein solches, das jene Form des Ego-Widerstands bricht, nicht ein ‚natürliches' Widerstehen sein; dieses vermöchte die Spirale der Ego-Widerstände nicht zu brechen. Es muss seinerseits eine Negation beinhalten, genauer gesagt, eine Negation eben jener Positionierung des Ego in der ganzen Komplexität ihrer Negativität. Es gibt eine Reihe solcher Möglichkeiten: etwa das Wu-Wei des chinesischen Daoismus, d. h. das Prinzip des Nicht-Handelns in Bezug auf eine Wendung gegen die Manifestation einer sich aus Kontexten exkludierenden Egoität – eine aktive Reaktion gegen die Usurpation der Widerständigkeit im Fall der egoistischen Macht. Das europäische Pendant hierzu sind die Anfänge der Philosophie, der Rückzug in den dafür neu geschaffenen Bereich der so genannten *theoría*, die als imaginatives Konstrukt freilich wieder in den Dienst eines Machtwillens treten konnte, dann auch die weiteren Wellen solchen Rückzugsgeschehens, wie sie sich in den Grundintentionen des Christentums und später der transzendentalen Version der Philosophie manifestierten. Das Gemeinsame solcher Rückzüge von einer Machtkultur der Einverleibung besteht darin, dass ihre Ab- und Rückwendung von einer umfassenden *Enttäuschung* bezüglich der Funktionswirklichkeit von Sozialstrukturen motiviert wird. Eine passive Möglichkeit des Rückzugs im Sinn einer schlichten (und letztlich nicht möglichen) Ausflucht beschreibt Sartre in den *Fliegen*, dort, wo zu Beginn Orests Haltung eines „lächelnden Skeptizismus" eine „Freiheit des Geistes" bewirkt hat, die „die Freiheit jener Fäden" ist, „die der Wind aus den Spinnennetzen reißt und die zehn Fuß über dem Boden schweben",[8] d. h. eine Existenz erprobt wird, die der Widerständigkeit der anderen Ego und Widerständigkeit überhaupt zu entkommen sucht. Auch alle Formen der gewollten, eigens inszenierten Elevation, der Hebung und der Aufhebungsversuche, der Schwebezustände und der Himmelfahrten etc. gehören im Prinzip zu Strategien des Rückzugs. Bedeutsam aber ist, dass sich alle diese Weisen als Versuche

---

[8] J.-P. Sartre, *Die Fliegen. Die schmutzigen Hände. Zwei Dramen*, Reinbek 1961, S. 16–18.

lesen lassen, als Reaktionen auf negative Weise zu Sozialformen Stellung zu beziehen, und gerade zu solchen, die im Ego-Muster in sich selbst negativ strukturiert sind.

6.

An diesem Punkt sind wir dort angelangt, wo es um Phänomene des gewollten und zu verantwortenden Widerstands in sozialen Kontexten geht. Diese Phänomene sind trotz ihres möglichen Aktivismus von negativer Art insofern, als sie auf ihre Anlässe, auf die sie reagieren, bezogen, ja von ihnen in einem bestimmten Sinn abhängig sind. Dabei darf nicht übersehen werden, dass diese Phänomene aus dem Tableau, das durch die Pole von Abwehr und reiner Passivität abgesteckt ist, gleichsam herausragen. Sie ragen im wahrsten Sinn durch ihre Elevationskraft heraus, und diese ist eine negative Kraft insofern, als sie nicht geradehin setzt, sondern Setzungen widersteht. Eben dies ist ein Akt der Freiheit, denn dieser Widerstand ist nicht systemimmanent motiviert, anders als im Fall des Ego-Verhaltens, das, solange seine Struktur besteht, sich nur so entwickeln kann, dass es sich, gefangen *in* seiner Spirale, immer tiefer schraubt.

Die genannte Freiheit ist aber, zumindest in ihrem Kern, ebenfalls eine negative, da sie nur löst, was gefangen ist. Dass sie negativ verfährt, weil sie das Negativum des Unfreien, des Zwangs zur Ego-Bildung, voraussetzt, lässt sie nicht zu einer positiven Kraft mutieren. Sie muss in dem Sinn negativ bleiben, und bleibt nur darin Freiheit, dass sie ihre Situation *hält*, *aushält*, d. h. nicht selbst einem Machtanspruch unterliegt. Ja, sie muss sich als Freiheit zudem nach beiden Richtungen stabilisieren, welche durch die Pole der reinen Passivität einerseits, der Abwehr andererseits gekennzeichnet sind. Anstatt den Ego-Stil des Weltlebens aufzuheben, hebt sie sich in dem Moment selbst auf, wo sie sich lediglich von einer Situation, die als unangenehm empfunden wird, distanziert, also der Tendenz zur Passivität etwa eines Ästhetizismus, der alles als bloßes Bild setzt, nachgibt; und sie hebt sich dort auf, wo sie der Tendenz zur Selbstbehauptung im Sinn der bloßen Abwehr erliegt.

7.

Das Problem ist also das *Halten*, die permanente Revolte. Sie markiert ein Grenz-Problem; denn hier gibt es kein zeit-räumlich gesichertes Terrain, alle Sicherungen als mit der Weltbildung gesetzte Garantien stehen selbst auf dem Spiel. Dieses Halten wäre so etwas wie eine praktische Epoché[9] als ein im gekennzeichneten Sinne negativer Umgang mit den Formen des Negativen. Husserls Epoché beispielsweise wäre dann eine Sonderform solcher Epoché. Die ‚höherstufige' Form seiner Epoché, ihre besondere Negativität, charakterisiert Husserl in seinem Kontext treffend damit, dass es dabei weder

---

[9] Vgl. vom Vf.: „Epoché vor Theorie", in: R. Kühn u, M. Staudigl (Hg.), *Epoché und Reduktion. Formen und Praxis der Reduktion in der Phänomenologie* (*Orbis Phaenomenologicus Perspektiven N. F.*, Bd. 3), Würzburg 2003, S. 199–211; „Urpraxis der Epoché", in: I. Copoeru, H. R. Sepp (Hg.), *Phenomenology 2005*, vol. IV: *Selected Essays from Northern Europe* (*Post Scriptum – O. P. O. Series*), Bucharest, 2007, S. 613–635.

um Negation noch Position gehe,[10] will heißen, dass mit dieser besonderen Form der Negation das logische System von Negation-Position als solches betroffen ist. Entsprechendes ist in der zen-buddhistischen Philosophie am Werk, wenn von einer Aufhebung der „diskriminierenden", unterscheidenden Weltsicht gesprochen wird.[11] Auch darf man nicht vergessen, dass bei Husserl die „Urstiftung" der Philosophie – die als solche die einzigartige Möglichkeit einer Wiederholung der Geburt, von Wiedergeburten vorzeichnet, eine Möglichkeit, die nun die Zwangsläufigkeit selbst der leiblichen Geburt negiert – offensichtlich aus einer negativen Erfahrung[12] resultiert: aus der Widerständigkeit anderer, als fremd erfahrener Welten, wobei diese Widerständigkeit die Frage nach dem diesen Welten zugrunde liegenden Gemeinsamen motivierte.

Bei all diesen Weisen des z. T. gestuften Umgangs mit dem Negativen wäre zu fragen – und könnte gefragt werden –, wie radikal dieser Umgang in Wirklichkeit ist, d. h. bis auf welche Arten des Widerstands er zurückbringt. Wenn die letzte – oder erste – Art diejenige Widerständigkeit ist, vor die wir als leibliche Existenzen von Geburt zu Tod unausweichlich gebracht sind, dann bedeutet der ihr entsprechende Umgang ein Aushalten ihrer Unaufhebbarkeit und damit die Weigerung, Zuflucht in magischen oder mythischen Systemen zu suchen – eine Zuflucht, welche das Motiv ihrer Suche längst vergessen hat. Das Halten wäre dann das Aushalten eines Ungleichgewichtigen und nicht das abstrakte Herstellenwollen von Gleichgewichten, was nur zu endlosen Versuchen, das Instabile zu stabilisieren, führt. Auch dass wir nicht nur in imaginativen Welten leben, sondern auf Schritt und Tritt mit dem Undurchdringlichen konfrontiert werden, bewirkt ein Ungleichgewicht, das durch keine sozialen Mechanismen auf Dauer austariert werden kann. Ist das Ungleichgewichtige aber unaufhebbar, markiert nur seine Anerkennung den Anfang einer Stabilität: dann, wenn nicht Ungleiches gleichgeschaltet, sondern eine fortgesetzte Konfrontation mit dem Differenten gegen die Utopien eines stabilen Gleichgewichts ins Werk gesetzt wird.

---

[10] E. Husserl, *Ideen zu einer reinen Phänomenologie und phänomenologischen Philosophie. Erstes Buch* (*Husserliana*, Bd. III, 1), hg. v. K. Schuhmann, Den Haag 1976, S. 63 f.
[11] T. Izutsu, *Philosophie des Zen-Buddhismus*, übers. von D. Rosenstein, Reinbek 1979 [Originalausgabe: *Toward a Philosophy of Zen Buddhism*, 1977]. Dazu vom Vf.: „Zen und Epoché", in: H. Hashi, W. Gabriel u. A. Haselbach (Hg.), *Zen und Tao. Beiträge zum asiatischen Denken*, Wien 2007, S. 51–66.
[12] In dem Kontext eines „Durchbrechens" der „Normalität" des „normalen praktischen Lebens" (E. Husserl, *Die Krisis der europäischen Wissenschaften und die transzendentale Phänomenologie. Ergänzungsband* (*Husserliana*, Bd. XXIX), hg. v. R. N. Smid, Dordrecht, Boston, London, S. 388.

Andreas Niederberger

Willkür

Von der Notwendigkeit und den Grenzen politischer Ordnung

1. Willkür und Freiheit. Zwischen Voraussetzung und Grenze

Ohne Willkür gibt es keine Freiheit. Diese Aussage gilt für die meisten Theorien personaler, sozialer oder politischer Freiheit als Explikation einer nicht-normativen Bedingung von Freiheit. Nur wenn Handelnde nicht durch (göttliche) Vorsehung, Neigungen oder sonstige Faktoren in ihrem Handeln determiniert sind, wenn es also ein Moment in ihnen gibt, in dem sie selbst ausschlaggebend dafür sind, dass und wie sie handeln, macht es Sinn, von Freiheit zu reden. Willkür ist also eine notwendige Bedingung für Freiheit, wenn sie nicht sogar die Freiheit selbst ist.[1] Differenzen zwischen unterschiedlichen Freiheitstheorien zeigen sich gewöhnlich erst darin, ob ihnen zufolge etwas Normatives oder Nicht-Normatives und wenn ja, was zur Willkür hinzugefügt werden muss, damit vollständig von Freiheit die Rede sein kann.

In einigen moralphilosophischen Ansätzen, wie etwa bei Kant, wird die Willkür auf diesem Weg zu einer Voraussetzung für die Moralität von Handlungen oder Handelnden (im Unterschied v.a. zu deren bloßer Rechtmäßigkeit). Von einer moralischen Leistung bzw. im Fall Kants von Autonomie[2] ist jenseits der Richtigkeit einer Handlung erst dann auszugehen, wenn Handelnde nicht ohnehin genötigt waren, so zu handeln, wie sie gehandelt haben. Aber auch in vielen Ansätzen der Sozialphilosophie und der politischen Philosophie wird der Willkür normative Bedeutung zugeschrieben – und zwar weniger in „positiver" Form, sondern v.a. dann, wenn die Ausübung von Zwang als in jedem Fall begründungsbedürftig erachtet wird.[3] Denn Zwang besteht genau dann, wenn je-

---

[1] Vgl. zu unterschiedlichen Konzeptionen von Freiheit und einigen ihrer Schwierigkeiten gerade mit Blick auf das Verhältnis von Freiheit und Willkür u.a. I. Carter, *A Measure of Freedom*, Oxford 1999.
[2] Vgl. dazu I. Kant, *Kritik der praktischen Vernunft*, Frankfurt am Main 1974, S. 144-145 (§ 8. Lehrsatz IV).
[3] Vgl. z.B. „We are committed at least to the general critical principle that the use of legal coercion by any society calls for justification as something *prima facie* objectionable to be tolerated only

mand bzw. eine Instanz in das Handeln einer Person so eingreift, dass diese nicht mehr selbst ausschlaggebend dafür ist, dass und wie sie handelt, ihr also keine Willkür mehr zugeschrieben werden kann.

Mit Willkür gibt es keine Freiheit. Diese Aussage gilt ebenfalls für einige Freiheitstheorien und sie bezieht sich auf die Bedingungen für die Freiheit einer ersten Person unter der Voraussetzung der Willkür einer zweiten Person. So bestimmt Kant in seiner *Rechtslehre* in der *Metaphysik der Sitten* Freiheit als „Unabhängigkeit von eines anderen nötigender Willkür",[4] also als dann bestehend, wenn andere ihre Willkür nicht dazu gebrauchen können, einer ersten Person Entscheidungen aufzuerlegen, sie also zu zwingen. Es könnte so klingen, als würde dies zu einem Paradox führen. Denn wenn meine Freiheit bzw. die Abwesenheit von Zwang nur dann möglich ist, wenn dem je anderen die Willkür genommen ist, dann gilt dies – wenigstens unter der Voraussetzung eines Interesses aller an Freiheit – auch für den anderen in seinem Verhältnis zu mir, so dass die Bedingung für meine Freiheit auch die Bedingung für meine Unfreiheit wäre.

Um diesen Widerspruch zu vermeiden, formuliert Kant als „allgemeines Prinzip des Rechts", dass „eine jede Handlung [...] *recht* [ist], die oder nach deren Maxime die Freiheit der Willkür eines jeden mit jedermanns Freiheit nach einem allgemeinen Gesetz zusammen bestehen kann".[5] Die Willkür als Bedingung für die je individuelle Freiheit soll also dort ihre Grenze finden, wo sie nicht mit der Willkür als einer Bedingung für die Freiheit eines jeden anderen vereinbar ist. Ob es ein „Recht" gibt, das in der Lage wäre, diese Grenzen zu bestimmen und zu etablieren, hängt entscheidend daran, wie die „nötigende Willkür" der je anderen bestimmt wird. Denn nur, wenn deren Willkür nicht grundsätzlich andere nötigt, kann es möglich sein, eine Struktur zu finden, in der die „nicht nötigenden Willküren" zu einer Koexistenz gebracht werden.

Kants Zurückweisung der „nötigenden Willkür" hat ihren Ursprung in der neuzeitlichen, v. a. von Quentin Skinner „neo-römisch" genannten republikanischen Tradition. Diese Tradition hebt sich von anderen bis heute prominenten Ansätzen in der politischen Philosophie und in der Sozialphilosophie darin ab, dass sie Personen nicht wesentlich über ihr Interesse an spezifischen Gütern und Optionen oder die besonderen Einstellungen anderer Personen ihnen gegenüber bestimmt. Für sie ist vielmehr das „objektive" oder politisch-strukturelle Verhältnis zentral, in dem Personen zu anderen Personen oder sonstigen für die Sozialverhältnisse relevanten Akteuren stehen.[6] *Egal welche Vor- oder*

---

for the sake of some countervailing good." H. L. A. Hart, *Law, Liberty, and Morality*, Stanford 1963, S. 20.

[4] „*Freiheit* (Unabhängigkeit von eines anderen nötigender Willkür), sofern sie mit jedes anderen Freiheit nach einem allgemeinen Gesetz zusammen bestehen kann, ist dieses einzige, ursprüngliche, jedem Menschen kraft seiner Menschheit, zustehende Recht." I. Kant, *Metaphysik der Sitten*, Frankfurt am Main 1977, S. 345.

[5] Kant, *Metaphysik*, S. 337 (Einleitung in die Rechtslehre, § C).

[6] „When the neo-roman theorists discuss the meaning of civil liberty, they generally make it clear that they are thinking of the concept in a strictly political sense. They are innocent of the modern notion of civil society as a moral space between rulers and ruled, and have little to say about the dimensions of freedom and oppression inherent in such institutions as the family or the labour market." Q. Skinner, *Liberty Before Liberalism*, Cambridge 1998, S. 17. Vgl. dazu auch die Darstellungen des früh-neuzeitlichen Republikanismus bei John G. A. Pocock, *The Machiavellian*

Nachteile das Wirken der anderen Personen und Akteure für eine erste Person hat, es ist in dieser Perspektive dann willkürlich und problematisch, wenn es im Vermögen der anderen Personen und Akteure bzw. Dritter steht, ohne Berücksichtigung der ersten Person über dieses Wirken zu verfügen. Dies führt dazu, dass es keine einfache „Behebung" der nötigenden Willkür etwa durch die Bestimmung der Leistungen und Optionen gibt, die in dem Verhältnis gewährleistet sein müssen. Denn jede „behebende" Instanz setzt sich selbst wieder in ein Verhältnis zu den ersten Personen und kann damit ebenfalls zum Ausdruck nötigender Willkür werden.

Im Folgenden wird zunächst erläutert, dass und warum Willkür ein soziales Phänomen im engeren Sinn ist und nicht mit qualitativen, wie etwa moralischen Bestimmungen von Ungerechtigkeiten, Unangemessenheiten oder fehlender Anerkennung gleichzusetzen ist (2.). Vor diesem Hintergrund werden im zweiten Schritt vier Varianten bzw. Bereiche von Willkür dargestellt und untersucht, die häufig als Lösung für vermeintliche Willkürprobleme angeführt werden, aber richtig verstanden gerade typische Fälle von Willkür sind (3.). Zuletzt wird bilanziert, welche Schwierigkeiten sich aus der Notwendigkeit ergeben, Willkür zu überwinden, und die Richtung angedeutet, in der ein republikanischer Ansatz zur (umfassenden) Bewältigung des Problems der nötigenden Willkür entwickelt werden muss (4.).

2. Willkür als soziales Problem

Umgangssprachlich wird oft von „willkürlichen" Entscheidungen oder ebensolchen Handlungen gesprochen, um damit ein fehlendes Passungsverhältnis zu beschreiben zwischen einer Entscheidung oder Handlung und dem Zweck, dem Ziel oder dem Bezugspunkt der Entscheidung bzw. Handlung. „Willkür" wird derart v.a. aus der Perspektive von Betroffenen von Entscheidungen oder Handlungen erfahren, die den Eindruck gewinnen, dass sie in ihrer singulären oder mit anderen vergleichbaren Situation nicht angemessen berücksichtigt werden oder dass der Entscheidende bzw. Handelnde grundsätzlicher Kriterien für seine Entscheidung oder Handlung gewählt hat, die für andere nicht nachvollziehbar sind. Typische Beispiele für solche Wahrnehmungen von „Willkür" sind Entscheidungen, an einzelnen Exempel zu statuieren (wie etwa das Festnehmen von zufällig ausgewählten Demonstranten) und es damit an gebotener Gleichbehandlung fehlen zu lassen, oder Situationen, in denen jemand mit einer gesetzlich vorgesehenen Strafe belegt wird, obwohl der Handelnde in diesem Fall gute und d. h. für andere nachvollziehbare oder entschuldigende Gründe hatte, gegen ein entsprechendes Gesetz zu verstoßen. Willkür besteht demzufolge dann, wenn der ausschlaggebende Faktor für eine Entscheidung oder eine Handlung in einem kontingenten Verhältnis zur Handlungssituation und denjenigen steht, die von der Entscheidung oder Handlung betroffen sind. Sie scheint dementsprechend nur

---

Moment. Florentine Political Thought and the Atlantic Republican Tradition, Princeton 1975. Für die systematische Untersuchung des neo-römischen Republikanismus ist weiterhin das Werk von Philip Pettit der Hauptreferenzpunkt, siehe u. a. P. Pettit, *Republicanism. A Theory of Freedom and Government*, Oxford 1997.

dadurch behebbar zu sein, dass Entscheidungen und Handlungen auf Begründungen und Rechtfertigungen zurückgeführt werden, die für alle, vor allem aber für die jeweils Betroffenen einsehbar sind, bzw. die jeweiligen Umstände oder Betroffenen in ihrer Besonderheit oder wenigstens das spezifische Verhältnis zwischen Entscheidendem oder Handelndem und „Objekt" seiner Entscheidung bzw. Handlung angemessen würdigen.

Die republikanische Literatur spätestens seit dem 16. Jahrhundert zeichnet demgegenüber ein soziales Verständnis von Willkür als zentrales Problem sozio-politischer Verhältnisse aus und wendet sich damit gegen eine Bestimmung der Willkür über Inadäquatheit. Dazu wird als paradigmatisches Beispiel für Willkür oder „nötigende Willkür" das Verhältnis eines Sklavenbesitzers zu seinem Sklaven eingeführt, d. h. ein Verhältnis, in dem eine Person der Macht einer anderen Person unterliegt. Dabei wird der Sklavenbesitzer nicht als despotisch oder grausam vorgestellt, wie er uns zumeist vor Augen steht, sondern vielmehr als wohlwollend oder sogar moralisch, wie ihn die römisch-stoischen Autoren, wie Cicero,[7] sich wünschten.[8] Vorbilder solcher Sklavenbesitzer finden sich etwa in den Komödien des römischen Dichters Plautus, z. B. in der Figur des Sklaven Tranio in der Komödie *Mostellaria*, der aufgrund der Gutwilligkeit und häufigen Abwesenheit seines Herren zu der Aussage kommt, dass er noch nie einem Zwang durch seinen Herren ausgesetzt war.[9] Es wird also – insbesondere vor dem Hintergrund des zunehmenden Selbstverständnisses von früh-neuzeitlichen Monarchen, aufgeklärt, rational und auf die Bedürfnisse ihrer Untertanen ausgerichtet den Staat zu lenken – die Person eines Sklavenbesitzers eingeführt, der mitfühlend, moralisch motiviert und reflektiert ist und auf dieser Grundlage seinem Sklaven alles erlaubt, was in dessen eigenem Interesse liegt, oder sogar selbst Leistungen erbringt, die die Interessen des Sklaven befördern. Und genau am Paradigma eines solchen Sklavenbesitzers wird argumentiert, dass er Ausdruck von Willkür sei und dass bei allen Vorteilen, die die Existenz als ein solcher Sklave haben könnte, etwa wenn bestimmte Güter oder Bedürfnisbefriedigungen nur denkbar sind, wenn es die Position eines Sklavenbesitzers gibt, *diese Art von Willkür das primäre soziale und politische Übel ist, das zu überwinden ist, bevor andere Ziele angestrebt werden können*. Grausamkeit und Despotismus werden also nicht aus der Bestimmung des Sklavenbesitzers herausgenommen, weil diese relativiert werden sollen, sondern weil der Sklave sich bereits allein aufgrund der Tatsache, dass er ein Sklave ist, in einem despotischen Machtverhältnis befindet.[10]

Die Willkür wird folglich rein in den jeweiligen Stellungen des Sklavenbesitzers und des Sklaven zueinander verortet, d. h. es wird *erstens* nicht unterstellt, dass dieselben

---

[7] Vgl. dazu v. a. die Briefe von Cicero an oder über seinen Sklaven Tiro, etwa in Marcus Tullius Cicero, *An seine Freunde*, Düsseldorf, Zürich 1997, z. B. S. 926 f. (fam. 16.22.1).

[8] Vgl. Pocock, *The Machiavellian Moment*, S. 126.

[9] Vgl. Titus Maccius Plautus, „Mostellaria/Die Geisterkomödie", in: ders., *Komödien. Band IV*, Darmstadt 2008, S. 133-232.

[10] Dementsprechend gibt es im Römischen Recht als basale Unterscheidung auch nur die zweiwertige Distinktion zwischen Freien und Sklaven: „Omnes homines aut liberi sunt aut servi" (Justinian, *Institutiones*, Lib. I, Tit. III). Ein Sklave ist nach dem Römischen Recht, wer in der Macht (*potestas*) eines Herren steht: „In potestate itaque dominorum sunt servi." (Justinian, *Institutiones*, Lib. I, Tit. VIII, 1) Vgl. zur Stellung der Sklaven im Römischen Recht insgesamt A. Watson, *Roman Slave Law*, Baltimore, London 1987.

Leistungen, die der Sklavenbesitzer seinem Sklaven gegenüber erbringt, auch anders realisierbar wären, so dass die Abwesenheit von Willkür am „Wohlergehen" (*well-being*) des ehemaligen Sklaven nichts ändern würde. Es ist vielmehr klar, dass die Überwindung dieser Willkür Konsequenzen haben kann, die für das Wohlergehen und die Beförderung der Interessen aller Beteiligten und d. h. auch des ehemaligen Sklaven von Nachteil sind. Dies ist vor dem Hintergrund der grundlegenden Alternativen zu betonen, wie sie sich gegenwärtig in der politischen Philosophie und in der Sozialphilosophie darbieten: auf der einen Seite (und d. h. in vielen Gerechtigkeitstheorien, in einigen dekonstruktivistischen oder post-phänomenologischen Referenzen auf Alterität oder in Verteidigungen der „Politisierung" etc.)[11] finden sich „ethische" Positionen, die vorschlagen, dass die Moralität, Richtigkeit oder Adäquatheit eines Verhältnisses zwischen Handelnden (bzw. die negativistische Einsicht in die Entzogenheit klarer moralischer Gebote bzw. der Bedürfnisse des Anderen) das ausschlaggebende Kriterium für die Legitimität oder Wünschbarkeit desselben ist, während auf der anderen Seite republikanisch inspirierte Ansätze stehen, die sich primär auf die Form des Verhältnisses konzentrieren – und dabei durchaus in Kauf nehmen, dass die Gewährleistung einer bestimmten Form auf Kosten der Richtigkeit oder Adäquatheit des Verhältnisses bzw. der Vorteile oder jeweiligen Interessen einzelner oder vieler bzw. sogar aller Betroffener gehen kann.[12]

Es wird zudem *zweitens* auch nicht vorausgesetzt, dass der Sklavenbesitzer dem Sklaven aktiv Schaden oder Nachteile zufügt. Für das Bestehen von Willkür reicht es aus, dass der Sklavenbesitzer den Sklaven „passiv" in eine Position bringt, in der er dem Willen und der Macht des Sklavenbesitzers ausgeliefert ist. In dieser Position ist der Sklave unfrei, selbst wenn er faktisch alles tun kann, was er tun würde, wenn er kein Sklave, sondern „selbständig" wäre. Denn die bloße Tatsache, dass er und sein Handeln grundsätzlich von den Entscheidungen und dem Willen des Sklavenbesitzers abhängen, führt dazu, dass alle seine Handlungen letztlich nicht seine Handlungen, sondern vom Sklavenbesitzer zugelassene Handlungen sind.

Der Sklavenbesitzer ist also Ausdruck von „nötigender Willkür", da der Sklave in all seinen Optionen, ja in seiner gesamten Existenz letztlich vom Willen des Sklavenbesitzers abhängt. Diese Willkür wird in keiner Weise dadurch vermindert, dass ein Sklavenbesitzer wohlwollend oder moralisch einsichtig ist bzw. Leistungen und Güter

---

[11] Vgl. zu dieser Deutung der Gerechtigkeitstheorie und poststrukturalistischer Theorien ausführlicher A. Niederberger, „Politisierung des Rechts oder Verrechtlichung und Demokratisierung der Politik? Zum Beitrag der Dekonstruktion zu einer Theorie von Demokratie und Recht in der Weltgesellschaft", in: A. Niederberger, M. Wolf (Hg.), *Dekonstruktion und Politik. Politische Theorie und Philosophie im Anschluss an Jacques Derrida*, Bielefeld 2007, S. 143-164 sowie ders., „Konstitutionalismus und Globale Gerechtigkeit in der Theorie Transnationaler Demokratie", in: R. Kreide, A. Niederberger (Hg.), *Transnationale Verrechtlichung. Nationale Demokratien im Kontext globaler Politik*, Frankfurt am Main, New York 2008, S. 183-206.

[12] So ist im Übrigen auch die von vielen Republikanern vorgebrachte Kritik am „arbitrary government" zu verstehen. Wenn z. B. die amerikanische Unabhängigkeitserklärung von 1776 dies der englischen Krone vorwirft, dann wird nicht primär eine inhaltliche Zurückweisung der Politik etwa in der Form einer Forderung „gerechterer" Gesetze artikuliert, sondern vielmehr – wie der Zusammenhang mit dem „free system of English laws" zeigt – das Verhältnis kritisiert, in das sich die Krone zu ihren Kolonien bzw. den Bewohnern der Kolonien gebracht hat.

erbringt, an denen der Sklave ein wesentliches Interesse hat. Die Willkür besteht im *Verhältnis* des Sklavenbesitzers zum Sklaven und nicht in der konkreten Ausgestaltung des Verhältnisses oder der fehlenden Begründung bzw. Begründbarkeit einer jeweiligen Ausgestaltung. Der Sklavenbesitzer ist dementsprechend auch dann ein Ausdruck von Willkür, wenn er z. B. ethisch motiviert den Sklaven in seiner Individualität oder Differenz und in seinen Bedürfnissen anerkennt, jede Handlung ihm gegenüber mit Gründen rechtfertigt, die auch der Sklave einsehen und akzeptieren kann, oder ihm einen Handlungsraum lässt, in dem er vermeintlich frei zu entscheiden und zu handeln vermag. Im Kern des paradigmatischen Beispiels des Sklavenbesitzers und seines Sklaven liegt das Herausstellen einer Person, die gegenüber einer anderen Person in einer Situation ist, in der sie sich in Entscheidungen und Handlungen der anderen Person, die ihre eigene Existenz grundlegend betreffen, nicht eigenständig zur Geltung zu bringen vermag.

Es ist zweifelsohne notwendig zu untersuchen, wie es überhaupt möglich sein kann, dass sich eine zweite Person eigenständig in der Handlungsentscheidung einer ersten Person oder gar einer Institution zur Geltung zu bringen vermag. Davor ist jedoch zu fragen, warum die Form des Verhältnisses unabhängig von dessen Ausgestaltung ein Problem darstellen sollte. Warum sollten nicht moralische Verhältnisse, „funktionierende Sittlichkeit" oder ein „Ethos der Anerkennung des anderen" hinreichen? Und warum sollte in der Spannung zwischen den Optionen der Gewährleistung bestimmter Güter oder Leistungen einerseits und einem gesicherten Status gegenüber einer anderen Person andererseits nicht die erste Option gewählt werden?

Eine erste Antwort auf diese Frage gibt die Sozialpsychologie, die herausstellt, dass Menschen andere Menschen nie bloß instrumentell wahrnehmen, sondern immer auch hinsichtlich ihrer Freiheit und Gleichheit.[13] Die zweite, häufigere und überzeugendere, da weniger von letztlich nur empirisch zu belegenden Annahmen zur Psychologie getragene Antwort wird von freiheitstheoretischen Ansätzen gegeben. Diese Ansätze setzen negativ an und halten zunächst fest, dass es viele Situationen gibt, in denen wir Bedürfnisse oder Ziele haben, die wir nicht erreichen können, und dass selbst, wenn wir darunter leiden, wir unsere Situation nicht als Freiheitseinschränkung erfahren. Als Freiheitseinschränkung werden solche Situationen erst dann wahrgenommen, wenn es prinzipiell eine Möglichkeit gäbe, die Situation so einzurichten, dass diejenigen, die ihre Bedürfnisse oder Ziele bislang nicht verfolgen können, dies tun könnten und andere es verhindern, dass es zu einer solchen Einrichtung der Situation kommt. Die Wahrnehmung von Freiheitseinschränkungen ist also intern an ein soziales Verständnis der Freiheit bzw. v.a. der Unfreiheit gebunden. Freiheit und Unfreiheit betreffen primär das

---

[13] Dies bringt Hans Kelsen zu Beginn seiner Schrift über die Demokratie gut zum Ausdruck: „Es ist die Natur selbst, die sich in der Forderung der *Freiheit* gegen die Gesellschaft aufbäumt. – Die Last fremden Willens, die soziale Ordnung auferlegt, wird um so drückender empfunden, je unmittelbarer im Menschen das primäre Gefühl des eigenen Wertes sich in der Ablehnung jedes Mehrwertes eines anderen äußert, je elementarer gerade dem Herrn, dem Befehlenden gegenüber das Erlebnis des zum Gehorsam Gezwungenen ist: Er ist ein Mensch wie ich, wir sind gleich! Wo ist also sein Recht, mich zu beherrschen? So stellt sich die durchaus negative und zutiefst innerst antiheroische Idee der *Gleichheit* in den Dienst der ebenso negativen Forderung der *Freiheit*." H. Kelsen, *Vom Wesen und Wert der Demokratie* (2. Aufl. 1929), in: ders., *Verteidigung der Demokratie*, Tübingen 2007, S. 149-228, hier: S. 154.

Verhältnis zu anderen Handelnden und nur sekundär die Optionen, die wir tatsächlich verfolgen können. Freiheitseinschränkungen gibt es dann, wenn andere in einer Position sind, uns an unserem Handeln bzw. am Verfolgen von Optionen zu hindern, und so beschrieben wird deutlich, dass die Freiheitseinschränkungen nicht dann verschwinden, wenn diejenigen, die jeweils in der Position sind, uns am Handeln zu hindern, entscheiden, diese Position nicht zu ge- oder missbrauchen.[14]

Von Freiheit ist daher insgesamt nicht dann zu reden, wenn wir bestimmte Handlungen „positiv" verfolgen können. Wir wären ansonsten in unendlich vielen Hinsichten „unfrei", da wir zu jedem gegebenen Zeitpunkt unendlich viele Handlungen nicht vollziehen können. Jeder Versuch zu verstehen, was es heißt, sich zu befreien oder „frei" bzw. „freier" zu werden, würde unmöglich werden – ja, es könnte sogar so sein, dass wir mit zunehmenden Fähigkeiten immer „unfreier" würden, weil wir immer mehr Handlungen prinzipiell, aber nicht faktisch vollziehen könnten. Freiheit kann sich nur auf den jeweiligen *Zugriff* auf Bedingungen der Möglichkeit für unser Handeln beziehen, wobei genauer zu sagen ist, nur auf die Bedingungen der Möglichkeit für unser Handeln, die in den sozialen Verhältnissen liegen, über die Menschen vermittelt über ihre Relationen zueinander, in denen sie sich befinden, selbst verfügen können.[15] An dieser Stelle zeigt sich besonders deutlich der wichtige Beitrag, den nur eine negative Sozialphilosophie zur Freiheitstheorie leisten kann. Denn aus der Perspektive einer „positiven" Theorie

---

[14] An dieser Stelle ist auch festzuhalten, dass die republikanische Freiheitstheorie nicht auf die Anerkennung einer zweiten Person durch eine erste abzielt, sondern dass es ihr um ein Verhältnis zwischen Akteuren geht, in dem diese grundsätzlich und wechselseitig unabhängig von den jeweiligen Motivationen zur Gestaltung dieses Verhältnisses sind. Selbst wenn die Anerkennung in der alteritätstheoretisch stärkst möglichen Weise, etwa im Anschluss an Jaques Derrida oder Emmanuel Levinas so beschrieben wird, dass in ihr der andere zum ersten und ausschließlichen Bestimmungsgrund für das Interagieren wird, so ist darin doch immer noch der erste mit seiner „Gastfreundschaft" bzw. Anerkennungsleistung gegenüber dem anderen die entscheidende Instanz.

[15] Wie die nachfolgende Argumentation zeigt, sind die Alternativen, die Charles Taylor in seiner bekannten Verteidigung der „positiven" Freiheit aufbietet, nicht erschöpfend. Es ist nämlich nicht so, dass die „negative" Freiheitstheorie alle nicht bestehenden oder „genommenen" Optionen gleich bewerten muss (womit dann eine „positive" Bestimmung der relevanten Optionen unerlässlich würde, um nicht die absurden Konsequenzen in Kauf zu nehmen, die auch im Text oben angeführt werden). Es lassen sich vielmehr durchaus Modi der „Genommenheit" von Optionen unterscheiden, die in keinem direkten Verhältnis zu den Optionen stehen, die „genommen" werden. Taylor vergleicht in seinem Artikel das Albanien der siebziger Jahre mit England und hält fest, dass offensichtlich Albanien, obwohl es „nur" die Freiheit zur Religionsausübung nimmt, weniger frei ist als England, obwohl es dort sehr viel mehr Ampeln gibt, die den Verkehrsteilnehmern Optionen nehmen. Dies lässt sich in seinen Augen nur dadurch erklären, dass uns die Religionsfreiheit wichtiger ist als die Möglichkeit, unbehindert Auto fahren zu können (C. Taylor, „Der Irrtum der negativen Freiheit", in: ders., *Negative Freiheit? Zur Kritik des neuzeitlichen Individualismus*, Frankfurt am Main 1988, S. 118-144, hier: S. 129-130). Im Gegensatz dazu hält die Argumentation oben im Text fest, dass auch die Tatsache, dass es viele Ampeln gibt, klarerweise ein Ausdruck von (relevanter) Unfreiheit sein kann, nämlich dann, wenn es eine Person oder Instanz gibt, die ohne Berücksichtigung derjenigen, die sich im Verkehr bewegen, Ampeln aufstellen und entsprechende Sanktionen für eine Nichtbefolgung erlassen kann. Die Beantwortung der Frage, ob es sich um Unfreiheit handelt, hängt also nicht an der unterschiedlichen Bewertung unserer religiösen bzw. Mobilitätsinteressen, sondern an der Weise, in der andere in unsere Optionen eingreifen können.

der Freiheit ist es äußerst schwer, Unfreiheiten sinnvoll zu identifizieren bzw. den Unterschied zwischen einer kontingenten Unverfügbarkeit einer Handlungsoption und dem Akt eines anderen, über den eine Handlungsoption entzogen wird, zu erklären. Beginnt man jedoch negativ mit der Auszeichnung und Untersuchung von Unfreiheiten, dann wird sehr schnell deutlich, dass einige „positive" Freiheitsbegriffe fragwürdig sind und den Fokus der politischen Philosophie oder der Sozialphilosophie auf die falschen Einrichtungen oder Phänomene richten.

So wird die gesamte Evidenz für die zunächst attraktiv erscheinende alternative Option eines Interesses an bestimmten Gütern und Leistungen obsolet, wenn Willkür als Bestehen von Unfreiheit verstanden wird. Denn müssten wir davon ausgehen, dass Handelnde der Willkür eines anderen unterworfen sind, dann wäre es unmöglich zu bestimmen, welches genau die Interessen dieses Handelnden sind: entweder haben Handelnde Interessen, die unabhängig von ihren Willensäußerungen bestehen und zu erkennen sind – womit Menschen zu Personen würden, die immer bestimmte Güter erwarten und empfangen –, oder wir müssten in Betracht ziehen, dass die artikulierten Interessen nur relativ zur gegebenen Abhängigkeitssituation bestehen, wie es z. B. bei adaptiven Präferenzen oder dann der Fall ist, wenn Handelnde ihre Interessen strategisch an dem ausrichten, was sie unter gegebenen Bedingungen für realisierbar halten. Wenn aber nicht ausgeschlossen werden könnte, dass wir es bei den „Interessen" von Handelnden letztlich mit adaptiven oder strategisch begründeten Präferenzen zu tun haben, dann könnte an der Erfüllung dieser Interessen nicht bemessen werden, ob einem jeweils Betroffenen adäquat begegnet wird oder nicht. Es müsste zunächst gezeigt werden, dass und wenn ja, wie Handelnde in solchen Verhältnissen vollständiger Abhängigkeit von dem Willen eines anderen dennoch in der Lage sind, Interessen und Bedürfnisse zu artikulieren, die sich den strukturierenden und formierenden Effekten dieses Verhältnisses entziehen.

3. Willkür vs. Willkür? Drei Neubetrachtungen möglicher Willkür

In dem bisher Ausgeführten ist klar geworden, dass von Willkür nicht schon bei der Existenz faktischer Abhängigkeitsverhältnisse die Rede sein kann (und d. h. auch nicht bereits dann, wenn Personen grundsätzlich über das freiheitstheoretisch unverzichtbare Vermögen verfügen, selbst zu entscheiden, wie sie handeln). In vielen Fällen ergibt sich eine Abhängigkeit aus der Perspektive des Abhängigen, womit derjenige, von dem die Abhängigkeit besteht, diese Abhängigkeit zu Vielem missbrauchen kann. Aber das Abhängigkeitsverhältnis, etwa bei „sklavischer Liebe", der Angewiesenheit des Drogenabhängigen auf den Dealer und selbst bei Arbeitsverhältnissen, die aufgrund extrem geringer Löhne ausbeuterisch sind, ist letztlich durch den „Willen" des Abhängigen bedingt, den wir zumindest stipulieren müssen, auch wenn es häufig schwer fallen dürfte zu zeigen, dass der Abhängige Alternativen haben könnte und nicht einem strukturellen Zwang durch den je anderen unterliegt. Willkür setzt das Bestehen von Verhältnissen voraus, in denen die Positionen der Beteiligten „institutionell" verbürgt sind und d. h. nicht allein oder primär durch die Wahrnehmung oder die Zuschreibung durch die unmittelbar Beteiligten erzeugt werden. Das republikanische Beispiel des Sklavenhalters und des Sklaven bezieht daher auch immer die rechtliche (und darüber vermittelt auch die institutionelle) Grundlage dieses Verhältnisses mit ein, die den Sklaven zum Eigentum des Sklavenhalters macht. Ohne dieses Rechtsinstitut wäre der Sklavenhalter kein Sklavenhalter und der Sklave kein Sklave. Diese Einsicht in den Zusammenhang von Institutionen bzw. politischen Ordnungen und Willkür hat zur Folge, dass als Instanzen von Willkür nahezu ausschließlich jene Akteure in den Blick kommen, denen qua Ordnung ein Status zugewiesen wird, der sie über die bloße Relation zu einer anderen Person erhebt, und die gerade aufgrund der Zuweisung dieses Status sich in einer Relation zu anderen Personen befinden, in der sie in das Leben und Handeln dieser anderen Personen fundamental einzugreifen vermögen.

Dies könnte es nahelegen, die Lösung des Willkürproblems in dem Verzicht auf jede politische Ordnung zu sehen. Viele Kritiken an politischer Ordnung und am Recht lassen sich genau so verstehen, dass sie in der Ordnung das Erzeugen von Akteuren oder Instanzen problematisieren, die qua Ordnung in einer Stellung sind, in der ihre Gewordenheit und die darin möglicherweise liegende Abhängigkeit von den Konstituierenden unsichtbar werden.[16] Eine solche Lösung wäre jedoch nur unter zwei Voraussetzungen plausibel: Nämlich *erstens*, dass sich „reine" Sozialverhältnisse unabhängig von Vorstellungen „politischer Ordnung" (und d. h. den darin liegenden Zuschreibungen und Absicherungen bestimmter, über die je anderen erhobenen Positionen) denken und bewerten lassen. Und *zweitens*, dass es keine Möglichkeit gibt, eine politische Ordnung zu konzipieren, die das Problem der Willkür zu bewältigen oder zumindest signifikant einzuschränken vermag.

Die Idee „reiner" Sozialverhältnisse steht bei (häufig explizit oder indirekt zivil-republikanisch argumentierenden) Ansätzen im Hintergrund, in denen die Vorstellung einer primär zivilgesellschaftlichen Steuerung sozialer und ökonomischer Verhältnisse oder eine radikal dynamische und demokratische Form der Politik verteidigt wird, in der jede Verfestigung von Verfahren, Institutionen und Handlungsweisen zurückgewiesen wird. Allerdings gestehen auch diese Ansätze zumeist zu, dass es sich hierbei lediglich um ein Ideal handelt, das als Kritikmaßstab an die realen Verhältnisse herangetragen wird, in denen es immer mehr und andere Bestimmungsgründe für das Interagieren gibt als die bloße, plural singuläre Koexistenz. Jede Zuschreibung von Funktionen erzeugt Positionen, in denen einige mehr Macht haben als andere, und zwar in einer Weise, die nicht jederzeit verflüssigbar ist, sondern selbst in die Gestaltung von Routinen und Optionen im sozialen Handeln eingeht, so dass jede „Verflüssigung" „Kosten" für die Interagierenden erzeugt. Die genannten Ansätze müssen daher, wenn sie nicht naiv die Möglichkeit einer anderen Gestalt bzw. Gestaltung der sozialen Welt für die wirkliche Dynamik der Verhältnisse halten wollen, erklären, wie mit den faktischen Verfestigungen umzugehen ist.

---

[16] Es ist daher auch nicht ganz überraschend, dass es in der Betonung der Notwendigkeit und Funktion der *rule of law* durchaus Nähen neo-republikanischer Kritiken an Willkür zu libertären Positionen gibt. Diese Nähen beziehen sich allerdings ausschließlich auf die Problematisierung bestimmter willkürlicher Strukturen, sobald die Ausgestaltung von Alternativen erörtert wird, zeigen sich signifikante Differenzen.

Damit scheidet die Option weitgehend aus, „reine", von politischer Ordnung nicht affizierte Sozialverhältnisse zu denken, und es ist im nächsten Schritt zu bestimmen, wo die Willkür in der politischen Ordnung genau zu verorten ist. Nur vor diesem Hintergrund lässt sich untersuchen, ob diese Formen von Willkür notwendig mit politischer Ordnung einhergehen oder ob eine Ordnung denkbar ist, die das Problem „einzuhegen" in der Lage ist.

a. Die Willkür des Herrschers

Erster (und tatsächlich auch historisch erster) Bezugspunkt für die Kritik an Willkür ist die Willkür von Herrschern, d. h. die Position einzelner oder von Gruppen, über das Leben und Handeln von „Untertanen" entscheiden zu können, ohne dass jene sich in den Entscheidungen zur Geltung zu bringen vermögen. In politischen Ordnungen verfügt die Exekutive über Gewaltmittel und darüber über die Möglichkeit, Handeln bzw. dessen Unterlassung zu erzwingen, womit sie – zumindest so wir es mit einer einigermaßen etablierten und stabilen Form politischer Ordnung zu tun haben – „objektiv" in einer Position ist, in der die je Betroffenen sich nicht qua natürlicher Ausstattung dem so widersetzen können, dass ihr Widerstandspotential hinreichend dafür wäre, sie in der Entscheidungsfindung der Exekutive notwendig zu beteiligen. Vor diesem Hintergrund wurde von republikanischen Autoren insbesondere Hobbes' Erklärung der Notwendigkeit eines Souveräns über dessen Transformation des Verhältnisses zwischen den Individuen zurückgewiesen, da das Willkürvermögen der einzelnen nie so groß sein könnte, wie das Willkürvermögen eines Herrschers bzw. einer Exekutive. Der Ausgang der Individuen aus Willkürverhältnissen untereinander würde zu einem Willkürverhältnis des Herrschers gegenüber allen Individuen führen, womit das Problem auf der Ausgangsebene gerade nicht gelöst, sondern verschärft würde. Es ist daher aus der Perspektive der Kritik von Willkür vollkommen klar, dass Herrscher nicht in einer Position sein dürfen, in der sie die Instanz sind, die mit ihrer individuellen Entscheidungskompetenz letztlich darüber befinden, welche Handlungen zulässig sind oder nicht.[17] Regierungen sind, unabhängig davon, wie gut begründet und motiviert ihre jeweiligen Entscheidungen und Handlungen sind, nur als strikt abhängige Funktionen derjenigen, die in einem Gemeinwesen leben, kein Ausdruck von Willkür.

b. Die Willkür der Richter

Ein zweiter wichtiger Bezugspunkt für die Kritik an Willkür ist die Willkür von Richtern. Auch Richter sind qua Amt in einer Position, in der ihre Entscheidung der letzte Grund für die Zulässigkeit oder Unzulässigkeit von Handlungen bzw. für die Kompensation von deren Ausführung oder Nicht-Ausführung ist. Wie Herrscher können auch Richter durch die Entscheidung, Strafen zu verhängen, Zwang auf Betroffene ausüben,

---

[17] Vgl. hierzu auch die Diskussion, inwiefern ein „Gesetzgeber" zugleich die letzte Instanz für die Geltung von Recht und selbst dem Recht unterworfen sein kann, bei H. L. A. Hart, *The Concept of Law*, Oxford ²1994, S. 66-78.

dem jene sich nicht einfach entziehen können. Egal wie moralisch oder politisch gut Entscheidungen von Richtern sind, mit denen sie das geltende Recht überschreiten oder kreativ auslegen, die Möglichkeit solcher Entscheidungen zeigt bereits, dass die Richter über eine Willkür verfügen, die Bürger in eine Position der Unfreiheit bringt. Soll eine solche Willkür ausgeschlossen oder wenigstens begrenzt werden, müssen Vorkehrungen geschaffen werden, die es den Richtern schwer machen, gegen gesetzliche Vorgaben zu verstoßen bzw. diese eigenmächtig zu interpretieren, bzw. sie verpflichten, ihre Urteile in einer Form zu fällen, die die Entscheidungen überprüf- und kontrollierbar macht.[18]

Von einigen wird derzeit die Forderung vorgebracht, dass Gerichtsprozesse politisiert werden sollten, dass also durch politischen Druck auf die Entscheidungen von Richtern einzuwirken sei – und zwar auch zu dem Zweck, die Anwendung „ungerechten" Rechts zu verhindern und es Herrschenden auf diese Weise schwer zu machen, das Recht als Deckmantel ihrer unberechtigten Vormacht zu gebrauchen.[19] Diese Perspektive mag vor dem Hintergrund jeweiliger Interessen, die in Gerichtsprozessen durchzusetzen sein könnten, oder angesichts des Ziels, die faktische Macht bestimmter gesellschaftlicher oder politischer Gruppen zu brechen, attraktiv erscheinen. Und ihre Plausibilität resultiert oft auch daraus, dass die Singularität von Situationen und Personen betont wird, die sich nicht unter die Allgemeinheit von Regeln bringen lässt. Aus der Perspektive einer Kritik an Willkür ist aber die Existenzberechtigung von Richtern zu begründen, *bevor* der Modus ihres Urteilens „verbessert" werden kann. Richter sind keine „natürlichen" Erscheinungen in der Welt, sondern sie entstehen erst durch die Einrichtung einer politisch-institutionellen Ordnung. Und diese Einrichtung ist nur dann nicht selbst ein Ausdruck von Willkür (siehe dazu das obige Argument zur Willkür des Herrschers), wenn sie nicht Positionen erzeugt, durch die einige in das Handeln von anderen eingreifen können, ohne dass jene sich darin aus eigener Kraft zur Geltung zu bringen vermögen. Könnten Richter im Sinn eines jeweiligen Einzelfalls Recht sprechen, dann würde dies voraussetzen, dass Richter in einer Position sind, in der sie nicht an Vorgegebenes gebunden sind, sondern vielmehr eine Stellung haben, in der sie auf mehr oder minder „gute Gründe" reagieren und gegebenes Recht (über das sich ansonsten diejenigen, die von Urteilen betroffen sind, in den Entscheidungen von Richtern zur Geltung bringen können) überschreiten können. Die Willkür, die in diesem Vermögen steckt, wird nicht aufgehoben durch die Macht des politischen Drucks oder die Eindrücklichkeit eines singulären Falls bzw. das Verfehlen von dessen Singularität in einem Urteil, in dem der Richter erkennt, dass die Anwendung von Recht in diesem Fall analog zu anderen Fällen ungerecht ist. Für denjenigen, der von Urteilen betroffen ist, ist der Urteilsakt, selbst wenn er ihm in allen seinen Interessen entgegenkommt, gerade dann ein Akt der Willkür, wenn ein Richter in der Position war zu entscheiden, seine Interessen anzuerkennen oder nicht.

---

[18] Zu den fundamentalen Schwierigkeiten, das richterliche Handeln so einzurichten, dass es ein rein regelgeleitetes Handeln ist, siehe F. Schauer, *Playing by the Rules. A Philosophical Examination of Rule-Based Decision-Making in Law and in Life*, Oxford 1991.
[19] Vgl. etwa A. Fischer-Lescano, *Globalverfassung. Die Geltungsbegründung der Menschenrechte*, Weilerswist 2005, S. 274-277.

c. Die Willkür der Demokratie: Die Willkür der Mehrheit und die Willkür der Minderheit

Da die Optionen, auf die Exekutive oder die Judikative zu setzen, um politische Verhältnisse herbeizuführen, die das Bestehen von Willkür zwischen Menschen verhindern, ausscheiden, besteht die Antwort auf die Willkür für viele Autoren, die sich selbst als Vertreter einer republikanischen Position sehen, darin, dass eine politische Instanz etabliert wird, an der alle teilhaben oder teilhaben können und die festlegt oder sogar determiniert, wie die Instanzen zu agieren haben, die Macht oder Herrschaft ausüben. Eine Demokratie mit einem Parlament oder dem politischen bzw. v.a. gesetzgeberischen Handeln aller und einer strikten und funktionalen Unterordnung von Exekutive und Judikative unter die Gesetzgebung soll also eine Lösung bieten, in der sowohl die Willkürpotentiale zwischen Individuen wie auch die Willkür von Herrschern oder Richtern zu überwinden sind.[20] Wenn alle gemeinsam die Regeln festlegen, die ohne weiteren Ermessensspielraum von der Exekutive und der Judikative angewandt werden, dann, so die Überlegung, sei gewährleistet, dass jeder nur Eingriffen in seine Handlungsräume ausgesetzt ist, in denen er sich selbst hat zur Geltung bringen können. Die jeweiligen Handlungsräume sind weder von personalen Machtverhältnissen und Ressourcenverteilungen abhängig, noch gibt es willkürliche Eingriffsmöglichkeiten, die aus Statuszuschreibungen qua politisch-sozialer Ordnung resultieren.

Dieses Lösungsangebot stößt allerdings – egal ob die Teilhabe aller sich nur auf die Gesetzgebung oder auf die politische Ordnung mit all ihren Gewalten (bzw. auf eine Ordnung ohne Gewaltenteilung) bezieht – selbst auf Schwierigkeiten. Es ist nicht davon auszugehen, dass es einen universellen Konsens über die Regeln bzw. die Entscheidungen geben wird, denen das Handeln und Interagieren aller unterliegen sollte. Dies führt dazu, dass auch ein Prozess gemeinsamen Entscheidens willkürlich im zuvor entwickelten Sinn werden kann, und zwar je nach Präzisierung dieses Prozesses zu einer Willkür der Mehrheit oder einer Willkür der Minderheit: Wenn als Bedingung für Entscheidungen ein bestimmtes Quorum angesetzt wird, dann hat dies zur Folge, dass eine Mehrheit ohne Berücksichtigung von Minderheiten über die Zulässigkeit bzw. Unzulässigkeit auch von deren Handlungen entscheiden kann. Wird dagegen das Quorum sehr hoch gesetzt oder werden gar Veto-Rechte vergeben, dann werden die Entscheidungen abhängig von dem Willen einzelner, ohne dass die anderen, selbst wenn sie in der überwiegenden Mehrheit sind, auf diesen Willen Einfluss nehmen könnten.[21]

Auch die Vorstellung einer Einbeziehung aller in einen Prozess der Gesetzgebung, der eine Exekutive und eine Judikative in striktem Sinn programmiert, bietet also nicht an sich eine Überwindung des Willkürproblems. Es sind weitere Überlegungen dazu nötig, wie die doppelte Willkürgefahr in der Gesetzgebung gebannt werden kann – und es sind auch Aussagen zur selbst großen Schwierigkeit zu treffen, wie sichergestellt sein kann,

---

[20] Vgl. zu einer solchen Position z. B. R. Bellamy, *Political Constitutionalism. A Republican Defence of the Constitutionality of Democracy*, Cambridge 2007.

[21] Vgl. zu diesen Willkürpotentialen demokratischer Gesetzgebung ausführlicher A. Niederberger, *Demokratie unter Bedingungen der Weltgesellschaft? Normative Grundlagen legitimer Herrschaft in einer globalen politischen Ordnung*, Berlin, New York 2009, S. 191-260.

dass diejenigen, die doch als singuläre Personen die Entscheidungen umsetzen müssen (denn es werden ja nie alle gemeinsam als Polizisten oder Richter handeln), nur der Ausdruck der kollektiven Entscheidung sind und nicht einigen einen Status verleihen, der sie zumindest gegenüber einigen anderen in ein willkürliches Verhältnis setzt.

4. Republikanismus und die Perspektive einer Überwindung nötigender Willkür

Die vorstehenden Ausführungen haben gezeigt, dass wenn die Willkür, so wie sie hier eingeführt wurde, nämlich als Abhängigkeit von den Entscheidungen anderer (ohne sich selbst in diesen Entscheidungen zur Geltung bringen zu können), ein oder gar das zentrale Problem für soziale und politische Verhältnisse ist, es keine einfache Lösung des Problems gibt. Aufgrund des strukturellen Charakters des Problems scheiden alle Lösungen aus, die von den Positionen und dem jeweiligen Status der beteiligten Akteure absehen und ausschließlich auf die moralische oder interessenbezogene Qualität der Entscheidungen oder der Optionen blicken, über die die Betroffenen verfügen. Es mag in vielen Hinsichten begrüßenswert sein, wenn die Polizei bei einem Nazi-Aufmarsch durch die „sehr weite" Auslegung rechtlicher Vorgaben in einer Weise agiert, die die Nazis lächerlich macht – in allgemeinerer Perspektive betont sie damit jedoch, dass sie in einer Position ist, in der die betroffenen Personen sich nicht aus eigener Kraft in den Entscheidungen der Polizei zur Geltung zu bringen vermögen.

Genauso mag es unter Rückgriff auf allgemeine Erwartungen an den gerechten Umgang miteinander, die vermeintlich oder tatsächlich durch die Verfassung zu positiven Rechtsansprüchen geworden sind, anzustreben sein, dass das deutsche Bundesverfassungsgericht festhält, dass bestehende Sozialhilfesätze zu niedrig sind (was das Bundesverfassungsgericht in einem Urteil im Februar 2010 allerdings so nicht gesagt hat) – in allgemeinerer Perspektive unterstreicht das Gericht damit, in einer Position zu sein, in der die Bürger insgesamt (und d. h. auch die Sozialhilfeempfänger) sich in der Entscheidung des Gerichts nicht zur Geltung bringen können. Und schließlich mögen wir uns ein Parlament, vielleicht sogar ein Weltparlament wünschen, das mit der Mehrheit der Stimmen der global Ausgebeuteten und Unterdrückten eine gerechtere Weltwirtschaftsordnung beschließen kann, oder Grenzen von parlamentarischen Entscheidungen, die die Parlamente zwingen, die Belange der Armen und Ausgebeuteten ernst zu nehmen – aber auch in all diesen Fällen werden einige – strukturell gesehen – in eine Position gebracht, in der sie über die Zulässigkeit und Unzulässigkeit von Handlungen entscheiden können, ohne andere, die ebenfalls von diesen Entscheidungen betroffen sind, in ihren Entscheidungen zu berücksichtigen.

Die republikanischen Überlegungen zur Überwindung von Willkür haben daher immer unterschiedliche Elemente miteinander verbunden, um in der Kombination eine Balance bzw. wechselseitige Checks potentieller „Willküren" einzuführen. Die Grundbedingung für die Überwindung von Willkür ist offensichtlich, dass es nicht zu einem inifiniten Regress kommt, dass also nicht jede Willkür durch eine darüber stehende Willkür aufgehoben wird. Dies kann nur dann gewährleistet sein, wenn Instanzen etablierbar sind, in deren Entscheidungen sich all diejenigen selbst zur Geltung bringen können, die von ihnen betroffen sind. Dies setzt einen Vorrang der Gesetzgebung vor allen anderen öffentlichen Instanzen und insgesamt die verbindliche Rechtsförmigkeit von Entscheidungen und Urteilen voraus, denn nur auf diesem Weg kann es einen Grund für die Entscheidungen der weiteren Instanzen, die direkt Macht oder Herrschaft über die einzelnen ausüben, geben, der ihnen selbst entzogen ist. In allen anderen Varianten wären die Instanzen selbst der letzte Grund für das Befinden darüber, welche Gründe zur Geltung kommen und welche nicht.

Dies wirft angesichts der zuvor geäußerten Schwierigkeiten der Willkür in der Gesetzgebung die Frage auf, wie die Gesetzgebung verfasst sein muss. Wenn diejenigen, die von Gesetzen betroffen sind, der einzige Maßstab sind, an dem sich die Nicht-Willkürlichkeit von Entscheidungen bemessen lassen kann, dann kann es keine „judicial review" geben, die einem Parlament Entscheidungsoptionen nimmt, weil sie „Grundrechten" o. Ä. widersprechen. Denn die Möglichkeit der Bezugnahme auf solche „Grundrechte" bedeutet eine große Gefahr von Willkür – und zwar deswegen weil ein möglicher Referenzpunkt für Entscheidungen eingeführt wird, über dessen Gehalt niemand anders als der oder die Richter selbst entscheiden könnten. Allerdings ist damit „judicial review" als ein wesentlicher Mechanismus zur Sicherung der Nicht-Willkürlichkeit von Gesetzgebung nicht per se ausgeschlossen.[22] Sie ist nämlich auch so zu denken, dass etwa ein Verfassungsgericht klare Vorgaben dahingehend bekommt, dass es überwachen soll, ob Gesetzgebungsentscheidungen wirklich unter Einbeziehung aller bzw. der Bedingung der Möglichkeit der Einbeziehung aller zustande gekommen sind und ob sie so ausgefallen sind, dass sie auch nicht die zukünftige Teilhabe aller unterminieren.

Wenn sich der Gesetzgebung wirklich eine Form geben lässt, in der sichergestellt ist, dass alle sich in ihr selbst zur Geltung bringen können – was nicht heißt, dass damit die jeweiligen Interessen etc. auch tatsächlich in ein entsprechendes Gesetz eingehen, sondern vielmehr dass im Prozess alle ihren Status wahren, nicht der Willkür anderer unterworfen zu sein –, dann lässt sich Kants Perspektive einer Vereinbarkeit der Willkür eines jeden mit der Willkür eines jeden anderen ohne „nötigende Willkür" verfolgen. Um diese Perspektive auszuformulieren, ist die Bestimmung von Willkür in einer negativen Sozialphilosophie allerdings nicht hinreichend. Es bedarf vielmehr einer umfassenden Theorie demokratischer Strukturen und rechtlicher Verfahren und Entscheidungen sowie einer Gesellschaftstheorie, die nachzeichnet, unter welchen Voraussetzungen soziale und kulturelle Ressourcen und Positionen sich nicht in einer Weise verfestigen, dass es zur Herausbildung struktureller Mehr- und Minderheiten bzw. zur ein- oder wechselseitigen Stigmatisierung von Gruppen kommt, die sich im politischen Prozess nur noch als „Parteien" begegnen, die dem je anderen ihren Willen aufzwingen wollen.

---

[22] Hier schließt sich die Argumentation an die Position an, die z. B. Frank Michelman mit seinem „Legal Republicanism" in den 1980er Jahren vertreten hat. Vgl. dazu F. Michelman, „Law's Republic", in: *The Yale Law Journal* 97 (1988), S. 1493-1537.

Angaben zu den Autoren

Artur R. Boelderl; Universitätsdozent am Institut für Philosophie der Theologischen Fakultät an der Kath.-Theol. Privatuniversität Linz/Donau sowie am Institut für Philosophie der Alpen-Adria-Universität Klagenfurt; Arbeitsschwerpunkte: Philosophie des 20. Jahrhunderts und der Gegenwart (bes. Phänomenologie, Hermeneutik, Dekonstruktion), Sozialphilosophie, Religionsphilosophie, Philosophische Natologie; wichtigste Veröffentlichungen: *Alchimie,* Postmoderne *und der arme Hölderlin* (1995), *Literarische Hermetik. Die Ethik zwischen Hermeneutik, Psychoanalyse und Dekonstruktion* (1997), *Georges Bataille. Über Gottes Verschwendung und andere Kopflosigkeiten* (2005), *Von Geburts wegen. Unterwegs zu einer philosophischen Natologie* (2006, engl. Ausg. i. V.), *Jean-Luc Nancy. Dekonstruktion als Sozialphilosophie* (i. V.), Mitherausgeber der Reihe *Schriften der Österreichischen Gesellschaft für Religionsphilosophie,* darin zuletzt Bd. 10 (Hg. mit F. Uhl u. S. Melchardt) *Die Tradition einer Zukunft. Perspektiven der Religionsphilosophie* (2011).

Petar Bojanic ist Direktor des *Center for Ethics, Law and Applied Philosophy* und des Instituts für Philosophie und Gesellschaftstheorie (Belgrad), sowie *Research fellow* am *Birkbeck Institute for the Humanities* (London). Nach seinem PhD – „The war (last) and the institution of Philosophy" – unter der Supervision von Jacques Derrida und Etienne Balibar – lehrte er an den Universitäten von Cornell (USA), Aberdeen (UK) und Belgrad (Serbien). Wichtigste Veröffentlichungen: *Carl Schmitt and Jacques Derrida* (1995), *Figures of sovereignty* (2007), *Provocations* (2008), *Homeopathies* (2009), *Frontier, knowledge, sacrifice* (2009) and *World Governance* (mit J. Babic) (2010).

Andreas Hetzel, PD Dr. phil., Privatdozent am Institut für Philosophie der TU Darmstadt sowie Lehrbeauftragter für Medienwissenschaften in Klagenfurt; 2011 Research Fellow am Forschungsinstitut für Philosophie Hannover (fiph). Arbeitsgebiete: Sprachphilosophie, antike Rhetorik, Politische Philosophie, Kultur- und Sozialphilosophie. Wichtigste Veröffentlichungen: *Zwischen Poiesis und Praxis. Elemente einer kritischen Theorie der*

Kultur (2001); *Die Wirksamkeit der Rede. Zur Aktualität klassischer Rhetorik für die moderne Sprachphilosophie* (2011).

Tobias Nikolaus Klass, Prof. Dr. phil., zur Zeit Juniorprofessor für Philosophie an der Bergischen Universität Wuppertal. Arbeitsschwerpunkte: Politische Theorie, Kulturtheorie; neuere französische Philosophie; Nietzsche. Wichtigste Veröffentlichungen: *Das Versprechen. Gründzüge einer Rhetorik des Sozialen*, München 2002; „Jenseits von Ahnen und Erben: Nietzsches Ereignis", in: M. Rölli (Hg.), *Ereignis auf Französisch. Von Bergson bis Deleuze* (2004); „Politik der Verantwortung. Jacques Derrida und die Frage nach der Praxis", in: L. Heidbrink, A. Hirsch (Hg.), *Verantwortung in der Zivilgesellschaft. Zur Konjunktur eines widersprüchlichen Prinzips* (2006); „Foucault und der Widerstand: Anmerkung zu einem Missverständnis", in: D. Hechter u. A. Philipps (Hg.), *Widerstand denken. Michel Foucault und die Grenzen der Macht* (2008); „Das Gespenst des Politischen. Anmerkungen zur politischen Differenz", in: T. Bedorf u. K. Röttgers (Hg.), *Das Politische und die Politik* (2010).

Sandra Lehmann, Dr., Wien, derzeit freie Philosophin, Habilitandin an der Akademie der Künste Wien. Arbeitsschwerpunkte: Kritik der Moderne und Postmoderne, Metaphysik, Philosophie der Religion. Wichtigste Veröffentlichungen: *Wirklichkeitsglaube und Überschreitung. Entwurf einer Metaphysik* (2011); *Der Horizont der Freiheit. Zum Existenzdenken Jan Patočkas* (2004); „Zwei Totalitäten. Zu Franz Rosenzweigs Kritik der Hegelschen Staatsphilosophie", in: B. Keintzel, B. Liebsch (Hg.), *Zwischen Hegel und Levinas. Kreuzungen, Brüche, Überschreitungen* (2010); *Wirklichkeitsglaube und Überschreitung. Entwurf einer Metaphysik* (Wien 2011).

Burkhard Liebsch, lehrt Politische Theorie und Ideengeschichte an der Fakultät für Sozialwissenschaften und Philosophie der Universität Leipzig. Arbeitsschwerpunkte: Praktische und Sozialphilosophie, Politische Theorie in kulturwissenschaftlicher Perspektive; Theorie der Geschichte mit bes. Berücksichtigung Europas, der Gewaltforschung, der Theorien der Lebensformen. Buchveröffentlichungen: *Spuren einer anderen Natur. Piaget, Merleau-Ponty und die ontogenetischen Prozesse* (1992); *Verzeitlichte Welt. Variationen über die Philosophie Karl Löwiths* (1995); *Geschichte im Zeichen des Abschieds* (1996); *Vom Anderen her* (1997); *Geschichte als Antwort und Versprechen* (1999); *Moralische Spielräume* (1999); *Zerbrechliche Lebensformen. Widerstreit – Differenz – Gewalt* (2001); *Gastlichkeit und Freiheit. Polemische Konturen europäischer Kultur* (2005); *Revisionen der Trauer. In philosophischen, geschichtlichen, psychoanalytischen und ästhetischen Perspektiven* (2006); *Subtile Gewalt. Spielräume sprachlicher Verletzbarkeit* (2007); *Gegebenes Wort oder Gelebtes Versprechen. Quellen und Brennpunkte der Sozialphilosophie* (2008); *Für eine Kultur der Gastlichkeit* (2008); *Menschliche Sensibilität. Inspiration und Überforderung* (2008); *Renaissance des Menschen? Zum polemologisch-anthropologischen Diskurs der Gegenwart* (2010); (Mit-) Hrsg. u. a. von: *Sozialphilosophie* (1999); *Hermeneutik des Selbst* (1999); *Vernunft im Zeichen des Fremden* (1999); *Trauer und Geschichte* (2001); *Gewalt Verstehen* (2003); *Handbuch der Kulturwissenschaften* (2004/²2011);

Hegel und Levinas (2010); *Bezeugte Vergangenheit oder Versöhnendes Vergessen. Geschichtstheorie nach Paul Ricœur* (2010).

Sophie Loidolt, Dr., ist APART-Stipendiatin der Österreichischen Akademie der Wissenschaften und arbeitet als Lehrbeauftragte am Institut für Philosophie der Universität Wien. Arbeitsschwerpunkte: Phänomenologie, Erkenntnistheorie, Politische Philosophie, Ethik. Buchpublikationen: *Anspruch und Rechtfertigung. Eine Theorie des rechtlichen Denkens im Anschluss an die Phänomenologie Edmund Husserls* (2009); *Einführung in die Rechtsphänomenologie* (2010); *Das Fremde im Selbst. Das Andere im Selben. Transformationen der Phänomenologie* (Mitherausgeber M. Flatscher; 2010).

Oliver Marchart ist zur Zeit SNF-Förderungsprofessor am Soziologischen Seminar der Universität Luzern. Seine Arbeitsgebiete sind: Politische Theorie, Sozial- und Kulturtheorie, Ästhetik. Zu seinen Buchveröffentlichungen zählen: *Die politische Differenz. Zum Denken des Politischen bei Nancy, Lefort, Badiou, Laclau und Agamben* (2010); *Hegemonie im Kunstfeld* (2008); *Cultural Studies* (2008); *Neu beginnen: Hannah Arendt, die Revolution und die Globalisierung* (2005).

James Mensch, Professor am Department of Philosophy, Saint Francis Xavier University, Antigonish, Nova Scotia, Canada. Arbeitsschwerpunkte: Phänomenologie, Politische Philosophie. Wichtigste Veröffentlichungen: *Husserl's Account of our Consciousness of Time* (2010); *Embodiments: From the Body to the Body Politic* (2009); *Hiddenness and Alterity* (2005); *Ethics and Selfhood: Alterity and the Phenomenology of Obligation* (2003); *Postfoundational Phenomenology: Husserlian Reflections on Presence and Embodiment* (2001); *Knowing and Being: A Post-Modern Reversal* (1996); *After Modernity: Husserlian Reflections on a Philosophical Tradition* (1996); *The Beginning of the Gospel of St. John: Philosophical Perspectives* (1992); *Intersubjectivity and Transcendental Idealism* (1988).

Andreas Niederberger, Prof. Dr., Außerplanmäßiger Professor am Institut für Philosophie der Johann Wolfgang Goethe-Universität Frankfurt am Main, Forschungsschwerpunkte in den Bereichen der Theorie transnationaler Demokratie und Gerechtigkeit, der Theorie von Rechten sowie der Theorien der Normativität. Wichtige jüngere Publikationen: *Demokratie unter Bedingungen der Weltgesellschaft? Normative Grundlagen legitimer Herrschaft in einer globalen politischen Ordnung* (2009); *Kosmopolitanismus. Zur Geschichte und Zukunft eines umstrittenen Ideals*, hg. gem. mit M. Lutz-Bachmann und P. Schink (2010); *Globalisierung. Ein interdisziplinäres Handbuch*, hg. gem. mit P. Schink (2011); *Republican Democracy. Liberty, Law and Politics*, hg. gem. mit P. Schink (2011; i. V.).

Andreas Oberprantacher, Ass.-Prof. Dr. am Institut für Philosophie, Universität Innsbruck; *Faculty Member* des UNESCO *Chair for Peace Studies*, Universität Innsbruck; Lehrbeauftragter für Philosophie und Soziologie am Institute of International Studies, Ramkhamhaeng University, Bangkok, Thailand; Lehrbeauftragter für *Peace Studies* am Oslo University College in Zusammenarbeit mit Kulturstudier, Puducherry, Indien.

Forschungs- und Publikationsschwerpunkte: Politische Theorie, unter bes. Berücksichtigung radikaldemokratischer Ansätze; Sozialphilosophie, speziell Gemeinschaftstheorien; Ästhetik; Religionsphilosophie. Zuletzt erschienen: *„iste ego sum"*. *Studien zur (Un)Möglichkeit des Selbstseins* (2010); *Power and Justice in International Relations: Interdisciplinary Approaches to Global Challenges* (2009; hrsg. mit M.-L. Frick), „Beyond Rivalry? Rethinking Community in View of Apocalyptical Violence", in: *Contagion: Journal of Violence, Mimesis and Culture 17/1* (2010).

Alfred Schäfer, Professor für Systematische Erziehungswissenschaft an der Martin-Luther-Universität Halle-Wittenberg. Forschungsschwerpunkte: Bildungsphilosophie, Konstitutionsprobleme von Erziehungstheorien, Bildungsethnologie, das Verhältnis pädagogischer und politischer Rhetoriken. Aktuelle Buchveröffentlichungen: *Die Erfindung des Pädagogischen* (2009); *Irritierende Fremdheit: Bildungsforschung als Diskursananalyse* (2011); *Das Versprechen der Bildung* (2011). Herausgeberschaften: *Kindliche Fremdheit und pädagogische Gerechtigkeit* (2007); *‚Autorität', ‚Scham'* (2009) sowie *‚Anerkennung'* und *‚Werte'* (2010, gemeinsam mit C. Thompson).

Hans Rainer Sepp lehrt Philosophie an der Humanwissenschaftlichen Fakultät der Karls-Universität Prag. Er ist Direktor des dortigen Mitteleuropäischen Instituts für Philosophie (*Středoevorpský institut pro filosofii* – SIF) und des Eugen Fink-Archivs Freiburg i. Br. sowie Mitglied des *Executive Committee* von O.P.O. (*Organization of Phenomenological Organizations*). Er gibt die Buchreihen *libri nigri* und *libri virides* (2011 ff.) heraus und ist Mitherausgeber der Reihen *Orbis Phaenomenologicus* (1993 ff.) und *Philosophische Anthropologie – Themen und Positionen* (2008 ff.) sowie der *Eugen Fink Gesamtausgabe* (EFGA, 2006 ff.). Schwerpunkte in Lehre und Forschung sind: Phänomenologie, Ethik, Ästhetik und Philosophie der Kunst, Interkulturelle Philosophie, Philosophische Anthropologie, Philosophie des 19. und 20. Jahrhunderts.

Michael Staudigl, Dr. phil.; Studien- u. Forschungsaufenthalte in Freiburg/Br., Prag, Louvain, New York; 2000–2002 wiss. Mitarbeiter einer psychotraumatologischen Ambulanz (mit Schwerpunkt auf Holocaust- und Migrationssyndrom), von 2003–2006 APART-Stipendiat der Österreichischen Akademie der Wissenschaften; 2007–2010 Leiter des vom österreichischen Fonds zur Förderung wissenschaftlicher Forschung (FWF) geförderten Forschungsprojekts „The Many Faces of Violence", zur Zeit Leiter des FWF-Projekts „Religion beyond Myth and Enlightenment", außerdem Lehrbeauftragter am Institut für Philosophie der Universität Wien, 2003–2010 *Visiting Fellow* am Institut für die Wissenschaften vom Menschen (IWM), Wien. Arbeitsschwerpunkte: Klassische und neuere, insbesondere französische Phänomenologie, phänomenologische und interdisziplinäre Gewaltforschung; Sozialphänomenologie, phänomenologische Anthropologie. Wichtigste Veröffentlichungen: *Die Grenzen der Intentionalität* (2003) und *Zerstörter Sinn – Entzogene Welt – Zerbrochenes Wir* (2012); Mitherausgeber von *Epoché und Reduktion* (2003), *Grenzen des Kulturkonzepts* (2003), *Perspektiven des Lebensbegriffs* (2005), *Ereignis und Affektivität* (2006), *Lebenswelt und Politik* sowie *Über Zivilisation und Differenz* (beide 2007), *Alfred Schütz und die Hermeneutik* (2010), *Gelebter Leib – verkörpertes Leben* (2011); *Faces of Violence* sowie *Alfred*

Schutz and the Idea of a Sociophenomenological Hermeneutics (beide i. V.); Artikel zur neueren französischen Phänomenologie, ihrem Verhältnis zur Phänomenologie Husserls und zur interdisziplinären Anwendbarkeit phänomenologischer Methoden auf Fragestellungen der Gewaltforschung.

Olga Shparaga, Dr., Dozentin an der Europäischen Humanwissenschaftlichen Universität (Vilnius), Redakteurin der Internet-Zeitschrift „Neues Europa" (http://n-europe.eu/) (Minsk). Arbeitsschwerpunkte: politische Philosophie und Phänomenologie des Leibes und des Anderen, Philosophie von M. Merleau-Ponty und J. Patočka, europäische Forschungen. Autorin des Buches *Die Erweckung des politischen Lebens: Essays über die Philosophie der Öffentlichkeit* (2010), Herausgeberin der Sammelbände *Die europäische Perspektive für Belarus: Intellektuelle Modelle* (2007) und *Die Wege der Europäisierung von Belarus: zwischen Politik und Konstruieren der Identität (1991–2010)* (2011). Publikationen auf Deutsch: *Die Erweckung des politischen Lebens: Essay über die Philosophie der Öffentlichkeit* (Vilnius, EHU, 2010); *Die Wege der Europäisierung von Belarus (1991–2010): zwischen Politik und Identitätskonstruierung* (2011); „Von der ‚Solidarität der Erschütterten' ausgehen: Die Idee Europas aus mittelosteuropäischer, genauer belarussischer Sicht", in: L. Hagedorn, M. Staudigl (Hg.), *Über Zivilisation und Differenz. Beiträge zu einer politischen Phänomenologie Europas*, 2008, S. 47–58; „Das Eigene als Falte des Fremden. Zu neuen Formen des Zusammenlebens in Europa", in: G. Leghisa, M. Staudigl (Hg.), *Lebenswelt und Politik. Perspektiven der Phaenomenologie nach Husserl*, 2007, S. 261–273.

Tatiana Shchyttsova (Minsk, Belarus) ist Professorin für Philosophie und Leiterin des Zentrums für Philosophische Anthropologie an der Europäischen Universität für Humanwissenschaften (Vilnius). He-rausgeberin der philosophischen Zeitschrift *Topos* (seit 2000). Ar-beitsgebiete: Existentialphänomenologische Philosophie, Phänomenologie der Intersubjektivität; Ethik bzw. Bioethik; Sozialphilosophie. Publikationen (russ.): *Memento nasci: Miteinandersein und generative Erfahrung. Studien zur existentialen Anthropologie* (2006). Artikel auf dt.: „Inkarniertes Denken. Zu den ethischen Implikationen der Elten-schaft bei Levinas", in: H.-B. Gerl-Falkovitz, H. R. Sepp (Hg.), *Europa und seine Anderen: Edith Stein – Emmanuel Lévinas – Józef Tischner*, 2010, S. 265–275; „Sein zum Tode: Tolstoj versus Heidegger", in: H. Ch. Günter, A. A. Robiglio (eds.), *The European Image of God and Man. A Contribution to the Debate on Human Rights*, 2010, S. 423–438; „Miteinandersein und generative Erfahrung: philosophisch-anthropologische Implikationen der Fundamentalontologie Heideggers und der Kosmologie Finks", in: C. Nielsen, H. R. Sepp (Hg.), *Welt denken. Annäherungen an die Kosmologie Eugen Finks*, 2011, S. 293–307.

Felix Trautmann, lehrt am Institut für Philosophie der Goethe-Universität Frankfurt sowie an der HfG Offenbach. Arbeitsschwerpunkte: Zeitgenössische politische Philosophie, Sprachphilosophie und Rhetorik, Literatur- und Imaginationstheorien, Wahrnehmungstheorie. Jüngste Veröffentlichung: *Partage. Zur Figurierung politischer Zugehörigkeit in der Moderne* (2010).

Personenregister

Abraham 219, 221–223, 271–279
Abraham, U. 241
Adorno, T. W. 26f., 30, 41, 66, 93, 131, 149, 151, 181, 185, 199, 235, 239, 260, 289
Agamben, G. 60, 89, 92, 111, 138, 195, 197, 199, 239, 247, 250, 254
Ahmed, S. 209, 212f., 215
Alcoff, L. M. 205, 213
Alkibiades 325
Althusser, L. 47
Altvater, E. 60
Anders, G. 131
Angehrn, E. 27, 29, 36
Anselm v. Canterbury 218f.
Antigone 25
Antonius 320–322
Appia, A. 90
Arendt, H. 18f., 21, 25, 116, 120, 126, 128, 131f., 134, 137–143, 145, 154, 159–162, 215, 243, 276, 287, 293, 301
Aristoteles 13, 16, 57, 152, 160, 175, 220, 287, 296
Assmann, J. 23
Athanasius 83
Augustinus, A. 83, 218
Austin, J. L. 236

Badiou, A. 25, 195
Balibar, E. 203
Balzer, N. 21, 292

Banton, M. 203
Barber, M. D. 215
Barth, K. 154
Barthes, R. 289f., 295, 304
Bataille, G. 33, 83, 183–193, 197, 199, 271, 280, 282, 287
Baudrillard, J. 30, 128f., 131, 138f., 151
Bauer, B. 84
Bauman, R. A. 313
Bauman, Z. 15, 66, 141
Becker, H. S. 257
Bedorf, T. 150, 291
Behnke, E. 213
Bellamy, R. 348
Benhabib, S. 19, 66, 137
Benjamin, W. 90, 138, 239f., 243, 245, 250
Berardi, F. 79, 81
Berger, B. 293
Berger, P. L. 16, 206, 293
Berlin, I. 16, 24
Berman, M. 17
Bernasconi, R. 210, 213, 215
Birbaumer, A. 87
Blanchot, M. 22, 33, 56, 60, 63, 92, 111, 183, 185–194, 197–199, 271
Blei, F. 61, 68
Bloch, E. 272
Böckenförde, E.-W. 57
Boelderl, A. R. 279f., 284
Bohman, J. 23, 64

Bohrer, K. H. 26, 31
Bollenbeck, G. 79
Boltanski, L. 14, 88
Bonsiepen, W. 26
Boucher, G. 91
Bourdieu, P. 17, 129, 209f., 214, 317
Bredekamp, H. 314
Broch, H. 35, 61, 68
Bröckling, U. 14, 68, 74, 87, 269, 295
Brumlik, M. 19, 66
Brunkhorst, H. 18f., 66
Brusten, M. 257
Buber, M. 221, 223
Buckley, R. P. 284
Buddha 219f.
Bürger, P. 83
Burke, P. 238
Butler, J. 15, 18–20, 33, 91, 112, 292f., 306

Camus, A. 132, 273
Carter, I. 337
Castoriadis, C. 123, 147
Cavarero, A. 160
Cavell, S. 153
Caysa, V. 97
Chazal, F. 187
Chiapello, È. 14, 88
Cicero 101, 318–322, 340
Coke, E. 310, 312
Coletti, L. 44f., 47
Cook, M. 118f., 121, 123
Corn, T. 187
Corsaro, A. W. 174
Coser, L. 41
Coulmas, P. 23
Croce, B. 25, 43
Cropsey, J. 309
Cuttler, S. H. 310
Cyprianus 83

Dahrendorf, R. 41
Dallmayr, F. 70
De Bruker, M. 236
De Warren, N. 212
Delacampagne, C. 204
Deleuze, G. 112
Delhom, P. 21, 68, 215
Della Volpe, G. 43–45, 47
Denney, R. 151

Derrida, J. 20, 22, 29, 33, 41, 57, 68f., 73, 85, 89, 93, 146, 156, 185–187, 194f., 239, 241, 271f., 274, 276f., 279, 282–286, 343
Descartes, R. 43, 145
Devisch, I. 190
Dewey, J. 64f., 261
Dirlik, A. 90
Dobner, P. 17
Dörner, K. 292
Dostojewski, F. 240
Du Bois, W. E. B. 211
Duras, M. 63
Durkheim, É. 264, 278
D'Hondt, J. 25

Eagleton, T. 17
Ehrenberg, A. 87, 89, 270
Emerson, R. W. 13
Engels, F. 77f.
Esposito, R. 19, 33, 57, 59f.
Eßbach, W. 32
Evers, A. 17

Falaisau, P. de 325
Fanon, F. 207–214
Feinberg, J. 298
Fenichel Pitkin, H. 317, 320
Feuerbach, L. 78, 83–85, 100
Feustel, R. 14, 68, 295
Fichte, J. G. 78, 83, 145
Fink, E. 173–178, 285
Fischer, J. 32, 65
Fischer-Lescano, A. 29, 347
Fiskin, J. S. 22
Flügel, O. 15
Forrestier, V. 17
Foucault, M. 15, 22, 48, 66, 88f., 112, 116, 131, 149, 156, 185, 236, 268
Frank, M. 35
Frankenberg 34
Fraser, N. 114–117, 306f.
Freud, S. 86, 153, 229, 271, 299
Fromm, E. 86
Fuchs, P. 234, 247

Gadamer, H.-G. 167–169, 172
Gamm, G. 145, 148
Gauchet, M. 122, 281
Gehlen, A. 83
Geier, M. 127–129, 138

Gelhard, A. 133, 185, 189
Ginzburg, C. 19
Girard, R. 149, 153
Glazer, N. 151
Glißmann, W. 87
Glucksmann, A. 98, 109
Goffman, E. 253–256, 264–266, 269
Goldberg, D. T. 214
Gramsci, A. 47
Grant, R. W. 32
Gregor 319
Grossheim, M. 85f.
Guicciardini, F. 311

Habermas, J. 21, 25, 27, 29, 67, 84, 113–115, 118–121, 163, 167–169, 172, 255, 261, 297
Hall, S. 203
Hamacher, W. 182
Haneke, M. 132
Hardt, M. 17, 60, 90f.
Hart Nibbrig, C. 234
Hart, H. L. A. 338, 346
Hausendorf, H. 165
Haverkamp, A. 274
Hegel, G. W. F. 14, 16, 25–27, 31, 36f., 42f., 45, 78, 82–85, 145, 150, 153f., 159, 183–190, 198, 237, 273, 281, 284, 293–296
Heidegger, M. 15, 20, 22, 57, 69, 71f., 85f., 126f., 134, 137f., 149, 153, 156, 197, 218–220, 261, 286
Heil, R. 15
Heinrich, K. 259
Held, D. 64
Hénaff, M. 16, 59
Henry, M. 329
Heraklit 22
Herder, J. G. 294
Herrmann, S. K. 34
Heß, M. 83
Hesse, H. 36
Hetzel, A. 15, 29, 145–147
Himmelfarb, G. 32, 293
Hirsch, A. 21, 68, 205, 215, 218
Hitler, A. 224
Hitzler, R. 60, 207
Hobbes, T. 19, 56–59, 134, 142f., 149, 293, 309–325, 346
Höffe, O. 23
Hofmann, H. 26, 28, 317
Hollier, D. 187f.
Homfeldt, H. G. 257

Honer, A. 60
Honneth, A. 27, 66, 79, 115–117, 256, 259–263, 265, 293, 295f., 306f., 327
Hook, B. 210
Horkheimer, M. 131, 149
Hübener, W. 28
Hülst, D. 164, 167
Hund, W. D. 202–204, 211f., 214
Huntington, S. 16, 24
Hurrelmann, K. 257
Husserl, E. 28, 31, 49, 127, 145, 152f., 167, 169, 171–175, 205, 207, 224, 226, 264, 327, 329, 334f.
Hutfless, E. 332
Hyppolite, J. 184f.

Iber, C. 29
Illouz, E. 87
Isaak 219, 222, 272–275, 277–279
Israel, J. 82, 85
Izutsu, T. 335

Jaeggi, R. 79, 82
Jakob 219
Janouch, G. 239
Janssen, W. 16
Jelinek, E. 136
Jesus 217, 219, 221, 229, 231, 284f., 288
Joas, H. 114, 119
Jonas, H. 298
Jussen, B. 297
Justinian 319

Kafka, F. 153, 190, 233, 237, 239–245, 247–249, 251
Kalekin-Fishman, D. 79
Kant, I. 13, 16, 22f., 41, 43f., 51, 66, 111–114, 116, 118–123, 134, 145, 149, 159, 161, 203, 221f., 227, 259, 272f., 283, 294, 297, 311, 317, 337f., 350
Kaplow, I. 29
Kearney, R. 210
Keintzel, B. 27
Kelsen, H. 342
Kettner, M. 18
Kierkegaard, S. 85, 100f., 142, 145, 218–223, 228, 273f.
Kittler, W. 241, 245, 247
Kleemeier, U. 57
Klerman, G. L. 130

Koehn, E. J. 36
König, H. 56
Kojève, A. 83, 184f., 187, 294
Kolnai, A. 97, 103, 105, 107, 110, 327
Koschorke, A. 202
Koselleck, R. 16
Kottmann, A. 80
Kraus, A. 166f.
Krause, G. 80
Kreissl, R. 74
Krishna 219
Kristeva, J. 153, 160
Kruip, G. 34
Kruse, V. 79
Kuch, H. 34
Küchenhoff, J. 292
Kühn, R. 320, 329f., 334

Lacan, J. 25, 39, 41, 48, 83, 153, 229, 262, 278, 291, 299–301
Laclau, E. 15, 39–43, 46–52, 91, 147, 156, 254, 268
Lacoue-Labarthe, P. 15
Ladurner, U. 17
Lang, H. 299f.
Langman, L. 79
Lasch, C. 293
Latour, B. 18
Le Bras, G. 312
Lefort, C. 31, 146, 182
Legendre, P. 276, 278f.
Lehmann, S. 216, 327
Leibniz, G. W. 324f.
Lemke, T. 89
Lenin, W. I. 92
Lepenies, W. 16
Lessay, F. 319
Lethen, H. 32, 65
Levinas, E. 14, 19–21, 29, 31, 33, 63, 65, 68, 72f., 101f., 132–136, 141f., 146f., 149, 151–153, 156f., 211, 215f., 228, 283, 290f., 297, 301, 343
Lévi-Strauss, C. 278
Liebsch, B. 27, 32, 152
Lienkamp, C. 29
Link, J. 268f.
Locke, J. 145, 149
Löwith, K. 15
Lohmann, G. 29
Loraux, N. 22, 57
Lorde, A. 212

Losurdo, D. 26
Luckmann, T. 206
Lüderssen, K. 257
Lützeler, P. M. 61
Luhmann, N. 131, 148, 234, 247
Lukács, G. 260f.
Lutz-Bachmann, M. 23, 64
Lyotard, J.-F. 35, 148, 286–288

Machiavelli, N. 293, 311
MacIntyre, A. 293
Mahnkopf, B. 60
Maine de Biran, M.-F.-P. G. 329
Mallarmé, S. 189f.
Marchart, O. 15, 39f., 42, 49, 68
Marcuse, H. 86–88
Marquard, O. 17
Marx, B. 30
Marx, K. 17, 42, 44f., 77–79, 81, 83–86, 89–92, 131, 140, 153, 260
Mattenklott, G. 236, 248
Mauss, M. 59
Mead, G. H. 152f.
Meier, C. 23
Menke, B. 236
Menzel, U. 18
Merleau-Ponty, M. 28, 31, 70, 130, 205–209
Michelman, F. 350
Miles, R. 204
Moebius, S. 152, 155
Mohammed 220
Moldaschl, M. 88
Morrison, T. 208
Moses 316
Mouffe, C. 15, 21, 23–25, 30, 35, 39–43, 47–52, 147, 254, 268
Müller, G. 80
Müller, M. 240
Münkler, H. 16, 72
Murphy, J. 210

Nagel, T. 324
Nancy, J.-L. 15, 19, 22, 31, 55, 57, 60–62, 69–75, 92, 111, 183f., 190–198, 271, 279, 281f., 284, 286f.
Napoleon 223f.
Negri, A. 17, 60, 90f.
Neumann, G. 241, 245
Niederberger, A. 341, 348
Nietzsche, F. 24, 56, 141, 149, 219, 234, 271, 281, 331f.

Noll, P. 28
Nowotny, H. 17

Odysseus 245–250
Oelmüller, W. 26
Oexle, O. G. 58, 297
Ollman, B. 82
Orest 333
Ottmann, H. 80

Palaver, W. 149
Pareyson, L. 281
Parmenides 146
Pascal, B. 220
Passeron, J.-C. 209
Patočka, J. 19
Patterson, O. 292
Paulus 150
Pessoa, F. 55
Pettit, P. 339
Pfadenhauer, M. 60
Pham, K. 17
Platon 13, 20, 25, 146, 218, 222
Plautus, T. M. 340
Plessner, H. 62–67, 145, 154, 156–159, 162, 182f., 264
Plutarch 325
Pocock, G. A. 338, 340
Postman, N. 136
Pufendorf, S. 320

Quintilian 234

Rancière, J. 21f., 72, 90, 235, 254, 295
Rasch, W. 149
Rawls, J. 33f., 64
Readings, B. 111f., 121
Rentsch, T. 28f.
Ricken, N. 21, 292
Ricœur, P. 30, 276, 289–291, 294, 298f., 302–304
Riesman, D. 151
Rifkin, J. 80, 87
Rimbaud, A. 153
Ritz, E. 83
Röttgers, K. 148
Rogozinski, J. 216
Rorty, R. 68
Rosa, H. 80
Rossmann, K. 239

Roudinesco, E. 299
Rougemont, D. de 224
Rousseau, J.-J. 83, 85, 149, 158, 278, 293
Runciman, D. 320
Ryklin, M. 195

Sack, F. 257
Sahlins, M. 56
Sandy, E. 318
Sartre, J.-P. 86, 100, 103f., 112, 153, 189, 206f., 210–216, 298, 333
Saussure, F. de 42, 47f.
Schäfer, A. 21, 34, 260, 301
Schauer, F. 347
Scheler, M. 153, 156f., 329
Schelling, F. W. J. 78, 97, 145f., 158f., 273
Schleyer, H. M. 108
Schlossmann, S. 319
Schmidt, D. 36
Schmitt, C. 24, 41, 56, 149, 248, 324
Schmitz, U. 234, 237
Schneider, U. J. 25, 185
Schnitzler, A. 151, 153
Schülein, J.-G. 36
Schütz, A. 67, 153, 201, 211
Searle, J. R. 237
Seel, O. 234
Seidl, U. 136
Semprún, J. 74
Sennett, R. 88
Sepp, H. R. 19, 179, 334
Shaftesbury, A., Earl of 294
Shannon, C. E. 313
Sharpe, M. 91
Shklar, J. 32
Siemek, M. J. 82
Simmel, G. 84, 145, 151, 154–157, 162, 261
Skinner, Q. 15, 317, 338
Sloterdijk, P. 131
Sokrates 218, 221f., 325
Sommerfeld, C. 129, 141
Sontag, S. 20
Spinoza, B. de 20
Stammen, T. 79
Steinhard, G. 87
Stierlin, H. 296
Stokes, M. 210
Stolleis, M. 316
Strecker, D. 80

Taguieff, P.-A. 203

Taylor, C.   26, 343
Tengelyi, L.   206
Terkessidis, M.   202, 215
Tertullian   273
Theunissen, M.   26–28, 152, 290
Thomas v. Aquin   317
Thompson, C.   34
Thorburn, W. M.   319
Thukydides   56, 325
Todorov, T.   66
Tönnies, F.   67, 182
Traverso, E.   212
Treibel, A.   80
Tschuggnall, P.   272

Ulpianus   312
Unterthurner, G.   297, 332

Vattimo, G.   283
Visker, R.   216
Vögele, W.   34
Vogl, J.   16, 22, 57, 60
Vogt, L.   293

Wagner, P.   113, 116f., 121–123
Waldenfels, B.   21, 29, 112, 127, 203, 205, 207, 264
Wallerstein, I.   203
Watson, A.   340
Weber, M.   16, 24, 261
Weisman, M. M.   130
Weiß, A.   210, 214
Weiß, J.   36
Wellmer, A.   27
Werber, N.   60
Wiechens, P.   147f.
Wiesel, E.   138
Wieviorka, M.   211, 215
Wimmer, M.   171
Winant, H.   214
Wittgenstein, L.   52, 153, 235
Wojcik, P.   36
Wroth, M.   318

Young, L.   210

Zeillinger, P.   133
Žižek, S.   39, 41, 91

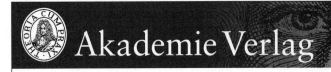

Akademie Verlag

Bezeugte Vergangenheit oder Versöhnendes Vergessen

Geschichtstheorie nach Paul Ricoeur

Burkhard Liebsch (Hrsg.)
Deutsche Zeitschrift für Philosophie,
Sonderband 24
2010. 366 S. – 170 x 240 mm,
Festeinband, € 69,80
(Für Abonnenten der DZphil € 64,80)

ISBN 978-3-05-004490-3

Mit seinem großen Spätwerk *Gedächtnis, Geschichte, Vergessen* hat Paul Ricœur aufs Neue die Frage aufgeworfen, wie eine zeitgemäße philosophische Theorie der Geschichte heute denkbar wäre. Seiner Überzeugung nach muss eine solche Theorie sowohl den Strukturen gelebter Geschichtlichkeit als auch deren wissenschaftlicher Thematisierung und dem möglichst maßvollen politischen Gebrauch, den man von Geschichte macht, Rechnung tragen. Im Zeichen einer in Stücke gegangenen Geschichte analysiert er, was es heute bedeutet, geschichtlich zu existieren: zwischen eminent gewaltsamer Vergangenheit, die geschichtlich bezeugt wird, und dem menschlichen Wunsch nach versöhnendem Vergessen. Ricœur hält den Wunsch nach einem moralischen Vergessen für unverzichtbar, das bezeugte Vergangenheit bewahrt und nicht etwa liquidiert. Zugleich verlangt er, diesen Wunsch mit einer dem Anschein nach unversöhnbaren geschichtlichen Wirklichkeit zu konfrontieren.

Dieser Band bringt eine Vielzahl aktueller Auseinandersetzungen mit dem von Ricœur neu begründeten, derzeit avanciertesten Projekt eines philosophischen Geschichtsdenkens, das sich von der Rhetorik des Endes (der Geschichte und der Philosophie) nicht beeindrucken lässt.

www.akademie-verlag.de | info@akademie-verlag.de